新世纪高等学校教材·教育学专业系列教材

U0645792

XINSHIJI
JIAOYUXUE

外国教育史

第②版

王保星／主编

WAIGUO
JIAOYU SHI

北京师范大学出版集团
BEIJING NORMAL UNIVERSITY PUBLISHING GROUP
北京师范大学出版社

图书在版编目(CIP)数据

外国教育史 / 王保星主编. —2 版. —北京：北京师范大学
出版社，2025.1
　（新世纪高等学校教材·教育学专业系列教材）
　ISBN 978-7-303-29825-9

　Ⅰ. ①外…　Ⅱ. ①王…　Ⅲ. ①教育史－国外－高等学校
－教材　Ⅳ. ①G519

中国国家版本馆 CIP 数据核字(2024)第 036859 号

出版发行：北京师范大学出版社 https://www.bnupg.com
　　　　　北京市西城区新街口外大街 12-3 号
　　　　　邮政编码：100088
印　　刷：三河市兴达印务有限公司
经　　销：全国新华书店
开　　本：787 mm×1092 mm　1/16
印　　张：31.5
字　　数：712 千字
版　　次：2025 年 1 月第 2 版
印　　次：2025 年 1 月第 10 次印刷
定　　价：79.00 元

策划编辑：何　琳　　　　　责任编辑：赵鑫钰
美术编辑：李向昕　　　　　装帧设计：李向昕
责任校对：陈　荟　　　　　责任印制：马　洁

第 2 版前言

作为教育学的一门分支学科，外国教育史以人类教育理论与教育实践的相关史实为研究对象，通过梳理不同文明与文化、不同国家和地区教育史实的发展与变迁历程，探究其发生与发展的条件性、因果性关系和规律性联系，为人类更好地理解教育的本质、主要成就和发展趋势提供可资阅读与借鉴的对象与依据。

作为高等院校教育学专业、教师教育专业及其他相关专业的基础性、核心性和通识性课程教材，《外国教育史》可供教育学类专业本科生或研究生教育、各级各类教师教育、高等院校通识教育和教师在职培训教学之用。

《外国教育史》第 1 版出版至今已有 16 年，其间外国教育史学科新成果与新观点不断涌现，新文献和新史料也日益丰富，为《外国教育史》修订提供了有利的学科基础和史料支持。此次应北京师范大学出版社编辑何琳老师之约，对《外国教育史》进行了全面修订，以更好地满足广大读者的阅读与学习需要。

本教材编写与修订遵循马克思辩证唯物主义与历史唯物主义的基本原则和要求，以人类教育实践与教育思想发展和演变的历史为研究对象，系统展示各历史时期各国家教育发展的进程，全面总结人类教育发展进程中"教育优先发展""教育强国、科技强国和人才强国"的历史经验，为理解、分析和解决当前我国如何高质量实施科教兴国战略，强化现代化建设人才支撑，培养德智体美劳全面发展的社会主义建设者和接班人等提供必要的历史镜鉴和有益的教育启示。

本教材编写与修订力求实现"外国教育史"课程专业教育与通识教育功能的有机融合。"外国教育史"是教育学类专业课程与教学体系中最为重要的基础课程之一，是培养高素质教育学类专业人才不可或缺的专业课、主干课与必修课，可向学习者提供关于人类教育变迁的教育历史知识、教育实践规范和教育理论素养，为其专业成长和职业发展奠定坚实的教育历史与文化基础。"外国教育史"课程真实记录了人类教育发展的苦难与辉煌，展示了不同文化与文明、不同国家和地区在异彩纷呈的教育交流实践中所谱写的生动教育历史画卷，彰显了人类借助于教育实现个体成长与社会发展的光辉成就，具有鲜明的文化引领、理性塑造和人格陶冶的通识教育功能。

本教材编写与修订着重体现教育促使个人发展与社会进步方面的紧密联系。教育首先是指向人的，教育对个人发展发挥着越来越大的作用。教育通过培养合格的社会成员，在社会物质生产、精神生产等活动中发挥着越来越重要的作用。就其现实性而言，人的本质是一切社会关系的总和。个人借助于教育所实现的发展及其价值，只有在参与具体的社会生产实践中才能得到全面显示。

本教材编写与修订注重实现汲取教育经典智慧与吸纳最新学术研究成果的有机统一。教育经典著作是不同时期教育家深入思考教育的理性结晶，是人类教育智慧的集中体现。应将教育经典著作中所凝结的具有恒久价值的人类教育智慧，传播到更大的空间范围中。一切历史都是当代史。人们在运用新理论、新工具和新方法探索具有普遍意义的教育历史问题的过程中，获得了越来越多的新见解和新成果。将其消化吸收并合理纳入教材与课程，是实现静态客观的教育历史事实与动态主观的教育历史研究成果有机统一的必要手段。

在基本保持编写框架的前提下，本教材主要从下述四个方面进行了修订。

一是为更好地满足高等院校教育学专业、教师教育专业和对教育感兴趣的其他专业学生学习或备考研究生入学考试的需要，在教材内容选择方面，注重系统展示外国教育制度与思想发展的核心内容，全面反映 20 世纪 90 年代至今世界教育发展的最新动态，补写或重写了以下内容：古代希伯来的教育、康德的教育思想、费希特的教育观、洪堡的教育观、涂尔干的教育观、赫胥黎的教育观、裴斯泰洛齐的教育心理学化主张、福禄培尔的教育实践与教育思想、马克思和恩格斯的教育思想、罗素的教育观、20 世纪 20 年代苏联的学制调整与教学改革、马卡连柯的教育思想、21 世纪欧美主要国家和日本的教育改革的相关内容、巴班斯基的教学过程最优化理论、21 世纪俄罗斯的教育改革与多元文化教育思潮。

二是运用最新研究成果和文献史料，对不同历史时期欧美主要国家和日本学校教育制度与体系的延续性与衔接性进行了补充说明，力求在体现欧美主要国家和日本教育发展阶段性内容、发展成就和主要特征的同时，凸显教育发展的纵向历史逻辑和教育主题的一致性和变迁性。

三是对引文进行了核对和更新，力求更为规范和准确，并在文字表述上进行了完善性和规范性修改，力求文字表述更为规范、简练和流畅。

四是强化了本教材的引导性和可读性，对各章"内容提要""学习目标""核心概念""小结""思考题""参考文献"等进行了修改和完善，以更方便读者学习、理解和掌握本教材的内容。

本教材 2008 年出版后受到读者的认可和欢迎，借修订再版之机，我们谨向广大读者表示感谢，向为第 2 版的出版付出辛勤劳动的北京师范大学出版社编辑何琳老师和赵鑫钰老师表示感谢，向修订过程中所参考文献成果的作者、译者和编者表示感谢。此次修订任务主要由主编承担，欢迎读者、专家的批评指正，以便后续对教材相关内容作进一步完善。

编者

2024 年 12 月

第 1 版前言

为进一步发挥"外国教育史"课程作为教育学专业基础性、通识性课程的作用，并考虑到当前课程学时压缩的实际情况，我们编写了这本教材。该教材不仅可作为外国教育史课程的教学参考用书，适用于师范院校教育学专业、教师教育专业教学，各级各类教师培训教学，也可作为研究生入学考试等的复习备考教材。

本教材由华东师范大学教育学系王保星教授任主编，具体编写分工如下。

杨捷负责第一章、第二章、第三章、第四章；王保星负责第五章，第八章，第十章，第十六章，第二十一章第四、第五、第六、第八、第十节；高迎爽负责第六章、第十五章；张婷姝负责第七章、第九章、第十一章、第十二章、第十七章；陈锋负责第十三章、第十四章；续润华负责第十九章第一、第二节，第二十一章第一、第二、第三、第七、第九节，第二十二章；王永强负责第十八章、第二十章；续润华与王永强合作负责第十九章第三节。

本教材的编写和出版得到北京师范大学出版社领导的大力支持，郭兴举编辑为此付出了大量辛勤的劳动，我们在此深表谢意。教材如有不足之处，敬请学界专家及广大读者批评指正。

编者

2008 年 1 月

第一编　古代教育史

第一章　古代东方国家的教育

内容提要

古代东方国家的教育在世界教育发展史上占有重要的历史地位。古代巴比伦、古代埃及、古代印度和古代希伯来学校的出现是人类教育发展史上的里程碑，人类教育的发展以古代东方国家为先，古代东方国家的教育具有尊师重教等特征。

学习目标

本章重点掌握古代东方国家文明发展与学校教育的关系，了解主要东方国家的学校类型，以及古代东方国家教育的基本特征。

核心概念

古代巴比伦教育；泥板书舍；古代埃及教育；宫廷学校；寺庙学校；古代印度教育；婆罗门教教育；佛教教育；古代希伯来教育

从原始社会到奴隶社会是人类有史以来第一次社会形态的转变。早在公元前4000年，北非的尼罗河流域、西亚的两河流域、南亚的恒河和印度河流域，以及中国的黄河流域先后出现了文明的曙光，这些地方被誉为世界文明的发祥地。古代东方国家通常是指古代亚洲和非洲东北部较早进入奴隶社会的国家。这里所述的古代东方国家，是指除中国之外较早进入奴隶社会、具有灿烂古代文明的古代巴比伦、古代埃及、古代印度和古代希伯来。它们先于世界其他地区进入奴隶社会，创造了灿烂的古代人类文化。

古代东方国家的教育与人类原始社会的教育有着本质的不同。其主要特征是教育从社会生产劳动中分化出来，成为一项专门的社会活动，专门的教育机构——学校出现了，有了专门从事教育活动的人——教师。学校的产生是人类教育发展史上第一个里程碑。从此，教育拥有了真正的内涵和丰富的内容，学校逐渐成了教育的同义词。正是因为有了学校，教育才拥有了普遍认可的形式，人类创造的文明才得以更好地保存和发展，才造就了成千上万推动社会更快发展的人才，才使人类社会更加发达和昌盛。古代东方国家的学校是世界上产生最早的学校。

第一节　古代巴比伦的教育

//////////////////////

古代巴比伦位于两河流域的"美索不达米亚"（意为"两河之间的地方"），是人们已知的历史最悠久的古代东方国家。西亚的两河流域（幼发拉底河和底格里斯河）是人类最早的文明发祥地之一。

一、古代两河流域的文明

早在公元前5000—前4000年，古代巴比伦就创造了苏美尔文化。两河流域的南部被称为"巴比伦尼亚"，包括苏美尔地区和阿卡德地区。公元前2371年，阿卡德国王萨尔贡一世（Sargon I，约公元前2371—前2316年在位）建立了统一的奴隶制王国，社会和生产获得了发展。公元前1894年，巴比伦王国在巴比伦尼亚兴起，它的第六代国王汉穆拉比（Hammurabi，约公元前1792—前1750年在位）统一了整个巴比伦尼亚地区，控制了两河流域的大部分区域，建立了强大的中央集权制国家，并大约在公元前1790年开始编纂著名的《汉穆拉比法典》。

古代两河流域文化是当地各族人民共同创造的，在各方面都达到了较高的水平。古代巴比伦文化是古代两河流域文化的主要组成部分。公元前3000年苏美尔人发明了迄今最古老的文字之一——楔形文字，并用尖头芦苇、木棒或骨棒将其刻写在泥板上。因其落笔处较深、较宽，提笔处较浅、较细，形似木楔，故称"楔形文字"，该文字成为当时西亚地区的通用文字。

古代巴比伦在科学上最杰出的成就集中在数学和天文学领域。古代巴比伦采用10进制和60进制双重记数法，用于计算圆周率和时间。古代巴比伦的数学家和管理祭祀的人员已经掌握了四则运算和分数运算法则。为了测量土地，人们将形状不规则的土地划分为许多三角形、长方形和梯形地块，以测算其面积，并已掌握直角三角形两条直角边的平方和等于斜边的平方。

古代巴比伦的天文学经常与神庙的祭祀活动有关，但其中包含了大量的科学成分。早在公元前 2000 年，古代巴比伦人就已将太阳系的水星、金星、火星、木星、土星和恒星区分开来，勾画出太阳的运行轨迹和 12 个星座。古代巴比伦人将一年分为 12 个月，每个月 30 天或 29 天，全年 354 天，还发明了计时用的日晷和漏刻，建造了观象台以观测天体。

二、学校教育

古代巴比伦统治者将培养治国之才、僧侣、祭司作为教育的目的，因此，最早的学校通常设于寺庙和宫殿之中。

(一)早期的学校

在古代两河流域，掌握文字几乎等同于掌握知识，知识被视为神赐，僧侣、祭司负责观测天象，预测风雨，择日祭祀神灵，管理寺庙。故此，培养掌握书写能力的人才成为国家的重要事务。巴比伦在寺庙中开设学校。由于苏美尔人设立的学校使用泥板书(先用尖头芦苇、木棒或骨棒在黏湿泥板上刻写楔形文字，然后加以晾晒或烘烤，即成"泥板书")教学生书写和掌握各类知识，学生做练习或作业也需用泥板，泥板成为学校的主要学习工具，故学校被称为"泥板书舍"(tablet house)。[①] 在泥板书舍中，负责人被称为"校父"，教师被称为"专家"，助手被称为"大兄长"，学生被称为"校子"。古代巴比伦设在寺庙中的学校分为两级：一级进行初级教育，主要学习阅读、书写和计算；另一级进行高级教育，除学习阅读、书写和计算外，还学习文法、苏美尔文学和祈祷文。

宫殿是巴比伦学校另一个诞生之处。20 世纪 30 年代，法国考古学家在幼发拉底河畔南部马里城的宫殿中挖掘出一处学校遗址。这所学校似建于公元前 2100 年，包括一条进入学校的通道和两个房间，其中一个房间设 4 排座位、45 个石凳，另一个房间设 3 排座位、23 个石凳。房间四壁保存完好，地上有黏土盆，用来制作泥板。地面上还散落着一些贝壳，好似教授计算的教具。通常宫殿中还设有藏书之地，19 世纪西方考古学家发现的尼尼微城王宫图书馆收藏了 2 万多块泥板书，泥板书上的内容涉及条约、法律规定、书信、宗教铭文、文学作品和收支报表等。

(二)教学内容及方法

在古代巴比伦的学校中，书写和计算是基本教学内容。早期苏美尔人在培养神职人员和各级国家官吏时，尤重其书写能力。掌握文字是十分艰难的，古代巴比伦的楔形文字分为古典文字(苏美尔文)和阿卡德文。楔形文字已经离开物体形象甚远，要记住上千个字形并准确地运用并非易事，须经专门训练以及长期从师学习方可掌握。学生一般先学习基本书写技能，然后学习词汇。学习计算从学习最简单的数字开始，逐渐学习四则运算和体积计算，最后掌握账目核算。此外，天文学、司法、医学和建筑学知识也在教授范围之内。

---

① 吴式颖、李明德：《外国教育史教程(第三版)》，12 页，北京，人民教育出版社，2015。

学校的教学方法以强制性的机械练习为主，少有启发诱导，学习过程单调乏味，体罚盛行。

第二节　古代埃及的教育

古代埃及位于非洲东北部，尼罗河下游地区，东北方向的苏伊士地峡与西亚连接。由于尼罗河水量充沛，处于干旱区的古代埃及变成了沙漠中的绿洲，成为世界上最早进入文明社会的地区之一，形成了古代埃及文明。

一、古代埃及文明

公元前3500年左右，古代埃及尼罗河流域形成了早期的国家。公元前3100年，上埃及国王美尼斯（Menes）建立了第一个奴隶制王朝。古代埃及先后历经了早王国（公元前3100—前2686年），古王国（公元前2686—前2181年），中王国（公元前2040—前1786年），新王国（公元前1567—前1085年）和后王国（公元前1085—前322年）五个时期。法老是国家的最高统治者。古代埃及国家机构体系庞大，设有管理司法、经济、税收、水利、祭祀等事务的部门。古代埃及的社会经济发展达到了很高的水平，农业、畜牧业、手工业和商业已成为国家的经济支柱。公元前525年，古代埃及被波斯所灭，沦为波斯帝国的一个行省。

古代埃及在人类文明发展史上居于重要地位。古代埃及是世界上较早创造文字的地区。公元前4000年左右，埃及就产生了象形文字，以后出现了表示音节的符号，古王国时期已经发明了24个表音符号。这种世界上最早出现的字母的萌芽，是古代埃及对人类的独特贡献。古代埃及的文字写在所谓的"纸草"上。纸草原是生长于尼罗河边沼泽地的一种长茎植物。古代埃及人将这种植物的茎层层剥开，然后将薄片连接起来，使之成正方形，将两张正方形的纤维薄片按纤维的垂直方向重叠，使之黏合坚固、变薄，然后压平晒干，制成可用于书写的纸。古代埃及使用纸草的意义与苏美尔使用泥板一样，是古代东方国家人民善于利用自然物发展文化的智慧的体现。

在建筑方面，古代埃及的最高成就体现为金字塔和雕塑。其中，胡夫金字塔闻名于世，哈夫拉金字塔旁的狮身人面像则是古代埃及最著名的雕塑作品之一。

在自然科学方面，古代埃及在天文、数学、物理和医学等领域都取得了令人瞩目的成就。古代埃及历法是目前所知人类历史上的第一部太阳历，它根据尼罗河水涨落现象和农作物生长规律，将一年分为泛滥、播种和收割3个季节，每个季节4个月，共12个月，每月30天。年末所余5日称"闰日"，作为节日，全年共365天。古代埃及人已能够计算长方形、三角形、梯形和圆形面积，推算出圆周率为3.16。在医学上，祭司通过木乃伊的制作掌握了关于人体结构和如何防腐的知识。

二、教育概况

（一）家庭教育

家庭教育是古代东方国家教育的一种重要形式。学校出现以后，家庭仍然担负着培养子女的责任。在古代埃及，家庭教育是由父母实施的。一般 4 岁以前的子女由母亲养育，4 岁以后，男孩转由父亲直接教育。许多专门的知识技能是通过家庭以父子相传的方式传授的。譬如，祭司、建筑师、木乃伊师等，都是家庭世代相传的行业。古代埃及家长注重向下一代传授简单的计算、书写技能以及某些职业技能。古代埃及的道德教育也是家庭教育的重要内容之一，重视引导青年人养成敬畏日神、效忠国君、尊敬长官和孝顺双亲的品质。

(二)学校教育

古代埃及的学校教育较为发达，与其他古代东方国家相比，学校种类较多，设施较为完善，大致包括以下类型。

1. 宫廷学校

古代埃及的宫廷学校是法老在宫殿里为皇家、贵族子弟开设的教育场所。据古代埃及文献记载，古王国时期已出现了宫廷学校，贵族子弟在此学习完毕，接受适当的业务锻炼后，即分别被委任为官吏。苏联教育史学家米定斯基认为，建于公元前 2500 年以前古王国时期的埃及宫廷学校是人类有史可稽的最古老的学校。[①] 学校教师大都由国家官吏出任，很受尊重。宫廷学校一般也是王国文化教育的中心，国王和重臣经常参与宫廷学校活动。宫廷学校纪律严格，往往笞打惩罚学生。在古代埃及的手稿中有这样一句话："不要把时光玩掉了，否则你就要挨揍，因为男孩子的耳朵是长在背上的，打他他才听。"[②]

2. 寺庙学校

古代埃及的寺庙学校设于寺庙之中，既是宗教活动场所，又是传播祭祀、天文、水利和建筑知识的地方。僧侣或祭司们拥有掌握知识的权利，在寺庙学校中培养未来的神职人员和专门人才。寺庙学校教师由僧侣或祭司担任，主要传授宗教事务、自然科学、绘画雕刻和医学常识。

3. 职官学校

职官学校创办于中王国时期，是政府各部门开办的教育机构。这一时期古代埃及国力昌盛，政府部门事务繁多，需要大批官吏，财政、司法、军事和水利等部门均设立学校，以训练从事某种专业技术事务的官员。职官学校以吏为师，重视实际技能学习，修业期一般为 12 年。

4. 文士学校

文士学校是专门培养书写及计算人才的教育机构。在古代埃及，"文士"是指一些精于文字书写、通晓国家法令且有较好文化修养的人。他们具备充任官吏、管理宗教事务的能力，属于"候补官吏"。培养青年一代成为文士是社会的时尚和晋升的阶梯，相应的文士学校应运而生。这种学校地位不如前三种学校，但设置广泛，招收人数较

---

① ［苏联］米定斯基：《世界教育史》，叶文雄译，11 页，北京，生活·读书·新知三联书店，1950。
② ［苏联］司徒卢威：《古代的东方》，陈文林、贾刚、萧家琛译，89 页，北京，人民教育出版社，1955。

多，对出身限制较少，修业期有长有短，满足了大多数奴隶主阶层的需要。

古代埃及的统治者为巩固政权，设立了专门教育机构培养各种人才和未来的接班人。学校成为培养统治者所需人才的场所，受教育权几乎完全被王公贵族独享。古代埃及的一段僧侣乌若霍列新特论述学校组织的铭文，即有力地证明了学校是为贵族子弟开设的，上面写道："我遵照法老的命令创办并管理学校，学校里的全部学生均来自显贵人家，而不是来自穷苦人家。"①

第三节　古代印度的教育

古代印度位于南亚次大陆，地理范围包括今天的巴基斯坦、印度、孟加拉国和尼泊尔等国，是人类文明的又一发祥地。我国汉代称之为"天竺"，从唐代开始称之为"印度"。公元前2000年，古代印度早期的居民达罗毗荼人开创了印度河流域文明。公元前14世纪，雅利安人建立了强大的奴隶制国家，形成了印度—雅利安文明，并从公元前1000年到前600年建立了一套严格的种姓制度。种姓制度把古代印度的所有人分为两个等级（种姓）：高级种姓包括婆罗门（即僧侣）和刹帝利（即武士），低级种姓包括吠舍（即农民和从事工商业的平民）和首陀罗（即奴隶）。不同种姓之间有着严格的界限和尊卑之分。婆罗门教是印度的早期宗教，最高信仰是梵天，其经典圣书是《吠陀》。公元前6世纪，佛教在印度出现，很快趋于盛行，占据了宗教信仰领域的主导地位，在古代印度奴隶制全盛的孔雀王朝时期被发扬光大。古代印度的教育分为婆罗门教的教育和佛教的教育。

一、婆罗门教的教育

公元前6世纪以前的古代印度教育基本上是婆罗门教实施的宗教教育。婆罗门教的教育目的是维持种姓制度和培养具有虔诚罗门教信仰的神职人员。婆罗门教的经典《吠陀》被视为梵天智慧的结晶，是知识的总汇。《吠陀》就是教育的主要内容，僧侣是《吠陀》的解释者和捍卫者，也是传授经典的教师。不同高级种姓的子弟学习经典的分量和程度不同，所受的教育也就不同。

（一）家庭教育

公元前9世纪以前，婆罗门教的教育以家庭教育为主。

古代印度一直实行严格的家长制。父亲是家庭中绝对的权威，教育子女是父亲的义务，印度婆罗门教教义规定父亲必须承担教育子女的责任。为了维持种姓制度，使子女将来能充当僧侣，父亲往往在家中指导子女背诵《吠陀》。由于该书被视为婆罗门教的圣书，只许背诵不许抄写，加上古梵文难以理解、记忆，学习十分困难，父亲便教子女一句句地诵记。古代印度哲学经典《奥义书》就是通过父传子、师传徒的方式流

---

① ［苏联］司徒卢威：《古代的东方》，陈文林、贾刚、萧家琛译，103页，北京，人民教育出版社，1955。

传下来的。

(二)学校教育

古代印度的学校教育缺乏系统性。直到公元前 8 世纪，随着科学文化的发展，一种办在家庭中的婆罗门学校才出现，通称"古儒学校"。这个时期婆罗门教对《吠陀》的学习由机械背诵发展到钻研经义，父亲已不能胜任子女的教育工作。而"古儒"是指那些专门研究《吠陀》、具有相当文化修养的人。古儒学校学习年限一般为 12 年，学习内容主要为《吠陀》，以及作为学习《吠陀》基础的"六科"，即语音学、韵律学、文法学、字源学、天文学和祭礼。在古儒学校中，年长儿童常常充当教师的助手，由助手协助教师把知识传给其他儿童。

二、佛教的教育

佛教是世界三大宗教中产生最早的。公元前 6 世纪，印度出现了佛教。佛教反对种姓制度，主张各种姓平等。佛教寺院广纳众生，使用地方语言传播教义。公元前 3 世纪时，佛教在孔雀王朝阿育王统治时被定为国教。

佛教教育以寺院为教育场所。寺院既是修行之所，也是教育机构，主要承担教化众生的责任。寺院的学习内容主要为佛教经典，一般学习 12 年，儿童 8～12 岁入寺拜师修行，经考验合格者，被称为"比丘"，意为僧人，多数人离寺回家，少数人继续留寺，再修习 10 年后，担任寺中僧侣职务。寺院组织严密，由住持负责安排教育工作，教学采用地方语言，提高了教学效率。据我国唐代高僧玄奘在《大唐西域记》中的记载，寺院的教学内容为"五明"：①声明，研究语言、语法、修辞的学问；②工巧明，即对工艺、数学、天文、星象、音乐、美术等的总称；③医方明，指医学；④因明，即伦理学；⑤内明，关于宗教哲学的知识。

寺院不仅是一种教育机构，也是一种学术机构，堪称佛教学术研究中心。有的著名寺院曾吸引不少外国青年及学者前来就学，其中最著名的是纳兰陀寺。该寺院的教学形式是学术讨论和演讲，教师皆为佛教宗师，传授内容除宗教教义外，还包括哲学、自然科学和文学艺术。玄奘曾在此研究佛经 5 年之久。

第四节　古代希伯来的教育

古代希伯来人，其祖先为公元前 4000 年左右居住于美索不达米亚平原的闪米特族(Semites)支脉，后因躲避自然灾害，迁至中东"新月地区"最西端巴勒斯坦的迦南，被当地人称为"希伯来人"(Hebrew)，意为"来自大河对岸的人"。公元前 1600 年左右，为躲避饥荒，古代希伯来人主体自迦南继续南迁，进入埃及，定居于埃及较为富庶的格栅地区，在与当地人的文化交流中实现了初步融合。埃及法老拉美西斯二世时期，古代希伯来人沦为埃及法老的奴隶，遭受苦役和压迫。公元前 13 世纪，在首领摩西的带领下逃离埃及，定居于迦南。公元前 12 世纪左右，古代希伯来人自称"以色列人"，意为"神勇斗士"。

此后的两个世纪进入《圣经·旧约》所称的"士师时代"。"士师"为部落首领,希伯来语意为"审判者""拯救者"。公元前 10 世纪,士师撒母耳顺应民众意愿,选择便雅悯部落农民基士的儿子扫罗为以色列第一位国王。后犹大部落大卫接任王位,以耶路撒冷为首都,将以色列带入统一与强盛之境。大卫将王位传至其子所罗门。所罗门谢世后不久,统一的以色列王国一分为二,即北方的以色列王国和南方的犹大王国。以色列王国和犹大王国之间的纷争、王国内部的危机以及来自亚述帝国和巴比伦王国军事威胁的叠加,致使以色列王国和犹大王国长期陷入动荡和不安之中。公元前 722 年,以色列王国为北方劲敌——亚述帝国的阿拉米人所征服,北方的以色列人为外来者所征服与同化,渐渐隐入历史的尘烟之中。公元前 586 年,南方的犹大王国被新巴比伦国王尼布甲尼撒二世率部占领,耶路撒冷圣城惨遭焚毁,大批民众被劫掠到巴比伦,史称"巴比伦之囚"。

公元前 539 年,新巴比伦王国为波斯帝国所灭,居鲁士二世实施开明政策,准许原被掠往巴比伦的犹大王国民众重返耶路撒冷。返回耶路撒冷的希伯来人以"犹太人"[①]自称,开展圣殿修整、宗教改革等事务,步入一个较为短暂的休养生息期。而后,犹太人相继被马其顿国王亚历山大、托勒密王朝所征服。

公元前 63 年,罗马帝国军队攻陷耶路撒冷,犹太人被迫接受罗马帝国的统治。罗马帝国设犹太行省,任命行省总督对犹太人实施严苛管理,招致犹太人的激烈反抗。罗马皇帝图拉真(Trajan,98—117 年在位)和哈德良(Hadrianus,117—138 年在位)统治期间犹太人发起的两次大规模反罗马的斗争,以及巴尔·科赫巴起义(132—135 年),是其中规模较大的犹太人反抗罗马暴政的斗争。罗马帝国在镇压了巴尔·科赫巴起义之后,将犹太行省更名为"巴勒斯坦行省",将犹太人驱逐出该地区,颁令禁止犹太人开展宗教活动和其他精神活动。自此,犹太人失去了独立,失去了家园。

古希伯来人在 2000 余年的发展史中,命运多舛,饱经磨难,但也正是他们经历的持久动荡和民族至暗孕育了希伯来文化和精神,培育了重视教育和文化发展的民族精神。

依据可考的文献史料,并结合教育形式和教育内容,古代希伯来人的教育可以分为两个历史时期:第一时期,摩西率希伯来人逃离埃及至犹大王国亡于新巴比伦;第二时期,犹太人重返耶路撒冷至罗马帝国攻陷耶路撒冷。

一、第一时期的教育

在教育形式上,该时期希伯来人教育的主要形式为家庭教育。家庭成为子女接受教育的主要场所,父亲在尊崇父权的家庭中居于重要地位。依据犹太教经典《摩西十诫》,妻子为丈夫财产,应接受丈夫的严格约束。子女须听命于父亲,父亲拥有绝对权威,在子女教育事务上拥有绝对权。父亲担负着家长、祭司和子女教师等多种职责。

经先知的改革,希伯来人家庭的家长制色彩渐弱,儿童在家庭中的地位有所上

---

① 波斯王居鲁士时代,原犹大王国民众陆续返回犹大王国旧地,居住于耶路撒冷城市四周,自称"犹太人",以与其他拥有不同宗教信仰的居民相区别。后"犹太人"成为以色列人的统称。

升，父亲开始更多地遵照犹太经典的相关规定，将儿童视为未来的天国公民予以培养，注重培养他们的独立人格；将儿童视为需要认真培育的花朵，注重满足儿童的需要，使其养成有益的习惯。在教育方式上，更多使用亲情感化和说服引导。较其他东方国家所实施的严格家长制，以及赋予父亲对子女的生杀大权的古代罗马家长制而言，古代希伯来的家长制表现出较强的温情和亲情色彩。

古代希伯来的教育内容主要包括民族传说、宗教信仰和先祖训诫等。古代希伯来人的教育任务主要是培养儿童形成虔诚的宗教信仰。因而，重视儿童宗教感情的陶冶，而并不过于看重知识的学习。首选的学习材料为《圣经·旧约》。不过，由于古代希伯来人坚信，一个无知之人不可能真正拥有关于上帝的信仰，因而在培养儿童形成宗教信仰的过程中，也相对重视开展基本的文化知识教育。

二、第二时期的教育

希伯来人在遭受亡国之痛的岁月里，仍恪守自身的宗教传统，在宗教节日均举行集体性的宗教活动，并建立犹太会堂作为专门的活动场所。此后，犹太会堂也从开展宗教活动的场所，逐渐成为传授《圣经》教义和律法知识的教育场所，在希伯来人的教育活动中发挥着越来越重要的作用。

大批希伯来人结束在巴比伦的流放生活而重返耶路撒冷后，基于对古巴比伦文化教育事业的效法，更基于对通过发展文化教育事业改变自身的悲惨命运所抱有的希望，他们坚信个人只有接受教育才能成为真正的信仰者，只有人人成为虔诚的人，一个民族才能免于衰亡的命运。因而，返回耶路撒冷的希伯来人决心彻底变革家庭教育传统，逐步发展学校教育。

希伯来人发展教育的主要举措，首先是将在巴比伦王国形成的犹太会堂制度移植过来，儿童在父母的带领下到犹太会堂聆听《圣经》讲道及学习一般文化知识，这为新生一代接受基本的宗教信仰和知识教育提供了保证。

其次，专门学校的设立与发展。希伯来初级学校源于最初在犹太会堂附近由专人负责教学的房舍，公元前2世纪，此类负责教学的房舍从犹太会堂独立出来，成为希伯来的初级学校。公元1世纪，希伯来学校体系初具：在希伯来人聚居的每一村落设学校1所。入学儿童低于25人，由1名教师执教；超过40人，则另增设1名助教；满50人，则由2名教师执教。不过，此时只有男童才享有接受学校教育的权利。希伯来学校的教师被称为"拉比"，享有较高的社会威望。拉比大多学识渊博，宗教信仰坚定，在教学工作之余，还常常出任社会名流的宗教导师或法律顾问，备受世人尊重。

最后，在教育阶段和学习内容方面，希伯来男童一般6岁入初级学校，学习期限为10年。其中，6～10岁儿童主要学习《圣经》及基本的读、写、算。教师口授和学生诵读为基本的教学手段。教师在教学中鼓励儿童提出问题，认为不善于提出问题，即不善于学习。教师还鼓励儿童之间互帮互学，相互激励和启发。诚如一则希伯来谚语所说："恰似一块小木可以燃烧一块大木，幼儿也可使年长儿童学得聪明，恰似一块铁可以磨利另一块铁，一个儿童也可使另一儿童变得敏慧。"[①]10～15岁儿童则主要学习圣经注疏类著作《密西拿》。15岁之后则主要学习另一部圣经注疏类著作《革马拉》，此类教育大致属于中等教育。公元2世纪，接受完中等教育且有志从事神职工作的青年，则进入专门培养僧侣的学校，学习宗教理论和律法理论，掌握组织开展宗教活动的知识和技能，此类教育大致属于高等教育。

小结

古代东方文明国家的教育表现出一些共同特征。

第一，人类教育的发展以古代东方国家为先。古代东方国家重视教育对个人与社会发展的作用，其学校是世界上最先设立的专门教育机构，学校教育内容之丰富、范围之广泛、水平之高，都是同时期其他地区不可比拟的。

第二，尊师重教是古代东方国家教育的优良传统。教师是教育的关键，古代东方国家历来就有尊师的传统，学校教师大都是具有较高文化素养的人，或者是国家官吏，深受社会民众和帝王的尊敬和器重，教师被看成智慧和知识的化身。

第三，与古代东方国家的社会政治体系和经济结构相对应，教育发展表现出较为突出的阶级性和等级性。学校教育仅面向奴隶主子弟和社会上层家庭子弟开放。

第四，教育内容已涉及智育、德育和宗教教育等，其中尤其重视德育。这反映了古代东方国家的社会人文面貌，也是社会和统治阶级对广大人民的要求。无论是家庭教育还是学校教育，道德教育始终是第一课。古代东方国家的教育带有浓厚的宗教性，反映了人类刚刚步入阶级社会后的显著特征。

第五，古代东方国家的教育虽在实践中多有创新，但个别教学、口授诵读仍是较为常用的教学方法，教学方法总体上较为单一。

思考题：

1. 为什么说人类教育的发展以古代东方国家为先？
2. 分析古代东方国家教育的共同特征。
3. 怎样理解人类文化教育发展中心的多元性？

参考文献：

1. 曹孚，滕大春，吴式颖，等. 外国古代教育史. 北京：人民教育出版社，1981.
2. 滕大春. 外国教育通史：第一卷. 济南：山东教育出版社，2005.

---

① 曹孚、滕大春、吴式颖等：《外国古代教育史》，37页，北京，人民教育出版社，1981.

第二章　古代希腊的教育

内容提要

斯巴达教育和雅典教育是古代希腊教育的经典代表。斯巴达建立了以军事体育训练为主要内容的教育制度，雅典形成了实施身心和谐发展教育的学校体系。古代希腊思想家苏格拉底、柏拉图、亚里士多德构建了各自的教育思想体系。

学习目标

1. 重点掌握古代希腊斯巴达教育和雅典教育的概况。

2. 理解古代希腊教育家的教育观与其社会政治和哲学观之间的关系，把握古代希腊教育的历史脉络和教育家教育思想的主要内容。

核心概念

斯巴达教育；雅典教育；苏格拉底；苏格拉底方法；柏拉图；亚里士多德；和谐教育

古代希腊是世界文明发祥地之一，也是欧洲文化的发源地。古代希腊创造了灿烂的古代文明，以至于以后西方的每一次文化复兴都要向古代希腊文化寻求启发和鼓舞。

古代希腊是以爱琴海为中心，包括希腊半岛、爱琴海的岛屿及小亚细亚西部海岸地带的一些奴隶制城邦的总称。古代希腊的文明史是从爱琴文明开始的，其中心是克里特岛和迈锡尼城。公元前11世纪，希腊人的一支——多利安人从半岛北部侵入迈锡尼，希腊由此步入荷马时代(《荷马史诗》是这一时期唯一的文学史料，因而得名)。公元前8世纪至前6世纪，古代希腊以城邦国家为主，分别实行君主制、贵族共和制和民主共和制。公元前5世纪至前4世纪上半叶，奴隶制度发展达到顶峰，经济与文化空前繁荣，奴隶主民主政治臻于全盛，后又因城邦之间的冲突，导致全面危机。这个时期古代希腊先后建立了200多个奴隶制城邦。这些城邦都以一个城市为中心，包括附近若干村落，其特点是小国寡民。在这些城邦中，势力最强大、对古代希腊奴隶制发展影响最深远、最有代表性的是斯巴达和雅典。

第一节　古代希腊的教育制度

//////////////////////

古代希腊的自然环境促进了人们创造力的发展，社会政治制度的繁荣和更迭激发了人的理性思维和对法律的畏惧，以希腊神话为中心的精神生活激励人们追求智慧、勇敢、节制和正义的品质。这些都对古代希腊教育制度的形成产生了重要影响。

一、斯巴达的教育

在城邦的形成过程中，有一种是通过征服其他部落，在压迫、奴役被征服居民的基础上形成的，斯巴达就是这样的城邦。斯巴达位于伯罗奔尼撒半岛东南部的拉哥尼亚。公元前8世纪，斯巴达建立了奴隶制城邦国家。在斯巴达城邦，居于统治地位的是斯巴达人，大约有4万人；少数无政治权利、被征服的居民享有平民的待遇，被称为庇里阿西人；而广大的奴隶是希洛人，他们没有任何权利，处在被残酷压迫和镇压的境地，大约有25万人。由于斯巴达实行贵族寡头专政，阶级矛盾十分尖锐，奴隶的反抗与起义频繁发生，斯巴达人为了巩固其政权和维护统治者的地位，实行全民皆兵，城邦经常处于军事戒备状态。统治者不许斯巴达人从事工商业活动，规定公民的职责就是入伍从军，对内镇压奴隶的反抗，对外进行军事扩张。这种社会政治状况决定了斯巴达教育的基本特征。

(一)斯巴达教育的性质

斯巴达的教育是一种纯军事训练性的教育。教育的目的完全取决于统治阶级的政治、军事需要，即对内镇压奴隶的反抗以及对外进行战争，也就是要把斯巴达人训练成绝对忠于国家、体格强壮与作战勇敢的军人。教育成了单纯军事性质的教育。

为了维护国家的权力和奴隶主专制制度，斯巴达人十分重视教育，视教育为治国的最主要手段和工具，认为教育关系到整个城邦的安危和斯巴达人的生死存亡，是国家的事情，对青年一代进行教育是国家的职责。因此，斯巴达法律规定：凡是没有受过法定教育的人不能成为公民，不能获得国家的封地，不能享受公民的权利。这是西方教育史上首次把教育作为国家的事业，并使之带有强制性。

(二)教育体系

斯巴达的教育是从儿童刚一出生就开始的。由于全部教育都由国家负责组织管理，儿童被看作国家的财产，所以儿童不属于父母所有，而属于国家。儿童一出世，首先要接受严格的挑选，由父母把孩子送到长老处进行体检。只有被认为体质合乎健壮标准的婴儿才会被留下，身体虚弱的婴儿则被扔到荒山野外，任其死亡。留下来的儿童被培养成为未来的国家公民，由国家责成其父母抚养。在儿童7岁以前，母亲的职责就是使儿童拥有强壮的体格。

从7岁开始，男童被送到国家教育机构接受军事体育训练。这种国家教育机构实际上就是军营。青少年在此接受军事体育教育、政治道德教育、培养坚强毅力和吃苦耐劳品质的教育、音乐和舞蹈教育。军事体育教育的基本内容是"五项竞技"，即赛跑、跳跃、角力、掷铁饼、投标枪。政治道德教育是向受教育者讲述奴隶制城邦的法律、风俗习惯、行为规范、宗教仪式和斯巴达人的英雄业绩等。斯巴达的国家教育机构为了培养青少年过艰苦生活的习惯，制定了极其严格的制度。青少年必须四季赤脚，穿单衣，吃粗食，睡地铺。为了培养青少年坚强的毅力，斯巴达把鞭挞作为训练的方法。青少年经常接受无端鞭挞，以承受残酷鞭挞而毫无惧色为荣，以呻吟哀求为辱。除此之外，音乐和舞蹈也是教育的内容。音乐教育重在发扬尚武精神，舞蹈具有敬神的性质。而文化科学知识被排斥在学习范围之外，忽视对读、写、算等基本技能的训练。

18岁以后，青年人被送到更加正规的军事教育机构"埃弗比"(ephebia，青年军事训练团)。"埃弗比"的领导者是经过专门挑选的、有才干的军事领导人。"埃弗比"的教育完全是正规的军事训练，主要有对奴隶希洛人的搜捕与屠杀，对各种武器和战术的学习与运用。青年人经常参加军事演习和军事活动，意在激发对奴隶的蔑视和仇视心理，培养凶狠残暴的习性。

这种极端的军事训练教育进行两年。到20岁，青年人开始正式在兵营服役或到边境驻守，30岁时成为正式公民。值得一提的是，斯巴达非常重视女子教育。原因是斯巴达人认为只有强壮的妇女才能养育出强壮的子女；妇女也可以参加战斗。斯巴达女子接受的教育和男子十分相似，区别仅仅是女子住在家里，男子住在军营。

斯巴达教育制度的最主要特点是教育事务由城邦负责，以军事体育训练为主要内容，忽视文化知识的教育。这是由斯巴达城邦特有的政治、经济和社会状况决定的。具体表现如下。①教育的国家性。由城邦全面负责青少年的教育，教育机构由国家设立，教育者由国家官吏充任。②教育的军事性。斯巴达教育以培养军人为最高宗旨，以军事训练为主要内容。③教育的单一性。单纯强调军事体育训练，忽视文化知识的学习。④教育的野蛮性。斯巴达人在教育方面采用了许多粗暴的方法，教育方式野蛮残酷。

二、雅典的教育

雅典是古代希腊另一个具有代表性的奴隶制城邦国家，位于希腊半岛东南部的阿提卡半岛，公元前5世纪曾经是希腊文明的中心。与斯巴达不同的是，雅典是在氏族部落自身解体和阶级分化的基础上产生的城邦。雅典拥有优良的港湾和丰富的矿藏，工商业和海外贸易发达，与周围其他国家以及古代东方国家保持着频繁的商贸和文化交流。公元前6世纪初，新兴的工商业奴隶主出现，经济实力不断增强，迫切要求推翻农业奴隶主的专制统治。经过梭伦(Solon，约公元前638—前559)和克利斯梯尼(Cleisthenēs，约公元前570—前507)的两次改革，雅典确立了奴隶主民主政治。公元前443年，伯里克利(Periclēs，公元前495—前429)成为雅典的领袖，雅典开始进入"伯利克里时代"。奴隶主民主政治成为古代希腊社会政治繁荣和臻于鼎盛的代表。所有的雅典公民一律平等，有权参与决定国家制度和管理国事，享有通过抽签的方式当选任职的均等机会。这些都为古代希腊文化教育的昌盛奠定了基础。

(一)雅典教育的性质

雅典教育是一种身心和谐发展的教育，其目的就是要把奴隶主的子弟训练成身心和谐发展的、能履行公民职责的人。雅典的奴隶主民主制度决定了其教育不仅要把青年一代培养成受过专门训练的军人，更重要的是把青年人培养成为能够参与政治民主事务的社会活动家、政治家、公民，以及能从事海外商业贸易、城邦经济活动的商人。因此，体育、军事训练、德育、智育、美育成为雅典和谐发展教育的重要内容。

(二)教育体系

像斯巴达一样，雅典也十分重视对青年一代的培养和教育。公元前6世纪，梭伦改革的相关法令中明确规定，父亲有责任让其子女接受适当的教育，否则，子女成年后有权不赡养父亲。雅典人认为，培养公民在履行社会责任和义务时所应具有的理性、智慧和正义等品质，属于国家的责任；在形成个人品质和性格方面，则由个人或家庭决定。

雅典的家庭主要负责7岁以前儿童的教育。婴儿出生后也要接受严格的身体检查，但目的是更好地照顾儿童。父母负责家庭教育，教育内容和形式包括唱歌、讲故事、做游戏、教儿童各种礼貌行为等。7岁以后，男孩进入学校学习，女孩则继续留在家中，学习读、写、算、演奏乐器、做家务、做手工等。

雅典的初级学校包括文法学校和弦琴学校，均为7～12岁的男孩开设。这两种学校招收年满7岁的儿童，往往都是私立和收费的。学校教师通常是享有自由权利的自由民，或少数赎身的奴隶，他们社会地位不高，得不到社会的认可。儿童学习期间均有"教仆"陪同和监督，以避免儿童接受不良影响。文法学校主要教授读、写、算。弦琴学校以唱歌、演奏、朗读为主，目的在于陶冶性情、培养审美情趣和良好的道德修养。

儿童在文法学校和弦琴学校学习到十二三岁时，既可以继续在这两类学校学习，又可以到体操学校学习。在体操学校，一般都是教师在一块运动场地上教学生练习"五项竞技"，目的在于提高学生的体质和运动技能，使他们达到诸方面均衡、和谐发展。所以，体操学校不仅要求学生身体健壮，而且要求他们在体操技能技巧的提示上轻盈敏捷、准确平稳，动作协调优雅，姿态美观大方，意志坚定。体育训练常以音乐相配。体操学校同时进行道德教育，师生之间的道德谈话十分普遍，内容涉及政治民主、遵纪守法、尊重多数人的意愿、中庸思想等。

在体操学校学习 2～3 年以后，大多数青年不再继续学习，开始从事某种职业。少数奴隶主子弟进入国家开办的体育馆继续学习。国家体育馆以体操训练为主，"五项竞技"仍是训练项目，同时又增加了文化知识的教学，主要教授文法、修辞、辩证法(哲学)三门学科以及政治、法律、音乐等。

年满 18 岁的青年可进入更高一级的教育机关——"埃弗比"学习。雅典的"埃弗比"是一种高级军事教育机构，但进入"埃弗比"是自愿的。教育内容包括军事训练、国家法律和政治事务。学校重视实际锻炼，学生必须到军队中见习。到 20 岁时，青年人须经过一定的考核和仪式，方能获授公民称号，享受一切政治权利，担任一定的国家官职。

雅典教育的主要特征是进行诸方面的和谐发展教育。与斯巴达教育相比，雅典教育采取放任政策，把教育子女看成家庭的职责，学校类型较多，允许私人办学。雅典教育以培养全面和谐发展的公民为主，重视德育、智育、体育、美育等方面的内容。雅典的教师来自各个阶层。但雅典重视女子教育的程度不如斯巴达。

第二节　苏格拉底的教育思想

古代希腊丰富的教育实践、古代希腊(特别是雅典)沸腾的社会生活和希腊人崇尚理性、爱智、爱美、爱和谐的思想，为古代希腊丰富多彩的教育思想提供了肥沃的土壤。不过，那时还没有出现系统论述教育问题的著作，一些思想家的教育观点只是散见于他们的哲学、社会政治、历史学、文学著作以及传记之中。然而，正是这些古代的教育思想成为古代希腊灿烂文化中重要的部分，也是西方教育理论发展的起源。

一、生平及教育活动

苏格拉底(Socrates，公元前 469—前 399)，古希腊哲学家和思想家，出生于雅典一个手工业者的家庭，父亲是雕刻匠，母亲是助产士，其成长恰处于雅典的繁荣时期。少年时代的苏格拉底对学习《荷马史诗》具有浓厚的兴趣，青年时代开始喜欢哲学和与人探讨社会问题。从 30 岁起，他开始致力于公共教育工作，授徒讲学。苏格拉底的教学没有特定的对象，没有固定的场所。他曾说："我愿同样回答富人和穷人提出的问题，任何人只要愿意听我谈话和回答我的问题，我都乐于奉陪。"[1]苏格拉底和学生讨论最多的是有关哲学、道德、社会、伦理和治国之术的问题，他希望年轻一代

---

① [古希腊]柏拉图：《苏格拉底的最后日子——柏拉图对话集》，余灵灵、罗林平译，67 页，上海，生活·读书·新知三联书店，1988。

接受良好的教育，成为有德行、有知识、有智慧的人。公元前399年，苏格拉底被视为雅典民主政治的威胁①，雅典人指控他蛊惑青年、崇拜新神和不敬城邦诸神，并判处其死刑。

苏格拉底一生不事著述，更没有专门的教育论著，他的教育思想主要来源于与他人的对话，如柏拉图的早期哲学对话和历史学家色诺芬(Xenophon，公元前430—前355)的《回忆苏格拉底》等著作中。

二、哲学观

苏格拉底的哲学思想被称为"目的论哲学"。古希腊早期的哲学为自然哲学，以自然为研究对象，重在说明世界是由什么构成的。而苏格拉底认为，哲学应当研究解释为什么生成某种东西。他指出，世界之所以如此，是因为其中有一种支配的力量，它使万物成为如此，并且是最好的。苏格拉底实现了古希腊哲学的转向，提出哲学应该研究人事，而不是探究万物的本源。他认为，神依据"善"的原则安排一切，"善"也成为一切事物追求的目标，一切事物皆有追求"善"的完满性原则。因此，那种选择人所根本不能解决的问题来探讨的做法是愚蠢之举。哲学应该研究人本身，研究那些使人接近于"善"的基本要求，诸如虔敬、正义、勇敢、坚韧、理性等品质，特别是当社会剧烈动荡而导致"善"被遮蔽时，人们更加有责任来探究真正的"善"。

三、教育观

(一)教育的意义：对善的追求

苏格拉底相信，人之所以为人，是因为具有理性和灵魂，具备追求善的能力。人能够认识到自己的本质在于"善"，并致力于灵魂的净化，从而接近"善"。如此，人就达到了"认识你自己"，即承认自己的无知，从而放弃原有的感性东西，去发现理性的善。教育的作用就在于帮助人们自省，培养善的观念，成为正义社会中的公民。所以，教育"对于人类有最大好处"②。

真正的善具有普遍性，但是人的天资是有差异的，而教育则能够使人不断认识自己，得到改进。所以，苏格拉底反复强调，无论是天资比较聪明的人还是天资比较鲁钝的人都应该受教育，而且天资越好的人越需要受教育，因为只有通过教育，才能使其摈弃经验性的感性知识，成为认识真理、具备美德、趋于善的人。在苏格拉底看来，任何被称为美德的东西，都是可以通过学习和实践来增进的。"只有愚人才会自以为不用学习就能够分辨什么是有益的和什么是有害的事情……只有呆子才会认为，尽管自己一无所知，但由于有财富就会被认为是个有才德的人，或者尽管没有才德，却会受到人们的尊敬。"③

(二)教育目的：培养政治家

在西方教育史上，苏格拉底最早提出了专家治国论。苏格拉底寄希望于通过追求

---

① ［美］霍普·梅：《苏格拉底》，瞿旭彤译，13页，北京，清华大学出版社，2019。
② ［古希腊］色诺芬：《回忆苏格拉底》，吴永泉译，193页，北京，商务印书馆，1986。
③ ［古希腊］色诺芬：《回忆苏格拉底》，吴永泉译，139页，北京，商务印书馆，1986。

善来寻求事物的本质。他反对智者派的具有相对主义和经验主义特征的所谓智慧，不愿意被别人称为是最有智慧的人，而自认为是智慧的爱好者和追求者。他推崇那种具有普遍性和原则性的根本知识，只有真正掌握这种知识的人才可以说是有智慧的人，才能被称为哲学家，才能治理好国家。

苏格拉底对当时雅典社会政治制度的衰落极为不满，抨击了独裁政体的专制和奴隶主民主制度的随意性，认为"君王和统治者并不是那些拥大权、持王笏的人，也不是那些由群众选举出来的人，……而是那些懂得怎样统治的人"①。他将政治看作一门并非人人都可以掌握的专业技能，城邦的统治权必须掌握在那些具备专业政治知识且拥有美德的人手中，而不是分散在没有政治知识的普通公民手中。

政治家需要天赋，更需要接受教育和训练。苏格拉底主张通过教育培养治国之才，告诫青年一代只有刻苦学习，获得广博的知识，形成美德，才能成为治理国家的人才。教育的最终目的，就是要培养具有高尚品德和治国安邦之才的人。苏格拉底的这种思想成为柏拉图培养哲学家的教育目的的思想渊源。

（三）美德与知识的统一

苏格拉底的教育哲学是伦理哲学。他主张教育的首要任务就是教人怎样做人，具体来说就是形成美德。

苏格拉底认为，人的一切知识、智慧或美德存在于人的内心深处，都是善的属性，相互之间具有内在联系。一个人只有确切地知道什么是善才会去行善，人之行为的善恶主要取决于是否具有相关的知识。故此，"知识即美德"。在他看来，"美德"既包括各种优秀的品质，又蕴含着人在社会中实现自我的真正潜能。具有美德的人能以适当的方式实现自我价值，圆满地胜任社会所赋予的优秀角色，正如优秀的工匠能制作良好的工具、优秀的教师善于教诲青年一样。据此，苏格拉底明确指出：知识即美德，无知即罪恶。而知识就是智慧，知识即美德也意味着智慧即美德。

从美德与知识相统一的观点出发，苏格拉底提出了"德行可教"的主张。他论证了美德皆源于知识的共同性，认为美德具有共同的、客观的、绝对的价值标准，它出自人所共有的理性本质，但美德的形成却有赖于后天的教育和训练。知识即美德，知识是可教的，美德亦可教。因此，通过传授知识和发展智慧，就可以培养有道德的人；知识教育是道德教育的主要途径。苏格拉底构建和倡导的道德教育哲学的出发点和宗旨就在于，通过知识教育和道德训练来恢复人性之中的善，从而使雅典城邦的社会生活建立在严谨的理性价值基础之上。

所以，苏格拉底一直致力于公共教育事业，其本意就在于以伦理或道德原则来改造雅典人的思维方式和精神生活，教育人们"努力成为有德行的人"②。他的道德教育标准是使人达到正义（正义就是守法）、勇敢（一种融合了大无畏精神、知识和智慧的品质）和节制（一切美德的基础）。

---

① ［古希腊］色诺芬：《回忆苏格拉底》，吴永泉译，118 页，北京，商务印书馆，1986。
② ［古希腊］色诺芬：《回忆苏格拉底》，吴永泉译，69 页，北京，商务印书馆，1986。

"知识即美德"是苏格拉底伦理和教育哲学最重要的命题，也可以说是苏格拉底道德教育思想的核心。其意义在于肯定了理性知识在道德教育中的决定性作用，更加充分地说明了教育的作用和影响。

(四)苏格拉底方法

苏格拉底认为，知识的获得并不依赖于经验，而主要是通过概念的分析，澄清那些关于人自身和社会已有的模糊概念，如正义、勇敢和节制等来实现的。为了追求真正的善，形成美德，苏格拉底强调通过省思的方式获取知识、美德或智慧。他到处与人谈论道德和社会问题，形成了一种对话式的教学方法，即"苏格拉底方法"。

"苏格拉底方法"是一种在教师与学生共同讨论的过程中，教师并不直接说明概念或知识，而是通过问答或辩论揭示对方认识中的矛盾，逐步引导学生最后得出正确结论的方法。这种方法分为四个步骤。第一步为反讽，即通过问答从对方观点中引出矛盾，迫使其否定曾经肯定过的结论。苏格拉底认为这是使人获取知识的前提，因为除非一个人"自知其无知"，否则他将坚持已有的错误概念。第二步为助产，即在否定已有观点的基础上，引导学生独立思考，形成新概念。苏格拉底承认自己是无知的，那些自以为自己知道的人，实际上什么也不知道。他说自己可以帮助别人获得知识，正如作为助产士的母亲一样，所不同的是母亲是生命的接生者，自己是智慧或知识的接生者。第三步为归纳，即通过对具体事物的比较，探究发现事物的共性和本质。第四步为定义，即把个别事物归入一般概念，获得关于事物的普遍概念。

在《回忆苏格拉底》中，色诺芬记述了苏格拉底与学生讨论有关"正义"和"非正义"的对话，呈现了这种方法。

苏格拉底方法作为一种教师和学生共同讨论、共同寻求正确答案的方法，有助于激发和推动学生思考问题的积极性和主动性，目的是帮助对方揭露矛盾，认识到自己的错误，通过不断地认识矛盾去寻求普遍的真理。可以说，这种方法是西方近代启发式教学的萌芽。

苏格拉底的教育观虽然没有形成系统的教育理论体系，但已经涉及古代教育思想中一些带有普遍性的理论问题，并直接影响到柏拉图和亚里士多德，对西方近现代教育产生了一定的影响。

第三节　柏拉图的教育思想

一、生平及教育活动

柏拉图(Plato，公元前 427—前 347)，古希腊思想家、哲学家和教育家，出身于奴隶主贵族家庭，青少年时代接受过良好的教育。公元前 407 年，20 岁的柏拉图师从苏格拉底学习哲学。公元前 399 年，苏格拉底被判刑处死，柏拉图被迫逃离雅典，经历了 12 年的游历生活，相继到过埃及、西西里岛和南意大利等地。正是这次游历客观上帮助柏拉图考察了各种政治体制、法律、社会结构，研究了各种哲学流派、天文学、数学和音乐，并在此基础上形成了自己的哲学思想。

公元前387年，柏拉图回到雅典，在以希腊传奇英雄阿卡德谟（Akademos）名字命名的体育场中创办了学园，该学园成为西方最早具有高等教育性质的学校。柏拉图和弟子在此以讲演、对话、诘问的形式开展教学活动，采用理性思辨的方式研究哲学。柏拉图去世以后，该学园延续了900余年，直到529年停办。柏拉图的思想以对话体裁保存下来，共40余篇，其中《理想国》集中体现了柏拉图的教育思想，被视为西方三大教育名著之一（其他两部为卢梭的《爱弥尔》、杜威的《民主主义与教育》）。

二、教育观

（一）论教育目的

柏拉图提出了理念论，认为理念是先于个别事物存在的精神实体，是万物的本源，理念世界是现象世界的原型。如果要获取关于理念的知识，那么必须具备良好的理智能力和经过专门的训练。而只有那些用理智来洞见理念且具有德行的人，才能引导人们到达理念的境界。柏拉图的理念世界是一个抽象的、永恒的、不朽的精神世界，而现象世界是具体的、变化的、暂时的。对理念的认识不能由感觉而只能由理性去把握，只有哲学家才具有智慧的美德，所以，也只有哲学家才能认识理念。

柏拉图分析了当时希腊的政治体制，认为各有弊端。他提出建立一种由哲学家担任统治者的理想国家的设想，即哲学家政体。这种理想的国家由三个不同的阶层组成：统治者、保卫者和劳动者。这三个阶层具有轮回不灭的灵魂，包括理智、情感和欲望三部分。统治者以理智部分为主，具有统率情感和欲望的功能，特点是"爱智爱美"，具有智慧的美德；保卫者以情感部分为主，表现为争强好胜和忠诚，具有勇敢的美德；劳动者以欲望部分为主，表现为随心所欲，具有节制的美德。灵魂的三个组成部分和谐相处，各自发挥自己的作用，理智起领导作用。

正因为如此，柏拉图强调对社会各阶层，特别是国家统治者的培养和教育，指出只有哲学家才最适合出任国家的最高统治者，如此，理想国的设想才能实现。教育的最终目的在于培养建设理想国家的哲学家。

（二）论教育的作用

柏拉图从其哲学观和国家理论出发，认为理想国的实现主要依赖于教育的实施。原因在于，只有理念世界是真实的，认识和把握理念世界的过程实质上是回忆的过程，学习即回忆，回忆的过程就是启发教育的过程。教育成为建设理想国的工具。

教育还是改造人性的手段。柏拉图继承了苏格拉底"知识即美德"的主张，相信美德可以通过某种方式习得。教育可以使人变得具有德行，追求正义的行为，获得幸福。同时，理念是抽象和难以理解的，但理念是人们追求的理想，对理性的真、善、美的渴望是人的本性的彰显。只有通过教育才能使人具有理性和产生对善的追求，认识理念世界。

鉴于此，柏拉图主张教育应由国家掌管，所有公民的子女无一例外地都要接受教育，国家应设立统一的学校教育制度，学校应按照一定的教育组织形式和规定的教育内容实施教育。可见，柏拉图的这种观点是斯巴达和雅典教育实践经验的总结。

(三)论学校教育制度

在柏拉图看来，理想国必须由哲学家负责管理和统治，其他各阶层则各司其职、各尽所能。而只有通过建立一个理想的教育体系，才能实现这种理想。

柏拉图重视早期教育，提出儿童的教育与国家的兴旺有很大关系，应由国家设立专门的教育机构。儿童出生到3岁的教育，应在最优秀的男女公民的监督下，由经过挑选的女仆负责实施。3～6岁的儿童都要被送到附设在神庙的儿童游戏场，他们的教育是在国家委派的女公民的监督下进行的。柏拉图认为，早期教育的主要内容是讲故事、做游戏和唱歌等。他非常重视发挥游戏在教育中的作用，赋予游戏政治意义；认为故事内容对儿童道德品质的形成影响很大，要精心选择那些能够使儿童养成勇敢、坚毅、乐观等优良品德的故事。

柏拉图认为，7～17岁青少年主要接受情感教育，主要任务是使灵魂的低级部分(欲望)得以发展，从而形成节制的美德。学习年限为10年。这个阶段的教育带有强制性，无论家境、社会地位和性别差异，所有青少年均须入学。学习内容主要包括读、写、算、音乐和体育。柏拉图十分重视音乐和体育的作用，认为它们是专门为情感教育服务的，强调"用体操来训练身体，用音乐来陶冶心灵"[①]。柏拉图所说的音乐包含唱歌、弹奏、诗歌、神话等，这样的音乐教育是至高无上的，可以深入人的心灵深处，抒发真、善、美的情感，养成美德。柏拉图所说的体育内容十分广泛，主要包括体操、骑马、射箭、标枪、角力等。他还要求尽可能把音乐和体育配合起来，使音乐律动和身体活动具有共同的节奏。

柏拉图将18～20岁青年的教育归为意志教育，目的是培养理想国的保卫者，使其形成勇敢的美德。这个阶段的教育只有奴隶主子弟才能享受，国家设置高一级的教育机构——"埃弗比"，青年在此接受军事训练和进行体育锻炼，并学习作为一个军人所必备的算术、几何、天文和音乐(即"四艺")等知识。

20～30岁青年的教育属于智慧教育。20岁时以后，绝大多数贵族青年结束其教育，去担负保卫国家的重任，少数表现出抽象思维能力的贵族青年则继续接受高级教育。这个阶段的教育目标是造就一批哲学家和国家需要的管理人员，使其形成智慧的美德。因此，学习的主要科目是哲学，以便灵魂更接近于善。学生仍然继续学习算术、几何、天文和音乐，但学习目的与前一阶段有所不同：学习算术是为了唤起思维的能力；学习几何是为了引导心灵接近真理，激发哲学情感；学习天文是为了使人思考宇宙的无限；学习音乐是为了探求美和善的根源。柏拉图肯定"四艺"在训练思维、发展理性、培养想象力和训练记忆力等方面具有重要作用。

到30岁时，经过再次的选拔，绝大多数青年人成为国家的官吏，极少数天赋独特、聪慧而好学的最优秀者继续研究哲学，直到35岁，成为国家的重要官吏。他们继续在社会实践中学习管理、政治知识和军事技能，经过15年的经验积累和实际锻炼，到50岁时，获得至善的理念，具有绝对的能力和美德，可以被授予统治国家和

---

① [古希腊]柏拉图：《理想国》，郭斌和、张竹明译，70页，北京，商务印书馆，1986。

社会的权力，成为国家的最高统治者——哲学王。

实际上，柏拉图把学校教育体系当作社会阶层划分的工具。经过不同学校教育阶段的选拔和淘汰，各级学校中产生了理想国需要的三个阶层。教育的功能在于详细区分不同的人，并将其安排到相应的社会阶层中，从事最适合自己本性的工作，充分发挥自己的社会功能，各社会阶层彼此和谐相处，形成国家所需要的正义。

柏拉图的教育思想以理念论哲学为基础，吸收了斯巴达和雅典的教育经验，与古代希腊的社会现实紧密相关，蕴含着丰富的理性主义精神与和谐发展教育理念。他本人是西方教育史上最早建立较为完整教育理论体系的教育家，其教育思想的形成标志着古代希腊教育思想初步实现了系统化和理论化。

第四节 亚里士多德的教育思想

一、生平及教育活动

亚里士多德（Aristotle，公元前 384—前 322），古希腊哲学家、思想家和教育家，出生于希腊古城斯塔吉拉，其父是马其顿国王的御医。18 岁时，他来到雅典进入柏拉图的学园，师从柏拉图学习哲学长达 20 年。亚里士多德在学习柏拉图思想的同时，逐渐形成了自己独特的哲学思想，并最终成为希腊著名的哲学家。柏拉图逝世以后，亚里士多德游学各方，曾受马其顿国王之邀担任王子亚历山大的教师，向其传授了尊重理性和政治家治国的理念。公元前 335 年，亚里士多德回到雅典，创办了吕克昂学园，学园设有一个图书馆和一个自然博物馆，开设的课程有哲学、历史、自然科学、修辞学、文学和伦理学。该校持续了近 860 年。

亚里士多德著作丰厚，在中世纪末曾被整理成册，成为欧洲大学和教育中心的收藏和必读书目。他的教育思想主要散见于《伦理学》《政治学》等著作中。

二、实体论哲学和灵魂论

亚里士多德认为柏拉图的理念论不能说明事物的存在和变化运动，实体才是世界的本源，理念不是事物的摹本，事物才是理念的摹本。他指出，任何事物都是形式和质料的统一。"质料"是构成事物的最初本源，是事物的成分；"形式"是事物的本质，说明事物为什么如此构成。世界上没有无质料的形式，也没有无形式的质料，质料与形式是潜能与现实的关系。质料具有发展的可能性，是消极、被动的，属于尚未实现的现实；形式就是现实，是积极、能动的，属于已经实现了的潜能。事物的发展就是从可能性向现实性的转化。

根据质料与形式学说，亚里士多德指出人是由躯体（质料）和灵魂（形式）构成的。人的灵魂分为三个部分，具有高低等级差异：①植物灵魂，表现形式为营养与繁殖；②动物灵魂，表现形式为感觉和欲望；③理性灵魂，表现形式为理智和沉思。亚里士多德灵魂论在教育理论上的意义是肯定人具有理性，教育可以培养人的理性。他强调理性活动就是善的行为，是人的最大幸福和最高目标，因此，教育的目的就是发展人的理性。

三、教育观

(一)论教育与政治的关系

亚里士多德十分重视教育在国家政治中的作用。他明确指出教育对于巩固奴隶主民主政治的作用，认为在一个全体公民参政的城邦中，公民的品德和基本素质直接决定着城邦的社会安定和兴衰存亡。所有公民唯有顺达理性、德才俱佳，才能保证城邦的幸福。正因为如此，城邦的统治者应该把教育青年一代作为首要的政事，教育理应成为城邦的公共事务和职责。应由城邦负责办理教育事业，建立统一的学校教育制度，决不能让私人管理学校教育工作，使教学游离于城邦的控制之外。

亚里士多德还提出，教育应成为城邦推行法律的工具和手段。他认为，国家的法律是根据人的理性来制定的，法律是奴隶主民主制度下城邦管理的基本手段，各项法律的内容必须使全体公民理解，社会才能形成遵纪守法、服从法律的风尚。这就需要教育发挥其弘扬理性的作用，按照政治体制的宗旨和精神实施公民教育。同时，他又提出"教育应当由法律规定"，由城邦把教育归入法律的轨道，并要求所有公民必须接受教育。

(二)论和谐教育

亚里士多德的和谐教育思想建立在他的质料与形式学说和灵魂论之上。他认为，躯体和灵魂是人的两个不可分割的构成部分，躯体属于质料，灵魂属于形式，两者和谐统一。人具有自然所赋予的发展的可能性，这种可能性的实现有赖于教育。灵魂中的三个部分包含的质料和形式也各不相同，越高级的灵魂部分质料越少、形式越多，越低级的灵魂部分质料越多、形式越少。在发展顺序上，首先是植物灵魂的发展，表现为儿童身体的发育；其次是动物灵魂的发展，表现为本能和情感的出现；最后是理性灵魂的发展，表现为理智、理解力和判断力的产生。亚里士多德认为，要顺应人的自然发展顺序，实施多方面的教育。

在此基础之上，亚里士多德提出，与人的自然发展顺序相适应的教育分别是体育、德育、智育和美育。体育的目的在于使身体得到发展，增强体质。亚里士多德认为，在儿童的教育中，体育训练应首先开展。在他看来，体育训练的目标在于使人健康有力和勇敢坚毅，养成体育竞赛的习惯，从而能够参加各种体育竞技活动。亚里士多德又指出，体育训练不仅要促进人的身体发展，而且要促进人的理性和德行发展，引导灵魂接近理性世界。所以，绝不能像斯巴达教育那样，使人变得"凶狠""残暴"。因此，他要求对学生的体育训练一定要适度，否则就会损害儿童的体格，妨碍他们的自然生长。

亚里士多德把德育看作实施情感教育的途径。他提出，道德教育有自然、习惯和理性三个来源，其中以理性为指导。但是仅有理性指出什么是美德显然不够，还必须通过善良行为的练习，养成道德行为习惯。在他看来，理性和习惯是"善"的根基。道德教育的目的在于通过实际活动和反复练习，使人逐渐养成"中庸""公正""节制""勇敢"的美德。

在智育方面，亚里士多德强调感觉和直观在人的认识中的作用。他认为，对事物的了解首先要从感觉开始，但同时人只有掌握理性的知识，才能对事物产生深刻的见解，进而把握事物的本质。他把当时的教学内容分为实用学科和自由学科。实用学科是为职业做准备的，具有实用性，是不高尚的。自由学科是专供乐享闲暇和满足精神需求所用的，诸如阅读、书写、音乐和哲学，是高尚的。其中，哲学是一门探究理性世界至善的自由学科，属于发展人的理性的崇高学科。以自由学科为基本内容的教育就是自由教育。这种自由教育是唯一适合具有理性的人的教育，目的在于促进人的各种高级能力和理性的发展。

亚里士多德将美育作为和谐教育的重要内容，尤其重视发挥音乐教育培养人的理性的作用。他所说的音乐不仅包括唱歌、弹奏，而且还包括文学作品、诗歌朗诵和欣赏。在他看来，美育的任务是培养个人的审美能力和享受闲暇的能力。音乐属于自由而文雅的学科，它不仅是实施美育的最有效的手段，而且担负着智育的部分职能，还是实施道德教育不可缺少的内容。他认为，音乐是促使人的性格形成的一种重要的力量，各个年龄阶段的人都需要学习。幼年时期学习音乐方面的知识，就可以鉴赏音乐的美，并从中感到乐趣；少年时期学习音乐，有助于体格的锻炼，有助于学业成就的获得；青年时期学习音乐，是为了欣赏高尚的曲调和旋律。可见，亚里士多德把美育看作陶冶心智、培育理性的教育。

（三）论自然教育与年龄分期

亚里士多德是西方教育史上最早提出教育要顺应人本身的自然发展的教育家。他以灵魂论为依据，分析了人的发展与教育的关系，总结了年青一代的身心发展规律，提出了按年龄划分教育阶段的设想，学校和教师要根据学生的年龄特征进行教育。他将一个人从出生到 21 岁的生活、学习和训练分为三个时期。

第一个时期：幼儿教育阶段，0～7 岁。亚里士多德认为，这个时期以身体发展为主，实施家庭教育。其中，对 0～5 岁的幼儿，父母要保证给予他们充足的营养，通过游戏开展活动，以培养良好的习惯为主，但不能进行课业学习，以免产生消极影响。

第二个时期：青少年教育阶段，7～14 岁。亚里士多德主张，这个时期以情感教育为主，实施学校教育，目的在于为将来的理性生活和享受闲暇做准备。教育内容涵盖体育、德育、智育和美育等。

第三个时期：青年教育阶段，14～21 岁。亚里士多德提出这个时期以理性教育为主，重点培养理智，实施学校教育。由于亚里士多德关于本时期教育的论述已失传，人们只能从吕克昂学园的课程中加以推断。学习内容以哲学为主，辅之以算术、几何、天文、音乐理论、文法、修辞和伦理学等。亚里士多德认为，这些学科既能体现以理性教育为主的特点，又能促使学生进行哲理探索，进而发展理性灵魂，以实现教育的最高目标。

亚里士多德的教育思想标志着西方教育思想发展到一个新阶段，直接影响到中世纪和文艺复兴时期教育的发展，后世许多西方教育理论和思潮都可以在亚里士多德的哲学思想与教育思想中找到源头。

小结

以苏格拉底、柏拉图和亚里士多德的教育思想为代表的古代希腊教育思想，是直接归纳和总结古代希腊教育实践经验与成就的结果。古代希腊教育思想的主要特点如下。

第一，教育思想的人本化。古代希腊教育思想的人本化表现为，教育的出发点是为了人的发展，发展教育事业是由人所构成的国家与社会的主要责任，并以完善人的本性和实现人的价值为最终目的。

第二，教育思想的理性化。古代希腊教育思想强调心灵的训练和智慧的启发。苏格拉底、柏拉图和亚里士多德都反复论述了理性教育的重要性，认为人的本性发展依靠理性教育，发展人的理性成为教育的根本所在。他们都把人视为理性的动物，从而使人和动物具有了根本区别。人的本质特点是理性。教育就是把人培养成高尚而富有理性的人。

第三，教育思想的哲学化。古代希腊教育家都是从哲学命题中阐发教育观的，教育思想建立在哲学理论基础之上，从哲学思考中引发出最本质的教育问题，形成了西方最早的教育哲学理论。可以说，古代希腊教育思想实质上就是教育哲学思想。

第四，教育思想的实践化。古代希腊教育思想的实践化一方面表现为教育思想来源于希腊社会生活、教育实践和教育制度，是对教育实践活动的总结和对社会文化精神生活的提炼；另一方面表现为教育思想试图为国家政治和解决社会现实问题服务，并把教育作为改造社会的手段。

思考题：

1. 试比较斯巴达教育与雅典教育的异同。
2. 简析古代希腊培养哲学家的教育目标。
3. 古代希腊教育思想的特点是什么？

参考文献：

1. 赵祥麟，任钟印，李文奎 . 外国教育家评传：第一卷 . 上海：上海教育出版社，1992.

2. 单中惠 . 西方教育思想史 . 北京：教育科学出版社，2007.

第三章 古代罗马的教育

内容提要

古代罗马继承和发展了古代希腊的教育。共和前期以家庭教育为主,共和后期逐渐形成了主要由初等学校、文法学校和雄辩术学校构成的学校教育体系。帝国时期国家加强了对教育和教师的控制。基督教产生以后,教会学校发展成为早期基督教教育的主要场所,世俗教育受到排斥。西塞罗和昆体良培养演说家的教育思想体现了古代罗马教育理论的发展。

学习目标

1. 重点掌握古代罗马共和时期的学校教育体系、帝国时期教育政策的转变以及基督教对罗马帝国后期教育的影响。

2. 分析西塞罗和昆体良的教育思想与古代罗马社会政治发展的关系。

核心概念

古代罗马教育;西塞罗;昆体良;雄辩家

古代罗马教育是古代希腊教育的继续和发展。在西方教育史上，古代罗马的教育同样占有重要的地位。古代罗马人对古代希腊的文化教育进行了吸收和消化，同时也根据本民族文化的特点，进行了一些重要的修改与补充。古代希腊的文化教育主要是通过罗马人的改造而影响到后世的欧洲的。同时，罗马统治者在其日益扩大的帝国版图内，大力推行希腊式的文化教育。

古代罗马文明通常指从公元前8世纪初至5世纪以意大利半岛为中心兴起的文明。从公元前8世纪开始，罗马人已确立了对意大利的统治权。后经几百年的征战，地跨欧洲、亚洲、非洲的庞大帝国发展起来。公元476年，西罗马帝国灭亡，标志着西欧奴隶社会的终结，封建社会的开始。古代罗马的历史分为三个时期：公元前8世纪至前6世纪的王政时期，属于从原始社会向奴隶社会过渡的时期，缺乏史料记载；公元前6世纪至前1世纪的共和时期；公元前1世纪至公元476年的帝国时期。

第一节　古代罗马的教育制度

一、共和时期的教育

公元前6世纪，罗马人推翻了君主专制，选出了两名执政官，建立了共和政体。从公元前6世纪到前3世纪属于共和前期。由两名选举出来的执政官行使最高行政权力，元老院掌握国家实权；同时，设立平民所选的"保民官"，负责保护平民的权利。从公元前3世纪开始，古代罗马进入共和后期，此时奴隶制已完全确立，政治军事的独裁导致复杂的社会斗争，罗马的版图有所扩展，手工业、商业发达起来，文化教育也相应发生了新的变化。

(一)家庭教育

共和前期的教育形式主要是家庭教育。家庭在罗马人的生活中居于重要地位，也是教育的基本单位。从氏族社会承袭下来的家长制，使父亲在家庭中享有绝对权威。一般来讲，7岁以前的儿童由母亲负责抚养与教育。7岁以后，男童由父亲负责教育，通过观察、实际操作来学习各种知识。以道德教育为主，包括讲求德行、提倡孝道、热爱祖国、尊重传统、遵守法纪，以养成勇敢、节俭、诚实品质。这一时期，唯一的教材便是"十二表法"。罗马人认为，学习"十二表法"对于训练一个遵纪守法的人来说，是绝对必需的。此外，罗马人也很重视体育技能的训练，如骑马、角力、投枪和游泳。与古代希腊的体育由体操学校承担不同，古代罗马的体育主要由家庭负责。

在共和前期，古代罗马教育的目的是培养既能从事生产活动，又能为国征战的公民。这样的公民既包括具备勤劳、节俭、朴实和严谨品质的农夫，也包括掌握骑马、角力、游泳及作战技能的军人。这种教育以家庭教育为主，主要在实践中进行，包含道德教育、敬畏与遵守法律的教育和军事技能的教育。

(二)学校教育

古代罗马的学校教育在公元前3世纪以前就已经存在了。但是，那时只有少数初等学校作为家庭教育的补充。直到共和后期，学校教育才广泛地发展起来。

公元前 3 世纪，罗马兼并了希腊大多数城邦，控制了意大利半岛上的许多希腊殖民城市；公元前 146 年，占领了希腊本土，大批希腊人流散到罗马，希腊的文化也被带到了罗马，并为罗马人所接受。于是，希腊的大批修辞学家、哲学家和教师来到罗马，多以从事教学活动为谋生之道。罗马的贵族也多以学习希腊文化为荣。这主要是因为古代希腊文化代表了当时西方世界的最高水准，大多数罗马人都认为应尽量掌握先进的东西，而希腊文化超出了自己创造的文明。而且，希腊语又是当时所谓"文明世界"的通用语。在与各国的争霸中，罗马统治者也需要用希腊文化来武装自己，与敌手抗衡，统治被征服的地区。同时，古代罗马与古代希腊一样都是奴隶主共和政体，希腊文化同样适应罗马政治、经济发展的需要。但是，罗马人还需要保持和发展本民族的特征，拉丁语仍是国家语言，拉丁文化的崛起又为学校教育增加了新的学习内容。可见，罗马学校并不是希腊学校的简单重复。这样，以思辨哲学为核心、推崇文雅教育的希腊文化教育与强调实效、注重培养实干人才的罗马文化教育相融合，形成了古代罗马的学校教育体系。

1. 初等学校

初等学校是为 7～12 岁的儿童开设的教育机构，学习内容是读、写、算和"十二表法"。初等学校是私立的、收费的，国家不施管理，校舍简陋。教师地位低下，收入微薄，往往由一些沦为奴隶的希腊人或自由民充当。学生几乎全部来自平民家庭，贵族子弟不屑于就读这类学校。奴隶主通常聘请家庭教师教授其子弟学习初步的文化知识。

2. 文法学校

奴隶主子弟到 13 岁时进入更高一级的文法学校。最初，文法学校完全由希腊人创办，称希腊文法学校，用希腊语教学，教学内容是希腊语和希腊文学。到共和末期，随着罗马拉丁文化的发展，在一些著名政治家、思想家的呼吁下，以传授拉丁文学为主的拉丁文法学校出现。学生可以同时就读于希腊文法学校和拉丁文法学校，学习希腊文和拉丁文。除学习希腊文化和拉丁文化外，还学习地理、历史、数学和自然科学。学习方法主要是讲解、听写和背诵。文法学校教师地位较高，拥有丰厚的经济收入，受到广泛尊重。

3. 雄辩术学校

共和后期，罗马各种政治势力之间的矛盾加剧，演说和论辩成为有效的政治工具，掌握演说术或雄辩术成为迈入上层社会的阶梯和上流社会有教养的标志。社会生活和政治斗争的剧变，致使文法学校已经不能满足罗马人的实际需要，于是，仿照希腊后期哲学家的做法开办了一种更高级的学校——雄辩术学校。雄辩术学校招收 16～20 岁的贵族子弟，专门培养以演说见长的社会人士或政治家。雄辩术学校同样包括希腊语雄辩术学校和拉丁语雄辩术学校。前者以讲授希腊作品、文化、语言为主，后者以传播拉丁语作品、拉丁语为先，共同开设的课程有文法、修辞、历史、哲学、法律、数学、天文、几何和音乐。

二、帝国时期的教育

罗马帝国的建立是历史的必然。当罗马已成为地跨欧洲、亚洲、非洲的大国时，奴隶主共和制已不能适应变化了的政治经济发展的需要，共和制危机四伏，社会生活矛盾交织、错综复杂，各种对立和冲突已演化到难以调和的地步。罗马统治者从稳定自身专制根基、维护根本利益出发，抛开共和外衣，实施直接的帝制统治。公元前 27 年，屋大维独揽大权，建立了罗马帝国。帝国早期出现了长达 200 年的"罗马和平"时期，经济繁荣，政局稳定。帝国晚期爆发了全面危机，罗马于公元 395 年分裂为西罗马帝国和东罗马帝国。公元 476 年，西罗马帝国灭亡，西欧开始进入封建社会。在帝国时期，古代罗马的教育也实现了长足的发展，发生了巨大变迁，具有鲜明的时代特点。

(一)改变教育政策

社会政治结构的变革，导致罗马教育目的的改变。共和时期的教育目的是培养参与社会政治生活的演说家或雄辩家，即政治家；帝国时期的教育目的则适应政治体制的需要，致力于培养安分守己、遵纪守法的顺民和效忠帝国、精明强干的官吏。

为了巩固帝国统治，罗马帝国逐渐开始控制教育事业。公元 425 年，帝国皇帝颁布敕令，确定了开办学校的权力归政府所有，任何私人办学都被认为是犯了叛国罪，私立学校改为国立。为了培养未来的统治者和管理者，罗马帝国还设立了宫廷学校，聘请著名学者执教。帝国还不断提供资金修建图书馆、博物馆等文化设施。同时，对各级各类学校提出办学要求，建立了严格的监督制度。

(二)提高教师的地位，加强对教师队伍的控制

罗马帝国加强了对教师的控制，力图使教师成为国家统治的工具。为此，帝国废除了自共和时期以来教师职业的自由选择权，由国家直接委任教师。公元 1 世纪，罗马皇帝韦斯巴芗(Titus Flavius Vespasianus，9—79，69—79 年在位)开始向教授拉丁语和希腊语的修辞学教师、文法学教师发放薪水。公元 333 年，君士坦丁大帝(Flavius Valerius Constantinus，280—337，306—337 年在位)下令，由帝国直接任免教师，在专业学校设立专门的教授职位。这样，教师就完全由统治者根据自己的需要来挑选。公元 4 世纪，帝国皇帝又颁布法令，对专业学校教师和医生豁免一切赋税、一切公民义务，免除其被传讯、起诉和审判。

(三)学校教育的变化

在初等教育方面，初等学校仍以平民子女为主要对象，主要开展读、写、算教育和道德教育。但学校的教学重点已经由对希腊文化或拉丁文化的学习转移到文法分析上。教师要求学生抄录文法定义和规则，并加以记诵。

在中等教育方面，文法学校对拉丁文法与罗马文学的教学逐渐压倒了对希腊文法与希腊文学的教学。罗马帝国一分为二后，西罗马帝国文法学校中的希腊文法与希腊文化教学几乎绝迹。从公元 3 世纪开始，文法学校的教学逐渐趋向形式主义。教学与实际脱节，主要集中于文法与文学，实用学科减少。文学教学也日趋形式化，忽视内容本身。这种形式主义的教学法对文艺复兴以后欧美中等教育影响很大。

在高等教育方面，由于专制独裁制度不允许自由演说，教育目标发生了根本改

变，从培养演说家转变为培养官吏。虽然文法、修辞教育的传统得以保留，但学习内容已越来越脱离实际，一步步地走向形式主义：教师与学生致力于文字上的咬文嚼字，辞藻上的争奇斗巧。教材基本上是西塞罗（Marcus Tullius Cicero，公元前106—前43）的演讲录和维吉尔（Virgil，公元前70—前19）的诗歌。教学脱离生活，实用学科减少，重在对文法和文学的学习。而学习文学已不是为了激励人心和欣赏文学，只是为了形式、辞令。雄辩才能被唯命是从所替代，雄辩术教学内容空泛，一味追求丰富的辞藻和华丽的形式。

帝国时期出现了一些传授专门知识的专门学校。首先是法律学校。古代罗马重视法律，国家拥有完善的法律制度，统治者重视发挥法律的政治作用。青年人经常参与社会的司法活动，与有经验的律师一起工作。这样，法律学校就出现了。东罗马帝国皇帝查士丁尼（Justinianus，483—565，527—565年在位）下令设立三所公立的法律学校，修业年限为5年，学生学习法理学概论、法律学说、法典和罗马法。其次是医学学校。在帝国时期，正规的医学学校建立在城市，一般由著名的医生担任教师，传授医学。学校鼓励学生进行医学实习，阅读医学著作。最后是哲学学校。哲学丰富了罗马人的文化内涵，开阔了其视野，提高了其理解力，吸引了大批青年人探究古代哲学思想。一些哲学家为谋生而设立了学校，主要传授古代希腊各种哲学流派的学说。

第二节 基督教的兴起及其教育活动

在罗马帝国后期，基督教的出现改变了古代罗马的运行轨迹，也为西方教育的发展留下了深刻的历史烙印。基督教作为世俗文化和教育的对立面而出现，并逐渐由弱小变得强大，最终形成了基督教文化教育系统，在罗马帝国的较大区域内取代了世俗文化和教育。

一、基督教的产生与传播

基督教产生于公元1世纪中叶。这时罗马帝国正处在强盛时期，被奴役、被压迫、被征服的各族人民，在强大的帝国政权下几乎不可能做出有效的反抗，只能到宗教中去寻找精神上的安慰。基督教最早出现在罗马帝国统治下巴勒斯坦地区的犹太下层民众中，这在很大程度上表达了劳苦的下层群众渴求摆脱苦难的愿望。因此，基督教产生后很快就传遍罗马帝国全境。

最初，罗马帝国统治者残酷迫害基督教徒，但阻止不了基督教的传播。从公元2世纪后半期起，基督教教义逐渐宣扬逆来顺受，宣扬君主是神的代表。这一切迎合了当时统治阶级的需要，于是，基督教便逐渐变成了罗马帝国统治者对人民进行精神统治的工具。到公元4世纪时，基督教不仅拥有众多教徒，而且到处设立教会。公元313年，罗马皇帝君士坦丁大帝颁布了"米兰敕令"，宣布教徒信仰自由，承认了基督教的合法地位。公元392年，罗马帝国皇帝狄奥多西一世（Theodosius I，347—395，379—395年在位）正式把基督教定为罗马国教。从此以后，基督教成为西方社会发展中一个重要的影响因素，也使西方教育具有了新的特征。

二、早期基督教的教育

在学校教育方面，基督教主要采取了两项措施。

(一)建立教会学校

基督教最早建立的学校是教义问答学校，分初级教义问答学校和高级教义问答学校。

初级教义问答学校最初依托宗教活动场所，以教化成人为主，对入教者进行有关教义和教规的训练；后来逐渐发展成为一种教育机构，开始以教化儿童为主，教授教义知识、宗教道德、音乐等，一般都附设在教堂中。

高级教义问答学校为培养教会神职人员而设，主要学习较为高级的教义和其他课程。公元2—3世纪，埃及的亚历山大里亚和巴勒斯坦的凯撒尼亚高级教义学校，因早期基督教著名神学家兼哲学家奥里根(Origenes，约185—254)的教学与研究活动而声名远扬。这种学校通常由基督教早期神学家讲授基督教神学以及高深教义，由助手讲授一般基础科目。学生除了研修教义之外，还要学习和研究希腊、罗马文化。高级教义问答学校为当时的教会培养出一批捍卫基督教教义的传教士和神学家，有力地推动了基督教的传播与发展。

(二)排斥世俗教育

基督教为了扩大其影响，同世俗文化教育进行了残酷斗争，其锋芒直指希腊、罗马的文化。最初基督教完全否定古代希腊、罗马文化，后来，为了更好地同异教斗争，开始利用希腊、罗马文化，将其教育乃至学术思想加以改造，使其符合教会需要，最终实现了希腊、罗马教育与基督教的融合。基督教学校把学习希腊、罗马文化作为手段，以便更好地学习教义。罗马帝国后期，基督教的兴起以及对教育的影响，为中世纪基督教垄断教育打下了基础。

在基督教兴起和基督教教育的早期发展中，罗马帝国后期基督教神学家和教父哲学家奥古斯丁(A. Augustinus，354—430)援引柏拉图的理念论对《圣经》做出解释，创立了基督教宗教哲学理论体系，成为中世纪基督教教义的重要组成部分，并为基督教教育提供了重要的理论基础。

在认识论上，奥古斯丁主张上帝即真理，一切知识都源于上帝，《圣经》是上帝的语言，是一切知识的源泉。知识与物质世界无关，而是上帝赐予的"智慧"和思想。教育与教学的目的在于引导儿童发现心中的关于上帝的真理。在理性和信仰的关系问题上，奥古斯丁主张，个人的认识有助于理性的形成，但理性并不能确保个人实现对上帝以及上帝所代表的真理的认识，唯有信仰才能帮助个人接近上帝，信仰高于理性，理性服务于信仰。不过，奥古斯丁认为对"七艺"①等世俗知识的学习是有价值的，可

---

① "七艺"全称为"七项自由艺术"，是西欧中世纪早期教会学校的七门学科，即文法学、修辞学、辩证法、算术、几何学、天文学和音乐。"七艺"的起源可追溯到古希腊。智者派提出了"三艺"，柏拉图提出了"四艺"，后传到古罗马并得到进一步的发展和完善。至4世纪，"七艺"已成为学校的教学内容。5—6世纪，"七艺"被基督教会加以改造，从而为神学服务。

以成为个人信仰上帝的基础和手段。在教育作用上，奥古斯丁认为必要的教育能够帮助个人认识上帝，并养成基督徒的信仰品质。人类可以通过学习世俗知识和认识世间万物认识上帝，也可通过学习《圣经》和养成对上帝的虔诚信仰的方式认识上帝。这些都需要借助基督教教育来完成。在道德教育上，奥古斯丁基于基督教的"原罪说""赎罪论""禁欲说"，强调个人通过修行与斋戒的方式培养自身的宗教信仰，注重培养儿童慈善、宽容、谦逊与顺从等品质。

第三节　西塞罗的教育思想

古代罗马教育思想是西方古代教育思想体系的重要组成部分，也是古代希腊、罗马教育思想体系中不可分割的组成部分。古代罗马教育思想是在继承古代希腊教育思想的基础上，结合本民族文化传统以及社会生活和政治的实际需要，由古代希腊教育思想和古代罗马教育理论融合而成的。其主要代表人物是古代罗马教育家西塞罗和昆体良（Marcus Fabius Quintilianus，约35—95）。

一、生平及教育活动

西塞罗，古代罗马共和时期的政治家、哲学家和教育家，出生于骑士家庭，从小受到良好的教育，曾就读于雄辩术学校和希腊晚期斯多亚学派哲学家所开办的哲学学校。凭借卓越的雄辩能力和渊博的知识，西塞罗先从事律师工作，后步入政坛，公元前63年被选为罗马执政官。他曾创立了古典拉丁语文体，繁荣了古罗马文学，成为著名的拉丁文学作家。西塞罗是共和政体的积极支持者和捍卫者，后被捕杀。

西塞罗的哲学观属于折中主义，继承了毕达哥拉斯学派、柏拉图学派和斯多亚学派的观点，并把它们融合在一起。他在伦理学上坚持禁欲主义和宿命论，反对伊壁鸠鲁学派的快乐主义。他的教育思想集中体现在《论雄辩家》（公元前55年）一书中。

二、教育观

（一）论教育的目的和价值

古代罗马的传统教育一直以培养农民和军人为教育目的，后来又转向以培养雄辩家为教育目的。西塞罗认为，这种教育目的的改变反映了社会发展对人才的要求，是教育价值的真正体现。他主张教育的价值在于实用。在他看来，学生学习不仅仅是为了提高智力，更重要的是为了把自己学到的知识有效地应用到公共和私人生活中去，为社会和个人服务。

故此，西塞罗认为，教育的根本目的在于培养政治家，而只有优秀的雄辩家才能成为真正的政治家，所以教育的直接目的就是培养雄辩家。因为在古代罗马的社会生活中，掌握演说术或雄辩术已成为现实生活中必不可少的准备，无论从事社会政治活动，还是在法庭上辩论，公民都需要掌握一定的演说知识或雄辩技能。而作为一名出色的政治家，掌握这种演说知识或雄辩技能就显得尤为重要。因此，他十分强调罗马青年人学习演说术或雄辩术，指出雄辩术这门学问的"报偿是极高的，它是通向知名、财富和声誉的大道"①。

(二)论雄辩家的素质

什么是雄辩家？西塞罗指出，一名优秀的雄辩家必须能够就辩论的任何问题，以规定的模式、优美而富有感染力的语言、自然大方的仪态，得体而审慎地演说。能够就任何问题进行得体的演说或雄辩是雄辩家最本质的特点。

所以，西塞罗认为，要成为一名高超的雄辩家，必须具备以下素质。

首先，具有良好的自然天赋。西塞罗认为，一个雄辩家必须具有天赋，然后才能顺其自然，加以专门培养。反应迅速、记忆力强、口才敏捷、声调清脆、体态匀称等，均不是后天训练的结果。但西塞罗又认为这些与生俱来的"良好的能力通过教育可以变得更好"②。

其次，具有一定的哲学素养和广博的知识。西塞罗认为，雄辩家为了正确地处理诉讼案件，以及在公共场合、法庭、元老院等地方阐述自己的见解，必须具有广博的知识。他强调："谁如果没有获得一切重要学科和艺术的知识，谁就不能成为完备地具有一切优点的雄辩家。"③因为只有拥有广博的知识，雄辩家才能做出正确的选择，并引导别人做出明智的判断。为此，西塞罗建议实施通才教育，教育内容除雄辩术之外，还应包括自由学科，即文法、修辞、算术、几何、天文、音乐，以及诸如政治、社会经济体制、法律、军事和哲学等重要学科，其中伦理学是哲学的核心。

再次，具有良好的语言修养。西塞罗认为，真正的演说家或雄辩家不仅要掌握广博的社会、人文和自然知识，而且在语言方面要有特殊的修养。恰当的遣词造句、精心的内容构思、华丽的语言表达、深入人心的感染力，是成就高水平演说的重要因素。西塞罗认为，语言修养的标准是：①表达准确；②通俗易懂；③优美生动；④紧扣主题。

最后，具有优雅的举止和风度。西塞罗认为，演说时恰当的身体姿态、手势、眼神、面部表情和抑扬顿挫的语调，都会提高演说或雄辩的感染力和影响力。

(三)论培养雄辩家的方法

西塞罗认为，培养雄辩家的方法主要有三种。第一，通过广泛阅读获得广博的知识。他建议教师应该让学生阅读大量文学作品，同时培养学生的记忆力，训练过目不忘的能力。第二，通过长期练习提高写作能力。合乎拉丁文法规范的写作可以提高思维的敏锐性、判断力和表达能力。第三，通过实际演说练习或观摩提高演说能力。西塞罗认为，获取雄辩知识、提高雄辩技能的最佳课堂便是法庭。因为在他看来，法庭是演说术理论和实际兼顾的理想场所，实际观摩是学生学习体会的最佳途径。经验是

---

① ［古罗马］西塞罗：《论雄辩家》，见［古罗马］昆体良：《昆体良教育论著选》，任钟印选译，192页，北京，人民教育出版社，2001。

② ［古罗马］西塞罗：《论雄辩家》，见［古罗马］昆体良：《昆体良教育论著选》，任钟印选译，221页，北京，人民教育出版社，2001。

③ ［古罗马］西塞罗：《论雄辩家》，见［古罗马］昆体良：《昆体良教育论著选》，任钟印选译，194页，北京，人民教育出版社，2001。

最好的教师，实践是最理想的方式。

西塞罗的教育思想反映了古代罗马社会变革和教育价值观的转向，他创立的拉丁文体和拉丁文学成为当时学校教育的重要内容，启迪了文艺复兴时期的人文主义教育家。

第四节　昆体良的教育思想

一、生平及教育活动

昆体良，古代罗马帝国时期的著名教育家，古代罗马教育思想的集大成者，出生于西班牙，少年时代来到罗马，在文法学校中学习雄辩术和修辞学。公元 70 年，罗马帝国设立了由国库支付薪金的国立雄辩术学校，昆体良被委任为拉丁雄辩术学校的公职教师，并在这所学校主持校务长达 20 年。公元 90 年左右，昆体良开始撰写《雄辩术原理》，他只用了 2 年时间就完成了这部 12 卷的传世之作。《雄辩术原理》是西方教育史上第一本专门研究教学理论的著作。昆体良在书中全面总结了古代希腊、罗马的教育思想和教育实践方面的成功经验，并系统地阐述了自己独特的教育思想。

二、教育观

（一）论教育的目的和作用

昆体良认为，教育的基本目的在于培养具有良好修养的雄辩家。他指出，一名优秀的雄辩家为了在法庭上替"正义"辩护，指导人们趋善避恶，首先应具有高尚的德行，"一个没有良好德行的人就不可能是一个真正的雄辩家"[1]。其次，雄辩家应具有渊博的知识和丰富的实践经验。昆体良强调，雄辩家必须具有广博的知识，只有以完备的知识为基础，才能使演说或雄辩更加具有哲理性、权威性和正确性。他又指出，一位名副其实的雄辩家，不仅仅是一位口才出众的演说者，而且是一位对人情世故及人间事务有一定洞察能力的政治家，是一位具有领导才能的杰出公民。经过这种雄辩家的规划，国家可以得到治理；经过他的立法，国家的基础能够得以奠定；经过他的判决，社会罪恶可以被荡除。在昆体良看来，一名雄辩家应德才兼备，但在一定条件下，具有高尚的德行比具有出色的雄辩才能更为重要。这是因为，雄辩术是一门高尚的学问，它的作用就是弘扬正义和道德，指导人们分清善恶，它是雄辩家捍卫真理的武器，而不是庇护邪恶的工具。

昆体良十分重视教育的作用。他认为，培养人需要天赋和教育的结合，人的天赋是教育的基础，天赋的发展又依赖于教育。昆体良坚持健康的儿童发展观，深信儿童具有广泛发展的可能性，认为儿童一般都生而具备进行智力活动所需的理解能力，天生愚鲁而不可教的人肯定很少。大多数儿童都可以接受教育，许多很有培养前途的儿

---

[1]　［古罗马］昆体良：《昆体良教育论著选》，任钟印选译，18 页，北京，人民教育出版社，2001。

童最终却默默无闻的事实也说明:"缺少的不是天赋能力,而是培养。"①昆体良坚信,教育具有更重要的意义。"自然(天性)是学习的原材料……没有原材料,人工无所用,即使没有人工,原材料仍能有自身的价值,但人工的成就较之自然(天性)的成就效果更大。"②

(二)论雄辩家的教育过程

关于雄辩家的培养,昆体良制定出一整套对后世颇有影响的培养方案。具体分为四个阶段。

第一阶段:家庭教育。昆体良认为,凡是儿童需要学习的东西,要尽可能早一点教给他们;人类学习的基础是记忆,幼儿期的记忆最牢固,并且可以在德行和知识方面为雄辩家的培养打下初步基础。他又认为,家庭教育环境对儿童有重要影响。这些影响来自保姆、教仆、同伴、父母和家庭教师。保姆与儿童的相处时间最长,要挑选品质高尚、身体健康、语言清晰、受过教育的人充任保姆;教仆伴随儿童的日常生活和学习,负责监督防范儿童周围不良影响的侵入;同伴要言行端正,避免不良行为对儿童心灵的影响;父母和家庭教师是儿童的保护者和教育者,必须接受过完善的教育,具备渊博的知识和高尚的品德。

第二阶段:初等学校教育。古代罗马家庭教育传统悠久,贵族往往为孩子聘请家庭教师。但有人因此反对学校教育,理由是各种各样的学生混杂一起,会产生不良影响。对此,昆体良坚决反对,提出学校教育比家庭教育优越,并高度评价了学校教育的价值。他认为,学校教育对学生和教师都具有激励作用;学校教育可以培养学生的健康心态,避免家庭教育带来的冷淡、自夸和羞怯的习性;学校教育可以使学生获得竞争性的、互相观摩学习的机会,学校培养的学生一般都能很快地胜任雄辩家角色,在公众面前发表演说;学校教育培养的学生具有良好的个性品质,不会在陌生人面前表现出胆怯畏缩、手足无措和局促不安;学校教育可以培养学生之间的友谊。

昆体良将初等学校教育视为启蒙教育,主要传授读、写、算、音乐和诗歌。他认为,初等学校教育必须遵循儿童的年龄特征,研究儿童的天赋、倾向、才能,根据其倾向和才能进行教育和教学。教育只有适应天性,才能更好地发挥其作用。

第三阶段:文法学校教育。文法学校是为培养雄辩家打基础的。昆体良认为,学生在初等学校学会阅读和书写之后,就应该进入文法学校,主要学习文法、修辞、音乐、几何、天文、希腊语、拉丁语、伦理学、物理学等课程。他特别强调文法的学习,认为学习文法"不仅有助于使孩子的智力变得敏锐,而且也为运用最渊博的知识和学问开辟了前景","在各种学问之中,只有这门学问有用甚于炫耀","如果不通过文法的学习为未来的雄辩家打下牢固的基础,你筑起的任何上层建筑物都会倒塌的"③。

第四阶段:雄辩术学校教育。雄辩术学校教育阶段是培养雄辩家最关键的专业教

① [古罗马]昆体良:《昆体良教育论著选》,任钟印选译,9页,北京,人民教育出版社,2001。
② 吴式颖、任钟印:《外国教育思想通史》第二卷,343页,北京,北京师范大学出版社,2017。
③ [古罗马]昆体良:《昆体良教育论著选》,任钟印选译,29页,北京,人民教育出版社,2001。

育阶段。昆体良认为，儿童只有在初等学校、文法学校和雄辩术学校学习以后，才能成为一名雄辩家。初等学校和文法学校能够为未来成为雄辩家打下基础，而雄辩术学校则直接培养雄辩家。雄辩术学校以教授雄辩术为主，同时兼施与雄辩术有关的高深课程，如逻辑学、伦理学、物理学等。此外，学生还须学习诗歌、历史、散文等课程以及各种演说技巧。

（三）教学理论

昆体良教育思想中最重要和最有价值的内容是教学理论。他在总结自己长期教学工作经验和古代罗马学校教育实践的基础上，提出了一系列独到的教学主张。

第一，昆体良提出了分班教学和课程交替进行的设想。在古代西方教育史上，各级学校均采用个别教学。昆体良认为，教师可以将同样的内容同时教给学生，可以把学生分成不同班级，一次教很多学生，这样既可以节省时间和精力，学生还可以共同学习、互为榜样、相互促进和鼓励。教学内容可采取交替传授的方式，多科并进，使学生不至于因长时间学习单一课程而厌烦，应使他们的心智处于活跃的状态。

第二，昆体良提出了一些具有普遍意义的教学原则。

昆体良倡导因材施教。他深信，每一个学生都具有才能上的个别差异。在教学过程中，教师要"善于精细地观察学生能力的差异，弄清每个学生的天性的特殊倾向"[①]；教师在辨识了学生的能力和个性以后，就必须因材施教。他主张按照每一个学生的具体情况安排课程。对于天赋素质稍差的学生，在教学进度和内容方面可以适当迁就一些；但对于天赋素质较好的学生，则要尽力培养，使之成为真正的雄辩家。此外，"对不同年龄的学生，纠正错误要用不同的方法。作业的分量和改正错误的标准都应适合学生的智力水平"[②]。

昆体良提出了教学适度的原则。他反复告诫教师，既要避免让学生做力所不能及的事，又不可让学生放弃力所能及的课业。教师传授内容的分量应与学生的接受能力相适应，以防止学生因负担过重而疲劳。

昆体良反对体罚。他言辞激烈地抨击了当时罗马学校中盛行的体罚，指出体罚是一种残忍的行为，是对人性的羞辱。他认为，用体罚的方法来迫使学生学习，不但不能调动学生学习的积极性和自觉性，反而还会使学生产生厌学的情绪。如果学生出现不良行为，那么原因更多在于教育和教学本身的失误。学校和教师应采用竞赛、奖励和赞扬的方法激励学生产生进取心和兴趣。

昆体良主张通过促进学生积极思考来提高教学效果。他赞成采用让学生独立解决问题的方法，认为让学生思考解决问题的办法可以防止养成依赖别人的不良习惯。因此，教学的任务除了传授知识之外，还要促使学生形成独立的判断力、创造力和其他能力。

第三，昆体良提出了一种包括三个递进步骤的教学方法，即模仿、理论学习和练

① ［古罗马］昆体良：《昆体良教育论著选》，任钟印选译，87 页，北京，人民教育出版社，2001。
② ［古罗马］昆体良：《昆体良教育论著选》，任钟印选译，73 页，北京，人民教育出版社，2001。

习。模仿就是学生在教师的指导下开展实际活动；理论学习就是学生通过学习理论知识，从而更好地完成学业任务；练习就是按照正确的方法重复，只有经过练习才能掌握牢固的知识。

(四)论教师

昆体良十分重视教师的作用。他认为，要做好教学工作，教师至关重要；教学质量取决于教师。所以，教师必须严格要求自己，合理使用教学方法，不断提高自己的业务水平。因此，昆体良对教师提出了具体要求。

第一，教师应道德高尚。教师的道德品质对学生发挥着潜移默化的作用。良好的道德品质能有力地防止学生行为放荡。教师行为失检则对学生成长贻害无穷。

第二，教师应知识广博。教师应是公认的"有学问的人"，绝不能以自己的无知导致学生的无知。教师必须熟悉所教授的学科内容。有学问的人进行的教学，更容易使学生明白和掌握知识；反之，越是学问匮乏之人，知识教得越是晦涩难懂。

第三，教师应掌握正确的教学方法。昆体良将教学理解为一门艺术。教师要懂得教学艺术，善于向学生提问，对不同学生采用不同的教学方法，巧妙地运用表扬和批评，有效激发学生学习的兴趣和愿望。

第四，教师应关爱学生。昆体良提出教师要以父母般的感情对待学生。既要严格要求，又要和蔼可亲；既不纵容学生，也不对学生冷酷无情。否则，纵容会导致轻视，冷酷会招致厌恶。

昆体良的教育思想对西方教育思想的发展产生了广泛影响，成为文艺复兴时期人文主义教育思想的重要来源，为西方近代教育和教学理论的成型与发展奠定了基础。

小结

古代罗马的社会生产方式和社会结构对罗马文化教育以及教育思想的发展都产生了深刻影响。与古代希腊相比，罗马人的民族精神中有更为深刻、执着、质朴与务实的内蕴，形成了罗马文化教育的特征。

第一，教育思想与教育实践联系密切。教育家的教育思想是其教育实践经验的总结。古代罗马教育家注重对具体教育问题的研究，主要探讨实践性较强的领域，诸如教学过程、教学方法、教学组织形式等。

第二，注重实施道德教育。在古代罗马的教育家心目中，道德始终占有主要地位。他们认为，道德比知识更重要，道德既是获取知识的目的，又是获取正确知识的重要条件。

第三，教育思想多操作性而少思辨性。古代罗马教育家更关注解决教育的具体问题，而对纯粹思辨性的教育问题较少探索。

第四，教育思想的继承性和融合性。古代罗马教育思想是对古代希腊教育思想的继承和发展。古代罗马教育家在广泛吸收古代希腊教育思想的同时，结合本民族文化教育发展的特点，以及社会发展所产生的文化教育需要，对古代希腊教育思想进行了改造和补充，使古代希腊以思辨和理性为特征的教育思想与古代罗马以实用和实践为特征的教育观念相互融合，形成了具有特色的古代罗马教育思想。

思考题：

1. 为什么说古代罗马教育是古代希腊教育的继续和发展？
2. 试析帝国时期罗马教育政策的变革。
3. 昆体良教学思想的历史意义何在？

参考文献：

1. 吴式颖，李明德．外国教育史教程．3 版．北京：人民教育出版社，2015.
2. 昆体良．昆体良教育论著选．任钟印，选译．北京：人民教育出版社，1989.
3. 戴本博，张法琨．外国教育史：上．北京：人民教育出版社，1989.

第四章　西欧中世纪的教育

▤ 内容提要

基督教教育是中世纪早期西欧教育的主体。基督教会通过修道院学校、主教学校和教区学校传播教义和教化教徒。在世俗教育方面，宫廷教育和骑士教育出现，城市学校与行会教育也应运而生。中世纪大学的产生是中世纪教育中最富有历史意义的篇章。

✔ 学习目标

1. 重点把握西欧中世纪基督教教育成为主流教育的原委，以及修道院学校的教育。
2. 理解并掌握宫廷教育和骑士教育对封建世俗教育的意义。
3. 掌握中世纪大学产生的背景、成就和特征。

◑ 核心概念

基督教教育；修道院学校；主教学校；教区学校；宫廷教育；骑士教育；城市学校；行会教育；中世纪大学

　　西欧中世纪的教育，一般是指 476 年西罗马帝国灭亡至 14 世纪文艺复兴以前的西欧封建社会的教育。西欧各国的封建制度是在罗马帝国奴隶制度解体和新的封建因素产生的基础上，同时又在日耳曼人原始社会解体并向阶级社会过渡的基础上产生的。这两种因素错综复杂的结合，形成了西欧的封建社会。在西罗马帝国灭亡的过程中，日耳曼人开始在西欧大陆建立起一个个大大小小的封建王国，其中以法兰克王国最为强大。为取得教会的支持，封建势力在相互斗争中和基督教会建立了特殊的关系，教会发展成为最有势力的封建领主，并且在思想意识领域居于绝对权威地位。

第一节　基督教教育

　　在西欧封建社会的历史发展中，基督教会逐步成为一种举足轻重的政治力量。西罗马帝国被日耳曼人摧毁后，罗马基督教会采取现实的方针，承认日耳曼人建立的国家，同时加强传教活动，以图重新巩固教会的地位。法兰克王国首领克洛维一世（Clovis Ⅰ，465—511，481—511 年在位）为了巩固政权，统一封建国家，需要教会的支持。于是，克洛维一世下令全体人民皈依罗马基督教会，使世俗政权神圣化。这样，基督教成为法兰克王国的国教和封建统治的精神支柱。约在 5 世纪中叶，基督教传入不列颠诸岛，在西欧、北非的一些王国中也得到了发展。教会占有国家的大量土地，可以向国王、中央机构派遣顾问、行政官员，甚至有权废黜君主。宗教神学成为知识的代表，科学沦为宗教的奴仆。教会垄断了教育，只有僧侣和封建主才能接受良好的教育，教会学校几乎成为本时期唯一的教育机构。教学内容以神学、宗教教义为主，古代的文化被曲解以便为宗教服务，僧侣成为法定的教育者。

　　基督教之所以能够成为中世纪封建社会的精神支柱，主要原因如下。第一，罗马帝国的崩溃导致西欧文化思想与精神世界出现空白。连绵不断的战乱导致社会分崩离析，古代希腊和罗马的精神生活荡然无存。第二，日耳曼人自身尚处于野蛮状态，这种状态与古代希腊、罗马文明存在较大差异，相互之间具有不可接受性。第三，早期的基督教具有精神安慰作用，填补了西欧中世纪早期的社会文化和思想空白。

一、基督教的教育形式

　　基督教会从一开始就尽力传播一种宗教信仰，力图使基督教教义深入每个教徒的内心。当时，基督教成为中世纪的主流意识形态，逐渐形成了相应的组织机构，产生了专门从事传教工作的教职，以及开展宗教活动的仪式、行为规范和教规。基督教教育逐渐取代了有悖于教义的古代希腊、罗马教育，教育被教会垄断，教师由教会委任，教育内容以神学为主，世俗文化教育成为神学的陪衬。

（一）修道院学校

　　修道院学校是基督教最早建立和最典型的教育机构。修道院早在罗马帝国后期就已开始承担教育教徒的职责。进入中世纪后，随着基督教影响的不断扩大，修道院数量增加，教徒不仅重视自身对上帝的虔诚，而且还注重读经学习，收集、抄写和诵读经文。修道院还设有图书馆供教徒研修和著书立说。到9世纪，几乎所有的修道院都具有了教育功能，集修行与教育于一身的宗教教育机构——修道院学校形成。

依据招生对象的不同，修道院学校分为内学和外学：内学专门招收由父母送到修道院学校、将来准备出任神职人员的儿童，外学则负责教育那些不准备作为专门的神职人员且不以教职为生的人。学生一般10岁入学，学习年限8~10年，学习内容主要是神学和"七艺"。修道院学校的教师由神职人员担任，他们通常具有一定的文化素养，宗教情感浓厚，热爱宗教教育事业。教学采用个别教学，使用拉丁语，通常由教师口授，学生记录讲述内容，并诵读记忆。学校纪律严格，盛行体罚。

（二）主教学校

主教学校又称大教堂学校，设立在主教所在地，其组织形式和水平与修道院学校相似，学校设备较好，学习内容也较完备。主教学校始设于英格兰。最早的主教学校是坎特伯雷主教学校。

（三）教区学校

教区学校又称堂区学校，是基督教会对广大教民和一般民众进行宗教教育的机构。学校通常设在教区教士所在村落的教堂中，规模较小，设备简陋，教师由教士充任，教学内容为读、写、算和宗教的初步知识。12世纪中期，教皇要求所有教区开设学校，教区学校数量激增，成为中世纪欧洲最为普遍的学校教育机构。

二、基督教的教育观

基督教的教育观主要表现在世界观、儿童观、知识观和目的观上。

基督教的世界观集中体现在"上帝创造万物"的结论上。人类具有"原罪"。人类不同于动物，具有动物所不具备的理解力，能够认识抽象的事物，掌握真正的知识，敬畏与信仰上帝被基督教看作人最基本的特性。

在儿童观上，基督教最初对儿童的看法比较宽容，认为儿童可塑性较强，应该从小接受教育。自奥古斯丁的"原罪说"被作为罗马教会的官方学说以后，儿童也成为具有"原罪"的人，儿童的欲望应该被严格控制。按照基督教的观点，由于儿童的本性邪恶，要想控制儿童邪恶的本性并使其成为高尚的人，就必须惩罚他们的肉体，压制他们的欲望。基于这样的认识，对儿童的约束与惩戒成为中世纪教育的重要特征，戒尺、棍棒是中世纪学校不可缺少的工具。

在知识观上，基督教最典型的特征就是以神学为最高学问。许多神学家都把宗教信仰看得高于理性，而且对希腊人所研究的物理学等自然科学知识不屑一顾，认为世俗学科以追求高级学科为目的，而最高级的学科是神学，科学要服从神学。教育过程就是使人摆脱世俗的困扰，逐渐从世俗王国中挣脱出来的过程。

在目的观上，基督教将使人摆脱世俗的困扰、成为具有纯粹信仰的人作为教育的目的。早期的基督教会把教育作为传播教义、争取信徒的重要工具和途径。由于基督教教义将物质世界与精神世界、人的理性与信仰分离对立起来，将前者视为邪恶的代表，将后者视为高尚的象征；因此，教育就是弘扬信仰、贬抑理性，使人追求精神超脱和道德生活。

第二节　西欧封建主贵族与新兴市民阶层的世俗教育 //////////////////

西欧世俗封建社会以封建王国为基本形式，国王是最高权力的象征，并通过分封制和采邑制建立了等级制和庄园经济。这是一种自给自足、政治和宗教相对独立、享有一定司法权力的经济形式。封建主与基督教互有所求、关系密切、相互制衡，王权依赖教会实现自身的合法化和神圣化，教权假借王权应对敌手、排除异己。8世纪后，世俗封建制和王权得以巩固，相应的教育形式和机构也开始出现。

一、宫廷教育

宫廷教育是指由封建主倡导的、以宫廷为中心的封建贵族世俗教育。在西欧中世纪早期，统治者为了更好地控制国家、加强王权，对教育特别关注。其中，对教育发展有较大影响的是法兰克王国国王查理曼（Charlemagne，742—814，768—814年在位）和英格兰威塞克斯王国国王阿尔弗烈德（Alfred，849—899，871—899年在位）。

查理曼于768年即位，当时西欧正处于文化荒芜、民众愚昧、文盲充斥的黑暗时期。查理曼为培养神职人员和教化统治者内部不学无术的人，培养为封建帝国服务的人才，采取了一些振兴教育的措施。查理曼要求统治集团的成员投入精力和时间来学习当时最先进的文化和知识。他邀请精通"七艺"的人参加教育工作，四处招募文人学士，并身体力行，亲自求教于学者，要求官吏和教士必须接受较好的教育。查理曼还下令，在每个修道院以及各主教管区设立学校，使儿童学习识字、阅读。他广招天下有学问的人到法兰克帝国境内兴办学校。其中最有名的是查理曼于782年邀请英国学者阿尔琴（Alcuin，735—804）到法兰克王国办的宫廷学校。阿尔琴是英格兰著名的哲学家和思想家，约克主教学校的校长，知识渊博，他携三位教师同他一起办理宫廷学校。宫廷学校的学生主要是王室成员和高级牧师、学者，查理曼本人曾亲往听课。学习科目有文法、修辞、辩证法、算术、天文、神学。教学采用问答法。

阿尔弗烈德统治威塞克斯王国时，也采取了振兴教育的措施。他注重学校教育，规定凡是有能力学习的儿童必须入校学习，要求学生具备纯熟的阅读能力。他奖励开办新学校，特别是在宫廷中创立宫廷学校，教育威塞克斯王国子弟。阿尔弗烈德还组织并亲自参加编译工作，将拉丁语著作翻译成本民族语言。

二、骑士教育

骑士教育是西欧封建社会的一种特殊的家庭教育形式，源于西欧封建社会的等级制度。西欧的封建主将掠夺的土地分封给他的下属功臣，他们之间以土地关系为纽带，形成了上下尊卑的封建等级，并以封爵制度的形式固定下来。最高一级的封建主是国王，其下为公爵、侯爵、伯爵、男爵和子爵等享有爵位的贵族，最低一级的便是骑士。随着西欧十字军东征，战争更加频繁，骑士的社会地位得以提高，最终形成了以封建等级为基础的、以武力维护封建制度的骑士制度。

骑士教育是西欧中世纪早期世俗教育的主要形式。它开始于9世纪末，盛行于12

世纪。骑士教育的目的在于培养具有军事征战能力、能保卫封建主、具备骑士品质的武士。骑士教育并无专设的教育机构，也没有专职的教育人员，而是在骑士日常生活和社交活动中进行的，是一种特殊形式的家庭教育。

骑士教育分为三个阶段。第一阶段为家庭教育阶段。这个阶段的教育由母亲负责在家中对不满 8 岁的儿童进行，内容包括对儿童的养护、初步的宗教教育、道德教育。第二阶段为侍童教育阶段(或"礼文教育阶段")。七八岁的儿童被送到比自己家庭高一等级的封建主家中充当侍童，接受上流社会礼仪教育和骑士的初步训练。第三阶段为侍从教育阶段。从十四五岁开始，青少年作为封建主的侍从，随主人参加各种活动，平时照料主人的日常生活，战时随主人出征。本阶段主要学习"骑士七技"：骑马、游泳、投枪、击剑、打猎、弈棋和吟诗。到 21 岁时，青年人接受一系列的考验，参加隆重的典礼，被授予骑士称号。可见，骑士教育实质上是以培养保护封建主世俗利益的武士为目的的一种特殊教育形式。它重视宗教与道德品质教育和对军事征战能力的训练，忽视对文化知识的传授。14 世纪后，骑士教育制度逐渐衰退消失。

西欧封建社会的女子一般在其贵族宫邸中接受教育，目的在于培养贤妻良母，教育内容有家事、礼仪、音乐、舞蹈、读书、识字、祈祷、唱圣歌。中世纪后期，一些名门闺秀也到修道院学校接受宗教教义和文化知识教育。

三、城市学校与行会教育

古代希腊、罗马时代的西方已拥有相当繁华的城市。然而，古代罗马帝国后期的衰落和社会动荡几乎摧毁了象征古代文明的城市。从十一二世纪开始，由于手工业和商业的发展，西欧城市开始重新形成，手工业者和商人共同构成了城市中的市民阶层。作为新型生产关系的代表，新兴市民阶层的精神和物质需要显然有别于封建主和基督教教士，中世纪的主要教育机构——教会学校和宫廷学校，已不能较好地满足新兴市民阶层的需要，因此，新型的教育形式应运而生。

(一)城市学校

城市学校是 11—12 世纪兴起的、适合新兴市民阶层需要的世俗性学校。11 世纪后，由于社会分工的扩大和商业的发展，新兴城市大量兴起，许多城市摆脱了封建主的统治，获得了自治权，并逐渐建立起市政管理机构。中世纪的基督教教育和世俗封建主教育已经不能适应新的经济和政治的需要，新兴市民阶层要求建立新型的城市学校。

城市学校的管理权属于市政当局。市政当局负责学校设施筹建、教师选聘、儿童入学资格审定、学费标准确定等事务。作为满足新兴市民阶层子弟的受教育需求而开办的学校的总称，城市学校包含不同种类和规模的学校：市政当局创办的拉丁文法学校、读写学校，个人或社会团体创设的私立学校。市政当局创办的拉丁文法学校教授拉丁文，拉丁文在当时有着十分重要的地位，是学术、外交、商业事务中的通用文字。另外，拉丁文法学校还教授商业事务和商业团体内的行政事务知识。读写学校是为满足下层市民对一般读写知识和能力的需求而设立的。教学采用本族语，内容包含读、写、算及实用学科知识，基督教教义也在教学内容之列，但所占分量和影响比在教会学校里要小得多。读写学校事实上发挥着初等教育的作用。私立学校是由私人为适应城市下层市民需要而设立的初等学校，教授读、写、算等基础知识。教师收取学费，学校设备简陋，无固定校舍。城市学校打破了教会对教育的垄断，加速了中世纪教育的发展步伐。到 15 世纪，西欧各大城市都建立了不同种类的城市学校。

（二）行会教育

行会是西欧中世纪由商人和手工业者组成的团体。最初，行会教育主要通过学徒制进行。通常由行会主持，签订师傅和学徒之间的学艺合同，规定行业技术要求和所要达到的标准。学习期限一般为 7 年，学徒出师后可独立开业。

行会起初资助开办城市学校，使行会成员的子弟得以接受较好的普通教育。后来，行会自行筹款，聘请教师，结合行业的技术特点，建立了带有职业教育性质的学校，即行会学校（又译"基尔特学校"），如英国的出版业行会学校、绸缎商学校，德国的艺徒补习学校，意大利的簿记行会学校。

总而言之，城市学校和行会教育的出现是中世纪教育的一个进步现象。它打破了基督教会垄断教育的局面，促进了教育事业的多元化发展。

第三节　中世纪大学

中世纪大学的诞生是中世纪欧洲社会政治、经济和文化发展的产物，是中世纪教育中最富有历史意义的篇章。

一、中世纪大学诞生的背景

（一）城市的兴起和新型社会关系的形成

10—11 世纪，西欧封建制度进入巩固和发展时期，社会趋于稳定，农业生产开始表现出缓步上升的趋势，新的耕作法用于农业生产，劳动工具得以改善，农副业日渐发达。手工业开始从农业中分离出来，手工业者和商人成为新兴市民阶层。他们聚居一地，从事商品生产和交换，中世纪的城市逐渐形成。新兴城市成为市民阶层的经济和文化中心。新兴市民阶层是一个相对进步的阶层，他们渴望学习世俗文化和实用知识，而原有的教会学校和封建主教育难以满足其需要。中世纪大学就诞生于早期比较发达的城市。

（二）文化的发展

从某种意义上讲，经院哲学的发展促进了中世纪大学的诞生。

经院哲学产生于 8—9 世纪，盛行于 12—13 世纪，其发展经历了漫长而曲折的历程。经院哲学的前身是教父学。最初，教父学把古代希腊、罗马哲学视为异端，反对任何理性思考，提倡盲目服从。从 3 世纪起，教父学不再简单地否定古代希腊、罗马哲学，而以新柏拉图主义来论证基督教，但这使信仰与理性之间的矛盾愈演愈烈。后来，随着城市的兴起、市民阶层的壮大以及世俗文化的日益发展，教父学已无力维护宗教教义，基督教面临着各方面的挑战。这就需要一种新的、更具说服力的哲学从理论上对宗教教义加以论证,经院哲学应运而生。它的任务就是以理性支持信仰,调和科学与宗教、理性与信仰之间的矛盾,使基督教教义理论化、系统化。

经院哲学在论证宗教教义时产生了唯名论和唯实论。两派都以学校为学术阵地,极力论争、互不相让。经院哲学客观上促进了学术发展,学术争鸣促进了古典文化的传播,思辨方法成为一种学术研究方法和教学方法,理性合法地位的确立明确了训练理性的教育目标,思想的争辩形成了自由研究学术的氛围,学派探究和宣传自己思想的场所成为大学的萌芽。

此外,"十字军东征"客观上把古代东方较发达的文化和自然科学,尤其是阿拉伯文化传到了西方,极大地开阔了西欧民众的视野。

(三)地理环境与人的因素

11 世纪中期,西欧的某些城市因优越的地理环境,逐渐成为某门学科特别发达的地方。意大利南部那不勒斯附近的萨莱诺,风光明媚,景色宜人,且有温泉可以供人疗养,同时又与希腊交往较早。古希腊名医的著作、阿拉伯医学作品都在此被翻译和传播,各地医师和求学之人云集于此。萨莱诺被西欧人称为"希波克拉底城"(希波克拉底,公元前 460—前 377,古希腊著名医生),其意为"医学之城"。到 12 世纪中期,萨莱诺在原有医学学校的基础上形成了以医学为主的大学,即萨莱诺大学,并于 1231 年获得神圣罗马帝国皇帝弗里德里希二世(Friedrich Ⅱ,1194—1250,1198—1250 年在位)颁发的特许状。

意大利北部城市周围多山,少受战争蹂躏,封建制度影响甚微。由于政治经济的需要,城市的市民阶层和神学家们掀起了研习罗马法的热潮。一些城市用罗马法作为向教皇、国王、贵族争取自治权的法学根据,尤其是博洛尼亚,因地处要津,成为当时欧洲的法学中心,许多法学家在此讲学。著名的民法学家伊纳留斯(Irnerius,约 1055—1130)在此讲授罗马法,不仅吸引了众多青年人前往学习,而且还刺激了教会研究宗教法。此处最终形成一所法律学校,专门研究和教授民法、教会法。1158 年,该学校得到承认,成为中世纪一所著名的法律大学。

在中世纪的一些学术中心,学者和求学的学生仿照行会的形式组成团体。学生团体常因名师执教而形成。因为中世纪有文化的年轻人可以四处求学,当听到某处有名师讲学时,便聚集于此地。当时,影响较大的是阿伯拉尔(Abélard,1079—1142)。阿伯拉尔于 1108—1139 年在巴黎圣母院主教学校多次讲学,同唯实论者进行论战,声势浩大,影响深远。他倡导先理解后信仰,主张自由讨论,教学生动有趣,追随者有数百人,使巴黎成为欧洲哲学和神学的研究中心。以后,在主教学校的基础上,巴黎大学形成,1180 年法国国王路易七世(Louis Ⅶ le Jeune,1120—1180,1137—1180 年在位)承认了该大学的地位。

二、中世纪大学概况

萨莱诺大学、博洛尼亚大学、巴黎大学是中世纪西欧最早初具规模的、影响深远的三所大学,被欧洲其他各地大学所效仿,近代欧美的许多大学都是从这里脱胎演变出来的,故这三所大学又被称为"母大学"。

（一）组织形式

中世纪大学最初具有行会的性质。希望学习某门学科的学生和教授某门学科的教师组成相对稳定的"组合"或"团体"。按照拉丁文的意思，"universitas"一词，最初是指同行协会（association）和法人社团（corporation），14世纪晚期才用来专指大学。当时，大学具有很强的流动性，学生来自四面八方，可选择适当的大学学习。他们按照不同的地区和国籍组织起来，维护自己的利益。学生聚居的地方被称为"学院"，原为一种住宿机构，后来逐渐成为大学教学的真正中心。从组织形式上而言，中世纪大学主要包括两种类型：学生型大学和教师型大学。这既是特定社会历史条件作用的结果，又具有一定的偶然性。

1. 学生型大学

学生型大学主要指由学生行使管理权的大学。博洛尼亚大学是学生型大学的代表。

博洛尼亚大学之所以发展成为学生型大学，其原因是多方面的。首先，大学的学生主要来自其他城市或地区。博洛尼亚市政当局将来自欧洲其他地方的学生一律视为侨民，制定了许多不公平或歧视性政策与制度，学校的教师社团又无法为学生提供可靠的保护。于是，那些学习法律的学生按照地域组织了"同乡会"，通过争取管理学校的权力获得了支配地位。其次，学生年龄较大且有一定的社会地位。据记载，当时的教皇亚历山大三世（Alexander Ⅲ，1105—1181，1159—1181年在位）和英诺森三世（Innocent Ⅲ，1160—1216，1198—1216年在位）都曾是博洛尼亚大学的学生。这种情况使学生无形之中具有一定的影响力和决定作用。最后，大学影响到城市和教师的生存。有学者认为，"12世纪至15世纪意大利大学的一个显著特点是学生行会具有很大的权力。作为城邦的外来居民，从意大利各地和外国来的学生需要联合自卫；同时，他们像教授一样，随意地把大学从一个城市迁移到另一个城市"[1]。

学生管理大学的方式主要包括四种。第一，推举校长。博洛尼亚大学的学生组成了四个"同乡会"，负责选举某个学生为大学校长。校长是大学事务的最高管理者以及大学政策和校规的执行者，全面处理大学的行政、司法和教学等事务。第二，聘任教师。学生有权聘任教师，规定教师的报酬，教师必须宣誓以表示绝对服从学生管理。第三，拥有独立的司法权。学生型大学不受所在城市法律的约束，有权对自身的行政事务进行管理，特别是拥有司法审判权。第四，行使学校行政权。同乡会推举的代表和校长组成大学委员会，对校长进行监督并对大学管理活动提出咨询意见。大学的最高管理机构是由全体学生参加的大学全体会议，负责制定有关大学事务的规章制度等。

2. 教师型大学

教师型大学是指学校行政事务均由教师掌管的大学。巴黎大学是教师型大学的典

---

① ［加］约翰·范德格拉夫等：《学术权力——七国高等教育管理体制比较》，王承绪、张维平、徐辉等译，36~37页，杭州，浙江教育出版社，2001。

型代表。

11世纪初以巴黎圣母院附属学校为代表的一些学校因名师执教而享有盛誉。来自欧洲各地的学者为了维护自身利益，获得追求学问的自由，特别是为了能够颁授学位或执教资格（docendi licentia），与学校校长和巴黎地方当局展开了各种形式的斗争，终于在1208年得到教皇英诺森三世的认可，获得了"学者和师生行会"的资格，以后又获得了学位或执教资格的颁授权。自13世纪以后，经过同教会和巴黎地方当局的多次斗争，以教师为主体管理大学的教师型大学模式逐步形成。

教师型大学的特点如下。一是学科门类比较齐全。巴黎大学设有博艺、法学、医学和神学四个学科，其中博艺学科是进入其他三科的预备教育机构，神学学科居各学科之首。二是学科成为大学结构中的重要组成部分。学科既是巴黎大学最基本的单位，又是最重要的管理机构，有关大学的教学和管理活动基本上是在学科层次进行的。巴黎大学的学生必须首先在博艺学科学习并通过考试获得学位后才能进入法学、医学和神学学科学习，博艺学科学生人数最多，学科负责人均由教师选举并由教师担任。三是大学的同乡会由教师和学生共同组成。通常按照地域，教师和学生组成了不同的同乡会，各同乡会再划成不同的分同乡会。各分同乡会推举自己的代表，而且有权选举一名教师担任大学校长，管理教学和行政事务。

（二）组织结构

中世纪大学的教育功能主要表现为按照一定的专业或职业传授知识，即教学功能。这种功能对大学的组织结构有着直接的影响。各组成部分并非伴随着大学的产生而自然而然地出现，而是在历史发展过程中根据现实需要逐步形成的。

1. 学科

学科或系科是中世纪大学教学的主要机构。最初的中世纪大学基本上都是单科性质的大学，后来大学陆续设立了博艺、法学、医学、神学四科。其中，法学、医学、神学三科为高级学科，属于专业教育阶段；博艺学科为基础学科，属于预备（科）教育阶段。实际上，创立中世纪大学的目的就在于传播知识并为社会少数重要而又关键的行业（职业）提供训练，职业性十分明显。中世纪大学的学科具有鲜明的职业性，实用学科深受学生欢迎。

2. 同乡会

中世纪大学的学生和教师为了避免自身权益受到当地市民或其他地区学生的侵害，自发地按照地域组成了行会性质的同乡会。同乡会曾经是大学最基本和最重要的组织，参与大学的管理，同乡会的负责人不仅拥有行政管理权、财务支配权和司法审判权，而且还是大学委员会的重要成员，代表同乡会的利益，直接参与大学的行政管理活动。不过，到中世纪后期，随着大学发展的地方化和民族化趋势增强，大学之间的国际交流日益减少，同乡会逐渐失去了存在的基础。

3. 学院

中世纪大学的学院大致有两种模式：以巴黎大学为代表的欧洲模式和以牛津大学、剑桥大学为代表的英格兰模式。

1180 年巴黎大学的"十八人学院"（College des Dix-huit），是为当时来自其他国家的 18 名贫穷学生免费提供食宿的场所。13 世纪后期，欧洲其他一些著名的大学也相继建立了学院，而且随着大学规模的扩大，来自同一地区或学习同一学科的学生或教师聚集在一起，形成了不同的学院。通常，欧洲模式的学院是学生生活的场所，但还不是大学的基本教学单位或行政机构。

英格兰模式则不同。英国中世纪大学的学院逐渐摆脱了单纯作为寄宿场所的角色，而发展成为同一学科师生共同生活和学习的场所，发展成为自治或半自治的学术团体。到 16 世纪，学院开始开设课程，承担大学的教学职能，成为专门从事教学的自治机构。大学无权过问学院的管理事务，只为学院提供教学和颁发学位，学院后发展成为英国大学中最基本和最重要的教学和行政组织。

（三）大学特权

中世纪大学是相对独立的自治单位。大学从教会和国王那里争取获得一些特权，教会和世俗封建主也都想利用大学为其争夺权力而服务。

1. 迁校权和罢教权

学生或教师在不满大学所在地的市政当局和教会权威时，或在教学及研究遭到无理干涉时，往往以罢课、罢教的方式表达抗议。如得不到解决，可以自行迁校。当时大学设备极少，也无固定校舍，迁移相当方便。大学是当地的一种荣耀和财富，在学术和政治上享有威望，市政当局多倾向于维护大学的利益。从客观上看，大学的迁移对争取学术研究自由、普及文化知识都具有重要意义。

2. 设立特别法庭，享有内部自治权

许多中世纪大学内部设有法庭，负责审理学校内的各种纠纷。特别是当从外地来的学生和教师与当地居民发生冲突时，为了获得较有利的裁决结果，校内法庭往往负责审理，不受普通司法机关的管辖。1158 年，神圣罗马帝国皇帝弗里德里希一世（Friedrich I，1123—1190，1152—1190 年在位）颁布法令：不得非法逮捕教师；如有诉讼，教师不受民事审判，大学拥有审判权。

3. 免除赋税及服兵役等

中世纪大学模仿行会组织，学生和教师享有被保护的权利，并且可以免税。1386 年，普法尔茨选帝侯鲁普莱希特一世（Ruprecht Ⅰ，1309—1390）在建立海德堡大学时，就授予学生在求学期间免服兵役、徭役，免交贡物、过路税、消费税的权利。

4. 大学教师的参政权和大学的执教资格颁授权

大学教师的参政权是指大学教师享有参与大学行政管理和国家行政管理的权利。大学教师可参与大学的行政管理事务，如审定教师资格、规定教学科目、选聘人员等。最初，大学教师的资格审定由教会掌握，后来经过一系列的斗争，才变为由大学教授负责。大学有权颁授执教资格，凡持有大学学位者，可以从事教师职业。此外，某些大学教授还享有部分出任公职的特权。比如，蒙特利尔大学的法学教授在执教 30 年后，可成为伯爵。巴黎大学、牛津大学、剑桥大学和苏格兰地区大学的教授，在国会中拥有固定的席位。

（四）大学教学

由于知识的普及和增进，中世纪大学逐渐由单科性质的大学发展为由博艺、法学、医学、神学四科组成的综合性大学。博艺学科具有预科性质，课程以"七艺"和亚里士多德的逻辑学为主；法学学科课程包括教会法和罗马法；医学学科课程包括古代希腊医学著作、阿拉伯医学名著和临床实习；神学学科课程主要是圣经和名言集四编。

中世纪大学教学语言为拉丁语。教学方法主要包括讲授、复述、辩论。讲授主要是教师讲读教科书，学生记录讲课内容。讲授包括评论、注解、推演、归纳等。复述主要是诵读原文和讨论，通常将学生分成小组，由成绩较好的学生带领复习学习的内容，然后进行讨论。辩论是将学生分成两组，分别持正、反两方面意见，就某个问题进行讨论，目的在于培养学生思维的敏锐性和逻辑性。不过，中世纪大学的教学也带有一定的经院习气。

中世纪大学产生了西方最早的学位制度和相应的考试制度。学位分为"学士""硕士""博士"三种。大学学位最初是为满足大学培养师资的需要而设的，从13世纪开始，学位成为证明获得者有能力任教的依据。"学士"学位不需要考试就可获得。凡是具有拉丁文的基础，修完"三艺"，成为熟练学习者的人，具备候补教师的资格，可获"学士"学位。修完专业课程可申请"硕士"和"博士"学位。当时，"硕士"和"博士"并无等级差别。

（五）中世纪大学的基本特征

第一，中世纪大学具有世俗性。大学基本上不隶属于教会，而是代表世俗市民阶层的利益，以培养社会所需的职业人才为主，如教师、医生、法官、政府官员等。

第二，中世纪大学具有专业性。大学以传授专业知识和专门技能为主，是专业性的教育机构。它虽然也开设"七艺"课程，但其主要作为学习专业课程的基础。

第三，中世纪大学具有国际性。所谓国际性，是指大学为跨国性教育机构，学生和教师都来自不同的国家和地区，学习内容也是世界各国的先进文明成果。与教会学校和封建主教育的地区性具有明显不同。

第四，中世纪大学具有独立性。大学是一种由教师和学生构成的"组合"体，具有中世纪行会的性质，相对独立于教会或封建政权，具有执教资格颁授权。

三、中世纪大学的历史地位

中世纪大学的诞生是人类教育史上具有深远影响的一页。它是近代和现代大学的雏形，是人类文化发展的缩影和社会进步的表现。中世纪大学提供了知识研究的场所，倡导了学术研究的风气，使学者担负起保存、传播、创造文化的工作。大学培养了一大批日后成为中等学校教师的人才，造就了一批伟大人物，如但丁（博洛尼亚大学）、彼特拉克（博洛尼亚大学）、威克里夫（牛津大学）、胡斯（布拉格大学）、加尔文（巴黎大学）、哥白尼（博洛尼亚大学）、伽利略（比萨大学）、牛顿（剑桥大学）等。中世纪大学的教学虽是刻板的，甚至是烦琐的，但它毕竟动摇了传统的盲目信仰，重视了理解能力，营造了辩论风气。中世纪大学的迁徙、各大学之间的学术研究与交流活动，促进了国际文化交流和发展。

小结

在欧洲中世纪的世俗政权逊弱与基督教会力量强劲的背景下，中世纪的欧洲教育表现出浓厚的宗教性。包括修道院学校、主教学校和教区学校在内的神学教育体系的建立，满足了基督教会扩大影响、培养虔诚信徒和争取广大民众的需要。中世纪所建立的世俗教育体系则包括宫廷教育、骑士教育、城市学校与行会教育。中世纪大学是中世纪文化教育发展的一大创造，它的出现拉开了世界近现代大学发展的序幕。

思考题：

1. 基督教教育为什么能成为中世纪西欧封建教育的主流？

2. 分析修道院学校的教育作用。

3. 骑士教育是如何实施的？

4. 试简述中世纪大学的主要特征与历史地位。

参考文献：

1. 滕大春 . 外国教育通史：第二卷 . 济南：山东教育出版社，2005.

2. 吴元训 . 中世纪教育文选 . 北京：人民教育出版社，1989.

3. 吴式颖，任钟印 . 外国教育思想通史：第三卷 . 北京：北京师范大学出版社，2017.

第五章　拜占庭和阿拉伯的文化与教育

内容提要

在继承古代希腊、罗马文化与教育成果的基础上，拜占庭帝国为适应社会政治、经济、文化与基督教会发展的需要，建立起主要由私立初等学校和文法学校、修辞学校构成的初等教育与中等教育体系，发展起以实施法学教育与医学教育为主的高等教育体系，君士坦丁堡大学发展成为在世界教育史上具有重要影响的高等教育机构。同时，教会教育则主要由修道院学校和主教学校承担。在融合东西方文化与文明成就的基础上，阿拉伯世界的萨拉森帝国、各大食国，以及后来的塞尔柱帝国和奥斯曼土耳其帝国鼓励文化交流，奖掖学术研究，重视建设具有自己特点的文化教育体系，且在数学、医学、天文学和哲学等领域取得了举世瞩目的成就，为世界文化与教育事业发展做出了自己的贡献。

学习目标

1. 掌握拜占庭帝国创建的世俗教育与教会教育体系，了解拜占庭帝国教育发展的特点。

2. 掌握阿拉伯文化教育发展的概况，认识阿拉伯文化教育在东西方文化教育交流与发展中所做出的贡献。

✔ 核心概念

拜占庭教育；君士坦丁堡大学；医学教育；法学教育；清真寺；昆它布；图书馆

---

330 年，罗马帝国皇帝君士坦丁大帝在古希腊移民城市拜占庭旧址建立新都，定名为君士坦丁堡，作为罗马帝国的政治中心。395 年，皇帝狄奥多西一世在去世前将帝国东半部和西半部分别留给儿子阿卡丢和霍诺留，自此罗马帝国分裂为东罗马和西罗马两部分。因东罗马帝国都城君士坦丁堡地处拜占庭旧址，故东罗马帝国又称"拜占庭帝国"。

罗马帝国分裂后，西罗马帝国在内部奴隶起义和外族入侵的双重夹击下，于公元476 年败亡。拜占庭帝国则继续发展，7—9 世纪，封建制度在拜占庭初步确立；11 世纪，封建制度最终形成。在十字军东征和奥斯曼土耳其帝国的双重打击下，1453 年拜占庭帝国灭亡。

全盛时期的拜占庭帝国疆域辽阔，巴尔干半岛、小亚细亚、叙利亚、巴勒斯坦、埃及、美索不达米亚北部和外高加索的一部分均位于拜占庭帝国的版图之内。

拜占庭帝国和阿拉伯在保存与发展古代希腊与罗马文化的过程中，建立起具有自身特色的文化与教育体系，影响了欧洲的文艺复兴，具有深远的历史意义。

第一节　拜占庭帝国的教育

相对于基督教势力强大的西罗马帝国而言，在长期的发展中，拜占庭帝国始终存在比较强大而统一的世俗政权，天主教会始终处于从属于世俗政权的地位；拥有从古代继承下来的繁荣的城市和发达的城市手工业；特殊的地缘优势带来了拜占庭帝国国内外贸易的兴旺与发达；始终保留着古代希腊和罗马时代所积累流传下来的文化科学知识。拜占庭帝国政治、经济、文化的这些发展特点，极大地影响了拜占庭帝国的教育发展。

一、拜占庭帝国的世俗教育

拜占庭帝国发达的世俗生活提出了发展世俗教育的必要性。庞大的国家政治管理事务需要大量熟悉国家管理事务、通晓法律知识的高素质官员，发达的手工业、商业和海外贸易事业则需要掌握地理、天文与数学知识的人，拜占庭帝国皇室也需要掌握物理学和数学知识的人为其建造宫殿、教堂，需要借鉴历史上成功的治国经验，需要诗人歌颂他们的不朽功业。自希腊、罗马继承而来的世俗文化知识，希腊语言和罗马帝国时期的教育设施，荷马、索福克勒斯、埃斯库罗斯的文学著作和希腊历史学家的原著在拜占庭帝国的学校中传授，则为其世俗教育的发展提供了可能和条件。

(一)初等教育和中等教育

拜占庭帝国的初等学校多为私立学校，私立初等教育事业发达，私人讲学之风盛行。6～12 岁的儿童在私立初等学校学习正字法、文法基础、算术，并且阅读《荷马史诗》和《圣诗集》等作品。在教学方法上主要是记诵，教师要求学生整段背诵《荷马史诗》。部分初等学校也把有关《圣经》和基督教教义的知识作为学习内容。

拜占庭帝国的中等教育机构主要是文法学校和修辞学校，阅读、写作和语法是学习的主要内容。其中，语法方面主要学习希腊语和拉丁语句法、语言学、文学、修辞学。此外，学生还要学习天文学、几何学、哲学、算术和音乐等与"七艺"相关的科目。

(二)高等教育

拜占庭帝国初期，具有高等教育性质的雅典哲学学校、亚历山大里亚的医学和哲学学校、贝鲁特和君士坦丁堡的法律学校，以及散布在各地的修辞学校继续存在和发展，较好地促进了帝国初期文化教育事业的发展。在此后拜占庭帝国的高等教育事业中，君士坦丁堡大学的创办、发展和法学教育事业的兴盛，可以视为拜占庭高等教育事业发展的缩影。

1. 君士坦丁堡大学

君士坦丁堡大学创办于 425 年，帝国政府希望通过创设该大学为帝国培养一批能够高效处理帝国事务的人才。君士坦丁堡大学为世俗教育机构，政府聘任大学教授并支付薪俸。7 世纪以前，君士坦丁堡大学的学习内容主要包括希腊语、拉丁语、演说术、智者派学说、修辞学、哲学、算术、几何、天文和音乐。教学方式多采用讨论式，教学语言为希腊语。

七八世纪，拜占庭帝国饱受内外交困之苦，内部军事贵族之间混战不息，外部屡屡遭受进犯，文化教育事业渐现萧索之相，步入拜占庭文化发展的"黑暗时代"，君士坦丁堡大学数度停办。

9 世纪中期，重视研究古典文化的知识风潮涌现，世俗教育重获重视。迈克尔三世(Michael Ⅲ，840—867，842—867 年在位)统治时期，君士坦丁堡大学得以重建，当时的哲学家利奥出任大学校长，并举办哲学讲座。利奥的一些学生也在重建后的君士坦丁堡大学执教。大学开设几何学、天文学、语言学等方面的讲座，同时讲授数学、文法、音乐、法律和医学科目，除拜占庭帝国的青年外，还吸引了阿拉伯和西欧的学子到此求学，君士坦丁堡大学声誉日隆，发展成为当时世界最大的基督教文化教育中心。

11 世纪中叶，君士坦丁堡大学分设法学和哲学两个学院。法学院学生主要学习拉丁语的《查士丁尼法典》，毕业生主要供职于法律界。哲学院则复兴了对柏拉图和亚里士多德哲学的研究，课程分为初级学科、文法学科和哲学学科三级，哲学院教育的目的在于通过哲学知识的学习，培养学生洞察世界的能力。

2. 法学教育

拜占庭帝国的法学教育发达，并在查士丁尼在位期间达到全盛。查士丁尼皇帝把推广普及法律知识视为巩固统治的重要手段，528 年组建了一个由法学专家组成的十人委员会，陆续编纂出 10 卷本的《查士丁尼法典》《法理汇要》《法学总纲》《法令新编》，为法学教育提供了学习材料。除前已述及的君士坦丁堡大学所开展的法学教育外，设于君士坦丁堡的高级学校、贝鲁特的法律学校以及地方设立的法律学校也广泛开展了法学教育。法律学校学习年限一般为 5 年，教育目标在于培养"一个在学业结束后，能充满信心地去治理可能托付于你们的帝国各地的官员"。[①]

3. 医学教育

拜占庭帝国的医学教育也曾经达到较高的水平。4 世纪时的医学家奥雷巴西（325—403）在整理古代医学资料的基础上，结合自己的医学实践，撰写出百科全书式的医学著作——《医学大全》，这是中世纪著名的医学教材。7 世纪，医生保罗（约 625—690）撰写的《医学概要》影响深远。查士丁尼的宫廷医生阿提乌在一部著作中对耳科、鼻科、眼科等各类疾病进行了精辟分析。拜占庭帝国还开设了一些医学学校，开展医学教育，这种状况一直持续到 14 世纪。

二、拜占庭帝国的教会教育

拜占庭帝国的基督教会尽管从未像西罗马帝国的基督教会拥有超越于世俗政府的权力，但对于教育却也表现出极为重视的立场。拜占庭帝国基督教会把实施宗教教育的目的确定为培养虔诚的基督教徒。7 世纪时的拜占庭教会曾发布两份关于发展学校教育的通谕，要求教士们将自己的子侄和其他亲属送进修道院学校和主教学校就读，要求设于农村和小城镇的学校向学生提供文法教育。

拜占庭帝国的教会学校主要包括两种类型：修道院学校和主教学校。修道院学校附设于修道院，教育内容具有较强的宗教性，实施严格的禁欲和出世教育，主要培养虔诚的神职人员。不同于西欧社会所提倡的极端的苦行主义，拜占庭的修道院学校更加强调祈祷、诵经和生产劳动的基督教教育价值。

主教学校是拜占庭帝国教会学校的主要类型，学习内容上表现出一定的开放性，除传授神学内容外，也注重向学生讲授古代哲学知识和文化知识。在主教学校中，君士坦丁堡大主教学校的地位最高。君士坦丁堡大主教学校集中了全帝国的神学权威，既是教会学校的最高神学学府，又是极富权威的神学思想中心。君士坦丁堡大主教学校向学生提供"七艺"和科学教育，同时引导学生学习古代哲学家的著作，研究基督教经典，以便能够培养出维护基督教神学权威、能言善辩的高级神职人员。

第二节　阿拉伯的文化与教育

////////////////////

六七世纪，居住在阿拉伯半岛上的大部分部落以游牧为生，尚处在原始社会解体

---

① ［美］E. P. 克伯雷：《外国教育史料》，任宝祥、任钟印主译，157 页，武汉，华中师范大学出版社，1991。

阶段。7 世纪初,穆罕默德(570—632)创立了伊斯兰教,7 世纪 20 年代在麦地那建成政教合一的神权国家,并统一阿拉伯半岛。到 8 世纪中期,其继任者建成横跨欧亚非的大帝国,史称萨拉森帝国,即我国史书上所称的"大食"。萨拉森帝国 632 年建立,1258 年被西征的蒙古大军所灭。其间共经历了三大时期:第一时期为"四大哈里发时期"(632—661 年),实施民主选举,实行神权共和;第二时期为"倭马亚王朝"时期(661—750 年),即"白衣大食",定都大马士革;第三时期为"阿拔斯王朝"时期(750—1258 年),即"黑衣大食",定都巴格达,存在于该时期的法蒂玛王朝(909—1171 年)统治着北非和西亚地区,即"绿衣大食",定都开罗。

一、萨拉森帝国和各大食国的教育

伊斯兰教创立前,阿拉伯文化教育还处于初步发展阶段。统一的伊斯兰政权建立后,各类文化教育渐渐发展起来。

(一)初等教育与中等教育

早在伊斯兰政权建立前,基督教徒和犹太教徒即在叙利亚、小亚细亚、君士坦丁堡和北非地区创办了"昆它布"。统一的伊斯兰国家成立后,政府或教会将昆它布改造成为实施初等教育的机构。8 世纪初,哈克·伊本·穆扎西木在库法创办的昆它布成为阿拉伯的第一所昆它布。清真寺出现后,昆它布一般附设于清真寺。另外,在清真寺外的城乡也普遍设立了昆它布。一般可将昆它布视为阿拉伯国家最早的初级小学。学生一般 7 岁入学,学制一般为 5 年,学习内容主要是《古兰经》、先知故事、文法、诗歌和算术等,教学方式以背诵为主。间或教学生游泳、骑射的技能。

除昆它布外,7 世纪末 8 世纪初逐渐形成的宫廷学校,除向学生提供较为高深的知识教育外,也向皇室子弟提供一定程度的初等教育。皇室子弟在宫廷学校学习诗歌、文法知识。部分富人家庭和贵族们则聘请家庭教师在自己的府邸中教育自己的后代,形成了所谓的"府邸教育"。

阿拉伯的中等教育主要由学馆提供。学馆是一种私人教育场所,一般由成名学者在自己的家中讲学,吸引求知的人们到家中受教。就教学内容而言,学馆介于昆它布与宫廷学校之间。

(二)高等教育

实施高等教育的机构包括清真寺、图书馆和大学。

1. 清真寺

在萨拉森帝国及后来的各大食国,清真寺不仅是一种宗教性的教徒礼拜场所,而且还是一种重要的教育场所。638 年,欧麦尔发布命令:每周星期五各地民众要在清真寺集中,听取《古兰经》诵读者的解释和宣讲。该命令直接赋予清真寺教育的功能。各地清真寺也迅速发展起来。清真寺除通过附设的昆它布实施初等教育外,还邀请著名学者到寺讲学。听讲的学生环绕主讲者而坐,形成"教学环"。

当时,巴格达的曼色清真寺,开罗的阿穆尔清真寺、爱资哈尔清真寺以及设于耶路撒冷和大马士革的清真寺,均发展成为当地的教育重地和高深知识的讲授与研究中心。较大的清真寺附设的学校中讲授神学、法学、哲学、历史知识,吸引着来自各地的青年前来学习。爱资哈尔清真寺就曾吸引了多国青年到此学习。

2. 图书馆

基于尊重并发展学术的需要，各伊斯兰国家建设了发达的图书馆体系。图书馆在搜集藏书的过程中保留储存了知识，吸收并传播了东西方文化，学者们在此讲学交流，吸引着大批青年，促使图书馆发展成为一种特殊的高等教育机构。当时声誉卓著的图书馆包括巴格达的赫克迈图书馆（又称为"赫克迈大学"）、开罗的伊勒姆图书馆（一些历史学家称之为"伊勒姆大学"）和科尔多瓦的皇家图书馆。赫克迈图书馆由阿拔斯王朝赖世德所建，内藏大量的希腊文、希伯来文、叙利亚文、埃及文、印度文和波斯文文献，并附设天文台，规模仅次于亚历山大里亚图书馆。著名的数学家阿尔·花刺子模（780—850）、翻译家侯奈因（809—873）等人曾出任馆长。学者们在此进行多个学科的著述和研究工作，从事希腊文、波斯文和梵文典籍的翻译工作，并向学生传授哲学、数学、天文学和医学知识。伊勒姆图书馆也在藏书的同时，广泛开展天文学和医学教育。这两所图书馆聚集了一批探讨辩论学术问题的学者，一些学者终年在馆中研读，成为学问渊博之士。学者们的讲学吸引了当时渴求知识的青年。图书馆中的研究、讲学和学习之风甚盛，时人遂将赫克迈图书馆和伊勒姆图书馆称誉为"智慧大学"。

3. 大学

萨拉森帝国和后来的各大食国还创设了一些大学，较著名的有 859 年创办的卡拉维因大学、10 世纪初期创办的科尔多瓦大学。科尔多瓦大学吸引了来自欧、亚、非三洲的学生到此求学，学校聘请东方学者到校任教，对大学教授礼遇有加，还从亚历山大里亚、巴格达和大马士革等地购进大批书籍，从而使科尔多瓦大学发展成为享有世界声望的大学。

二、塞尔柱帝国和奥斯曼土耳其帝国时期的教育

11 世纪，黑衣大食首先被塞尔柱帝国所灭，其他大食也相继衰败。之后，塞尔柱帝国又相继被蒙古帝国和奥斯曼土耳其帝国所征服。阿拉伯世界的教育也随之发生了相应的变化。

取代黑衣大食的塞尔柱帝国以巴格达为中心，建立起较为完整的学校教育体系，政府为发展教育事业拨出专门款项。在埃及等地设立的初等学校中，部分学校向儿童及妇女提供免费教育。塞尔柱帝国宰相尼扎姆（Nizam Al-Mulk）主政期间，创办了一所被称为"尼采米亚大学"的高等教育机构。该校的宗教科向学生传授逊尼派理论和神学知识，同时教授法学知识；军政科则主要开展法学教育，兼授其他世俗类知识。尼采米亚大学的教师待遇丰厚，享有较高的社会地位。学生毕业后职业前景光明，遂吸引了大批青年入校就读。尼采米亚大学的成功引起各地效仿。11 世纪，大马士革的古伯拉大学成立，开罗、亚历山大里亚、科尔多瓦、格拉纳达、塞维尔和麦加拉等地也建立了类似的学校。1258 年，蒙古伊利汗王朝创立者旭烈兀攻陷巴格达，尼采米亚大学仍在艰难中存续。1395 年，尼采米亚大学与穆斯台绥木（1213—1258，1242—1258年在位）创设的穆斯台绥木大学合并。

1453 年,奥斯曼土耳其帝国在攻陷君士坦丁堡(后改名为伊斯坦布尔)后将都城迁至此城。奥斯曼土耳其帝国仿行尼采米亚大学建立了宫廷学校,选聘知名学者教育宫廷子弟。到 16 世纪时,宫廷学校的教学分初、高两阶段进行,初级阶段为基础训练阶段,高级阶段为分科教育阶段。在高级阶段,学科设置全面,共设土耳其语、阿拉伯语、波斯语、土耳其和波斯文学、《古兰经》及其注释、神学、法学、历史、数学和音乐十门学科,统称为"学艺十科",同时学生在此阶段还接受体育及战术的训练。宫廷学校毕业生拥有帝国官员身份,主要充实到各级政府管理机构,承担行政管理职责。

奥斯曼土耳其帝国时期的科尔多瓦大学和格拉纳达大学,开设教义、法学、天文学、数学、医学和哲学等学科课程,向帝国青年提供各类专业教育。科尔多瓦大学和格拉纳达大学发展盛期,在校生曾达数千人。

小结

拜占庭帝国各类教育发展深受社会政治、经济与宗教文化的影响,尤其受世俗政权与教会关系的影响,在教育实践中表现出的特点有:直接继承了古代希腊和罗马的文化教育遗产,并对古代西方文明实施了较好的保存和传播;在满足世俗生活需要的过程中发展起较为完善的世俗教育体系;教会教育体系与世俗教育体系长期并行发展。拜占庭帝国的文化教育在保存和传播古代希腊、罗马文化,沟通与发展东西方文化方面均发挥了不可替代的历史作用。

在各个历史时期,阿拉伯人通过实施开明的文化和教育政策,广泛吸取被征服地区的文化教育遗产,积极发展学校教育事业,在融合东西方文化与文明的基础上,鼓励学术研究和文化交流,形成了具有自己特点的文化教育体系,且在数学、医学、天文学和哲学等领域取得了举世瞩目的成就。数学家阿尔·花剌子模所编的《代数学》,医学家伊本·西拿(即阿维森纳,980—1037)所著的《医典》,哲学家伊本·路西德(即阿威罗伊,1126—1198)所著的关于亚里士多德哲学的解释性著作,长期以来被选用为西欧大学的教材,代表了阿拉伯世界为世界文化与教育事业发展所做出的贡献。

思考题:

1. 简述拜占庭帝国教育发展的成就。
2. 试述萨拉森帝国及各大食国所设清真寺的教育功能。

参考文献:

1. 吴式颖,李明德. 外国教育史教程. 3 版. 北京:人民教育出版社,2015.
2. 曹孚,滕大春,吴式颖,等. 外国古代教育史. 北京:人民教育出版社,1981.
3. 吴式颖,赵荣昌,黄学溥,等. 外国教育史简编. 修订本. 北京:教育科学出版社,1995.

第二编　近代教育史

第六章　文艺复兴和宗教改革时期的欧洲教育

内容提要

文艺复兴和宗教改革是 14—17 世纪欧洲新兴资产阶级在意识形态领域向封建势力和天主教神学发动的一场伟大的思想解放运动。文艺复兴具有明显的阶段性和地域性，最先兴起于意大利，后传至北欧国家和地区，广泛传播和发展了人文主义文化，直接引发了北欧建立在人文主义和宗教理想双重基础之上的宗教改革运动。宗教改革运动又导致天主教会发起了反宗教改革运动。与此相适应，其间形成和发展了人文主义教育、新教教育和天主教教育：人文主义教育托古改制，在复古与创新之间求得突破；新教教育致力于净化教会风气，赋予基督教教育以新的理解，注重通过教育扩大其影响；天主教教育坚守天主教传统，应对人文主义教育和新教教育的挑战，试图恢复并维护自己的统治地位。三种教育势力彼此碰撞与融合，基本奠定了西方近代教育发展的整体格局。

学习目标

1. 了解文艺复兴时期人文主义教育的发展历程、主要特征与历史影响。

2. 掌握文艺复兴时期人文主义者提出的重要教育主张。

3. 掌握宗教改革的教育意义及宗教改革时期主要教派的教育活动。

核心概念

文艺复兴；人文主义教育；宗教改革；维多里诺；伊拉斯谟；莫尔；拉伯雷；蒙田；康帕内拉；马丁·路德；加尔文；耶稣会

第一节　文艺复兴与欧洲人文主义教育的发展

////////////////////////

在人类发展的历史中，14 世纪初至 16 世纪末是西欧封建社会走向没落和崩溃、资本主义生产关系萌芽和发展的时期。欧洲资本主义生产关系的发展要求建立一种与之相适应的自由平等和鼓励创新的社会关系。新兴资产阶级为发展资本主义经济，发动了持续几个世纪的反对封建专制、争取自由民主的斗争。这一斗争在文化和教育上的反映，就是欧洲的文艺复兴。它是继古代希腊、罗马文化繁荣之后在欧洲出现的第二个文化高峰。人文主义思想家在意识形态领域掀起了与封建势力做斗争的狂飙，发现了"人和世界"，促进了欧洲资本主义经济的发展，并在教育领域开展了一系列改革，推动了近代教育的发展历程。

一、文艺复兴的社会基础与人文主义文化

"文艺复兴"，就其形式来看，是指古代希腊、罗马人文学科的复兴或复活；但就其实质而言，文艺复兴的范围远远超出了人文学科，而是包括文学、艺术、哲学、科学、宗教、建筑、法律、教育等方面的全面复兴。复兴的目的也远远超越了复兴古典文化，而是在赓续和发展古典文化的基础上，发挥古典文化的媒介职能，创造和建设一种新文化——人文主义文化。因而，文艺复兴是人文主义者以复兴古代希腊、罗马文化为依托，以宣扬人文主义文化为核心，在思想和文化等领域开展的一次反封建的思想解放运动。文艺复兴的发生有着多方面的社会基础。

在社会经济发展方面，10 世纪以后，民族的迁徙与外来者的入侵逐渐停止，相对安定的社会环境为经济的恢复与发展提供了条件。农业耕地面积增加，农具制造技术得到改进，手工业从农业中分离出来，成为独立的生产部门，生产了更多的可供交换的剩余产品，商品经济获得明显发展。为了摆脱封建依附关系和封建主的压榨与剥削，大批农村手工业者纷纷逃离农村，来到城镇和城堡附近定居。随着居住人口的增多，城镇和城堡逐渐形成了比较稳定的市场，最终发展成为新兴城市。

这一时期，意大利城市的商业活动也开始复苏。意大利城市的复兴与发展为商业复苏提供了条件。意大利城市商业日趋繁荣，贸易频繁，银行业也异常活跃。在商业的组织与活动方式上，具有近代因素的新兴企业逐渐形成，如早期的合伙股份公司以及开展贷款和保险业务的机构等。意大利的金属制造业、纺织业和造船业也得到了一

定发展。欣欣向荣的城市生活为文艺复兴和人文主义文化的产生与传播提供了必要条件。正如彼得·伯克所说：没有城市，就没有文艺复兴。

资本主义经济逐步冲破了欧洲封建农耕社会的束缚。中世纪后期农奴起义的爆发及 14 世纪黑死病的肆虐在考验西欧封建制度还能支撑多久的同时，更进一步加剧了新兴资产阶级对未来新社会的向往。而这种向往是通过回顾古代希腊和罗马的古典文化，并与社会现实实施强烈对比而阐发的，这成为文艺复兴兴起的直接原因。

在欧洲经济结构发生变化的同时，各国的政治结构也出现了转型。封建割据引起民众的普遍不满，民族意识开始觉醒，民众要求统一的愿望强烈。在城市林立的意大利，各城市表现出较强的自治性，并在 15 世纪末逐渐从共和制转向君主制，君主或朝臣耽于享乐，希望摆脱宗教禁欲主义的束缚。英国、法国和西班牙是在文艺复兴时期形成的西欧民族国家，在文艺复兴时期基本完成了国内领土统一，确立了中央集权的君主政体，王权得到了加强。此时，德国和意大利虽然缺乏强大统一的政权，分裂情况严重，但两国掌权者提出了实现国家统一的要求，民族语言的形成为民族国家的统一和民族意识的觉醒提供了条件。同时，十字军东征为西方带来的科学、数学、建筑、商业和医学著作及成果，不啻为沉睡中的西欧注入了兴奋剂，古典文化得以广泛传播。所有这些因素彼此互动，各种变化也纷纷借助于文艺复兴这一特定的方式表达出来。

14—15 世纪的意大利拥有许多得天独厚的优势。作为西方贸易的枢纽，意大利城市经济繁荣，为文化发展提供了有利的物质基础。意大利居于古代罗马文化的中心，拥有丰厚的文化遗产。罗马拥有古罗马大广场、竞技场以及公共浴室废墟遗址，南部地区拥有像叙拉古那样的人们普遍讲希腊语的城市，中南部地区则埋藏着古代的塑像、钱币和碑石。意大利城市共和国的统治者和名门望族注重发展古典文化，竞相延揽博学之士，形成了一种特殊的文化环境。一些原在东罗马帝国的学者因为战乱的影响也迁徙到意大利。佛罗伦萨美第奇家族成员科西莫·德·美第奇（Cosimo de Medici，1389—1464）曾建议，要像对待天上的神仙一样对待人间的天才。因而，文艺复兴首先在具备思想、经济、社会和文化基础的意大利爆发，后扩大到德国、法国、英国、西班牙、尼德兰等欧洲其他国家和地区。

人文主义文化是贯穿文艺复兴的基本思想，是理解文艺复兴各领域和各项成就的基本依据，也是文艺复兴反封建性质的基本体现。人文主义文化的基本内容包括以下方面。

第一，肯定和歌颂人的价值和尊严。人文主义文化充分肯定个人在现实社会生活中的价值，强调个人生命的意义和尊严，奉行以人为中心的世界观。主张个人通过积极参与社会生活，在追求职业成功、提升社会地位和个人理性的同时，实现自身的价值和尊严。

第二，强调现世生活和个人自由。人文主义文化反对中世纪教会的禁欲主义和来世观念，歌颂现实生活的意义，标榜理性以取代神启，提倡人性以反对神性，提倡人权以反对神权，提倡个人自由以反对宗教桎梏。

第三，推崇古典文化。人文主义文化推崇古典文化，强调以人的价值为中心的人本主义，代表了欧洲从封建的中世纪向资本主义社会过渡时期新兴资产阶级的世界观和价值观。人文主义文化具有丰富的、多层次的思想内涵，涉及哲学、宗教、伦理、政治、文学和艺术诸多层面，且拥有多种表达形式，如哲学上的人本主义、伦理学上的反禁欲主义、文学上的古典主义、艺术上的现实主义、政治学上的民族主义等。这一新的世界观促使文学、艺术、科学和哲学逐步获得了新生。

第四，倡导发展学术，尊重并提高个人理性。人文主义文化注重开展学术研究，发展文化和教育事业，弘扬理性，提升个人的理性能力和理性水平，增强个人明辨是非的能力，提高个人的自主与自觉意识，最终将个人从恐惧、迷信和虚假信仰中解放出来，而启蒙运动则是这一思想解放运动的延续。

总之，人文主义文化既是文艺复兴时期人文主义者在经济、政治、思想和文化领域取得新成就的具体体现，也作为文艺复兴时期人文主义教育的指导思想，对这一时期的教育理论与教育实践产生了全面影响，直接促进了人文主义教育的发展。

二、人文主义教育的发展

如果说人文主义文化是以"人"为中心的文化，那么人文主义教育就是以"人"为中心的教育。布克哈特将意大利文艺复兴的成就概括为"发现世界和发现人"。前者探索外部世界，是客观的；而后者探索人自身，是主观的。人文主义教育是基于对人自身认识的革新和深化而得到发展的。

人文主义教育最初起源于意大利的主要工商业城市，后推广传播至北欧许多国家和地区，在发展中表现出明确的阶段性和地域性。

(一)意大利的人文主义教育

意大利人文主义教育的发展可分为两个时期：14世纪至15世纪末为前期，15世纪末到16世纪中期为后期。两个时期的教育发展状况存在差别。前期是人文主义教育萌芽与迅速发展的时期，其产生和发展状况与意大利人文主义运动的发展状况密切相关，人文主义教育以培养公民为主，反映了当时意大利社会政治、宗教和文化等方面对教育的新要求；到了后期，在适应意大利社会政治制度、文化发展和宗教信仰领域变革的过程中，人文主义教育的培养目标更多强调对理想君主和朝臣的培养，教育的宗教色彩也有所增强。

1. 意大利前期人文主义教育

以人文主义为基本特征的文艺复兴，最早发生于14世纪的意大利，但人文主义教育的产生与发展却滞后于人文主义运动，人文主义教育实现根本性的发展是在15世纪，两者并不完全同步。

14世纪，但丁(Dante Alighieri，1265—1321)，彼特拉克(Francesco Petrarca，1303—1374)和薄伽丘(Giovanni Boccàccio，1313—1375)等文学家和思想家已在自己的著作中，为人文主义教育思想的形成提供了必要的思想与文化基础。作为文艺复兴初期人文主义者的主要代表，但丁等人虽然没有撰写或出版专门的教育著作，但他们基于对人的价值和尊严的歌颂、对古典人文学科的推崇、对世俗社会生活意义和个人理性的赞美，在相当程度上为其后的人文主义教育提供了发展框架与基本思路，成为15 世纪意大利人文主义教育发展重要的文化基础。14 世纪末期，古典学术在意大利得到了全面复兴，人们对古代时期的文化有了更深刻和更全面的认识。到 15 世纪初期，欧洲文化领域已经日益转向对古代罗马和希腊文化的研究。这种文化的转向迅速影响到教育领域，逐步促成文艺复兴时期人文主义教育实践和教育理论的新进展。

弗吉里奥（Pietro Paolo Vergerio，1349—1420）是第一位系统阐述人文主义教育思想的人文主义教育家。弗吉里奥深受古罗马学者昆体良教育思想的影响，曾为昆体良的教育著作《雄辩术原理》作注。1400 年前后，弗吉里奥用拉丁文撰写了书信体教育论文《论绅士风度与自由学科》，提出人文主义教育的目的在于通过实施自由教育（liberal education）以培养充满世俗精神的身心全面发展的人。源于古希腊的自由教育为文艺复兴时期的人文主义者所普遍推崇。关于"自由教育"，弗吉里奥的认识是：自由教育是一种通过实施自由艺术与人文学科的教学，唤醒与激发个人潜在的那些趋于高贵的品德、智慧与身心最高才能的教育，其目的在于造就符合自由人价值的人。自由教育成为文艺复兴时期人文主义教育的核心理念和基本要义。

弗吉里奥认为，教育可以给人带来幸福，可以改变个人命运，这种世俗精神无疑是对以往宿命论的直接挑战。他认为道德培养重于知识传授，因此教学内容的选择必须有利于高尚道德品质的养成。他将历史、道德哲学和雄辩术等视为自由教育的基础，还主张学习算术、几何、天文学等科目，并要求将军事和体育结合起来。他强调自然知识的重要价值，对自然知识的学习既有助于人的发展，又能够吸引人的兴趣。他肯定了医学和法律知识的实际价值，但又认为对医学和法律知识的学习并不适用于对绅士的培养。他未对神学知识的学习发表见解，一定程度上显示出意大利人文主义教育的世俗性色彩。总之，弗吉里奥系统地阐述了人文主义的教育目标、内容和方法，恢复了被湮没已久的具有世俗精神的古典自由教育思想，为人文主义教育的兴起和发展做出了重要贡献。

随着市民人文主义（Civic Humanism）的发展，人文主义者更加强调自由运用古典知识为现实生活服务，人文主义运动步入成熟期。市民人文主义赞美古代希腊城邦的共和政治制度和古代罗马的公民精神，强调市民的"积极活跃的社会生活"。受市民人文主义的影响，人文主义教育得到进一步发展，世俗性日益突出。

李奥纳多·布鲁尼（Leonardo Bruni，1370—1444）曾师从著名的拜占庭学者克里索罗斯学习希腊语，后以其渊博的古典学知识为思想资源，把古典知识和佛罗伦萨的现实生活创造性地结合起来，反对沉思默想式的"隐修生活"，强调城邦生活和积极的市民生活。在教育上，他反对培养只知埋头苦读、与世隔绝的人，主张培养能够把学术研究和公共事务结合起来的学者，培养既博学多识又经世致用的人才。布鲁尼还深入论述了对女子实施人文主义教育的问题。市民人文主义的另一位代表人物布拉乔利尼（Poggio Bracciolini，1380—1459）发现了昆体良的《雄辩术原理》全本，进一步促进了古典教育思想的复兴，推动了人文主义教育的发展。

作为弗吉里奥教育理想的实践者，人文主义教育家维多里诺（Vittorino da Feltre，

1378—1446)和格里诺(Guarino da Verona，1374—1460)积极投身于人文主义教育实践，且取得了突出成效。他们两人都具有极高的教育热忱，极度推崇西塞罗主义，还都曾创办了宫廷学校，并执教其中。不同的是，维多里诺深谙西塞罗精神的内涵，主张自由教育，作为课程中心的古典学科只是培养学生品德与促进身心养成的手段。1423 年，维多里诺在意大利孟都亚城郊创办了孟都亚宫廷学校，并在此执教达 23 年之久。维多里诺为该校所设定的总体目标是实施"和谐教育"，"和谐教育"的具体含义是，"实现一种和谐，即使教会的道德和宗教教育与昆体良所赞成的古典教育、与意大利卡斯特罗的骑士般的训练相一致，所有这些都充满了某种对优雅与和谐的希腊式情感"①。

孟都亚宫廷学校校园环境优美，校风淳朴自然，师生关系亲密融洽，注重实施直观教学，重视运用活动与游戏，使学生在快乐中学习，在学习中实现和谐发展。学校初名为"愉悦之家"(pleasure house)，后被维多里诺更名为"快乐之家"(the joyful house)。维多里诺规定，孟都亚宫廷学校学习年限约 15 年，实施个别教学和差异化教学。主要开设课程包括拉丁语、希腊语、数学、历史学、伦理学、音乐、体育等。在教学方法上，摈弃中世纪修道院学校的机械背诵，注重依据学生兴趣和特长开展教学，重视运用参观、练习和游戏的方式。维多里诺还重视学生基督教信仰的养成，对大部分人文主义者蔑视"宗教"生活的观点表达了异议。"快乐之家"迅速发展成为文艺复兴初期意大利人文主义教育的中心。

格里诺重视发挥古代希腊和罗马经典作家作品与古典学科的价值，认为古典文化教育本身就是目的，古典学科就是学习内容。1429 年，格里诺创设费拉拉宫廷学校，实施古典教育，要求每一个接受教育的人必须学习古典学科。格里诺将费拉拉宫廷学校教育分为三个阶段：初级阶段、文法阶段和高级阶段。初级阶段的学习内容为阅读、写作和拉丁文发音；文法阶段则学习拉丁文法；高级阶段则主要学修辞学。在学习方法上，主张先学习文法规则，再学习古典作品。在古典作品学习中，格里诺将西塞罗文体作为写作教学的唯一典范，这一倾向反映了早期人文主义教育单纯模仿古典作品的特点，进一步助长了 15 世纪末"西塞罗主义"的兴起，致使意大利人文主义教育在发展过程中产生了形式主义的弊端，背离了人文主义文化修养的宗旨。

2. 意大利后期人文主义教育

15 世纪末 16 世纪初，意大利社会政治、文化和宗教等领域发生了重大变化，佛罗伦萨社会生活的世俗性日趋减弱，宗教色彩则明显增强。人文主义者讨论的主题也由原来"积极活跃的社会生活"转变为"隐修的宗教生活"，即从"市民人文主义"转向"基督教人文主义"。君主制取代了共和制，君主形象受到关注，人们的共和意识和公民观念日益淡漠，人文主义者的社会地位由于自身原因以及反宗教改革运动的抑制而有所下降。意大利人文主义教育实践也相应发生了很大转向，培养公民的教育理想被培养

---

① ［英］威廉·哈里森·伍德沃德：《文艺复兴时期教育研究》，赵卫平、赵花兰译，31 页，济南，山东教育出版社，2013。

君主和朝臣的教育理想所取代，许多阐述君主和朝臣培养的教育论著开始出现，其中影响最大的是卡斯底格朗(Baldassare Castiglione，1478—1529)所著的《宫廷人物》。

《宫廷人物》于1528年出版，后被译为拉丁语及欧洲主要语言，影响颇大。该书主要讨论了君主、朝臣应具备的知识和能力，并具体就理想的君主、朝臣以及绅士的品格及其教育做了详细阐述，强调对古典著作、诗歌、韵文和散文写作、本族语的学习，体现了人文主义的教育情怀。卡斯底格朗反对中世纪时期的骑士教育，只重视军事体育教育而忽视文化知识熏陶；反对文艺复兴初期的精英学者教育，只重视古典文化教育而忽视实用知识学习；反对狭隘的专业教育，只重视专业知识与技能学习，而忽视古典知识学习与人文素养的形成。卡斯底格朗主张，理想的朝臣形象是：既拥有健美的体魄，又掌握渊博的古典学科知识，还具备高超的人文素养和高尚的道德品质，更具备参与社会生活和生产的专业知识和技能。

(二)尼德兰和德国的人文主义教育

15世纪，北欧人文主义教育也得到相应发展。在北欧诸国中，尼德兰地理位置优势突出，工商业经济繁荣，文化和教育事业较为发达。尼德兰宗教团体"平民生活兄弟会"(Brethren of the Common Life，亦译"共同生活兄弟会")开办了一些具有人文主义性质的学校，其办学方式和办学理念体现出人文主义色彩。"平民生活兄弟会"开办的学校开展基督教教义和古典学科教育，重视学校组织与管理，实施寄宿制和分级制教学，教育成就显著。北欧基督教人文主义教育家和思想家，如阿格里科拉(Rudolph Agricola，1444—1485)和伊拉斯谟(Desiderius Erasmus，1466—1536)早年都曾接受过"平民生活兄弟会"学校的教育。

阿格里科拉致力于将意大利人文主义引入北欧，是"德国人文主义教育的创建者"。阿格里科拉力图恢复亚里士多德哲学的真正内涵，摒弃陈腐的经院主义观点和形式主义做法，开辟探求新知的新路。当然，其教育思想中也表现出浓厚的意大利色彩和明显的移植痕迹。

伊拉斯谟是另一位北欧基督教人文主义教育理论家。伊拉斯谟推崇古典文化，主张基督教与人文主义并重，即实现人文主义基督教化和基督教人文主义化。主要教育著述包括《愚人颂》(1509年)、《论基督教君主的教育》(1516年)和《论童蒙的自由教育》(1529年)。伊拉斯谟运用人文主义方法研读基督教，认为应通过古典文化教育和基督教教育的实施，培养具有虔敬、德行和智慧品质的人，教育应该造就具备古典文化修养的虔敬的基督徒。对古典文化的学习有助于净化基督教和改良社会。不过，对于基督教会推行的宗教蒙昧主义和部分神职人员虚伪腐化的生活，对于一些意大利人文主义教育家的西塞罗主义和形式主义做派，伊拉斯谟予以旗帜鲜明的反对。在他看来，人文主义教育最根本的目的是学古人之道、借宗教之意以改造现实社会。伊拉斯谟要求教师在教学中根据学生特点，因材施教。伊拉斯谟关注教育与社会变革的关系、教育与人的发展的关系问题，探讨古典语言的教学与写作，重视发挥教育的力量，重视实现人类古典文化遗产的现实价值，所有这些都直接促进了北欧人文主义教育的发展。

15世纪末16世纪初，德国人文主义教育得到了一定发展。德国的一些大学如埃尔福特大学、科隆大学等成立了人文主义者团体，一些人文主义者致力于传播古典文化。温斐林（Jacob Wimpheling，1450—1528）是德国宗教改革前较有影响的人文主义教育家，先后在埃尔福特大学、海德堡大学执教，传授古典人文知识。他认为人文教育要以维护社会的道德为宗旨，对古典语言的学习不应该专重文法，主张人文精神与宗教信仰要并行发展，强调学术知识与宗教信仰并行。德国人文主义教育的开展为宗教改革运动的兴起做了舆论准备。

（三）英国、法国的人文主义教育

英国受意大利人文主义教育的影响，英国早期人文主义教育表现出较强的基督教人文主义色彩，主张用人文主义方法开展神学研究，重视培养个人具备虔诚的信仰和高尚的道德品质。代表人物包括林纳克（Thomas Linacre，1460—1524），科利特（John Colet，1467—1519）和莫尔（Thomas More，1478—1535）等。

林纳克，早年曾在意大利帕多瓦大学研读亚里士多德的著作，1484年后在牛津大学教授希腊语、拉丁语和医学，对其学生伊拉斯谟和莫尔等人产生了直接影响。林纳克在英国积极传播人文主义思想，倡导运用新的教学与研究方法传授和探索新知识，号召人们彻底摆脱经院哲学的陈腐观点和研究方法，被誉为英国"新知识运动的倡导者"。

科利特，英国人文主义思想家，早年就读于牛津大学，后赴意大利留学。曾任圣保罗大教堂主教，倡导改革基督教神学教育。得益于伊拉斯谟等人的帮助，他于1510年左右创办了圣保罗学校，聘请人文主义者出任该校教师，注重古典语言和文学课程教学，探索实施寄宿制和导师制，实施学生自治。该校发展成为英国人文主义学校的典范，也为英国文法学校和公学的发展提供了一定参照。

莫尔，英国人文主义教育家，早期空想社会主义者。他出生于伦敦的一个法官家庭，自幼接受良好的教育。1492年入牛津大学学习古典语言，后离开牛津大学改学法律。他曾出任法官、议员和财政大臣职务。1535年，因拒绝宣誓承认英国国王为教会领袖，他先被囚于伦敦塔，后被判处死刑。在林纳克和伊拉斯谟等人文主义思想家的影响下，莫尔重视对古典语言和古典文化的学习，倡导运用新方法研究神学，热衷于新柏拉图主义。在集中体现其人文主义教育思想的著作——《乌托邦》一书中，莫尔主张废除私有制，认为财产私有制是催生社会罪恶的根本原因。他主张人人参与生产劳动，按需分配劳动成果。他重视发展教育事业，认为适当的教育是发展个人才能和实现社会繁荣的重要手段。他主张实行公共教育制度，实施义务教育，所有儿童，不分性别、年龄，均享有平等地接受一定年限义务教育的权利。他主张运用民族语言教学，开设阅读、书写、计算、古典语言、天文学、音乐、辩证法、自然知识、民族语、体育等课程，培养儿童具备仁慈、公正、勇敢、诚实、仁爱、合作、虔敬等道德品质。莫尔特别强调对学生进行劳动教育，培养学生掌握必要的劳动知识和劳动技能。在莫尔、科利特、林纳克等人的推动下，英国国王和宫廷大臣们也都支持人文主义，人文主义教育实现了较大发展，牛津大学和剑桥大学设立了具有基督教人文主义性质的神学讲座，一些公学也开展了一定程度的人文主义教育改革。

英国晚期人文主义教育表现出更强的民族主义、实用主义和科学主义色彩。以英国晚期人文主义教育者托马斯·埃利奥特的《行政官之书》为例，该书作为卡斯底格朗《宫廷人物》在英国的翻版，强调教育应切实满足社会现实的需要，教育要培养掌握经世致用知识与技能的绅士，而非埋首故纸堆的学究。他认为学习古典语言应与学习民族语言相结合，重视学习民族文化，延续民族精神和民族传统。此外，绅士应具备健康的体魄和坚强的意志，要广泛开展体育活动，指导学生在参与角力、游泳、赛跑、舞蹈、骑马和狩猎等各项体育活动中健康成长。

英国晚期人文主义教育的实用主义和科学主义的发展，还直接得益于培根（Francis Bacon，1561—1626）经验归纳法的提出和运用。培根的认识论和知识观表现出强烈的科学色彩，他认为经院哲学所使用的理性演绎方法只是对空洞问题的烦琐论证，并不能导致新知识和新见解的产生。新知识的获得，唯有借助于经验归纳法才有可能实现。培根将经验归纳法的运用分为三步。第一步，通过观察和实验，收集感性材料。第二步，运用例证列表——正例表、反例表和对比表（或程度表）整理感性材料。其中，正例表包括所有的正面材料和事例，反例表包括所有的反面材料和事例，对比表（或程度表）列出按照不同程度表现出某些性质的一些事例。第三步，实施归纳。根据三张表的内容，通过理性分析，推导归纳出一般性结论，再通过总结分析，使其逐步上升为一般性公理，最后得出新知识或者新原理。培根的这一获取新知识的方法为直观教学及其他教学方法的革新提供了认识论依据。此外，在知识价值问题上，培根提出"知识就是力量"，将自然科学知识视为主要的知识内容，提出"泛知识"概念，强调个人应该学习一切知识，尤其是自然科学知识。这为文艺复兴时期人文主义教育课程改革提供了方向指导，并在一定意义上为夸美纽斯"泛智论"的提出提供了理论启示。

简言之，英国晚期人文主义教育较早期所发生的具体变化表现在以下方面。第一，教育目标发生了变化，主张对贵族青年进行绅士教育，培养符合时代需要的实用人才成为教育的主要目标；第二，教学内容方面，民族语言、自然科学、法语、意大利语、化学、绘画等实用学科以及体育成为主要的教学内容；第三，教育宗旨上注重民族精神养成和国民性培育；第四，教学方法上重视开展直观教学，实施教学方法革新，追求教学实效。

与尼德兰、德国和英国一样，法国文艺复兴初期的人文主义教育思想也表现出基督教人文主义色彩，其代表人物是比代（Guillaume Budé，1468—1540）。比代，法国早期人文主义教育家，深受意大利人文主义思潮影响，重视发展古典人文学科，古典文化素养深厚。1515年，他撰成《论王侯的教育》一书，提出君主应学习古典名著。比代积极投入人文主义教育实践，倡导创设了具有人文主义性质的法兰西学院（1530年）和奎恩学院（亦译"居也纳学院"，1534年）。学院奖掖艺术与科学方面的讲学与研究工作，崇尚古典学术而不事经院之学，运用民族语开展教学，倡导使用直观教学，实施分级教学，最终造就了一批产生广泛影响的人文主义思想家和教育家。

进入 16 世纪，在拉伯雷（François Rabelais，1494—1553），拉谟斯（Petrus Ramus，1515—1572)和蒙田（Michel de Montaigne，1533—1592)的引领下，法国人文主义教育获得了发展。

拉伯雷，文艺复兴时期法国知名的文学家和教育家，早年曾接受修道院教育，对经院哲学的空疏与烦琐深恶痛绝，其讽刺性文学作品《巨人传》猛烈抨击了经院主义教育，集中展示了其人文主义教育思想：关于教育目标，主张人文主义教育要培养身心和谐、个性自由、博学多才的人文主义者；关于教育内容，主张开设希腊语、拉丁语、天文学、地理学、法语、数学、几何、博物、音乐、医学和解剖学等课程，实施广泛的知识教育；关于体育，注重发挥体育在培养新人中的作用，要求组织学生参与骑马、击剑、跑步、游泳、角力、射箭、登山、攀树等多种形式的体育活动，主张强健学生身体，培养身心和谐发展的人；关于教学方法，强调教学方法的选用要以尊重学生人格、激发学生学习、增进学生对知识的理解为基本原则，倡导运用观察、谈话、游戏、游学、参观、旅行、实验等多种教学方法。

拉谟斯，法国人文主义教育家，富有怀疑和批判精神，强调教育应注重培养个人的自由思考与理性判断能力，反对泥古、崇古和迷信权威，强调知识的价值在于运用，注重知识与现实生活的联系。

蒙田是一位激进的、具有批判精神的人文主义思想家、教育家。他倡导怀疑精神，反对权威主义，抨击学究气息，反对盲信盲从和死记硬背，注重对知识的理解；反对空疏无用，崇尚实际效用。在教育方法上，他鞭挞禁欲主义，反对强制压迫，主张自然发展，强调行动和实践。他重视本族语学习，认为其他国家的语言都是次要的，希腊语和拉丁语只是装饰品。

文艺复兴时期人文主义教育历经三百余年的发展，不同国家和地区启动的时间不同，发展程度也存在差异。就地域差别而言，意大利人文主义教育具有浓厚的世俗性，而北欧人文主义教育则表现出浓厚的宗教色彩，更加强调虔诚与道德的养成。这与意大利学校继承了较多世俗教育传统，且中世纪到文艺复兴时期所创建的学校也多由世俗势力控制有关。北欧宗教势力，尤其是新教势力较为强大，北欧人文主义者多与宗教团体"平民生活兄弟会"的教育活动相关，其人文主义教育发展呈现出较为浓厚的宗教色彩。就时间差别而言，意大利人文主义教育的开展时间早于北欧人文主义教育，北欧人文主义教育与意大利人文主义教育后期交叠。欧洲后期人文主义教育的世俗性更强，学科范围更广，也更贴近现实生活。

在存在上述差异的同时，意大利人文主义教育和北欧人文主义教育之间还存在一致性。第一，教学内容上，古典科目以及古典著作构成了人文主义课程的主体；第二，强调教育与现实社会的联系，注重通过教育发展人的各种潜能，改造社会；第三，教育对象局限于社会精英人士，教育均为贵族性质的精英型教育。

总之，人文主义教育的发展再次证明，重拾古代文明与文化创新并不矛盾，二者是可以兼容的。

第二节　人文主义者的教育实践与教育理论探索 //////////////////////

一、人文主义者的教育实践与教育理论

（一）弗吉里奥

弗吉里奥是第一位系统阐述人文主义教育思想的意大利学者，他对教育的贡献主要体现为重拾了古典教育思想的世俗精神，结合时代需要，阐明了人文主义的教育目标、内容和方法。

弗吉里奥主张推行自由教育，培养身心全面均衡发展的人。在其撰写的《论绅士风度与自由学科》中，弗吉里奥提出了对青少年实施自由教育。自由教育是一种符合自由人价值、旨在使受教育者获得德行与智慧、能够唤起和激发那些使人趋于高贵的心智才能的教育。弗吉里奥还注重依据学生个人爱好和年龄特征教授合适的教育内容，将历史、道德哲学和雄辩术视为自由教育的基础，认为这些学科有助于个人良好道德品质的养成。他还主张学习算术、几何、天文学等对青少年有益的科目。弗吉里奥将医学、法学和神学排除在自由教育之外。弗吉里奥在自己的论著中从未提及神学，反映出意大利人文主义教育的世俗性特点。

（二）维多里诺

维多里诺是文艺复兴前期的一位教育实践家，享有"第一个新式学校的教师"的称号。1423年，维多里诺按照人文主义教育观念创建了孟都亚宫廷学校。该校为儿童创建了快乐优美的学习环境，获得了巨大声誉，吸引了许多远近富豪乡绅子弟和一些穷苦但颇具天分的学生，甚至有从德意志前来就学者，维多里诺将学校命名为"快乐之家"。

为实现儿童身心和谐发展，维多里诺主张设置希腊语、拉丁语、历史、哲学、算术、几何、天文学、音乐、体育和宗教教育课程，推行和谐教育。维多里诺推崇古希腊"和谐教育"传统，认为教育的目的是使学生的身体、智力和道德实现和谐发展，注重身体锻炼和知识学习相结合，关注个性培养，造就为社会服务的具有高度责任感的公民。和谐教育和自由教育在教育实践中表现为一种全面的教育实践训练，其目的在于为年轻人适应社会生活做好准备，注重培养年轻人的智力和品德，训练他们具备在各种复杂事务中做出敏锐判断的能力。维多里诺强调，学校教育承担着培养政治家、行政官、高级教士、杰出将领以及和他拥有同样教育理念的教师的重任，但教育首先要培养的是合格公民。"把男人培养成公民，这就是维多里诺始终如一的观点。"①

维多里诺还注重在教学实践中改进教学方法，注重发挥活动的教育作用。除经常组织学生到周围自然环境中散步、游玩外，还开展形式多样的体育活动，其中包括骑

---

① ［英］威廉·哈里森·伍德沃德：《文艺复兴时期教育研究》，赵卫平、赵花兰译，32页，济南，山东教育出版社，2013。

术、剑术、角力、跳舞、赛跑、跳高等，并根据学生兴趣、特长进行教学，运用游戏、练习、参观等方法，并采用直观教具。在毕业时，组织学生去外地旅游。

在道德教育方面，维多里诺认为宗教教育是道德教育的重要内容，认为没有宗教教育的教育就不能算是真正的教育。所以，他把宗教教育课程列为必修课，强调要坚持学习奥古斯丁的著作。维多里诺要求废除体罚，但对于违反纪律的学生也要施以相应的处罚。

（三）拉伯雷

拉伯雷是法国著名的人文主义教育家。他在著名的教育小说《巨人传》中，大力鞭挞了经院主义教育，高度赞扬了人文主义教育，并提出了他的教育主张。

在教育目标上，拉伯雷主张培养博学多才、全知全能的人，培养适应时代发展需求、个性自由解放的新人。这样的人不仅应具有渊博的知识，而且应具备仁爱、勤劳、勇敢和正义等美德，还应在进行如骑马、击剑、跑步、游泳、登山等多项体育活动的过程中练就健康的体魄。

在学习内容上，拉伯雷提出了一个包括古典语言、本族语、算术、天文、音乐和自然科目在内的较为广泛的学习内容体系，反对死记硬背空疏无用的知识。

在教学实践中，拉伯雷提出了一些人文主义教育的基本原则和学习方法。比如，强调身心并行发展；开展广泛的智力教育；增强教学的吸引力，根据学生兴趣采用新的教学方法(如直观教学、谈话、参观访问、旅行)；提倡实施美育。

拉伯雷及其《巨人传》集中反映了反抗封建神学、追求个性自由解放、塑造拥有完美人格的时代"巨人"的人文主义教育理想，具有鲜明的进步意义。

（四）蒙田

蒙田是法国杰出的人文主义教育家，反对经院主义哲学，主张人的理性自由发展。他在《随笔集》"论学究气""论儿童的教育"中，集中论述了自己的教育观点。

在培养目标上，蒙田主张培养通达社会事务的"完全的绅士"。这种新型绅士要具有敏锐高超的判断力，"他宁愿成为一个有造诣的骑士和优雅的绅士，而不愿仅仅是一个学者和一个知识渊博的人"[1]；这种绅士要掌握渊博的、对生活有用的实用知识，并且具备坚韧、勇敢、谦逊、爱国、忠君、服从真理、关心公益等优秀品质；这种绅士还要具备健壮的体魄。因此，蒙田主张充分发挥体育在造就新型绅士中的价值。"一切运动和锻炼，如长跑、击剑、音乐、舞蹈、打猎、骑马，都应该是学生学习的一部分。我希望他的外表、态度或礼节和他的身体及他的心智一起形成起来；因为，我们所训练的，不是心智，也不是身体，而是一个人，我们决不能把两者分开。"[2]

在学习内容及教学方式上，蒙田抨击经院哲学的学究气息和教条主义，反对死记硬背和学习空疏无用的知识，主张学习实用知识，并且要求儿童多从生活中、从事实

[1] ［美］E. P. 克伯雷：《外国教育史料》，任宝祥、任钟印主译，377 页，武汉，华中师范大学出版社，1991。
[2] 吴元训：《中世纪教育文选》，424 页，北京，人民教育出版社，2005。

中学习，多行动、多实践。拉伯雷痛斥那些自认为是权威的迂腐教师用自己的见识损害儿童的健康理智。他把学生已能背诵但未经深思熟虑的知识称作从书本里抽出来而永远停留在嘴唇上的知识①。他注重启发式，反对注入式，主张发展学生的思考力、主动性和积极性，培养学生的自我体验、自我学习的能力。

拉伯雷和蒙田的教育思想被称为 16 世纪的现实主义教育思想，无论在深度还是高度上都超过了 14—15 世纪一般人文主义者的水平。

（五）伊拉斯谟

伊拉斯谟是 16 世纪早期著名的人文主义学者和教育理论家，有着深厚的宗教情结，在希腊文和古典文学研究方面造诣深厚。伊拉斯谟曾游历过欧洲许多国家，访学并从事写作，结识了莫尔等人文主义者。1509 年以后，他曾在英国剑桥大学教授神学和希腊文，成为剑桥大学第一位传播新学的教师，对英国人文主义思想的形成和英国人文主义教育实践的开展发挥了积极作用。他对古典文化的教育价值、基督教与人文主义的关系等问题进行了深度探讨，就教育、环境的作用及教学方法、德育实施等提出了具体主张。

伊拉斯谟首先对陈腐的经院主义教育进行了抨击，提倡个性自由、和谐发展的世俗教育。伊拉斯谟在《愚人颂》中揭露了封建统治者的腐败无能和教会的愚民行径，嘲讽天主教会对教育的垄断，抨击经院哲学的迷妄以及中世纪教育的种种弊端，并对教育、教学理论问题进行了积极探索。

在教育目的与教育作用上，伊拉斯谟主张培养明达善良之人，强调后天教育与学习的作用。教学的首要任务就是要在青少年的头脑里播下虔诚的种子，使他们热爱并认真学习自由学科，通晓基本礼仪，为生活做好准备。鉴于此，教育要及早开始。他认为个人发展依赖于三个因素：第一，自然，指的是遗传的天性和禀赋；第二，教导，即"教育和指导的熟练的应用"；第三，练习。三者相辅相成，缺一不可。"自然"强而有力，辅之以"教导"和"练习"则更为有力。

在学习内容上，伊拉斯谟重视人文学科的陶冶价值，注重语文内容的教学。他认为，古典语文和古典文献中包括了人类各种重要的知识，对教导和练习有着很大价值，研究古代希腊、罗马人的著作有助于人类摆脱愚昧，有助于人类道德水平的提高，甚至可以改良社会。因此，他积极提倡研究古代文化，学习古代希腊和罗马的政治、经济、社会生活，重视儿童对古典语言的学习。

伊拉斯谟还十分重视发挥教师在教学过程中的作用，认为优秀教师对教学工作至关重要，要选择优秀教师任教。为此他主张，国家和教会应提供充足的、合格的教师发展教育事业，整顿教育"是政府的责任。其重要性决不次于整顿一支军队"②。他对教师也提出了严格的要求。他主张教师对儿童"首先要爱"，绝不能使他们感到畏惧，

---

① 华东师范大学教育系、浙江大学教育系：《西方古代教育论著选》，356 页，北京，人民教育出版社，2001。

② ［英］博伊德、金：《西方教育史》，任宝祥、吴元训主译，177 页，北京，人民教育出版社，1985。

应废除体罚，即使批评也要具有指导性。这种"教育爱"的思想对后来裴斯泰洛齐的教育思想和实践产生了很大的影响。

伊拉斯谟是北欧人文主义教育思想的代表人物，其教育思想对当时及以后的欧洲文化教育有着广泛而深远的影响。

(六)莫尔

莫尔是空想社会主义的创始人之一，著有《乌托邦》一书。该书对当时英国的国民经济和政治制度做了彻底的批判，用"羊吃人"一语形象深刻地刻画了 15 世纪末期英国资本主义形成和发展期间所使用的野蛮手段，指出催生社会罪恶的是财产私有制，并且描绘了一幅社会主义的蓝图，其中体现了莫尔对教育的设计和思考。

莫尔主张实施普及教育。莫尔指出，乌托邦的所有儿童，都要接受具有普及义务教育性质的良好的初等教育，男女公民在工作之余，都可以进图书馆和博物馆自修。要把科学和艺术变为全体劳动者的财产，使"乌托邦的公民精通一切当代的学问"。

莫尔注重发展成人教育，主张消灭体脑对立。乌托邦人热爱古代希腊的文化和哲学，他们采取由教师介绍和人民选拔的办法选择从事科学艺术研究工作的人。如果学生学习成绩欠佳，就让他离开学校改做体力工作；相反，许多由自修而获得高深学问的手工业者，可以转入"学者阶层"。

莫尔重视体育和劳动教育，主张教育与生产劳动相结合。乌托邦的学校重视体育，而且采取了雅典的体育制度，以体操和军事操练塑造健美强壮的体格。学校还重视开展劳动教育，儿童在学校里，不仅要学习农业基础知识，而且会被领到郊外的田野里实际观察别人如何从事农业劳动，自己也参加劳动，体现了教育和劳动相结合的进步思想。

莫尔的空想社会主义教育思想虽然表现出较为明显的理想色彩，但其在反对封建教育，揭露早期资本积累的罪恶和资本主义私有制的腐朽，以及对人们接受普及教育的构想方面，具有不可忽视的进步意义。

(七)康帕内拉

托马索·康帕内拉(Tommaso Campanella，1568—1639)是意大利杰出的思想家、空想社会主义的伟大先驱。其所著《太阳城》体现了自己的教育理想。《太阳城》揭露和抨击了当时意大利的社会制度，并指出造成这一社会状况的根源在于万恶的私有制，只有废除私有制，才能实现社会公正。他精心构思了一个理想社会"太阳城"。这里实行公有制，大家共同劳动，共同享受劳动成果，消费品按需分配；政治上人人平等，国家官员由民众选举产生或罢免，最高领导人"太阳"身兼祭司职责，由德高望重并精通神学和哲学的人担任；对儿童实行普遍义务教育，教育与生产劳动相结合，以避免体力与智力劳动出现等级上的区别。

在教育的具体实施上，儿童 3 岁前由母亲抚养，3 岁后送到公共机关，在成人的带领下，按性别学习不同内容，通过观看大型壁画来学习自然与生活中的各种知识。从 7 岁起，儿童开始初步学习各种手工技术，8 岁开始学习各门自然科学知识，然后被送到各手工业部门、田野和畜牧场去实地观察，学习工业、农业、牧业知识与技术。成人后在平等条件下参加各种工作，每天劳动 4 小时，其余时间可研究学问、读书以及进行各项艺术与体育活动。

《太阳城》反映了意大利早期无产者和其他劳动人民的社会要求和发展愿望，提出了发展生产和全面发展的教育思想，具有较大的进步意义，对社会主义思潮的发展有直接影响。但由于时代的局限，康帕内拉没能找到实现这一教育理想的根本途径，而陷于空想的境遇。

正如恩格斯高度评价的那样，文艺复兴"是人类以往从来没有经历过的最伟大的、进步的变革，是一个需要巨人而且产生了巨人——在思维能力、激情和性格方面，在多才多艺和学识渊博方面的巨人的时代"①。在这次伟大的变革中，许多人文主义哲学家、政治家和文学家关心青年一代的教育，进行了新的理论探索，有的还亲自从事教育、教学实践活动，留下了丰富的教育遗产。这为教育家夸美纽斯教育思想的问世奠定了基础，开启了欧洲教育近代化的征程。

二、人文主义教育的基本特征

尽管不同时期、不同地域的人文主义教育发展呈现出不同的特征，不同的人文主义者对教育的见解也存在差异，但从根本上而言，人文主义的核心是提倡人道，歌颂人的价值和尊严，宣扬人的思想解放和个性自由，肯定现世生活的价值，提倡学术，尊崇理性。人文主义教育的基本特征可以概括为以下内容。

第一，古典主义。人文主义教育注重复兴古典时期的教育理念，吸收古典文化内容，强调古典语言和古典文化在学习内容体系之中的地位。重视通过对古典作家作品的阅读与讲解，将古典作家的问题和写作方式作为学习的典范，甚至出现了模仿古典作家写作与词汇运用的"西塞罗主义"，表现出突出的古典主义特征。

第二，人本主义。在教育目标上，人文主义教育强调培养自由发展和个性发展的新人。在教育实施方式上，强调以尊重儿童天性为基础，注重以人为本。人文主义教育相信人自身发展的力量，相信人在正确教育的引导下，能够实现自身潜能的最大程度的发挥和发展。

第三，世俗性。就教育目的而言，人文主义教育注重通过教育培养有能力参与社会现实生活的新人。人文主义者认为，教育除了培养人的智力以外，更需要培养人的社会适应能力和自我发展能力。人文主义教育的根本目的在于唤醒并充分发展人的潜能，培养博学多才、经世致用的全才，更关注今生而非来世，充满了浓厚的世俗精神。就教育内容而言，人文主义者在构建包括智育、德育、体育和美育在内的课程体系，致力于实现人的全面发展的同时，还注重扩大学科范围，强调对现代语、算术、会计等实用科目的学习。

第四，非职业性。人文主义教育是一种非职业性的自由教育。人文主义教育的中心主题是人的潜在能力与创造能力的开发和培养。在人文主义者看来，教育过程就是通过教育的手段把人从自然的状态中解放出来，发现自我人性的过程。人文主义教育

---

① 《马克思恩格斯选集》第四卷，261～262 页，北京，人民出版社，1995。

的首要目标是通过人文学科的"自由教育"，促成人心智的完善和潜能的发展。在扩大教学内容的基础上，人文主义者还主张采用新式教学方法、注重理论与实践相结合等，根据学生个性与年龄特点因材施教，培养视野开阔、知识广博的百科全书式的人才，而不是培养所谓的专业人才。

第五，宗教性。人文主义教育在复兴古典文化与实现人文主义教育目的的过程中，为宗教神学教育预留出相应位置。几乎所有的人文主义者都持有基督教信仰，他们不反对宗教信仰，更不准备消灭宗教信仰，他们反对的只是中世纪基督教的陈腐专横以及对基督教教义所做的歪曲和错误解释，希望建设一种更富有世俗色彩和人性情感的基督教信仰。

第六，精英性。人文主义教育是一种贵族性精英教育。这一时期人文主义者虽然创办了一些学校，但由于学校数量有限，影响范围也有限，许多寒门子弟仍被拒于人文主义学校大门之外。只有君主、宫廷显贵以及富裕家庭才有足够的实力聘请人文主义教师，使其子女真正享受人文主义教育。人文主义教育家创作的论文也大都是为贵族子弟而作的。文艺复兴时期人文主义教育主要在上流社会流行，并发展成为精英文化不可缺少的重要组成部分。

综上所述，文艺复兴时期人文主义教育思想家主张通过教育的方式，把新生一代培育成为身心健全、知识广博、多才多艺、勇于进取、善于创新的新人；要求恢复古代希腊的体育和美育，进行包括世俗道德和资产阶级道德观在内的道德教育，智育方面要增加人文和科学方面的课程，从而培养多方面和谐发展的人；要求改革教学方法，主张运用启发儿童智慧和兴趣、激发学生主动性和积极性的生动活泼的新式教学方法等。

尽管人文主义者和人文主义教育本身具有明显的历史的和阶级的局限性，如教育对象主要服务于上层阶级的子弟，教育内容仍以古典语言和古典文化为主，同时未能彻底摆脱宗教的影响等；但文艺复兴时期的人文主义教育是近现代资产阶级教育的开端，它在反对封建主义的经院式教育的斗争中，提出了新的教育目标，丰富了教育内容，探索了新的教育教学方式，这些都是难能可贵的，并且产生了极其深远的历史影响。文艺复兴扫除了中世纪教育的阴霾，走出了教育中的"无人"之境，点燃了教育中人性的火焰，展露了新时代教育的曙光，促进了近代文化和科学事业的发展，也为后来宗教改革时期新教教派的教育发展准备了条件。

第三节　宗教改革与新教教育的发展

资本主义兴起以后，资产阶级除了要在经济上发展自己的势力以外，也提出了发展与资本主义制度相适应的政治和意识形态的要求。鉴于教会在政治经济、意识形态和社会生活方面所具有的强大而普遍的影响，为削弱教会的势力，资产阶级在从世俗领域发动人文主义运动的同时，还在宗教领域发动了宗教改革运动。

一、宗教改革运动及其特征

宗教改革是 16 世纪初期首先爆发于德意志，并迅速扩展至西欧的一场社会思想解放运动。借此，人文主义思想得以进一步弘扬。

文艺复兴时期人文主义的发展为宗教改革提供了思想基础。在文艺复兴中，人文主义学者尽管对天主教会持较为温和的态度和立场，但对天主教会及神职人员的腐败、虚伪和愚昧也做了尖锐的批评，呼吁改革教会，改革现实社会。天主教会的教阶制、仪式和教义日益引起人们的怀疑。16 世纪，天主教会与人们的矛盾加深，教会日趋腐败，更重要的是随着资本主义的发展，资产阶级反封建斗争进一步高涨。但资产阶级力量尚弱，而天主教势力根深蒂固，这就决定了早期资产阶级的反封建斗争需要借助反对天主教神学的方式来进行。

宗教改革者并不反对宗教，也不是要消灭教会，而是主张改良宗教，恢复对基督教经典及相关教义的正确解释。他们主张的宗教被称为"新教"，以区别于旧教——天主教，信奉新教者被称为新教徒。新教有不同的派别，路德教派、加尔文教派和英国国教会是其中较大的教派。各新教教派虽然主张不同，但基本观点是一致的。新教教派反对罗马天主教会的贪婪腐化、荒淫无耻；反对天主教会仪式的陈规陋习和繁文缛节；反对天主教的教阶制，否定教会和教皇的绝对权威，强调个人在宗教中的地位，主张信仰得救、因信称义，认为个人拥有阅读和理解《圣经》的能力。

宗教改革削弱了罗马教廷统治，导致天主教会无力维持其精神垄断，统一的欧洲基督教会分崩离析，欧洲基督教世界分为新教和旧教两大阵营。因此，从本质上看，宗教改革不是单纯宗教意义上的改革，而是一场新兴资产阶级发起的反对封建主的经济、政治和官方教会的社会政治运动和宗教斗争。所以，从某种意义上说，宗教改革只是一种外在形式，宗教改革是凭借它的宗教外衣，把人文主义原则与广大阶层的反封建要求及其物质利益结合起来而进行的斗争。宗教改革影响到文化、经济和政治以及社会生活的各个方面。而教育作为传播教义的重要工具，正是宗教改革不可忽视的关键因素。

二、新教教育的发展

（一）路德教派与教育

路德教派是新教的主要教派之一，其领袖马丁·路德不仅是一位宗教改革家，也是一位教育思想家和宗教改革运动的旗手。

16 世纪的德国，在政治上，各地方封建主权高势重，国家分裂割据，罗马教廷与德国教会上层对德国民众横征暴敛，使德意志成为受罗马天主教会压榨最严重的地区，被称为"教皇的奶牛"。在经济上，工业、农业和商业虽然实现了一定发展，但与现实社会格格不入，各种矛盾日益激化。民族压迫、阶级压迫与宗教压迫叠加交织，促使德意志成为宗教改革的发源地。因此，当罗马教皇于 1517 年同意德国的主教在其辖区内推销"赎罪券"的消息一经传出，就激起了当地人民的极大愤慨。路德毅然在威登堡教堂门口贴出声讨教皇行径的《九十五条论纲》，点燃了宗教改革的烽火。

1. 马丁·路德的宗教改革主张

第一，主张"因信称义"。路德认为人的得救，获得新生，一切罪恶得以赦免，源于人的真诚信仰，而不是因为个人行斋戒、购买"赎罪券"等行为。个人"因信称义"，而非"因行称义"。信仰是个人的事，不必刻意有外在行为。应该由个人凭着良心及内在的信仰和虔诚来祈求灵魂得救，而不需要教会充当祈求得救的中介，不必假手第三者(教会或僧侣)。要以《圣经》的权威取代教会的权威。

第二，主张所有信徒皆为教士。所有基督教信徒享有平等的权利和义务。这一主张彻底否定了天主教会不平等的教阶制度，直接削弱了教士的特权。

第三，赋予"善功"和"天职"以新的内涵。中世纪基督教会认为人性本恶，只有通过独身禁欲，戒绝欲望，通过过一种严格的禁欲主义修道生活，才能获得救赎。路德则认为，修道生活是个人对尘世责任的逃避，人人凭信仰所从事的各种职业和日常工作才是"善功"。善功不是祈祷、斋戒，也不是遵守繁缛的宗教仪式，"而是要人完成个人在现世里所处地位赋予他的责任和义务。这就是他的天职"①。

第四，主张政教分离。政府不应干涉精神信仰，教会也不该干涉世俗政府事务，这种观念受到了世俗政权的热烈欢迎。由此可看出，他的主张与人文主义精神是一致的，处处洋溢着正在上升的资产阶级的思想意识和需求。

2. 马丁·路德教育思想的主要内容

马丁·路德的宗教、政治主张深刻地反映在他的教育思想中。反映其教育思想的主要著述是《为基督教学校致德国市长和市政官员书》(1524年)。他猛烈抨击了天主教统治下学校教育的种种弊端，强调学校教育对世俗国家、社会及个人福利的重要意义，提出了宗教与世俗的双重教育目的论，以及国家办学与普及义务教育的主张。此外，他还论及了教学内容、教师训练及学校设施等问题。《论送子女入学的责任》(1530年)进一步阐释了马丁·路德的义务教育观念。此外，马丁·路德还亲自参加了1527—1528年对萨克森教会和学校状况的调查。

具体来说，马丁·路德的教育思想包括如下几个方面。

第一，论述了教育的作用与国家举办教育的职责。马丁·路德曾说，人性本恶，故需教育。教育的目的在于培养个人具备虔诚的道德以及与恶魔作战的心灵。只有人人受教育，才不会使德意志沦为野蛮之地。兴办教育不仅有益于教会，更有益于国家。教育是建设世俗社会的基础。"一个城市的兴旺，并不在于巨大的财富、坚固的城墙和漂亮的住宅，而在于有聪明、能干、智慧、有荣誉感并能够获得、保存和利用一切财富和财产的受过良好教育的公民。"②这是一个国家繁荣稳定的真正的利害与真正的力量所在。由此说明，教育通过培养有德有才的国民，从而保证国家的安定与繁荣，因此，国家必须大力兴办教育，提供经费，聘任教师。"正确地教育青年是基督

---

① [德]马克斯·韦伯:《新教伦理与资本主义精神》，赵勇译，48页，西安，陕西人民出版社，2009。

② [英]博伊德、金:《西方教育史》，任宝祥、吴元训主译，187页，北京，人民教育出版社，1985。

和全世界都关心的事情，我们大家都能从而得到好处。……如果我们为了使我们的城市获得暂时和平与安逸，情愿每年花费大量金钱购置枪炮，修筑公路、桥梁、堤坝，那么我们为什么不能花同样多的钱来拯救我们可怜而被忽视的青年，使我们可以有几个熟练精干的教师呢?"①马丁·路德心目中的教育目的是双重性的：一方面是宗教性，可使人灵魂得救，这与他的"因信称义"思想是一致的；另一方面是不可忽视的世俗性，这与他的"善功"天职观念和政教分离的思想是相通的。但他最终将教育的管理权和举办权归于世俗政权——国家，而不是像中世纪那样归于教会，体现出较为明确的进步意义。

第二，抨击了旧式学校教育的弊端，提出了改良建议。马丁·路德认为旧式学校存在两大弊端：学校像囚房，教室如囚室，教师像暴君和狱卒；学校教材选用不当，教法效果不佳，并且只进行拉丁文研究。针对这种情况，他认为学习情境应当富有乐趣，提出学校教育特别是一般国民的教育，应以方言教学为主。路德本人所编的《教义问答》符合平民口味，富有宗教教育意涵，反映了他尊重人性、重视个人的人文主义教育精神。

第三，主张实施普及教育及强迫义务教育。路德的"因信称义"说在理论上催生了一种新的理念和要求，人只要有信仰，就享有平等的权利和义务。这种宗教的平等观，反映在教育上便成为人们享有平等的受教育权。正是以这样的观念为基础，路德认为，应当使每一个儿童，不分性别和等级都能受到教育，要求建立一种免费且不受任何入学限制的学校体系。学生入学受教育不但是他们享有的一项权利，也是应尽的一种义务。子女非家长所私有，皆隶属于上帝，父母必须送子女入学，这也是他们对国家和社会应尽的义务。国家行政当局应大力举办学校，并强迫学生家长送子女入学，从而保证学生接受教育，这是他们不可推卸的责任。这种思想源于他对《圣经》的独特理解，并且实施普及教育和强迫义务教育的目的依然是宗教性的，可以更好地宣传教义，培养虔诚的基督教徒和国家的优秀子民。初等学校的教学内容以宗教为主，学生主要学习《圣经》，此外还包括读、写、算、历史和音乐等。教学方法上要求废除体罚，满足学生求知和活动的乐趣，采用新的直观教学法，在给学生带来欢娱的同时，缩短学生的学习时间。学生识字后可以更深刻地认识上帝，更重要的是接受教育后能更容易地胜任各种职业。马丁·路德考虑到家庭实际需要，主张男童每天在校学习两小时，其余时间在家学习手工技艺和其他劳动技能；女童每天在校学习一小时，然后在家学习家务劳动技能即可。

但路德并没有一贯地坚持他关于普及义务教育的主张。德国农民战争后，路德开始关注中等教育和高等教育，强调为教会和国家培养领袖型人才。因此，教学内容主要是古典学科，以使学生更好地理解《圣经》和其他基督教典籍，这实质上是一种精英教育。

———————————————

① 华东师范大学教育系、浙江大学教育系：《西方古代教育论著选》，179 页，北京，人民教育出版社，2001。

第四，强调家庭教育的作用。马丁·路德十分重视家庭教育，认为教会和国家是建立在家庭基础之上的。市镇不是由房屋组成的，而是由良好的家庭组成的，家庭治理是教会和国家管理的基础。从对善功的理解出发，马丁·路德认为抚养和教育好自己的子女，其价值远远超过去耶路撒冷或罗马朝拜的价值。他期望做父母的身兼三职，即教士、先知和官吏，将教、训、管三种责任集于一身。在把儿童交给世俗社会以前，首先应该净化他们的灵魂，对儿童不能采取放任的态度，父母要在言行上为子女做出榜样。所有父母每天都应抽出一些时间来教育儿童；儿童在父母的教导下，要熟读教义，虔诚祈祷。路德还建议市政当局定期检查、监督各个家庭的教育实施情况。

第五，规划建设国家学校教育制度。路德设想的国家学校教育制度分为小学、中学和大学三级。关于小学教育，主要阅读马丁·路德翻译的《圣经》和《伊索寓言》、编写的《教义问答》和唱赞美诗，同时兼重历史、数学、音乐和体操学习。读（reading）、写（writing）、算（arithmetic）和宗教（religion）是小学的主要课程。路德虽然大力倡导初等教育，但他的主要精力却放在了中等教育和高等教育方面，以便把统治阶级的子弟培养成为教会牧师、国家官吏和学校教师。他深信，只有中等学校与高等学校培养的人才，在与天主教会势力的斗争中，才能领导和组织信徒，维护和宣传新教思想。为此，路德改造了天主教会遗留下来的学校，并创办了新的中学和大学，中学主要培养教士，中学的课程有拉丁文、希腊语、修辞学、历史学、数学、音乐及体育等，大学为国家和教会造就高级服务人才。

第六，强调教师地位的神圣性。马丁·路德强调教师职业的重要意义，主张尊师重道。他认为除了传道的牧师之外，学校教师是最神圣、最伟大及最有用的职业。多数家长不知道教育子女的重要性，即使知道，也不知道如何指导子女，并且也没有时间指导子女。教师指导的对象是年幼学生，他们可塑性很强，因此教师工作任重而道远。他还提出了教师的职业标准，强调选择聪明、贤良、能干的青年来进行专门培养，使之成为知识广博、精通音律、态度温和、教法适当的优秀教师。

马丁·路德的教育主张由其在威登堡的同事予以宣扬，其中有布肯哈根（J. Bugenhagen，1485—1558），梅兰希顿（P. Melanchthon，1497—1560）和斯图谟（J. Sturm，1507—1589）等人。

布肯哈根被称为"日耳曼国民学校之父"，在日耳曼北部致力于初等教育和母语教育事业，推广识字运动。后在丹麦主持普及教育工作，并将当地的学校改组为路德教派的教育机构。然而，仅从以个人信仰为基础的宗教立场来推动大众教育及母语教育仍很缓慢。一直到1559年，威登堡才规定在乡村成立德国学校。后来，统治者规定以读书识字为信仰的条件，同时规定不懂路德《教义问答》者及未领取圣餐者不得结婚。在这种情况下，初等学校才在新教地区迅速发展起来。

梅兰希顿被称为"无与伦比的德意志人的伟大导师"①，他一生致力于在德国各地

---

① ［德］弗·鲍尔生：《德国教育史》，滕大春、滕大生译，40页，北京，人民教育出版社，1986。

创建新的学校教育体系。在该体系中，国家掌握教育控制权，兼顾教育的宗教性与世俗性目的，注重人文学科教学。梅兰希顿还按照路德的主张改革了海德堡大学等旧大学，积极参与创建了马尔堡大学（1527年）、柯尼斯堡大学（1544年）、耶拿大学（1558年）。此外，他还编写了不少教科书，对德国新教的中等教育和高等教育课程产生了深远影响，为德意志民族教育的发展做出了贡献。

斯图谟最突出的成就体现在创建和完善新教中学方面。他曾将三所传统的拉丁语中学改造为新教性质的中学，强调教育的宗教性目的，以古典拉丁语、希腊语为主要教学内容，并借鉴采用了比利时一所人文主义性质的列日学校的分级教学制度，将学生分成十个年级，每个年级按固定的课程进行教学，十年级的课程与大学课程相衔接。学校每年都要举行隆重的升级仪式，并对品学兼优者给予奖励。由于成绩显著，这一中等教育管理模式影响深远，成为以后三百多年德国以及部分欧洲国家中等学校的主要管理模式。

正是借助于布肯哈根、梅兰希顿和斯图谟等人的教育实践活动，路德关于国家兴办和管理教育、实施普及义务教育以及建立新的学校体制等一系列主张，才得以在德国新教各邦具体实施。

（二）加尔文教派与教育

加尔文教派兴起于瑞士。1518年，瑞士的茨温利（Ulrich Zwingli，1484—1531）率先抨击了天主教会的腐败堕落，反对出售赎罪券，并主张教士可以结婚，发起了宗教改革运动，展开了与旧教之间的激烈斗争。1534年，加尔文继承了瑞士宗教改革的大业，继续宣传路德和茨温利所提出的新教原理。

加尔文在瑞士一边传教，一边从事《圣经》和路德教派教义的研究工作。1536年，他完成了代表作《基督教要义》，系统地论述了改革教会的激进主张，对法国的宗教改革产生了重要影响。1541年，加尔文重回日内瓦，领导了瑞士的宗教改革，组建了加尔文教派。1543—1544年，他写成《教会必须改革》，抨击了天主教会的腐败，提出了精简教会机构和礼仪、恢复古代纯洁教会的主张。

加尔文继承了路德的"因信称义"，否定教皇的权威，更加强调个人在宗教生活中的地位。他完全否定"善功"的作用，更否认人的自由意志。加尔文主张"预定论"，认为个人想靠自己改变命运是徒劳的。但"预定论"并非宿命论，加尔文积极鼓励人们不懈进取，证明自己是神的选民。他主张在生活上崇尚理性与科学、积极入世与克己严谨。此外，主张生活俭朴，简化宗教仪式。长老及牧师则负有教化众人之功能，至于"选民"教育，则普设中学和一所日内瓦学院，前者为后者的准备阶段，后者的目的是为教会培养牧师而非学者，这是有别于天主教的新的价值观念，也是加尔文力图通过教育达到的目标。

加尔文接受并进一步阐发了路德的教育主张。加尔文认为，个人遗有"原罪"，如果听任人的本性发展，人就会迅速走向堕落。因此，人必须不断接受教育和训练，以抑制作恶的本能冲动，逐步养成为善的倾向。此外，人的信仰是后天养成的，加尔文也主张普及义务教育，希冀通过后天教育培养人的宗教信仰。

加尔文明确提出了由国家负责实施对全体公民的强迫教育的主张。在他看来，国家、政府的首要责任是培养宗教信仰，这就要求其子民必须具有一定的文化知识以阅读《圣经》和接受宗教知识。因此，政府应当重视教育，努力使全体公民都受到良好的教育。他提出了普及教育与免费教育的主张，规定所有儿童不分性别与贵贱贫富，都应当接受教育。初等学校的基本任务是进行宗教和一般知识与技能的基础训练。主要学习内容包括宗教、阅读、书写、计算。此外，还应开展道德教育和公民训练。他提出，初等学校应使用本国语教学，注重文法练习和实用算术的学习。但他更重视宗教和道德教育。他多次提到对儿童进行宗教训练的必要性和具体的训练方法及要求。加尔文并不完全排斥世俗学科。在他看来，公民教育的实施有利于国家的意志、法律和法令的执行，有利于社会秩序的稳定，有利于道德的进步。公民教育不仅培养了宗教信仰，也保证了世俗国家的利益。

与马丁·路德不同的是，加尔文不仅提出了普及教育与免费教育的学说，而且亲自领导了日内瓦普及教育与免费教育的实践。加尔文在日内瓦进行的教育改革，直接促进了日内瓦以及瑞士其他一些城市教育的发展。他建立的学校，特别是文科中学和日内瓦学院，被英国16世纪著名教育家诺克斯(John Knox，1515—1572)誉为有史以来最完美的学校。

仿效斯图谟文科中学的模式，加尔文把文科中学分为七个年级，其中七年级为最低年级，一年级为最高年级。根据他的设想，七年级的主要学习科目是法语、拉丁语；六年级学习法语和拉丁语的语词分类及变化；五年级开始学习法语和拉丁语的写作，学习罗马诗人维吉尔的诗歌作品；四年级学习文法、希腊文以及西塞罗等人的作品；三年级系统学习希腊文法；二年级学习逻辑学以及荷马、色诺芬等人的作品；一年级通过西塞罗、荷马等人的作品，学习雄辩术、修辞学。加尔文要求宗教思想与人文主义相结合，将科学知识学习置于比较重要的地位。

高等教育的主要机构是公立学院，其主要目标是培养传教士、神学家和教师，培养教会和国家的领导人，因此除学习神学外，也要学习世俗科学。学院的教学内容主要包括人文学科和宗教科目两大类，其中人文学科包括古典文学、伦理学、诗歌、物理学、古典语言等。学院教学工作分七个年级进行。在低年级学生的学习中，法语占有一定的地位。同时，低年级学生还要学习拉丁语的读、写和拉丁文法。高年级学生主要学习希腊语。加尔文认为，领导学院的必须是学问渊博、富有经验的人，学院教师同时也是教会牧师，和牧师一样受基督教教规的约束。日内瓦学院由于管理有方，吸引了瑞士其他城市以及西欧许多国家的青年前来求学，该校培养的传教士被派往法国、荷兰、英格兰等地，直接促进了加尔文教派教义的传播。由于诺克斯等人的努力，日内瓦学院的办学模式先后被介绍到苏格兰、荷兰、北美等地，为这些国家和地区近代教育的发展提供了重要的推动力。

加尔文教派的教育主张和教育实践活动，对欧洲各国产生了巨大的影响。例如，由于尼德兰的加尔文教派教徒十分重视教育，在教会、国家和地方政府的共同努力下，17世纪荷兰的初等义务教育已经得到一定程度的发展。法国的胡格诺教徒、英国的清教徒等其他国家的加尔文教派教徒，也都在各自掌控的地区内大力兴办学校，改革教育。英国的清教徒还将欧洲新教教育观和学校形式带到美国，对美国教育的发展产生了深远影响。

（三）英国国教会与教育

英国国教会也是新教的主要教派之一。英国国王亨利八世因为罗马教皇克莱门特七世（Clement Ⅶ，1478—1534，1523—1534 年在位）禁止其离婚而与罗马教皇决裂，并开展了自上而下的宗教改革。1534 年，英国国会通过了《至尊法案》（*Act of Supremacy*），宣称亨利八世及其继位人为英格兰教会在世间的首脑，否认罗马教皇干涉英格兰事务的权力，并建立了以国王为教会首脑的英国新教教派"圣公会"，也称国教会。国王成为英国政治、信仰及教育领域最终的权力来源。亨利八世的女儿伊丽莎白一世登基后，于 1559 年通过了新的《至尊法案》，信徒及师生必须效忠王室，遵守国教会《三十九条信纲》，凡言论不健康、信仰可疑者均被解职。这样，英国国教会的统治最终得以确立。英国国教会下令，各地教会均须办理文法学校。宗教改革后的英国，教会权力为世俗政府所掌握，世俗教育受到一定重视，这对教育而言是很有意义的。英国国教会与其他新教教派相比，其组织系统改变了，但仍承袭了天主教的主要教义及仪式等。因此宗教改革后，英国并未出现全新的社会局面，当局基本上仍不太关心人民的教育，一般平民教育由个人或慈善组织资助兴办，教会只是在学校的信仰上实施严格监督。

英国实施宗教改革后，教育事业受到了一定重视，并获得了一定程度的发展，主要表现在以下方面。

第一，以升学为目标的文法学校得到发展，并吸收了越来越多的自耕农、匠人和商人子弟。英国国教会解散了修道院，没收了天主教会财产，并将这些经费用于文法学校的设立。其中，亨利八世时期设立了 63 所文法学校，伊丽莎白一世时期则设立了 138 所文法学校。天主教会的财产被没收后，救贫的责任由政府承担。1601 年，英国颁布实施《济贫法案》，在一定程度上改善了贫民的生活和教育状况。

第二，教育民族化水平得以提升。亨利八世为了和教皇相抗衡，不但把他批准的教材作为法定教本，而且委派特别选定的印刷商大量印制这些教本，供学校使用。这些新的英文识字教本包括历书、日历、戒律、赞美诗等。这些识字教本是为了"用自己的语言给我们的臣民提供一种祈祷的确定的形式"①。

第三，对教师进行忠诚考察，由政府审核教学人员和发放任职许可证。伊丽莎白一世于 1559 年发布谕令实行教师许可证制度。1562 年，国会制定法令，要求所有负责儿童教育的公立、私立学校的教师和校长，必须宣誓效忠英王和为人师表。

第四，教育尤其是高等教育的世俗化倾向明显加强。1535 年，亨利八世组建了一个由克伦威尔（Thomas Cromwell，1485—1540）任主席的皇家委员会，以检查牛津大学和剑桥大学的事务，同时要求牛津大学和剑桥大学不得帮助那些支持教皇的人。

---

① 蔡骐：《英国宗教改革研究》，149 页，长沙，湖南师范大学出版社，1997。

1571 年，英国议会制定法律，把大学划定为政治机构而非宗教机构，大学享有更多的自由和豁免权。詹姆士一世(James I)又于 1604 年以法令形式规定大学是类似郡、区、市之类的单位，并非教区之类的单位，打破了长期以来教士对国家高级职务的垄断。一大批世俗人士为了取得这样的职位，必须接受良好的教育，以获得广博的法律知识，直接刺激了教育的发展。此外，新教教义在英国的传播使人们相信通过接受教育可以获得直接阅读《圣经》的能力。这种信念使人们更加重视教育。人文主义者提倡的以人的发展为中心的教育思想得到广泛传播，教育不仅能使受教育者更好地为国家服务，而且还能使受教育者成为更完善的人的思想观念开始被认可，教育日益走向民众。多重因素的影响再加上新体制的激励，教育日益摆脱了教会的控制，逐步走向普通民众。

尽管英国国教会的教育活动宗教色彩较浓，但宗教改革推进了英国教育的普及化和世俗化。英国宗教改革的教育理论与实践为 17 世纪唯实主义教育思想的形成奠定了必要的基础。

第四节　天主教会的教育活动

///////////////////

罗素曾提出："就反宗教改革运动来说，只有对文艺复兴时期意大利的精神自由、道德自由的反抗；教皇的权力未被削弱，倒有所增强，不过同时也明确了他的威信与鲍吉亚家和梅狄奇家的散漫放纵水火难容。粗略讲来，宗教改革是德意志的运动，反宗教改革是西班牙的运动；历次宗教战争同时就是西班牙和它的敌国之间的战争，这在年代上是与西班牙国势达到顶峰的时期相一致的。"[①]反宗教改革运动确实如此。

一、反宗教改革运动

中世纪时，天主教在西欧各国封建社会中占统治地位，16 世纪宗教改革后，天主教在欧洲部分国家丧失了统治地位。为了对抗宗教改革运动，维护自身的统一和权威，天主教罗马教廷采取了一系列反制措施，其主要目的是应对宗教改革后出现的新局面，遏制新教势力，史称"反宗教改革运动"。

反宗教改革运动由教皇保罗三世(Paul Ⅲ，1468—1549，1534—1549 年在位)发起。早在 15 世纪，以伊拉斯谟为代表的基督教人文主义者倡导改革，但他们站在维护天主教传统的立场，反对暴力，反对分裂。中世纪的虔修生活有所发展，修会得以复兴。

15 世纪下半叶西班牙王国统一后，成为欧洲最强大的天主教国家之一。它一方面肃清了伊斯兰教与犹太教的残余势力，设立了异端裁判所，压制不同信仰的人；另一方面推行内部改革，祛除教会弊端，提高神职人员的知识水平和道德素养。修会的复兴在天主教改革中占有特别重要的地位。16 世纪，原有的修会进行了整顿，又创立了

①　［英］罗素：《西方哲学史》下卷，马元德译，40 页，北京，商务印书馆，1982。

一些强调虔修生活和社会服务的新修会组织。其中影响最大的首推西班牙人依纳爵·罗耀拉（Ignacio de Loyola，1491—1556）于1534年在巴黎创立的耶稣会。

天主教内部也提出了改革教廷的要求。1545年，特兰托公会议召开，会议中心议题是反对宗教改革，进行天主教会内部改革。1564年通过《特兰托公会议信纲》，规定教皇有权决定宗教事务，谴责新教"因信称义"的神学观点和对圣礼的不同主张，还为整肃天主教会做出了具体规定，如开办神学院训练神职人员等。

罗马教廷发动的反宗教改革运动，使天主教在法国、比利时、南欧和东欧大部分地区的地位得到巩固。在天主教会内部，教义之争结束，教皇权力有所扩大，在欧洲事务中继续占有一定地位。由于各修会竞相向外扩展，天主教势力扩展至美洲、亚洲、非洲等地区。

虽然连续不断的宗教冲突在给国家带来灾难的同时，也给教育造成了巨大破坏；但作为传播宗教教义、争取信徒和扩大教派影响的得力工具，教育事业尤其是初等教育事业受到新旧各教派的普遍重视。

二、耶稣会的教育活动与教育主张

天主教会的教育活动主要由各教会组织或团体承担，其中影响最大的是耶稣会。耶稣会的创始人是西班牙贵族军官罗耀拉。他于1529年入巴黎大学学习神学，1534年组建了耶稣会。1540年，耶稣会得到罗马教皇认可。

罗耀拉提出了如下反宗教改革主张：①反击新教教派主张；②维护天主教利益；③宣扬天主教教义。他要求耶稣会会士深入社会各阶层，积极进行传教活动，广泛兴办学校，力争使学校成为反宗教改革的阵地。

为了实现培育精英以控制未来统治阶级的目标，耶稣会高度重视发展中等教育和高等教育，相对忽视初等教育。耶稣会设立的学校被称为学院。学院一般分初级和高级两部。初级学院相当于文科中学和大学预科，学制5～6年，主要学习拉丁语、希腊语、希伯来语、文法、古典文学等人文学科，以为进一步学习奠定基础；高级学院相当于大学文科，分哲学部和神学部。哲学部学习时间通常为3年，内容包括逻辑学、形而上学、心理学、伦理学、数学、物理学、天文学等；神学部属教育的最高级别，学习年限为4～5年，主要研读《圣经》和经院哲学著作。规模较小的耶稣会学院中只设初级学院。耶稣会学院的教学用语为拉丁语，为了培养雄辩技巧，逻辑学与修辞学受到格外重视。对于古典作家的作品，内容必须经过严格选定，只讲选段而不授全文。为了迎合时代需要，文法和修辞学中还附带讲授一些历史、地理和自然科学方面的知识。

耶稣会学院重视改进教学方法以保证教育质量，要求教师按照《教学大全》的规定进行教学。耶稣会学院实施寄宿制和全日制的免费教育，根据学生不同的能力水平，将其分别编入不同的班级。教学以班级为单位采用集体授课方式，具体包括讲座、讲授、阅读、写作、背诵、辩论、练习和考试等。学院尤为重视教师的讲解，要求教师在讲解中仔细分析文章旨意和每字、每句、每段的含义，并与学生已有知识和经验联系起来，阐明其宗教和道德的意义，这就要求教师必须是博学的。耶稣会学院推崇记忆，要求学生将精选课文中的文句熟读默记，直至背诵。耶稣会学院还注重复习，

"重复为学习之母"。学生每天要复习前一天的功课，每星期六复习一周所学的全部课程，年末用1个月时间复习全年的功课。耶稣会还善于利用各种奖励手段促进教学，开展学生间的竞争。此外，耶稣会还注重革新教学方式，以提高教学效率。其中包括组织旅游、开展户外活动。同时，耶稣会学院还吸取了人文主义教育和新教教育中一些卓有成效的做法，纪律温和，实施爱的教育，师生关系密切，很少使用体罚等。所有这些方法的综合运用在保证高质量教学的同时，也给耶稣会赢得了良好的声誉。

在耶稣会学院中，灵性操练也是一项重要内容。灵性操练不同于一般教会学校的宗教道德课程，不仅教授学生必要的宗教道德知识，更重要的是通过严格编排的训练程序，使被训练者的意志、情感、行为各个方面发生变化，从而成为上帝及教廷的奴仆。

耶稣会在长期的教育实践中，深刻地认识到教师的重要作用，因而对师资的培训极为重视。耶稣会实行严格的教师选拔制度，只有少数最优秀的会士才能担任教师。教师不仅要绝对服从教规，而且要受过良好的耶稣会教育，具有渊博的知识，对哲学和神学有相当高深的造诣，还要对宗教事务和教育事业抱有极大的热忱。耶稣会明确规定，在高级学院哲学部学习三年者，才能到低级学院教授低年级的课程；在神学部学习五年者，才有资格到高级学院任教。并且，在任教初期还要接受富有经验的教师指导学习有关读写的方法。重视理论知识与教学实际相结合的师资培养方式，强调只有接受宗教训练、知识训练以及有关教育和教学方法的训练且考核合格后，教师才可以走上讲台。

学院以实施严格的管理制度而著称。《耶稣会章程》和《教学大全》是耶稣会学院"教育方法和学校及课堂管理的实用手册"[1]，其规定不仅对学校工作具有普遍的指导意义，而且还具有法律的权威。学生一律住宿。采用侦查制度实施学生管理，鼓励学生互相监督、互相告密。

耶稣会成立以来，天主教国家的大部分中、高等教育都为该会所控制，耶稣会学院遍布世界各地。耶稣会学院培养了大量人才，其中包括众多的具有先进思想的人物。正是他们，在给耶稣会学院带来荣誉的同时，又给予了天主教会以沉重的打击，如法国数学家和哲学家笛卡儿(René Descartes，1596—1650)，法国启蒙思想家伏尔泰(Voltaire，1694—1778)，狄德罗(Denis Diderot，1713—1784)等。笛卡儿早年就读于耶稣会学院，抨击耶稣会学院主张绝对权力，反对发展个性，用宗教信仰和宗教成规来约束个性。17世纪末18世纪初，新教国家的科学与哲学、政治与经济都呈现出欣欣向荣的景象。然而，耶稣会对于新科学和新哲学却仍采取怀疑和敌视的态度，无论是宗教方面还是文化方面的革新，只要与天主教义不符，一概加以压制。法国在大革命前后，开始重视法语的重要性，加上受启蒙运动的影响，1773年，教皇被迫宣布解散耶稣会，国会下令关闭耶稣会设立的学校。之后，耶稣会的学校教育趋于衰落。1814年，耶稣会重建。

其实，导致耶稣会学校教育衰落的原因有多种：强调绝对服从，容易使学生养成

---

① 赵祥麟、任钟印、李文奎：《外国教育家评传》第一卷，380页，上海，上海教育出版社，1992。

盲从和固执的性向；实施侦查制度，造成学生相互猜疑，失去个人隐私；只强调拉丁语学习，不注重法语教学，忽视了一般平民的教育；部分教师生活放纵等。其中最根本的原因是企图重建教皇和天主教对欧洲的统治。不过，耶稣会学院的确创造与积累了许多行之有效的教育方式和教育经验，并为后世的教育实践所借鉴与吸收。

三、宗教改革对教育发展的意义

纵观西欧宗教改革运动，正如罗素所言："宗教改革和反宗教改革在知识界中的后果，起初纯是不良的，但是终局却是有益的。"①无论是新教或旧教，都重视教育，兴办了许多新学校，增设了一些新课程，对于人类文化知识的传播，无疑是大有裨益的。因为，"宗教教育的背景最有可能战胜传统主义"②。

宗教改革运动的直接后果是，从天主教内部分裂出了新教，产生了新教教义。但是，从它产生的广泛影响来看，它绝不只是宗教的革新运动，而是一场社会革新运动，引发了政治、文化和教育领域的一系列重要变化。宗教改革所孕育产生的理性精神与民族主义，促进了西方教育从中世纪向近代的转变，成为推动西方教育现代化产生与发展的原动力。

路德、加尔文等人根据其宗教教义而发掘出基督教所包含的个人权利和平等自由等思想因素，提出了人人接受教育的必要性和可能性，使以信仰自由为代表的个人权利得以扩张，理性精神得以弘扬。这对近代西方教育的变迁产生了深远影响。

宗教改革的另一后果是新兴民族国家的权力增强，教会作为一种统一的体制性力量急剧衰落，意味着现代社会世俗化进程的开始。路德和加尔文提出国家管理教育和普及义务教育的思想，为近代西方国民教育制度的建立和教育民主化奠定了理论基础，教育现代化的曙光已清晰可见。

宗教改革最大的贡献是重建了新的信仰体系和道德价值观。文艺复兴时期的人文主义尚属于探索时期的"类人文主义"，自发地带有过度放纵、形式主义的倾向。它在打破神权、高扬个人主义的同时，也导致了信仰危机。宗教改革在人文主义的基础上，继续探索"什么是真正的人"的问题。新教教育强调道德教育，构建了勤奋、简朴、敬业、仁爱、虔敬等西方道德价值体系，体现了民主、自由、平等和理性主义精神，从而确立了尊重人性、尊重自然的客观公正的人文主义教育。没有道德的社会发展不是真正的发展，真正的教育并不仅仅是知识的增长和能力的培养，而是精神的改造和道德的养成。在此意义上说，宗教改革通过结合现实社会加强信仰教育，从而有力地将人文主义教育思想变为教育现实。

宗教改革解决了罗马天主教统治下的信仰危机，却无法像文艺复兴那样明确宣告：人才是最宝贵的！作为文艺复兴基础的人文主义是资产阶级强调现实生活的精神，是一种为创造幸福而奋斗的进取精神。正是这种精神吹响了向现代教育进军的号

---

① ［英］罗素：《西方哲学史》下卷，马元德译，43页，北京，商务印书馆，1982。

② ［德］马克斯·韦伯：《新教伦理与资本主义精神》，赵勇译，34页，西安，陕西人民出版社，2009。

角。宗教改革者以及反宗教改革者们在有意与无意之间沿着此路前行。正如马克斯·韦伯所言，宗教改革家"既不是道德文化团体的创立者，也不是人道主义的社会改革或文明理想规划的倡导者。灵魂的救赎——仅仅是灵魂的救赎——才是他们生活和工作的中心。他们的道德理想及其教义的实际效果都是建立在这一基础之上的，而且是纯宗教动机的结果。因而，我们不得不承认，宗教改革的文化后果在很大程度上（或许主要在我们关注的问题上），是改革家们未曾料到的，甚至是不想达到的"①。因此，文艺复兴和宗教改革的出发点是不一样的，但其最后结果却可能达到异曲同工之妙。

当然，由于各教派的办学目的仍是宣传本教教义，宗教神学仍占核心地位，这不利于自然科学的发展。自16世纪宗教改革运动以来，学校的任务就是培养忠于某一教派、民族或国家的年轻学子，国际化一度被忽视。从16世纪上半叶开始，大学的国际性发展受到抑制，17—18世纪欧洲大学区域化和民族化特征更加明显。各地新教教派的兴起，使学术界树起了宗教的藩篱，学术的基本价值观念变得从属于教派和地方势力，从而严重破坏了知识普遍性的观念。各国大学或高等教育机构更加注重民族或国家的利益，逐步成为服务于地方或国家政治、经济利益的机构。在这一时期，欧洲各国大学日渐由开放走向封闭，与现实社会严重脱离。随着各国民族主义和本民族语的发展，拉丁语不再是各国大学的通用语言，大学之间的共性和交往明显减少，大学的国际性特征趋于消失。

总的说来，文艺复兴和宗教改革是西方历史上的关键事件，人文主义教育、新教教育与天主教教育彼此碰撞与融合，在危境中求生存，在斗争中谋发展，奠定了西方教育的基本格局，共同推进了教育的发展。虽然三种教育宗旨不同，教育发展中存在着诸多局限和不足，但都为西方教育近代化发展做出了突出贡献。

小结

在西欧封建制度衰亡、资本主义萌芽和发展的历史年代，文艺复兴和宗教改革先后爆发。从表面上看，它们都具有反封建的性质，并把矛头对准了天主教会。两者都向古代寻求和汲取养分，不同的是，人文主义者借助的是古典文化，宗教改革者如马丁·路德借助的是《圣经》中的原始教义；两者都倚重于统治者，人文主义者需要教皇、国王的庇护，而宗教改革者与统治者的关系更是紧密。

但两者在根本问题上存在着重大分歧。在人的问题上，前者认为人是万物的尺度，而后者却强调一切以神为中心；在信仰与宗教宽容的问题上，文艺复兴是一场追求信仰与思想自由的运动，一开始就容忍了异教文化，而宗教改革却不是一场为了自由的运动，各种形式的新教教派几乎都以另一种权威来取代教皇的权威；在影响范围上，文艺复兴主要表现在思想领域和社会的上层，而宗教改革更多表现为一场政治运

---

① ［德］马克斯·韦伯：《新教伦理与资本主义精神》，赵勇译，57页，西安，陕西人民出版社，2009。

动，群众基础也更为广泛；在对待宗教的态度上，文艺复兴认识并揭露教会的腐朽、罪恶，但还是对教会势力持和解的态度，不愿走上宗教改革的道路。

文艺复兴时期人文主义教育的产生是西方教育史上的重要进步，在改变中世纪性恶论（"原罪说"）、预成论的儿童观，克服禁欲主义对人的束缚，恢复（或确立）全面发展的培养目标，按照儿童身心特征施教等方面均发挥了重要作用。后世的进步主义教育家们均从人文主义教育家的思想中获得诸多启示。人文主义教育也存在不足之处，主要表现在：脱离广大劳动群众；未摆脱宗教束缚；助长了崇古倾向，导致了崇尚古典的新的烦琐主义学风，后被保守势力利用。

宗教改革时期的教育表现出积极的意义。比如，颁行了实施普及义务教育的有关法令；英国、法国和德国等欧洲主要国家的各级学校（尤其是平民小学）获得了较大发展，初等教育规模扩大；中等学校开始按一定的规章制度办学，尝试实施班级授课制；诞生了教育调查、学校视导、教师检查考核及师资培养的萌芽。这一时期的教育也表现出一些新的特点，如宗教教育占主导地位，宗教信仰教育与人文学科相结合，近代双轨学制萌芽出现等。

思考题：

1. 简述人文主义教育的主要特征及历史意义。

2. 简述宗教改革时期新教主要教派的教育主张及其教育活动的特点。

3. 马丁·路德提出了哪些教育主张？路德教派的主要教育贡献是什么？

4. 宗教改革时期欧洲教育发展取得了哪些成就？

参考文献：

1. 吴元训. 中世纪教育文选. 北京：人民教育出版社，1989.

2. 吴式颖，任钟印. 外国教育思想通史：第四卷. 北京：北京师范大学出版社，2017.

3. 马克斯·韦伯. 新教伦理与资本主义精神. 于晓，陈维纲，等译. 北京：生活·读书·新知三联书店，1987.

4. 阿伦·布洛克. 西方人文主义传统. 董乐山，译. 北京：生活·读书·新知三联书店，1997.

5. 雅各布·布克哈特. 意大利文艺复兴时期的文化. 何新，译. 北京：商务印书馆，2017.

6. 吴式颖，李明德. 外国教育史教程. 3 版. 北京：人民教育出版社，2015.

7. 威廉·哈里森·伍德沃德. 文艺复兴时期教育研究. 赵卫平，赵兰花，译. 济南：山东教育出版社，2013.

8. Anthony Grafton, Lisa Jardine. From Humanism to the Humanities: Education and the Liberal Arts in Fifteenth-and Sixteenth-Century Europe. London: Duckworth, 1986.

9. Craig W. Kallendorf. Humanist Educational Treatises. Cambridge Mass: Harvard University Press, 2002.

第七章　夸美纽斯的教育思想

内容提要

夸美纽斯是 17 世纪捷克著名教育家。他热爱儿童，终生从事教育的理论研究和实践工作，不仅有着十分丰富的教育经验，而且还提出了一套系统而全面的教育理论。本章主要围绕其教育实践活动与世界观、"秩序"与"自然"的教育意义、教育的目的与作用、教育与教学原则、教学与教育管理思想等方面，全面解析了夸美纽斯的教育思想体系。

学习目标

1. 了解夸美纽斯的教育实践活动、世界观及其整个教育思想体系的基本内容。

2. 掌握夸美纽斯关于自然适应性原则、普及教育思想、"泛智"思想、直观性教学原则以及学年制和班级授课制等方面的理论和主张。

核心概念

夸美纽斯；《大教学论》；自然适应性；泛智论；直观教学；班级授课制

扬·阿姆司·夸美纽斯（Johann Amos Comenius，1592—1670），17 世纪捷克著名的爱国者，伟大的教育实践家和思想家。夸美纽斯继承了古代希腊和罗马的教育思想遗产，吸收了前人特别是文艺复兴时期人文主义教育家的理论成果，总结了当时进步教育的实际经验，并结合他本人长期的教育实践，系统地论述了诸多重要的教育理论与实践问题。

第一节　教育实践活动与世界观

夸美纽斯教育思想体系的形成与其生平和世界观具有内在的联系，其教育实践为夸美纽斯思考教育问题提供了坚实的实践基础，其民主主义世界观也为教育思想的形成与发展指明了方向。

一、教育实践活动

1592 年，夸美纽斯出生于捷克一个磨坊主的家庭，父亲为新教教派"捷克兄弟会"（或称"摩拉维亚兄弟会"）的成员。"捷克兄弟会"推崇平等、互助精神。当时捷克属于德意志神圣罗马帝国的版图，捷克人民饱受德国天主教贵族的压迫。夸美纽斯从小深受"捷克兄弟会"的宗教思想、爱国主义和民主主义精神的熏陶。12 岁时，夸美纽斯不幸成为孤儿，在兄弟会的资助下接受了中等教育和高等教育。1614 年大学毕业后，夸美纽斯任兄弟会一所拉丁文法学校校长，后被推选为兄弟会的牧师。他终生以满腔的热情为祖国解放、民族独立和教育改革而积极活动。1618 年，欧洲爆发"三十年战争"（1618—1648 年），捷克新教势力战败。捷克兄弟会成员遭受西班牙占领军的迫害，夸美纽斯也被迫踏上流浪之途，其间不幸丧失所有藏书和手稿。不久，夸美纽斯的妻子和儿女也不幸被瘟疫夺去了生命。在此极端困难条件下，心灵遭受巨大打击的夸美纽斯仍埋首教育研究和著述，创作出了《世界迷宫》和《心的天堂》等著作。

1628 年，夸美纽斯和其他 3 万多户捷克兄弟会家庭的成员一起流亡国外，后定居于波兰黎撒，在波兰黎撒担任兄弟会文科中学校长 14 年，先后撰写了《母育学校》（1628—1630 年）、《语言学入门》（1631 年）、《大教学论》（1632 年）等教育理论著作和教材。在这一时期，夸美纽斯开始了自己的"泛智"（Pansophia）研究。所谓泛智，即一种百科全书式的知识体系。所谓泛智教育，即探讨"把一切事物教给一切人类的全部艺术"[①]。这一时期出版的《母育学校》，就学前教育开展了开创性研究，成为西方教育史上第一本学前教育学著作。

1642 年，应瑞典政府之邀，夸美纽斯前去编纂拉丁文教科书和教学参考材料，同时开始撰写七卷本综合性理论巨著《人类事务改进通论》。1650 年，夸美纽斯应邀赴匈牙利，担任沙格斯—波托克地方教育顾问，并创办了一所泛智学校。这一时期完成的主要著作包括《论天赋才能的培养》（1650 年）、《泛智学校》（1651 年）和《世界图解》

---

① ［捷克］夸美纽斯：《大教学论》，傅任敢译，1 页，北京，人民教育出版社，1984。

(1658年)等。其中,《世界图解》为欧洲第一部儿童看图识字课本,后被译为欧亚国家十几种文字。1654年,夸美纽斯返回波兰黎撒。1656年,黎撒遭受战火,夸美纽斯住宅和书稿俱遭焚毁。之后,夸美纽斯定居于荷兰阿姆斯特丹,1666年出版了《人类事务改进通论》第一卷《普遍的觉醒》和第二卷《普遍的光明》(其他五卷未出版,其手稿1934年被发现)。1670年11月,夸美纽斯逝世。

二、世界观

夸美纽斯生活在欧洲从封建社会向资本主义社会过渡的年代,新旧思想对他都有强烈的影响。一方面,资本主义生产方式在各国有不同程度的发展,文艺复兴、宗教改革运动和崇尚科学的唯实主义思潮等新运动和新思想不断产生,天文学、地理学、气象学、航海学、物理学和生物学等学科正在形成,人文主义思想广泛流传,新的思维方式和培根的经验归纳法日益被人们接受。这些先进的思想对封建制度、神学世界观和经院主义提出了严峻挑战。另一方面,封建制度在欧洲仍占统治地位,宗教神学的世界观和经院主义的方法论仍然禁锢着人们的头脑。时代的复杂性和历史的、阶级的局限性对夸美纽斯的思想产生了影响。从总体上看,夸美纽斯的思想是经院哲学和17世纪机械唯物主义相结合的产物,世界观充满了新与旧的矛盾,只是进步的成分占据了主导地位。

强烈的民主主义和爱国主义是夸美纽斯世界观的一个重要特点,这与他所接受的宗教熏陶以及属于一个备受欺凌的民族有着十分密切的联系。他谴责大国欺侮小国,痛恨不平等现象,要求各民族和大小国家一律平等;他同情劳动人民的不幸遭遇,对封建社会中"穷多于富"等诸如此类的不合理现象表示愤慨,幻想着通过教育进行社会改革。夸美纽斯教育思想中的民主性以及普及教育、推广泛智的思想,都和这种民主主义和爱国主义的社会政治思想相对应。夸美纽斯提出了普及教育的响亮口号,主张社会上各个阶层的人都有权接受教育。夸美纽斯认为,普及教育应从少年时代抓起,国家是实施普及教育的重要责任者。他为此不辞辛劳地奔走一生,为普及教育呐喊呼吁。

17世纪30年代后,夸美纽斯致力于"泛智"问题的研究。夸美纽斯的"泛智"思想体现了其世界观中的民主主义和爱国主义。该思想反映了文艺复兴以来新兴资产阶级反对宗教蒙昧主义,提倡发展科学的时代精神,以及普及教育的民主要求。"泛智"思想是夸美纽斯教育思想的核心,是他从事教育活动的宗旨。

在人性论问题上,夸美纽斯赞成性善论。他深受人文主义思想的影响,否定了中世纪天主教会力倡的"原罪"论、性恶论及禁欲主义,高度赞美人的力量和智慧,认为人是上帝所有造物中最崇高、最完善、最美好的,并认为人能完成最伟大的事业;他注重人的现世生活及积极创造能力,关心人的健康与幸福,主张通过教育使人实现和谐发展。

夸美纽斯的自然观具有矛盾性。一方面,受身份和时代的限制,夸美纽斯怀有深厚的宗教信仰,相信上帝是万物的创造者和主宰者;另一方面,在时代和自然科学的引导下,他又崇尚自然,十分重视大自然的存在及威力,强调科学知识的作用,并力图探索自然的奥秘及法则,将其运用于教育。

同样，由于受到其身份和时代的限制，夸美纽斯在认识论上也表现出明显的矛盾性。一方面，他接受了英国唯物主义哲学家培根的感觉论观点，强调人具有认识外界事物的能力，认为感觉是认识的起点和源泉之一，并认为最初在感觉中没有的东西，在意识中也不会有；另一方面，作为基督教新教教派的成员，他的认识论表现出鲜明的宗教色彩，认为《圣经》也是认识的源泉之一。

第二节　"秩序"与"自然"的教育意义

一、"秩序"

早在古希腊，本性和教育的关系问题即备受关注。亚里士多德把自然理解为人的本性，并明确提出了自然教育的思想。在夸美纽斯所处的时代，各种机器的发明、运用和推广更加助长了形而上学的机械唯物主义观点的普及和深入。这种机械唯物主义的观点，习惯将世界甚至是人视为受机械法则支配的机器，倾向于采用自然现象和社会现象相类比的方法来论证人类社会的问题，这种方法也被称作引证自然法。受其影响，夸美纽斯认为世界万物都是按照机械的原则——秩序安排的，机械的秩序是"万能的支配力"，是世界最主要的原则，一切事物的本质归于不同的事物在空间以及时间上的先后次序。他说："真正维系我们这个世界的结构以至它的细微末节的原则不是别的，只是秩序而已；就是，按照地点、时间、数目、大小和重量把先来的和后来的，高级的和低级的，大的和小的，相同的和相异的种种事物加以合适的区分，使每件事物都能好好地实践它的功用。所以，秩序就叫作事物的灵魂。"[1]

二、"自然"

教育活动是自然事物中的一部分，因此也要遵循恰当的秩序，符合这个"万能的支配力"。为此，夸美纽斯提出"教育适应自然"或称自然适应性，并将它作为教育的根本指导原则乃至原理。夸美纽斯所说的"自然"，指的是"我们的最初的和原始的状况，我们应当回复这种状况，如同回到一个起点一样"[2]。换句话说，自然即人的与生俱来、未经败坏的本性。当然，夸美纽斯的"自然"也有自然界的含义，主要指大自然，有时也包括人类社会。所谓适应自然，主要就是指遵循自然界的"秩序"。例如，从教育时机来看，夸美纽斯从春天是鸟儿繁殖和园丁播种的好时节推理出：人应该在幼年的时候就开始接受教育，早晨是一天中最适合读书的时间。

三、教育意义

在夸美纽斯看来，教育要适当地发挥应有的作用，就要遵循自然界的秩序，最重要的是遵循儿童身心发展的秩序，即教育要以儿童的天性为根据。夸美纽斯观察和分析了人的心理，并据此得出了人人可以受教育的结论。他还依据对学生的实际观察，

---

[1]　[捷克]夸美纽斯：《大教学论》，傅任敢译，75页，北京，人民教育出版社，1984。
[2]　[捷克]夸美纽斯：《大教学论》，傅任敢译，28页，北京，人民教育出版社，1984。

按性格的差异将儿童分为六类，主张对不同类型的儿童施以不同的教育。夸美纽斯认为，学生中存在三对相反的性格，即伶俐与迟钝、温柔顺从与坚强不屈、渴于求知与爱好机械技巧。据此，他将儿童分为六种类型：①伶俐且渴于求知，这类儿童容易受到影响，最适于受教导，并且不需监督；②伶俐但倾向于迟钝懒惰，这类儿童需要加以督促才能前进；③伶俐、渴于求知但倔强而难以驾驭，教导这类儿童时需要注意技巧；④性情柔顺、渴于求知但迂缓迟钝，需要多关注这类儿童的短处，耐心帮助他们走上正轨；⑤心理脆弱且怠惰，教导这类儿童时需要巨大的技巧和耐心；⑥智力低下且倔强邪恶，这类儿童占比极小，但对这类儿童仍应寄予希望而不应放弃。在夸美纽斯看来，前三类儿童如能够被正确地对待，往往可以成为伟人。

夸美纽斯在充分吸取、借鉴前人及同时代人的哲学、教育学和心理学成果时，还注重结合自身改革学校和教育的实践。他提出的教育适应自然原则，是哲学推理与教育实践经验相结合的产物。受到当时科学发展水平的限制，夸美纽斯并不了解教育是人类特有的社会现象，也不可能全面揭示自然界和人类社会发展的普遍法则，在教育观点的阐述中不可避免地出现许多片面、机械和牵强附会的地方，在论及教育目的和德育等问题时充满了浓厚的宗教色彩。但是他的教育观点中确实不乏真知灼见，尤其是涉及教学实务性问题时，夸美纽斯能够抛开《圣经》及宗教教义，通过引证自然的方法，获得教育的主张，这在历史上无疑具有积极的意义。

第三节　教育的目的与作用

///////////////

一、教育的目的

夸美纽斯认为，人的发展包括三个阶段，即母亲的子宫、世上和天堂。在第一阶段，生命是简单的，动作与感觉都刚开始发展；在第二阶段，人有生活，有动作，有感觉，有智性；在第三阶段，人达到真实永久的生存。在夸美纽斯看来，婴儿只有在母体中发育良好，才能诞生到人间，成为现世的生命，而现世生活的目的是"为未来的生活预备各种有用的事情"[①]，教育的目的就在于协助达到这一目的。

从形式上看，夸美纽斯使用的这些术语和传统基督教会的教义是一致的。但由于夸美纽斯在人性论问题的认识上与中世纪天主教会的"原罪"论、性恶论及禁欲主义不同，他并不认为要准备来世的生活，就得摒弃理智，忽视现世生活，实行禁欲。夸美纽斯认为人要过好现世的生活需要具备：第一，博学，以成为"理性的动物"；第二，德行，以具有管束万物和管束自己的能力；第三，虔信。为此，教育的目的就是通过灌输知识，培养道德和信仰，使人具备的学问、德行和虔信的"种子"得到发展，使人完满地过好现世的生活，从而为来世的永生做好准备。也就是说，现世的人必须使自己在身体、智慧、德行和信仰等诸方面得到和谐发展。为此，他重视保持儿童身体的

---

① ［捷克］夸美纽斯：《大教学论》，傅任敢译，21 页，北京，人民教育出版社，1984。

健康强壮，要求家庭和学校都应注意使儿童的生活与学习有规律、有节制，合理安排运动与休息，形成强健的身体以促进智慧的发展；他强调发展儿童的智慧，既要向儿童传授丰富的、有用的知识，又要注意发展其语言，培养朗读、谈话、书写和唱歌等技能；他还非常重视对儿童的道德教育，使儿童具有贤明、公正、勇敢和节制等品质，并形成对上帝的虔诚信仰。

由此可见，虽然受当时特定历史条件的限制，夸美纽斯的教育目的带有浓厚的宗教色彩；但他与中世纪天主教会在"为来世做准备"的理解上存在实质的差别，夸美纽斯的思想更多地体现了教育世俗性的一面。

二、教育的作用

受古代罗马西塞罗、昆体良以及文艺复兴时期人文主义教育家伊拉斯谟等人的影响，夸美纽斯高度评价了教育在社会生活和人的发展中的重要作用，并进行了较前人更为详细深刻的论述。这是他对教育学理论的宝贵贡献，也为他普及义务教育思想的形成提供了理论依据。

(一)教育的社会作用

夸美纽斯把教育看作改良社会的手段，认为"教会与国家的改良在于青年得到合适的教导"[①]。他希望通过教育改变社会道德普遍堕落的现象，同时坚信受到良好教育的民族，会善于利用自然力量和地下的宝藏，扫除愚昧和贫困，身体健康，德行优良，富有智慧，爱好艺术，过上富足和幸福的生活。这反映了夸美纽斯渴望祖国复兴、繁荣的愿望及其世界观中的人文主义色彩。

(二)教育在人的发展中的作用

夸美纽斯同意昆体良的观点，认为人人都可以接受教育。

首先，他确信人具有接受教育的基础，即人生而具有学问、德行和虔信的种子。

其次，他强调人是"理性的动物"，赞美拥有智慧的人可以上天入地、无所不去，因而自然能够获得关于万物的知识。夸美纽斯赞同亚里士多德的心灵"白板说"，认为人的心灵生来如同一块白板，什么都没写，但什么都能写上。夸美纽斯还将人脑比作可以变成各种形状的蜡块，认为通过感觉、记忆、归纳、组合，人可以把外界的种种事物反映到头脑中来。他又把人的心灵比作园地中的泥土，可以栽种各色花木，结出累累果实。因此，他认为，如果教师像高明的画家和辛勤的园丁那样，肯于努力又讲求工作艺术，那么，人的知识和智慧是可以无限地发展起来的。

最后，夸美纽斯认为所有人都必须受教育才能够成人。愚蠢的人需要受教育以祛除其本性中的愚蠢，聪明的人更需要受教育以便做有用的事情，美貌无知的人只是"一只具有羽毛之美的鹦鹉，或一把藏着钝刀的金鞘"，拥有权力的人需要受教育以获得智慧。在夸美纽斯看来，一般人的先天素质差异不大，都具有近似的领悟事物的能力，智力极低的人虽然有但比较罕见。因此，教师不应对儿童的发展失去信心，更不要轻易地给儿童下一个"难于教育"的结论而放弃自己应有的努力。夸美纽斯还驳斥了

───────────────

① ［捷克］夸美纽斯：《大教学论》，傅任敢译，257 页，北京，人民教育出版社，1984。

历史上轻视女子教育或认为女子不可受教育的观点,认为女子和男子同样可以接受教育。

第四节 教育与教学原则

教学理论是夸美纽斯教育思想中的重要组成部分。他在尖锐批判经院主义学校教学工作的弊病与危害的基础上,总结了教育的主导性原则——自然适应性原则,以及大量极有价值的教学原则和教学经验。在《大教学论》卷首,夸美纽斯认为学校工作的基本宗旨是使儿童能够学得迅捷、愉快而又彻底,这是他有关教学理论主张的基本精神。

一、自然适应性原则

教育的"自然适应性原则"在夸美纽斯教育理论体系中发挥着主导性和指导性作用,贯穿于其全部教育理论体系的始终,成为夸美纽斯自然主义教育思想的核心内容。

教育的"自然适应性原则"的基本含义是教育要模仿自然和遵循自然,即模仿和遵循自然万物的秩序。夸美纽斯认为,宇宙万物和人的活动中存在着一种秩序,这种秩序确保了宇宙万物和人类活动的和谐有序发展。

夸美纽斯认为,秩序就是事物的灵魂。世界之所以稳定,正是因为有了秩序。真正维系世界的结构以及它的细枝末节的原则,只是秩序。学校教学需要做的就是把时间、科目和方法巧妙地加以安排。

夸美纽斯提出,改良学校的基础应当是"万物的严谨秩序"。在夸美纽斯看来,"秩序是把一切事物教给一切人们的教学艺术的主导原则,这是应当、并且只能以自然的作用为借鉴的"①。

旧学校最大的弊病就是违背自然事物的秩序。在教学实践中表现为,用无用的知识填塞学生的头脑,不重视认识实际事物;方法上只靠死记硬背,而不是通过观察与思考学习有益的知识,造成学习时间和儿童精力的极大浪费;纪律严酷,使学校成为恐怖的场所,成为儿童才智的屠宰场。

教育的自然适应性原则,要求依据人的自然本性和儿童的年龄特征实施教育。即所有教育事务的开展,都要以对人的自然本性的认识为基础,都要以对儿童年龄特征的把握、体现和尊重为基础。"一切学科都应加以排列,使其适合学生的年龄,凡是超出了他们的理解的东西就不要给他们去学习。"②教学内容的安排或教学任务的确定,均要考虑到学生的学习能力,一切量力而行。"假如一切事情都按学生的能量去

---

① [捷克]夸美纽斯:《大教学论》,傅任敢译,80 页,北京,人民教育出版社,1984。
② [捷克]夸美纽斯:《大教学论》,傅任敢译,93 页,北京,人民教育出版社,1984。

安排，这种能量自然就会同学习与年龄一同增长。"①

根据教育的自然适应性原则，夸美纽斯全面论证了学校工作制度、教学组织形式、教学原则、教学方法以及教学用书等一系列问题。这种论证通常分四步进行：①阐明自然界的基本法则（或称"原理"）；②列举动植物或人类生活中运用这种法则的例子；③指明当时学校的教学与自然界基本法则的相悖之处；④以最初所提出的基本法则为依据提出正确的教学原则或规则。

二、主要教学原则

夸美纽斯将教育的自然适应性原则运用于学科教学，提出了一系列教学原则。

（一）实用性、广博性与精要性教学原则

实用性、广博性与精要性教学原则要求向学生传授实用、广博与精要的知识。

普及教育和泛智论是夸美纽斯为之终生奋斗与探索的两个重要目标，其要旨是要求人掌握一切有用的知识，把一切有用的知识教给一切人。这是一种包括知识结构与方法理论在内的庞大体系，其中包含了实用、广博和精要的课程设置和教学内容安排的原则。实用即能够实现人们的"实际目的"，亦即对实际生活有用；广博即要求学生获得包罗万象的知识；精要即最基本、最重要。夸美纽斯要求根据实用、广博、精要性教学原则改革当时学校的教学内容和课程。他主张扩大各级学校的教学内容，加强新兴自然科学知识的教学；他要求删减一切不必要的、不合适的教材；他强调为儿童制订广泛而详细的教学计划。

在《大教学论》中，夸美纽斯为各级学校拟定了广泛而详细的课程和教学计划。比如，国语学校中除保留当时流行的 4R（读、写、算、宗教）课程和唱歌外，还增加了自然、历史、地理常识；拉丁语学校在沿用神学和"七艺"课程的基础上，增设了物理、地理、历史等课程；至于大学的课程，他认为更应该是"周全"的，要研究人类知识的所有学科和领域，把有天分的学生培养成掌握百科全书式知识的人。

在语文教学上，夸美纽斯批评了当时盛行的学习拉丁语的做法。他认为，语言文字应该与事物同在，应当和事物共同教授和学习，死记硬背文法的做法不可取，花费一二十年时间学习陌生的拉丁语是没有意义的。从儿童的特点和实效性原则出发，他主张语文教学应以本民族语言为基础，兼学外语，小学阶段尤其应强调学习本民族语言及运用本民族语言教学。

为了配合课程设置和教学内容方面的改革，夸美纽斯还亲自动手编写了许多教科书。《语言学入门》《世界图解》是其中有影响力的代表作。这些教科书成为近代学校教科书的先驱，其编写原则或示范意义给后人以诸多启示。

（二）启发性教学原则

启发性教学原则要求通过启发式教学促使学生热爱学习。夸美纽斯认为，人生而具有学问、德行和虔信的种子，儿童作为尚未成熟的人，具有极大的发展可能性，这种发展是自内向外进行的。因此，教育者不必从外部将某些东西强加给儿童，而只需

---

① ［捷克］夸美纽斯：《大教学论》，傅任敢译，114 页，北京，人民教育出版社，1984。

把那潜藏在儿童身内的固有的东西揭开和显示出来，并重视发展个别的因素就足够了。为此，对于教育者来说，关键是要善于依据儿童的自然本性循循善诱，使儿童得到发展的机会与动力。

夸美纽斯认同昆体良的观点，认为获取知识的关键在于拥有求知的意愿，而这是不能够勉强和强迫的事情。如果强迫儿童学习功课，则是违反自然的，非但不能达到成人期望的结果，反而会造成很大的害处。他主张用一切可能的方式把儿童求知与求学的欲望激发起来。教师需要采用正确的教学方法以充分调动儿童的主动性，使儿童自内向外的发展得以实现。夸美纽斯强调了教师在教学中的主导作用，指出教学如果不成功，不能归咎于学生，而要归咎于教师。"因为，假如学生不愿学习，那不是别人的过错，而是教师的错处，他或则不知道怎样使学生能接受知识，或则根本便没有这样去做。"[1]

夸美纽斯认为，促使学生爱好学习的方法很多。例如，教师用温和的态度对待学生，循循善诱；注意教学艺术，使课堂富有吸引力；向学生介绍课程轮廓、目标、界限和结构，告知学生课程的重要性；教学中选择一些有趣且实用的知识作为教学内容；注意利用图片和仪器等教具进行直观教学；经常表扬和奖励学生；为学生提供方便、优美的学习环境；等等。各种方法在使用时要注意遵循自然，不得强迫，并尽可能地使学生感到愉快。

(三)直观性教学原则

直观性教学原则要求开展直观教学以使学生获得真实的知识。夸美纽斯在唯物主义感觉论的基础上，从认识论的角度对前人提出的直观性教学原则进行了充分论述。他认为，知识源于感觉，人只有通过感觉器官，才能得到真实可靠、不易遗忘的知识。他说，"知识的开端永远必须来自感官，……从感觉得来的知识，我们立刻就相信"，感官是"记忆的最可信托的仆役，……可以使知识一经获得之后，永远得以记住"[2]。他要求教师"在可能的范围以内，一切事物都应该尽量地放到感官跟前"[3]，并尽可能让学生用多种感官去感知事物。

对于某些不可能直接感知、观察的事物，夸美纽斯则主张采用取代的办法，"高级的事物可以由低级的去代表，不在跟前的可以由处在跟前的去代表，看不见的可以由看得见的去代表"[4]。例如，制作模型和标本、绘制图画和表格等，这些都不失为可行的取代方式。

夸美纽斯的直观性教学原则在历史上具有重要意义，他将前人的零星经验系统化，加强了教学与生活的联系，使之走出经院哲学的迷宫。

(四)量力性教学原则

量力性教学原则要求根据学生的接受能力开展教学。在自然适应性原则的要求

---

① [捷克]夸美纽斯：《大教学论》，傅任敢译，116 页，北京，人民教育出版社，1984。
② [捷克]夸美纽斯：《大教学论》，傅任敢译，156～157 页，北京，人民教育出版社，1984。
③ [捷克]夸美纽斯：《大教学论》，傅任敢译，156 页，北京，人民教育出版社，1984。
④ [捷克]夸美纽斯：《大教学论》，傅任敢译，158 页，北京，人民教育出版社，1984。

下，夸美纽斯认为"教师和医生一样，是自然的奴仆，不是自然的主人"①。他要求教师的教学应适合儿童的年龄特征和学习能力。因此，要为学生选择合适的学习材料。他说，"学生不应受到不适合他们的年龄、理解力与现状的材料的过分压迫"②，"假如使他们过度受到默述，练习和需要记忆的功课的压迫"，不仅会使学生在不实在的事情上面耗费掉他们的时间，甚至会使学生产生"恶心"的感觉以至"痴颠"，从而使学习成为"一种酷刑"③。

夸美纽斯认为，教学如果不量力而行，超过学生的接受能力，就好比用大量的水猛地向一只窄口的瓶子灌去，其结果是瓶中的水还不如将水一滴滴慢慢地滴进去的情况多。因此，教师在教学时，应按学生的能力去教，而不应按教师的意愿去教。

夸美纽斯的量力性教学原则反映了教学必须适合儿童身心特点的教学规律。但其在论述中，也表现出对"量力"的把握问题上过于保守的倾向。他说："若不是绝对有把握，知道孩子具备了记忆某件事情的力量，不可要求他去记忆。""无论什么事情，除非已经把它的性质向孩子们彻底讲清了，又把进行的规则教给了他们，不可叫他们去做那件事情。"④这样，也很容易造成学生得不到充分发展的结果。

(五)差异性教学原则

差异性教学原则要求教师在教学中理解并尊重儿童的个别差异，因材施教。依照自然行事，顺应儿童"天生倾向发展"，是教育工作者必须遵循的基本原则。在他看来，虽然人人均具有可受教性，但也存在个别差异，每一个儿童(即使是同一年龄的儿童)都是不同的。他说："人心的不同和植物、树木或动物之各不相同一样大……有些人的心理能力确乎是很大的，他们能在每门学科上面有成就；但是也有许多的人，连某些基本的东西都极难掌握。有些人对于抽象的科学显得很有能力，但是对于实用的科学，才力很小就象一匹驴子不会玩七弦琴一样。有些人除了音乐以外，什么都能学会，有些人却不能够精通数学、诗词或逻辑学。"⑤因此，教育者不应厌弃某些儿童，也不可按自己的主观意愿去试图改变儿童的天性及能力，因为这样做显然是徒劳的。他要求教师必须研究儿童、了解儿童，掌握不同儿童的特点，并根据不同特点，有的放矢，对儿童采取不同的教育方法和措施。他认为只要这样，儿童不论资质如何，最后都会实现相当的发展。

(六)渐进性教学原则

渐进性教学原则要求把握教学节奏，循序渐进地展开教学。夸美纽斯根据自然界的规律类比出教学应循序渐进，学校应自始至终地按照学生年龄及已有知识循序渐进地进行教导。他主张：在教学内容上，要妥当地安排教学科目的顺序，每一学科的内容要仔细分成若干部分，先学的为后学的打好基础，做到由近及远、由易到难、

---

① [捷克]夸美纽斯：《大教学论》，傅任敢译，114页，北京，人民教育出版社，1984。
② [捷克]夸美纽斯：《大教学论》，傅任敢译，167页，北京，人民教育出版社，1984。
③ [捷克]夸美纽斯：《大教学论》，傅任敢译，113页，北京，人民教育出版社，1984。
④ [捷克]夸美纽斯：《大教学论》，傅任敢译，115页，北京，人民教育出版社，1984。
⑤ [捷克]夸美纽斯：《大教学论》，傅任敢译，153页，北京，人民教育出版社，1984。

由简到繁、由已知到未知、由具体到抽象等；在教学时间的安排上，要做到仔细划分，使每年、每月、每日、每时都有指定的工作；在学生学习知识的过程中，要体现其认识活动的特点，首先进行观察，然后在理解的基础上记忆，最后才进行实际运用的练习。

夸美纽斯的教学思想具有十分明显的进步意义，其中很多合理因素为后人所接受，并不断得到充实与发展，成为教育学理论的重要组成部分。

第五节　教学与教育管理

夸美纽斯所设想的教育内容是极为广泛的，他将这种广博的教育称为"周全的教育"，主张"人人应该受到一种周全的教育，并且应该在学校里面受到"①。他说："我们希望有睿智的学校，而且是博学的学校，即泛智的学校，即工场，在这样的学校里所有的人都能受教育，都能学习现在和将来生活所必需的学科，而且达到完美的程度。"②这里所谓"周全"是指学问、德行和虔信三者兼备，"泛智"则包括"认识事物"、"行动熟练"和"语言优美"三个方面，兼具知识、行动与表达。"泛智论"充分体现了文艺复兴以来新兴资产阶级提倡发展科学、反对宗教蒙昧主义的时代精神，以及普及教育的民主要求。

为了实现普及教育和泛智教育，夸美纽斯积极拥护学校教育，肯定了学校教育的必要性和优越性，认为学校教育是人类社会分工发展的结果，是社会进步的表现。但他对当时学校在结构、管理、教学等方面普遍存在的不合理、低效率等弊病提出了严厉批评，认为"在此以前没有一所完善的学校"，学校是儿童"才智的屠宰场"。为改革旧学校，使学校真正发挥积极的效能，夸美纽斯提出了较为系统的改良学校的构想。

夸美纽斯认为"改良学校的基础应当是万物的严谨秩序"，也就是说要把"时间、科目和方法巧妙地加以安排"，使学校的组织"能十分象一座用最巨大的技巧做成的、用最精细的工具巧妙地雕镂着的钟一样"③。夸美纽斯认为新学校应具备六个特点：第一，对所有人开放；第二，传授使人变得有学问、有德行、能虔信的科目；第三，为生活做准备；第四，废除强迫的、严酷的、鞭笞式的教育，实施自然的、和缓的、快乐的教育；第五，改革虚伪的、表面的教育，实施真实的、彻底的教育；第六，实施班级教学以提高效率。

在总结前人经验的基础上，夸美纽斯较为系统地论述了新学校的体系及具体管理问题，成为教育史上第一个系统论述教育管理问题的教育家，堪称"西方学校管理学的奠基人"。他就学校组织与管理工作做出了具体细微的规定，其中很多行之有效的

---

① ［捷克］夸美纽斯：《大教学论》，傅任敢译，55 页，北京，人民教育出版社，1984。
② 任钟印：《夸美纽斯教育论著选》，任宝祥、熊礼贵、鲍晓苏等译，239～240 页，北京，人民教育出版社，2005。
③ ［捷克］夸美纽斯：《大教学论》，傅任敢译，75、78 页，北京，人民教育出版社，1984。

制度为后世所沿用。

一、学制

夸美纽斯先后提出过两个学制。先是在《大教学论》中提出过一个四级学制，晚年时又进一步在《泛教论》(1666年)中提出了一个七级学制。

(一)《大教学论》中的四级学制

夸美纽斯依据人的年龄特征，把0～24岁规定为接受教育的时期，并将其分为4个阶段，每个阶段为6年，分别对应4种学校，从而构成了一个统一的单轨学制。夸美纽斯认为，每一个发展阶段及相应的教育机构都有专门的教育任务，同时，它们之间又存在着联系，前一个阶段都是为后一个阶段打基础的，后一个阶段又是前一个阶段的合乎逻辑的发展，最终达到教育的目的。

1. 婴儿期——母育学校

0～6岁为婴儿期，此时人需要在母亲膝前接受家庭教育，母亲是婴儿的第一任教师，家庭是婴儿的第一所学校。因此，这个时期的家庭又被称为"母育学校"。母育学校的主要任务是通过童话、韵语、音乐、游戏等方式，让婴儿在家庭接受百科全书式的知识启蒙教育，使其获得有关自然界、社会生活和家庭生活的初步认识，从而为日后体力、智慧和道德发展奠定基础。

2. 儿童期——国语学校

6～12岁是儿童期，儿童满6岁后，进入设在每个村落的国语学校接受初等教育。夸美纽斯要求在城乡普遍设立国语学校，在平等原则下招收所有的儿童。在校内实行混合编班，以革除门第森严、教派分明、男女有别的旧传统。教育的目的是把对儿童终身有用的事物教给他们。国语学校主要以本国语进行读、写、算及音乐、宗教、通史、天文、地理、自然经济学、政治学及技艺的教学，训练儿童的感觉能力、想象力及记忆力。对于10～12岁愿意学习外语的儿童，还可增设外语课。

3. 少年期——拉丁语学校

12～18岁是少年期，在结束国语学校的学习后，少年进入设在每个城市的拉丁语学校接受中等教育。拉丁语学校的课程包括四种语言(本国语、拉丁语、希腊语和希伯来语)，并在传统"七艺"的基础上新增物理、地理、历史、伦理学和神学。与以往不同的是，神学为单列科目，不再贯串于其他各科目教学中。拉丁语学校分为六个班级，每个班级主要学习一种课程，此课程的名称与该班级的名称对应，六个班级分别为文法班、自然哲学班、数学班、伦理学班、辩证术班、修辞学班。拉丁语学校的主要任务是向那些准备进一步接受高深教育的学生传授百科全书式的知识。

4. 青年期——大学

18～24岁为青年期，在结束拉丁语学校的学习后，青年通过设于省城或王国的大学接受高等教育。大学旨在培养牧师、律师、医生、教师以及国家领导人，只有极少数才智过人且有良好德行的人才能进入大学。夸美纽斯建议通过公开考试的方式从拉丁语学校毕业生中挑选出适于到大学进一步深造的青年。他认为大学的"课程应该真正是普遍的，应有学习人类知识的每一部门的准备"①。与此同时，夸美纽斯还提出，大学还应是研究机构，通过提供人类知识的每一分支，供学生学习和研究之用。按照当时的一般做法，夸美纽斯主张大学应分设神学、医学、法学三科，学生最后以长途旅行结束大学生活。夸美纽斯认为这种旅行对于常年侧重于书本知识学习的青年来说，在获得直接经验、了解民情风俗、开阔眼界上是大有裨益的。

(二)《泛教论》中的七级学制

夸美纽斯是历史上比较系统的终身教育思想的最早阐述者和倡导者。在夸美纽斯晚年著作《泛教论》中，夸美纽斯对上述四级学制做了进一步论述，声称教育应从在母体中开始，直至进入坟墓方告结束。他将人的教育划分为七个阶段：胎儿期，幼儿期，童年期，少年期，青年期，成年期，老年期。夸美纽斯首次将"胎教"和"终身教育"的思想引进教育领域。在这一学制系统中，因为第 2 至第 5 阶段与前述四级学制基本相同，在此就不再赘述，下面只介绍另外三个阶段。

1. 胎儿期——胎儿学校

夸美纽斯对优生优育的问题进行了讨论，甚至提出设立"婚姻指导委员会"及"产前诊所"为准备结婚的青年男女及孕妇提供咨询，以便养育健康的婴儿。夸美纽斯认为，应设立胎儿学校。关于优生和胎教等问题，夸美纽斯在《母育学校》中也曾讨论过。

2. 成年期——成人学校

夸美纽斯主张为成人设立"成人学校"。他强调了成人继续接受教育训练的重要性，认为在这一阶段，书本不但不应被抛弃，还应被更广泛地使用，只是在方式上，成人以自我教育为主。夸美纽斯还依据泛智原则为成人教育开列了大纲和书目，内容涉及完善身心及认识世界两大方面。夸美纽斯认为，成人教育有助于加强道德及技术的学习，从而促使人们做好本职工作。另外，成人教育有助于在人们之间开展竞争，以最大限度地发挥潜力以及增强生活乐趣等。

3. 老年期——老年学校

夸美纽斯认为，老人应尽量过好这一段平静而仍然积极的生活，并以安详的态度对待死亡，以使人生有一个完满的终结。他认为，老年期是人生的一部分，老人不应无所事事地度过，而应继续行动(学习工作)，总结自己丰富的人生阅历，有时甚至还可以承担某些重任。夸美纽斯主张在老人聚集的地方成立"老年学校"。

在《泛教论》中，夸美纽斯将与前两个阶段相应的教育机构(胎儿学校、母育学校)称为"私立学校"，与中间三个阶段相应的教育机构(国语学校、拉丁语学校和大学)称为"公立学校"，与最后两个阶段相应的教育机构(成人学校和老年学校)称为"个体学校"。

二、班级授课制

文艺复兴以后，特别是宗教改革时期，一方面教育规模扩大，受教育人数增多，另一方面当时的学校仍沿袭中世纪传统，教学以个别指导为主，教师甚至对学生施以

---

① ［捷克］夸美纽斯：《大教学论》，傅任敢译，243 页，北京，人民教育出版社，1984。

大棒政策，以高压迫其就范，整个学校状况杂乱而松散，缺乏统一的教学计划和教学组织形式。因此，为了收到较好的教育效果，各教派教育家们开始探索新的教学组织管理形式，分班、分级教学制度开始形成。例如，耶稣会和路德教派所创办的中学常被划分为 9 个或 10 个年级；耶稣会还制订了课程计划，对各个年级的教学做出了详细规定，并按年、月、周、日规定了教学进程。夸美纽斯总结了前人的经验，并在此基础上加以完善和发展，在历史上首次从理论上提出并详细论述了班级授课制问题。这主要体现在《大教学论》《泛智学校》《创建纪律严明的学校的准则》等著作中。

夸美纽斯用太阳以它的光和热普照世界作喻，"太阳并不单独对付任何单个的事物、动物或树木；而且同时把光亮和温暖给予整个世界"①，论证了班级授课制是必要的和可行的。夸美纽斯认为，班级授课是对师生产生激励作用、提高教学效率的有力手段。他说："教师看到跟前的学生数目愈多，他对于工作的兴趣便愈大（正同一个矿工发现了一线丰富的矿苗，震惊得手在发抖一样）；教师自己愈是热忱，他的学生便愈会表现热心。同样，在学生方面，大群的伴侣不仅可以产生效用，而且也可以产生愉快（因为人人乐于劳动的时候有伴侣）；因为他们可以互相激励，互相帮助。"②夸美纽斯认为，实行班级授课制，还有助于教师有计划地组织教学工作，从而提高教学效率。学校也可以接受更多的儿童入校学习，从而有利于普及教育。

在班级授课制的具体实施办法上，夸美纽斯要求根据儿童的年龄特点及知识水平划分不同班级，作为教学的组织单元，由一个教师对一个班级的学生同时授课；每个班级有一个专用教室；与班级相对应，教学内容也要循序渐进，分为不同的部分。为了使教学切实可行，他还建议把一个班级的学生分成若干小组，每组 10 人，挑选优秀学生做"十人长"，其职责是协助教师督促和考查组内其他学生的学业，必要时还可代替教师主持若干教学活动。"十人长"作用的发挥，既可以减轻教师的工作量，提高教师的工作效率，也可以使学生更用心地学习，不容易忽略任何一个学生。

夸美纽斯有关班级授课制的主张，适应了教育规模扩大的实际需要，反映了教育工作的客观规律。但是，他也明显夸大了班级授课制下班级和教师的作用。例如，他认为，"一个教师同时教几百个学生不仅是可能的，而且也是要紧的"③，"每个学校只应该有一个教师，至少每班只能有一个教师"④。此外，可能是为了强调班级授课制的统一性，有些观点又偏离了他一贯主张的注重个别差异、因材施教的原则。例如，他说，"全班都应该得到同样的练习""一切学科与语言都应该采用同样的方法去教授"⑤。

虽然夸美纽斯在 17 世纪上半叶即阐明了班级授课制的理论，但班级授课制在相当长的时期内并未普及。直到 19 世纪下半叶，班级授课制才成为一种通行的教学制

① ［捷克］夸美纽斯：《大教学论》，傅任敢译，137 页，北京，人民教育出版社，1984。
② ［捷克］夸美纽斯：《大教学论》，傅任敢译，139 页，北京，人民教育出版社，1984。
③ ［捷克］夸美纽斯：《大教学论》，傅任敢译，139 页，北京，人民教育出版社，1984。
④ ［捷克］夸美纽斯：《大教学论》，傅任敢译，138 页，北京，人民教育出版社，1984。
⑤ ［捷克］夸美纽斯：《大教学论》，傅任敢译，138 页，北京，人民教育出版社，1984。

度与组织形式。

三、学年制及学日制

与班级授课制相配套,夸美纽斯制定了学校工作的学年制。学年制要求学校以学年为大的教学单元,在一个学年里,所有学生同时开学、同时放假;学校每年招生一次,秋季开学;全班同学在一个学年中学习进度一致,能够在每一学年终了时结束相同课程的学习;学年终了时,举行考试,合格者方能升级。为了让学校工作变得有秩序、有计划,整个学年又被划分为月、周、日、小时,各项工作有条不紊地进行,从而保证学校能够合理地支配时间。他建议早晨安排 1 小时用来祈祷,午饭后安排 1 小时的娱乐时间;每日上、下午各有 2 小时用于上课或从事紧张的脑力劳动;在从事 1 小时紧张的学习后,要休息半小时;每天要保证 8 小时的睡眠;每周三、六的下午是学生自由活动时间;每季安排一周进行戏剧表演活动;每年有 4 次较长时间的休假,每次 8 天;宗教节日的前后一周均放假;在葡萄收获的季节,有一个月假期。这样,学生的学习、休息和生活便有了合理的安排。

四、考试及考查制度

为了配合班级授课制、学年制与学日制,提高教学效率,夸美纽斯还制定了一套比较完整而严密的考试及考查制度。主要有 6 种。①学时考查。由任课教师主持,在上课时进行。主要观察学生学习是否专心,考查方式以提问为主。②学日考查。由十人长主持,于每天学校全部课程结束后进行。通常由十人长与组员共同复习,检查所学内容。十人长应力求使组员熟练掌握已经正确理解的材料。③学周考查。在每周星期六午休时进行,通常是一种互换名次的比赛,即任何一个名次较低的学生有权向本组名次较高的学生发起挑战(有时也可以跨组)。如果挑战成功,名次就互换;若挑战失败,则维持原名次。④学月考查。每月由校长到各班例行视察时进行。⑤学季考试。由校长和某个主任共同主持,了解学生的记忆力、语言表达能力、学习勤奋和表现情况,对优胜者予以公开表彰。⑥学年考试。通常在学年结束时举行,学校所有主任均需参加。这是学校最隆重的考试,一般是将全校学生集中在操场上,通过抽签决定顺序,考试主要采取口试的形式。合格者及其 10 人小组均可升级,不合格者则须重修或被勒令退学。

夸美纽斯提出的考试及考查制度并不完全是现代意义上的考试制度,应该说只是一种非书面的检查学习的方法,缺乏规范化。但它们体现出了常规化的考核原则,时刻表现出对学生成长的关心,在一定程度上保证了教学质量和教学效果。

五、督导制度

为提高学校教育效能,夸美纽斯提议建立督导制度,建议由国王和当权者任命督学,而督学应当由那些受人尊敬的、贤明的、信教的和积极的,同时又具有丰富的教学经验、自愿从事该项工作的社会贤达之士担任。

夸美纽斯认为督学承担的具体职责包括以下内容。①培训未来管理者,使之胜任领导学校、制定规章制度等工作,从而有利于学校有秩序地运行。②管理和监督各类学校人员的工作,包括检查校长、教师的工作,并依照其工作表现建议发放一定数额的薪金。必要时，督学还有权解雇和重新聘用教师。③检查学校各项教学工作。督学可通过听课和直接参加学校具体工作的方式检查学校的教学，其中，听课可直接感受到师生的教与学，是公正地评估教师教学的重要途径。④监督学校规章制度的执行。此外，督学还要负责了解社会对学校的评价，了解家长和监护人如何对孩子进行教育，并予以指导，目的是使学校教育与家庭教育协调一致，相得益彰。

夸美纽斯是历史上最早倡导国家设置督学的教育家，他的教育督导思想的提出在教育管理思想史上具有里程碑的意义。夸美纽斯所倡导的督导制度任务宽泛，要求督学须对学校教育、家庭教育和社会教育承担起全方位的监督之责。

六、学校工作人员的管理职责

在《创建纪律严明的学校的准则》中，夸美纽斯将学校人员分为三类：①学习知识的人，即学生，其中包括十人长；②传授知识的人，即学校的(社会的)教师；③专门管理学校工作的人，即校长和主任。夸美纽斯主张实行学生自治，认为每个学校犹如一个组织完美的国家，要有自己的元老院、委员会、议事室和十人队等。校务会议由教授和级任教师组成，校长任主席，另设业务秘书。每个班级由十人长或他们的助手组成班级会议。

夸美纽斯还进一步规定了学校各类人员的职责，具体如下。

(一)校长

校长是学校总管理者，是全校的核心和支柱。校长是专职的管理人员，不承担直接的教学工作，主要负责对学校各项工作进行领导和协调。其中包括：①教师管理。校长要了解教师的生活和教学状况，他可以私下或公开地对教师进行了解和检查；指导教师，帮助教师掌握教学方法和策略。②学校规章制度管理。监督学校各项制度和规章的执行，预防违纪事件发生，确保学校一切工作有条不紊；当违纪事件发生时，要及时予以纠正；对即将入学的学生开展纪律教育，要求他们承诺遵守学校纪律。③学校档案管理。校长要负责学校档案材料的保管，其中包括学校年鉴、规章制度、学生花名册等。学校年鉴通常由秘书记录，主要记载学校创建及发展变化的情况，包括历年校长和教师名单、学校各个时期发生的重大事件等。

(二)教师

教师是班级教育目标和任务的制定者，班级一切活动的安排人。夸美纽斯要求教师首先要教会学生笃信宗教，然后要具备待人接物方面的美德，最后要掌握生活的外部装饰品——科学知识。教师本身要成为学生道德的活生生的楷模。

(三)十人长

十人长是学生 10 人集体的管理者。十人长除了管理学业外，还要主持当天的学日考查，此外还须在学问、德行、虔信三个方面对其他学生进行管理。在可能的情况下，十人长还要注意同学在校外是否言行得体，并敦促每个学生在校外的环境下认真地祷告。

七、学校纪律及规章制度

夸美纽斯十分重视纪律在学校管理中的作用。他引用了一句波希米亚谚语——

"学校没有纪律犹如磨盘没有水"①，强调为了维持正常的学校秩序，纪律乃是必不可少的。

夸美纽斯还认为，学校管理是否有序，与学校所制定的各种规章制度和行为准则能否被严格执行密切相关。他要求确保纪律的严肃性，规定任何人不得擅自违反和破坏纪律。

夸美纽斯认为可以通过监督、谴责、惩罚三种方式维护纪律。监督发生在违反纪律之前。一旦有了过失，则要根据过失的轻重程度给予谴责和惩罚，包括训斥、用树条抽打乃至开除等。不过他主张慎用暴力式的惩罚，尤其在教学中不得使用暴力，只有在学生严重违反道德规范的时候，如出现"语侵神明""淫秽""顽梗和蓄意的恶行""骄傲与轻蔑""嫉忌与懒惰"等性质恶劣的不端行为时，才能采用这种比较严酷的措施。他认为体罚是"极端的方法"，学校不能完全放弃，但"总该格外当心，这种极端的方法不可用得太随便、太热心，因为倘若我们滥用了，那么责打应当对付的不服从的极端情形还没有发生，我们早已智穷力竭了"②。即便对学生有所处罚，也要做到既严格又温和，这样有利于错误行为的纠正。

八、学校构成要素

在《泛智学校》一书中，夸美纽斯对学校组织做了更加严格和精确的说明。他认为，无论哪类学校，国家、教会或社团都要向它们提供必要的书籍、教具及合格的教师。在夸美纽斯看来，学校应由七大要素组成：①用来进行教和学的对象；②教和学的人；③教学的工具、书籍等；④用来进行教和学的场所；⑤规定完成作业的时间；⑥工作本身；⑦休息和假期。他重视教师在教育中的价值，主张挑选品格高尚、热心勤勉、精明能干的人来任教或提供咨询。

九、学校内外环境

夸美纽斯甚至论及了对学校内外环境的具体要求。他主张校舍应位于安静的地点，远离吵闹喧嚣和引人分心的事物；校舍周围应有宽广的场地、花园供学生活动；校内房舍应明亮整洁，布置一些画片、名人相片、地图和历史图表；每个班级应有专用的学习房间，避免干扰；教室里要有讲台和足够的座位，座位的排列应使每个学生都能看到教师；每所学校要有一所容纳所有学生的大厅，以便进行社会活动和戏剧表演等。

小结

夸美纽斯在世界教育史上占有极为重要的地位，在教育理论和教育实践上均做出了不朽贡献，对后世的洛克、赫尔巴特、卢梭、福禄培尔、蒙台梭利等教育家产生了深远的影响。他与近现代教育的关系犹如彼特拉克与文艺复兴，威克里夫(John Wycliffe，1330—1384)与宗教思想，哥白尼(Nicolaus Copernicus，1473—1543)与现代科学，以及培根与现代哲学的关系。18—19 世纪几乎所有教育理论的萌芽都可在他

---

① ［捷克］夸美纽斯：《大教学论》，傅任敢译，215 页，北京，人民教育出版社，1984。
② ［捷克］夸美纽斯：《大教学论》，傅任敢译，218 页，北京，人民教育出版社，1984。

的著作中发现。夸美纽斯在批判旧的学校教育的同时，努力建构一个教育对象普及化、教育目的世俗化、教育内容泛智化、教育方法心理化、教育组织班级化、教育管理效能化的新的学校教育体系。他在德育、体育及师范教育等领域内也进行了认真的探索，提出了许多有价值的见解。当然，受时代和身份的限制，夸美纽斯的教育思想带有浓厚的宗教色彩，新旧矛盾交织的特征比较明显，很多主张也并不科学或失于片面。但值得肯定的是，他的教育思想为近代教育理论确立了基本的框架，其代表作《大教学论》的问世，使得教育学从以往的哲学、社会学等论述中分化出来，发展为一门独立的学科。他热爱教育事业，勤勉不屈地为之奋斗终身，堪称一代师表、万世楷模。

思考题：

1. 试述夸美纽斯的自然适应性原则。

2. 试述夸美纽斯"泛智"思想的基本含义及其主要体现。

3. 简述夸美纽斯的直观性教学原则。

4. 试述夸美纽斯创立的学年制和班级授课制。

参考文献：

1. 夸美纽斯．大教学论．傅任敢，译．北京：人民教育出版社，1984.

2. 任钟印．夸美纽斯教育论著选．任宝祥，熊礼贵，鲍晓苏，等译．北京：人民教育出版社，2005.

3. 滕大春．外国教育通史：第二卷．济南：山东教育出版社，2005.

4. 吴式颖，任钟印．外国教育思想通史：第五卷．北京：北京师范大学出版社，2017.

5. 赵祥麟，任钟印，李文奎．外国教育家评传：第一卷．上海：上海教育出版社，1992.

6. 罗伯特·R. 拉斯克，詹姆斯·斯科特兰．伟大教育家的学说．朱镜人，单中惠，译．济南：山东教育出版社，2013.

第八章　17世纪至18世纪中期欧美主要国家的教育

● 内容提要

在英国资产阶级革命和法国启蒙运动的影响下，17—18世纪中期欧美主要国家的政治体制、经济基础、宗教信仰、科学技术以及文化教育诸方面均发生了显著变化。在适应并促进这些变化的过程中，各国初等教育、中等教育和高等教育也获得了不同程度的发展，并表现出一些共同特征：学校教育制度逐步完善化，学校类型日益多样化，教育内容逐步实科化，教育对象在一定程度上扩大化。

● 学习目标

结合该时期各国政治、经济、文化发展的特点，认识英国、法国、德国、俄国、美国等国初等教育、中等教育和高等教育的发展过程和发展成就，掌握培根、弥尔顿、洛克、爱尔维修、狄德罗、拉夏洛泰、康德的教育思想或教育主张，把握各国教育发展的主要特点。

> ● **核心概念**
>
> 　　文法学校；公学；拉丁文法学校；实科中学；文实学校；绅士教育；慈善学校；实科教育；培根；弥尔顿；洛克；爱尔维修；狄德罗；拉夏洛泰；康德

　　17 世纪至 18 世纪中期，欧美主要国家的政治体制、经济基础、宗教信仰、科学技术以及文化教育诸方面均发生了不同程度的变化。

　　就政治体制而言，1640—1688 年，在英国借助于资产阶级革命先行确立了资本主义政治制度的榜样示范下，包括法国在内的其他欧洲国家，相继开展了本国资本主义制度建设的社会实践尝试，欧洲封建制度的危机进一步加深。

　　就经济基础而言，该时期正是西欧资本主义经济初步发展的阶段。在殖民掠夺、奴隶贸易以及资本主义原始积累所提供的生产资料、劳动力和广阔市场的基础上，资本主义工商业迅速发展。培养具备基本的阅读、写作及计算知识的人才，自然成为获得初步发展的资本主义经济的教育要求。

　　就宗教信仰而言，宗教改革以及旧教与新教各教派之间的激烈冲突对教育发展产生了看似矛盾的双重影响。一方面，宗教改革所引发的激烈冲突成为法国胡格诺战争、德国的三十年战争和英国内战的主体或主要内容，导致国家凋敝，社会陷于混乱和危难之中，缺乏必要的精力和热情关注教育的发展。另一方面，宗教改革激发起教会人士、政府以及民众的教育热情，兴办教育尤其是初等教育成为新旧各教派扩大教会影响的重要手段。值得注意的是，在天主教国家和新教国家中，宗教对教育发展产生了不同的影响。在天主教国家，耶稣会积极参与教育实践，确保了教育发展的连续性。而在新教国家，新教育制度本身的不完善，经济、行政管理方面的缺陷，改革后的教会对学校控制程度的降低以及国家或私人捐赠的经费补助不足，均使得教育事业发展整体上呈现停滞不前的现象。[①]

　　就科学技术而言，近代科学也相继从哲学中分离出来，为促进科学研究的发展，各国政府还成立了专门的科学研究机构，如 1657 年成立的意大利西芒托学院，1662 年成立的英国皇家学会，17 世纪中期成立的法兰西科学院，1700 年建立的柏林学院，1725 年在圣彼得堡建立的俄罗斯科学院。这类机构极大地促进了各国科学研究事业的发展，并注意将科学研究成果应用于生产实践[②]，同时也为各国的学校教育提供了实科性知识内容。

　　就文化教育而言，科学文化以及科学技术的发展表现为启蒙理性思想的成熟和近

---

① ［英］博伊德、金：《西方教育史》，任宝祥、吴元训主译，237 页，北京，人民教育出版社，1985。

② 参见［英］亚·沃尔夫：《十六、十七世纪科学、技术和哲学史》上册，周昌忠、苗以顺、毛荣运等译，64～84 页，北京，商务印书馆，1985。

代独立形态科学的出现。在托马斯·霍布斯(Thomas Hobbes，1588—1679)，约翰·弥尔顿(John Milton，1608—1674)和约翰·洛克(John Locke，1632—1704)等提供的资本主义社会政治理论和具有唯物主义倾向的哲学观念的引领下，法国启蒙思想家们在 18 世纪上半期掀起了以理性和科学追求为标志的启蒙运动，进而使 18 世纪成为"理性的世纪"和"科学的世纪"。早期的启蒙思想家们在批判教会的愚昧无知和封建制度的腐朽落后时，将发展新式教育、造就新型国民视为改造社会的得力手段，狄德罗、爱尔维修、拉夏洛泰等唯物主义思想家们分别提出了各自的教育治世方案。

同一时期的美国，则处于欧洲殖民者开发治理新大陆的时期，即通常所谓的殖民地时期。在教育方面，主要是对宗主国教育模式与学校教育体系的移植和重建。在教育思想与理论方面，主要表现为对欧洲教育思想与理论的吸收和消化，独立形态的美国教育制度和教育理论尚未形成。不过，该时期关注教育发展的殖民者，已开始考虑如何结合新大陆的社会现实和自然风貌，对欧洲教育模式做出相应的改造，以为此后美国教育发展奠定必要基础。

第一节　英国教育

作为一个具有浓厚封建传统的国家，英国借助于 1640—1648 年的资产阶级革命，最终确立了君主立宪制。在经济方面，英国的资本主义经济发展较早，15 世纪末即开始了资本主义原始积累，到 17 世纪中期，英国资本主义经济发展进一步获得"光荣革命"所确立的近代资本主义政治框架的保护。1689 年，英国国会通过的《权利法案》即规定，国王无权废止国会通过的法律，举凡经济、政治发展的重大问题皆由国会决定。伴随着政治、经济发展形势的改观，加之文艺复兴和宗教改革运动的影响，17—18 世纪英国在自然科学、哲学以及其他社会意识方面均有显著进步。社会政治、经济及科学文化的发展伴随着教育实践的变革，英国的初等教育、中等教育、高等教育以及教育管理体制获得不同程度的发展。一些思想家开始思考有关教育问题，其中培根的科学教育观、弥尔顿的实科教育观、洛克的"绅士教育"思想，成为这一时期英国教育理论探索的主要成果。

自中世纪以来，英国政府不直接承担发展教育与管理教育的职责，教育发展与管理长期掌握在隶属于罗马教廷的英国天主教会手中。1534 年英国《至尊法案》的颁布与实施，导致英国脱离罗马教皇，教育管理权则转由国教会掌握。同时，一些非国教会信徒出于宗教竞争的需要，也开始创立学校，形成了国教会与其他教派围绕学校的开办和管理相互竞争与斗争的局面。这一局面在英国资产阶级革命爆发后得以延续，而英国政府则依旧恪守不直接过问教育的传统。

一、初等教育

作为一个封建传统悠久且浓厚的国家，长期以来英国贵族往往通过聘请家庭教师，安排子女在自己的家庭中接受基础知识教育。17—18 世纪英国初等教育实际上专指为平民子弟所提供的教育。

17—18 世纪，英国初等学校主要包括堂区学校、慈善学校、主日学校、导生制学校、私立初等学校和劳作学校等。

(一)堂区学校

堂区学校原为中世纪时期天主教会面向贫苦子弟创办的初等学校，英王脱离罗马天主教会后，堂区学校相应地归属于英国国教会。资产阶级革命爆发后，堂区学校继续存在并发展。按照 1662 年英国国会通过的法令，初等学校开办权归由国教会掌握，堂区学校获得进一步的发展保障。

(二)慈善学校

慈善学校的出现，在一定程度上是社会贫穷和慈善观念更新的结果。17—18 世纪，英国初等教育主要是教会掌管的一种宗教和慈善事业。在中世纪，安于贫穷是一种基本的社会美德，慈善的主要行为体现——施舍主要有利于施舍者。但自 16 世纪后期起，贫穷则被视为一种社会危险和罪孽，是游手好闲和愚昧无知的结果，是需要个人和社会联合起来加以控制和改进的社会现象。[①] 慈善行为则发展成为对施舍者和被施舍者双方有利的行为，慈善学校也就成为向贫穷家庭子弟提供基本的文化知识教育，以改变其未来可能面临的贫困生活状况的一类教育机构。1698 年成立的"基督教知识促进协会"、1701 年成立的"海外福音宣传协会"，均积极致力于初等学校的创办与发展，先后创设了 1600 余所主要面向贫穷家庭子弟开办的贫民日校，成为致力于初等教育事业发展的主要宗教团体。

慈善学校类型多样，"乞儿学校"[②]、劳动学校、贫民日校和感化学校均属于慈善学校。英国空想社会主义者欧文(Robert Owen，1771—1858)所创办的"幼儿学校"，也属于慈善学校的一种。1800 年起，欧文在其所经营的新拉纳克纺织厂为工人家庭子女设立了包括托儿所、幼儿园在内的"幼儿学校"，招收满 2 岁的幼儿，使其接受专门教师的养护和教育，6 岁起学习文化知识。幼儿学校教学效果突出，引发慈善家和工厂主的仿效，形成了"幼儿学校运动"，产生了较大影响。

尽管在入学对象和教育内容上，不同类型的慈善学校存在区别，但慈善学校也表现出一些共同特征：以宗教知识灌输为主，兼教初步的阅读、写作、计算知识，实施初步的道德训练，使儿童养成勤于劳作的习惯，并掌握基本的社会劳动技能，如袜子和手套编织技能，刺绣、缝纫技能。慈善学校的开办途径不一，教育经费缺乏保障，教学设备简陋，师资水平参差不齐，导致慈善学校教学质量低下。慈善学校成为贫穷家庭儿童接受有限初等教育的选择。

(三)主日学校

主日学校，又称"星期日学校"，为 1780 年英国传教士罗伯特·雷克斯(Robert Raikes，1735—1811)在英格兰格洛斯特首先创办，主要是利用星期日为当地民众子

---

① 夏之莲：《外国教育发展史料选粹》上，273 页，北京，北京师范大学出版社，1999。

② "乞儿学校"最早由鞋匠彭慈(John Pounds，1766—1839)利用补鞋所得创设，免费教育儿童。

弟和未曾接受过正规教育的成人，提供基本的阅读、写作、计算和宗教知识教育，指导儿童阅读《圣经》和唱圣歌，深受普通劳动者欢迎。1785年，"全国主日学校组织与资助协会"成立，主要职责为接受各教派与世俗人士的捐赠，并在全国范围内为主日学校的创办和发展提供资助。1870年英国《初等教育法》颁布后，主日学校被公立学校所取代。

(四)导生制学校

导生制学校的出现，源于英国国教会教士贝尔(Andrew Bell，1753—1832)对其教学方法的传播。1791年，贝尔在印度马德拉斯的兵士孤儿学校采取了一种选择年长学生帮助教师教其他学生的教学方法。1796年，贝尔返回英国，并于1797年出版了《一个教育实验》的小册子，介绍了其在印度马德拉斯的教学方法。1798年，英国公谊会教士兰卡斯特(Joseph Lancaster，1778—1838)在伦敦创办了一所堂区学校。为解决教育经费短缺、教师数量不足问题，兰卡斯特尝试从学生中选出部分年龄较大、学习能力较强和学习成绩较优的学生担任"导生"。教师将有关知识先传授给导生，再由其代行教师职责，转教其他学生。这一教学改革后即以"贝尔—兰卡斯特制"为名，受到社会各界的支持，其推行进一步促进了英国初等教育的发展，并传播到欧美部分国家。

(五)私立初等学校

私立初等学校主要包括家庭主妇创办的主妇学校和普通私立学校两大类。主妇学校多由老年妇女在自己家中开设，招收学生(主要是女孩)传授初级的阅读、写作、计算知识以及缝纫等家务技能，并适当收取学费。普通私立学校多由一些粗通文墨、难以胜任其他社会职业的个人创办，此类学校向入学者收取少量学费，教授儿童基本的读书、写字技能，并向其传授初步的历史、地理知识。

(六)劳作学校

1697年，英国政府颁布了《国内贫民救济法》，其中收录了洛克拟定的《贫穷儿童劳作学校计划》。依照洛克的主张，在每一教区设立"劳作学校"，强制所有领取救济金的贫民将3~14岁儿童送入"劳作学校"，学校同时招收流浪儿童入学。洛克将创办"劳作学校"的理由表述为：男女成年工人可拥有更多的自由和时间投入工作；儿童进入劳作学校后，可通过自己的劳动维持学校支出，开办劳作学校的费用亦可得到补偿；儿童进入劳作学校后，其父母不得领取救济金，这减少了教区开支；将儿童集中到劳作学校，有利于加强管理，减少社会混乱状况。产业革命后，劳作学校在英国较为普遍地设立。

二、中等教育

英国中等教育发展历史悠久，面向贵族子弟开设的中学在中世纪时期即已存在。宗教改革后，英国中等教育主要面向贵族家庭和新教教派高级僧侣家庭子弟，承担这一教育任务的中等学校主要是文法学校和公学。资产阶级革命爆发后，为适应培养经世致用人才和合格政府官员的需要，新型中等学校——学园创立。

(一)文法学校

文法学校为欧洲历史悠久的一种普通学校，同时也是英国近代主要的中等教育机构类型。英国的文法学校最早由教会创办，接受教会管辖，后一直成为英国实施中等教育的主要机构。17—18 世纪，文法学校在英国获得较大发展。就创办途径而言，这一时期的文法学校为私立，或由教会兴办，或由社会团体捐款兴办；入学对象主要为13～14 岁的贵族家庭子弟和新兴资产阶级子弟，尤以后者居多；学习年限一般为 5年，学习内容主要是古典语言和文法知识，以拉丁语为教学和学习语言，学生还修习宗教知识，对自然科学知识的学习则不受重视。文法学校一般招生规模不大，且收费较高，加之得到政府和贵族的支持，教育教学设施优良，教学质量较高，学生毕业后主要升入大学深造或到政府机构任职。资产阶级取得政权后，文法学校的招生对象由此前的主要招收贵族家庭与高级僧侣家庭子弟，逐步扩展到招收商人、乡绅及工厂主家庭子弟，并实施自费入学。因其收费高昂，远远超出平民家庭的支付能力，寒门子弟仍难以进入文法学校。在当时的英国社会，慈善学校与文法学校虽然并存，但彼此并不衔接。17 世纪英国文法学校实现较快发展，学校数量和在校生人数均有显著增加，以至于英国哲学家培根抱怨，"文法学校已经办得太多了"①。

(二)公学

英国公学也是一类文法学校。14—15 世纪，英国贵族人士、宗教团体和社会慈善组织共同创办了一批以培养神职人员为主要目的文科中学。其中，部分文科中学因获得较多的社会捐款和公众支持，而逐渐发展成为实施寄宿制的贵族中学——"公学"。

"公学"名称源于 1868 年的《公学法案》，根据此法案，公学脱离原来的皇室、教会和政府等掌管者，改为实施公众管理。此类学校由公众团体集资创办，教育目标在于为大学输送生源，培养领袖人物、学术人才和社会公职人员，提高公共文化教育水平。

公学发展始于 1382 年温彻斯特主教威廉·威克姆(William of Wykeham，1324—1404)所设立的温彻斯特公学。1440 年，英王亨利六世在伊顿教区创立了伊顿公学。到 15 世纪下半叶，英国已经出现了九所著名公学，依其创办时间先后，分别为：温彻斯特公学(1382 年)、伊顿公学(1440 年)、圣保罗公学(1505 年)、舒兹伯利公学(1552 年)、威斯敏斯特公学(1560 年)、麦钦泰勒公学(1561 年)、拉格比公学(1567年)、哈罗公学(1572 年)和查特豪斯公学(1611 年)。1861 年，九大公学获得皇家委员会的认可。

公学强调古典语言与外语的学习，重视宗教课程的教学，开设课程主要包括古典语言(拉丁语和希腊语)、古典文学和宗教训练等，注重通过组织学生参与宗教仪式培养学生的宗教感情，重视开展各类学生社团活动、体育比赛以及严格的纪律训练活动，培养学生具备强烈的公民责任感、优雅的绅士风度和强健的体魄。公学收费高昂，采取寄宿制。学校经费主要来自宗教团体和私人的捐助，虽也接受政府资助，但办学事务谢绝政府参与或干涉。较其他类型的中等学校而言，公学招生具有强烈的选

---

① [英]奥尔德里奇：《简明英国教育史》，诸惠芳、李洪绪、尹斌苗译，107 页，北京，人民教育出版社，1987。

拔性,主要招收家境殷实且具有贵族身份的子弟入学。资产阶级革命后,虽身份限制有所放松,但高昂的收费标准使得公学事实上成为贵族与大资产阶级子弟接受古典教育的中等教育机构。进入公学就读的学生之前一般选择在家庭中接受家庭教育,或者接受预备学校教育。公学毕业生大多进入牛津大学、剑桥大学等学校深造,家庭教育或预备学校—公学—牛津大学、剑桥大学等构成英国教育双轨制之中的"精英轨"。少数毕业生选择进入政府机构或宗教团体任职。

(三)学园

17 世纪上半期,英国创设了一种教育理念迥异于文法学校和公学的中等教育机构——学园(Academy)。由于英国文法学校和公学过于强调古典学科的学习,忽视现代课程的讲授,过于强调学生招录上的身份限制,招致新兴资产阶级和进步人士的批判。在英国产业界和教育界人士的合力推动下,17 世纪英国创设了一批规模适中、收费低廉、主要面向中产阶层和地方民众子弟的新型私立中等学校——学园。

学园源于英国文学家约翰·弥尔顿在其教育著作《论教育》中的具体描绘。弥尔顿主张在各城市创设开展自然科学教育的新式中等学校——学园。学园重视自然科学以及现代外语课程的教学,使用英语作为教学语言,主要面向平民子弟开办。1639 年,英国国会通过议案批准学园的存在。1662 年,英国国会通过《统一法》,要求教师宣誓效忠国教会,否则即遭驱逐。大批教师和学生被迫离开,并进入由非国教会教士所创办的学园之中。在此类新型中等学校中,尤以 1715 年瓦特(Thomar Watt)和 1719 年克列尔(Martin Clare)在伦敦创办的学园最为典范。瓦特本人数学造诣深厚,在自己开办的学园中多方延聘名师执教,建造科学实验室,购置各类实验仪器,向学生讲授数学、天文学、地理学、航海术、军事学、簿记、绘画、音乐、体育等知识。克列尔为英国皇家学会会员,曾撰写多部科学著作。在其创办的学园中,除注重开展古典学科教育外,还注重向学生传授代数、三角、天文学、地理学、航海术、物理学和建筑学知识。18 世纪后半期,学园更加注重开设适应社会经济建设需要和培养学生实际能力的课程,在教学中注重理论联系实际,在英国政府和产业界的支持下逐步演变发展成为实科中学,弥补了英国文法学校和公学过于注重古典教育、相对忽视实科教育的不足,适应了英国社会变革和经济发展的需要。学园教育的实用倾向代表了近代中等教育的发展方向。

三、高等教育

17 世纪至 18 世纪中期,英国高等教育仍以创设于中世纪的牛津大学与剑桥大学为主体。作为"比英国国家历史还悠久"的古典大学①,牛津大学与剑桥大学恪守古典教育传统,等级性与宗教性色彩较为浓厚,主要招收贵族与统治阶层子弟入学,学习科目主要是古典学科和宗教神学。这一时期,受培根唯物主义哲学、牛顿物理学以及自然科学发展的影响,古典大学开始开设自然科学课程,设立自然科学的教授职位。

---

① 一般认为,牛津大学出现于 1168 年,剑桥大学出现于 1209 年,均早于作为英国确立君主立宪制的宪法性文件《大宪章》的颁布时间(1215 年)。

1663 年剑桥大学设立了数学教授职位，为科学巨匠牛顿提供了施展才能的舞台。1702—1750 年，剑桥大学设立了化学、天文、实验哲学、解剖学、植物学、地质学、几何学等教授职位。牛津大学也先后设立了植物学、实验哲学、临床医学、解剖学等教授职位，尤其是 1788—1793 年由讲师托马斯·拜都斯(Thomas Beddoes)主持的化学讲座吸引了大批听众。为回应社会各界的关注和呼吁，古典大学也采取了一些改革措施，加强大学与社会的联系，创设新的学院，减少对学生入学的身份限制，增加对非贵族子弟学习的资助力度，推行学院自治，提倡讲学之风，实施导师制等。

英国资产阶级革命前，苏格兰圣安德鲁斯大学(1413 年)、格拉斯哥大学(1451 年)、阿伯丁大学(1494 年)和爱丁堡大学(1583 年)先后设立。苏格兰大学享有高度自治权，与社会联系密切，一般收费低廉，主要招收中小资产阶级家庭子弟入学，重视自然科学、外国语、实用数学等学科知识的教育，较少受传统束缚和宗教影响，逐渐形成了一种不同于牛津大学、剑桥大学教育的实用高等教育传统。

综上所述，17 世纪至 18 世纪中期，英国政府对学校教育的态度沿袭旧制，基本上保持不参与、不过问的态度，所有教育事务均由教会组织与团体实施管理，教育表现出浓厚的宗教性与等级性色彩。国家放任教育事务、学制双轨、慈善教育盛行等成为这一时期学校教育的总体特征。不过，在新兴资本主义经济发展、自然科学进步和民众争取受教育权斗争的综合推动下，英国教育也开始推行有限改革，注重将实科类课程纳入课程体系，减少教育的宗教性与等级性色彩。

四、培根的科学教育观

弗兰西斯·培根，英国近代科学家、哲学家和社会活动家，以提倡近代自然科学和科学教育而闻名，对近代科学教育发展产生了深远影响。

(一)知识就是力量与科学知识的获得

培根深受 16 世纪末 17 世纪初自然科学发展成就的鼓舞，在其代表作《新工具》一书中，对科学知识(主要是自然科学知识)的价值做出概括：人类统治万物的权力，是深藏在知识和技术之中的；人的知识和人的力量是合于一体的。后人将这两句话简要概括为"知识就是力量"。培根关于知识价值的判断，突破了后期人文主义形式化的窠臼，将人文主义的"崇尚自然"具体化为"崇尚自然科学"。培根将知识理解为人类接近自然、认识自然、驾驭自然并利用自然为人类提供服务的力量。同时，知识还是个人实现自我价值、追求自我完善的力量。在获取知识的工具上，培根主张以归纳法取代演绎法，认为只有归纳法才是人类探索未知世界、获取新知识的有效工具，提出"从感官和特殊的东西引出一些原理，经由逐步而无间断的上升，直至最后才达到最普通的原理。这是正确的方法，但迄今还未试行过"[1]。只有运用真正的归纳法才可解决人类难以获得科学认识的问题，即"以真正的归纳法来形成概念和原理，这无疑乃是排除和肃清假象的对症良药"[2]。

---

① ［英］培根：《新工具》，许宝骙译，12 页，北京，商务印书馆，1986。
② ［英］培根：《新工具》，许宝骙译，19 页，北京，商务印书馆，1986。

此外，培根还提出，历来科学的探索者，要么是实验家，要么是教条者。实验家就像蚂蚁，只知采集和使用；推论家就像蜘蛛，只是用自己的材料织成蛛网。这两种方式均难以获取科学知识，因为蚂蚁仅仅搬运外部材料，蜘蛛仅仅展示或输出内部材料。培根提出，要像蜜蜂一样，既要广泛搜集外部的事实材料，又要利用自身所掌握的知识和力量消化吸收外部材料，并最终获得知识。"而蜜蜂却是采取中道的，它在庭园里和田野里从花朵中采集材料，而用自己的能力加以变化和消化。哲学的真正任务就正是这样，它既非完全或主要依靠心的能力，也非只把从自然历史和机械实验收来的材料原封不动、囫囵吞枣地累置在记忆当中，而是把它们变化过和消化过而放置在理解力之中。这样看来，要把这两种机能，即实验的和理性的这两种机能，更紧密地和更精纯地结合起来(这是迄今还未做到的)，我们就可以有很多的希望。"①

培根曾有志于全面整理改造人类知识体系，并起草过一份百科全书式的学科大纲，几乎囊括了除宗教神学之外的所有科学知识和技术。培根有关科学知识的主张代表着17世纪人类关于知识价值和功能的认识水平，为自然科学发展以及当时和后来学校教育课程内容体系的构建皆提供了直接启发。

(二)科学教育理念

培根的教育观集中体现在他为"新大西岛"所拟定的教育规划中。按照培根的规划，新大西岛政府官员均应掌握丰富的科学知识。全岛人人热爱科学，运用科学知识，通过科学的发明创造，发展生产，积累财富，建设理想社会。在新大西岛设专门的科学教育研究机构"所罗门宫"，它承担着事物本源及其运行秘密的探索职责，以求逐步扩大人类的知识总量。"所罗门宫"集中大批科研人才，分别从事天文、气象、地质、矿藏、动物、植物、物理、化学、机械、情报等学科的研究工作。培根强调，在教学实践中，把自然科学知识作为主要的学习内容，引导学生理解知识的内在联系，在学习知识的过程中培养思考、质疑和探索意识。道德教育是培养个人善行的最好方法，掌握真理是培养善行的重要途径，因而德育应与智育相结合。教师在教学过程中应根据讲授的不同内容，遵照启发性原则，实施启发式教学，反对教学过程中的机械记诵与灌输。

培根以其对科学教育的倡导和对科学知识价值的肯定，在古典教育和宗教神学教育仍主导学校教育内容的时代，开启了近代自然科学教育的发展道路，一定程度上动摇了经院哲学在教育领域中的主导地位，启发了近代对科学知识价值和科学教育目的的积极思考。"培根本人提出的这些原理，虽然还不完整，且含义晦涩，但在十七世纪，却对教育思想产生了巨大的影响。在人们前进的新时代，培根取代了亚里士多德的地位，成为那些试图认识事理和教学的学者的大师。"②

---

① [英]培根：《新工具》，许宝骙译，75页，北京，商务印书馆，1986。
② [英]博伊德、金：《西方教育史》，任宝祥、吴元训主译，236页，北京，人民教育出版社，1985。

五、弥尔顿的实科教育论

弥尔顿，17 世纪英国著名诗人、政论家及实科教育的积极倡导者。毕业于剑桥大学。曾任克伦威尔政府拉丁文秘书，并拥有八年家庭教师的教育实践经历。弥尔顿的教育观点集中体现于其 1644 年致波兰籍学者哈特利布的一封名为《论教育》的信函中。

弥尔顿在《论教育》中首先对人文主义教育的形式化倾向进行了抨击。在中小学，学生花费七八年时间用于学习拉丁文和希腊文，所获得的只是可怜的文法和句法，不能为学生带来半点经世致用的学识和才能，带给学生的只能是对学习的厌恶之情。大学也未从典型的粗俗的年代中解脱出来，"他们用动摇和混乱的理智、破碎的概念和嘲弄、欺骗等胡言乱语，在深不可测的不安静的深处争论不休，把学习置于敌意和不顾，虽然他们希望得到有价值的和令人高兴的知识"①。

继而，弥尔顿提出，教育事业意义重大，关系到民族存亡。教育目的在于培养具有高尚道德、掌握实用知识、体魄健全和文武兼备的青年绅士和干练人才。他们有能力积极成功地处理和平时期的公共事务和个人事务，并能在战争时期担负起守卫疆土、保卫国家安全的职责。教育造就的新人还应具有虔诚的信仰，不过，对上帝的认识，应首先建立在理解现实社会及万事万物的基础之上。

为实现此教育目的，弥尔顿主张开办新式教育机构——学园。学园开设四类课程：人文学科类课程，主要包括文法、语言、修辞学以及古典文学；社会学科类课程，主要包括政治学、法学、经济学和伦理学；自然学科类课程，具体包括算术、几何、天文、地理、数学、建筑学、工程、航海、农业、生理学、医学、解剖学、自然哲学(含气象史、矿物学史、植物学史、生物和解剖学史)等；神学学科类课程，学习内容为神学和古今教会史，学习时间为星期日和每天傍晚。

弥尔顿的课程设置计划可谓包罗万象，涉及当时人类的主要学科门类，其目的是在保留古典人文学科和宗教神学的基础上，强调实科类课程的学习，为社会发展培养掌握实际知识和实际技能的新型人才。弥尔顿提议创设的新型中等学校——学园，也成为这一时期开展实科教育的教育机构，并为其他国家的中等教育改革提供了示范。

六、洛克的绅士教育思想

洛克，17 世纪英国哲学家、政治思想家和教育家。出生于布里斯托尔近郊的一个商人家庭。14 岁前洛克主要接受家庭教育，后就读于威斯敏斯特公学，继而入牛津大学，获硕士学位后留校教授希腊语与修辞学。其间对培根、笛卡儿和牛顿的哲学与物理学著作表现出浓厚兴趣。1667 年担任自由主义政治家沙夫茨伯里伯爵的私人医生和家庭教师。他还是英国皇家学会会员。

在社会政治观上，洛克反对"君权神授"，倡导自然权利，认为如果民众的自然权利受到封建君主的侵犯，则民众完全有权推翻君主专制。洛克进一步阐述"社会契约论"，认为社会制度是由社会大多数人的意志相结合而产生的"契约"的产物，他将君主立宪制视为基于社会契约所能产生的最理想的社会制度。

---

① 任钟印：《西方近代教育论著选》，4 页，北京，人民教育出版社，2001。

在认识论上，洛克反对唯心主义的"天赋观念论"，提出了著名的"白板说"。他认为人类没有感觉经验之前，如刚出生的婴儿，其心灵如同一块洁净、无任何痕迹的白板（tabula rasa），没有任何知识、观念和原则，可以接受来自外界的任何印象和影响。他主张"一切观念都是由感觉或反省来的"。"我们的一切知识都是建立在经验上的，而且最后是导源于经验的。"①经验以两种方式存在：内部经验和外部经验。外部经验是指人们通过自己的感官获得的关于外部世界的印象和观念，而内部经验则指人们通过心灵本身的活动，即通过反省所获得的认识。洛克的"白板说"赋予人同样的认识能力，因而人享有同等的接受教育的权利，这具有明显的进步意义。不过，洛克将"感觉"和"反省"同时视为知识的来源，陷入了"二重经验论"，也显示出其唯物主义认识论的不彻底性。

洛克提出了"绅士教育"思想，其专门教育著作是《教育漫话》（1693 年）。《劳作学校计划》、《理解能力指导散论》和《人类理解论》也反映了洛克的教育思想。

（一）教育作用与目的

洛克主张，在个人的成长过程中，教育可以发挥巨大的作用。儿童时期所接受的教育影响往往会伴随个人的一生，并在个人一生的发展中发挥着不可替代的作用。"我敢说我们日常所见的人中，他们之所以或好或坏，或有用或无用，十分之九都是他们的教育所决定的。人类之所以千差万别，便是由于教育之故。我们幼小时所得的印象，那怕极微极小，小到几乎觉察不出，都有极重大极长久的影响……"②

此外，良好的教育对于国家幸福与繁荣意义重大。"儿童应该受到良好的教育，这是一般做父母的责任，也是他们关心的事，而且国家的幸福与繁荣也靠儿童具有良好的教育，所以我愿人人都认真想想这个问题……"③

在教育目的上，基于对资本主义经济发展对新式人才需求的敏感和思考，洛克提出教育目的在于培养一种新型的"绅士"，一种"有德行、有用、能干的"绅士，一种具有"德行、智慧、礼仪和学问"四种品性的绅士。这种新型的"绅士"，熟悉英国上流社会的处世礼仪和交往风尚，拥有发展资本主义经济和开拓海外市场的能力、机敏和自信，掌握多个学科领域尤其是实用学科领域的渊博知识，并且具有乐观、合作、文雅、时尚等品德。

在绅士所拥有的四种品性中，德行是第一位的，是最不可缺少的。具体表现为要有对上帝的真诚信仰，为人要诚实善良。拥有智慧则意味着一个人能干，且富有远见，能够处理自己的事务。一位欲表现出良好礼仪品性的绅士，则需要遵守两条规则：既不要看不起自己，也不要看不起别人。学问在绅士所拥有的品性中居于末位。学问对于德行和智慧而言是有帮助的，但对心地邪恶的人而言，学问会让他们变得更坏。"我想如果有人不知道把一个有德行的，或者有智慧的人看得比一个大学者更加

---

① ［英］洛克：《人类理解论》上册，关文运译，68 页，北京，商务印书馆，1983。
② ［英］约翰·洛克：《教育漫话》，傅任敢译，24 页，北京，人民教育出版社，1985。
③ ［英］约翰·洛克：《教育漫话》，傅任敢译，23 页，北京，人民教育出版社，1985。

无限可贵，你也会觉得他是一个大傻瓜的。"①

(二)体育

体育在个人发展中居于重要地位，因为一个人拥有健康的身体是忍耐劳苦的基础，更是享受幸福生活的根本。"健康之精神寓于健康之身体，这是对于人世幸福的一种简短而充分的描绘。凡是身体精神都健康的人就不必再有什么别的奢望了；身体精神有一方面不健康的人，即使得到了别的种种，也是徒然。"②

洛克反对对儿童的娇生惯养，提出了身体养护与锻炼的具体主张。"多吸新鲜空气，多运动，多睡眠；食物要清淡，酒类或烈性的饮料不可喝，药物要用得极少，最好是不用；衣服不可过暖过紧，尤其是头部和足部要凉爽，脚应习惯冷水，应与水湿接触。"③

在健康教育方面，洛克还区分了身体健康与心理健康，强调二者同等重要，认为身体健康的标准在于能够忍耐劳苦，而心理健康的标准在于能够顺从理性的指引，能够克制自己的欲望。"一个人要能克制自己的欲望，要能不顾自己的倾向而纯粹顺从理性所认为最好的指导，虽则欲望是在指向另外一个方向。"④

(三)德育

洛克在"绅士"的培养体系中十分重视发挥道德教育的作用，认为"子弟的幸福奠定在德行与良好的教养上面""一个能干的人才的养成，是由于正直、大量和严肃的品质，加以观察与努力而成"⑤。洛克将"德行"视为一个绅士最应该具有的品性："我认为在一个人或者一个绅士的各种品性之中，德行是第一位的，是最不可缺少的；他要被人看重，被人喜爱，要使自己也感到喜悦，或者也还过得去，德行是绝对不可缺少的。"⑥

在道德教育实践中，洛克要求教师或家长首先要教导学生具有理性意识，使其具备利用理智克制自己欲望的能力，"一切德行与美善的原则当然在于克制理智所不容许的欲望的能力。这种能力的获得和增进靠习惯，而使这种能力容易地、熟练地发挥，则靠及早练习"⑦。虽然自制的能力与儿童不羁的本性恰恰相反，但这种能力是决定儿童未来幸福的基础，因而应及早培养。为此，洛克还主张德育应该遵循其他一些较为具体的原则，主要包括：坚持早期教育，即在儿童精神最柔弱、最易于支配的时候教导其遵守约束，服从理智；要求合理，教育者要摆脱个人好恶，所提出的道德发展要求要合乎理智；宽严适当，对儿童的道德教育要宽严适时、宽严结合；反复练习，养成习惯；发挥环境与榜样的道德教育作用。

---

① [英]约翰·洛克：《教育漫话》，傅任敢译，151 页，北京，人民教育出版社，1985。
② [英]约翰·洛克：《教育漫话》，傅任敢译，24 页，北京，人民教育出版社，1985。
③ [英]约翰·洛克：《教育漫话》，傅任敢译，42 页，北京，人民教育出版社，1985。
④ [英]约翰·洛克：《教育漫话》，傅任敢译，43 页，北京，人民教育出版社，1985。
⑤ [英]约翰·洛克：《教育漫话》，傅任敢译，71 页，北京，人民教育出版社，1985。
⑥ [英]约翰·洛克：《教育漫话》，傅任敢译，138 页，北京，人民教育出版社，1985。
⑦ [英]约翰·洛克：《教育漫话》，傅任敢译，47 页，北京，人民教育出版社，1985。

优雅得体的礼仪也是绅士基本的道德素养的体现。对于一个绅士来说,"礼仪是在他的一切别种美德之上加上的一层藻饰,使它们对他具有效用,去为他获得一切和他接近的人的尊重与好感""美德是精神上的一种宝藏,但是使它们生出光彩的则是良好的礼仪"①。

慷慨、公正、勇敢也都是绅士道德教育的具体目标。在洛克看来,慷慨易于赢得别人的尊重,勇敢可以作为抵制危险和灾祸的屏障,公正则可使个人对自己和他人拥有清醒的判断和实事求是的立场。

在道德教育方法上,洛克认为鞭笞或呵斥是应该谨慎地加以避免的,认为奴隶式的惩罚与鞭笞只能造就奴性十足的儿童,与培养品格高尚的绅士背道而驰。"这种奴隶式的管教,所养成的也是一种奴隶式的脾气。"②在道德教育手段上,洛克主张"及早实践"和发挥榜样作用,主张通过具体道德行为引导学生理解道德品质的价值,在实践道德行为的过程中体会道德行为对人、对己所具有的实际作用,逐步自觉地养成文明、优雅的习惯。洛克要求教师和家长以身作则,在道德行为方面堪为儿童的表率和榜样。

(四)智育

在智育内容上,洛克主张学习对未来个人职业与社会生活具有实际价值的知识和学科,为此洛克设计出一个广泛的课程体系,具体包括阅读、写字、图画、速记、拉丁语、希腊语、法语、本国语、作文、作诗、天文、几何、年代学、历史、伦理学、民法学与法律、修辞学、逻辑、文体、自然哲学、舞蹈、音乐、商业算学等。

在培养"绅士"的智育计划中,本国语教育受到重视。洛克认为,拉丁语学习尽管可以让人显得优雅而博得大家的称赞,但英语学习则更有实际价值。"一个青年无论学习什么外国文字(他越懂得多就越好),他所应该细致地研究,努力在发表自己的思想上面做到熟练、明白和优雅的境地的,还是他的本国文字;因此,他对于国语是应该天天练习的。"③

在智育方法上,洛克要求从儿童的具体心理状况出发,灵活地选用教学方法。"每个人的心理都与他的面孔一样,各有一些特色,能使他与别人区别开来;两个儿童很少有能用完全相同的方法去教导的。"④

可以看出,洛克的"绅士教育"思想具有鲜明的世俗化和功利性特征,对教育服务于个人实际生活的价值进行了全面关注和思考。在古典教育向现代教育的转型过程中,洛克教育思考的价值值得充分肯定:卢梭自然教育思想的形成、注重现实的实科教育和科学教育的开展,均从洛克的教育思考中获得了较为有益的启示。

---

① [英]约翰·洛克:《教育漫话》,傅任敢译,91 页,北京,人民教育出版社,1985。
② [英]约翰·洛克:《教育漫话》,傅任敢译,53 页,北京,人民教育出版社,1985。
③ [英]约翰·洛克:《教育漫话》,傅任敢译,188 页,北京,人民教育出版社,1985。
④ [英]约翰·洛克:《教育漫话》,傅任敢译,209 页,北京,人民教育出版社,1985。

第二节　法国教育

///////////////////////

　　大革命爆发前的法国，还是一个以农业经济为主的封建君主专制国家。以封建贵族、天主教会高级僧侣为一方，以贫苦农民、城市市民以及新兴资产阶级为另一方，构成法国社会基本矛盾的主体。其中，新兴资产阶级与封建贵族和高级僧侣之间的矛盾，伴随着资本主义经济的发展而日益尖锐。天主教会在法国势力强大，借助于耶稣会等组织实施严酷的精神统治，压制迫害法国新教教派胡格诺教派和詹森派。新兴资产阶级和封建贵族之间在思想文化领域内的斗争，在 18 世纪 30 年代后演化为一场波澜壮阔的思想启蒙运动，极大地推动了法国社会的历史进程。17 世纪至 18 世纪中期法国社会政治、经济与文化的发展状况，决定了这一时期教育发展的管理权主要掌握在天主教会手中，胡格诺教派、詹森派等新教教派也在反抗天主教会的过程中，积极兴办了一批初等学校和中等学校，对法国初等教育和中等教育事业产生了较大影响。

一、初等教育

　　宗教改革结束后，天主教会以及各新教教派都非常注重通过创设学校传播教派教义和扩大自己的影响。在 17 世纪至 18 世纪中期法国初等教育发展中，天主教会团体"基督教学校兄弟会"和新教教派胡格诺教派发挥了巨大作用。

（一）基督教学校兄弟会与初等教育发展

　　17 世纪后期，"基督教学校兄弟会"致力于发展初等教育。"基督教学校兄弟会"创始人拉萨尔（1651—1719）怀有虔诚的基督教信仰，将节欲和简朴视为基督教徒的生活规则。1667 年，拉萨尔任兰斯教堂教士。1670 年，拉萨尔在兰斯创设了一所男子学校。1683 年，拉萨尔放弃所有财产，移居贫民区，献身于贫民宗教与慈善事业。1684 年，拉萨尔与其追随者在法国鲁昂组建成立"基督教学校兄弟会"，后开设初等学校，为贫民子弟提供免费的初等教育。

　　1724 年，"基督教学校兄弟会"获得法国国王和罗马教皇的核准。"基督教学校兄弟会"创办的初等学校以实施宗教教育为主，并辅之以阅读、写作和计算教育。遵照拉萨尔的主张，儿童在此首先学习本国语，然后学习拉丁语；教学组织形式以分组教学取代当时盛行的个别教学，一般按照能力将学生分为优等生、中等生与差生三组，为能力相当的学生提供同样的教学，切实提高了教学效果；注重招收平民阶层子弟入学，免收学费；教学管理较为温和，但保留了对学生的惩戒和处罚，不过，遵照拉萨尔的规定，在惩罚学生时，由教师亲自实施。在教育实践中重视教师训练，1684 年在兰斯开办的旨在训练初等学校教师的"教师讲习所"，成为欧洲最早的教师教育机构。教师讲习所还附设"实习学校"，以方便接受培训的教师实习，这是一种符合教育原理的创举。"基督教学校兄弟会"在 17 世纪末 18 世纪初法国初等教育领域居于重要地位，到拉萨尔去世时，"基督教学校兄弟会"已在各地建立了大量的初等学校。

(二)法国新教教派与初等教育发展

法国的加尔文教派被称为胡格诺教派,在传教的过程中十分重视初等教育发展,并形成惯例:每新建一座教堂,就要相应地设立一所学校。17 世纪上半期,胡格诺教派在法国许多地区设立了初等学校,向学生传授新教教义,同时教授阅读、写作、计算知识。在胡格诺教派所控制的地区,初等教育为强迫教育,不送子女入学的父母要缴纳相应的罚款。亨利四世之后,法国政府对胡格诺教派的教育活动做出诸多限制,导致胡格诺教派所办理的学校教育的规模逐渐缩小。路易十四执政后,严格禁止胡格诺教派的宗教与教育活动,并将一批不愿皈依天主教的胡格诺教派教徒驱逐出境,导致胡格诺教派在法国的教育活动遭受严重破坏。

法国另一新教教派是詹森派,17 世纪上半期在法国出现并流行于欧洲多国。该教派创始人为荷兰神学家詹森(Cornelius Otto Jansen,1585—1638)。詹森派致力于发展初等教育事业,其目的并不像其他新教教派所声称的那样是让每个人有能力阅读《圣经》,而是防止儿童堕落。在詹森派看来,人类本性趋恶,"恶魔在孩子未出生以前就占据了他的心灵",而"唯一能够防止这种堕落的是基督教的教师在整个孩提时代的经常监督"[1]。1643 年,詹森派设立了第一所少儿学校,后在巴黎及法国多地创办了类似学校。詹森派学校在教学内容上注重法语、数学、地理和历史课程的教学;在教学方法上反对机械记诵,重视发展学生的自我判断和反思能力;在学校管理上注重体现民主精神,反对教师压制和惩罚学生,强调对学生实施仁爱之教。警觉、耐心、和善是三大法宝。[2] 詹森派学校为避免学生产生利己主义的自爱,要求尽可能不表扬任何学生,但要求对学生少点责备、多点宽容。学校致力于培养心智健全的人而不是优秀的拉丁语学者。在学生有能力的情况下,应让学生尽可能地去思考和理解。[3] 由于受耶稣会的迫害,詹森派学校数量有限,通常仅 20 余所,最多时 50 余所。

相对来说,法国政府对初等教育关注甚少,即便 17 世纪法国国王颁行了要求每一个教区开设一所初等学校的法令,最终也沦为一纸空文。

二、中等教育

与初等教育类似,17 世纪至 18 世纪中期法国的中等教育也在事实上成为一种教会事业,胡格诺教派、耶稣会、耶稣基督圣乐会成为发展中等教育的主要力量。

胡格诺教派创办的中等学校被称为"学院"。学院学制 7 年,主要开设拉丁语、希腊语、逻辑学、数学、古典文学(希腊文学和拉丁文学)、算术、几何、天文学等课程,并引导高年级学生阅读古代希腊和罗马时期的著作。学院教学经院主义色彩浓

---

① [英]博伊德、金:《西方教育史》,任宝祥、吴元训主译,255 页,北京,人民教育出版社,1985。
② [法]加布里埃尔·孔佩雷:《教育学史》,张瑜、王强译,122 页,济南,山东教育出版社,2013。
③ [法]加布里埃尔·孔佩雷:《教育学史》,张瑜、王强译,119 页,济南,山东教育出版社,2013。

厚。1610年，胡格诺教派在法国创设学院35所，学生千人以上。

在1764年被驱逐出法国之前，耶稣会成为17世纪至18世纪中期法国中等学校的主要创办者。自16世纪中叶创办几所学院后，耶稣会的办学活动受到法国政府的全力支持，遍及全法国的中等学校体系迅速建立。据统计，在1627年，仅巴黎就设有耶稣会学院14所；到1710年，耶稣会控制的学院达612所。

耶稣会创办的中等学校表现出一些基本特点：重视古典人文学科学习，古典语言、哲学和天主教神学为主要学习内容，经院主义和神学气息浓厚；教学设施齐全，教室、餐厅、宿舍与运动场应有尽有；主要面向贵族家庭和乡绅子弟招生，等级性色彩突出；注重教师选聘和培训，教师训练制度较为完善；教学与学生管理纪律严明，教学质量优良，毕业生大多成为政界和学界优秀人才；教学方法以背诵和记忆为主，注重教师和学生之间的密切接触和交流。

总体而言，耶稣会所创办的中等学校为法国培养了一批神职人员和优秀教师，一定程度上促进了法国中等教育的发展，其教学与管理的一些有效措施和经验也为其他教派所借鉴，在西方教育史上发挥了一定影响。培根曾写道："关于青年教育的任何问题，我们必须借鉴耶稣会学校的教育，因为没有人比他们在这方面做得更好。"[1]

耶稣基督圣乐会由法国政治家贝律尔（Pierre de Bérulle，1575—1629）创立于1611年。圣乐会初专事牧师培养，后也为贵族子弟开办中学，并形成了自己的教育特色。在教育内容上，圣乐会所创办的中等学校在重视古典课程教学的同时，凸显实科教育特色，重视数学、物理、地理、现代外语和法国历史的教学，且注重在教学过程中训练学生的思考能力。在教学方法上，圣乐会学校强调启发式教学，鼓励学生独立思考和发展个性。在学生管理上，禁止体罚和监视，改以表扬和适当的威胁作为管理手段。

三、高等教育

这一时期法国高等教育的发展，集中体现在以巴黎大学为代表的传统大学的发展和新兴高等专门技术学校的设立上。作为欧洲创办最早的大学之一，巴黎大学在持续30多年的法国宗教战争的冲击下，教学秩序遭到极大破坏。在17世纪的大部分时间中，巴黎大学为天主教会所控制，坚守中世纪的教学内容和方法，特别强调拉丁语、希腊语、拉丁文学、希腊文学等古典课程的学习，奉亚里士多德的著作为经典著作，禁止讲授笛卡儿、爱尔维修和卢梭等人的著作；敌视进步思想，自1638年起拒绝向具有新教信仰的学生颁授学位，对教师实施严格控制，禁止新的科学观点进入课堂教学。可以说，以巴黎大学为首的法国传统大学，已经不能适应社会发展和知识进步的需要。

法国各宗教团体出于扩大本教派的影响，以及满足培养高级神职人员和高级官吏的需要，竞相创设大学，至法国大革命爆发前，法国共有大学22所。

高等专门技术学校的创设和发展成为这一时期法国高等教育发展的另一内容。路

---

① ［法］加布里埃尔·孔佩雷：《教育学史》，张瑜、王强译，109页，济南，山东教育出版社，2013。

桥学校(1747 年)、皇家军事学校(1751 年)、矿业学校(1778 年)及各兵种专门技术学校的创办，在一定程度上弥补了传统大学远离社会实际的缺陷，为社会发展培养了一批实用人才。自然历史博物馆(1636 年)、法兰西科学院(1666 年)等新兴教育和研究机构的出现，代表了这一时期法国科学教育发展的新方向。

四、爱尔维修的教育观

爱尔维修(C. A. Helvétius，1715—1771)，18 世纪法国启蒙思想家、唯物主义哲学家和教育思想家。出生于巴黎一个宫廷医生家庭，幼年接受过良好的家庭教育。后就读于耶稣会学院，对神学和经院哲学教育的荒谬和烦琐有具体体察。后与孟德斯鸠、伏尔泰和霍尔巴赫等人交往甚密，加入启蒙者行列。1758 年发表了《论精神》，因该著作的无神论倾向和反封建精神而遭到天主教会与法国政府的联合封杀。1769 年，爱尔维修完成了《论人的理智能力和教育》的撰写工作，该书在其逝世后得以出版。

(一)感觉主义认识论

爱尔维修秉持唯物主义认识论，继承并发展了洛克的经验论。在知识来源上，反对天赋观念论。强调认识源于感觉，强调感官在获取外部知识过程中的作用。主张人们生而无知，正是通过视觉、听觉、味觉、嗅觉以及触觉等，才获得关于客观对象的各种观念。人体具有感受性，即具有接受客观对象作用的感觉能力。感官从来不欺骗我们，错误源于感情和无知。"感情引导我们陷于错误，因为它们使我们把全部注意力固定在它们向我们提出的对象的一个方面上，不容许我们从各个方面来考察对象。"[1]可以说，爱尔维修的认识论是一种感觉主义认识论，不仅人们的认识始于感觉，而且一切认识活动都可以归结为感觉。正是运用这种感觉主义认识论，爱尔维修驳斥了上帝存在和灵魂不灭等唯心主义、宗教神学的观点，捍卫了唯物主义和无神论。

(二)人人智力平等

爱尔维修认为，自然对人不存在厚此薄彼，人在身体结构上是相同的，因而人在智力上是天然平等的。"人生而无知，并非生而愚蠢。""一切构造得同样完善的人，都拥有获得最高观念的体力……"[2]每个人都可以借助于感官获得关于客观世界的知识，都可以通过接受必要的教育而在数学、化学、政治学、物理学方面获得成功。

(三)教育万能论

在《论人的理智能力和教育》中，爱尔维修专门提出了"教育万能"，认为"教育的力量的最有力的证明，是经常看到教育的不同与它们的不同的产物或结果有关"[3]。"教育万能"具有两方面的含义：第一，人是他所受的教育(包括环境)的结果；第二，完善的教育是改造社会的手段。

---

[1] 北京大学哲学系外国哲学史教研室编译：《十八世纪法国哲学》，439 页，北京，商务印书馆，1963。

[2] 北京大学哲学系外国哲学史教研室编译：《十八世纪法国哲学》，480、467 页，北京，商务印书馆，1963。

[3] 任钟印：《西方近代教育论著选》，197 页，北京，人民教育出版社，2001。

爱尔维修主张人人智力平等，但现实世界中人与人之间往往存在诸多事实上的差异，如文明人比野蛮人拥有更多知识。爱尔维修对此的解释是：人是环境和教育的产物。彼此智力平等的人在现实世界中所存在的差异，源于他们所处环境和接受教育的不同，即人处在什么样的环境，接受了什么样的教育，就变成了什么样的人。"我们在人与人之间所见到的精神上的差异，是由于他们所处的不同的环境、由于他们所受的不同的教育所致。"①导致人与人之间存在差异的"环境"，既包括社会政治体制、经济制度和生活方式等，也包括人人所受教育和阅读的书籍等。爱尔维修认为，"教育对于天才、对于个人的性格和民族的性格有意想不到的影响"②，"我曾经把人身上的精神、美德和天才看成教育的产物"③。就此而言，在爱尔维修看来，人是教育的产物，人的成长是教育和环境共同作用的结果。每个人身上的性格、精神、才能和美德，也都是教育作用的结果。

爱尔维修特别强调法律对人们的影响，认为法律造就一切，而造就法律的是人的理性，法律的完善有赖于立法者的英明，法律的改进取决于人的理性进步。因而，改变或改进法律的第一步，在于改善或提升人的理性水平。而改善或提升人理性水平的最有效手段在于教育，应通过教育造就知识渊博、理性水平高超的天才，从而制定完善的法律，以实现社会环境的根本改变。爱尔维修的确将教育在社会中的作用提升到"教育万能"的地位。

马克思指出，爱尔维修所理解的教育是"个人的一切生活条件的总和"，具有重要的革命意义，表达了其改变整个社会制度以实现解放思想和培育人才的愿望。但是，爱尔维修却在此问题上提出"教育万能"的口号，否定了遗传因素在个人成长过程中所发挥的作用，并将改变旧的社会环境的希望寄托于教育以及少数社会精英人士身上，陷入了唯心主义的社会历史观。对此，马克思曾做出这样的批评，"有一种唯物主义学说，认为人是环境和教育的产物，因而认为改变了的人是另一种环境和改变了的教育的产物，——这种学说忘记了：环境正是由人来改变的，而教育者本人一定是受教育的。因此，这种学说必然会把社会分成两部分，其中一部分高出于社会之上"④。

（四）政体教育论

通过对民族兴衰存亡的历史考察，爱尔维修提出，政体性质及其所开展的政体教育往往对一个民族的性格产生根本性的影响。一个良好的政体，往往倾向于为民众提供合理的成长环境，开展必要的政治与法律改革，解决民众的实际生活问题，增进全社会的"公共幸福"和大多数民众的"共同幸福"，引导社会民众将对个人利益的追求与民族利益结合起来，教育培养善良的民众。为确保一般民众能够通过接受教育获得最大限度的发展，爱尔维修反对将教育事业交由教会办理，主张由国家建立世俗教育体

---

① 北京大学哲学系外国哲学史教研室编译：《十八世纪法国哲学》，467～468 页，北京，商务印书馆，1963。

② 任钟印：《西方近代教育论著选》，188 页，北京，人民教育出版社，2001。

③ 任钟印：《西方近代教育论著选》，188 页，北京，人民教育出版社，2001。

④ 《马克思恩格斯选集》第一卷，17 页，北京，人民出版社，1972。

系。"人类的一切缺点都可以由不良的教育中找到原因,把教育从教会手里夺回来,改革政府的法令和机构,就可以很容易地制定一种良好的教育制度,不论在身体上或道德上都可以使人人成为最好的公民。"①

爱尔维修基于其感觉主义认识论和人人智力平等的认识,提出人人具有同等的受教育权利,人是环境和教育的产物,要求充分发挥教育在个人发展和民族赓续中的重要作用,主张教育万能论,强调实施政体教育等,具有较为明确的进步意义。同时,爱尔维修关于人与环境关系的认识还不够明确,人是环境和教育的产物这一命题在本质上还是一种消极反映论,只是发现了环境影响人的一方面,尚未发现人的革命性实践对环境实施改造的一面。其教育万能论夸大了教育的作用,其对人人智力平等的理解忽视了个人遗传素质的差异,过分强调了环境和教育的力量。

五、狄德罗的教育观

狄德罗,法国启蒙运动和百科全书派的领军人物、唯物主义者。出生于一个较为殷实的手工艺人家庭,早年曾入天主教会学校学习神学。1732 年获巴黎大学文科硕士学位。毕业后曾供职于律师事务所,后离开,开始了长达十年的漫游生活,其间结识卢梭等一批进步的启蒙思想家,阅读他们的著作,潜心研究自然科学、语言和哲学。1746 年出版了第一部哲学著作《哲学思想录》,表明了自己的自然神论立场。1749 年则发表了表述自己无神论观点的《供明眼人参考的谈盲人的信》(即《盲人书简》)。这两部著作在给狄德罗带来巨大声誉的同时,也招致来自政府和教会的迫害,使其身陷囹圄。出狱后,狄德罗投身于《百科全书》(即《科学、艺术和工艺详解辞典》)的编纂工作,并任主编。在一批百科全书派知识分子的共同努力下,历经 20 余年,《百科全书》得以出版。

(一)社会政治观与认识论

在社会政治观上,狄德罗认为,每一个拥有理性的人,都拥有享受天赐自由的权利。现实社会中所存在的事实上的权威,或者是拥有实力或暴力的人的掠夺或篡夺的结果,或者是臣民的选择或同意订立契约的结果。但是,即便是基于契约而获得权威的君主或国王,其拥有的权威也只能是一种有限权威,也应该最终服从法律的权威。国家政权只属于人民,且仅仅为人民所拥有。

在认识论上,狄德罗继承了洛克经验论中的唯物主义成分,坚持"凡是存在于理智中的,没有不是先已存在于感性知觉中"的经验主义原则,同时抛弃了洛克将"反省"作为经验来源之一的唯心主义观点。狄德罗认为,物质具有"感受性"这一普遍的基本性质。人是有感觉和有思想的生物,思维是人脑的机能。狄德罗坚持唯物主义反映论,强调尊重事实,认识自然,将物质世界视为认识的唯一对象。人类认识物质世界的手段是感觉,感觉是外部世界刺激人的感官所引起的结果,是人类一切知识的来源。

在认可知识源于感觉的基础上,狄德罗强调要重视发挥理性的作用,人的认识过

---

① [英]博伊德、金:《西方教育史》,任宝祥、吴元训主译,288 页,北京,人民教育出版社,1985。

程是一个从感觉到思考，然后再从思考到感觉的过程。"理性"即人类认识真理的自然能力。对物质世界的认识，人类主要运用的方法有三种：观察、思考和实验。观察搜集物质世界的事实，思考负责将这些事实组合起来，实验则是对组合的结果进行验证。为确保认识的准确性，观察应专注，思考应深刻，实验应精确。狄德罗所言"理性"，不仅与"感性"相对应，也是在与"宗教信仰"相对立的意义上应用的。狄德罗以其彻底的无神论立场，对宗教神学进行了不遗余力的有力抨击。狄德罗认为宗教是理性的敌人，是愚昧无知的产物。关于上帝是否存在，在《供明眼人参考的谈盲人的信》中，狄德罗借盲人数学家桑德逊之口发出这样的诘问："您如果想要我相信神的话，一定得让我摸得到他。"①

（二）人人智力存在差异

在对人先天禀赋的认识上，狄德罗提出了不同于爱尔维修的认识，大脑结构和感觉器官上的某种差异，决定了人与人之间在智力发展水平上存在着实际差异。教育的实施需要正视这种差异，发展人的优良素质和禀赋，抑制不良的发展倾向，最终实现理性和思考能力的发展。不过，教育不可能超越个人的自然素质和先天禀赋，即教育并非万能。

（三）传统教育批判及其改进

狄德罗基于自身体验对法国旧式传统教育的等级性和宗教性进行了深入批判。第一，狄德罗提出，传统教育表现出鲜明的等级性，剥夺了普通民众接受教育的权利，无数潜在的天才被埋没，无数人的聪明才智只能隐入尘烟，对于个人发展和社会进步而言，这是一笔巨大的损失。第二，传统教育是一种宗教色彩极为突出的教育。教会组织垄断教育发展，教学内容过度强调基督教经典和神学信条，教学方式缺乏对儿童自主性和独立思考能力的尊重和锻炼。第三，传统教育是一种空疏无用、死气沉沉的教育，主要围绕古典语言教育展开，距离社会现实需要过远，不能为社会造就实用人才。在受教育权问题上，狄德罗主张农民子弟与贵族子弟拥有同样的自然素质，因而也拥有同样的接受教育的权利。狄德罗坚信，"茅舍和其他私人住宅的数目跟宫廷的数目的对比，就如同1万跟1的对比一样，而依照这一点，我们就有充分的理由相信，天才、才能和美德出自茅舍里的要比出自宫廷里的多得难以计算，只是因为在恶劣的社会制度下，人民的子女得不到合理的教育，他们中间的天才才被埋没了"②。狄德罗强调，国家应掌握教育的管理权与实施权，推行强迫义务教育，为普通民众提供接受教育的机会；剥夺教会的教育管理权，将教会人员驱离学校，剥夺神职人员自然出任教师的权利；强化实科教育，向学生传授实用知识。

（四）教育作用论

狄德罗主张，在个人发展和民族演进中，教育发挥着不可忽视的作用。适当的教

---

① 北京大学哲学系外国哲学史教研室编译：《十八世纪法国哲学》，308页，北京，商务印书馆，1963。

② 滕大春、吴式颖：《外国近代教育史（第二版）》，71～72页，北京，人民教育出版社，2002。

育有助于个人摆脱愚昧、发展潜能、提升理性水平、拥有尊严。教育可以发展个人的优良的自然素质，抑制不良的自然素质。教育有助于提升个人的自主性，帮助个人摆脱对自然界以及其他外部力量的被动适应和消极顺从，帮助个人实现价值。教育有利于提高个人的社会适应能力，可以帮助个人更深入全面地理解社会的运转程序和机制，更加清晰地判断社会中的是非、美丑和善恶，认清自身的社会地位和责任感，进而准确选择自己服务社会的方式。

在民族演进与发展中，教育也扮演着重要角色。狄德罗提出，教育一个民族，就是使这个民族实现文明化。人类历史演进的无数先例反复证明，一个重视发展教育事业的民族，一个重视提高民众文化知识水平的民族，便会逐步强大，最终实现文明、繁荣和富强；一个没有受过教育的野蛮民族或许是强大的，但这种强大只能是暂时的，野蛮和蒙昧不但不能为民族持续强盛提供动力，而且对于该民族成员而言，野蛮和愚昧也绝非一种幸福的状态和体验。

在教育作用问题上，狄德罗不同意爱尔维修的"教育万能论"，更不认同爱尔维修所提出的精神、美德和天才都是教育的产物这一结论。狄德罗所能接受的是这样一种认识：教育对个人和民族的影响可能比一般人想象的要大一些，教育能起很大的作用，但说教育决定一切是不正确的。

（五）大学教育论

狄德罗在1775年为俄罗斯女皇叶卡捷琳娜二世（Алексеевна Екатерина Ⅱ，1729—1796）制定的《俄罗斯大学计划》中，具体表达了自己的大学教育主张。大学应该履行其对国家发展的责任，即大学应着力实现的教育目标是：大学应当为君王提供忠心可靠的仆人，为帝国造就有用的公民，为社会培养富有学识、诚实、友好的成员，为家庭提供有责任感的合格的丈夫和父亲，为文坛提供文思敏捷、出类拔萃的作家，为宗教界提供净化、启迪灵魂的牧师。[1]

在招生对象上，狄德罗提出，所有社会阶层的青年都同等拥有接受大学教育的潜能和权利，大学应向社会所有阶层的青年开放，要让出身农民家庭的子弟与来自贵族家庭的子弟，同堂接受无差别的教育。

在教学内容及实施上，狄德罗主张教学内容应包括普通知识和专业知识。普通知识即人人均需学习和掌握的普通文化知识，专业知识则包括文学、法学、神学、医学等专业知识。普通知识学习在前，专业知识学习在后。大学分为文学院、法学院、神学院和医学院，分别提供文学、法学、神学、医学等专业知识教育。普通知识和专业知识内容的安排和学习，均应充分遵照学生的年龄特征和接受能力，遵循从易到难、由简至繁的原则。

在大学管理上，狄德罗主张建立严密的大学管理体制。大学设总监，由品质高尚、知识渊博的政治家出任，全权处理大学日常教育教学事务。学院事务管理则由学

---

① 朱旭东：《欧美国民教育理论探源——教育制度意识形态论》，105页，北京，北京师范大学出版社，1997。

院院长承担。学院院长之下可设一名学生级长、一名财务长和一名牧师，协助院长管理学生、财务和信仰事务。

在教师聘任及管理上，《俄罗斯大学计划》规定，聘任大学教师的标准为：学科知识渊博、道德品质高尚且具有极强的洞察力和领悟力的学者。在教师日常管理上，对教师的教学错误实施严格管理，要把不称职的教师调离教师岗位。狄德罗还强调，国家应注重开展教师培训，并尊重教师的劳动。

此外，关于国民教育工作，狄德罗也在《俄罗斯大学计划》中提出建议：政府应通过实施"大学区制"开展国民教育的管理工作，实施强迫、普及而免费的教育。

（六）科学教育内容与教学方法论

为从根本上祛除法国传统教育与社会需求严重脱节的弊端，狄德罗提出削弱古典学科，强化实科教育，增加现代科学知识在课程与教学体系中所占的分量，向学生传授未来履行公民职责、参与社会生产所需要的一切知识和技能，并着重培养他们的思维能力和创造精神，提高学生的科学理性能力。为实现这一教育改革目的，狄德罗提出在初等学校开设阅读、写作、计算及公民道德等课程，在中等学校开设数学、物理、化学、自然、天文学、机械学、历史、地理、音乐、体育和美术等课程，建立各学科的教研室、实验室和解剖室，并提供必要的学习材料。

在教学方法上，狄德罗主张运用人类认识世界所采用的观察、思考和实验方法：通过实验仪器对自然现象进行观察，搜集相关事实或信息材料；将通过观察和思考所获得的事实或信息材料加以整合和概括，深化所学的知识；通过实验证实整合事实或信息材料所得到的结果。

狄德罗从唯物主义认识论和无神论立场出发，对法国传统教育的等级性、宗教性和经院主义特征进行了深刻批判，提出了许多具有进步意义的教育观点，如教育国家化、人人智力发展存在着事实上的基于遗传素质的差异、发挥教育在改善个人性格和促进社会进步中所发挥的作用、重视科学知识教育等，对于当时以及后来法国的教育变革发挥了积极作用。

六、拉夏洛泰的教育观

拉夏洛泰（La Chalotais，1705—1785），18 世纪法国国民教育的主要倡导者、知名法官。出身于贵族家庭。曾任法国布列塔尼高等法院总检察长。他两度为布列塔尼议会起草关于《耶稣会规程》的报告，抨击耶稣会对法国政治与教育的不良影响，成为18 世纪中期法国驱逐耶稣会运动的主要成员。1763 年，拉夏洛泰完成《国民教育论或青年人的学习计划》（即《国民教育论》），系统论述了自己的国民教育思想，对法国乃至西欧各国世俗公共教育制度的建立产生了深远影响。

（一）对耶稣会教育的批判

拉夏洛泰抨击了耶稣会对法国教育的不良影响，指责耶稣会越俎代庖，掌握了本应由国家行使的发展教育事业和培养国家公民的权力，僧侣制度的罪恶已对法国教育制度造成了极大损害。"全民族的教育——那是国家的基础和基本原则的立法的一部分——

仍然处在教皇至上主义原则的直接控制之下，这条原则必然与我们的法律背道而驰。"①因而，要以国家的、世俗的教育制度取代耶稣会的教育制度。"教育只能依靠国家，因为教育的本质就是国家的事务，因为这个国家对教育自己的成员有不可剥夺的权利，一句话，因为国家的儿童应该由国家的成员来培养。"②

拉夏洛泰还批判了耶稣会教育的空疏无用。耶稣会学院的教学内容以天主教神学和经院哲学为主，脱离社会现实需要，法语学习未受应有重视。哲学学习充斥着对亚里士多德著作的烦琐争论。物理学教学不注重培养学生观察和思考自然现象的能力，只停留于虚幻的因果论。学生进行了经年累月的学习，除掌握一些拉丁文的皮毛外，再无收获。耶稣会学院重视的是宗教信仰教育，忽视青少年学生的道德教育问题，不适于把学生培养成为合格公民。

（二）国民教育论

在《国民教育论》中，拉夏洛泰就法国国民教育的目标和制度构建提出了自己的设想和具体规划。

在国民教育目标上，拉夏洛泰提出，法国国民教育应以培养心智发达、道德高尚、身体强健的合格国民为目标。具体言之，法国国民教育要为法国社会造就一大批合格的贵族、军人、商人、法官和牧师，使其具备从事不同的职业所需要的职业品格。合格的贵族要具有强烈的社会责任心，谨言慎行，能够为社会其他阶层提供示范和表率；合格的军人则要具备勇敢、忠诚等品质，一旦国家面临危险或陷入危机，则义勇奉公，保卫国家安全；合格的商人则要遵循国家法律，诚信经营，正当获利；合格的法官则须领悟法律精神，公正执法，捍卫法律的尊严与神圣；合格的牧师则需致力于将基督教文明传播到世界更多地区。

在国民教育制度构建上，拉夏洛泰也做出了较为系统的规划。这一规划可简要概括为：法国国民教育必须隶属于法国政府，必须依靠法国政府实施，并最终服务于法国人民。首先，国民教育必须隶属于法国政府。政府应牢牢掌握并行使法国国民教育的发展权与管理权，创设国民学校，资助国民教育发展，为保证社会各项事业的正常运转和社会进步造就一大批合格的高素质国民。其次，国民教育必须依靠法国政府实施。政府应为国民教育发展提供必要的法律保障和经费支持，确立国民教育事业发展方向，成立专门的国民教育行政管理机构，对国民教育教学内容、教学材料和教师任用等实施必要审查和管理。最后，国民教育必须服务于法国人民。国民教育必须以提升民众的文化水平和道德修养为中心任务，为民众的幸福提供必要的知识服务和智力支撑，注重营造健康的社会风尚和培养高尚的人文精神。

在国民教育实施上，拉夏洛泰将整个国民教育分为三个阶段。第一阶段，5～10岁，主要学习阅读、书写、绘图以及初步的历史、地理、自然史、体育和数学知识；

---

① 转自朱旭东：《欧美国民教育理论探源——教育制度意识形态论》，89 页，北京，北京师范大学出版社，1997。

② ［英］博伊德、金：《西方教育史》，任宝祥、吴元训主译，299 页，北京，人民教育出版社，1985。

第二阶段，10～16 岁，主要学习拉丁语、法语、修辞学和哲学知识；第三阶段，16 岁以后，接受普通教育的学生在劳动生产活动中经受锻炼，贵族、军人、商人、法官和牧师则在各自的专业活动中经受锻炼。

同狄德罗一样，拉夏洛泰对于教师工作的社会价值给予了充分肯定，教师工作是一项关乎国家前途与社会命运的崇高事业，需要得到全社会的理解和尊重。教师必须由信仰坚定、道德高尚和学识广博的人担任。值得提出的是，拉夏洛泰所主张的教育是一种有差别的教育，要求向民众所传授的知识以不超越其职业范围为宜。

拉夏洛泰关于国民教育的思考和设计的最大价值在于对国家办学的深刻论证。这不但启发了同时代人们对国家教育的认识，而且为此后法国中央集权教育领导体制的形成提供了理论支持。

第三节　德国教育

17 世纪初期，"三十年战争"尚未结束，宗教冲突、封建割据长期阻碍德国社会发展，德国陷入社会动乱、纲纪废弛、经济凋敝、工商业发展普遍衰落的困境。在割据的封建诸邦中，以奥地利和普鲁士邦最为强盛。基于对内加强统治、对外实施扩张的需要，奥地利、普鲁士以及其他邦国认识到通过教育培养忠顺臣民和忠诚士兵的必要性，一些较为开明的君主则通过颁行有关教育的法令，促进了这一时期德国教育事业的发展：初等学校创办，文科中学、骑士学院和实科中学发展，以及德国大学改革，成为这一时期德国教育发展的主要内容。

一、初等教育

德国初等教育的发展，有赖于宗教改革时期新旧各教派的激烈竞争和邦国王公们的积极参与。宗教改革后，新教各派创办初等学校的热情刺激了天主教会兴办初等学校的热情，讲授《教义问答》和传授阅读、写作、计算知识的初等学校得以创办。同时，德意志各邦国也竞相通过颁布实施强迫义务教育法令的方式，掌握教育发展权与管理权，发展初等教育事业。

（一）虔敬派与初等教育发展

"三十年战争"结束后，为恢复被忽视的宗教改革的精神价值，17 世纪后期，德意志各邦国开展了以倡导虔敬主义为主题的宗教运动。该运动的发起人斯彭内尔（Philipp Jacob Spener，1635—1705）认为，宗教改革的初衷在于改革天主教的形式主义和他律化，但路德教派过度强调宗教信仰的理由和依据，失去了作为神学信仰核心的"虔敬心"。虔敬派认为，对人类灵魂的拯救，始于对儿童虔敬心的培养和对基督教神学知识的学习。将教育视为塑造个性、复兴社会权威的得力工具，重视发展民众扫盲教育，推进教育的普及化和义务化发展。虔敬派还在学校教育中注重培养学生的服从意识和自律精神，以培养忠顺的农民和市民。

作为继斯彭内尔之后的虔敬派领袖，弗兰克（August Francke，1663—1727）早年曾接受文科中学教育，在教育思想方面则接受了德国教育家拉特克(Wolfgang Ratke，1571—1635)和捷克教育家夸美纽斯的影响。弗兰克相信，教育是帮助穷人摆脱贫困的有力手段，因而毕生致力于宗教慈善性的教育活动。1695 年，弗兰克利用募捐所得以及个人财产在哈勒创办了一个大型教育场所，内设孤儿院、慈善学校、贫民学校、市民学校、拉丁语学校、师资养成所、教育所等多个教育机构，满足了贫民子弟、中产阶层子弟和上层社会子弟等不同教育对象的学习需求。弗兰克学校宗教教育和实科教育并重，注重将儿童培养成为具有虔敬之心和掌握实际生活所需技能的"善良基督教徒"。所设课程主要包括阅读、写作、计算、唱歌、神学、历史、地理、动物、手工等课程。在学生管理上，强调学生的纪律意识和主动进取心，注重学生日常行为规范的形成，强调从爱真理、顺从、勤勉三方面培养学生虔敬上帝的行为。在教学过程中，注重实施班级授课制，提高了教学效率和教育规模。虔敬派后为贫苦儿童创设了数千所初等学校和孤儿院，仅普鲁士邦就创设了 2000 余所。

不过，就整体而言，大部分德国初等学校以让学生机械记诵宗教条文为主，盛行体罚和严格管理。初等学校教师一般由牧师、寺院看守、粗识文墨的手工艺人和退伍士兵充任，他们一般没有接受过专门的教师专业训练，缺乏有效安排和组织教学的能力，导致大部分初等学校教学质量低下。初等学校教师整体工资收入水平偏低，也是影响初等学校教师教学积极性的原因之一。

(二)强迫初等义务教育

为改变教会创办的初等学校教学质量低下的状况，17 世纪至 18 世纪中期许多德意志邦国实施了将初等学校开办权收归国有的改革。魏玛公国 1619 年颁布的一项法令即规定，教士和校长需列出当地 6～12 岁男女儿童名单，由当地官员依照名单劝告家长送子女入学。未送子女入学的家长则会被强制履行责任。1642 年，萨克森—哥达公国颁布实施《学校规程》，将儿童接受义务教育的年龄提早至 5 岁，儿童学完规定课程，经审查合格后方可离校。

普鲁士国王腓特烈·威廉一世(Friedrich Wilhelm Ⅰ，1688—1740，1713—1740年在位)自 1713 年起连续颁布多项法令，促进初等教育发展。1713 年发布谕令，决定整顿教育事务。1717 年颁布《普鲁士义务教育令》(亦称"劝告上谕")，规定政府拨款设置学校，教学内容主要为阅读、写作、计算和神学课程；父母须送 5～12 岁适龄子女入学，违反者将接受相应处罚；每生每周需交学费 5 分尼，贫困家庭子女可从地方贫困救济金中支付。1722 年，下令就教师任职资格做出规定。1737 年，颁布《普鲁士一般学校令》，就校舍建筑、教师待遇、学费数额和政府津贴等做出规定，后成为普鲁士学校法规的基础。

1740 年即位的腓特烈大帝(Friedrich the Great，1712—1786，1740—1786 年在位)特别重视乡村教育发展，1741 年和 1743 年两次颁布法令，规定在普鲁士各乡村增设学校，增派教师，振兴乡村教育发展。

1763 年颁布的《初等学校和教师总规程》则进一步规定：在教育对象上，凡 5 岁至十三四岁的儿童都应接受义务教育，家长、监护人等有义务送子女入学，不得无故中断儿童学业，否则将按规定接受罚款，家境贫困无力支付学费的儿童，可向市政当局申请，从教堂和市镇基金中支付学费；在教育目的上，初等学校应致力于培养德才兼备的臣民；在教学内容上，主要学习阅读、写作、计算以及神学课程，《圣经》和《柏林拼读课本》为主要学习材料，青年就业须持有接受义务教育的证书等；在学习时间上，儿童冬季每周上课 6 天，夏季每日上午授课、下午放假，儿童不得无故缺席课程学习；在教师选任上，欲担任教师者须持有教师资格证，在职教师须接受牧师的监督和检查；在学生管理上，学校须详细统计学生信息，并进行登记，以备每年一度的视学员检查。《初等学校和教师总规程》作为普鲁士所颁布的实施强迫义务教育的典型法案，为此后德国公立初等教育的发展提供了必要的法律基础。

1787 年，腓特烈·威廉二世（Friedrich Wilhelm Ⅱ，1744—1797，1786—1797 年在位）颁令设置教育局，负责管理公共教育事务。1794 年颁布法令，规定普鲁士所有学校教育事务均由国家兴办和管理，公立学校接受政府监督，学生入学不受教派限制，实施强迫入学。普鲁士自此成为世界上最早实施世俗性义务教育和最早将教育管理权从教会收归国有的国家。普鲁士发展初等教育的举措，被同一时期德意志其他各邦国所仿效，18 世纪末，德意志各邦国先后颁布了义务教育法令。部分初等学校开始实施直观教学和班级授课制，以本族语为教学语言，采用先进的教学方式，体现了德国初等学校教育的先进性。

尽管并非全部相关法令均得到较为彻底的实施，但初等教育发展的方向得以明确，初等教育在国家教育体系中的地位得到确立。自中世纪以来一直由教会掌握的教育权开始向世俗政府转移，国家逐步成为发展与管理教育事业的主体，这促进了此后德意志各邦国和地区初等教育事业的发展。

二、中等教育

17 世纪至 18 世纪中期，德国中等教育主要由三种类型的中等学校承担：文科中学、骑士学院和实科中学。

（一）文科中学

文科中学的前身为路德教派人士梅兰希顿在 1528 年提出的分级式拉丁语学校，1537 年斯图谟将其发展成为文科中学，并在十七八世纪发展成为德国中学的基本形式。文科中学注重古典教育，向学生传授拉丁语、希腊语和文法知识，将实施升学预备教育和培养上层职业从业者确定为教育任务。

（二）骑士学院

骑士学院则继承中世纪骑士教育传统，专为将贵族子弟训练成为合格的文臣武将以及外交人才而设立。不同于中世纪骑士教育的是，骑士学院重视开展学生的文化知识教育，将课程体系分三部分：普通文化课程，具体包括数学、法律、伦理、物理、历史、地理、哲学等；军事课程，具体包括骑马、击剑、角力、军事训练等；语言课程，具体包括法语和希伯来语等。另外，为使学生举止文雅，经常组织学生参加宫廷舞会及出入公爵府邸的公开社交活动。骑士学院适应了 17 世纪德国各邦国封建割据、冲突频发的需要，历时近一个世纪之久，18 世纪中期后逐渐消失。

(三)实科中学

实科中学的出现则专为适应德国工商业发展需要。贵族独享中等教育的现实既招致新兴德国资产阶级的普遍不满，也不利于满足德国工商业生产对掌握实用知识人才的需求。关于实科中学的创办，17 世纪末，虔敬派成员弗兰克即计划创设一种实科教育机构，以将儿童培养成为掌握实际生活技能的善良基督教徒。后虔敬派牧师席姆勒(C. Zemmler，1669—1740)又于 1705 年发表《在哈勒市建立数学公益学校的有益建议》，提出真正有机会进入大学的青年数量有限，大多数青年需要在接受中等教育后步入职业岗位。因而在其走上职业岗位前，接受生产工艺和职业技能方面的训练和教育就显得尤为必要。已有的文科中学和骑士学院难以担负起这类教育的责任，需要另设新型的中等学校。为此，席姆勒 1708 年创设了一个名为"数学和机械实科学校"的实科班，招收 12 名儿童学习，但因资金、教学设备和教材匮乏，两年后停办。1737年，席姆勒在吸取原实科班办学经验的基础上，创设了"数学、机械学和经济学实科学校"，除实施宗教教育外，还开设数学、物理学、力学、机械学、自然、天文学、地理、法学、绘画和制图等实科课程。同时改进教学方法，实施直观教学，尽可能把绘画、图表、标本和模型展示与知识传授结合起来。1747 年，赫克(Johann Julius Hecker，1707—1768)在柏林开办了"经济学、数学实科学校"，设数学、几何、建筑、地理、商品制造、贸易、经济等班级，注重向学生传授神学、伦理学、德语、法语、拉丁语、数学、历史、地理、绘画、机械学、建筑学、自然知识与人体知识等课程。该实科中学取得极大成功，后成为柏林皇家实科学校。

18 世纪后期，威登堡(1756 年)、赫尔伯斯特(1764 年)和布津斯罗(1765 年)等德国市镇分别创设了各自的实科中学，毕业生也因掌握过硬的实科知识和技能而深受社会企业界的青睐。实科中学也逐步发展成为德国中等教育体系中不可忽略的组成部分。总体而言，实科中学在教学内容上侧重对与实际生产和社会生活联系密切的实用知识的传授，在教学方法上注重直观教学，注重引导学生广泛接触社会实践，表现出更多现代中学的特征。实科中学的出现和发展，代表着德国中等教育在适应社会生产需要方面所做出的努力以及所取得的成就。

三、高等教育

(一)德国早期大学概况

1386 年创办的海德堡大学一般被视为德意志境内设立最早的大学，其他主要大学还包括科隆大学(1388 年)、埃尔福特大学(1392 年)、莱比锡大学(1409 年)、罗斯托克大学(1419 年)、格赖夫斯瓦尔德大学(1456 年)等。此即德国诞生的第一批大学。

文艺复兴既使与天主教会保持千丝万缕联系的旧大学受到较大的冲击，也为新大学的创设提出了新需求。这一时期德国大学史上的第二批大学相继创办：格赖夫斯瓦尔德大学(1456 年)、弗赖堡大学(1457 年)、巴塞尔大学(1460 年)、因戈尔施塔特大学(1472 年)、特里尔大学(1473 年)、美茵茨大学(1477 年)、图宾根大学(1477 年)。新大学的创立，扩大了德国高等教育的规模，在校生人数得以增长，并为德国经济发展和社会恢复发挥了作用。

宗教改革在德国的爆发及持续推进，导致德国出现持续的宗教冲突和社会动荡，并对教育发展产生了强大的冲击，大学在校生数量持续下降。这一趋势在基于宗教冲突的新旧教双方竞相创设大学后得到遏制，这批创设的大学即德国大学史上的第三批大学，具体包括新教教派创办的马尔堡大学(1527年)、柯尼斯堡大学(1544年)、耶拿大学(1558年)和黑尔姆施泰特大学(1576年)，天主教会团体耶稣会创办的迪林根大学(1549年)等。同时，梅兰希顿、卡梅拉里乌斯(Joachim Camerarius，1500—1574)等则对海德堡大学和莱比锡大学实施了相应改革。

同其他欧洲国家高等教育的发展情况相类似，受持续宗教冲突的影响，17世纪至18世纪中期德国高等教育发展迟缓，传统大学在适应社会现实需要方面反应迟钝，自然科学和数学仍被大学拒于门外，大学被学者视为僵化的教育机构，知识分子远离大学，大学生源不足，招生人数下降。其间，创办于17世纪末期和18世纪中期的哈勒大学和哥廷根大学，积极引入现代科学和哲学，注重研究和教学的价值，倡导自由的学术风气，就德国现代大学发展和现代大学体系构建做了有意义的尝试。

(二)哈勒大学创设及其大学理念

1694年哈勒大学正式开办，并得到国王的支持。哈勒大学注重讲授现代科学和哲学，注重开展科学研究，遵循学术自由原则，为此后的哥廷根大学、柏林大学的创办及其创新性高等教育实践提供了历史基础，赢得了"欧洲第一所具有现代意义的大学"的声誉。

哈勒大学的主要缔造者为持有新教立场的托马西乌斯(Christian Thomasius，1655—1728)、德国虔敬派神学家弗兰克和理性主义者沃尔夫(Christian Wolff，1679—1754)。

1688年，托马西乌斯提出：大学教学内容空疏无用，教学方法陈旧不堪。1692年，托马西乌斯在哈勒骑士学院为普鲁士贵族青年举办了一系列逻辑学和法学演讲，后在国王和虔敬派的支持下，托马西乌斯将哈勒骑士学院改组为大学，该大学于1694年获得正式特许状。托马西乌斯在哈勒大学讲授哲学、德语演讲、法理学和自然法则学等课程，注重教学内容的实用性，并将绅士教育内容，如骑马、击剑、外国语和新科学与国家文职官员的教育要求结合起来。

在大学教育职能方面，弗兰克主张大学应承担起"学术研究"的职能，注重通过提升大学课程的实用性回应社会需要，并将专业知识学习与宗教信仰形成结合起来。弗兰克在哈勒大学执教期间，主讲希伯来语、希腊语和神学，成为哈勒大学发展早期产生巨大影响的人物之一。[①]

德国启蒙运动的代表、哲学家沃尔夫提倡理性主义，主张把哲学的方法和数学的方法等同起来。沃尔夫在哈勒大学主要讲授数学、物理学和哲学，以德语为授课语言，促进了德国民族语言的发展。

---

① Willis Rudy, *The Universities of Europe，1100—1914：A History*, Cranbury, N.J., Associated University Presses, Inc., 1984, p.90.

在托马西乌斯等一批拥有现代大学理念的教师的努力下，哈勒大学成为德国大学学术自由的发祥地，成为欧洲大陆最严格的研究机构和专业学习的高等教育机构。

哈勒大学的成功主要源于三方面的因素。

第一，确立大学使命，遵循学术自由理念。哈勒大学提出，大学的使命在于传播、探索与创新知识，在于引导学生接近和发现真理，在于培养学生独自探索真理性知识的能力。知识探索没有止境，学术活动应享有自由，以"自由原则"取代了此前有关神学知识权威的"解释原则"。

第二，教学与研究相统一。哈勒大学还将"科学研究"理念贯彻到大学教学活动之中。受启蒙运动精神的影响，哈勒大学提出，学术性教学与科学研究之间联系密切，教学与研究相统一应成为大学教育的基本法则。只有开展积极的研究活动，才可实现知识体系的革新和扩充，大学教学才能拥有必要的知识基础；只有在教学中向学生展示科学研究的进程及其所运用的方法，才能激发学生的科学创新意识，提高他们的科学研究能力。

第三，更新课程内容和教学方式。哈勒大学注重结合社会生活的需要，重视课程内容的实用化和课程教学方式的实践化，使得哈勒大学表现出较为突出的世俗化色彩。

(三)哥廷根大学的创设及其大学实践

哥廷根大学创办于1737年，地处汉诺威王朝辖地。在具体办学理念上，哥廷根大学以哈勒大学为蓝本，1737—1770年任哥廷根大学学监的明希豪森(Gerlach Adolph von Münchhausen，1688—1770)借鉴哈勒大学的办学理念与办学实践，确立了"思想自由"和"研究自由"的大学理念，强调课程开设与教学应体现启蒙精神和应用价值，加强政治科学和历史科学教育，以造就合格的政府管理者及政治家。

该时期哥廷根大学革新实践的主要内容如下。

第一，强化基础学科课程和实用课程学习。哥廷根大学注重确保哲学学科课程等大学教育基础课程的教学，在哲学院开设包括古代语与现代语、数学、逻辑学、形而上学、伦理学、政治学、物理学、自然史、地理学、艺术学等课程。为满足社会对法学人才的实际需求，哥廷根大学注重加强法学院课程教育的实践性和应用性，强调法学教育与社会事务的结合。哥廷根大学还开设了历史学、现代文学、自然科学、医学、冶金学和农学等课程，注重培养学生参与、应对和改造社会实际事务的能力。

第二，践行"思想自由"和"研究自由"。哥廷根大学视思想自由和研究自由为大学的根本原则，在教学实践和研究活动中赋予教授教学的自由和不受检查的权利。哥廷根大学哲学院在其1737年颁布的章程中规定："所有教授，只要不涉及损害宗教、国家和道德的学说，都应享有教学和思想自由这种责任攸关的权利；关于课程中使用的教材及讨论的各家学说，应由他们自己选择决定。"[①]

第三，提高大学教师职业尊严。哥廷根大学主张在教师聘任中，不仅要重视考察

---

① 陈洪捷：《德国古典大学观及其对中国的影响(第三版)》，19页，北京，北京大学出版社，2015。

候选人的学术水平，还要对其个人道德修养和社会声誉实施考察。哥廷根大学注重利用汉诺威选帝侯所提供的政治支持与经费资助，将教授的社会身份由一般学校雇员提升为国家官员，向教师发放课时费、安家费及住房补贴，切实改善教师的物质待遇与生活水平，提升教师职业尊严。

第四，创新大学管理模式。哥廷根大学对"教学科研工作"与"大学校务管理工作"进行了明确区分：组建"大学总务处"全权处理大学校务，无须教授参与；教授负责大学的教学与科研工作，力求专心治学、心无旁骛。

第五，更新教学设备，优化教学设施。为确保教学质量，哥廷根大学注重改善办学条件，重视教学设备的购置。1763年哥廷根大学图书馆已拥有藏书20万卷。此外，哥廷根大学还拥有装备优良的科学实验室、天文台、解剖示范室、植物园、博物馆、大学医院等。

哈勒大学和哥廷根大学的成功，表明德国高等教育已开始走出传统大学发展缓慢的困境，预示着德国高等教育在19世纪的辉煌发展。

四、康德的教育思想

康德（Immanuel Kant，1724—1804），18世纪德国哲学家和教育家。出生于德国柯尼斯堡的一个马具师家庭，早年曾入慈善学校学习，后入腓特烈中学接受教育。1740年，康德入柯尼斯堡大学学习哲学、神学和自然科学，后因父亲去世而中断学业，1748—1754年以家庭教师为业。1754年，重返柯尼斯堡大学撰写毕业论文。1755年获硕士学位，并通过教职资格申请论文《对形而上学认识论基本原理的新解释》的答辩，获得柯尼斯堡大学的编外讲师职位。1770年，康德出任柯尼斯堡大学逻辑学和形而上学教授，先后主讲哲学、伦理学、逻辑学、人类学、教育学等课程。主要著作包括：《纯粹理性批判》（1781年）、《实践理性批判》（1788年）、《判断力批判》（1790年）、《道德形而上学基础》（1785年）和《论教育》（1803年）。

康德以其实践哲学思想为基础，结合自己长期的教育实践，并受卢梭自然教育和巴泽多（J. Basedow，1724—1790）泛爱主义教育思想影响，对教育问题进行了长期思考，在柯尼斯堡大学开办教育学讲座。讲稿经其学生林克（Rink）整理，以《康德论教育》为名出版。

（一）教育作用

康德首先高度肯定了教育在个人发展及成长过程中所发挥的重要作用，认为"人是唯一必须受教育的造物"①，强调只有通过接受教育，个人才能发展自然禀赋，进而成为真正的人。"人只有通过教育才能成为人。除了教育从他身上所造就出来的东西，他什么也不是。应当说明的是，人只有通过人，通过同样是受过教育的人来受教育。"②康德将人必须接受的这种教育理解为"连同教养在内的保育（养育、维护）、训

---

① ［德］康德：《康德论教育》，李其龙、彭正梅译，4页，北京，人民教育出版社，2017。
② ［德］康德：《康德论教育》，李其龙、彭正梅译，6页，北京，人民教育出版社，2017。

诚(训育)以及教导"①。

教育还在成就人类美好未来、实现世界大同和至善发展方面发挥着重要作用。

（二）教育目的

在康德看来，教育并非自然赐予人的本能行为，而是人类传承自身所创造文化的行为，是人为的一种极富创造性的活动，是一种具有明确目的的行为。教育的总目的在于改进人性，实现个人知识、情感和意志等各类自然禀赋的和谐发展，最终实现个人和人类由自然向文化的转变。"在教育背后，隐藏着人类本性之完善的重大秘密。……人的本性将通过教育而发展得越来越好，人们能够使教育具有一种合乎人性的形式，这些设想是令人陶醉的。"②

康德认为，教育学，或者教育的学说，分为两类：自然性的教育和实践性的教育。"自然性教育是人与动物共同有的那种教育，或者说是养育。实践性教育或者说道德性的教育是使人获得教养，以使他能够像一个自由行动者那样生活（我们把所有同自由相关的内容都称为实践性的）。"③康德还对教育总目的做了具体的描述和区分。

自然性教育部分：

①对心理能力的一般培养。不是教给学生什么具体的东西，而是强化其心理能力。具体包括自然性和道德性两个层面：前者基于被动的练习和训诫，后者基于主动的遵循准则。

②对心理能力的特殊培养。具体是指对认识能力、感觉能力、想象力、记忆力、注意力、判断力和理性能力等的培养。康德强调，就对理性能力的培养而言，必须以苏格拉底的方式进行。

实践性教育部分：

①技能。个人技能培养是发展其禀赋的需要。技能应当是精湛的，应当逐渐成为思维方式的习惯，构成个人品格的重要内容。

②处世。处世是一门将个人掌握的技能运用于人的艺术。比如，儿童学会掩饰自己，通晓礼仪，并能够洞察别人。"善于处世就需要人们处变不惊；但也必须不过于漫不经心。"④

③道德。道德的培养旨在形成道德品格，如忍耐、克制、勇敢、同情、坚定、诚信等。为了养成儿童的道德品格，应该通过榜样和规定使儿童意识到对自身和他人所应履行的义务。儿童对自身所应履行的诸多义务的核心在于，在内心中形成一种人的尊严，使自己能够比其他一切造物更高贵，不在自己的人性中否认人性的尊严；儿童对他人所应履行的各种义务的根本在于，形成对人权的敬畏和尊重，心中充满义务的观念，将同情和帮助他人视为自己应该承担的责任，与别人开展竞争而非一味地妒忌

---

① ［德］康德：《康德论教育》，李其龙、彭正梅译，4 页，北京，人民教育出版社，2017。

② ［德］康德：《康德论教育》，李其龙、彭正梅译，7 页，北京，人民教育出版社，2017。

③ ［德］康德：《康德论教育》，李其龙、彭正梅译，18 页，北京，人民教育出版社，2017。

④ ［德］康德：《康德论教育》，李其龙、彭正梅译，48 页，北京，人民教育出版社，2017。

别人，避免因任何幸运而产生的优越感。

（三）教育内容

1. 保育

适当的保育可以保证儿童身体健康，避免其有害地使用自己的力量。具体来说，在喂养与饮食方面，康德主张母乳是新生儿最好的营养品，母亲是新生儿最好的抚养人。儿童身体软弱，不适宜进食刺激性食物，也不宜强制儿童一次性多吃食物。在生活与健康习惯养成方面，耐寒习惯的养成有益于儿童身体健康，穿衣不宜过多，床铺以硬板床为佳，尽可能不用摇篮，练习走路要遵循自然顺序，先爬后走等。

2. 体育

儿童体育的主旨在于借助身体器官的运用和锻炼，保障儿童身体健康成长和身体潜能发挥，使儿童行动敏捷、具备冒险精神，培养儿童的独立意识和自主能力。"就自然性教育而言，即意在身体方面的教育，应当注意的要么是与随意的身体运动有关，要么是与感觉器官有关。"[1]为实现体育目的，康德主张，要锻炼儿童在狭窄的小桥、陡峭的高处(面对深渊)或摇晃的底座上稳健地行走的能力。跑步、跳远、举重、负重、投掷、摔跤、赛跑也都是极为有益的身体锻炼方式，有助于儿童拥有健康的体魄和顽强的毅力。康德还十分重视引导儿童参与游戏和体操训练。

3. 智育

智育的主要任务在于技能培养，主要包括对儿童记忆力、想象力、理解力、判断力和思维力等有关心理素质和智力素质的培养。关于记忆力训练，较为适用的训练方法包括记住故事中人物的名字、诵读书写和语言学习等。对想象力的培养可通过引导儿童查看地图、观看动植物图片的方式进行。对理解力的培养则主要借助于归纳和演绎的双重训练，力戒机械背诵。培养儿童的判断力，则要引导他们利用已掌握的文化知识，分析解决实际问题，在实践中验证自己判断的正确性。关于思维力训练，则要重点引导儿童把握共性与个性、一般与特殊、抽象和具象之间的变化关系，而自由辩论和启发引导有助于提高儿童的思维力。

4. 德育

德育即对儿童实施道德陶冶。道德陶冶的最终目的在于实现儿童从"自然人"向"道德人"的转变。

儿童道德陶冶的目的在于养成准则意识，"道德的培养必须建立在准则上，而不是建立在训诫上"。[2] 训诫仅仅是为了阻止坏习惯的养成，准则则在于培养思维方式。儿童应养成按照一定准则而非欲望行动的习惯，"应当学会按照他所认识的正当性的准则行动"。[3]"道德教育的最初努力是确立一种品格。品格在于按照准则行动的能力。最初是学校的准则，然后是人类的准则。"[4]

---

① ［德］康德：《康德论教育》，李其龙、彭正梅译，28页，北京，人民教育出版社，2017。
② ［德］康德：《康德论教育》，李其龙、彭正梅译，42页，北京，人民教育出版社，2017。
③ ［德］康德：《康德论教育》，李其龙、彭正梅译，42页，北京，人民教育出版社，2017。
④ ［德］康德：《康德论教育》，李其龙、彭正梅译，42页，北京，人民教育出版社，2017。

在道德陶冶内容上,康德特别注重服从、诚实、合群和坦荡等道德品格的养成。服从是儿童的首要品格,服从具有双重含义:对领导者绝对意志的服从,对领导者那种被认可为理性和善的意志的服从。服从表现为源于信赖的自愿服从和源于强制的绝对服从,其中绝对服从也是必要的,有利于儿童为将来作为公民必须遵守法则做好准备。诚实是品格的基本特征和本质。一个谎言连篇的人毫无品格可言。合群,儿童必须能与别人保持友谊,而不能总是形单影只,这样儿童才能够拥有真正的朋友,以帮助儿童度过童年这一人生最为艰难的岁月。儿童还应该养成胸怀坦荡的品质,这样他们的目光就会像太阳一样明亮。康德在讨论"实践性教育"时还主张,儿童还应具备忍耐、克制、勇敢、同情、坚定、诚信等道德品格,要对己对人具有义务感。

5. 宗教教育

宗教教育的主要目的在于使儿童具有敬畏上帝的意识,能够按照上帝的意志行动。适宜的教育程序为:首先教育儿童认识自然,了解各类自然现象,了解人与自然的关系及人类在大自然中的适当地位;继而启发儿童对大自然的顺序、秩序形成自己的认识和见解,认识上帝与大自然的关系;最终启发儿童形成敬畏上帝的意识。

6. 劳动教育

康德提出,人是唯一必须劳动的造物,因而需要接受必要的劳动教育,应掌握必要的劳动技能,养成劳动习惯,以为参与劳动做好准备。劳动教育与智育具有同等的意义,劳动以及劳动教育不仅是在为我们过一种有保障的生活做准备,而且也使我们以一种完全忘我的方式充实自己。学校实施的是一种带有强制性的劳动教育。在这方面,让儿童习惯于将一切学习和劳动都视为游戏是有害的。

7. 性教育

性教育也是儿童成长过程中必须接受的教育。康德主张,关于性以及儿童提出的与性相关的问题,成人必须直言不讳地、清晰地做出说明和回答,切忌讳莫如深。对于 13 岁或者 14 岁的少年,成人需要通过使其持续忙碌、规定睡眠不超过必需的时间等方式规避各类诱惑。此外,教育年轻人尊重异性,也是性教育的内容之一。

在接受卢梭自然教育思想影响的基础上,依据自己的实践哲学思想,康德就教育与人的形成和完善、培养"道德人"以及构建完整的教育体系等诸多问题,进行了极具理论性的思考。这直接影响了此后裴斯泰洛齐和赫尔巴特教育思想的形成,并奠定了德国教育学的基础,为德国未来教育发展指明了方向。

第四节　俄国教育

十七八世纪的俄国在政治制度演进与经济发展方面明显落后于英国、法国、德国等欧洲国家,农奴制的长期存在极大地影响了俄国农业与工业经济发展水平。"彼得大帝改革"在推进俄国政治体制发展的同时,也为俄国经济的发展提供了必要的政治保障。俄国教育也在适应这一社会改革的基础上获得了一定的发展。俄国初等教育、中等教育以及以莫斯科大学的创办为起点的高等教育发展，构成该时期俄国教育发展的主要内容。

一、初等教育

俄国的初等学校出现较晚，约在10世纪，一批以招收王公大臣及僧侣子弟入学接受阅读、写作、计算教育的初等学校才出现。13世纪末期至15世纪，俄国出现了私人向儿童提供基本文化知识教育的所谓"蒙师教育"。1551年，全国性的宗教会议要求所有教区和神职人员广设学校，16世纪末期至17世纪乌克兰和俄罗斯宗教组织——兄弟会则开办了自己的初等学校，称为"兄弟会学校"。兄弟会学校向儿童传授阅读、写作、计算知识，并且重视民族语教学，还在教学实践中体现民主性质：一切阶层的儿童都可进入学校学习；学校校长和教师由大会选举产生；教师对所有学生一视同仁，充满爱心。

"彼得大帝改革"期间，初等教育也借助于改革而获得了发展。初等学校主要有算术学校、初级主教学校、俄语学校和警备学校等类型。遵照1714年彼得一世发布的敕令，全国各地设立了"算术学校"，向入学者提供初等教育。算术学校创设初期主要招收10岁至15岁的贵族和官员子弟，学习算术和几何学，后成为军人和工商阶层子弟学习的学校。1722年算术学校达到42所，学生总数发展到2000人。

1721年《宗教条例》的颁布与实施，促成了初级主教学校的设立。主要学习《儿童初学入门》、算术和几何等内容。至18世纪中期，初级主教学校发展到45所，在校生达到3000名。

1717年，彼得一世颁布敕令，要求木工、船员、冶炼工人及其他注册之所有职工，均须接受阅读与写作教育。1719年，圣彼得堡海军工厂率先设立"俄语学校"。俄语学校招收7岁儿童入学，学制6年，前4年主要接受读写教育，后2年则主要学习算术与几何知识。"警备学校"（或译"卫戍学校"）则主要为入学者提供算术、书写和歌唱教育。

为提高民众接受初等教育的比例，政府还规定除出身农奴家庭之外的所有儿童，都必须入学接受教育。而接受过必要的教育并持有相应的证书，甚至成为此后结婚和晋升的条件之一。

二、中等教育

中等学校主要包括文法学校和文科中学。文法学校创办时间较早，17世纪下半期，在一些大城市和大的修道院中即开办了文法学校。此类学校除实施文法教育外，还提供算术教育。另外，一些专事古典语言教育的希腊语—拉丁语学校也在莫斯科和其他城市开办，这类古典语言学校开设希腊语、拉丁语、修辞学和哲学课程，并兼授一些世俗学科课程，深受民众欢迎。

1726年，俄罗斯科学院附属文科中学设立，主要为学生提供语言教育，开设拉丁语、希腊语、德语、法语、修辞学、逻辑学和古代作家作品等课程，同时教授算术、历史、地理、绘画等知识。罗蒙诺索夫1758—1765年兼管文科中学期间，积极推行教育教学改革，强化师资队伍建设，编写新教材，改善学生住宿条件，在一定程度上保证了俄罗斯科学院附属文科中学的发展。

1757年，得益于莫斯科大学教授的倡议，喀山文科中学得以创办，为一批贵族青年和平民子弟接受中等教育提供了机会，为其未来接受高等教育提供了必要学术基础。

三、高等教育

(一)传统高等教育

在俄国高等教育史上，一般把1631年基辅兄弟会学校与佩切尔斯克修道院附设神学校合并而成的基辅莫吉拉高级学校(即后来的基辅学院)视为俄国的第一所高等教育机构。其下设初级部、中级部和高级部，学制12年，招收不同阶层的子弟入学。初级部开设斯拉夫语、希腊语、拉丁语、俄语(阅读、书写、语法)、祈祷、宗教问答、算术、音乐、唱歌课程；中级部则集中开展诗学(作诗法)和修辞学教育；高级部为学生讲授哲学、教义研究、神学、外语、绘画、建筑学、地理学知识。

为适应17世纪末俄罗斯社会对外语人才的需求，1687年，一所专门培养外语人才的高等学校——斯拉夫—希腊—拉丁语学院在俄国文学家西梅翁·波洛茨基的倡议下创立。学院开设拉丁语、希腊语和七艺(文法、修辞、辩证法、算术、几何、天文、音乐)课程，招收拥有虔诚正教信仰的俄罗斯公民子弟入学接受教育。该学院为彼得一世的政治、经济、文化教育改革提供了人才储备。

(二)高等专业教育

彼得一世的教育改革政策直接催生了一批专业学校，主要包括莫斯科炮兵学校、莫斯科数学与航海学校、工程学校和圣彼得堡海军学院等。创办专业学校的主要目的在于为军队和工厂培养专业技术人才，同时实施普通文化知识教育。

莫斯科炮兵学校是一所军事专业学校，根据1701年彼得一世的一项敕令而创办，主要向炮手及官员子弟提供阅读、书写、计算及有关工程技术知识教育。设初级班与高级班，实施分级制教学。初级班学员学习俄语、算术、阅读等课程，高级班学员主要学习几何、三角、制图及炮兵技术等课程。

莫斯科数学与航海学校设立于1701年。初期主要招收贵族和平民家庭子弟，但后来逐渐停招平民家庭子弟。学校设初级班和高级班，初级班主要学习基础知识。学生完成初级班的学习任务后，既可升入本校高级班学习，又可转入其他学校的相应专业学习，也可参加工作。高级班主要学习数学(算术、代数、几何、三角)、天文学、地理学概论和大地测量学、航海学及其他专门世俗学科知识。实施个别教学。该学校为彼得一世的改革事业培养了一批海员、工程师、炮兵人才、测量员、数学教员和其他学科专家。

工程学校创设于1712年，主要招收贵族子弟入学。工程学校设初级班和高级班，初级班学生学习算术、几何等知识，高级班学生则接受筑城学等专业知识教育。

圣彼得堡海军学院创立于1715年，主要开设炮兵学、航海学、天文学、海上测量、筑城学、地理、军事、击剑与绘画等，学习时限取决于学员自己的学习成绩和各主管部门的具体学习要求。毕业生主要就职于经济、管理、文化和科学研究等部门和机构。实施严格的学员管理制度，对违反学院纪律的学员，视其情节轻重分别施以笞杖、禁闭等惩罚。

这一时期先后创办的专业学校还包括外国语学校(1705年，莫斯科)、外科学校(1707年，莫斯科)等。这些专门学校专为培养军事及工业人才而设，同时也承担开展初等文化教育的任务。

(三)俄罗斯科学院的创办

为适应俄国开展高水平科学研究和培养高级专门人才的需要，1724年彼得一世颁布了"创建俄罗斯科学院"的敕令，1725年俄罗斯科学院在圣彼得堡创立。俄罗斯科学院的研究活动涉及三大研究领域：数学科学领域；自然科学领域，包括物理、化学、天文学、植物学等；人文科学领域，包括历史学、法学等。排除神学研究，强调各领域的科学研究均应与俄国具体实际相结合，要注重为俄国经济建设和社会发展服务。

俄罗斯科学院承担着科学研究和人才培养的双重职能，强调科学研究和人才培养的互补和结合。为此，俄罗斯科学院附设大学和文科中学。俄罗斯科学院大学分为法学、医学、哲学三系；俄罗斯科学院附属文科中学分为初级班和高级班两部分，初级班学制3年，主要讲授德语，高级班学制2年，主要讲授拉丁语(但也讲授希腊语等)。俄罗斯科学院的科学研究和教育活动，不但直接促进了18世纪俄国科学技术的发展，还为俄国社会经济发展培养了一批专门人才，并为此后俄国高等教育发展提供了某种启示。

俄罗斯科学院的创建在俄国高等教育史上具有重大意义。作为科学研究机构，俄罗斯科学院在一定程度上促进了18世纪俄国科学技术的发展。作为人才培养机构，俄罗斯科学院大学和俄罗斯科学院附属文科中学为俄国社会造就了第一批学者型人才，为俄国高等教育的发展，特别是18世纪中期莫斯科大学的创立与发展进行了先期尝试和必要探索。

(四)莫斯科大学的创设

在俄国高等教育史上具有里程碑意义的莫斯科大学的创立，是与18世纪俄国伟大的科学家、文学家、诗人和教育家罗蒙诺索夫(Михаил Васильевич Ломоносов，1711—1765)的名字联系在一起的。罗蒙诺索夫出身渔民家庭，早年曾在渔村接受过初步的文化知识教育，19岁时以神父之子的身份，进入斯拉夫—希腊—拉丁语学院学习，熟练掌握了拉丁语、俄语和数学知识。1735年以优秀学生身份，被擢选至俄罗斯科学院大学学习。1736年又以优秀学生代表的身份被派往德国马尔堡大学学习。在德国马尔堡大学就读期间，他系统学习了数学、物理学、化学、哲学、冶金、探矿、动植物学等课程，成长为在物理学和化学领域具有世界影响的科学家。1741年返回俄国后，罗蒙诺索夫被聘为俄罗斯科学院副教授。1745年出任俄罗斯科学院化学教授和科学院院士。

为适应俄罗斯社会变革与发展的需要，满足文化教育事业发展对于高级专业人才的需求，尽快实现培养俄罗斯自己的睿智大贤和科学天才的愿望，1754年罗蒙诺索夫草拟了筹建莫斯科大学的方案。1755年1月25日，俄国女皇伊丽莎白·彼得罗芙娜签署敕令,决定设立莫斯科大学。1755年5月7日,莫斯科大学成立。

在大学职能上,莫斯科大学承担科学研究和教育教学的双重职能。莫斯科大学下设法学院、医学院和哲学院,拥有10个教研室,并设有物理专用室和解剖室。①

在大学管理上,莫斯科大学接受政府管理,但同时实施"大学自治"和"学者治校",教授会负责课程大纲确定、学生事务管理等。教会当局不得干涉大学教学事务,学术著作不受教会检查,禁止神父开展反科学宣传。

在教学内容与实施上,莫斯科大学注重体现教育世俗性原则,遵循教育教学的民族化原则,注重俄语和自然科学知识的教学,注重知识传授与生产实践的结合,使学生掌握实科知识和具备独立思考能力。大学各门课程授课一律使用俄语,而不准使用拉丁语。大学不设神学院。

在招生范围上,注重体现教育民主性原则,打破贵族阶层对高等教育的垄断,主张凡纳税阶层子弟均可入学,准许农奴阶层子弟入学。

大学还分别在莫斯科和喀山附设两所文科中学。其中,莫斯科附属中学下设两个分部:一个分部招收贵族子弟接受中等教育,另一个分部招收平民子弟入学。在贵族子弟分部,学习内容主要侧重法语会话、俄语和交谊舞,其中俄语学习时间与交谊舞学习时间相等。

为促使莫斯科大学科学研究职能的发挥,同时为大学提供必要的教学用书,1756年,莫斯科大学出版社设立,主要出版辞典、教科书、教育学名著、科学与文学著作等书籍,极大地方便了莫斯科大学教学与科学研究工作的有效开展。

18世纪中期莫斯科大学的设立及其卓有成效的教学活动促使俄国高级人才的培养工作摆脱了对外国的依赖,直接促进了当时俄国的社会进步和科学技术事业发展,莫斯科大学也很快发展成为俄罗斯的文化与教育中心。

第五节　美国教育

17世纪至18世纪中期的美国教育,事实上是殖民地时期的美国教育。自1492年哥伦布发现美洲大陆之后,来自西班牙、葡萄牙、荷兰、英国、法国等欧洲国家的殖民者先后抵达美洲大陆。这一时期欧洲殖民者奔赴美洲大陆的原因是多方面的,其中宗教原因是一个较为普遍的原因。与此密切相关,殖民地时期教育的发展也与基督教在新大陆的移植和传播休戚相关。这在殖民地时期美国初等教育、中等教育与高等教育的发展实践中,均有突出表现。

一、初等教育

殖民地时期美国初等教育事务主要掌握在各教派手中,此外,一些地方社区、社会组织和个人也创办了部分初等学校。

---

① 吴式颖、褚宏启:《外国教育现代化进程研究》,487页,太原,山西教育出版社,2006。

（一）北部殖民地的初等教育

在北部殖民地，自欧洲大陆移居至此的多为英国清教徒。教会儿童阅读和培养合格牧师成为他们创设学校、发展教育的主要目的。北部殖民地开展初等教育的主要机构包括主妇学校和镇立初等学校。主妇学校设于主妇家中，由粗通文墨的家庭主妇向儿童提供一些粗浅的识字教育。

镇立初等学校首先在马萨诸塞州创办。早在1647年马萨诸塞海湾公司的《驱魔法案》[①]颁行前，波士顿、查尔斯顿、伊普斯维奇等城镇即创办了初等学校。1634—1638年，马萨诸塞州通过立法，规定所有财产均需纳税，以税收办理包括学校在内的公共事业。1642年，根据马萨诸塞州移民区的一项立法，为改变父母或师父忽视儿童学习事务的状况，每个居民点需指定经过挑选的人负责儿童的学习与劳动事务。他们有权时时要求父母、师父就儿童的阅读、理解宗教原理的能力提交报告，凡拒绝陈述相关情况者，要处以罚金。

1647年《驱魔法案》的颁布与实施进一步促进了此类初等学校的发展。关于镇立初等学校的设立，《驱魔法案》规定："兹命令本辖区内的每个居民……我们的家庭增加到50户人家以后，就要任命居民点内的一个人教授所有儿童，教他们读、写。教师的薪金或由孩子的父母或师傅支付，或由全体居民用供给生活用品的办法支付……凡居民点的住户达到100户的，要建立一所文法学校……"[②]由此遂形成了各城镇负责初等学校设立及维持的制度，初等学校发展获得制度保障。就学习内容而言，镇立初等学校广泛采用《圣经》和《教理问答》作为教材，具有较强的宗教性。此外，《新英格兰启蒙读本》也被许多镇立初等学校选用为教材。

（二）中部殖民地的初等教育

在中部殖民地，移民来自欧洲各地，民族多样，教派各异。初等教育机构主要包括教区学校和慈善学校。教区学校的教师多由各教派教士出任，使用本族语教学，教育宗教性显著。慈善学校专为孤儿和贫民开办。在慈善学校的创办中，"海外福音宣传协会"发挥了重要作用。该组织利用在英国筹募的经费为慈善学校聘任教师、购置教材和教学设备，保证了慈善学校教学的正常运行。

（三）南部殖民地的初等教育

在南部殖民地，殖民者多属于英国国教会。他们开辟种植园，发展种植园经济，与欧洲开展经济贸易往来。富有的种植园主往往选择为孩子聘请家庭教师的方式，向其提供初等教育，反对以收税的方式发展公共初等教育。总体来说，南部殖民地初等教育的发展规模不及北部殖民地。

17世纪至18世纪中期美国初等教育是在移植移民宗主国教育模式的基础上形成

---

① 按照1647年《驱魔法案》的解释，魔鬼撒旦企图以阻止人们掌握文化知识为手段，实现阻断《圣经》知识传播、混乱教义之目的。为粉碎这一企图，驱除魔鬼，就必须广设学校、实施普及义务教育。此即为该法案名称的由来。

② ［美］E. P. 克伯雷：《西方教育经典文献》上卷，任钟印译，359页，北京，人民教育出版社，2016。

的，宗教信仰成为教育发展的主要出发点和目的，表现出浓厚的宗教色彩。初等教育发展与殖民地的社会生活实践密切联系在一起。

二、中等教育

（一）拉丁文法学校

与初等教育相类似，殖民地时期美国中等教育也在较大程度上移植了欧洲大陆的教育模式，其中尤以拉丁文法学校表现最为突出。

1635年，英国殖民者首先在波士顿创设拉丁文法学校，该校成为美洲大陆第一所中等学校，其后的康涅狄格和马萨诸塞等地相继创办了拉丁文法学校。18世纪末，仅新英格兰一地就拥有拉丁文法学校30余所。拉丁文法学校以向学生提供拉丁语基础知识教育为主，同时向学生传授拉丁语文法及使用技巧。拉丁语教学之所以受到如此重视，原因有三：掌握拉丁语知识、具备使用拉丁语的能力是进入高等学校学习的必要条件，1636年创设的哈佛学院即将拉丁语考试合格作为新生入学的唯一要求；拉丁语是教会用语和法庭用语，有志于从事神职和法律工作的青年，必须首先熟练掌握拉丁语；当时的希腊语名著大多被译为拉丁语，从事专业的文学及科学研究工作，也须以熟练运用拉丁语为前提。拉丁文法学校一般招收7岁或8岁的男孩入学，学制一般为7~8年。以波士顿拉丁文法学校为例，1~3年级学生阅读《伊索寓言》等著作，主要借助于记忆掌握拉丁语；4年级学生开始学习伊拉斯谟、伊索、奥维德的著作，同时学习拉丁文法；5年级学生在继续学习伊拉斯谟、奥维德著作的同时，增加西塞罗的《致友人书》，并练习使用拉丁语写诗和作文；6年级学生阅读西塞罗的《论共和国》、维吉尔的《伊尼德》、奥维德的《变形记》，并学习希腊文和修辞学知识；7年级和8年级学生则增加贺拉斯、荷马、伊索克拉底和赫西俄德等人的作品以及《圣经·新约》。[①]

（二）文实学校

至18世纪中期，古典主义色彩浓厚的拉丁文法学校越来越不能适应科学进步和工商业发展的需要，一种新的中等学校类型——文实学校得以出现。

18世纪初期，为适应殖民地工商业发展以及社会演进对工程技术、商业贸易和企业管理人才的需要，一种新型的私立"英文文法学校"（简称"英文学校"）开始出现。而自1751年富兰克林在费城创办"费城文实学校"后，文实学校的发展又渐成大势。费城文实学校在教育中表现出以下特点：第一，在教育目标上兼顾升学与就业；第二，在课程设置上开设传统与应用两类课程；第三，在教学语言上选用英语；第四，在教育管理上超越教派，体现世俗性质。整体来说，文实学校并未放弃传统的文科教育。文实学校的文科课程主要包括英语、现代外语和古典语言，学生可以根据自己的职业取向选学。文实学校的实科课程主要有几何、代数、三角、科学、艺术、音乐、测量、航海和机械制图。文实学校成立后获得快速发展，并逐步取代拉丁文法学校成为美国实施中等教育的主要类型。

---

① 滕大春：《美国教育史》，63页，北京，人民教育出版社，1994。

三、高等教育

殖民地时期美国高等教育的发展成就可简要概括为九大学院的建立。1636 年，马萨诸塞州议会同意拨款 400 英镑筹建学校或学院，以培养传播福音的神职人员。[①] 次年，一个由 12 人组成的校监委员会成立，负责学院筹办事务。1638 年抵达新大陆不久的哈佛牧师不幸身染肺疾，去世前立下遗嘱，将其财产的一半和约 400 册图书捐赠给学院。为纪念这一慷慨之举，马萨诸塞州议会于 1639 年将学院定名为"哈佛学院"。哈佛学院的创办标志着殖民地时期美国高等教育的初步兴起。继哈佛学院之后，相继创办的学院包括威廉玛丽学院（1693 年）、耶鲁学院（1701 年）、费城学院（1740 年）、新泽西学院（1746 年）、国王学院（1754 年）、罗德岛学院（1764 年）、皇后学院（1766年）及达特茅斯学院（1769 年）。九大学院尽管创办情形各不相同，但它们在服务于宗教利益的同时，还在较大程度上注重满足社会经济发展的需要，并在课程设置上予以体现。

在创设动因上，宗教动因是殖民地时期美国学院创设的主要动因。除费城学院外，包括哈佛学院在内的其他八所学院，皆基于明确的宗教动因而设。从办学实践看，除费城学院外，其他八所学院均为不同教派所控制，服务于各教派利益。因而，造就基督教教士及培育一般民众的宗教信念，便成为这类学院的首要任务。

在教育目的上，殖民地时期美国学院主要培养信仰虔诚的牧师、治事练达的政府及公共事务管理人员、学识渊博的从事知识研究与探索的学术人才。哈佛学院宣称致力于为教会培养人才。威廉玛丽学院在于"为教会提供宗教信仰虔诚的具有渊博知识和优雅举止的青年"[②]。

在管理模式上，殖民地时期美国学院引入校外力量参与学院管理事务。哈佛学院建校之初，学院管理事务主要掌握在由校外 12 名非教育行业人士组成的"校监委员会"手中。耶鲁学院的全部行政管理权掌握在一个由公理会牧师所组成的"校监董事会"手中。

在课程设置上，殖民地时期美国学院注重古典学科与古典知识教育。在哈佛学院的课程体系中，古典语言（拉丁语、希腊语、希伯来语）占有较大的分量，其中，对希腊语的学习着重阅读荷马作品，研读希腊抒情诗与田园诗；亚里士多德的自然哲学、道德哲学与心灵哲学成为学生必须学习的课程；学生还要学习逻辑学、修辞、伦理学、形而上学、天文学、物理学及数学等课程。后受欧洲启蒙运动、英国学园实科化教育和苏格兰大学课程变革的影响，殖民地时期美国学院注重为社会经济发展提供服务。部分学院增设了自然科学课程。哈佛学院设立了数学和自然哲学教授职位，采用实验方法开展教学；耶鲁学院等向学生讲授有关"国民政府的性质""法院种类""宪法、

---

① ［美］劳伦斯 A. 克雷明：《美国教育史（一）殖民地时期的历程（1607—1783）》，周玉军、苑龙、陈少英译，164 页，北京，北京师范大学出版社，2003。

② John S. Brubacher & Willis Rudy, *Higher Education in Transition：A History of American Colleges and Universities*，4 *th*，New Brunswick，Transaction Publishers，1997，p. 8.

土地法、民法、惯例法、军队与海事法规""农业、商业、航海、医学、解剖学、纹章学、炮术训练概论"等知识；国王学院增设了航海、测量、矿物学、地理、商业和管理、家政等课程。

在借鉴英国古典大学与欧洲大学模式的基础上，殖民地时期美国学院充分结合殖民地时期美国的社会环境和自然条件，在管理模式、课程设置、教育目的等方面做出了富有特色的有效探索，形成了自己的特征，为美国现代高等教育制度的形成奠定了基础。

小结

17世纪至18世纪中期，英国、法国、德国和俄国等欧洲国家和美国教育实践的改观和进步主要表现如下。

教育对象扩大化。基于为经济发展培养掌握初步文化知识的劳动者的需要，英国、法国、德国、俄国、美国在继续重视贵族及其他特权阶层子弟教育的同时，开始把普通民众的教育问题列入政府工作计划，借助于教育立法、教育经费资助以及学校机构的设立，为普通民众接受文化教育提供了机会。英国创办的慈善学校、俄国创办的算术学校、美国发展起来的镇立初等学校等，均可理解为为解决普通民众子弟受教育问题所做出的努力和尝试。

教育内容实科化。美国文实学校、俄国的专业学校、德国实科中学和英国学园等学校，均向学生提供了程度不同的实科教育。

教育管理体制化。承担专门教育管理与发展职责的教育管理机构相继出现，教育管理体制日趋完善，为这一时期英国、法国、德国、俄国、美国的教育发展提供了组织与管理上的保障。在学校体系与国家教育管理制度逐步完善的基础上，各国的学校教育制度也日渐完善，为后来各国教育的进一步发展提供了必要基础和有力支撑。

思考题：

1. 简析洛克的绅士教育思想。
2. 简述培根的科学教育观。
3. 简述弥尔顿的实科教育论。
4. 说明17世纪至18世纪中期法国初等教育与中等教育发展状况。
5. 简述拉夏洛泰的国民教育思想。
6. 简评爱尔维修的教育万能论。
7. 简述狄德罗的教育观。
8. 简述17世纪至18世纪中期德国中等教育发展的主要成就。
9. 简述康德的教育思想。
10. 简析莫斯科大学创办的历史意义。
11. 简述殖民地时期美国高等教育发展的主要成就。

参考文献：

1. 滕大春. 美国教育史. 北京：人民教育出版社，1994.

2. 吴式颖，李明德. 外国教育史教程. 3 版. 北京：人民教育出版社，2015.

3. 吴式颖，赵荣昌，黄学溥，等. 外国教育史简编. 修订本. 北京：教育科学出版社，1995.

4. 博伊德，金. 西方教育史. 任宝祥，吴元训，主译. 北京：人民教育出版社，1985.

5. 劳伦斯 A. 克雷明. 美国教育史（一）殖民地时期的历程（1607—1783）. 周玉军，苑龙，陈少英，译. 北京：北京师范大学出版社，2003.

6. 约翰·洛克. 教育漫话. 傅任敢，译. 北京：人民教育出版社，1985.

7. 康德. 康德论教育. 李其龙，彭正梅，译. 北京：人民教育出版社，2017.

第九章　卢梭的教育思想

内容提要

卢梭是近代著名的教育思想家，自然教育思想的重要代表人物。本章主要围绕教育实践活动、世界观、自由人和自然人的教育目标、自然教育理论、自然教育的实施、公民教育论、女子教育论等方面阐述了卢梭的教育思想，并对其在世界教育史上的历史地位和影响做出简要说明。

学习目标

1. 了解卢梭的教育实践活动、世界观与女子教育思想。

2. 理解卢梭有关自由人和自然人的教育目标，重点掌握卢梭自然教育理论、自然教育的实施和公民教育论。

3. 科学评价卢梭在世界教育史上的历史地位和影响。

核心概念

卢梭；《爱弥儿》；自然人；自由人；自然教育；公民教育

让-雅克·卢梭(Jean-Jacques Rousseau，1712—1778)，18 世纪法国杰出的启蒙思想家、哲学家和教育思想家。他接受了洛克等人提出的关于"自然状态"和"社会契约"的主张，指出私有制是社会不平等的起源，提倡"天赋人权"，宣扬"自然神论"，认为"人性善"而"社会恶"。在教育上，他反对戕害天性的法国旧制时期的教育，倡导自然教育，要求教育要适应儿童天性发展。卢梭的教育思想在西方教育史上被誉为新旧教育的分水岭。

第一节　教育实践活动与世界观

一、教育实践活动

1712 年，卢梭出生于瑞士日内瓦的一个新教家庭。卢梭出生后数日，母亲即因产后失调而离世。卢梭自幼得到姑母的抚育。10 岁时，父亲因诉讼失利而离开日内瓦，卢梭不得已开始了自己的漂泊之路。1722 年，舅父将卢梭送至日内瓦附近地方牧师朗贝西埃处学习拉丁文，同时也学习绘图和数学，这是他一生唯一受到的正规教育。两年后，由于生活的变故和贫困，卢梭不得不中断学业，开始独立谋生，先后当过学徒、仆役、家庭教师、私人秘书。有时完全寄人篱下，有时仅靠抄写乐谱甚至流浪卖艺为生，但他爱好读书，博览诸家的哲学著作，通过自学而知识渊博。多种职业的经历以及长期艰难的在底层社会的流浪生活，激发了卢梭对社会各色人等的关注，他深切地体验到了社会的不平等。

1742 年，卢梭来到巴黎。在这里他结识了狄德罗、爱尔维修等激进的启蒙思想家，并参加了 35 卷《百科全书》(1751—1765 年)的撰写工作。1749 年，卢梭写作《论科学和艺术的复兴是否有助于敦风化俗?》的论文，力图证明随着文化的进步，人类的天然自由、平等逐步被破坏。该论文获法国第戎学院征文比赛头奖，卢梭从此声名远扬。后来，卢梭又发表了一系列重要的论著。1755 年出版政论性著作《论人类不平等的起源和基础》，揭露和抨击了封建等级制度下的社会不平等现象，进一步指出了封建社会罪恶现象产生与存在的根源是财产私有制。只有消灭封建制度，铲除教会特权，砸碎束缚人们的锁链，人们才能生活在自由的天地和平等的人间。1762 年出版《社会契约论》，这是一部论说人民主权原理的深刻、成熟的著作，也是世界政治学说史上著名的古典文献之一。《社会契约论》提出了一个民主平等的社会原则，认为国家的建立是人们协调一致而订立契约的结果，主张主权在民。该著作为资产阶级提供了与封建专制制度进行斗争的思想武器。在 18 世纪法国大革命期间，《社会契约论》被封为革命经典。同年，卢梭出版了半论文、半小说体的教育哲理巨作《爱弥儿，或论教育》(以下简称《爱弥儿》)，其中不仅继续阐发了他的社会政治思想，而且尖锐地批判了腐朽的封建教育，提出了追求个性解放的"自然教育"观点。《爱弥儿》是体现卢梭自然教育思想的代表作，被认为是继柏拉图《理想国》之后西方最完整、最系统的教育论著。它所论述的教育理论，在教育史上引起一场伟大的革命，影响深远。

由于卢梭在《爱弥儿》中抨击了天主教会和封建专制制度，宣扬"自然神论"以及性善论等，触怒了天主教会和封建专制王朝，卢梭本人被通缉，《爱弥儿》被列为禁书。卢梭被迫逃亡国外8年之久，身心备受摧残。直到晚年，卢梭才获准回到法国，且不得不隐姓埋名生活。晚年卢梭最重要的作品是自传体小说《忏悔录》，写作于1775—1777年，生前未能出版。1778年卢梭在极端贫困与孤独中病逝。

二、世界观

卢梭的教育思想是建立在他的世界观基础之上的。因此，了解卢梭的世界观，有助于更好地理解卢梭的教育思想。

(一)天性哲学：人性善与社会恶

"归于自然"是卢梭政治哲学思想以及教育思想的基础，它所依据的理论基础是卢梭的天性哲学，主要体现在"人性善"及与此相关的"社会恶"两个方面。这是卢梭政治学说和教育思想的出发点。

"人性善"和"社会恶"是关于人的本性以及关于人与社会的关系的问题。卢梭所建立的人与社会的关系是人性善和社会恶之间的关系，是自然状态与社会状态下自然人和自由人之间的关系。

卢梭认为，尽管在现代社会中，人是腐败堕落的，但这并非人的天性使然，而是因为文明和私有制本身。在卢梭看来，人的心灵中根本就没有什么生来就有的邪恶，是社会而不是个人造就了罪恶，是社会激起了人的自私自利、只爱自己的欲望，培养了人的贪婪与虚荣。他认为，人性之所以善，是因为人有天赋的良心。良心的重要内容是"自爱"和"爱他"。"自爱"符合自然秩序，始终是好的，是人性善的重要因素。

从人性善出发，卢梭认为人本来是善良的、纯朴的、富有同情心的、乐于帮助别人的，这些都是自然的产物。但是随着科学技术的发展和艺术的进步，人类由自然状态进入了社会状态，人类本性中美德的退化也由此开始。道德异化和社会退化造就了一批邪恶的个人。

(二)民主主义社会政治观：天赋人权

在社会政治观上，卢梭是激进的民主主义者，主张以人权平等代替等级特权，以民主取代专制。他同情人民的不幸，反对封建专制，抨击基督教的黑暗，宣传宗教信仰自由而平等。他推崇原始社会，将其奉为人类的"黄金时代"，声称在原始社会的"自然状态"下，人人都能享受"自然"的自由和平等。他认为科学和艺术的发展导致道德的败坏，私有制的产生则是社会不平等的根源，建立在劳动基础上的小私有制是实现人人平等之路。他提出"天赋人权"说，认为人生来具有不可剥夺的自由和人权，最早的国家政权由公民与政府代理人签订"契约"后出现，如果国家违背了公民的意志，剥夺了人民的权利，则人民有权推翻政府。

(三)宗教观：自然神论

卢梭是一位自然神论者。他认为，上帝是最高的精神实体和最高的智慧，但上帝并不干预人世，人才是地球上万物的主宰。因为人不仅能够驯服一切动物，而且能够改善生存环境，能够认识地球上的一切生物及其相互关系，能够思考星球的奇妙运行，能够意识到秩序、美善和道德，并喜好善德和善行。

卢梭猛烈地抨击了基督教的暴虐，揭露了基督教教义的虚伪、荒谬、欺骗和残酷，谴责基督教会歪曲原基督教教义，声讨基督教会强化专制、残酷迫害异端的恶行。卢梭不承认有任何一种宗教可以居于独尊的地位。卢梭认为，宗教之所以重要，是因为它可以极大地提高人的道德水平，激励人的情感，给人以向上的动力。

（四）认识论：感觉论

在认识论上，卢梭受洛克的影响，总体上是一位感觉论者。他认为，外界事物作用于感官而使人产生感觉，而感觉是认识的基础和知识的来源，同时也是观念的唯一来源。如果没有对周围事物的感觉，就无法获得对客观世界的认识。他承继洛克的思想，把观念分为简单观念和复杂观念。简单观念由几种感觉混合而成，是在几种感觉相比较的过程中产生的一种复合的感觉。复杂观念则由几个简单观念组合而成。卢梭认为所有个别感官都具有局限性，强调人们在认识事物时，必须把各种感官联结为一体，配合运用，相互验证。他提出的"第六感觉"或"共通的感觉"的概念，就是由触觉、视觉、听觉、味觉和嗅觉等有效配合使用而产生的。这种感觉论在运用于教育时，表现为对理论与系统知识的轻视。

应该说，卢梭的感觉论是比较彻底的，他在强调感觉的重要性的同时，在一定程度上也注意到理性认识的问题。他把人的认识分为"感性的理解"和"理智的理解"，认为人们感觉到的各种事物只有经过"理智的理解"，才是属于自己的。但是，卢梭又认为精神是自然界积极的本源，并宣传天赋道德观念论及自然神论，从而陷入了二元认识论。

第二节 自然人与自由人的教育

////////////////////

"归于自然"不仅是卢梭政治哲学、宗教观和文艺观的思想基础，而且也是其教育思想的出发点。卢梭批判封建经院主义教育戕害人性、违反自然，提出了一切顺应自然的自然教育理论，强调教育要"归于自然"，要以培养所谓的自然人、自由人为目的。

一、自然状态与自然人的教育

在《爱弥儿》第一卷的开头，卢梭就明确提出应以培养"自然人"为教育目的。"自然人"即生活在"自然状态"下的人。所谓自然状态，是指一种彼此间没有任何联系的只关心自我且不妨碍他人的一种生存状态。在自然状态下生活的自然人是一种完全孤立的、没有任何社会联系的人。他们远离战争，靠大自然赐予他们的自然物来生活；他们彼此间也没有任何联系，对同类既无所求，也无加害意图，他们不知道什么叫作虚荣、尊崇、重视和轻蔑，甚至也许从来不能辨认同类中的任何人；他们除了因年龄、体力和健康的不同所造成的自然的不平等即生理上的不平等以外，没有任何财产上的或政治上的不平等，无"你的""我的"概念，没有服从与被服从、奴役与被奴役的不合理现象，更没有天生的奴隶和天生的主人。换言之，自然人即漂泊于森林中的野蛮人，在自然状态下他们是无知无识、淡泊寡欲的，他们之间是一种自由的、独立的和平等的关系，他们的全部欲望都建立在生存需要的基础上。卢梭认为在这种状态下最能保持和平，对于人类也是最为适宜的。

在卢梭看来，人类在自然状态中虽然是"独立而自由的"，但是这种独立和自由会损害人类最优秀的人的才能。因为每个人都毫无感觉地、孤独地生活着，只想着他自己，内心没有善良，行为没有道德，也感觉不到对德行的热爱。而人类从自然状态过渡到社会状态是人类的进步，这种进步给人类带来了巨大的好处。例如，对正义、权利和义务的呼声代替了本能和生理的冲动；在欲望之后出现了理性。

卢梭认为，依照社会的自然进程，人类本来可以日臻完善，逐步达到幸福的境界。但是，生产力的进步破坏了自然状态中的平等，私有财产产生，贫富对立出现，因而又导致国家的产生，国家变成富人奴役穷人的工具，从而加速了不平等，进而造成人类的堕落、风俗的败坏。在卢梭看来，艺术和科学本是人类进步的成果，但在不平等社会中，它们却成了加速人类堕落的催化剂。社会越进步，人类就越堕落。当社会发展到专制主义的时候，人类就堕落到了尽头。在专制主义社会中，人民的主权被摧毁，人的天赋自由被践踏，不平等达到顶点，只有臣民而无公民。

本来，自然人完全是为他自己而生活的，而公民体现了社会个体与社会整体的关系。自然人是与动物相去不远的单纯无知的人，似乎不应该成为教育培养的目标。但是，由于在专制主义社会的条件下，只有臣民而不存在公民，那么也就无法将培养公民作为教育目的，因此只能将"自然人"作为培养目标。在卢梭看来，公民只存在于合理的国家，合理的国家代表了人民的利益，人民与国家融为一体，这时的国家才是人民的国家，这时的人民才是国家的公民。这样的国家，善于把人的自然性引向社会性，把独立的、绝对的个人培养成忠于祖国、视国家利益高于一切的爱国者。

当然，卢梭教育目的中所指的"自然人"是生活在社会状态中的自然人，而不是处于自然状态中的野蛮人。社会状态中的自然人，是一种"抽象的人"。他既不是封建国家的公民或国民，也不局限于某种阶级和某种职业，更不是社会的孤独的野蛮人，而是一个有见识、有个性、身体和头脑都健康的人。概括起来，社会状态中的"自然人"有三个特点：第一，不受传统束缚而按自身本性发展，具有人的自我保护和绝对的独立性；第二，具有自身价值的独立实体，是非等级、非阶级、非固定职业的；第三，体脑发达，身心健康。卢梭要求"自然人"自食其力，能够迎接命运的挑战，适应各种客观形势发展变化的需要。

概言之，卢梭的教育目的就是要培养自然人，培养能够独立自主的人、自由的人、自食其力的人。在专制政体中，自然人要知道如何做人，并能够在任何情况下坚持做人的本分，他还要为一个自由、平等的社会而奋斗；在合理的国家中，自然人将成为一个公民，具有公民的各种品质，是自由与服从的统一体。

二、自由人的教育

自然和自由是密切相关的。卢梭认为，自由是人的一种天赋权利。他把自由划分为自然的自由、社会的自由和道德的自由三类。自然的自由指人类在进入社会状态之前的自然状态中所享有的自由，它受到个人力量的限制；社会的自由指人类进入社会状态后，即在丧失了自然的自由后，获得的一种基于人们之间的联合和协作而产生的自由，它受到公共意志的规定和限制；道德的自由是最高层次的自由，它出自人的内心，是人类理智能力和伦理思想实现高度发展的条件。卢梭认为，道德的自由是一种高于自然的自由和社会的自由的自由，它使得人类真正成为自己的主人。在道德的自由状态下，人的行动是自主的，是理性与道德意识相结合的产物。在卢梭看来，自然的就是自由的，只有自由的教育，才能培养自然的人。换言之，要想造就自然人，必须遵循自然的要求，保护儿童善良的天性，顺应儿童的自然本性，让儿童拥有充分自由活动的可能和条件，使儿童身心得到自由的发展。这样培养出来的人，才是自由的人。为此，卢梭坚决反对压制儿童的个性、束缚儿童的自由，反对强迫儿童盲目服从封建专制的和教会的权威，反对向儿童强制灌输传统偏见，反对让儿童呆读死记宗教信条，反对严酷的纪律和体罚。卢梭甚至极端地认为穷人是不需要受什么教育的，因为他们在自然的、劳动的生活环境中受到了教育，能够成长为人；要求教育要远离腐化的上层社会生活圈子，远离充满罪恶的城市，到乡村大自然的纯朴环境中进行。

卢梭认为，自然自由地发展就意味着像植物那样生长发育。在《爱弥儿》中，他多次提到这种比喻。他认为教师应像园丁一样精心护理学生，给学生提供一个"自我开拓心灵"的环境，而不应给儿童任何强迫。因为良好的人格产生于内部需要而不是外部压力。当然，不可将卢梭的自然自由地发展理解为放纵或放任自流。在合理的社会制度下，卢梭强调必须以公共意志约束个人的行为，使个人服从于公共意志，遵守纪律。在《爱弥儿》中，卢梭指出在必要时也可适当采用一些强制手段，坚决防止儿童把眼泪变成权威和命令。

总之，在卢梭看来，为了防止罪恶的社会毒化儿童天生的善性，教育就必须遵循自然的要求，注意运用各种自然的方法，使儿童避开社会的不良习俗、习惯和偏见，废止关于社会道德的强迫灌输。简言之，教育要以恢复和保护儿童的天性为宗旨，以身心自由发展为目标，培养出具有自然人优良品质的自由人。

第三节　自然教育理论

早在古希腊时期，柏拉图和亚里士多德就强调教育须适应天性。17世纪捷克教育家夸美纽斯更是在批判经院主义教育违背儿童天性的做法的基础上，提出"教育适应自然"，并提出了一套系统的教育实施方案。继夸美纽斯之后，卢梭再次提出并强调教育中的自然适应性原则。他认为教育应当"归于自然"，适应自然，建立在自然的基础之上。

卢梭自然教育理论的提出，在教育史上具有划时代的意义。它首次把教育的对象——儿童提到了教育的中心地位，认为教育应以儿童的生理、心理特点为依据，以儿童的本能、需要、能力、爱好为基础，教育就是帮助儿童发展其本能和各种器官，通过他自己的活动，使他的身体和心灵能够按照自己的自然进程得到发达和完善。

一、何谓"自然"?

18世纪的欧洲社会普遍盛行着各种自然学说，如自然神论、自然道德学说、自然状态学说、自然权利和自然法思想、"社会的自由"和"自然的自由"二元认知论、"自然秩序"理论等。这些学说赋予了"自然"多重含义，为卢梭自然教育理论提供了思想基础。

"自然"一词在卢梭那里具有多种含义，如保持本来面目、原始倾向、无外界强加干预、非人为等。在教育方面，"自然"主要是指儿童的天性，即人性中的基本能力和倾向。"我们生来是有感觉的，而且我们一出生就通过各种方式受到我们周围的事物的影响。可以说，当我们一意识到我们的感觉，我们便希望去追求或者逃避产生这些感觉的事物，我们首先要看这些事物使我们感到愉快还是不愉快，其次要看它们对我们是不是方便适宜，最后则看它们是不是符合理性赋予我们的幸福和美满的观念。……但是，由于受到了我们的习惯的遏制，所以它们也就或多或少地因为我们的见解不同而有所变化。在产生这种变化以前，它们就是我所说的我们内在的自然。"①由此可见，卢梭认为人通过感觉而形成的趋乐避苦以及追求幸福、完美的倾向，就是人的"内在的自然"，即"天性"，有时也被卢梭称为"原始倾向"。卢梭指出，人的才能和器官的内在的发展就是人的"内在的自然"的发展。在卢梭看来，天性表现为儿童生长发展的自然进程，具有阶段性和顺序性，在各个进程中表现出不同特点。要遵循儿童发展的自然进程，考虑其年龄特征，适应其本性进行教育。

由上述可知，不同于夸美纽斯的"自然"，卢梭的"自然"是一种"内在的自然"，有时被人们称作"主观的自然"或"心理学的自然"。夸美纽斯的"自然"更多是一种"客观的自然"或"外部的自然"。

二、教育为何要遵循自然?

在卢梭看来，有两个重要原因决定了教育应遵循自然。

首先，自然是善的。卢梭和夸美纽斯一样，坚决反对基督教神学的"原罪论"，并认为人性是善的。他从人性善而社会恶的天性哲学角度出发，主张教育应顺应儿童天性的发展。

其次，卢梭认为遗传、环境和教育这三种因素均影响人的成长，只有当这三种因素配合一致时，儿童才能得到正常的发展，而只有适应自然、适应儿童天性时，这三者才能配合一致。

卢梭虽然认为人性本善，但否认先天观念和先天道德的存在，强调必须通过教育来保护和恢复人的天性。他同意18世纪法国唯物主义者有关人是环境和教育的产物的命题，并强调人类本性是可变的。卢梭认为，尽管环境能够对人的身心产生巨大影响，但人也可以通过教育对环境产生影响。要想避免恶劣环境对人的腐蚀，就应运用

① [法]卢梭:《爱弥儿——论教育》上卷，李平沤译，4～5页，北京，人民教育出版社，2001。

教育的杠杆，把人变成一个"人"。教育对于任何社会都是绝对需要的，人与人之间的差别也是由教育造成的。他把教育的来源划分为三个方面，即"受之于自然""受之于人""受之于事物"，分别对应于遗传、教育和环境。在卢梭看来，只有这三种教育配合一致，儿童才能受到良好的教育。但是，这三种教育中，前者是人完全不能控制的，后者也不是人完全能够控制的，只有中间的才是人能够真正地加以控制的。所以，为了保持三方面的教育协调一致，只能让三者统一于"自然"，即适应天性之成长，让教育与儿童天性的自然发展一致起来。这就是卢梭的三重教育说，它实际上是卢梭自然教育理论的前提。

三、教育遵循自然的含义

儿童是自然发展的，这是一种天赋的权利，教育应是"自然"的教育。卢梭要求教育要遵循"自然"，即要求教育要以发展儿童的"内在的自然"或"天性"为中心，人的教育和事物的教育，都应以追随儿童的"内在的自然"为鹄的。这主要包括以下四层含义。

第一，人生来是自由的，儿童的天性也是自由的，教育应是"自由"的教育。在教育中，"自由"决定了儿童的发展应是主动的而非被动的。为此，教育要注重个人的权利和自尊，积极创造让儿童主动发展的条件，反对专断和强制，排除顺从和命令，还儿童以个性自由、思想自由和活动自由。

第二，儿童的发展是一个自然的进程，教育要按发展进程中儿童的年龄特征和心理状况进行。具体而言，教育必须以儿童为出发点，强调儿童与成人的区别，反对教育中的成人化做法和教育中无视儿童特点的现象，适应儿童的身心发展特点，适合儿童的接受能力和需要，处理好儿童发展的阶段性和顺序性的问题。

第三，研究儿童的个别特点。每个儿童的心灵都有其个别的形式，因此要观察和研究每个儿童，满足每个儿童的发展需要。

第四，教育教学方法要适应儿童身心的自然发展，要为儿童的自然发展提供自然、和谐的环境。可采取直观教学、实物教学、户外教学等方法。另外，还要帮助儿童处理好与周围的人的关系，如与保姆、父母、教师的关系。

总之，教育遵循自然，就是教育要适应儿童的自然本性和自然倾向，促进儿童的身心自然、自由地发展，使儿童自然地成长为一个知道如何做人的人。为此，教育必须依照儿童内在的自然的发展秩序，以儿童内在的自然为依据，使儿童在自身教育及发展的过程中居于主动地位，教师的作用在于为儿童的发展创造学习的环境，教师所发挥的作用应该是消极的，而非积极主动的。

尊重并研究儿童，在此基础上决定教育的程序、内容与方法。这就是自然教育理论的基本原理，教育方法的选择都应遵循此原理。

在批判封建教育不合理性的基础上，卢梭的自然教育理论强调以儿童为中心，要求教育重视和遵循儿童身心发展的进程和特点，具有较大的合理性，对后世影响很大，在教育史上被称为是"哥白尼式"的革命；但是，由于所处时代和阶级的局限性，尤其是受到其经验论及社会观的影响，也不可避免地存在缺点或错误。主要表现在：

过分强调儿童在活动中的自然成长，忽视了人类文化传统在教育中的作用，轻视由语言文字所表达的文化知识的意义、价值，轻视由科学概念、定理、公理、命题所组成的系统知识，轻视逻辑思维能力的培养等。

第四节　自然教育的实施

卢梭重视人成长的阶段性和顺序性，强调教育要根据受教育者生理、心理发展的特点来实施。他批评封建的经院教育不顾儿童的天性发展，把儿童看作"小大人"的做法。按照自己对人的自然发展进程的理解，卢梭在《爱弥儿》的第一卷至第四卷中，将人的成长分为四个年龄阶段，对各年龄阶段人的身心发展特点以及所应接受的教育，依次做出了详细说明。

一、幼儿期(0～2岁)

不满2岁的幼儿完全处于长身体的自然状态：幼弱无能，凡事须求助于人；身体柔韧，善于活动，容易接受锻炼；感觉获得最初发展，理性尚未萌芽。因此，教育以身体的养护和锻炼为主，即重点为体育和保健。教育中要坚持使用大自然赋予幼儿的一切力量，让幼儿自由活动、自由发展。具体而言，就是通过合理的饮食、衣着、睡眠和游戏，养成健康的体魄，从而为人一生的幸福奠定基础。

就《爱弥儿》的内容来看，卢梭认为幼儿应该生活在乡村的自然环境中；饮食应简单而平淡；衣着应宽松以利于身体的自由活动；着装应朴素且不能过多；保证充足的睡眠，睡眠环境不必过于温暖舒适；应积极锻炼身体，训练忍受苦痛的本领，接受严格的体格锻炼；等等。

二、儿童期(2～12岁)

2～12岁的儿童身体活动能力和语言能力都已较为发达，感觉能力也开始发展。但他对人生、社会还不可能理解，言行多受感性支配，缺乏适当的理性力量，尚不能形成观念，没有真正的判断和记忆，处于"理性睡眠期"。因此，这时期的教育应是消极的，不宜让儿童学习文化知识，主要是防止儿童产生偏见和谬误，防止他染上恶习、沾染罪恶。教育的主要任务是注意儿童感觉器官的发展，进行感官教育，使儿童获得丰富的感觉经验，为以后的理性教育奠定基础。与此同时，仍要继续开展身体养护与锻炼。

鉴于该时期儿童理智尚处于"睡眠"状态，卢梭反对成人对这一时期的儿童进行说理教育，也反对对儿童施以严酷的约束和惩罚，主张运用"自然后果法"，即让儿童通过体验其过失的不良后果认识错误、吸取教训，服从"自然法则"，自行改正。这样儿童所受到的惩罚，只是其过失所招来的自然后果。"他打坏他所用的家具，你别忙着给他另外的家具，让他感觉到没有家具的不方便。他打破他房间的窗子，你就让他昼夜都受风吹，别怕他受风寒……绝不要埋怨他给你造成的种种麻烦，不过，你要让他头一个感觉到这些麻烦。最后，你才叫人来修理窗子，你自始至终什么话都不要说。"①

另外，卢梭还就儿童期的教育提出了一些其他的要求，如对儿童的教育要宽严适度、循序渐进等。

三、少年期（12～15岁）

12～15岁的少年已拥有较强健的体格和较敏锐的感觉器官，已具备接受理性教育的条件，而且在这一时期对于知识的好奇心也已出现。因此，主要任务是进行智育和劳动教育：让少年学习生活所必要的和实用的知识，培养少年的学习兴趣，教给少年学习的方法；让少年通过劳动发展自己的体力，掌握专门的手艺。

进行知识教育时，卢梭反对古典主义的书本诵习和空洞的文字说教，主张学习实用知识；反对教条主义的冗长讲述，重视师生的共同活动，即行以求知；重视发挥动机、兴趣和需要在学习中的作用，注重在教学中激发学生的自觉性；强调学生的独立判断和独立思考，反对使用命令式或填鸭式的教学方法；要求教师关注学生的理解水平，并据此选择学习内容；十分注重直观教学法，注重教育的艺术。

四、青年期（15～20岁）

15～20岁的青年已接受了前三个阶段"自然状态"下的良好教育，体力和智力得到了较好发展，并养成了良好的行为习惯。此时，青年情欲萌动，并开始意识到社会关系。因此，主要任务是进行道德教育和宗教教育，形成良好的德行，以帮助青年在社会中生活，并处理好群己关系。

卢梭认为，自然人绝对不是不分善恶、不辨好坏、不明是非的野蛮人，而是行善、知善和好善的人。人类善良的天性不会自发地发展成为优良的道德品质，这必须通过向善的有意识的努力才能够实现。道德教育的目标是使青年能够克制情欲，遵照理性和良心指引，爱自己、爱他人、爱人类，尽职尽责，能够主宰自己而不受外界诱惑，始终走正途。

卢梭反对道德教育中使用灌输道德训诫的做法，认为那样不符合受教育者的理解能力，只能在受教育者头脑中形成离奇怪诞的道德观念，并迫使他们成为伪君子或奴性十足的人。卢梭主张：在道德教育中，应注重激发青年自然生发善良感情，慎防卑劣情操的滋长；要注重发展理性，培养情操；应通过接触和了解社会，学习历史、寓言、文学、诗歌等，培养青年的道德思想意识；必须使青年在行为中接受道德磨炼；等等。

宗教教育是道德教育的组成部分。由自然神论出发，卢梭反对强迫儿童死记硬背宗教教条和模拟礼拜仪式，主张青年自己选择宗教信仰。

性教育也是卢梭道德教育的组成部分。卢梭反对禁欲主义和纵欲主义两种极端情形，主张顺应自然发展，要求青年严于律己，做情欲的主人而不是情欲的奴仆。他主张：为防止性早熟，要使青年远离不正当的诱惑；教师应通过适宜的工作和活动来吸

---

① ［法］卢梭：《爱弥儿——论教育》上卷，李平沤译，105页，北京，人民教育出版社，2001。

引青年的注意，使他们的精力分散于性欲之外；尽可能避免与青年谈论性的问题，但一旦此类问题被提出来，教师应据实以告，不能撒谎。

第五节　公民教育论

1770年，卢梭应波兰韦洛尔斯基伯爵之邀写了《论波兰的治国之道及波兰政府的改革方略》，其中比较系统地阐述了有关公民教育的理论，体现了卢梭的资产阶级民主主义和爱国主义精神。它和《爱弥儿》中所体现的自然教育理论，从不同的角度体现了资产阶级启蒙派的教育主张，构成了卢梭教育思想的全部内容。

一、自然人与公民

卢梭所指的"自然人"与"公民"之间既有差别，又有联系。在卢梭看来，"自然人完全是为他自己而生活的；他是数的单位，是绝对的统一体"，而"公民只不过是一个分数的单位，是依赖于分母的"①。他们的最大区别在于他们与社会的关系是不同的。

在卢梭那里，公民与自由、道德、国家、爱国等概念是紧密相连的。他说："祖国没有自由，祖国就不能继续存在；有自由而无道德，自由就不能继续保持；有道德而无公民，道德就将荡然无存。因此，如果你把人们全都培养成公民，那你就一切全都有了。"②也就是说，只有当组成共同体的人们拥有自由、平等、权利和获得幸福时，才有公民的存在，才有公民的爱国美德，才有理想的国家。

卢梭认为教育只能在自然人和公民之间选一，因为教育不可能同时培养这两种人。在专制政体下，因为不存在公民，所以只能选择培养自然人。公民的教育必须以社会制度为依托。但是，卢梭要培养的自然人，在一个理想的社会中应当具有公民品格，因为理性王国的公民应有的品质在自然人身上都已具备。一个自然人在专制社会里能够坚守做人的原则，当条件成熟时，他就能为一个理想社会的到来而奋斗甚至牺牲。当理性王国到来时，原来在专制社会下的自然人就会成为一个公民：一个知道如何做人的人；一个既能坚持自由与平等的原则，又能遵守法律的人；一个既有独立自主精神，又能服从国家利益的爱国者。因此，在理性王国里，教育的目的是培养公民。

由上述可知，自然人和公民，是分属于两种不同的社会制度的教育目的，一种是特殊的和家庭的，另一种是公众的和共同的。当条件成熟时，自然人就会成为公民。

二、公民的培养

卢梭认为国家是依赖于公民才存在的，要建立新型的国家，就必须培养公民和爱国者。也就是说，需要对青年进行完备的社会训练以适应一个尚未完善的社会的各种条件。他要求由国家兴学，将新生一代培养成公民、社会成员、爱国者，从而建立理

---

① ［法］卢梭：《爱弥儿——论教育》上卷，李平沤译，5～6页，北京，人民教育出版社，2001。
② ［法］卢梭：《卢梭全集》第5卷，李平沤译，233页，北京，商务印书馆，2012。

想的社会和国家。

卢梭激烈反对天主教会控制教育，认为公民教育是国家最重要的事，应当在国家的直接控制之下进行。他明确提出公民教育应由国家单独设立的机构领导与管理，主要负责考核学校校长与教师的工作，并根据国家的利益确定其废黜与升迁。他建议波兰政府设立一个最高行政院作为教育的最高管理机构，最高行政院的院长有权任免校长。

卢梭强调，按照共和国宪法，公民不论贫富，都是平等的，享有平等的受教育权利，接受同样的教育。国家要保证贫困者不因学费问题而失学。国家最好实施免费教育，如若不能，则要尽量降低收费标准。在高等学校，还可设立一定名额的免费生，他们的学习费用由国家承担。

卢梭认为对公民的培养并不是一朝一夕可完成的，必须及早开始对儿童进行热爱祖国的教育。当儿童开始阅读学习时，就让他阅读自己的"国家"。这里的"国家"包括国家的所有物产，一切省区、道路和城邑，国家的历史和国家的法规。10岁时，儿童应该熟悉自己国家的所有物产；12岁时，熟知一切地理和行政区划；15岁时，了解国家的全部历史；16岁时，懂得国家的一切法规。到20岁时，他应当成长为一个具有民族心灵的爱国者。卢梭认为，身体的训练也是公民教育的一个重要组成部分。各种运动和身体锻炼不仅可以增进健康，而且对道德的形成有重要作用。卢梭认为国家要为儿童在学校建立练身场，对儿童进行身体训练，并强调通过公开举行的各种体育竞赛活动，使儿童习惯于公众生活，激发和形成一种渴望使自己的行动获得公众赞许的意识。卢梭还重视从儿童共同的游戏中培养未来政治家的国事管理才干。

民族文化最终要通过教师来传授，教师必须是本民族人，是爱国者，具有良好的知识修养和聪颖的智慧头脑，拥有优良的品德和高尚的精神，而且受人信赖。

第六节　女子教育论

在《爱弥儿》第五卷，卢梭以爱弥儿的未婚妻苏菲为例，专门论述了女子教育问题。卢梭虽然也是从顺应天性出发来阐述女子教育的，但同时他又认为，由于男女在体格和性格上的差异，对二者的教育也应当不同。在教育目标、内容、方法等诸方面，卢梭所阐述的女子教育与男子教育是大相径庭的。卢梭的女子教育观比较保守，基本上未超出世俗的见解。

卢梭认为，女子的天性是做母亲，这是自然法则赋予她的天职。而且女子生来就为取悦和从属于男子，因而女子必须针对男子的需要而受教育。他认为，在女子身上去培养男子的品质，让她像男子那样去参加社会、政治和学术工作，是违反自然的。培养贤妻良母应是女子教育的目标或方向。在卢梭看来，贤妻良母应该是身体健康、精神愉快的。她要顺从丈夫，但不是完全奴性地顺从，必要时不仅可以凭借品德和智巧而约束和驾驭丈夫，而且应该成为丈夫的助理、导师或监护人；她还要能治家，既能缝纫、烹饪，又善管理、调度，既能从事各种杂役，又能掌管家庭经济。

女子教育首先应当使女子养成强健的体魄，从而为促进心智发展和生育健壮子女打下良好的基础。卢梭提倡女子应从幼年起就通过舞蹈、游戏等方式多多活动，从而拥有健康的容颜和愉快的精神。其次，应当使女子养成节制、柔顺的品德。卢梭认为顺从是女子一生所需的品质，女子必须从小养成约束自己的习惯。在训练时，要以慈祥的手段，并顾及她们的发育情况和兴趣。再次，女子教育应注重治家能力的培养，这主要通过在家庭中的工作来完成。最后，女子教育还要使女子养成优美的风格。优美的风格包括优良文雅的风度、美好而不妖艳的容貌、高尚的智慧和清晰的头脑。也就是说，女子要有解决实际问题的能力，观察、分析和判断事物的能力，艺术欣赏和表现的能力，语言能力等。卢梭认为，女子天性活泼好动，在教育中要因人而异地教她们唱歌、跳舞、绘画、游戏以及一些必要的技艺。

第七节　卢梭教育思想的历史地位与影响

自欧洲文艺复兴以来，拉伯雷、蒙田等人文主义者就开始猛烈地抨击封建教育的顽固堡垒，要求以新教育来替代旧教育。但是，这些批判和呼声是零散而片面的，破坏有余而建设不足，并没有提出一套全面而系统的新教育的建设方案，正是卢梭很好地完成了时代所赋予的这项使命。

卢梭变抑制天性的教育为尊重天性的教育，是教育上的巨大变革，在历史上是有积极的进步意义的。当然，卢梭的"归于自然"的学说，由于片面强调人性善，幻想脱离现实社会而率性成长，显然是不科学的。

在教育目标上，卢梭要求培养身心调和发达的自然人，他所塑造的爱弥儿，既有哲学家的头脑，又有劳动者的身手，还有革新家的品德。这比以往的和当时的教育理想都前进了一步。但是，卢梭把自然人与公民截然对立起来，并力图使自然人摆脱社会的制约，未免过于偏激，陷入幻想。

卢梭有关从初生到 20 岁的四个教育阶段的划分，虽然从心理学的角度看并不科学，显得过于机械和刻板，但他注意到教育须符合儿童的年龄特征和个别差异，要求教育以儿童身心发展进程为依据，无疑具有重大的进步意义。

在教育内容上，卢梭重视身体健康和锻炼，强调感官教育，主张学习真实有用的知识，注重道德教育。在教育方法上，卢梭反对填鸭式教学，注重启发性教学，提倡采用直观教学法等。这些在当时都是十分进步的观点。

在女子教育方面，因为卢梭把女子看作男子的附庸，所以主张女子必须针对男子的需要而受教育。这种观点显然是保守和落后的，与他所推崇的人人平等的社会理想也是自相矛盾的。但是，他注重女子的身体健康和治家能力的培养，强调女子也要接受教育，在当时也具有一定的积极意义。

　　卢梭的《爱弥儿》问世以后，在整个欧洲引起深刻反响。天主教会和封建专制政府感到惧怕和愤怒，他们焚烧《爱弥儿》，通缉卢梭，并在思想上发起了对卢梭的围攻。但是卢梭的《爱弥儿》等著作还是迅速传播到整个欧洲。在英国、意大利、葡萄牙、西班牙等国，《爱弥儿》受到许多人的欢迎，成为人们如饥似渴地阅读的著作。普鲁士的萨尔斯曼（Christian G. Salzmann，1744—1811）根据《爱弥儿》中的某些观点建立了一所学校；德国泛爱主义教育家巴泽多将卢梭的教育思想运用于他所建立的泛爱学校的教育实践之中；哲学家康德的《论教育》吸收了《爱弥儿》中的部分观点；裴斯泰洛齐（Johann Heinrich Pestalozzi，1746—1827）以及稍后的福禄培尔（Friedrich Froebel，1782—1852）的教育实践和教育理论，也以卢梭的自然教育理论为重要根据。

　　卢梭的教育思想对欧洲以外的国家和地区也产生了深刻影响。例如，19世纪末期兴起的进步教育运动以及杜威的实用主义教育思想，虽然在一些问题上与卢梭的自然教育主张存在差别，但也与其有着千丝万缕的联系；在日本，从大正末年起，卢梭的《爱弥儿》先后印行过20版，是日本岩波文库中最受欢迎的一部著作；在丹麦，哲学家霍夫丁（Harald Høffding，1843—1931）读完《爱弥儿》后，称其为"儿童的宪章"。

　　当然，由于卢梭的自然教育思想体系中也存在一些含混不清及矛盾之处，其教育思想也并不都被认同。但是，卢梭尊重儿童天性的根本主张从未被推翻，批判他的人只是认为其立论有些偏激，判断和推理中往往带有主观臆测或以偏概全的特点。

　　总之，卢梭的自然教育思想开创了近代教育思想的新纪元，现代教育的许多重要发展都可以追溯到卢梭。正如美国教育家杜威在《明日之学校》中所说："卢梭所说的和所做的一样，有许多是傻的。但是，他的关于教育根据受教育者的能力和根据研究儿童的需要以便发现什么是天赋的能力的主张，听起来是现代一切为教育进步所做的努力的基调。"①

小结

　　卢梭是世界教育史上划时代的教育思想家，他的自然教育思想既是那个社会的产儿，也是那个时代的战旗。他批判原罪论，提出性善论；他反对封建专制，提出社会契约论；他否认传统教育中以教师、成人和书本为中心的做法，强调教育要尊重儿童的自然和自由，要求教育遵循儿童身心发展的自然进程，认为应根据儿童的需要、能力和兴趣进行教育，从而把儿童从一个被动接受塑造的动物，变成了一个主动接受教育的活泼儿童。尽管卢梭的自然教育理论本身存在一些片面、偏激乃至自相矛盾的地方，但它在历史上所具有的重大进步意义是不容忽视的。它不仅直接推动了当时反宗教、反封建的斗争，极大地促进了近代教育理论的发展，而且促使后世儿童观和教育观发生了巨大变革，成为后来儿童中心主义的思想来源之一。《爱弥儿》作为卢梭教育思想的重要载体，体系完整，现今教育中的很多问题甚至都可以从中找到答案。故

---

①　[美]约翰·杜威：《学校与社会·明日之学校》，赵祥麟、任钟印、吴志宏译，221页，北京，人民教育出版社，1994。

此，有学者将卢梭的《爱弥儿》与柏拉图的《理想国》相媲美，认为二者同为教育史上最重要的教育著述。

思考题：

1. 试述卢梭自然教育的培养目标。
2. 简述卢梭自然教育的实施过程。
3. 试述卢梭的公民教育论。
4. 简述卢梭自然教育思想的历史地位与影响。

参考文献：

1. 卢梭．爱弥儿——论教育：上、下卷．李平沤，译．北京：人民教育出版社，2001.

2. 卢梭．社会契约论．李平沤，译．北京：商务印书馆，2011.

3. 卢梭．论人类不平等的起源和基础．李常山，译．北京：商务印书馆，1962.

4. 滕大春．卢梭教育思想述评．北京：人民教育出版社，1984.

5. 赵祥麟，任钟印，李文奎．外国教育家评传：第一卷．上海：上海教育出版社，1992.

6. 滕大春．外国教育通史：第三卷．济南：山东教育出版社，2005.

7. William Boyd. The Educational Theory of Jean Jacques Rousseau. London: Longmans Green & Company, 1911.

8. Gabriel Compayre. Jean Jacques Rousseau and Education from Nature. New York: Thomas Y. Crowell Company, 1907.

9. Robert Ulich. History of Educational Thought. New York: American Book Company, 1945.

第十章　18世纪中期至19世纪末欧美主要国家和日本的教育

内容提要

18世纪中期至19世纪末，在继承本国教育传统的基础上，德国、法国、英国、美国、俄国和日本开展了一系列的教育改革，各国的教育管理体制、学校类型、课程设置、教学内容与教学方法发生了显著变化，教育国家化、世俗化以及实科化发展趋势更为明显，较好地适应并促进了各国社会政治、经济、科学技术与文化的发展。各国教育家的教育思想与教育观念，也对各国的教育实践产生了积极影响。

学习目标

结合18世纪中期至19世纪末德国、法国、英国、美国、俄国和日本政治、经济、文化、教育发展的特点，认识各国各级各类教育的发展历程和主要成就，理解各国教育制度的基本特点，掌握该时期具有代表性的教育家的教育主张。

> ⚡ **核心概念**
>
> 泛爱学校;费希特;洪堡;第斯多惠;《费里法案》;涂尔干;文法学校改革;公学改革;新大学运动;大学推广运动;斯宾塞;赫胥黎;俄国教育改革运动;乌申斯基;《学制令》;福泽谕吉

　　18 世纪五六十年代首先在英国爆发的工业革命及其在欧美其他国家和日本的开展,极大地改变了各国经济发展的面貌,社会生产潜力得到前所未有的开发,进而促使英国、法国、德国、美国、俄国和日本的政治、文化和科学技术发生了巨大变化。法国大革命、美国独立战争、俄国农奴制改革和日本明治维新等政治变革,以及对欧美主要国家产生重大影响的启蒙运动,无不成为影响这一时期各国教育发展的重大社会历史事件。尽管各国政治、经济、文化和科学技术的发展条件和基础不同,教育传统也存在差异,但这一时期各国在教育发展上均取得了显著成就,各级各类教育发展迅速,国民教育体系得以构建,体现各国时代教育发展要求的教育家则结合各国的具体教育任务提出了自己的教育观。

第一节　德国教育

　　18 世纪中期至 19 世纪末德国的教育实践与教育理论均取得了较为突出的成就,初等教育体系得以建立并趋于完善,泛爱学校运动兴起,中等教育改革与现代大学创设,成为这一时期教育实践进步的主要内容。费希特、洪堡、福禄培尔、第斯多惠、赫尔巴特等教育家的教育理论,不但直接影响了德国教育实践的发展,而且还进一步丰富了人类教育思想库,对其他国家和地区的教育事业产生了深远影响,具有世界性意义。

一、初等教育体系的初步建立

　　在欧洲启蒙思想和科学发展的影响下,18 世纪普鲁士成为德意志诸邦中经济和文化教育最为发达的邦国之一,普鲁士的教育也成为德意志各邦教育发展的典范。

　　在卢梭、裴斯泰洛齐等人的自然教育思想的影响下,德国学前教育获得初步发展,一批幼儿学校和学前教育机构出现,如 1802 年巴乌利美侯爵夫人创设的幼儿保育机构,1810 年在哈德斯来宾成立的"保姆学校",1812 年在莱比锡成立的"托儿所",1819 年瓦德蔡克在柏林创办的托儿所,1837 年福禄培尔在德国勃兰根堡创设的幼儿学校(1840 年更名为幼儿园)。[①] 其中,福禄培尔等人所致力发展的学前教育事业在民

[①]　郭法奇:《外国学前教育史》,80~85 页,北京,北京大学出版社,2015。

众的支持下发展迅速。1851 年后德国政府禁办幼儿园，严重阻碍了学前教育事业发展。19 世纪后半期，在社会各界的呼吁与压力下，德国政府取消禁令，学前教育事业日益复苏，并实现长足发展。

在教育管理方面，为实现教育管理权从教会向政府的转移，各邦国政府采取了相应的改革措施。按照 1794 年普鲁士颁布的《民法》，国家办学的范围包括小学、中学和大学。《民法》中的学校教育条款规定：包括大学在内的各级学校均属于国家机构，管理和教育青年是学校的职责；学校的设立须获得国家的许可，并接受国家的必要监督和管理。即便教会设立、管理的学校，也须遵照国家的相应法令。普鲁士的省、郡、县和学区设有管理初等教育的机构或官员，负责各学区公立小学的设立与管理事务。私立小学的创办与运转也需严格遵守政府相关法令。《民法》的上述规定为其赢得了"普鲁士世俗教育大宪章"的称誉。普鲁士教育实践中的国家意志得到进一步体现。这一做法为德意志其他各邦国所效仿。当然，这一时期彼此割据的德意志诸邦所面临的动荡形势影响了国家办学意志的实践化体现与发展，但这毕竟在一定程度上显示了各邦发展国家教育的愿望，预示着此后德国国民教育发展的方向。

德国初等教育在 19 世纪初获得较大发展，一些邦国所颁布的促进义务教育发展的法令，直接加速了初等教育的发展。1802 年巴伐利亚颁布了《初等义务教育法》，1805 年萨克森颁布了同样的法令。到了 19 世纪 60 年代，德国初等学校的适龄儿童入学率已超 95％，居于欧美国家前列。在教育内容方面，初等教育的教学科目在保留传统的阅读、写作、计算和宗教科目的基础上，增加了数学、博物学、自然、几何和地理。

在任普鲁士文化教育大臣期间，为实现教育发展，提振国民意志，挽救国家危亡，洪堡全面推行了教育改革。在初等教育方面，洪堡将教育目的表述为：不在于向学生传授知识，而在于锻炼记忆力、加强理解力、培养判断力、发展理性能力，养成纯洁的道德情操和虔诚的宗教情感。1808 年，普鲁士派遣人员到布格多夫和伊佛东学习考察裴斯泰洛齐的教育方法，借鉴推广裴斯泰洛齐的教育经验和方法。在洪堡的领导下，德国初等教育较以前实现较大发展，教学内容除《教义问答》外，还注重阅读、写作与计算。教学方法注重使用实物教学。该时期为服务于初等教育发展，师范教育发展也受到相应重视。1809 年第一所专门培养教师的教育机构——柏林师范学校创办，1820 年默尔斯师范学校设立。到 1831 年，普鲁士的每个省都设立了自己的师范学校。这批师范学校借鉴裴斯泰洛齐培训教师的理论和方法，在未来教师的养成实践中传播民主、自由的教育观念，表现出明显的进步色彩。其中，1822 年创设的萨克森省韦森菲尔斯师范学校，为该省四所示范学校之一，代表了当时德国师范教育的发展成就和方向。该校下设机构包括师范学校、附属于师范学校的预备学校、中学、为贫穷儿童开办的初等学校、为聋哑儿童开办的学校。主要教学科目包括宗教与道德、德语、算术和几何、宇宙论、教育学、农艺、卫生学、音乐理论和训练、绘画以及写作。

1815 年，拿破仑帝国崩溃之后，以俄罗斯、奥地利和普鲁士为核心的"神圣同盟"

成立。之后，普鲁士政府于 1817 年成立以阿尔登斯坦为部长的"宗教事务与国民教育部"，取代公共教育部，进一步扩大了教会僧侣对教育的影响和控制，加强了神学课程教学，自然科学知识的教学被取缔，教育内容的宗教色彩日益突出。19 世纪前期德国柏林的初等学校一般分为第一级和第二级两级，据美国教育家亚历山大·D. 贝奇（Alexander D. Bache）《关于欧洲教育的报告》所记，柏林初等学校第一级的教学科目主要包括宗教、德语、抄写、算术、唱歌；第二级，男生学习自然科学、地理学、自然历史基本知识、几何学和作图法，女生则学习缝纫、编织等。①

1848 年革命失败之后，德国初等教育事业发展受阻。1854 年，普鲁士政府颁布法令，决定把初等学校和师范学校建立在宗教的、效忠于普鲁士君主的和德国沙文主义的基础之上，初等学校全部交由教会管理，教学内容以《教义问答》、《圣经》和《赞美诗》为主，教学方法强调记忆和背诵。规定师范学校取消古典文学、教育学、心理学、人类学教学，并对历史、地理、博物学、自然科学、数学教学也做出了诸多限制。师范学校仅提供阅读、写作、计算和宗教神学教学，另向学生传授一些讲授技术和学校法令。

1871 年德国实现统一后，德国初等教育的民族沙文主义、军国主义倾向进一步强化，这一倾向在国民学校和中间学校所设的宗教、德语、历史、地理等课程中均有明显体现，此类课程的教学也受到更多重视。国民学校与中间学校同由皇室政府管辖，在汉诺威省则由皇室宗教会议管辖。

二、泛爱学校发展

18 世纪后期，伴随着德国"泛爱学校运动"的兴起与开展，泛爱学校实现较快发展。

德国泛爱学校是一类深受卢梭自然教育思想影响的新式学校。同时，"泛爱学校"的兴起和发展，还受到 18 世纪德国思想文化领域内"狂飙突进"运动的影响。就教育理论渊源而言，德国泛爱主义教育活动和泛爱学校发展受到法国启蒙学者教育观和 17 世纪捷克教育家夸美纽斯自然教育理论的影响，并部分吸纳了拉夏洛泰国民教育思想的内容。

泛爱学校的首创者巴泽多生于德国汉堡，幼年因不满父亲打骂和宗教教育的死板，离家到荷尔斯泰因成为一位医生的仆人。后听从医生劝告返回汉堡，1741—1744 年就读于汉堡文科中学，学习期间阅读了卢梭的《爱弥儿》，深受其自然教育思想的影响。1744 年入读莱比锡大学，专修神学和哲学。1748 年，他在荷尔斯泰因任贵族家庭教师时，以卢梭自然教育思想为教学指南，采用自由游戏和实物教学法。在巴泽多的教导下，10 岁儿童达到了相当于文科中学毕业生的水平。巴泽多因此受到贵族推崇而声名远播。

1752 年，巴泽多结合自己的教学经验，以直观性教学方法及其运用为内容撰写完成《教学法》，凭此获得基尔大学硕士学位。并于同年受聘执教于丹麦索勒文科中学。

---

① 夏之莲：《外国教育发展史料选粹》上，416～419 页，北京，北京师范大学出版社，1999。

1761 年转任阿尔托纳文科中学校长。其间因撰写关于自然神教的小册子，被迫辞职，学术道路受阻。自此潜心思考教育和教学改革问题，并着手编写新教材。1768 年，巴泽多发表《关于学校和学科对公共幸福的影响敬告慈善家和富人书》。巴泽多提出，要按照卢梭的教育思想改造学校教育，并且重申在游戏中实施早期教育的思想。此外，巴泽多还在拉夏洛泰国民教育思想的影响下，主张设立最高国民教育管理机构管理学校教学、图书、讲堂和一切与青年教育有关的事项。1770 年，巴泽多为家长和普通公民撰写了《教育方法论》。为服务于学校教学，巴泽多还提出要编写出版适合青少年学习使用的各学科基础教材，吁请社会名流与富人捐资出版此类教材。巴泽多的这一倡议得到异乎寻常的社会关注和热烈反响，一些著名学者如莱辛、康德、歌德等人慷慨解囊。最后巴泽多共获捐款 15000 塔勒①。依靠这笔捐赠资金，1774 年，巴泽多出版了附有 100 幅插图的 4 卷本《初级读本》。该读本内容丰富，由《教育方法论》的理论说明和一些有关人文学科与自然科学内容的文章组成，曾被誉为 18 世纪的《世界图解》。为更好实现自己的泛爱主义教育理想，巴泽多又在歌德等人的推荐下，于 1774 年在德绍建立了一所"泛爱学校"，又称"一视同仁"学校。

泛爱学校以人类互爱精神为办学思想，并在教学实践中着意体现人文主义教育观，体现民主、平等的教育理想。泛爱学校在招生上无贫富差别、无等级区分。在教学内容安排上，注重自然科学（自然史、解剖学、物理、化学、数学等）、实用技术（绘画、木工等）、语言（现代语文的阅读与写作）的学习；在教学实践中，注重采用夸美纽斯、卢梭的直观性教学原则，重视运用对话、游戏、参观等方法，重视运用直观教学法或实物教学法；在教学过程中，注意发挥儿童学习的主动性与积极性，使儿童在理解的基础上掌握所学内容，并发展儿童的智力。

在道德教育方面，注意使儿童养成温良、谦逊的态度及互助互爱的精神。注重儿童的体育训练活动，经常组织开展赛跑、角力、游泳、骑马、户外散步与游戏等活动，使儿童养成健康的体魄和良好的生活习惯。无论在教学活动还是在管理活动中，注重采用正面的鼓励与引导，严禁以体罚或其他惩罚性形式管理教育儿童。巴泽多认为只有如此，才能将儿童培养成为身体健康、品质高尚的有用之才。

泛爱学校教师多为泛爱主义教育思想的拥护者，卡佩姆（J. H. Campe，1746—1818）、萨尔斯曼、特拉普（E. C. Trapp，1745—1818）和罗霍（F. E. von Rochow，1734—1805）是教师中的杰出代表。他们不但直接协助巴泽多开展实施了泛爱主义教育活动，而且还继承和发展了泛爱主义教育事业。

卡佩姆除在巴泽多的泛爱学校任教外，还曾在汉堡附近的特里顿开办泛爱学校，并曾出任布伦斯威克的教育评议员。建立脱离教会的学校制度失败后，卡佩姆遂致力于泛爱主义教育的理论阐述工作，撰写出 16 卷的《学校和教育制度的全面改革》。1784 年，萨尔斯曼在哥达附近的施内普芬塔尔建立了一所泛爱学校。萨尔斯曼注重在教学实践中营造家庭氛围，重视体育和手工劳动教育。特拉普创办了运用泛爱主义方

———————

① 塔勒，旧时德国一种银币。

法培养教师的教育学院，并从 1779 年开始主持教育学讲座。泛爱主义教育对德国和瑞士的初等教育改革产生了很大影响，并为此后裴斯泰洛齐和谐教育思想的形成及 20世纪欧洲新教育运动的兴起提供了理论启示。

三、中等教育的改革与发展

18 世纪中期至 19 世纪末，德国中等教育机构主要包括两种类型：文科中学与实科中学。

（一）文科中学的改革

18 世纪中期至 19 世纪初，文科中学仍是德国中等学校的主导性类型。文科中学保留了浓厚的古典传统，招收对象为贵族子弟，古典教育是其主要教育特色，把升学预备教育以及培养青年胜任传统的上层职业，如医生、律师、政府管理人员作为主要的教育目的。

19 世纪初，洪堡提出了《柯尼斯堡学校计划》和《立陶宛学校计划》，后被其继任者苏佛恩(J. W. Süvern)实施，极大地促进了 19 世纪德国中等教育的发展。

在文科中学的改革方面，首先是将此前传统的文科中学、高级女子中学、学院、拉丁语学校和学园统称为"文科中学"。只有持有文科中学毕业文凭者，才可能进入大学深造或出任国家官吏。

其次，为提高文科中学的教育质量，加强文科中学教师的考核和选拔工作。按照1810 年普鲁士所颁行的教师考核规程，由柏林大学、布雷斯劳大学和柯尼斯堡大学的教师组成"教育代表团"履行文科中学教师的考核责任，考核科目包括语文、数学、科学、历史等文科中学主设课程。如此，便把此前未接受过普通教育而出任文科中学教师的教会人士排除在外。

再次，实施文科中学的课程改革。在保留传统文科中学课程的基础上，推行"全面教育"，适度加强历史、地理、绘图、自然科学及外语教学，强化文科中学教学内容与现实社会生活的联系。

最后，新设六年制高中（又称"高级市立学校"），学习内容与一般高级中学基本相同，不过不设希腊语与古典著作课程。1832 年之前，通过毕业考试的学生需在军队服役一年，并担任下级军官职务。

（二）实科中学的发展

在继承 18 世纪部分实科中学教育传统的基础上，1832 年普鲁士颁布实施《实科中学毕业考试章程》，实科中学毕业生可在邮政、林业和建筑等行业任职，可减免兵役一年。将实科中学纳入政府主要中学类型。1859 年颁布的《实科中学课程编制》，则就实科中学修业年限和课程设置做出规定，高级实科中学学制 9 年，保留拉丁语教学，毕业考试通过者可获文科中学毕业证，并可在技术或建筑行业任职，进一步规范了实科中学的发展。1870 年，实科中学毕业生获得进入大学学习数学、自然科学和现代语言的资格，标志着实科中学发展迈上一个新台阶。

四、高等教育

高等教育的发展主要体现为 18 世纪晚期德国传统大学的改革和 19 世纪初德国新

大学的创办。

（一）18 世纪晚期传统大学的改革

18 世纪中期德国高等教育发展的主要成就表现为哥廷根大学和埃尔朗根大学的创设与哈勒大学的发展，并按照现代大学制度运行，德国大学发展呈现出新气象。然而从整体上看，受战争以及大学相对传统的教学内容与教学方式的影响，德国大学发展前景不容乐观。多数大学招生生源不足，大学社会声誉低落，被民众视为落后于时代的机构。18 世纪晚期的大学改革就是在此背景下开展的。

1749 年，范斯维尔腾（Gerard van Swieten）教授在维也纳大学实施了改革：提高教授工资待遇，加强政府对大学的管理，排除教会在教授聘任事务中的影响。其他大学也实施了不同程度的改革。

1763 年，特里尔大学史学家和神学家霍恩泰因（Nicholas von Hontheim）化名出版《论教会的地位和教皇的合法权力》一书，主张限制教皇权力，试图推进相应改革。后因罗马教廷干预，改革夭折。

1766 年，耶拿大学教授施密德（Achateus L. K. Schmid）出任"政府委员会"成员后，为耶拿大学制定了综合预算方案，改善教师工资待遇，以提高教授投身于教学与科学研究活动的积极性。

（二）柏林大学的创办和新大学的发展

19 世纪初普法战争中普方战败不仅直接导致割地赔款，而且极大地影响了德国大学的发展，而实施德国政府及民众以"智力上的进步"弥补战场失利这一兴国策略的柏林大学的创办，则成为德国高等教育发展史上具有里程碑意义的重大事件。在施莱尔马赫（Friedrich Daniel Schleiermacher，1768—1834）、费希特和洪堡的倾力合作下，1810 年秋，柏林大学正式开学。柏林大学坚持"自由的学术研究"理念，"为科学而生活"成为柏林大学的教育理想。

在大学职能上，柏林大学将开展高深的科学研究视为大学的基本职能之一。为更好履行这一职能，大学为教师提供充分的教学科研自由，同时允许学生享有充分的学习自由，包括选择学习科目、选择授课教师和转学的自由。为使教学与科研相结合，采用了开设讲座的方法。鼓励学生进行高深研究，重视高级研讨班的组织，即高年级学生在教授指导下，组成小组研究高深的科研课题。

在内部机构建设上，柏林大学提高了哲学院的地位，把哲学院建设成为大学中心。洪堡、费希特、施莱尔马赫等人反复强调，柏林大学哲学院要在科学知识传授和教学方法方面处于领先地位，成为科学研究的发源地和其他专业学院效仿的榜样。获得极大成功的柏林大学成为德国传统大学改革的榜样和新大学效仿的对象。莱比锡大学、海德堡大学等传统大学按照柏林大学的模式实施了改革，布雷斯劳大学、波恩大学和慕尼黑大学等新大学纷纷以柏林大学为榜样，将学术自由和科学研究的精神确定为大学的教育理念。

然而，自 1815 年维也纳会议确立了以奥地利为主席的德意志国家联盟后，德国大学开始被置于不利的政治和社会环境之中。1819 年，联邦会议通过卡尔斯巴德决议，查禁大学生联合会，取缔新闻自由，并建立起遍及德国联盟大学的严密监督网。

此后，德国大学的发展主要表现如下。

第一，习明纳和研究所的发展。习明纳，又称"高级研讨班"，最早见于18世纪初虔敬派教育家弗兰克创办的师范学校中，后格斯纳于1737年在哥廷根大学创办哲学习明纳，以培养从事教学的神学家。1850年后，大学习明纳和研究所明显增多。德意志统一后，习明纳和研究所获得快速发展，不仅数量日渐增多，而且还极大地改变了大学尤其是学院成员的生活方式。研究所为学生提供了更多的与教师交流的机会。

第二，大学在校生规模扩大。19世纪30年代中期到60年代中期，德国大学学生人数一直在12000人到13000人之间波动。1870年突破14000人，此后继续呈明显增长的趋势。除1890—1896年短暂停顿外，到1900年大学注册人数稳定在34000人左右。

第三，技术学院的发展。技术学院的前身为技术学校，大多创办于1819—1870年，其中较著名的技术学校包括创办于1825年的卡尔斯鲁厄技术学校、创办于1829年的达姆施塔特技术学校和创办于1827年的慕尼黑技术学校等。从19世纪60年代开始，技术学校升格为技术学院或技术大学，开始开展更加注重理论基础的应用科学教育。19世纪90年代，在德皇的庇护下，技术学院获得进一步发展，技术学院教授享有等同于大学教授的地位。

五、费希特的教育观

费希特(Johann Gottlieb Fichte，1762—1814)，19世纪德国哲学家和教育家。出生于贫穷的手工业者家庭，1780年开始先后在耶拿大学和莱比锡大学学习神学。1794年任耶拿大学教授，1797年赴埃尔朗根大学任教，1807—1808年法军占领柏林期间面向普鲁士民众作了14场题为"告德意志国民"的系列讲演。1810年出任柏林大学首任校长。主要著述有：《知识学基础》、《论学者的使命》、《知识学导言》和《人的使命》。

(一)国民教育论

受康德和裴斯泰洛齐教育思想的影响，并结合普法战争后德国社会实际状况，费希特强调以国民教育为手段，唤醒和激发德意志国民的精神、信心和热情，进而形成了自己的国民教育思想。国民教育成为费希特国家学说的一部分，振兴国民教育成为重建普鲁士和摆脱时代危机的必要行动。

就教育性质而言，国民教育是一种德行教育和理性教育相融合的教育。德行教育重在开展爱国主义和民族主义教育，使未来国民具有优秀的德行，如具有责任感、博爱、同情心、善良、忠诚、自我牺牲精神和家庭观念，具有强烈的民族意识和爱国主义情感。积极的德行教育不是为学生规定道德准则，教育学生俯首帖耳、循规蹈矩，那样只能造就奴性十足的工具。"德行必须在自我谦虚的静思中，在不骄不躁中，在内心萌发，逐渐成长，发扬光大。"[1]理性教育则是通过全民教育，着重培养受教育者

---

[1] 吴式颖、任钟印：《外国教育思想通史》第七卷，106页，北京，北京师范大学出版社，2017。

的自我反思、独立思考与自主实践能力。就二者的关系而言，德行教育是目的，即培养学生具有高尚的伦理道德观；理性教育是方法和手段，是实现德行教育的根本保证。

就教育目的而言，国民教育旨在培养合格国民。合格国民首先要具有良好的德行，即具有高尚的爱国主义情操、崇高的民族情感和民族气节，具有社会责任感、同情心、奉献精神和家庭观念等道德品质和道德观念。合格国民还需具有健全的人格和较强的理性思维能力，能够在社会实践中运用自己的专业知识为国家和民众造福。合格国民还应该是身体健康、身心协调、平衡发展的人。

就教育对象而言，国民教育是全民教育，要针对全体国民实施。为此，应改革教育仅向社会上层家庭子弟开放的状况，尽快使教育对象不再局限于社会某一阶层，而使教育成为所有阶层成员都可以享受的发展权利。费希特主张国民教育是提高全体国民素质、拯救德意志民族危难的必要条件，因而国民教育是超阶层的，应覆盖全体民众。"人民大众是国家的最大多数和最重要的组成部分，他们应当受教育。不止是受到教育，也要受到体力的训练（至今为止，给予他们的只是这种体力训练）。应当使所有孩子都有受教育的机会，造就他们的自信心，使他们能把自己的力量献给共同的利益。"①费希特还进一步主张，男女儿童应当一起成长，除了与性别差异有关的教育外，男女儿童在所有方面都应接受同样的教育。

就实施主体而言，国家或政府应掌握发展和管理国民教育的权力，成为实施国民教育的主体，驱逐教会对教育事务的控制与垄断。国家或政府应广设国民学校，提供必要的经费资助，并配备相应的教学设施和设备。在《致德意志民族》中，费希特主张国家设立学校，将学生集中到专门的教育机构学习农业技能、畜牧技能和手工业技能。"国家既有强迫它的公民参加战争的权力，同时也有权强迫年青一代接受公共教育，让他们摆脱父母的'襁褓'。"②

就教育内容而言，国民教育是一种全面教育，应注重为每个人提供身体、智力与道德方面的全面教育。国民学校不但要向学生提供阅读、写作和计算等普通文化知识的教育，还要注重为学生提供各行各业的基本技能训练，培养学生自立、自信、吃苦、耐劳的品质，为其未来参与职业劳动和职业生活打下基础，并最终成长为合格的劳动者和忠诚的爱国者。

（二）学者教育论

关于学者教育，费希特分别从学者使命、教育任务和社会职责三个方面进行了阐述。

关于学者使命，1794年费希特在耶拿大学所作题为"学者的道德"的演讲中提出，作为一个特殊社会阶层的成员，学者的使命是："高度注视人类一般的实际发展进程，

---

① ［英］博伊德、金：《西方教育史》，任宝祥、吴元训主译，329页，北京，人民教育出版社，1985。

② 吴式颖、任钟印：《外国教育思想通史》第七卷，110页，北京，北京师范大学出版社，2017。

并经常促进这种发展进程。"①学者应关注社会现实，敏锐把握社会发展对新知识与新技术的需求，并以自身的知识探索与创新活动做出持续的有效回应。学者应谨记，自己的进步决定着人类发展的其他一切领域的进步，自己应该永远走在其他领域的前头，以便为人类的发展开辟道路。② 因此，"就学者的使命来说，学者就是人类的教师"③。

关于学者的教育任务，费希特强调，学者要借助于知识的传授，把个人培养成为富有理性的人，培养成为在追求"自在的人"的基础上，适应社会生活的"社会的人"。"所谓自在的人就是这样一种人，这种人仅仅被想象为是人，是仅仅按照一般人的概念加以想象的；这种人是孤立的，没有任何结合，在他的概念里必然不包含任何结合。"④"自在的人"的最终使命就是追求人的完全自相一致，不断地追求和接近"至善"。"无限地接近这个目标，就是他作为人的真正使命，而人既是理性的生物，又是有限的生物，既是感性的生物，又是自由的生物。如果把完全的自相一致称为最高意义上的完善，就象人们能够理所当然地称呼的那样，那么完善就是人不能达到的最高目标；但无限完善是人的使命。"⑤"社会的人"是指一种将社会意向作为个人意向的人，是一种基于知识的掌握而充满理性的人，是按照理性的法则规范自己的行为和生活准则的人。"社会的人"的社会使命体现于"共同的完善过程"。⑥ 该过程表现为：别人自由地作用于我们，促使我们接近完善；我们把别人作为自由生物，反作用于他们，造成别人对完善的接近。对于现实生活之中的"社会的人"，费希特强调人与人之间要保持平等和友善，反对一类理性生物将另外的理性生物作为实现目的的手段。

关于学者的社会职责，费希特认为有两个方面。一是学者作为人类的教师，要在尽可能全面掌握当代知识的基础上，以实际行动传播、扩充这些知识，启发其他人接近真理，发展完满的人格；二是学者作为人类的教养员，还肩负着提高整个社会乃至全人类道德风尚的责任。"提高整个人类道德风尚是每一个人的最终目标，不仅是整个社会的最终目标，而且也是学者在社会中全部工作的最终目标。学者的职责就是永远树立这个最终目标。"⑦就此而言，学者应该成为他所生活的时代道德最好的人，应该能够代表他的时代可能达到的道德发展的最高水平。

费希特的教育思想不但为当时普鲁士的教育改革实践提供了直接的理论指导，而且进一步丰富了德国教育思想体系，并对洪堡、第斯多惠、赫尔巴特等同时代以及后来的教育家产生了积极的影响。

---

① ［德］费希特：《论学者的使命　人的使命》，梁志学、沈真译，40 页，北京，商务印书馆，1984。
② ［德］费希特：《论学者的使命　人的使命》，梁志学、沈真译，41 页，北京，商务印书馆，1984。
③ ［德］费希特：《论学者的使命　人的使命》，梁志学、沈真译，43 页，北京，商务印书馆，1984。
④ ［德］费希特：《论学者的使命　人的使命》，梁志学、沈真译，5 页，北京，商务印书馆，1984。
⑤ ［德］费希特：《论学者的使命　人的使命》，梁志学、沈真译，11～12 页，北京，商务印书馆，1984。
⑥ ［德］费希特：《论学者的使命　人的使命》，梁志学、沈真译，23 页，北京，商务印书馆，1984。
⑦ ［德］费希特：《论学者的使命　人的使命》，梁志学、沈真译，44 页，北京，商务印书馆，1984。

六、洪堡的教育观

洪堡(Karl Wilhelm von Humboldt，1767—1835)，19 世纪初期德国教育家、语言学家和政治家。他出生于波茨坦的一个贵族家庭。父亲曾任普鲁士宫廷大臣，母亲深受启蒙思想熏陶。早年接受系统的人文主义教育，主张教育遵循自然，尊重儿童个性，发展儿童潜能。1787 年入德国法兰克福大学学习法律，后转入哥廷根大学学习。1794—1797 年曾在耶拿任家庭教师。

1809 年，洪堡出任普鲁士文化教育大臣，以新人文主义教育思想为理论基础，推行教育改革，重视将新人文主义教育思想落实到各级各类教育改革实践中。在初等教育领域，推广应用裴斯泰洛齐的教育教学理论与方法；在中等教育领域，强调学生个性培养与能力提升；在高等教育领域，领导创立了柏林大学，明确了大学教育的性质，确立了大学教育的原则，完善了现代大学理念，构建了现代大学组织体系，极大地推动了 19 世纪初期普鲁士各项教育改革事业的发展。

1810 年，退职后的洪堡将主要精力投身于语言哲学的研究。洪堡将语言理解为人类精神力量的主要表现形式，是了解个人、民族和人类的重要工具和手段，希望借助于对不同语言结构的分析，解读人类精神发展过程中的阶段性和彼此之间的差异性问题。

基于长期的教育改革实践和对教育问题的深入思考，洪堡分别就普通教育和大学教育提出了自己的教育主张。

(一)普通教育观

洪堡在领导和推进普鲁士教育改革实践中，注重体现并落实新人文主义教育的基本理念，并把新人文主义教育思想的关键词确定为"普通教育"。洪堡在 1809 年的《立陶宛学校计划》中，提出普通教育与专门教育需分别实施："凡是生活需要或者个别行业需要的专门教育，必须与普通教育分开来，必须在学生结束普通教育之后让他们去受这种专门的教育。"[①]

按照洪堡的理解，所谓普通教育，即在普通学校中面向所有儿童实施，以使所有儿童获得一般知识、形成基本能力、实现人性和谐发展的全面教育。

在理论基础上，普通教育以新人文主义教育理念为基础，重在追求并实现人性和谐发展，而非仅仅为出任某一职位做准备；关注完整全面意义上的人的培养，强调教育要把人真正当作人来培养，注重激发人的内在生命潜力。普通教育的目的在于造就良好而高尚的个人和公民。

在教学实施上，普通教育表现为一种"形式教育"。在教育教学过程中向学生传授知识，目的不在于让学生掌握知识本身，而在于引导学生在掌握知识的过程中发展思维能力、想象能力、审美能力和创造能力。德国高级中学是发挥普通教育"形式教育"目的的适宜机构。"高级中学成了洪堡试图实现这种形式教育的场所，这种学校并不

---

① 瞿葆奎、李其龙、孙祖复：《教育学文集·联邦德国教育改革》，4 页，北京，人民教育出版社，1991。

是为在(即便在当时已可认清的)始终错综复杂和不断分化的普通世界中实践活动的共同生活作准备,而是要把新的人道主义与它完全非人道主义的环境从根本上断然隔绝开来。"①

在教育对象上,普通教育表现为一种平等教育。普通教育的实施要求改革等级制教育,打破骑士学院和文科中学专为培养朝臣、王子和各级贵族而设立的局面,推行统一且平等的普通教育。即不分地域、等级、经济地位与社会状况,普通教育面向所有阶层的儿童平等实施。"确实存在某种必须普及的知识,且还有某种谁也不能缺少的对信念和个性的培育……如果给他讲授为此所需的课程,则他以后会轻而易举地获得他职业所需的特殊能力,且一直保留着这样一种自由,即从一种职业转到另一行,而这是在生活中经常发生的。"②

受新人文主义教育的影响,普通教育还是一种尊重儿童个性的教育。洪堡主张,人的个性形成与性别、家庭、阶层、民族、国家特征相关。所有儿童都具有自己的个性,每一个儿童都是独一无二的,其个性展示与发展应该得到成人的尊重。普通教育即在于为实现儿童个性的发展与完善提供必要的条件和帮助,将人培养成为具有完满人性的人。

(二)大学教育观

在《论柏林的高等学术机构的内部和外部组织》等文献中,洪堡阐释了自己的大学教育观。

1. 大学职能

大学承担着教学与科学研究双重职能。作为教学机构,大学承担着传承、整理和传播人类所积累的优秀文化知识的任务,大学通过讲座、课堂讨论和辩论的形式实现知识的传授,确保每一代青年的发展都是在全面掌握其所生活的那个时代最高水平的人类文化的基础上进行的。作为高等教育机构,大学知识教育的重点在于实现人性的和谐和完美发展,因而,不能把大学办成职业培训学校或专科学校,不应该把任何功利性的职业目的加诸到大学身上。

作为科学研究机构,大学又需要在继承人类科学文化成果的基础上,通过不懈的科研探索,发现自然界、人类社会和自身发展的规则和方式,探索未知领域,不断革新和增扩人类知识,更好服务于人类进步,提升人类的整体生活与文明水平。在大学里,科学是一种"某种尚未完全发现并且永远不可能完全发现的对象"③。因而,大学教师和学生都是不懈的科学探索者。大学的科学研究活动首先是一种纯科学研究,即对哲学的研究,是对纯知识、纯学理的研究,不关注任何自身之外的目标。

洪堡提出,作为人类文明传递机构,大学还应追求教学和科学研究活动的统一。大学的教学活动应注重把学生引入教师的科学研究活动之中,引导学生观察知识创造

---

① [德]彼得·贝格拉:《威廉·冯·洪堡传》,袁杰译,74~75页,北京,商务印书馆,1994。
② 转自[德]彼得·贝格拉:《威廉·冯·洪堡传》,袁杰译,72~73页,北京,商务印书馆,1994。
③ 姚小平:《洪堡特——人文研究和语言研究》,59页,北京,外语教学与研究出版社,1995。

的过程，指导学生开展学术研究，切实领会科学之间的联系和深层次的统一性，培养学生探索世界奥秘的好奇心和求取新知的学术热情。大学教师和学生借助于共同的知识探索活动，建立密切的联系。关于大学教学与科学研究活动之间的关系，洪堡提出："所谓高等学术机构，乃是民族道德文化荟萃之所，其立身之根本在于探究深邃博大之学术，并使之用于精神和道德的教育。"[①]

2. 大学自治与独立

为确保大学能够有效发挥其教学与科学研究职能，并实现二者的密切结合，洪堡主张大学应享有较高程度的自治与独立，不能将大学创办或建设成为政府机构。当然，大学的自治与独立有着明确的含义，并不意味着大学的运转完全脱离政府与社会，而意味着大学事务摆脱国家政治和经济的不恰当干预，保持自己的学术自主性和目标追求，避免成为政治和经济的附庸。

大学的自治与独立还具有一定的前提性基础。大学对于自身所承担的社会责任与义务有着清晰的认识，并有效地履行这种责任，以赢得国家或政府的必要支持和社会认可，进而在大学与政府之间建设一种良性互动的合作关系。洪堡主张："政府不可把大学视为文科中学，或是专门学院，也不能把科学院当作国家所属的技术或科学机构来对待……绝不能要求大学直接地和完全地为国家服务；而应当坚信，只要大学达到了自己的最终目标，它也就实现了、而且是在更高的层次上实现了政府的目标，大学由此所产生的影响远远超过政府的范围，远非政府的种种举措所能企及。"[②]

3. 学术自由

为确保大学有效履行教学与科学研究的职能，并能在教学实践和科学研究活动中享有较高程度的自治与独立，洪堡主张大学教师和学生应享有"教学自由"和"学习自由"。大学教师享有"教学自由"，意味着大学教师拥有选择讲授科目的自由、选择研究项目的自由、得出关于真理结论的自由。大学教师的学术研究活动免受国家管束，超越利益牵制，完全服从于科学探索的内在要求。在洪堡看来，大学教师和学生"为科学而共处"，其学习活动也属于一种研究活动，也应享有相应的自由。学生享有"学习自由"，意味着学生拥有选修课程的自由、决定课程学习时间的自由、选择课程学习方法的自由、形成自己理解和观点的自由。当然，由于学生作为初学者，正处于发展自己的独立思考能力和养成学习习惯的时期，其学术自由权利的发挥与大学教师的教学、研究活动的开展成效相关，并与大学教师学术自由权利的发挥具有内在联系。

七、第斯多惠的教育观

第斯多惠（Friedrich Adolph Wilhelm Diesterweg，1790—1866），19 世纪德国著名教育家。早年就读于拉丁语学校，后在赫尔朋大学和图宾根大学学习哲学、历史和

---

① 陈洪捷：《德国古典大学观及其对中国的影响（第三版）》，222 页，北京，北京大学出版社，2015。

② 陈洪捷：《德国古典大学观及其对中国的影响（第三版）》，226 页，北京，北京大学出版社，2015。

数学，并在 1811 年完成大学学业后从事教育工作。先后任霍尔姆谢城中学教师、默尔斯师范学校和柏林师范学校校长，后因政治主张不被政府当局所容而被免去柏林师范学校校长职务。1827 年开始创办并主编《莱茵教育》杂志。1835 年出版了教育理论著作《德国教师培养指南》。1848 年被选为全德教师联合会主席。1851 年开始编辑《教育年鉴》。鉴于第斯多惠在德国师范教育理论与实践方面所做出的卓越贡献，他被人们尊称为"德国教师的教师"。

（一）个人天资论

在关注教育作为影响个人发展的重要因素的同时，第斯多惠还重视并详细论述了个人天资及其对个人发展的影响。

第斯多惠把天资理解为：一个人本身能力和活动可能性的基础，是造物主安排给人的。对于个人发展而言，天资意味着一种起因，一种最初的活动或动因的基础。天资本身既不能得到，也不会失去。在个人发展过程中，天资为个人发展所提供的只是可能性，天资事实上发挥着一种推动力的作用，是一种以完全明确的方式发展的推动力。个人要想获得现实的发展还需要作为一种"激发"的教育的作用。"每一发展都取决于下面这两个条件：天资的存在和激发的存在……没有激发便没有发展，天资也就停滞不前。教育就是激发。教育理论就是激发理论。"①天资、激发（教育）与个人发展的关系是：个人的天资为发展提供可能性，而激发则把这种可能性变为现实；激发须以天资为基础，激发须符合天资。否则，便会出现激发根本不能影响天资，或者违背天资而出现畸形发展两种情况。②

个人天资的发展过程是连续的，天资是随着时间的推移而不断发展的。不同的人在天资方面表现出差异性，这种差异不仅表现为有的人天资高、有的人天资低，而且还表现为有些人的天资发展早、有些人的天资发展晚。个人天资的激发和教育的实施均需要在遵循学生天资差异性的基础上，充分考虑学生的天资差异，使个人所接受的外在的激发（教育）符合人的天资的要求和可能性。充分发挥学生个人的自主自由，为其开展自由自主的学习提供条件和保障。

（二）教育目的论

第斯多惠把对教育目的的理解和表述与人类使命联系在一起。而关于人类使命，第斯多惠认为有三种基于不同立场的表述。神学家们认为，人类的使命在于"相信上帝"③；哲学家们则认为，人类生活的使命在于追求，"理性——道德和幸福——真理或真知——真、善、美——人性"④；教育家们认为，"人生的最终目的是完善教育，发挥人的天资、智力和主动性"⑤，主张以形式的观点与实质要素相结合的方法，发展人的主动性，赋予并完善人生的真、善、美，最终实现个人的自我完善。

---

① ［德］第斯多惠：《德国教师培养指南》，袁一安译，79 页，北京，人民教育出版社，2001。
② ［德］第斯多惠：《德国教师培养指南》，袁一安译，80 页，北京，人民教育出版社，2001。
③ ［德］第斯多惠：《德国教师培养指南》，袁一安译，17 页，北京，人民教育出版社，2001。
④ ［德］第斯多惠：《德国教师培养指南》，袁一安译，17 页，北京，人民教育出版社，2001。
⑤ ［德］第斯多惠：《德国教师培养指南》，袁一安译，17 页，北京，人民教育出版社，2001。

　　尽管第斯多惠并未将这三种关于人类使命的认识和理解对立起来，而是认为人类使命的神学理解和哲学主张代表了人类使命的信仰和知识的两个侧面，最终都要统一于人类生活的真与善相统一的境界；但第斯多惠却对人类使命的教育理解给予了更加充分的关注。在他看来，主动性是人之为人的固有本质，是一切人性、自由精神及其他特性赖以发展的根基。教育者应把个人主动性的培养和发展作为教育追求的主要目标之一。第斯多惠进而主张，鉴于主动性自身仅仅是教育的主观原理和可能性，需要辅之以教育的客观原理——真、善、美（分别对应于主动认识、主动感情和主动意志），才能保证个人主动性发展的真、善、美方向，最终实现个人的自我完善。

　　在解释个人的自我完善时，第斯多惠又提出了个人的"和谐发展"。他认为，一个自我完善的人首先是一个和谐发展的人。和谐发展作为教育理想，并非每一个人都具备实现和谐发展的天资，但这并不影响以标志个人自我完善的和谐发展为教育的最终目标，关键在于如何理解和谐发展。第斯多惠主张把和谐发展局限在个人范围内，"根据实际情况我们只能把和谐培养这一概念局限在个人范围，就是说，我们确定和谐培养这一概念是根据每个人天资的高低和基本的比例，否则这一概念便是空的，毫无意义的"①。当然，第斯多惠承认，实现和谐发展并非易事，这应该作为教育的最高目标去追求。

　　鉴此，第斯多惠将教育目的理解为：通过激发培养学生的主动性和独立性，实现学生自我完善和和谐发展，最终培养能够自由思考、具备人道和博爱品德且和谐发展的"全人"。第斯多惠主张，"从广义上讲这就是一切教育的最终目的"②。

（三）教学论

1. 教学目的：形式教育目的与实质教育目的

　　在教学目的的问题上，第斯多惠辩证分析了两种不同的教学目的——形式教育目的与实质教育目的之间的关系。第斯多惠认为，"课堂教学往往会产生两种倾向：一种倾向是教师教学生熟悉某一种教材，教会学生一种知识或一种技能，使学生提高对教材的理解能力；另一种倾向是教师通过教学培养学生的实际能力。第一种情况是教师以实质教育为目的，后一种情况是教师以形式教育为目的。"③

　　在对形式教育与实质教育关系的理解上，第斯多惠首先主张二者并行不悖地统一于教学实践之中，教师往往同时追求这两种教学目的。这是因为，一方面，形式教育所追求的儿童能力的形成必须建立在一定知识的基础上，知识的掌握不能脱离知识的载体——教材，学生必须首先熟悉一种教材，掌握教材中所含赋的知识，并以此作为能力发展的基础；另一方面，儿童知识学习的成效又与儿童的学习能力密切相关。儿童的语言表达、思维、理解与想象能力均在知识的掌握、巩固、运用实践中发挥着重

---

① ［德］第斯多惠：《德国教师培养指南》，袁一安译，85页，北京，人民教育出版社，2001。
② ［德］第斯多惠：《德国教师培养指南》，袁一安译，88～89页，北京，人民教育出版社，2001。
③ ［德］第斯多惠：《德国教师培养指南》，袁一安译，134页，北京，人民教育出版社，2001。

大作用。其次，第斯多惠提出，对于儿童而言，形式教育与实质教育的教学目的，或曰知识与能力存在先后发展次序。对于小学生的基础教学而言，形式教育目的要占上风，应该以锻炼和发展小学生的思维能力和语言能力为主，要使他们集中注意力理解教材，要注重他们的智力发展。"学生越是年轻，越是不成熟，教师就越要在发展学生的智力上多下功夫。"①而随着学生年龄的增长，则需要加大实质教育的成分，要把原来占统治地位的形式教育培养过渡到实质教育培养。最后，第斯多惠再三强调，在教学实践中单纯的形式教育和实质教育都是不存在的，所有的形式教育只有通过实质教育才能形成，所有的实质教育只有依赖形式教育才能发展。"就形式教育本身来说是没有现实性的；所有的课堂教学都是以教材为基础的，学生必须熟悉并学会教材，达到这一步教学就是形式的，当然也是实质的，正因为学生学习了这些教材智力才得到了提高，也加强了记忆力。"②

2. 教学原则

为确保教学成效，第斯多惠提出了一系列的教学原则，其中较为主要的教学原则如下。

第一，符合自然原则。"课堂教学必须紧密结合人的天性和自然发展规律。这一教学原则是一切课堂教学的最高原则。"③符合自然原则是对每一个教师的最高要求，对于教师来说，只有首先认识人的一般天性和特殊天性，顺从天性的发展规律，才能做到因材施教，取得较好的教学效果。符合自然原则进行教学，意味着教师按照人的自然发展阶段，即按照一般人的个性进行教学④；意味着教师站在学生的立场上，认真研究学生的观点和意见进行课堂教学；还意味着教师不在学生学习时讲授毫无意义的知识，不讲授对学生未来没有意义的知识。

第二，遵循文化原则。在确定教学符合自然原则这一最高原则后，第斯多惠还把"遵循文化"作为评价课堂教学和教育活动的一项原则。遵循文化原则的基本思想内容是："在教育时，必须注意人在其中诞生和将来生活所在的地点和时间的条件。一句话，应该注意包罗万象的全部现代文化，特别是当地的特有的文化。"⑤遵循这一教学原则，教师在制定一切教育方案时应充分关注时代要求，充分尊重社会的风俗习惯，充分展示时代的精神文明，充分体现民族特性。考虑到符合自然原则和遵循文化原则在实施时可能产生冲突，第斯多惠主张在二者发生冲突时，遵循文化原则应让位于符合自然原则这一教学的最高原则。

第三，直观性教学原则。第斯多惠还根据自然发展规律，并考虑到课堂教学的重要性，将直观性教学原则作为课堂教学的主要原则。第斯多惠坚信："人的智力发展

① ［德］第斯多惠：《德国教师培养指南》，袁一安译，134 页，北京，人民教育出版社，2001。
② ［德］第斯多惠：《德国教师培养指南》，袁一安译，135 页，北京，人民教育出版社，2001。
③ ［德］第斯多惠：《德国教师培养指南》，袁一安译，99 页，北京，人民教育出版社，2001。
④ 按照第斯多惠的理解，人的自然发展阶段一般包括感官性或直观阶段、记忆阶段、理解阶段，通常是到 14 岁或 15 岁。
⑤ ［德］第斯多惠：《德国教师培养指南》，袁一安译，169 页，北京，人民教育出版社，2001。

是从观察外部世界开始的。观察外部世界便会激发智力感觉，而智力感觉又和直观紧密相联，直观又从理解提高到普通的想象和概念。因此概念必须建立在直观上，而直观又必须建立在发现上……"①依照这一认识过程，青少年的认识都来自直观，所有的概念只有建立在直观的基础上才能形成和获得。因而教学须遵循直观性教学原则："从直观出发，继续进展到思维，从个别到一般，从具体到抽象，而决不可颠倒！"②按照第斯多惠的认识，直观性教学原则不但适用于所有的学科课堂教学，而且还是判断教师教学价值的一项主要标准。

第四，循序渐进原则。第斯多惠认为，作为符合自然原则和直观性教学原则的具体运用，教师在教学过程中应遵循循序渐进原则，以与儿童智力发展的渐进性相适应。具体规则是教学要做到由近及远、由简到繁、由易到难、由已知到未知。其中，由已知到未知这一规则统率其他三项规则。

在《德国教师培养指南》中，第斯多惠还论述了彻底性、主动性、阶段性等教学原则，进而构建起其整体性的教学原则体系。

(四)教师论

作为"德国教师的教师"，第斯多惠在提倡提高教师社会地位的同时，也就教师的教育素养提出了多方面的要求。

第一，教师的自我教育与自我完善。教师承担着激发学生天资，引导学生追求真、善、美的教育使命，可谓任务艰巨、意义重大，因而教师必须首先加强自我教育，追求自我完善。教师应以教育事业为终身职业，把自我教育作为自己的终身教育，在不断对真、善、美的追求中实现自我完善。关于教师自我教育的意义，第斯多惠从三个方面加以强调：凡是不能很好地进行自我教育的人，同样也不能培养和教育别人；教师只有先进行自我教育，才能在一定程度上教育别人；教师只有诚心诚意地教育自我，才能诚心诚意地教育学生。③

教师的自我完善，则意味着"教师要言行一致，身体力行，不但要倾听真理，学习真理，而且更重要的是把自己内心拥护的真理和自己的实际生活、思想与意志紧密地联系起来，融为一体"④。教师不但要用知识教育人，更重要的是要用自己的思想行为培养人。

第二，教师的职业道德与责任。第斯多惠将进行终身自我教育，真正促进人类文化教育事业的发展作为教师一项义不容辞的神圣职责。教师应心地纯洁、道德高尚，应积极履行为人类自身利益致力于教育事业的职业责任，应在实际教学工作中恪尽职守、诚诚恳恳、兢兢业业，认真履行引导学生追求真、善、美的职业责任。

第三，教师的职业素养和教学艺术。由于承担着发展学生智力、培养学生的真理意识的任务，因此教师首先要全心全意、大公无私地热爱真理，并以此作为终身奋斗

---

① ［德］第斯多惠：《德国教师培养指南》，袁一安译，118 页，北京，人民教育出版社，2001。
② ［德］第斯多惠：《德国教师培养指南》，袁一安译，119 页，北京，人民教育出版社，2001。
③ ［德］第斯多惠：《德国教师培养指南》，袁一安译，24 页，北京，人民教育出版社，2001。
④ ［德］第斯多惠：《德国教师培养指南》，袁一安译，24 页，北京，人民教育出版社，2001。

的理想。其次，教师要探求并检验真理，要从事科学研究，进行多方面的教育观察、应用和练习，还要在熟悉教材的基础上，努力提高自己运用多种教学方法的艺术，要深刻领会符合自然、遵循文化、直观性教学等一系列教学原则的精神实质，认真研究普通教育学、教材与教法，真正把所从事的对学科知识的教学与对教育学科的探索结合起来。

第四，教师的身心健康。第斯多惠还把身心健康作为一名合格教师的必要条件。教师要承担繁杂而艰辛的教学劳动，首先要具备强健的体魄和良好的身体素质。此外，教师的心理也须健康，要从教学工作中体会到教育工作的价值和乐趣。

第五，好教师的标准。第斯多惠在详述教师职业素养的基础上，还提出了好教师的标准：追求符合自然发展规律的和谐教育，循循善诱激发和发展学生的内在潜力，实施进化的和有机的全面教育。努力成为一个好教师，意味着："教师要提高个人的文化素养，也要提高社会的文明；要有普通教育，更要有民族教育——总之，要有真正的教育！"[1]

第斯多惠的教育观对19世纪德国教育的民主化发展，对德国师范教育事业的发展发挥了理论引领作用，他所提出的有关教育教学目的、教学原则以及教师职业特性的认识，切实丰富了人类教育思想，尤其是师范教育思想的宝库。

第二节　法国教育

一、大革命爆发前法国教育概况

大革命爆发前，法国教育基本上是受天主教会控制的、具有浓厚封建主义特征的教育。教育的等级性、贵族性和宗教性突出。初等学校的主要教学内容是识字、教义问答和祈祷。中等学校主要包括耶稣会中学和文科中学，教学内容为拉丁语和"七艺"。法国禁止耶稣会的教育活动后，成立于1611年的"耶稣基督圣乐会"成为致力于发展法国中等教育的宗教团体。以巴黎大学为首的传统大学坚守古典教育传统，在从事古典科目教学和"七艺"知识传播的同时，还十分重视宗教知识的传授和虔诚的天主教信仰的培养。教会势力把持下的巴黎大学扼杀进步思想，卢梭《爱弥儿》一书刚一出版，即被巴黎大学神学院宣布为禁书，并当众焚毁。

18世纪后半期，日益空疏保守的法国旧教育受到唯物主义启蒙思想家的批判。1762年出版的《爱弥儿》和1763年出版的《国民教育论》成为这一时期抨击封建教育和天主教会教育的名作。拉夏洛泰在《国民教育论》中提出教育只能依靠国家，教育事务即国家事务，国家的儿童应该由国家培养。拉夏洛泰还特别强调科学知识的教育价值，要求中学应向学生传授数学、物理、手工业和农业知识。

---

[1]　[德]第斯多惠：《德国教师培养指南》，袁一安译，150页，北京，人民教育出版社，2001。

二、法国大革命爆发至19世纪末的教育

(一)法国大革命时期的教育改革方案

1789年7月14日，巴黎市民攻占巴士底狱，标志着封建波旁王朝被推翻，并宣告法国历史上一个新时代的来临。在教育方面，法国大革命时期先后上台执政的代表大资产阶级和自由派贵族利益的立宪派、代表大中工商业资产阶级利益的吉伦特派和雅各宾派在不同程度上表现出对教育问题的关注，并分别制定了三项有代表性的教育改革方案或计划，即出身贵族的塔列兰(Charles-Maurice de Talleyrand-Périgord，1754—1838)拟定的《塔列兰方案》(1791年)，吉伦特派领袖、哲学与数学家孔多塞(Marie Jean Antoine Condorcet，1743—1794)制订的《国民教育组织计划纲要》(1792年，又称"孔多塞计划")和雷佩尔提(Lepelletier，1758—1794)提交的《雷佩尔提计划》(1793年)。

《塔列兰方案》强调，国民教育的任务在于促使公民明确自己所应享有的各项权利，理解自己对国家与社会所承担的责任。发展国民教育是政府不可推卸的责任。国民教育体系含四级学制：小学、中学、专门学校和大学院。小学设法语、算术、宗教、道德及宪法原理，注重向儿童开展国民义务及行为准则教育。中学实施收费制，学制7年，设法语、拉丁语、希腊语、现代外语、宪法、道德、宗教史、伦理学、修辞学、地理、历史、数学、物理、化学、植物学，等等。专门学校设于省城，主要目的在于培养教士、医生、律师等专业人才。大学院设于巴黎，选拔禀赋优异之士，授以高深知识，并开展繁荣文学与发展科学的活动。

《国民教育组织计划纲要》提出，教育是政府实现正义的责任，而"使每一代人具备身体、智能和道德上的能力，从而为人类全面、逐步的改进作出贡献"①，既是每一个社会体系的最终目标，也是教育的目标。把青少年培养成为合格的公民，则是政府不可推卸的责任。为达此目的，教育应普遍地实施，各个阶层的公民都应该平等地接受教育。但并不反对一部分公民接受超出大众教育的更高层次的教育。法国公共教育分五级：小学、高等小学、中学、专门学校和国家科学技术与艺术研究协会。小学，凡400人居住区应设1所小学，在人口稀少的行政区、不足400人的居住区也应设1所小学。学制4年，主要实施读写知识与技能、文法初步知识、算术四则、农业、手工业实用技能、道德基础知识和行为准则教育，不设宗教科目。小学教育为普及性教育，所有适龄儿童均须入学。高等小学，设于各区或4000人以上的城镇。学制3年，招收完成小学教育的学生，主要学习数学、自然史、化学、手工业和商业基础知识、道德原理和社会学原理等，每所小学应设小型图书馆和标本、仪器实验室。中学，设于省城，学制5年，分设4个学科班：数学和物理学班、道德和政治学班、应用科学技术班、文学和美学班。专门学校，在全国共设9所专门学校，为国家及地方培养文学艺术和科学专业人才，并在专门学校所在地积极传播文学艺术和科学知识。国家科学技术与艺术研究协会，职责在于监督、指导所有教育机构，促进科学艺

① 夏之莲：《外国教育发展史料选粹》上，334页，北京，北京师范大学出版社，1999。

术事业发展，奖励和传播一切有益的发明创造。此外，《国民教育组织计划纲要》还要求废除宗教教育，取而代之的是开展公民权利与义务教育，向学生传授宪法和《人权宣言》有关知识。

《雷佩尔提计划》提出，在城市各区及乡村各区县开设"国民教育之家"，招收所有5～12 岁的男孩和 5～11 岁的女孩入学。国民教育之家担负着把儿童培养成为身体健康、热爱劳动、遵守纪律的公民和爱国者的任务。国民教育之家须向儿童实施包括智育、德育、体育及劳动教育在内的全面教育。智育，主要向儿童提供阅读、写作、算术、初等几何、社会结构、自由人民和法国革命历史故事等方面的教育。"传授给他们不管今后从事何种工作都需要的知识。"①德育，主要教儿童学唱国歌及其他具有教育意义的歌曲，讲述法国人民追求自由、平等、博爱的重大历史事件，讲授宪法的基本原则。体育，主要引导学生开展适当的体育活动，以切实提高学生的身体素质。"强健儿童的身体，通过体育活动锻炼儿童，使他们习惯于艰苦的工作。"②劳动教育，则主要传授基本的劳动技能，带领学生参加农业和实习工厂的劳动，了解生产实践状况，培养克服困难的勇敢精神和养成热爱劳动、自食其力的生活习惯。学生一切费用由政府负担，教育经费的主要来源在于向富人征收的累进所得税以及儿童自己劳动的收入。雷佩尔提强调"贫民教育的费用要由富人来承担"。

此外，法国大革命期间，受"艺术和手工艺执行委员会"委托，著名化学家拉瓦锡（Antoine Laurent Lavoisier，1743—1794）也编制了一份教育方案，提出实施自然科学知识教育，以振兴民族工业发展。重视开展劳动教育，向学生传授木工和金工的基本操作方法。1793 年，雅各宾党人、数学家罗麦（Romme）提出创办三级学校的草案，剥夺教士的教学权，将共和精神教育、实科教育与职业训练结合起来。

受动荡政治形势的影响，法国大革命期间所提出的诸多教育改革计划均未能得到较好实施，但这些教育计划中所体现的一系列教育理念，如建立国家教育制度、创建学校教育体系、实施普及教育、废除宗教教育、教育世俗化等，为即将到来的 19 世纪法国教育改革指明了方向。

（二）19 世纪法国中央集权式教育管理体制的确立及其演变

19 世纪法国政局变动频繁，各种政治势力交替成为法国政坛的主宰力量。19 世纪的法国先后历经执政府与第一帝国（1799—1815 年）、复辟王朝（1814—1830 年）、七月王朝（1830—1848 年）、第二共和国（1848—1852 年）、第二帝国（1852—1870 年）、巴黎公社（1871 年 3 月 18 日至 5 月 28 日）和第三共和国前期（1870—1879 年）七大历史时期。法国中央集权式教育管理体制，则在频繁的政权更迭中逐步确立下来。

法国中央集权式教育管理体制始于执政府与第一帝国时期，主要法律依据为：《关于公共教育的基本法》（1802 年）、《关于创办帝国大学以及该教育团体全体成员的专门职责的法令》（1806 年）、《关于帝国大学组织的政令》（1808 年）和《关于帝国大学

---

① 夏之莲：《外国教育发展史料选粹》上，338 页，北京，北京师范大学出版社，1999。
② 夏之莲：《外国教育发展史料选粹》上，338 页，北京，北京师范大学出版社，1999。

条例的政令》(1808年)。

《关于公共教育的基本法》规定：公共教育由初等学校、中等学校、国立中学和专业学校实施；没有政府批准，不得组建中等学校。中等学校以及所有课程水平高于初等学校的私立学校都要置于省长的特别监督之下。

《关于创办帝国大学以及该教育团体全体成员的专门职责的法令》规定：以帝国大学的名义建立专门负责管理帝国公共教育事务的团体；此教育团体的全体成员负有公民的、专门的和暂时的义务。

按照《关于帝国大学组织的政令》和《关于帝国大学条例的政令》的规定，帝国大学全面负责整个帝国的公共教育。

帝国大学设帝国大学总监，帝国大学总监由第一帝国皇帝任命，作为国家最高教育行政管理官员，全面负责学校开办、取缔，教职员任免、提升与罢黜等事务。未经帝国大学总监批准，不得在帝国大学之外设立任何教育机构或学校。非帝国大学成员，也未从其下属学院毕业的任何人不得开办学校或执教。

帝国大学下设由30人组成的评议会，另设总督学若干，协助总监管理全国教育事务。帝国大学之下分设29个大学区，每一个大学区设大学区总长1人，并设由10人组成的学区评议会和学区督学若干，视察大学区所辖学校，协助大学区总长管理教育事务。大学区总长、总督学和学区督学以及大学教师，由帝国大学总监任命。

在此中央集权式教育管理体制之下，包括私立学校在内的法国各级各类学校的开办，必须获得帝国大学总监的许可。学校学制及学年安排、课程设置、考试选拔与升级事务等均全国划一，充分体现出中央集权的特点。

复辟王朝时期，受王朝政治格局与教育政策的影响，第一帝国时期所确立的法国中央集权式教育管理体制受到教会势力的冲击。弗雷西努乌斯(Denis Frayssinous)出任教育部部长期间，着力扩大天主教会在帝国大学内的影响，免除教会学校的所有税收，解除政府对教会学校的监督，优先选择神职人员出任教师，神职人员享有更多的教育自由。

七月王朝时期，1833年，政府颁布了以时任教育部部长、历史学家基佐(François Pierre Guillaume Guizot，1787—1874)的名字命名的《基佐教育法》，扩大了地方参与教育事业发展与管理的权力：地方有权征收特别税作为教育经费，在地方设立小学教育鉴定委员会，国家掌握教师资格的确立权。该时期，围绕国家对教育发展的集权化管理，主张教育自由发展的"自由教权派"与主张国家对教育实施集权管理的"集权派"展开了激烈争论。自由教权派试图废除以帝国大学为首的集权化管理，但未能如愿，教育管理体制延续了第一帝国时期的体制和框架。

第二共和国时期，中央集权式教育管理体制遭遇严重挑战，法卢(Falloux，1811—1886)出任教育部部长后，于1850年颁布实施《法卢法案》，承认私立学校与公立学校具有同等地位，致使学校管理权被拱手让给教会，国家对教育的集权式管理被终止。

第二帝国时期，教育管理非国家化的趋势在加斯特夫·罗兰德出任第二帝国教育部部长后，得到有效遏制。罗兰德采取了一系列措施加强国家对教育的管理权，逐步削弱教会的权限。

巴黎公社时期，为提高教育世俗化及普及化程度，以瓦扬(Édouard Marie Vaillant，1840—1915)为首的巴黎公社教育委员会采取了一系列教育改革措施：教会与国家分离，取消宗教预算；以强制手段接管天主教会掌管的学校，清除宗教性教学内容；聘用大批世俗教师；让农民的儿子免费接受与财主儿子同样的教育，实现普及免费义务教育等。

第三共和国前期，普法战争结束后，为充分发挥教育在开发民智、激发民族精神方面的作用，共和党人、律师费里(Jules François Camille Ferry，1832—1893)在出任第三共和国教育部部长后，于1881年和1882年颁布实施了《费里法案》，确定了国民教育发展的义务、免费与世俗化三原则，为法国国民教育的持续发展提供了法律保障。《费里法案》重申，欲从事教师职业者，必首先获得政府颁发的证书；政府认可富人子弟在家庭和中学预备班接受的教育为义务教育，但必须接受政府检查。政府在教育事务管理中的权威得到切实加强。

(三)19世纪法国的初等教育

19世纪法国初等教育的发展在各个历史时期也表现出不同的内容。拿破仑对教育的重视相对集中于能够直接满足战争需要的路桥、工程、勘测教育等中等技术教育方面，初等教育在拿破仑第一帝国时期发展迟缓。

复辟王朝时期，社会经济发展向初等教育发展提出了相应的要求，经济发展和科学技术进步也为大规模地发展初等教育提供了物质保障和教育内容更新的可能。根据1816年复辟王朝颁布的一项法令，每一市镇设一个委员会，具体指导初等教育的发展；宗教以及各类慈善团体可以为初等学校提供教师。根据1819年颁布的一项通令，基督教学校兄弟会并入帝国大学，其成员享有免除领取教学证明书的权利，后该权利扩大到其他教会团体成员。到1830年，基督教学校兄弟会已设立初等学校1420所。

七月王朝时期，初等教育发展获得《基佐教育法》的支持。该法案规定：政府与教会联手发展初等教育；扩大初等学校的办学自主权；在法国每一区内设立初等学校一所，超过6000人的城市则须设立高等小学一所。在《基佐教育法》的作用下，初等学校数量在1833年之后保持增长势头，到1847年已拥有各类初等学校63000所。帝国大学部分成员提出教育双轨制主张：在法国社会实施两种教育，一种面向有产阶层子弟实施，开展古典教育，培养领导能力，造就国家官员和领袖；另一种面向工人、农民及其他劳动阶层子弟实施，重在传授基础知识，养成虔诚宗教信仰和服从品质。该主张对此后法国初等教育与中等教育产生了长期影响。

第二共和国时期，1848年，时任教育部部长卡诺(Hippolyte Carnot)提出了一项初等教育发展计划：对14岁以下儿童实施免费的普及初等义务教育；加强实科化教学，增加工业、农业知识和制图、法国历史与地理知识内容，不设宗教课，神学信仰教育交由神职人员在校外实施。该计划后因卡诺的离职而未能实行。私人及宗教势力参与初等教育发展事业，导致初等学校数量进一步增加。

第二帝国时期，第二任教育部部长迪律伊（Victor Duruy，1811—1894）努力增加初等教育经费，改善初等学校的办学条件，初等学校的教育内容也得以扩充，接受初等教育的人数也表现出一定程度增长。

巴黎公社时期，巴黎公社宣布实施普及、免费和世俗性的初等教育。所有儿童，不分社会地位、家庭出身、民族差异等均拥有不可剥夺的受教育权利；公社向儿童免费发放书籍、地图、纸张等学习用品。公社的"一切学校对人民免费开放，不受教会和国家的干涉"。巴黎公社在《告劳动农民书》中宣告："巴黎愿意让农民的儿子和财主的儿子一样受到同样的教育，而且是免费的教育，因为科学是人们的共同财富……"[1] 巴黎公社仅存在短短的72天，又面临着极为复杂而动荡的政治形势，难以按照公社意愿实施普及免费的初等教育，但公社的初等教育发展计划却为未来法国初等教育的发展指明了方向。

第三共和国前期，法国初等教育发展与《费里法案》的颁布与实施密切相关。《费里法案》不但确立了国民教育义务、免费、世俗化三大原则，而且把这些原则的贯彻实施予以具体化。

关于国民教育义务原则的具体化，6～13岁为法定义务教育阶段，接受家庭教育和中学预备班教育的儿童，须自第三学年起每年到学校接受一次政府统一实施的考试检查；对不送儿童入学学习的家长科以罚款。

关于国民教育免费原则的具体化，免除公立幼儿园及初等学校的学杂费，免除师范学校的学费、膳食与住宿费用。

关于国民教育世俗化原则的具体化，废除《法卢法案》赋予教会监督学校及教士担任教师的特权，教师任教须持有政府颁发的任教资格证书。取消公立学校的宗教课，改设道德与公民教育课。

应该说，《费里法案》的颁布与实施为这一时期法国初等教育发展提供了有力的法律保障，并指明了进一步努力的方向，标志着这一时期法国初等教育发展达到一个新的水平。

（四）19世纪的法国中等教育

执政府与第一帝国时期，中等教育发展受到政府的高度重视。大革命期间创设的中央学校被停办，而中央政府创办的国立中学与地方政府创办的市立中学获得快速发展，成为法国中等学校的主要类型。国立中学学制6年。招生奉行精英主义原则，通过竞争性考试择优录取。开设课程包括古典语言（拉丁语和希腊语）、法语和法国文学、修辞学、道德、数学、物理、化学、天文、历史、地理课程。在注重科学知识教育的同时，还十分重视古典课程教学。实行寄宿制，学生管理严格规范，军事化色彩突出。学生毕业时获学士学位并有资格出任国家官吏，创办初期还十分注重为拿破仑的军队培养军官。相对于国立中学来说，市立中学由地方政府开办和管理，课程设置与国立中学相似，但课程学习要求稍低。私立中等教育发展受到严格控制，按照《关

---

[1]　赵荣昌、单中惠：《外国教育史教学参考资料》，431页，上海，华东师范大学出版社，1991。

于公共教育的基本法》的相关规定，私立学校需要接受政府的特别监督和管理。

复辟王朝时期，法国中等教育的古典主义和神学主义特征突出，国立中学易名为"皇家中学"，古典主义色彩渐浓。教会势力也逐渐渗透到中等教育领域，教士在中等学校教师队伍中占比也逐步提高。

七月王朝时期，受教育经费短缺的掣肘，中等教育发展速度放缓，且教会在中等教育领域内的势力日渐加强。中等教育的实用化改革得以有限推进，萨尔旺迪在其出任教育部部长期间（1837—1839 年和 1845—1848 年）强化英语、德语和科学教育，将现代外语列为必修课。不过这一改革，因遭到以基佐为首的古典主义者的反对，未能实现预期目标。

第二共和国时期，法国中等教育的宗教化发展趋势加强。国家对教育的集权化管理被终止，私立学校与公立学校获得同等的认可，凡年满 25 岁且持有中学会考文凭者均可开办中学。

第二帝国时期，皇家中学恢复原"国立中学"之名。另外，为遏制教会势力对中等教育发展日益增强的影响，第二帝国首任教育部部长福尔图尔（H. Fortout）于 1852 年提出了一项中等教育改革计划，将中学教学分为两段：第一段学制 4 年，面向所有学生实施古典语言、人文与数学教育；第二段学制 3 年，其中修读文科的学生侧重古典语言学习，修读实科的学生侧重数学与自然科学知识学习。该计划因遭遇传统势力的抵制未能得到彻底施行。后迪律伊在出任教育部部长期间，也积极推进实科教育，注重为工商界培养实用人才。法语、历史、数学、现代语言、绘画、商业以及农业知识也开始进入基督教派所创办的中等学校的课程计划之中。罗兰德正式废除了中学的文理分科制，改为以设立四年制中等专业学校的方式培养工商业管理人才。

巴黎公社时期，废止中等教育的等级性成为中等教育改革的重点。女子中等职业教育也因一所工艺美术女子职业学校的开办而启动。巴黎公社教育委员会下设妇女教育委员会，并在 1871 年宣布开办一所工艺美术女子职业学校，计划向学生提供素描、泥塑、木雕、牙科等专业教育和科学、文学教育。

第三共和国前期，法国中等教育取得了较为突出的成就，具体表现如下。

第一，实施课程实科化改革，现代语言、历史、地理和体育的教学得到加强，削弱了中等教育的古典主义色彩。1891 年，四年制学校改名为"现代中学"，主要学习现代语及自然科学知识。1896 年成立了一个旨在开展中等教育调查的"国家教育委员会"。基于相关调查结果，该委员会提出建议，强调法国中等教育课程改革需遵循的基本原则是：在一定程度上限制古典课程的范围，减少学习古典文科课程的学生人数；传授现代科学知识的实科类课程在中等学校课程体系中应占据重要地位。

第二，发展女子中等教育。1880 年的法令决定设立修业年限为 5 年的国立女子中学。该类中学收费较男子中学低廉，不设古典语言课程，重视卫生、家政、手工、音乐和图画等课程。1881 年秋，法国第一所国立女子中学在蒙彼利埃设立，女子中等教育逐步发展。

第三，开展中等教育调查。19 世纪 80 年代后期，政府成立以亚历山大·里博

(Alexandre Ribot)为首的"议会调查委员会",对全国中等教育实施调查。1899年该委员会提交了调查报告,提出中等学校要在保留和重视古典科目的基础上,不断增设与经济和科学技术发展相适应的现代科学课程。

(五)19世纪法国的高等教育

法国大革命在摧毁旧的社会制度与秩序的同时,也对传统大学的发展产生了有力冲击。作为传统大学的代表和象征,巴黎大学及其下属各学院因学术保守和政治守旧,于1793年被关闭。1793年,《公共教育组织法》(又称《达鲁法案》)规定,关闭和取消所有传统大学。此后法国高等教育重心转向高等专科类学校的发展。第一,创设各种专门学校。1794年设立中央公共工程学校(1795年更名为巴黎理工学校)、卫生学校、军官学校、高等师范学校、工艺院等。1795年设东洋语学校、纬度学会(设有天文学讲座)、音乐学院等。此类新设高等教育机构后统称为"大学校",为法国培养了一大批精英人才,成为法国高等教育体系中重要的高等学校类型。第二,继承改造部分专门学校,如矿业学校、路桥学校、巴黎炮兵学校和军事学校,使其重新恢复办学活力。

执政府与第一帝国时期,按照《关于公共教育的基本法》,全法国共设立医学校3所,法学校10所,机械及化工学校2所,史地政经专科学校1所。依据《关于创办帝国大学以及该教育团体全体成员的专门职责的法令》、《关于帝国大学组织的政令》和《关于帝国大学条例的政令》,帝国大学得以建立,一般意义上的大学被取消,全国仅有"帝国大学"这唯一的"大学"。帝国大学既非中世纪的师生自治性行会组织,也不是后来的几个学院的集合体,更不是今天意义上的大学,而是"统一管理帝国教育事业和监督全国公共教育的国家教育领导组织"[①]。

依照相关法令,全国被划分为29个大学区,每个大学区设文学院、理学院、法学院、神学院、医学院五所学院,具体完成教学和科研任务。各学院彼此独立,无横向学术、人事和财务联系,也不隶属于某一综合性高等院校。神学院、法学院和医学院主要开展相应的专业教育;文学院和理学院则主要负责主持国家统一考试,颁发各种学位、文凭和中学(lycée)教师资格证书,有时也进行某些补充性教育教学。1814年,法国已有医学院10所,法学院17所。1809—1814年,授予法学学士和博士学位的人数分别为3100人和73人,授予医学博士学位的人数为1456人,授予外科博士学位的人数为52人。[②]

大学校的发展成为该时期法国高等教育发展的又一项内容。大学校数量有所增加,先后创设圣西尔军事专科学校、布雷斯特海军学校、圣·日尔缅因骑兵学校和土伦海军学校;复办巴黎高等师范学校(原建于1795年);继承发展综合理工学校、矿业学校、路桥学校等。大学校的发展直接促使法国高等技术教育面貌焕然一新,为第

---

① Joseph N. Moody, *French Education Since Napoleon*, New York, Syracuse University Press, 1978, p. 12.

② 邢克超:《战后法国教育研究》,26页,南昌,江西教育出版社,1993。

一帝国的军力增强和经济发展提供了直接的科学和技术服务。

高等教育发展遭受宗教势力冲击，巴黎高等师范学校等部分高等教育机构停办，文学院与理学院的发展也受到很大影响，历史学家基佐与哲学库赞(Cousin)失去了教职。教会势力的增强与耶稣会的复活引起广大教师的警觉与抗争，帝国大学成为广大教师同人的团体，资产阶级自由派力量得以恢复。巴黎高等师范学校恢复招生，基佐与库赞得以复职。

到了七月王朝时期，法国高等教育发展进展迟缓。资产阶级自由派呼吁推进大学世俗化改革，加强大学科学与数学教学，削减希腊语学习课时。但大学保守派维护古典主义传统，"没有古典教育，一个人在智力上就只能是暴发户"。高等教育的实科化改革未能取得实际效果，大学未能根据社会发展需要及时更新教学计划及课程设置，难以较有效满足社会生产发展的需要。

同样的情况也出现在第二共和国时期，卡诺任教育部部长后，曾组建了一个委员会。委员会参照巴黎理工学校，拟定了一份创设公共行政学校的计划。该校于 1848 年建成开学，但仅存在一年余，即被秩序党人控制的立法议会关闭。

第二帝国时期，在工业革命的推动下，法国农业、商业、金融及建筑业快速发展，向高等教育提出了技术与人才的需求。教育部部长迪律伊尝试推进高等技术教育，创设高等研究实践学校，不过受当时政治形势的影响而未能实现。

第三共和国前期，法国高等教育发展步入复兴期，具体表现如下。第一，更新高等教育观念。在对普法战争法方失利的反思中，发展新型高等教育，探索高深知识，造就专业人才，成为社会与民众赋予高等教育发展的新期望。第二，复办传统大学。1896 年颁布《国立大学组织法》，将原各大学区分散设立的学院组建为大学，每一大学区设一所大学。大学校长由大学区总长兼任，大学理事会负责大学教学与财政事务管理，大学下设学院，学院院长和教师由政府任命。普遍设立理学院，重视自然科学教育。设有文学院、理学院、法学院和医学院的综合大学在停办长达一个世纪之后得以恢复发展，一个世纪中只有一所且仅仅是名义上的法国大学的历史宣告结束。《国立大学组织法》也因而在法国高等教育史上拥有了重要意义，"该法令给大学命名，赋于大学以世俗性质和某些财政自主权，还赋于大学以教学自由，知识传授和道德教育的独立性。没有这些独立和自由，法国可能比其他国家更难有真正的科学和研究得以生存"①。第三，创设高等教育相关机构。1878 年设立"高等教育问题研究会"，为高等教育改革提供决策服务。1879 年公立大学获得颁授学位的权力。1885 年，大学获得法人资格，有权接受社会捐助。第四，增拨高等教育经费，完善学生资助政策。增加对高等学校的财政拨款，赋予高等学校接受捐赠权。1877 年设立学士学位奖学金，鼓励有志青年刻苦攻读。自 1898 年开始，学费、注册费、图书费和实验费等收入归大学支配。第五，加强高等学校的教学组织与管理工作，进一步提高教学质量。

就整体而言，法国高等教育在 19 世纪发生了很大变化，原来的文学发展成为一

---

① 瞿葆奎、张人杰：《教育学文集·法国教育改革》，54 页，北京，人民教育出版社，1994。

个独立的专业，神学的地位下降，法学、医学、理学发展也受到相当重视。不过，由于受中央集权式教育管理体制的束缚，法国高等学校在适应各地区发展及社会需要方面，始终存在很多有待于进一步解决的问题。

三、涂尔干的教育观

爱弥儿·涂尔干（Émile Durkheim，1858—1917，又译"迪尔克姆"），近代法国著名社会学家和教育家，西方教育社会学的奠基人。1887—1902年，在波尔多大学文学院开设每周一小时的教育学讲座。主要教育著作有《教育与社会学》（1922年）、《道德教育》（1925年）和《教育思想的演进》（1938年）等。

（一）教育的内涵及基本功能

涂尔干认为，教育是人类社会中一种显著的社会事物。对于人类社会而言，"教育只是社会在儿童身上配备社会生存之基本条件的手段"[1]。人类社会中存在着诸多不同的教育类型，这些教育类型成长于不同的社会环境，分别对应于具体社会所特有的人的理想和个人相异的职业需求。教育就是致力于实现年青一代的社会化。就此来说，可将教育定义为："教育是年长的一代对尚未为社会生活做好准备的一代所施加的影响。教育的目的就是在儿童身上唤起和培养一定数量的身体、智识和道德状态，以便适应整个政治社会的要求，以及他将来注定所处的特定环境的要求。"[2]

具体来说，教育就是在拥有个人存在的个体身上形成一种社会存在。"教育的目的就是在我们刚刚生下来时的个体存在和非社会存在之上，添加一种全新的存在。"[3]"个人存在"由仅仅适用于我们本身以及个人生活事件的所有心态构成。"社会存在"是表现我们所参与的群体或各个不同群体的一套观念、情感和实践体系，是宗教信仰、道德信仰和实践、民族或职业传统以及各种类型的集体意见。教育的任务，就在于引领或指导个人掌握与他注定生活其间的社会群体有关的知识、道德或能力。"当每一代新人出现时，社会就会发现自己几乎面对着一块白板，必须重新开始建设。对于那些刚刚产生的利己主义和非社会性的存在，社会必须尽可能迅速地添加上另一种存在，把他引向一种道德生活和社会生活。这就是教育的工作……"[4]诚然，教育的这种"引领"，是一种创造性的引领。因为教育并不局限于依照单一有机体本性所指示的方向促使其发展，也不局限于显露那些只需要呈现的各种潜能。人类社会对个体适应社会生活能力的要求日益多样、复杂和艰深，这种要求只能通过教育实现传递。

涂尔干认为，无论何处，教育作为一种社会事物，它首先满足的均为社会的需

---

[1] ［法］爱弥儿·涂尔干：《道德教育》，陈光金、沈杰、朱谐汉译，309页，上海，上海人民出版社，2001。

[2] ［法］爱弥儿·涂尔干：《道德教育》，陈光金、沈杰、朱谐汉译，309页，上海，上海人民出版社，2001。

[3] ［法］爱弥儿·涂尔干：《道德教育》，陈光金、沈杰、朱谐汉译，322页，上海，上海人民出版社，2001。

[4] ［法］爱弥儿·涂尔干：《道德教育》，陈光金、沈杰、朱谐汉译，310页，上海，上海人民出版社，2001。

求。它充当的首先是社会延续、维持或更新其自身存在的手段。其中，通过教育实现年青一代在某一方面系统社会化，是其中的重要内容。

不过，借助于教育而实现的社会化对于个人发展或成长而言，具有同样重要的意义。首先，人都生活在社会中，人的道德成长与社会密切相关，"是社会使我们脱离了我们自身，迫使我们考虑到我们自身以外的其他利益，是社会教会我们驾御我们的激情和本能，为它们制定法则，是社会教会我们约束自己、奉献自己和牺牲自己，使我们的个人目的服从于更高的目的"[1]。其次，人的智力提升也离不开社会。科学为人的思维提供了关于原因、规律、空间、数量、身体、生命、意识、社会等核心概念。科学探索也越来越成为一项集体性工作。最后，个人只有在趋向社会的过程中，才能趋向自己，并成为自己。教育使人类劳动成果、经验和智慧的积累和传递成为可能，促使人类得以超越一般性动物有限的本能，而不断丰富生活与生存的物质条件和精神基础。在促进社会进步与个人发展问题上，教育作用的整体方向是一致的。"社会对个人施加的影响，主要是通过教育来实现的，其目的和作用根本不是去压制和消灭个人，剥夺他的天性，相反，是促进个人成长，使他成为一个真正意义上的人。"[2]

教育的功能，也就表现为在儿童身上唤起两种身心状态：①在他所属的社会中，每个社会成员都必不可少的一定数量的身心状态；②在他所属的社会群体(家庭、职业)中，所有成员应该具备的特定的身心状态。[3] 具体表现为，在受教育者的内心确立构成民族精神基础和宗教文化原则的观念，形成一套有关人的本性、权利、义务、社会、个人、进步、科学和艺术等方面的观念。

涂尔干主张，如果教育目的在于使孩子适应他们注定要生活于其中的社会环境，教育首先要发挥一种集体的功能，那么国家在教育中就应该发挥作用，不断提醒教师应授予孩子何种观念和情感，保证公民拥有厚实的观念和形成情感共同体。

(二)道德教育

道德包含三个基本要素：纪律精神、对社会群体的依恋、自主或自觉。作为道德的首要要素，纪律精神既是个人对常规的感受和体会，也是对限制欲望和尊重规范权威观念的感受和体会。常规性表现为某种行为习惯，权威性表现为对个人行为习惯的某种规范和命令。纪律精神有助于个人的健康发展，并有利于社会的有序和高效运转。

对社会群体的依恋，是道德的次要因素，是个人对他作为其中一员的社会群体的依恋，是对人的动物性冲突加以约束和抵制，与周围的社会合为一体，献身于某种不同于其自身的集体或群体，如家庭、民族、国家的道德力。学校作为道德的代理人，

[1] [法]爱弥儿·涂尔干：《道德教育》，陈光金、沈杰、朱谐汉译，313 页，上海，上海人民出版社，2001。
[2] [法]爱弥儿·涂尔干：《道德教育》，陈光金、沈杰、朱谐汉译，315 页，上海，上海人民出版社，2001。
[3] [法]爱弥儿·涂尔干：《道德教育》，陈光金、沈杰、朱谐汉译，308 页，上海，上海人民出版社，2001。

在指导儿童系统地学会认识和热爱其作为其中一员的社会群体方面发挥着重要作用，因而必须使道德教育成为学校环境的一部分，将道德教育引入儿童的意识，将道德教育的方方面面展现给儿童。

自主或自觉是道德的第三要素，是指基于理性而自主或自觉地接受规范的一种态度，是基于理性的主动而自愿地接受规范，将规范视为实现个人自由、适应变动不居的社会状况的必要条件。

涂尔干认为，儿童在国立学校应接受一种纯粹世俗的道德教育，一种不是从宗教派生出来的纯粹理性主义的道德教育，一种仅仅适用于理性的道德观念、情感和实践的道德教育。把所有超自然的要素从教育中简单剔除以实施纯粹世俗道德教育的做法，面临着一种把所有真正意义上的道德因素一并抛弃的风险。为规避这一风险，必须发现那些长期承载着最根本道德价值的宗教观念的理性替代物。"我们必须在宗教概念的核心之中寻找出那些丢失了的、被掩盖其中的道德实在。我们必须摆脱这些宗教观念，找到它们的构成成分，确定它们的真正性质，并用理性的语言来表述它们。"①

作为学校道德教育的主要提供者和实施者，教师要对学生开展一种日常的理性主义的道德教育，一种非宗教化的道德教育，要向儿童灌输各种各样的义务，塑造特殊的道德性，使儿童具有道德的一般习性，即处于道德生活之根本的性情，建构一种道德的能动因素，训练作为进步条件的创造力。

道德教学是实施道德教育的主要手段，教师要向儿童清晰讲述其将来注定生活其中的社会环境，家庭、国家乃至人类文明共同体的形成，个人在其间扮演的角色以及它们对个人的影响，等等。教师道德教学成效的高低，直接取决于教师所拥有的道德权威的强弱。只有拥有较高道德权威的教师，才能有效地以向儿童说明义务，以命令口吻唤醒学生的良知和尊重的方式，形成儿童的义务感和责任心。教师权威道德优先性的实现需要具备两个先决条件：教师拥有坚定的意志，能够为儿童所信赖；教师对职业信念和职责意义具有充分认识，能够切实感受到自身的权威。教师是凌驾于其上的社会的道德人格的代言人。"教师是他的时代和国家的伟大的道德观念的阐释者。"②教师权威并不与自由相对立，而是有着内在的关联。对学生而言，自由意味着要成为自己的主人，能够依据理性行动。教师权威发挥的目的在于赋予儿童行动的自主性。就此而言，教师的权威只是义务的权威与理性的权威的一个方面而已。

（三）智育

智育的任务在于为儿童提供有关一切事物的观念，传授作为主导概念和知性核心、开展逻辑思维所运用框架和工具的范畴。"范畴"不仅包括最抽象的思维形式、原因概念和实质概念，而且包括大量具有丰富意义的关于物质世界、生活以及人的观

---

① ［法］爱弥儿·涂尔干：《道德教育》，陈光金、沈杰、朱谐汉译，12页，上海，上海人民出版社，2001。

② ［法］爱弥儿·涂尔干：《道德教育》，陈光金、沈杰、朱谐汉译，324页，上海，上海人民出版社，2001。

念。在知识与观念教育上，涂尔干主张教育是对心灵的塑造，而不是填充。知识和观念的掌握具有更为特别的意义，而非仅仅基于实用考虑或对职业意义的谋求。

(四)教育与教育学的关系及各自性质

1. 教育与教育学的关系

教育是一种社会实践，是教师和父母对儿童施加的影响，借助于行动不断塑造儿童。教育学则是构想教育的途径的理论，是对教育的构想，而非实践。教育是教育学的主题，教育学则是反思教育现象的某种方式。

教育学是运用心理学和社会学成果或范式、教育活动原则或教育改革原则的结果。如此，教育学才可能成为消除具有乌托邦色彩的观念论的教育学，一种具有实践特点、提供教育实践手段的教育学。

教育学既不是教育，也不能取代教育的地位。"教育学的角色不是代替实践，而是指导、启发和帮助实践，如果有必要的话，消除实践带来的分歧，纠正实践的不足之处。"①以教育学为业的教育家的职责不是建构一种全新的、前所未有的教育体系，而是努力认识和理解他所生活时代的教育体系，对其缺陷加以鉴别。对教育体系的理解和鉴别，重要的一项基础性工作在于对教育体系的发展历史进行解读，并对教育体系的发展趋势和未来走向做出"预见"，"只有教育史和教育学史才能确认在特定的时期中教育应该追求的目标"②。教育学的学科价值即在于减少教育探索的风险。

教育学已经成为教育不可或缺的附属品。需要通过教育学对教育的反思，使教育能够保持对社会变迁的连续适应的能力，确保教育必要的灵活性，防止教育因受传统势力的阻挠和习惯的羁绊而成为机械、僵化的自动过程。

2. 教育介于艺术与科学之间

教育是一种社会现象，所有的教育现象具有充分的同质性，表现出共同的本质特征："都来源于上一代人为使下一代人适应他们注定生活其中的社会环境，而对下一代人施加的影响。"③

教育不是一门科学，尽管它作为一个理论体，与科学非常接近，但它拥有指导行为的直接目的，而不像科学那样只有表达现实这一目标。

教育也不是一门艺术，构成教育的不是一种有组织的仪轨体系，而是对仪轨产生影响的观念体系，教育是教育者机敏处理教育事务的教育能力和实践经验。所以，适当的说法是，教育介于科学与艺术之间。

3. 教育学的非艺术性

教育学不是艺术，艺术一般针对特殊的目的，如传授传统经验或个人的个别经

---

① [法]爱弥儿·涂尔干：《道德教育》，陈光金、沈杰、朱谐汉译，339页，上海，上海人民出版社，2001。

② [法]爱弥儿·涂尔干：《道德教育》，陈光金、沈杰、朱谐汉译，342页，上海，上海人民出版社，2001。

③ [法]爱弥儿·涂尔干：《道德教育》，陈光金、沈杰、朱谐汉译，329页，上海，上海人民出版社，2001。

验，是一种做事方式体系。艺术的获得，只能通过接触行动所针对的事物，或直接处理该事物而实现。其间，反思可部分发挥作用，但并不构成艺术的基本成分，更不能将个体性的艺术转化为普遍的艺术传授给众人。

教育学是一种关于教育实践的理论，是对教育实践反思的结果。教育学"并不通过科学的方法来研究教育体系，但是，它却对这些教育体系进行了反思，从而为教育者的活动提供具有指导意义的观念"①。

（五）教育学对于其他学科的依赖

教育学首先依赖的自然是教育科学。对"教育是什么"的追问，涉及对教育性质、依赖条件以及教育变迁规律的认识。不过，由于教育科学尚处于萌芽状态，尚不能为教育学提供根本性的帮助。

其次，教育学更多依赖社会学。教育学需要依赖社会学确定教育目的。无论就教育起源，还是就教育功能来看，教育都是一种显著的社会事物，对社会学的依赖更为迫切。在教育目的的确立上，心理学无能为力，无法告诉教育者应追求何种教育目标。唯有社会学能够把教育目标与其所依赖的社会条件联系起来，并结合社会需要对教育目的做出清晰明确的表达。教育学需要依靠社会学所提供的社会结构理解教育学理念，依靠社会集体理解教育者的义务，依靠社会所提供的道德典范和人的模式构建道德教育体系。可以说，教育学理念的每个细节都是社会的产物，教育致力于人所发生的变化、所掌握的知识和能力、所具备的道德品性，这都是社会所希望和所需要的。"教育在我们身上所要实现的人，并不是本性使然的那种人，而是社会希望他成为的那种人；是社会根据自己内在经济的要求希望他成为的那种人。"②

最后，教育学依赖心理学，依据心理学确定实现教育目的所需要的手段。心理学、儿童心理学和集体心理学在确定教育方法的过程中扮演着有用的角色。

第三节　英国教育

英国社会经济在18世纪60年代所兴起的工业革命的推动下获得快速发展，同时，英国的社会矛盾也日益激化，政治格局日益复杂，对19世纪英国教育发展产生了显著影响。

一、教育管理体制的建设

在教育管理体制的建设上，以反对国家干预教育发展的教会势力、部分政客、资本家和保守思想家为一方，以主张国家承担发展管理教育责任的开明政治家、部分有

① ［法］爱弥儿·涂尔干：《道德教育》，陈光金、沈杰、朱谐汉译，335页，上海，上海人民出版社，2001。

② ［法］爱弥儿·涂尔干：《道德教育》，陈光金、沈杰、朱谐汉译，353页，上海，上海人民出版社，2001。

远见的思想家与广大工人阶级为另一方,双方展开了激烈争论。工业革命的推进提升了英国经济发展的速度,经济发展也向从业者提出了越来越明确的受教育要求,发展教育从根本上有利于保障资产阶级的根本利益,有利于国家的繁荣发展和社会稳定。"就教育来说,工业革命对它的影响比法国革命对它的推动和德国与法国的国家教育为它提供的先例对它的影响更为重要。"①这些为英国教育管理体制建设提供了认识基础和社会基础。

政府承担教育管理的意志表现为一系列教育法案、议案的颁布与提出。早在 1807年,怀特布雷(Samuel Whitbriad)议员提出《教区学校议案》,建议政府在每个教区设立学校,并承担管理职责。此提案虽在议会下院通过,最终被议会上院否决,但英国议会首次以国家名义讨论国民教育问题,意义深远。1816 年,在布鲁汉姆(Henry Brougham,1778—1868)等人的倡议与努力下,英国议会成立贫民教育状况调查委员会,调查报告显示,以贫民子弟为教育对象的自愿捐助学校,入学率和办学成效均令人担忧,相关报告引发社会广泛关注。1833 年,英国国会通过了时任财政部部长阿尔索普(Lord Althorp,1782—1845)提出的《教育补助金法案》,每年从国库拨付 2 万英镑作为发展贫困儿童教育的费用,经费管理与分配具体交由"贫民教育促进会"和"不列颠及海外学校协会"两个教派团体负责。此举开政府拨款间接干预教育之先河,意义显著。至此,英国教育开始摆脱单纯的宗教教派活动或民间活动,标志着英国教育国家化的开端。

在教育组织机构的建设上,1839 年,英国成立"枢密院教育委员会",负责国家教育拨款的分配和使用,并拥有视察接受所有政府拨款学校的权力。1856 年"枢密院教育委员会"改组为"教育局",负责初等教育管理事宜,成为英国政府创设的第一个教育管理机构。1899 年,成立国会直接领导的教育委员会,总揽原教育局、科学与艺术局和慈善委员会的职责,统一管理初等教育和中等教育事务,英国教育管理体制国家化的任务初步完成。为进一步完善国家教育管理体制,英国政府又在 1902 年颁布了《巴尔福教育法》,确定由郡参议会或郡自治市参议会组成"地方教育当局",承担地方教育的行政管理工作。至此,英国初步构建起国家统一领导与地方分权管理相结合的教育管理体制。

二、初等教育的发展

18 世纪中期至 19 世纪上半期,英国初等教育的提供者主要为宗教组织、慈善机构、社会团体和个人,合格教师缺乏,导生制教学盛行,教学设备简陋,教学实践中的宗教气息浓厚,教育质量一直维持在较低的水平上。

为解决这一时期所存在的合格教师匮乏问题,英国国教会教士贝尔和公谊会教士兰卡斯特实施了一种新型教学方式——"导生制"(又称"贝尔—兰卡斯特制")。导生制教学花费较少,节省师资,能够在教学资源有限和合格师资缺乏的情况下扩大教育规

---

① [英]博伊德、金:《西方教育史》,任宝祥、吴元训主译,363 页,北京,人民教育出版社,1985。

模，缓解教师匮乏的压力，一度受到社会民众欢迎，曾在英国风行 30 余年，1808 年英国成立"皇家兰卡斯特协会"。导生制教学还流传至德国、美国、法国、比利时、瑞士、俄国等国，产生了世界影响。不过，导生制教学方法简单，教学内容有限，难以保证必要的教育质量，也是不争的事实。

迫于广大工人阶级争取受教育权斗争的压力，并考虑工人家庭子弟进入工厂做工的实际状况，1820 年通过的第一部《工厂法》和棉纺厂主皮尔（Robert Peel）提出的《学徒健康和道德议案》，将棉纺和毛纺织厂学徒工的劳动时间限定为每天 12 小时，且不许夜间劳动；在学徒期的前四年中，学徒工在每天正常的工作时间中，抽出一定时间学习读、写、算，学徒工的师父要提供条件，并承担费用。这些规定事实上并未得到有效落实。1833 年，英国国会颁布实施《工厂法》，规定：工厂主雇用的童工须持有厂医出具的年龄证明和教师出具的入学证明；9～13 岁的童工每天劳动时间为 8 小时或不超过 9 小时，且应在每天的工作时间内接受 2 小时的义务教育，接受读、写、算、宗教知识和道德教育。1844 年，《工厂法》又补充规定，雇用的童工必须持有就学证明。1846 年，《工厂法》进一步强调，工厂教育是强制性教育，是劳动条件之一。系列《工厂法》有关童工接受教育的条款，在实践中并未得到有效落实，很多工厂主并不遵守甚至抵制相关规定。但系列《工厂法》的实施，一定程度上改善了工人阶级子女的受教育状况，具有进步的意义。马克思曾对其意义做出评述：尽管《工厂法》的教育条款是微不足道的，但它证明了智育和体育同劳动相结合的可能性，从而也证明了体力劳动同智育和体育相结合的可能性。同一般学校一样，工厂学校与劳动的结合不但是必要的，也是可能的。

1851 年，宪章运动者代表大会通过了一项实施普及义务教育的决议：开办学校和图书馆，为孩子们提供一种纯粹的免受资产阶级影响的无产阶级教育。

为进一步适应 19 世纪后半期经济发展所提出的使民众接受更多文化知识教育的要求，1870 年英国政府颁布《初等教育法》（又称《福斯特法案》）。该法案规定：①政府对教育事业享有补助权和监督权，政府继续拨款发展教育，并在缺少学校的地区设置公立学校；②全国划分为数千个学区，由经过选举产生的"学校委员会"监督管理所在学区的教育工作；③各学区向 5～12 岁的儿童提供强迫教育；④承认以前各教派所兴办或管理的学校为国家教育机构；⑤学校中的世俗教育与宗教教育相分离。尽管《初等教育法》仅适用于劳动阶层子弟，上层社会家庭子弟主要在家庭或中学预备学校接受教育，但《初等教育法》的颁布与实施，促进了英国初等教育事业的发展，仍然具有重要的历史意义。该法案有关儿童强迫教育的规定及其实施结果，标志着英国国民初等教育制度的正式形成，标志着英国教育国家化所取得的新成果。此后，相关义务教育法案陆续出台。1876 年的《教育法》规定，家长须履行送子女入学的义务。1880 年的《教育法》将儿童接受义务教育的年龄规定为 5～10 岁。1891 年的《初等教育法》规定实施免费初等教育。

为满足不同时期英国初等教育发展对大量合格师资的需求，英国教师教育实现了初步发展。英国枢密院教育委员会首任主席凯—沙图华兹（James Philip Kay-

Shutleworth，1804—1877)在借鉴裴斯泰洛齐教育理论的基础上，于 1840 年创办了"巴特西师范学校"。该校实施寄宿制，强调学科知识学习，使学生具备"教育者"的精神和性格，产生了较大影响。

英国政府还借鉴"导生制"的基本做法，创行"见习生制度"培养教师。具体做法如下。在初等学校选拔 13 岁左右成绩优秀的学生作为"见习生"。见习生担任学校校长的助手，跟随其见习学校管理与教学事务。校长每周安排 5 天的放学时间为见习生讲授学科教学。见习生以其从事勤务劳动抵充学费。该制度时限 5 年，见习生期满考核合格后可出任助理教员，也可考入师范学校接受进一步的教师教育。

1870 年《初等教育法》实施后，为满足日益增加的对初等学校教师的需求，英国创办了"培训学院"以培训师资。培训学院学制 3 年，其中包括 1 年的教育实习，实施寄宿制。

三、中等教育的改革

工业革命爆发前的英国中等教育继承此前的教育传统，文法学校和公学为实施中等教育的主体，贵族及家境富裕的有产阶层子弟才能享有接受中等教育的机会。工业革命后，规模小、数量有限且教学内容囿守古典传统的文法学校和公学，招致斯宾塞和赫胥黎等教育思想家的批判，改革文法学校和公学教育的社会呼声日益高涨。

(一)公学的改革与发展

为回应社会呼声和民众关切，19 世纪初，舒兹伯利公学校长巴特勒(Samuel Butler，1744—1839)推行公学改革，在课程设置与教学上，废除古典语言课程，改设历史和地理课程，鼓励学生自由阅读；实施计分和考试制度，鼓励学生开展学业竞争。继任者肯尼迪(Benjamin H. Kennedy，1804—1889)在舒兹伯利公学继续推行改革，增设了法语、数学和体育竞技等课程。阿诺德(Thomas Arnold，1795—1842)在出任拉格比公学校长期间，强化学生自律意识和自主能力培养，注重发展学生的自学能力和自我表达能力，取得了较为明显的成效。

为从根本上改变英国公学与社会需要脱节、教学内容陈旧的弊端，1861—1864 年，英国议会责成"克拉雷顿委员会"对温彻斯特公学、伊顿公学、圣保罗公学、舒兹伯利公学、威斯敏斯特公学、麦钦泰勒公学、拉格比公学、哈罗公学和查特豪斯公学展开调查，并提出改革建议。1864 年，该委员会在对九大公学的课程设置、教学方法、资金收入、学校管理等实施调查后，发布了调查报告，针对公学存在的弊端，提出了扩充课程内容等相关改革建议。公学吸纳了相关建议，扩充了教学内容，改进了学校管理。依照该委员会提出的改革建议，政府于 1868 年颁布了《公学法》，设立了相应的公学管理机构，为这一时期及后来公学的发展与改革提供了法律依据。但该法招致部分公学的反对。1869 年成立的"校长会议"明确反对削弱公学校长的权力。不过，整体来说，19 世纪后半期，借助于一系列的改革，英国公学在保留古典课程的同时，一定程度上扩充了课程内容，改革了宗教教学，强化了实科课程教学，英语、现代外语、数学和自然科学知识的教学受到更多重视。

（二）文法学校的改革与发展

1840年颁布实施的《改进文法学校条件、增加文法学校津贴的法令》，为更多来自中产阶层家庭的子弟接受中等教育提供了可能。

在实施公学调查与改革的同时，1864年英国国会组建了以汤顿（Henry Labouchere，1st Baron Taunton，1798—1869）为首的"中学调查委员会"，具体负责对公学以外的文法学校、私立学校和集资共设学校实施调查。该委员会在历经四年对英国除公学之外的1000余所学校实施调查之后，于1868年发布调查报告，指出英国文法学校、私立学校和集资共设学校存在学校数量不足、质量不高、与现实需要脱节等问题，并结合英国中等教育未来发展提出了"依据社会阶层分设三类中学"的改革建议：第一类中学专为贵族和大资产阶级子弟设立，招收12～18岁青少年入学，讲授古典课程，为学生提供大学预备教育；第二类中学面向中产阶级子弟而设，入学年龄为12～16岁，注重现代科学知识教育，培养商业、法律及医学人才；第三类则专为中下层平民子弟设立，招收12～14岁青少年，注重书写及计算能力培养，培养普通职业人才。此改革计划因当时实施国民中等教育的条件尚不成熟、政府主要关注初等教育的普及问题等原因，议会未予通过，但反映出英国分层发展中等教育的政府意愿，对此后英国中等教育的发展产生了相当的影响。

（三）中等技术教育与女子中等教育的发展

19世纪中叶起，英国中等技术教育得到一定程度的发展。1851年在伦敦万国博览会上，法国展览品所表现出的技术优势极大了刺激了英国发展技术教育的决心。商务局下设"科学技术厅"，负责工业技术教员培养和政府工业教育补助金的发放工作。中等技术学校成为开展中等技术教育的主要机构，1886年，中等技术学校在校生达到18万人。

19世纪中期，寄宿制女子中学和实科类中等学校的发展，进一步丰富了英国中等学校的类型。此类中等学校重视数学、物理、自然、历史、地理、现代外国语课程的教学，注重加强与社会实际生活的联系。

应该说，到19世纪末，英国中等教育结构及教学内容虽发生了一定变化，但古典教育的垄断地位和面向贵族及有产阶层开办的主导思想没有发生根本性变化。中等教育的发展远远不能满足社会民众接受中等教育的实际需求。

四、高等教育

18世纪后半期，在工业革命和近代科学发展的推动下，英国传统大学教育也实施了一定改革。十七八世纪英国社会对科学的普遍兴趣也促使牛津大学和剑桥大学开始设立部分自然科学教授席位。启蒙运动对苏格兰大学发展也产生了影响，具体表现为：苏格兰大学顺应时势，改革课程设置，增设更现代、更实用的课程，大学中的公开讲座注重针对工业生产中的实际问题，格拉斯哥大学所开设的公开讲座更是吸引了当地为数不少的工厂主前来听讲。

自18世纪60年代开始的工业革命在给英国带来经济快速发展的同时，也促使英国高等教育发展表现出新的主题：新大学运动、大学推广运动、传统大学改革和高等科技教育的发展。

（一）新大学运动

新大学运动以伦敦大学学院的建立为起点，打破了牛津大学和剑桥大学"双校独霸"高等教育领域的局面。1825年，诗人托马斯·坎贝尔（Thomas Campbell，1777—1844）提议，建立一所主要为富裕中产阶级子弟服务的专业分科且收费低廉的"大伦敦大学"。后募捐15万英镑用于大学筹建，成立了一个由25人组成的校务会，确立新设高等教育机构名称为"伦敦大学学院"。1826年，伦敦大学学院在伦敦市高尔街创办。最初招收学生300人。作为一所新式大学，伦敦大学学院多有创新之举：不事宗教教学，招生不分教派；收费低廉，学生一年学费数额仅相当于牛津大学与剑桥大学的1/10；实行走读制；以英语而非拉丁语为教学语言，重视实科课程教学，主要设置现代语、数学、物理、心理和道德、法律、历史、政治经济学、医学等课程；附属院校遍及联合王国，专事学位考试和颁授。其间，伦敦大学学院的非宗教性招致牛津大学和剑桥大学保守势力以及国教会的反对。

1828年，部分贵族、国教会高级教士和坎特伯雷主教等提议在伦敦创设一所实施"通识教育"的国王学院，并获英王乔治四世批准。该学院继承牛津大学和剑桥大学的传统，承认英格兰教会对学院的主导地位。国王学院在1829年开门办学，1831年正式招生。国王学院虽在宗教教学问题上与伦敦大学学院存在分歧，但对实科教育也表现出较为重视的态度。除开设古典语言、宗教与道德课程外，也开设了自然科学、经验哲学、商业原理、伦理学、现代外语等学科课程。1836年经王室批准，伦敦大学学院和国王学院合并组建了伦敦大学。1851年，大约60所医学院和29所普通学院附属于该大学。

在伦敦大学的带动下，19世纪后半期英国很多经济发达和文化繁荣的工业城市创设了一批城市学院，成为新大学运动的又一项发展内容。这一时期创设城市学院的城市主要包括曼彻斯特（1851年）、南安普敦（1862年）、纽卡斯尔（1874年）、利兹（1874年）、布里斯托尔（1876年）、谢菲尔德（1879年）、伯明翰（1880年）、利物浦（1881年）、雷丁（1892年）、埃克塞特（1881年）等。该类城市学院的基本特点是：由民众或社会团体创设，注重实施工业和科学教育，招生面向广大中产阶层子弟，寄宿制和走读制相结合。新大学运动不仅直接改变了英国高等教育的传统和结构，而且还为现代科学技术知识进入高等学校提供了机会，为广大中产阶层子弟提供了接受高等教育的机会。

（二）大学推广运动

大学推广运动初兴于19世纪60年代，主要表现形式为全日制大学以校内或校外讲座的方式，向民众开放高等教育，拓展大学功能。伦敦大学、剑桥大学和牛津大学在大学推广运动中发挥了重要作用。

1867年，剑桥大学青年教师斯图亚特（James Denham Start）应英格兰妇女高等教育促进委员会之邀，在利兹、利物浦、谢菲尔德等城市举办了一系列讲座，后提出利用大学师资优势创办巡回授课大学，在各地开设校外课程和巡回讲座，满足民众对高等教育的需求。后剑桥大学、伦敦大学和牛津大学采纳了相关建议，1873年剑桥大学在莱斯特、诺丁汉两城及德比郡开设校外课程，1878年成立"地方讲座委员会"。1876年，伦敦大学成立大学教学推广学会。大学推广课程涉及文学、历史、经济、哲学和科学等学科门类。1891—1892年，牛津大学、剑桥大学和伦敦大学开设的大学推广课程达457门，其中自然科学类课程191门，历史和政治经济学类课程159门，文学、艺术或建筑学类课程104门，哲学类课程3门。校外课程一般安排6~12讲，学时较短，内容实用性强，学习方式以讲授、讨论和阅读文献为主，通过相关考试者可获得结业证书，较为符合成人学习的特点。应该说，英国19世纪的大学推广运动拉近了一般民众与大学的距离，加强了大学与社会的联系，强化了大学的社会服务职能。

（三）传统大学改革

19世纪中期，牛津大学和剑桥大学也实施了相应改革，改革内容如下。

第一，开展大学调查与改革。1850年，新成立的"皇家委员会"主持了对牛津大学与剑桥大学的调查，1854年和1856年分别制定了《牛津大学法》与《剑桥大学法》，规定：设立大学领导机构"校务会"，增设自然科学、近代史、英国文学和现代外语等学科，向非国教会教徒授予学位。1870年，牛津大学和剑桥大学开始招收女生。1871年制定的《宗教审查法》则规定，除神学专业外，废除对申请学位的学生的宗教审查，取消大学教职员任职的宗教限制。

第二，实施课程改革。牛津大学和剑桥大学将法学和历史学作为两大独立学科，牛津大学增设自然科学、近代史、英国文学和现代外语等学科课程，剑桥大学课程设置与教学体现自然学科的分化，开展比较动物学、应用力学、外科医学和病理学课程的教学。

第三，加强科技教育。19世纪中期，英国高等科技教育也成为高等教育在主动适应社会经济发展过程中所形成的教育类型。1849年，剑桥大学增设自然科学荣誉学位考试。1853年，牛津大学设自然科学荣誉学院。19世纪70年代，牛津大学和剑桥大学均增设自然科学教授职位。1872年，牛津大学建成英国第一个物理学实验室——克莱伦敦实验室。1873年，剑桥大学则建成后被誉为"物理学家摇篮"的卡文迪许实验室。

1883年，伦敦同业公会技术教育会在芬斯贝利开办了英国第一所技术学院，以为那些希望在工业生产机构谋求中等职位的人提供教育。学院开设数学、绘图、建筑、工程、设计等课程。1884年，伦敦同业公会在南肯辛顿建立了另一所中心技术学院。该学院后与皇家科学院、皇家矿业学院合并成立帝国理工学院。

五、斯宾塞的教育观

赫伯特·斯宾塞（Herbert Spencer，1820—1903），19世纪英国著名哲学家、社会学家，近代科学教育的主要提倡者之一。出生于英格兰德比郡的一个教师世家，幼年时即表现出对生物、数学和机械类书籍的喜爱。曾在一所走读学校接受过为期3年的教育，后跟随其叔父威廉·斯宾塞学习数学和拉丁语。曾从事短期的教师工作。17岁起任铁路土木工程师。1846年起研究哲学、社会学、心理学、自然科学等。其教育思想系统体现在 1861 年首次出版的《教育论》一书中。《教育论》收录了斯宾塞 19 世纪 50 年代发表的 4 篇论文,其中第一章"什么知识最有价值?"发表于《威斯敏斯特评论》(1859 年 7 月),第二章"智育"以"教育的艺术"为题发表于《北不列颠评论》(1854 年 5 月),第三章"德育"、第四章"体育"分别发表于《不列颠季刊》(1858 年 4 月和 1859 年 4 月)。

(一)科学是最有价值的知识

斯宾塞结合身体的装饰先于实用出现这一事实,提出在人类心智方面也存在相同的情形。"在心智方面同在身体方面一样,我们所追求的都是装饰先于实用……那些受人称赞的知识总放在第一位,而那些增进个人福利的知识倒放在第二位。"①之所以如此,是因为从远古到现在,社会需要压倒了个人需要,而主要的社会需要是对个人加以约束。人们所关心的不是什么知识最有价值,而是什么知识能够让人获得最多的称赞、荣誉和尊敬,获得令人羡慕的社会地位。影响到教育领域,便是不再考虑知识的内在价值,而多半考虑知识的外部影响。

在知识的价值问题上,斯宾塞认为任何知识都有或大或小的价值,问题的关键不在于探讨知识有没有价值,而在于判断知识的相对价值。人生苦短,学习时间有限,如何在有限的学习时间内学习那些最有价值的知识,才是重要的教育问题。

在如何判断知识的相对价值问题上,斯宾塞首先引入的一个衡量尺度是知识服务于人们的生活、与人们过完满生活相关联的程度。"为我们的完满生活作准备是教育应尽的职责;而评判一门教学科目的唯一合理办法就是看它对这个职责尽到什么程度。"②此外,斯宾塞还主张考虑知识的训练价值。也就是说,应该从其作为知识自身的价值,即知识的知识价值和训练价值两方面考虑它在为完满生活做准备时的效果。

在全面考察人类社会的几乎所有重要活动与科学的关系之后,斯宾塞提出科学是最有价值的知识。"什么知识最有价值,一致的答案就是科学。……为了直接保全自己或是维护生命和健康,最重要的知识是科学。为了那个叫做谋生的间接保全自己,有最大价值的知识是科学。为了正当地完成父母的职责,正确指导的是科学。为了解释过去和现在的国家生活,使每个公民能合理地调节他的行为所必需的不可缺少的钥匙是科学。同样,为了各种艺术的完美创作和最高欣赏所需要的准备也是科学。而为了智慧、道德、宗教训练的目的,最有效的学习还是科学。"③既然科学知识最有价值,那么,学习科学也就成为人类为参与和开展所有活动所做的最好准备。

(二)课程设置的依据和类型

斯宾塞主张,教育的目的在于为个人过完满的生活做准备。因而,他主张设置课程之前,必须明确的是在正常社会条件下个人生活的基本内容,并以此为设置课程的依据和基础。斯宾塞认为,"我们的第一步显然应当是按照重要的程度把人类生活的

---

① [英]斯宾塞:《斯宾塞教育论著选》,胡毅、王承绪译,7 页,北京,人民教育出版社,2005。
② [英]斯宾塞:《斯宾塞教育论著选》,胡毅、王承绪译,11 页,北京,人民教育出版社,2005。
③ [英]斯宾塞:《斯宾塞教育论著选》,胡毅、王承绪译,44~45 页,北京,人民教育出版社,2005。

几种主要活动加以分类。它们可以自然地排列成为：1. 直接有助于自我保全的活动；2. 从获得生活必需品而间接有助于自我保全的活动；3. 目的在抚养和教育子女的活动；4. 与维持正常的社会和政治关系有关的活动；5. 在生活中的闲暇时间用于满足爱好和感情的各种活动"①。

既然教育的目的在于为个人更好地从事上述活动做准备，那么所设置的课程也应相应地分为五大类。

第一类，对应于直接有助于自我保全的活动，开设生理学与解剖学课程，讲授直接保全自己的知识。

第二类，对应于间接有助于自我保全的活动，开设逻辑学、数学、力学、化学、天文学、地质学、生物学和社会科学课程，讲述使一切文明生活成为可能的知识。

第三类，对应于抚养和教育子女的活动，开设生理学、心理学和教育学课程，讲授帮助未来的父母们履行教育责任所必需的知识。

第四类，对应于与维持正常的社会和政治关系有关的活动，开设历史学类课程，以帮助人们调节自己的行为，更好地履行公民职责。

第五类，对应于在生活中的闲暇时间用于满足爱好和感情的各种活动，开设文学和艺术类课程，讲述有关休闲和娱乐的知识。

（三）教育原则

斯宾塞分别说明了智育、德育活动所需遵循的基本原则和儿童体育方面的不当做法。

智育活动的基本原则：教学应符合儿童心智发展顺序，应体现从简单到复杂、从不准确到准确、从具体到抽象的基本要求；儿童接受的教育必须与历史上的人类教育保持一致，并统一于知识的起源途径；教学的每一部分应遵循从实验到推理的基本顺序；尽可能采用实物教学。

德育活动的基本原则：在对儿童实施必要的惩罚时，实施自然管教，确保这些惩罚是其行动的不可避免的后果和必然反应；向儿童提出明确的道德标准，作为其行动努力的方向；不对儿童表现出大量的道德善行寄予过高的期望。

斯宾塞提出，儿童体育方面所存在的严重错误在于，没有充分考虑到在整个儿童期和青年期中，生长是一切活动必须服从的最高要求，应该依照儿童生长的速度控制体力和智力的运用。

斯宾塞有关科学知识价值的论述和其构建的为人类主要活动做准备的课程体系，试图改变西方沿袭已久的以人文的装饰性知识为中心的教育体系，提倡教育与生活、与社会活动的直接联系，在一定程度上冲击了西方的古典教育传统，为科学教育的开展提供了有力的理论支持。

六、赫胥黎的教育观

赫胥黎（Thomas Henry Huxley，1825—1895），英国近代生物学家和教育家。出

---

① ［英］斯宾塞：《斯宾塞教育论著选》，胡毅、王承绪译，12页，北京，人民教育出版社，2005。

生于英国米德塞克斯郡的一个教师家庭。曾在一所名为伊林学校的私立学校学习2年,后自学,广泛阅读科学和逻辑学书籍。17岁时入查林·克劳斯医学院学习,1846年完成学业,并通过了伦敦大学医学学士考试。后任海斯拉海军医院外科助理医生。任职期间曾参与远航南海之行,就此开启了自己的科学探索生涯,后在古生物学、海洋生物学、比较解剖学等领域均做出了突出贡献。1851年,当选为英国皇家学会会员,跻身英国一流科学家行列。1871—1885年任英国皇家学会秘书、会长。1870年参与推动英国议会通过《初等教育法》,成为首届伦敦教育委员会委员,对英国公学、大学教育改革亦做出了较大贡献。著有《科学与教育》(1893年)。

(一)学校教育的实施不当与空疏无用

赫胥黎提出,教育本应是解决人类各种问题的真正的万应灵药。但在英国的社会现实中,学校教育的作用并没有得到充分发挥。初等学校、文法学校、公学以及大学教育均因实施不当而空疏无用。

第一,初等学校教育失败无效。初等学校并未将医治苦难、罪恶以及人类其他所有灾难的"药物"——知识有效地传授给学生。已接受初等学校教育的儿童,不喜爱阅读,不能文从字顺地写一封信;十之八九的儿童对教义神学的理解近乎于零;儿童虽学习了很多犹太人历史和叙利亚地理知识,但完全没有学到有关自己国家的历史或政治体制知识,不能看懂一张标明村庄位置的英国郡分区图。不仅如此,赫胥黎还指出,"从我们的初等'教育'中,儿童最不容易得到一种关于物质世界规律及其因果关系的概念"[①]。

第二,文法学校和公学所提供的教育算不上是一种真正的教育,甚至根本就算不得一种教育,对于学生适应未来社会生活的价值十分有限。文法学校和公学向学生所教授的内容,仅仅是比初等学校多一点英语阅读和书写。所学习的神学知识只是一些最虚幻和最模糊的概念。地理、历史文学、英语以及科学学科的学习则更被忽视。在文法学校和公学,因为教学不得法,古典学科(含古希腊罗马语言、文学、历史和地理)课程未能体现出其自身所具有的自由教育价值;学生整日没完没了地钻研语法形式和规则;学生要把拉丁语和希腊语译成英语以学会翻译,而根本不考虑翻译材料有无阅读价值;学生要学习无数蹩脚和刻板的寓言。如此学习,其最后结果也只能是:"在把12年时间花费在这种古典知识学习上之后,那个受害者还不能很好地解释他没有读过的某位作家的一段文章;他将对阅读希腊语或拉丁语书籍感到厌恶;他再也不会打开或者想起一本古典著作……"[②]对儿童而言,在文法学校和公学所学习的课程,充其量只能算是多少有点用处的智力训练课程而已。

第三,英国大学未能提供一种真正的自由教育,而沦为大龄男生的"寄宿学校"。长期接受捐赠的大学和学院没有提供全面的自由教育,专业教育和自由教育的平衡被打破,过多注重专业课程的学习;大学和学院不再是最高级、最深奥的知识学习中

---

① [英]托·亨·赫胥黎:《科学与教育》,单中惠、平波译,67页,北京,人民教育出版社,2005。
② [英]托·亨·赫胥黎:《科学与教育》,单中惠、平波译,74页,北京,人民教育出版社,2005。

心，而仅成为学习古典语言和接受基础教育的大龄男生的"寄宿学校"；大学和学院缺乏献身于科学研究和学术教育的学者，知识增扩不再成为大学教师和学者的目标；大学教育脱离受教育者的心智，大学不再是认真培养学生的学者社团，不再是献身于科学研究和学术教育的学者社团。因而，与公学和文法学校相类似，英国大学未能提供一种真正的自由教育。"在改革者获得成功之前，在我们的牛津大学和剑桥大学里，并不会比在我们的一些公学里更容易得到一种自由教育。"①

鉴于上述，赫胥黎的结论是："我们的大部分学校和所有大学所提供的教育，仅仅是一种狭窄的、片面的和实质上无教养的教育——在它最糟糕的时候，实在是近于完全没有教育。"②

(二)科学教育的价值与科学教育的实施

科学教育在现代社会中越来越成为一件必要的事情，对于大学、公学和初等学校来说，开展科学教育的价值也越来越突出。

1. 科学教育的价值

科学教育在人类教育实践和社会生活中具有智力训练价值和职业准备价值。

科学教育的智力训练价值：科学教育能够以一种比其他任何学科所能提供的更好的方式，提供一种特殊的逻辑形式，以及检验我们研究过程正确性的特殊方法的训练。科学教育通过正确地观察和理解事实，通过归纳和演绎提高推理能力，养成学生尊重事实、坚忍不拔和诚实守信的道德品质。科学教育为现代高等专业教育，如医学教育、神学教育提供了必要的知识基础。

科学教育的职业准备价值：科学教育直接向学生传授未来从事职业劳动、胜任职业要求所需要的知识，帮助学生为适应未来的职业生活做准备；完善有效的科学教育是社会工业进步和经济发展的必要条件。科学知识与我们的时代和我们的生活联系密切，作用巨大。"我们时代的显著特点是，自然科学知识已经发挥了巨大的作用，而且这种作用会越来越大。不仅我们的日常生活受到它的影响，千百万人的成功依赖于它；而且，我们的整个人生观早已不知不觉地普遍受到了这种宇宙观的影响。"③

2. 科学教育的内容

赫胥黎强调，在科学教育内容的确立上，有必要破除一种较为狭隘的立场，不能以实施科学教育为名，而削弱文学与美学的教育，应当把一种完整和全面的科学文化引入所有学校。完整的科学教育不但包括科学文化知识的传授，还包括科学方法的运用与训练。在科学文化知识的传授方面，要确保向学生传授的都是真实的科学知识，应开设"自然地理"课程，讲授地球常识以及关于地球上、地球内部和地球周围事物的知识，养成整体性自然观，开设注重形式以及形式之间关系的自然科学——植物分类学，开设论述因果关系的自然科学——物理学，学习化学、人体生理学；在科学方法

的运用与训练上，要对学生进行实际的科学训练，而不仅仅是书本知识的传授。

3. 科学教育的实施

在科学教育的实施过程中，首先，要确保学生心智直接与事实发生联系，使学生不但掌握具体的科学知识和观点，而且有机会运用自己的智慧和才能，思考事物是这样而不是那样的原因。"科学教育的最大特点，就是使心智直接与事实联系，并且以最完善的归纳方法来训练心智；也就是说，从对自然界的直接观察而获知的一些个别事实中得出结论。"①其次，开展直观教学，尽可能利用实物，提高教学活动的真实性。最后，注重形成学生质疑和探索的科学意识，使学生养成热爱真理和憎恨谬误的科学习惯。"要对所有的事情提出疑问；——决不要回避任何困难；在对任何一种理论从否定和批判的角度进行严格而详尽的研究之前，不要相信或从他人那里接受这种理论；不要让任何谬论、无根据的东西或混乱的思想乘虚而入……"②

(三)大学教育观

赫胥黎在其一系列演讲中表述了自己的大学教育观。

第一，大学教育是一种以传授所有知识为目的的教育。"理想的大学应该是个学术思想不受任何束缚的地方，是个能使所有的入学者获得所有的知识和掌握所有的学习工具的地方，而不管这个人的信仰、国籍和贫富如何。"③为确保所有入学者获得所有知识，大学所传授的知识类型应涉及和包括：第一类，关于人类思维能力范围和限度的知识，如逻辑学、心理学和形而上学等；第二类，关于人类幸福的知识，如道德和宗教哲学等；第三类，关于宇宙现象以及我们观察到的这些现象交替出现的规则，即自然规律的知识，如自然科学或生理学等。

第二，大学教育是一种着力实现学生的全面发展的自由教育。大学教育应确立自由教育理念，大学教育所培养的人应该是身体和情感服从意志、心智健全、知识掌握充分、充满活力和激情、富有良知、尊重别人的人。在与大自然的关系上，能够做大自然的合作者、协作者、代理人和解释者。"惟有这样的人才算已经受到了一种自由教育；因为作为一个人，他已经与自然界完全和谐一致。他将会充分地利用自然界，自然界也将会充分地利用他。"④大学实施的自由教育应造就全面均衡发展的人：应鼓舞学生树立崇高志向，在学问上努力超越前辈，营造热爱真理和诚实严谨的知识氛围，唤起、培养学生高超的审美能力，使其能够发现道德领域、知识领域和艺术世界中的美。

第三，大学教育是一种旨在为建立合乎道德、富有哲理性的社会文化奠定坚实基础的教育。单一的古典学科教育，已经不能承担为合乎道德且富有哲理性的社会文化

---

① [英]托·亨·赫胥黎：《科学与教育》，单中惠、平波译，90页，北京，人民教育出版社，2005。

② [英]托·亨·赫胥黎：《科学与教育》，单中惠、平波译，145页，北京，人民教育出版社，2005。

③ [英]托·亨·赫胥黎：《科学与教育》，单中惠、平波译，132页，北京，人民教育出版社，2005。

④ [英]托·亨·赫胥黎：《科学与教育》，单中惠、平波译，64页，北京，人民教育出版社，2005。

奠定基础的重任。书籍对于古典文学而言是金钱，但对于科学而言只是筹码。仅靠古典抑或现代语言的表述不足以实现科学知识的验证和生产，需要的是改进教学设备和手段，需要的是建设物理实验室、化学实验室和生理学实验室，并认可科学院享有等同于神学院、法学院和医学院的地位。有深度的专业教育往往建立在广泛的科学文化修养的基础之上，科学院应承担为其他学院提供技术学科教学的任务。

第四，大学教育是一种以尊重教师和学者并为其提供服务为实现大学自身价值条件的教育。大学要为献身于知识传播、增扩与创新任务的教师和学者创造条件，使他们心无旁骛地投身于研究事业。大学教育使命的完成，有赖于那些渴求理智和艺术创造，并为这种神圣感情所激励而投身于人类知识传播、增扩与创新的教师和学者富有成效的工作。大学教师和学者将成为智慧的中心、自然界的阐述者、美的新形式的创造者。"大学的作用就在于给这些人提供方便……"①为此，1876年赫胥黎在应邀为美国霍普金斯大学开学典礼所作的演讲中，盛赞霍普金斯大学的一项办学原则：一所大学的声誉应当体现在它的教师和学者的水平上，而不是体现在教师的数量和所使用的建筑物上。赫胥黎还进一步强调，将教师收入与其所吸引的学生数量分开，成为霍普金斯大学教育计划中最基本和最重要的特点。

唯如此，大学教育才能够较好地实现自身价值：诚邀一流学者，聚合智慧之光，开展自由研究，拓宽知识边界，发展公民智力，为保卫一个民族的高尚生活提供坚固的知识堡垒和文化支撑。

赫胥黎的教育观适应了工业革命后英国资本主义经济发展的需要，为英国初等学校、文法学校、公学和大学的改革提供了较为直接的理论指导，促进了教育实践的发展，具有较为突出的历史意义。赫胥黎的科学教育观还对欧洲其他国家以及美国的教育变革产生了一定影响。

第四节　美国教育

18世纪中期至19世纪末美国教育发展的历史可分为两个阶段加以说明：一是独立战争至南北战争时期的美国教育，二是南北战争结束至19世纪末的美国教育。

一、独立战争至南北战争时期的美国教育

美国独立战争与美利坚合众国成立是美国历史上的重大事件，对美国社会发展产生了深远影响。就教育而言，独立初期的美国政府对教育并没有表现出足够的重视，《独立宣言》、美国《宪法》及《人权法案》等重要文件均未就教育发展做出专门规定。事实上，受战争的冲击，独立初期的美国教育非但未能实现较好的发展，反而表现出明显的衰退状况。私人创办的初等学校和慈善学校停办，拉丁文法学校数量减少，大学

———————————

① ［英］托·亨·赫胥黎：《科学与教育》，单中惠、平波译，162页，北京，人民教育出版社，2005。

教育经费难以为继。

(一)教育管理体制的变迁

1. 学区制改革

学区制源于殖民地时期。美国最早的十三州实施的是"乡学区制"，6户以上的乡村组建学区，选出学区董事3人，具体负责学校管理、教师聘任、教材选用、教育税金征募以及学校规则议定等事务。乡学区一般每年召集家长议决重大教育问题。不过，在实践中，乡学区因学区范围小、工作人员少且学区董事教育管理水平低，阻碍了学校教育发展。1789年，马萨诸塞州颁布法律确认学区为办学单位，并承担学校设立、学校管理、教师聘任、教材选择等职责。后其他州仿行了马萨诸塞州的做法，学区制遂在19世纪中期的美国得以确立。

为解决学区制实施中因各州学区教育经费不足导致教育质量低下的问题，19世纪下半期，各州开展了学区制改革。改革内容主要是：削弱学区权限，部分州取消了学区的教师聘任权；合并学区，以节约开支，提高资源利用率。

2. 州教育领导体制的确立

殖民地时期，美国教育管理主要由各地方殖民地机构实施。美利坚合众国成立后，在继承与吸取殖民地时期教育管理体制与经验的基础上，逐步确立了州教育管理体制。1791年，美国国会通过《宪法》第十修正案，该修正案规定："凡是未经宪法规定授予合众国政府行使，或禁止各州政府行使的各种权力，一律保留给州政府或保留给人民行使之。"据此，教育发展及管理成为各州政府的职权。另外，美国《宪法》关于"宗教信仰自由"的有关规定，也为美国教育发展摆脱教会控制和消弭各教派之间的争夺，建设发展一种无宗教派别限制的教育提供了法律基础。

1812年，纽约州设美国第一个州教育厅，同时设"教育督查长"视导全部公立学校，开美国州级政府设立教育官员的先河。1837年，马萨诸塞州设"州教育委员会"，为美国最早设立的州级教育管理机构。贺拉斯·曼任州教育委员会秘书，创立教育税收制度，推行免费教育，创办州立师范学校，推行公立学校运动，进一步完善了州教育领导体制。州下辖市、县也设立了教育委员会，开展教育管理工作。到19世纪末，美国所有州均设立了州教育管理机构——州教育委员会或州教育厅。

到19世纪下半期，州教育委员会或州教育厅发展成为州级教育决策与规划机构，承担教育税征收、教育经费配置、教师任职资格确立及课程标准制定等教育管理责任。州最初对教育事务的参与和管理主要通过公共税收或土地基金的方式进行，后又通过设置州督学的方式进行。州教育管理体制的确立体现了州权主义势力在美国教育管理体制之中的影响，为美国公共教育发展提供了制度保障。

(二)初等教育

1785年的《土地法令》规定："每一城镇的第16区应当保留以维持公立学校……"[1]1787年的《西北法令》第三条则规定："宗教、道德及学识，均系良好政府和人类幸福

---

[1]　夏之莲：《外国教育发展史料选粹》上，459页，北京，北京师范大学出版社，1999。

所必需者，因此，学校以及其他教育方式应当得到永久鼓励。"①以上法律的颁布为美国初等教育的发展提供了契机和条件。在获得如此有力的社会办学环境和法律支持后，美国各级各类学校教育事业开始获得不同程度的发展。

该时期美国初等教育发展呈现为两大主题：19 世纪 20 年代以前以发展具有慈善性质的初等学校为主，20 年代后则以发展公立初等学校为主。

1. 慈善性质的初等学校

1786 年，美国第一所星期日学校创办于弗吉尼亚州汉诺威县，此为美国各地教会创办星期日学校的开端。星期日学校为 19 世纪前 20 年的初等教育发展发挥了关键作用。

19 世纪初期，一种由慈善家和慈善组织创办的城市学校也在美国主要城市出现。城市学校主要招收城市贫困家庭儿童入学接受初等教育，部分城市学校在公立学校运动兴起后被改建为公立小学。

美国初等教育的发展还受到英国"导生制"教学和欧文"幼儿学校"的影响。1818 年，导生制创始人之一兰卡斯特到美国宣传其导生制教学方法，对美国 19 世纪二三十年代的初等学校教学产生了一定影响。

1816 年，英国空想社会主义者欧文所创办的"幼儿学校"传入美国，此类型学校最初与初等学校分设，在美国主要招收 4～8 岁儿童入学。后在 19 世纪中期与初等学校合并成为公立小学。

2. 公立初等学校

19 世纪 20 年代，美国公立学校运动在美国经济、政治以及劳动者阶层受教育热情高涨等因素的综合作用下而兴起。统一的美利坚合众国的诞生以及所采取的关税保护等一系列有利于资本主义经济发展政策的出台，极大地促进了美国资本主义经济的发展。社会经济的发展对劳动者的文化素养和知识水平提出了进一步要求。与此同时，一般民众的教育期望和接受教育的热情均有明显提高。而在由来自不同文化背景、宗教信仰的移民组成的国家中造就合格的美国国民这一国情，也成为美国公立学校运动兴起的一项主要动因。1825 年，伊利诺伊州在其制定的有关教育法规中率先提出，公民智力是社会财富和国家力量，国家有义务发展公共教育事业以增进全体公民的知识，并发展他们的智力。1834 年，美国第一所公立小学诞生。而曾出任马萨诸塞州教育委员会秘书的贺拉斯·曼在考察德国教育返美后，主张由州政府创办公立学校，并倡导发起了美国公立学校运动。贺拉斯·曼被誉为"美国公立学校之父"。

美国公立学校运动的主要内容包括以下方面。①确立教育税收制度。为解决兴办公立学校的教育经费问题，各州致力于公立教育事业的教育改革人士努力促成地方教育税收制度的确立，公立小学得到发展，并在 20 世纪成为实施初等教育的主体。②实施强迫入学。1852 年，马萨诸塞州颁布《强迫义务教育法》，规定 8～12 岁适龄儿童每年须入学学习 12 周，其中 6 周要连续上课。马萨诸塞州颁行义务教育法令的做

① 夏之莲：《外国教育发展史料选粹》上，459 页，北京，北京师范大学出版社，1999。

法为其他州所效仿。1853 年，纽约州颁布了实施强迫义务教育的法令。到 19 世纪末，美国已有超 60％的州颁布了义务教育法。1919 年，亚拉巴马州颁布实施义务教育法，标志着美国所有州均通过并实施了义务教育法。义务教育结束年龄也被延长到 16 岁，且学生须全年入学学习。③推行免费教育。早在 1779 年，美国著名政治家杰斐逊（Thomas Jefferson，1743—1826）即在《关于更普遍地传播知识的提案》中，建议在弗吉尼亚州建立一个教育体系，为所有儿童提供为期三年的免费教育。公立学校运动兴起后，纽约州于 1832 年率先实施免费教育制度，直接促进了贫困家庭儿童接受必要的初等教育。此后的马萨诸塞州等也相继实施了免费教育制度。

为满足公立初等学校发展对大量合格师资的需求，1839 年，美国第一所州立师范学校在马萨诸塞州开办，招收中下阶层子弟，注重教学法的传授，专门培养公立小学教师。1853 年，美国第一所私立师范学校在伊利诺伊州创办，除开展教学技能技巧学习与训练外，还重视传授较为全面的学科知识。

（三）中等教育

在经历独立战争结束后短暂的恢复期之后，受经济发展的推动，文实学校实现快速发展。文实学校设文、实两科，文科侧重开展英语与现代外语教学，实科侧重开展算术、代数、几何、天文、地理学等学科的教学。部分文实学校还承担了初等学校教师培训的任务。独立战争至南北战争时期，文实学校已发展成为主要的中学类型。

文实学校的发展主要表现为：①数量的增长。1775—1870 年，弗吉尼亚州拥有文实学校 126 所，马里兰州拥有 160 所，宾夕法尼亚州拥有 220 所，纽约州拥有 220 所，马萨诸塞州拥有 164 所，俄亥俄州拥有 207 所。1830 年全美经核准设立的文实学校达到 950 所，1850 年达到 6085 所，学生达到 263096 人。②文实学校类型多样化。

就教育目标而言，文实学校分为三种类型：第一类文实学校兼有升学与就业两种职能；第二类是具有专科性质的文实学校；第三类是职业性文实学校。在促进美国中等教育由古典向现代转变、扩大美国中等教育机会以及确保美国中等教育更好地适应社会经济发展需要等方面，多样化的文实学校发挥了积极作用。此外，文实学校开始招收女生，除早期创办的男女合校的文实学校外，还专为青年妇女开设了文实学校，扩大了招生范围。

不过，在发展过程中，文实学校注定是一种过渡性的中等教育机构。这类学校多为私立，至多为半公立，且要收取相当数额的学费，难以适应美国民众获得更多接受中等教育机会的教育民主化要求。另外，原本为学生更直接地适应职业生活做准备的文实学校，在发展中开始将古典文科教育置于更为重要的地位，丧失了自己的教育优势和特色。

除文实学校外，公立中学开始成为美国实施中等教育的新型机构。1821 年，波士顿创设了美国第一所公立中学，学校经费获得当地政府的税收支持。公立中学开设英语、数学、自然科学与现代语言课程，并将公立教育延伸到中等教育层次，为更多的人提供了接受中等教育的机会。南北战争后，公立中学的发展更为迅速。

（四）高等教育

在高等教育发展方面，鉴于殖民地时期创办的私立传统学院难以较好适应美国社会现实需要，创办美国公立大学的呼声出现。1787年，本杰明·拉什（Benjamin Rush）较早提出了创建公立大学的建议。华盛顿（George Washington，1732—1799）、亚当斯（John Quincy Adams，1767—1848）、杰斐逊、麦迪逊（James Madison，1751—1836）还专门就创办美国公立大学向国会提出了明确的要求。然而，在州权主义者的阻挠下，公立大学的创办计划被无限期搁置。

州立大学的创设成为该时期高等教育发展主题。1776年，弗吉尼亚州宪法即决议创设州立大学。1795年，北卡罗来纳州创设了美国第一所州立大学。1819年，在州政府改办私立传统学院为州立大学的尝试以"达特茅斯学院诉讼案"州方败诉而宣告无果后，促使新设州立大学成为美国各州的选择，美国高等教育发展进入兴办发展州立大学的时代。1825年，杰斐逊创办了弗吉尼亚州立大学，并将办学理念表述为：弗吉尼亚大学是一所公立高等教育机构，而不是私立或准公立高等教育机构；向学生提供超出一般学院教育的高水平的教育，赋予学生选修课程的权利；致力于世俗教育价值的实现，而不是服务于教派的利益。

在课程设置上，弗吉尼亚大学开设的课程包括古典语言、现代语言、数学、自然哲学、自然史、解剖学与医学、道德哲学和法学，并相应设立了八个学科的教授职位。学生在学习中享有一定程度的选修课程的自由，这是美国最早开始的选修制尝试。此后，美国西部和南部的一些州也创办了自己的州立大学。

二、南北战争结束至19世纪末的美国教育

美国南北战争结束后，南部发展资本主义经济的障碍被解除，统一的国内市场最终得以形成，社会城市化、工业化的程度不断提高，社会经济生产以及民主政治生活需要有文化公民的参与和开展。同时，广大劳动者阶层基于提高社会地位和改善经济生活的考虑，开始为争取获得更多免费的教育而展开越来越坚决的斗争。南北战争结束后美国教育的发展便是积极满足上述需求的结果。

（一）教育管理体制的完善

为充分发挥学区制的作用，1853年，马萨诸塞州开始尝试采用"镇学区制"。因其仍不足以发挥地方教育行政的作用，后又发展为"县学区制"，设县教育委员会，具体负责县学区的教育行政事务。1870年后，又产生了"市学区制"，市学区独立于县学区，直接受制于州教育行政机关。这一时期，还出现了跨行政区的独立学区和中间学区。19世纪末，学区已成为美国教育管理的重要基层单位。不过，由于美国教育管理实施地方分权制，实际的情况是，各州往往同时存在多种形式的学区制。

南北战争前，美国不存在联邦层级的教育管理机构。美国政府参与教育事务的法理依据，主要是美国《宪法》序言中的有关表述：确保内部安宁，提高共同防御，增进全民福利。1866年，共和党议员加菲尔德（James A. Garfield，1831—1881）提议设立联邦教育部，后被否决。1868年，教育总署设立，附属于美国联邦内政部。1870年改名为"教育局"。其具体职责是：搜集整理教育信息与材料，管理联邦教育经费，为各州提供教育咨询服务，举办教育主题讨论会及各类教育展览等。

(二)学前与初等教育

在学前教育方面,1855年,德国教育家舒尔茨夫人(Mrs. Schurz)在美国建立了一所专收德裔家庭儿童,运用德国学前教育思想家福禄培尔的方法开展学前教育的幼儿园。1860年,美国学前教育实践家伊丽莎白·皮博迪(Elizabeth Peabody,1804—1894)在波士顿创办了美国第一所使用英语授课的幼儿园。此时创办的幼儿园多为私立幼儿园,主要服务于富裕家庭的子女。直到1873年,圣路易斯安那州把幼儿园教育纳入公立学校教育体系时,幼儿园教育才开始成为美国公立教育的一部分。

在初等教育方面,在南北战争前马萨诸塞州和纽约州颁布强迫义务教育法的示范作用下,各州相继颁布实施了本州的义务教育法令。美国初等义务教育的发展开始获得必要的法律保障。19世纪后半期,在借鉴欧洲初等学校教育理论和方法的基础上,美国初等学校在教育内容和教学方法上也实施了相应的改革。1864年,贺拉斯·曼撰文引介瑞士教育家裴斯泰洛齐的教育思想;1875年,帕克(Francis W. Parker,1837—1902)则在教育实践中引入裴斯泰洛齐的直观教学方法,并吸取赫尔巴特教学法中注重新旧知识联合的方法,最终发展成为"昆西教学法"。在教学内容上,读、写、算、历史、地理、音乐、自然常识和体育成为初等学校的常设课程。个别学校还开设了缝纫和烹饪课程。

(二)中等教育

南北战争后美国公立中学的发展渐成大势。创始于19世纪20年代的美国公立中学因在教学实践中重视现代科学知识的讲授,重视对社会生产实践需要的满足而受到民众的欢迎。1874年,密歇根州最高法院宣布了"卡拉马祖诉讼案"判决书,判定州及学区征税设立中学、聘用督学及开设各种课程并不违反宪法。此判决结果,为利用地方税收创办公立中学提供了司法判例支持,各州公立中学得以迅速发展。自19世纪70年代起,美国还出现了工业、农业、商业等技术类中等学校,进一步满足了经济发展对各类中等专业技术人才的需求。

19世纪下半期,公立中学的学制调整与改革成为中等教育发展的主要内容。虽然美国各州中学学制年限不同,但公立中学发展成为美国主要的中等教育机构后,多为四年制,如此便形成了美国普通教育的"八四"学制。1888年,哈佛大学校长埃利奥特(Charles William Eliot,1834—1926)批评"八四"学制太长,学生学习时间多有浪费,提议改革中学与小学学制。后对"八四"学制的批评日益高涨。美国中小学学制遂开始实施改革,到19世纪末20世纪初逐步确立了"六三三"学制,即将原来小学的最后两年与中学的第一年合并为初级中学三年,原中学最后三年改为高级中学三年,形成小学六年、初级中学三年和高级中学三年的"六三三"学制。

为适应中学教育发展的需要,19世纪末,美国部分大学与学院开设了师范教育课程。1861年,教育家舍尔顿(Edward Austin Sheldon)在纽约创办了奥斯威戈师范学校,积极推行和传播传授裴斯泰洛齐的教育思想和教学方法,强调实物直观教学,注重引导学生通过多种感觉器官对实物进行观察,增进获取、理解和判断知识的能力,取得了突出成效,吸引了许多人前往参观访问。加之奥斯威戈师范学校数以千计毕业生的广泛宣传，美国形成了"奥斯威戈运动"，对19世纪下半期美国学校教学及教师教育发展产生了较大影响。

19世纪的最后十年，围绕赫尔巴特教育思想的传播和推广，美国形成了"赫尔巴特运动"。麦克默里兄弟（Charles A. McMurry，1857—1929；Frank M. McMurry，1862—1936）留德期间师从莱因（Wilhelm Rein，1847—1929）学习赫尔巴特教育学，回国后积极宣传赫尔巴特的教育学思想。德加谟（Charles De Garmo，1849—1934）留德回国后，也极力宣传赫尔巴特的教育理论，主张学校教育的最终目的在于形成学生品格。在赫尔巴特运动中，赫尔巴特的教育思想和教学理论对美国师范教育实践产生了直接影响。赫尔巴特关于"教育学应成为一门科学"的主张为美国师范学校强化教育心理学等课程教学提供了理论依据。

（三）高等教育

19世纪后半期是美国高等教育发展的关键时期，美国高等教育机构进一步完善，机构类型日趋多样化，具体表现为赠地学院的诞生、研究型大学的创办、初级学院运动的开展以及女子高等教育的发展，较好地满足了美国社会发展对不同类型、不同性质高等教育的需求。

1. 赠地学院

1862年，林肯总统签署并颁布实施了《莫里尔法案》。法案主要内容如下。①根据1860年美国国会参议员和众议员人数的分配结果，每州凡拥有1名参议员或众议员，即可获赠3万英亩的公地或等额土地证券；②各州利用出售公地或土地证券所得收入资助1所以上学院开展农业及机械工艺教育；③出售公地或土地证券所获资金的10%可用于购买校址用地，所余资金则设立为捐赠基金；④各州利用出售公地或土地证券所获资金，在5年内开办1所以上学院，否则将停止赠予该州公地或土地证券，同时该州必须向美利坚合众国偿还先前出售任何土地所获得的资金。1890年，美国国会颁布《第二莫里尔法案》，资助并要求南方各州建立农业及机械工艺学院。此外，美国国会还在19世纪下半叶至20世纪初先后颁布了一系列促进赠地学院发展的法案，其中包括1887年的《海奇法案》、1907年的《纳尔逊修正案》、1914年的《史密斯-利弗法案》，为赠地学院发展提供了多方面的物质保障和经费支持。其中，《海奇法案》规定，联邦政府每年向各州拨款1.5万美元，以资助赠地学院设立农业实验站。《纳尔逊修正案》则规定，自1908年起，5年内在最初赠地基金的基础上，每年额外追加资金5000美元。《史密斯-利弗法案》的实施则在于促进赠地学院与美国农业委员会开展技术合作。赠地学院一般学制4年，主要培养从事工业与农业生产的专业人才。到1922年，美国各州共创设赠地学院69所。

2. 研究型大学

研究型大学的创办以1876年霍普金斯大学的创设为开端。在埃利奥特、安吉尔、怀特等人的举荐下，吉尔曼得以出任筹建中的霍普金斯大学校长。吉尔曼早年就读于耶鲁大学，并曾经赴欧洲系统考察了英国、德国与法国的高等教育体系，深受德国现代高等教育观念的浸染，认为真正的大学应至少设有人文学院或者哲学院、法学院、医学院和神学院，大学应该为教师从事高深学术研究提供必要条件。① 大学的目的在于最慷慨地促进一切有用知识的发展，激励学术研究，鼓励青年人成长，促进那些依靠其能力而献身于科学进步的学者的成长。霍普金斯大学以学术研究为主，并在全国首设研究生院。在霍普金斯大学的带领下，哈佛大学、耶鲁大学、哥伦比亚大学也都相继迈出了向研究型大学挺进的步伐。

3. 初级学院运动

初级学院运动的兴起也是美国高等教育结构完善的主要内容。1892 年，哈珀 (William Rainey Harper，1856—1906)就任芝加哥大学校长之后，把芝加哥大学分成两级学院——基础学院与大学学院，拉开了初级学院运动的序幕。1896 年，哈珀把两级学院分别改称为"初级学院"和"高级学院"，首次使用"初级学院"概念。1898 年，哈珀决定向完成大学前两年学业的初级学院毕业生授予副学士学位，并于 1900 年向 83 名初级学院毕业生授予文学和科学副学士学位。在哈珀的倡导及芝加哥大学创设初级学院实践的示范下，芝加哥大学周围相继创办了数所初级学院：一些本科学院停办了三、四年级而成为初级学院，如俄亥俄州的马斯金葛姆学院和得克萨斯州的浸理会德卡特学院；伊利诺伊州的乔利尔特教育委员会于 1902 年在乔利尔特中学附设十三、十四年级，创办了全美第一所公立初级学院——乔利尔特初级学院。与哈珀在芝加哥创办初级学院相呼应，乔丹则在加利福尼亚州大力发展初级学院。初级学院以其适应美国大学教育改革及美国民众接受高等教育的需要，自诞生之日起，便获得较快发展。据美国初级学院研究专家库斯(L. V. Koos)的统计，1900 年全美共设立初级学院 8 所，在校生 100 名。1909 年，初级学院的数量增加到 20 所，1919 年达到 70 所。到 1920 年，全美 48 个州中有 37 个州设立了初级学院。初级学院数量猛增到 207 所，在校生约 20000 人。初级学院的存在与发展在很大程度上将美国大学从"普通教育"的重负下解脱出来，从而得以集中精力从事专业及研究生教育，使美国四年制学院成长为体现德国高等教育理念的现代大学。从高等教育结构来说，初级学院的建立使美国由此形成了由大学、学院以及初级学院构成的三级高等教育体系，确立了由副学士、学士、硕士和博士构成的四级学位制度，进一步完善了美国现代高等教育制度。

4. 女子高等教育

19 世纪美国女子高等教育主要由女子学院、附属女子学院以及男女合校教育机构三种形式实施。美国东部地区女子高等教育以两种形式开展：一种形式是单独为女子创设高等教育机构，即成立女子学院；另一种形式便是在"男女分院"基础上建立附属女子学院，即在原男子大学内部专门为女子创设附属于大学的女子学院。在美国广大西部地区，女子高等教育主要由男女合校教育机构实施。19 世纪，美国女子高等教育的发展极大地丰富了美国现代高等教育制度的内涵，促使美国高等教育现代性的生长与成熟。女子学院、附属女子学院以及男女合校教育机构为美国女子证明自己的学术

---

① Paul Westmeyer，*A History of American Higher Education*，Springfield，Charles C Thomas Publisher，1985，p. 85.

潜能提供了巨大的试验场，女子高等教育发展的实践也证明了女子具有等同于男子的学术天赋与才能，她们具备进入各类知识领域的才能，应该获得学习与研究各领域知识的权利。

三、贺拉斯·曼的教育观

贺拉斯·曼（Horace Mann，1796—1859），19世纪美国著名教育实践家，公立学校运动的主要开创者和推动者。1816—1819年，在布朗大学接受高等教育。大学毕业后曾任律师以及马萨诸塞州议会众议员、参议员和议长职务。1837年任马萨诸塞州教育委员会秘书，全身心投入州公立学校教育事业，创建了州教育管理体制。在任该职务的12年间，贺拉斯·曼每年撰写发布教育年度报告，内容涉及教育领域各方面，系统体现了他的教育观。

（一）公立学校教育的性质与作用

贺拉斯·曼献身于通过公立学校所开展的普及教育运动，源于他对公立学校教育性质与作用的深刻认识。对于一个国家来说，长期保证国民处于自由状态的唯一手段是实施普及教育。而对于美国这样一个由来自不同国家和地区的移民所组成的国家来说，欲实现坚定民众的共和信念、为社会培养富有责任感公民这一目标的唯一手段，则是实施公立学校教育。

1. 公立学校教育的性质

贺拉斯·曼将公立学校视为人类有史以来最伟大的发明。

在教育理论层面，公立学校教育是一种普及性的教育，它可以怀着类似父母对子女的慈爱情感，招收所有儿童入学接受教育；公立学校教育是一种最切合时宜的教育，是一种预防式的、具有解毒功能的教育；公立学校教育是一种包容与共和式教育相关所有要素的教育。

在教育实践层面，公立学校教育是一种人人可以接受的教育；公立学校教育是一种依靠政府税收维持的教育；公立学校教育对来自所有教派、阶级与社会背景的人士一视同仁，提供同等的教育。

2. 公立学校教育的作用

在批驳公立学校教育的反对者、宣传普及性公立学校教育的过程中，贺拉斯·曼具体论述了公立学校教育的作用。

第一，公立学校教育是共和政府存续、发展和强盛的重要保证。在美国，如何把具有不同种族、民族、宗教信仰和文化传统的移民培养成为具有统一的共和信仰和价值观的公民，是教育承担的重要责任，而公立学校是完成此任务的最好"熔炉"。

第二，公立学校教育是确保社会和谐安定、维持正常社会秩序的重要工具。一个国家的人民只有接受良好的教育，才能拥有健康的生活方式、积极的生活态度、明确的法治观念，具有勤劳、忠勇、正义、遵守法纪等道德品质，才能成为积极维护社会秩序的合格公民。教育可以减少罪恶，改良社会环境，使社会免遭不良行为的损害。就此而言，"除了人类所创造的其他一切手段以外，教育是对人类社会环境发挥着最大稳定作用的平衡器，是社会机器的平衡论。"①因而，富人纳税兴办公立学校，不仅是在为社会发展尽自己的义务，而且也是在为使自己的财产得到安全保障而出力。

第三，公立学校教育是帮助民众摆脱贫穷的重要手段。贺拉斯·曼认为，有效的教育还能够帮助民众摆脱贫困。"教育不仅是道德的革新者和智力的增殖者，而且……也是物质财富最多产的母体……"②政府需要致力于通过发展教育的方式，提高民众创造物质财富的能力，使民众过上富足、舒适的生活，彻底摆脱贫困的干扰。

（二）智育观

贺拉斯·曼非常重视学校教育中的知识传授活动，他甚至认为，政府如果让民众陷于愚昧无知而不采取任何教育措施，就是一种犯罪。没有知识的民众不但是愚昧无知的民众，而且将是难以摆脱贫困命运的民众。他致力于公立学校教育事业，正如农夫把麦子播撒到被翻犁过的土地上一样，他将把知识的种子播撒到土壤中，播撒到每一位国民的心田中。

在课程设置上，贺拉斯·曼主张在公立学校开设阅读、生理学、书写、地理、历史、簿记等课程。为提高教学质量，贺拉斯·曼指出，公立学校的教师要钻研教学艺术，选择使用适当的教学方法，尽可能发挥学生在知识掌握和学习过程中的主动性。

基于为公立学校提供大量合格教师的考虑，贺拉斯·曼还对教师教育给予了高度重视。由于教学是一门非常困难的艺术，是一种极其深奥的艺术，因而希望掌握这门艺术的教师就需要接受专门的培养和训练，应该创办专门的师范学校履行培养教师的职责。他说，"没有师范学校，公立学校决不会繁荣。需要补充足够的有能力的教师但没有师范学校，正如我们希望穿外衣但没有裁缝，希望戴帽子但没有制帽子的人，希望戴手表但没有制造钟表的人，希望住房子但没有木匠或泥瓦工一样"。③ 1839 年，在贺拉斯·曼等人的积极推动下，美国第一所州立师范学校在马萨诸塞州创办。师范学校除开设各门主要的学科课程外，还开设生理学、心理学、学科教学法、哲学和卫生学等课程。

（三）德育观

贺拉斯·曼在重视知识教育的同时，还重视在公立学校实施道德教育。

关于道德教育的作用，贺拉斯·曼提出，道德教育是抑制和减少社会犯罪、确保社会健康发展的有力手段。社会的有序发展固然需要法律的规范和其他政治工具的维护，但法律的作用重在制裁已有的犯罪，难以从根本上遏制犯罪。而适当有效的道德教育却具有综合的社会规范的作用，使民知耻向善。贺拉斯·曼甚至还乐观地预计，倘若社区内 14～16 岁的青少年都接受过有效的道德感化和教育，那么困扰家庭安宁、玷污现代文明的那些秘密的恶行和公开的罪恶将会消失殆尽。就此意义而言，开办一

---

① Ellwood P. Cubberley, *Public Education in the United States*，Boston，Houghton Mifflin Company，1919，p. 563.
② ［美］S. 鲍尔斯、H. 金蒂斯：《美国：经济生活与教育改革》，王佩雄等译，246 页，上海，上海教育出版社，1990。
③ 赵祥麟、王天一、单中惠：《外国教育家评传》第二卷，392 页，上海，上海教育出版社，1992。

所学校，就等于关闭一所监狱。

关于道德教育内容，贺拉斯·曼主张借助大量的道德行为实践，使学生形成虔诚、正义、爱国、勤勉、节俭、仁慈等高尚的道德品质，养成遵纪守法的道德意识和习惯。

关于道德教育实施，贺拉斯·曼要求，要准确把握道德教育时机，要在儿童的心灵还未被邪恶的观念占据之前，尽早实施高尚的道德教育，做到未雨绸缪、防患于未然。

关于宗教信仰教育，贺拉斯·曼反对教派控制学校及教会实施的偏狭的宗教信仰教育，但认为学校应为宗教教育留出相应的位置，应通过实施有关宗教精神和《圣经》的教育，培养儿童虔诚的基督教信仰。

（四）体育观

在体育意义上，贺拉斯·曼不但主张教导儿童理解身体健康与个人幸福的关系，还要他们理解家庭安康和社会幸福均系于健康的家庭成员和社会公民。身体健康不仅仅是个人的事情，而且还是一项关乎全体民众和国家的大事。

在体育内容上，贺拉斯·曼提倡要在组织学生全面参与体育活动的同时，使他们养成科学的体育锻炼习惯，掌握体育锻炼的有效方法，同时要向学生传授公共卫生知识、人体生理学等与个人健康相关的知识。

贺拉斯·曼有关公立学校教育目的与作用的理论对19世纪美国公立学校教育实践产生了直接的影响，其普及教育与教师教育观在促进美国教育实践发展的同时，对于欧美的国民教育运动也产生了一定的影响。

第五节　俄国教育

18世纪中期至19世纪末俄国教育发展可分为两个阶段加以说明：18世纪中期至19世纪初期俄国教育发展，19世纪中后期俄国教育改革与教育事业发展。

一、18世纪中期至19世纪初期俄国近代学校教育制度的规划与建设

（一）《俄国国民学校章程》颁布与国民学校发展

18世纪中期之后，俄国国民学校体系的建立与1786年俄国国民学校委员会颁布实施的《俄国国民学校章程》密不可分。1782年，俄国女皇叶卡捷琳娜二世组建了国民学校委员会，专门研究国民教育发展规划与改革事务。1786年国民学校委员会提交的《俄国国民学校章程》获准通过，成为俄罗斯历史上第一部有关国民教育制度的正式法令。

《俄国国民学校章程》做出如下规定。①在各省城创设五年制中心国民学校。②在各县城和中心国民学校不能满足所在省城教育发展需要的省城开设二年制初级国民学校。③中心国民学校学制5年，设四个年级，最后一个年级学制2年。中心国民学校开设阅读、书写、计算、简明教义问答、书法、图画、算术、历史（世界历史和俄国

历史)、地理、语法、几何、机械学、物理、自然史、建筑与宗教等课程。④初级国民学校学制 2 年,其教学内容大致相当于中心国民学校的一、二年级,主要讲授阅读、书写、创世纪、基础算术和语法课程。⑤教师须严格按照教学指导用书和教材内容实施教学。

《俄国国民学校章程》颁布的当年,即设国民学校 165 所,在校生达到 11088 人。到 18 世纪末,俄国共设初级国民学校和中心国民学校 315 所,接受国民学校教育的学生达 2 万人,在国民学校执教的教师共计 790 余人。

尽管该时期国民学校整体数量有限,教育质量也有待提高,且不涉及农村教育,但是《俄国国民学校章程》的颁布及一批国民学校的开设在俄国教育史上产生了重大影响,标志着俄国教育自此开始走上教育法治化和制度化道路,并为俄国近代学校教育制度的确立和近代学校教育体系的构建奠定了一定基础。

(二)《国民教育暂行章程》实施与俄国学校管理体制确立

为进一步适应 19 世纪初期俄国国内资本主义经济不断发展的需要,沙皇政府1802 年成立国民教育部,1803 年颁布实施《国民教育暂行章程》,1804 年颁布实施《大学附属学校章程》,促成了俄国学校管理体制与学校体系的确立。

《大学附属学校章程》做出如下规定。①全国分为莫斯科、彼得堡、喀山、哈尔科夫、维里诺和德尔泊六个大学区,每个大学区设大学一所。大学既是教学和科学研究单位,也承担学区教育管理事务。②大学享有校长选举、教授自治以及出版、集会等权力,并承担对本学区普通学校的管理职责。③大学设哲学、法学、医学三系。大学董事会承担大学管理职责。大学附属学校接受大学附设的学校委员会管理。④大学附设堂区学校、县立学校和文科中学。大学招收文科中学的毕业生,并将其培养成为有能力出任国家官吏的人才。

依照《大学附属学校章程》所设的堂区学校学制 1 年,一般设于城乡教堂内,向一般家庭子弟授以宗教知识,基本读、写、算知识以及自然、保健常识。学生毕业后可升入县立学校就读。

县立学校学制 2 年,设于各县城,常设课程有神学、俄语语法、世界地理和俄国地理、世界历史和俄国历史、算术、初步几何、物理、自然、地理经济以及图画等。

文科中学学制 4 年,设于各省城。所设课程有拉丁语、德语、法语、地理、历史、统计学、哲学初级教程、文艺初级教程、数学、物理学、自然、商业理论、工艺学和图画等。主要教育目的在于为学生升入大学提供预备教育。

19 世纪 20 年代,为进一步发挥教育维护君主专制和巩固农奴制的作用,尼古拉一世(Николай Ⅰ Павлович,1796—1855)政府颁布实施了《大学所属各级学校规程》(1828 年)和《大学章程》(1835 年)。依照《大学所属各级学校规程》的相关规定,堂区学校被指定专门招收"最低等级"(农民、雇佣工人)子弟,县立学校招收商人、手工业者、小有产者及其他非贵族的城市居民子弟,文科中学专为贵族和官员子弟开办,强化了俄国教育的等级性。《大学章程》的实施,取消了大学领导各级学校的职能,各级学校由学区督学直接管理。

二、19世纪中后期俄国的教育改革运动

开始于18世纪末期的俄国农奴制解体最终导致19世纪中期俄国社会的深刻危机，国内阶级斗争和社会矛盾日益激化，沙皇政府1861年宣布废除农奴制。值此社会发生剧烈变革之际，封建贵族、地主资产阶级自由派和革命民主主义者围绕社会变革问题展开了激烈的抗争和辩论，并引发了相应的社会政治运动。与此社会形势相适应，沙皇政府也对国民教育制度实施了相应变革。

（一）19世纪60年代的教育改革

19世纪中期俄国国民教育制度的变革是借助于《国民教育部女子学校章程》(1860年)、《俄罗斯帝国大学章程》(1863年)、《初等国民学校章程》(1864年)、《文科中学和中学预备学校章程》(1864年)的颁布与实施而开展的。

《国民教育部女子学校章程》决定建立女子中学，女子中学分三年制和六年制两种，主要向入学女生提供宗教、道德和文化知识方面的教育。

《俄罗斯帝国大学章程》的颁布则使得俄国大学原所享有的某些自治权得以恢复，大学教授享有一定的学术自由权利，大学可通过选举的方式产生校长、副校长、系主任等。

《初等国民学校章程》扩大了国民学校创办主体的范围，同时允许男女同校，女子获准从事国民学校的教学工作；完善了初等学校的管理体制，设立省和县的"学校委员会"，具体负责初等学校的教学管理事务。

《文科中学和中学预备学校章程》将中学分为古典文科中学和实科中学两类，招生对象扩大至所有阶层。

毋庸讳言，《国民教育部女子学校章程》等改革方案仍带有不同程度的宗教性、保守性与等级性，但相较此前教育改革计划或方案，其民主性特征明显增强。上述系列改革方案或计划的实施，促使初等学校与中等学校数量快速增长。到1871年，中学总数达到123所，学生数达到39650人。到1874年，万余所乡村初等学校建立。

19世纪中期俄国国民教育发展表现出下述主要特征。

国民教育的等级性和宗教性减弱。初等学校在招生时不存在社会等级和宗教信仰的限制，地方自治机构、社会团体和个人均可获准设立学校。

国民教育表现出一定的实科性。在发展文科中学的同时，增设实科中学，向学生传授各类现代科学知识，培养学生处理社会实际事务的技能。不过，实科中学的毕业生不能升入大学学习，只能到与其相衔接的高等技术学校或高等农业学校学习。

大学在办学实践中具有一定程度的自治性。大学可选举正、副校长，并在校内办学事务方面享有一定的自治权。

（二）19世纪70年代的教育调整

19世纪70年代，沙皇政府为加强对国民教育的直接控制和管理，于1874年实施了新的《初等国民学校章程》，采取了一些加强教育管制、增强教育宗教性和等级性的教育措施：废止学校委员会选举制度，由县长任委员会主席；政府拨款资助教会所办堂区学校的发展，加强宗教教化力量；限制地方自治机构的办学权；加强神学知识在

学校教育内容中所占比重。

1871年颁布实施《中等学校规程》，所有男子中学统一改办为8年制古典中学，自然学科教学被基本取消。1872年颁布《实科学校规程》，规定实科中学为不完全中学，学制6～7年，主要学习自然科学与现代语，毕业生升入高等技术学校学习。

为加强政府对大学的控制和监视，按照1884年颁布的《大学章程》，大学的自治权被取消，学生集会被禁止，大学学费被提高。

18世纪中期至19世纪末，俄国政府为适应国内外发展形势对教育的需求，借助于一系列教育法规和文件的颁布与实施，基本确立了俄国以双轨制、等级性和宗教性为主要特征的学校教育体系与教育管理体制。

三、乌申斯基的教育观

康斯坦丁·德米特里耶维奇·乌申斯基(Константин Дмитриевич Ушинский，1824—1870)，19世纪俄国著名的资产阶级民主主义教育家。出身于开明的庄园主家庭。1840年进入莫斯科大学学习法律，毕业后曾出任法学代理教授、孤儿院学监以及斯莫尔尼女子寄宿学校学监等职务。1862年后受排挤而赴国外考察教育。其教育代表作为《人是教育的对象》(两卷本)。

(一)公共教育观

在系统考察德国、瑞士、法国、比利时的公共教育体系之后，乌申斯基对公共教育与民族性的关系以及公共教育的一些基本特征做出概括。乌申斯基认为，各国公共教育的实践已经证明，公共教育可以有力地促进民族性的发展，"对于一个民族来说，公共教育也就是这个民族的家庭教育"①。借助于发展个人的智慧和自我意识，公共教育能够巩固和发展个人身上所具有的民族性，进而促进全民族自我意识的提高。"公共教育把意识之光引入民族性格的深处，从而对社会及其语言、文学、法律的发展——总之，对社会的整个历史产生良好而有力的影响。"②

鉴于各国在公共教育理论上的交流与实践上的互相借鉴，乌申斯基在一个更为宏观的国际视野内考察归纳了公共教育的一些基本特征。

第一，适用于所有民族的理论与实践层面上的国民教育体系是不存在的，每一个国家只能建设适合本国情况的公共教育体系。

第二，每一个民族都有自己独特的民族教育体系，一个民族借用另一个民族的教育体系，在理论上是荒谬的，在实践上是有害的。

第三，一个民族在公共教育事业中所积累的经验，应该成为所有民族发展公共教育的宝贵遗产。但所有的民族只能建设自己的教育体系，都应检验自己本身的力量。

第四，科学不应同教育相混淆。对于所有民族及其教育而言，科学是共同的东

---

① 郑文樾：《乌申斯基教育文选》，张佩珍、冯天向、郑文樾译，82页，北京，人民教育出版社，2007。

② 郑文樾：《乌申斯基教育文选》，张佩珍、冯天向、郑文樾译，82页，北京，人民教育出版社，2007。

西，但它并非对所有的民族和所有的人而言都能成为生活目的和生活中所获得的成果。

第五，对公共教育的作用要做合理的估计，对教育学和教育学家在历史发展过程中的作用也要有清醒的认识。"公共教育本身不能解决生活中所产生的问题，也不能引导历史向前发展，而只能随着历史的发展而发展。不是教育学和教育学家，而是民族本身及其伟大的人物开辟着通向未来的道路：教育只是沿着这条道路前进、并且在与其他社会力量一起行动的同时，帮助每一个个人和新的一代代人也沿着这条道路前进。"①

第六，公共教育作用的发挥需要具备一项前提，即当公共教育中的问题成为与所有人都有关的社会问题，成为与每一个人都有关的家庭问题时，公共教育才可发挥其作用。

（二）教育与教育学观

1. 教育观

乌申斯基主张，教育是一门复杂而高级的艺术。作为艺术的教育的最大特点在于：从事该项艺术的人员除具有耐心、天赋的才能和本领外，还应该具有专门的知识，即掌握专门的教育科学知识。乌申斯基认为，"教育艺术是以科学为依据的。作为一种复杂而又广泛的艺术，它依靠着许多广泛而复杂的科学；作为一门艺术，它除了知识以外，还要求从事教育的人具有才能和爱好，同样，作为一门艺术，它追求一个永久要达到而从来不能充分达到的理想，即完人的理想。只有在教育者中间推广教育艺术所依据的那些多种多样的人类科学的知识，才有可能促进教育艺术的发展"②。

教育分为"有意教育"和"无意教育"两类。其中，无意教育是指大自然、家庭、社会、人民及其宗教和语言对人发展的影响；有意教育则指学校教育和教育者的教育。就教育影响而言，无意教育也许在人的发展中发挥较大的影响力。此外，在对教育对象产生影响的要素之中，教育影响的发挥是有限度的。教育影响的限度源于人的身心的自然条件和人注定活动于其间的世界与社会的条件。而且，在发挥教育影响的主体中，教师不是唯一的主体。不过，相对于无意教育而言，来自学校的、教师的有意教育对于教育对象的影响往往是直接的、强大的。

学校教育往往具有明确的目的性。在确定学校教育目的时，乌申斯基提出，教育目的的确定需要依据哲学、心理学和教育学，需要借助人体解剖学、病理学、逻辑学、语言学、地理学、统计学、政治经济学、宗教史、文明史、哲学史、文学史、艺术史和教育史学科知识的支持。"所有那些研究人的身心的科学，当然不是在空想中而是在现实的现象中进行研究的科学，对教育学来说，都是这样的科学，即教育学可

---

① 郑文樾：《乌申斯基教育文选》，张佩珍、冯天向、郑文樾译，85 页，北京，人民教育出版社，2007。

② ［俄］康·德·乌申斯基：《人是教育的对象——教育人类学初探》上卷，郑文樾译，序言 23 页，北京，人民教育出版社，2007。

从中吸取一些为了达到目的所需要的手段的知识。"①

2. 教育学观

人们通常将教育学区分为广义的教育学和狭义的教育学。广义的教育学是指教育家所必须通晓的知识体系，是教育科学知识的汇集；狭义的教育学是指从这些科学知识中得到的教育理论，是教育规则的汇集。广义的教育学和狭义的教育学之间存在着密切联系。简单的艺术只需要考虑活动的规则，而高级复杂的艺术则需要充分考虑产生规则的科学知识。作为一门高级而复杂的艺术，教育学需要以一个极为庞大的科学知识体系为支撑。

教育学的发展需要建立在生理学和心理学的基础上。在支持教育艺术的诸多学科知识中，关于人的知识，即生理学和心理学知识，具有直接而关键的作用。作为教育者，首要的任务就在于全面地了解人，了解人的弱点和优点，了解人在现实社会生活中的表现和需要，了解人的喜怒哀乐。"一个教育者应当了解在家庭中、在社会上、在人民中间、在人类世界中的人，以及在暗中具有自己的良心的人；应当从各方面来了解人……只有这样做时，他才能从人的本性中吸取教育影响的手段，而这些手段都是些极大的手段！"②

此外，教育现象的复杂性使得仅仅依靠教育机智和教育经验难以确保教育活动的成效，难以保证教育实践的开展建立在教育艺术的基础上。较为可行的办法在于将教育艺术的完善尽可能建立在生理学和心理学的基础上。

(三)教学观

在充分吸收心理学发展成果的基础上，乌申斯基认为智慧本身是组织完备的知识体系的结晶，是能力发展的具体表现；能力的发展又可以帮助个人更有效地获取知识。在教学目的上，乌申斯基主张把知识的传授和能力的发展结合起来，主张智力的锻炼、能力的发展要和具体的知识学习联系起来。

在学习内容上，乌申斯基主张学习与个人生活联系密切的实科课程，提倡开设俄语、历史、地理、数学、自然科学、现代外语等课程，并要求教师在教学过程中遵循直观性、巩固性、连贯性等教学原则，充分利用学生注意、记忆、思维、意志、情感等心理活动特点，提高课堂教学的成效。

(四)德育观

在道德教育方面，乌申斯基强调道德教育是学校教育的一项重要内容，对个人成长发挥着方向性的引导作用。

在道德教育内容上，乌申斯基主张要在学生中开展爱国主义、人道主义、热爱劳动、追求真理、公正诚实、尊重他人和信仰上帝的道德教育。在学生爱国主义道德观

---

① [俄]康·德·乌申斯基：《人是教育的对象——教育人类学初探》上卷，郑文樾译，序言15页，北京，人民教育出版社，2007。
② [俄]康·德·乌申斯基：《人是教育的对象——教育人类学初探》上卷，郑文樾译，序言26页，北京，人民教育出版社，2007。

念和情操的养成上，乌申斯基注重以民族语言、祖国历史和地理为教学材料，引导学生在掌握并熟练运用民族语言、熟悉祖国的历史变迁和壮美山河的过程中，激发起热爱祖国的高尚情感。

乌申斯基还非常重视发挥劳动的道德教育意义，培养学生热爱劳动的道德品质。他认为，劳动在创造物质财富的同时，还赋予人以尊严，是个人道德和幸福的源泉。"劳动所创造的物质成果构成了人的财产；但只有劳动带来的生气勃勃的内在的精神力量才是人的尊严的源泉，同时也是道德和幸福的源泉。"[①]乌申斯基所理解的劳动是一种自由劳动，一种能够帮助个人实现人生目的的劳动，一种与基督教的道义保持一致的劳动。

撇开乌申斯基作为一个虔诚的信徒而表现在其教育理论中的神学色彩不言，可以说其对教育和教育学的认识，对教育科学发展所需要依据的生理学和心理学基础的探讨，对公共教育特征的概括，对俄国教师教育所做出的贡献，使其无愧于"俄国教育科学的创始人"和"俄国教师的教师"的称号，同时对促进19世纪欧洲教育理论的发展也产生了积极的影响。

第六节　日本教育 ///////////////

日本为东亚岛国，3世纪，日本建成奴隶制国家。646年的"大化改新"，则标志着日本实现向封建社会的过渡。此后，日本不断借鉴学习中国文化，历经各时期的教育发展，逐步形成了自己的文化教育体系。

一、明治维新前日本封建教育概况

明治维新前日本教育发展可分为四个阶段：大化改新前和大化改新时期（公元710年前）的教育，奈良与平安时期（710—1192年）的教育，镰仓与战国时期（1192—1603年）的教育，江户时期（1603—1868年）的教育。其中，以江户时期的教育发展成就最大。

（一）大化改新前和大化改新时期的教育

日本有组织教育的实施，得益于中国儒学的传入。285年，百济国儒学博士王仁到达日本，随行带来《论语》十卷和《千字文》一卷，儒学传入日本，日本开办学问所，皇族成员及显贵子弟得以接受宫廷教育。552年，佛教传入日本，与儒学汇合，共同促进了日本文化与教育的发展。圣德太子执政期间注重发展文化与教育事业，广设佛寺以传播佛学，向中国隋朝派遣使臣和留学生，学习中国文化。645年，孝德天皇仿行中国建制，定国号为大化，次年推行大化改新，建立中央集权管理体制。借鉴中国唐朝教育制度，建立贵族教育体系。668年，天智天皇即位，始设大学。701年，文

---

① 郑文樾：《乌申斯基教育文选》，张佩珍、冯天向、郑文樾译，126页，北京，人民教育出版社，2007。

武天皇制定《大宝律令》，在京都设大学寮(简称大学)，在地方设国学。

(二)奈良与平安时期的教育

奈良时期，日本与中国文化交流频繁，日本创造了以汉字标记语音的日本文字，汉字和汉籍成为学术研究和教育的重要内容。718年，重新颁布实施《大宝律令》，规定在京都设大学，在地方设国学。官立大学、国学、私塾以及家庭教育均得到较快发展。

平安时期，在此前吸纳中国文化的基础上，日本形成了自己的文化——国风文化。初期奖掖大学发展，推行大学改革。后因政局动荡，大学趋于衰落。1177年京都的一场大火，导致大学被焚。后地方国学也趋于衰落，终至停办。在官学衰败的同时，私学和寺院教育得到相应发展。

(三)镰仓与战国时期的教育

平安末期，天皇统治式微，武士阶层和寺院僧众兴起。1192年，源赖朝被任命为"征夷大将军"，在镰仓建立幕府政权。镰仓幕府末期以来，地方势力割据，征伐不断。其间，官学一直衰败不兴，武士教育和寺院教育得到发展。武士教育传授武士道精神和作战技能。寺院教育则开展佛教信仰与佛教经典教育。日本教育开始形成自己的特点，教育对象也有所扩大。

(四)江户时期的教育

1603年，德川家康结束了战国时期的分裂与动荡，日本实现统一。德川家康在江户建立幕府，此后直到1868年明治维新这一时期，史称"江户时期"或"德川时期"。德川家康及其子嗣将全国分为260余藩，藩主称为大名，将军和大名分别拥有家臣和武士，各级武士之间则形成了严格的等级制度。德川幕府重视社会教化，推崇发展儒学，简化汉字楷书和草书，引入并学习中国的封建典章制度和儒家伦理思想。

德川幕府奖掖国学(又称"和学")研究，研究日本古代文学和古典文献，阐发日本固有精神。此外，伴随着幕府势力的壮大，日本社会逐渐形成一种独特的封建道德规范——武士道，主要包括规范封建领主和武士之间主从关系的行为准则和道德戒条，如忠信勇武、重名轻死、忠义廉耻、等级尊卑等。武士道精神对日本社会政治、思想文化的发展产生了深远影响，并成为日本道德教育的重要内容。

江户时期初期，西方资本主义列强企图以"坚船利炮"轰开日本国门。出于自身统治安全考虑，日本政府实施"锁国"政策，后不得已改行"禁洋教而不禁洋学"政策。日本借助于与荷兰的交往而吸收的西方文化与近代科学技术知识被称为"兰学"。

明治维新前，日本教育按其发展主体和层次的不同，可分为幕府教育、藩国教育和民众教育。在幕府创设的教育机构中，1691年成立的昌平坂学问所影响最大，为当时重要的学术研究与教育中心。1793年成立的和学讲习所，则集中传授日本的和学，排斥儒学、佛学和兰学。19世纪前半期所创办的同类教育机构还包括传授兰学并开设多种外语课程的开成所、传授荷兰医学知识的医学所、传授西方军事技术的讲武所以及训练海军的军舰操练所等。1858年，日本启蒙思想家福泽谕吉还创设了专门传播兰学的机构——兰学塾。该机构在1868年更名为庆应义塾。

各藩国教育则主要通过在各大名领地所设的"藩校"或"藩学"实施。藩校仿效昌平坂学问所，主要传授儒家经典和军事知识，同时开设和学与日本历史课程。

民众教育主要由乡学、寺子屋和私塾等教育机构实施。乡学分为两类，一类面向藩主子弟或其家臣子弟开办，程度稍低于"藩校"；另一类面向平民子弟开办，教学水平低，类似于寺子屋。乡学普遍重视道德教育，注重造就勤劳忠顺的臣民。寺子屋由僧侣主持，最初设于寺院，就读儿童被称为"寺子"。寺子屋主要教授阅读和书写，并教儿童诵读佛经。后来，一些商人和武士在寺院之外创设了教授儿童读写的教育机构，也被称为"寺子屋"。寺子屋一般招收六七岁儿童入学，10～13岁毕业。私塾则是私人收徒讲学的机构。

二、明治维新后日本资本主义教育的发展

（一）教育发展概况

18世纪中叶之后，希望消除封建制度对社会发展的阻碍、发展日本近代资本主义经济的一部分启蒙思想家，联合新兴资产阶级，通过"倒幕运动"建立起大地主大资产阶级联合执政的明治政府。明治政府以"富国强兵"、"殖产兴业"和"文明开化"为推行社会变革、实现国家富强的基本方略，明治政府所推行的社会改革使日本走向近代资本主义的发展道路，日本教育也相应发生了令人瞩目的变化。

（二）教育管理体制的确立

明治维新初期，日本政府将学习西方、发展教育确立为基本国策。为加强对教育事务的指导与管理，实现"破从来之陋习"与"求知识于世界"的改革目标，明治政府于1871年设文部省，统一领导全国的文化教育事业，并兼管宗教事务。1872年颁布《学制令》，直接确立了以中央集权为特征的日本教育领导体制。《学制令》共5篇，由学区、学校、教员、学生和考试、学费组成，就日本学校教育的各项事务做出了明确规定。①全国学政由文部省统一管理。②全国分为8个大学区，每个大学区设大学1所。③每个大学区分为32个中学区。每个中学区设中学1所，全国设中学256所。④每个中学区分为210个小学区，每个小学区设小学1所，全国设小学53760所。⑤每个中学区设学区监督10～13人，承担劝导本学区人民努力就学、建立学校、适当使用经费等事务。⑥每个大学本部设督学局，督学局设督学。督学局督学与地方官协商，监督区内校务。19世纪80年代后期，文部省下设普通学务局和专门学务局，强化对初等教育和高等教育的管理。

明治时期所确立的中央集权型教育管理体制，后虽受1879年《教育令》的影响而有所削弱，但在1880年修改《教育令》后大学区制得到进一步加强，且这一体制一直延续至第二次世界大战结束。

为进一步强化日本政府对教育事业的管理和领导，1879年日本天皇发布《教学大旨》，强调日本的教育宗旨是继承祖宗训典，形成忠孝仁义品德，完成"臣民"教育任务；明确教学任务为阐明忠孝仁义道德和探求知识才艺。1890年，日本天皇颁布具有法律效力的《教育敕语》，重申日本教育目标为培养忠顺于天皇的臣民和孝敬父辈的孝子，强调开展以忠孝、信义、顺从、爱国、守法为核心的道德教育。

(三)初等教育

为培养忠顺、爱国、守法的日本国民,明治政府非常重视初等教育的发展。1872年《学制令》的颁布与实施,导致先前的寺子屋及乡学均被取消。《学制令》规定开设8年制小学,推行8年制普及义务教育。这一规划因超出当时日本政府国力而未能得到实施。1879年,《教育令》做出相应修正,将普及初等教育年限缩短为4年。1880年又将8年制小学分为"3-3-2"三段,其中第一阶段的3年为普及初等义务教育。1886年,日本政府颁布实施《小学令》,确定初等教育年限为8年,分两个阶段实施。前4年为寻常小学阶段,实施义务教育;后4年为高等小学阶段,实施收费制。同时在一些偏远及经济贫困地区设3年制简易小学。小学一般开设修身、国语、作文、算术、几何、物理初步、化学、史地知识、体操、图画及唱歌等常设课程。高等小学则在常设课程之外,加设一至两门外国语课程。在初等教育阶段,道德教育则采取各种方式向学生灌输忠孝意识、武士道精神及神道观念。

为改善小学教师待遇,提高其教学积极性,1896年,日本国会通过了一项法令,决定向在一所学校内任教5年以上的教师提供补助。1899年,日本政府还设立了一项资助普及初等教育发展的专门基金。

(四)中等教育

1872年《学制令》的颁行催生了近代日本中等学校。一些藩校、私塾改建为中等学校,其学制年限不一,且多为私立,不便实施统一管理。为改变中等教育发展迟缓的状况,日本政府于1886年颁布《中学令》,规定:中学教育包括实业教育与升学准备教育;将中学学制延长为7年,分为"5-2"两段。5年制初等中学为寻常中学,由地方设置及管理,每府县设立1所,属普通教育学校;2年制高等中学属大学预科性质,全国设立5所,直接接受文部大臣的领导。

寻常中学常设课程包括修身、国语、数学、物理、化学、矿物、农业知识、第一外国语(英语)、第二外国语(德语或法语)、图画、唱歌及体操等。高等中学实施分科教育,常设文、法、理、医、农五科。1894年,《高等学校令》颁布,高等中学易名为"高等学校",专业分科教育性质更为显著。同时,在高等学校中单独分设专为学生升入大学做准备的大学预科。

在发展寻常中学与高等中学的同时,中等职业学校也在适应资本主义经济发展的过程中逐步完善。1883年,文部省制定了《农学校通则》,1884年制定了《商业学校通则》,1893年又颁布了《职业补习学校条例》。1899年颁布了《职业学校令》,将农业学校、商业学校、商船学校、徒工学校和职业补习学校统一纳入职业学校系统之中,中等职业学校体系得以完善。

(五)高等教育

明治维新后日本近代高等教育的发展是在较好利用已有教育基础上进行的,幕府时期创办的昌平坂学问所、和学讲习所,19世纪上半叶兴办的开成所、医学所、讲武所都成为创办新大学的基础。

1877年,在东京开成学校和东京医学校的基础上,东京大学创办。明治政府对东京大学的发展寄予厚望，拨款资助东京大学发展，1880年拨付给东京大学的经费占日本全国直辖学校经费的40.49％。1886年颁布实施的《帝国大学令》将东京大学更名为"帝国大学"，并将其教育任务明确为：为促进日本经济腾飞和社会强盛，向学生传授高深的学术理论，使学生掌握实用技能，探索学术及技术奥秘，培养大批管理干部及科技人才。为提高教育效能，帝国大学对其内部结构做了相应调整，帝国大学下设大学院及分科大学。大学院侧重于学术和科学研究，分科大学则侧重于传授专业知识。为适应19世纪末20世纪初日本经济与社会发展对越来越多专门人才的需求，日本政府又成立了京都大学、东北大学、九州大学、北海道大学、庆应大学、早稻田大学和明治大学，原帝国大学称为"东京帝国大学"。福泽谕吉创办的庆应义塾发展为设有文、法、财经三科的庆应大学。此外，在东京第一高等学校的基础上建成了早稻田大学，在私立明治法律学校的基础上建成了明治大学。这一批新设或改组而成的大学为日本工业化发展培养了大批科技人才和管理人才。

（六）师范教育

为满足明治时期各级各类教育规模扩大与教育质量提升的需要，明治政府重视发展师范教育。《学制令》颁布后，即着手创办中等师范学校以培养师资。1872年创立了东京师范学校，之后又在大阪、宫城、广岛、爱知、长崎和新潟创办了师范学校。到1874年已创设中等师范学校47所。1886年颁布《师范学校令》，为师范教育发展提供了进一步的法律支持。《师范学校令》将师范学校分为"寻常师范学校"和"高等师范学校"两类。寻常师范学校由地方政府设立，招收小学毕业生，主要为公立小学培养师资；高等师范学校由中央政府设立，招收寻常师范学校的毕业生，主要为寻常师范学校培养教师。

借助于《学制令》、《教育令》、《小学令》、《中学令》、《帝国大学令》和《师范学校令》的颁布与实施，日本政府在改造封建教育的基础上，构建起较为完善的学校体系和管理体制，为日本发展成为一个新兴的资本主义国家提供了人才与知识支持。不过，明知维新时期的日本教育表现出鲜明的等级性和基于武士道精神的较强的军国主义色彩。

三、福泽谕吉的教育观

福泽谕吉（1835—1901），日本明治维新时期的启蒙思想家、教育家。早年修习汉学，后赴长崎学习兰学，1858年在江户开办了兰学塾。19世纪60年代曾游历法国、英国、荷兰、德国、俄国和葡萄牙六国，欧洲国家经济之发达令福泽谕吉深感震撼，自此开始全力介绍西方文明和技术，以图日本国家富强。其教育观集中体现于《劝学篇》和《文明论概略》等著作中。

（一）教育作用：知识富人，教育强国

在欧洲国家的游历促使福泽谕吉思考使日本摆脱封建制度束缚、跻身富强国家之林的策略，最终，他选择以文明开化、教育强国为实现日本富强的手段。福泽谕吉着力强调教育在促使个人生活幸福和国家强盛方面的作用。

福泽谕吉认为，对于个人而言，教育可以开发智力，锻炼独立思考、明辨是非、

独立生活的能力，培养正确的国家观念，使教育对象具有民族自尊和自信心，从而过上富足幸福的生活。福泽谕吉主张，天不生人上之人，也不生人下之人，众生一律平等。① 现实生活中，之所以人与人之间存在贤愚、贫富、贵贱之别，原因只在于有无知识、学与不学。唯有勤于学习、知识渊博的人才能贤明和富贵。

对于国家来说，实施教育及文明开化政策是国家独立和富强的基础和前提，是培育个人的民族与国家意识的重要途径。"国家的独立也就是文明，没有文明就不能保持国家的独立。"②适当的文明教育可以为国家造就具有独立意识、爱国信念、渊博学识的公民。福泽谕吉主张普及学校教育，运用强制方式，让全国适龄儿童一律就学，在学校教育中培养公民的民族意识和国家观念。他认为，世界上没有哪一个人喜欢苛政而厌恶仁政，也没有哪一个人希望本国贫弱而甘受外国欺辱，重要的是通过教育把这种朴素的观念和感情上升到民族意识和国家观念的高度。

鉴于此，福泽谕吉提出教育实为世界上第一要务，是关乎个人幸福与国家强盛的第一要务。

（二）教育内容：修习学问，唯尚实学

为确保教育作用的发挥，福泽谕吉主张教授那些与个人生活和社会生产联系紧密的实学知识，杜绝空洞无物的说教和脱离现实的教育。福泽谕吉把学问分为有形学问和无形学问两类，有形学问包括天文、地理、物理、化学等，无形学问包括心理学、神学、理学等。这两类学问均能扩大个人知识见闻的领域，使人明辨是非，懂得做人本分。但在修习时应分清主次，在有限的学习时间内优先学习有形学问。福泽谕吉提出，有学问，并不限于能识难字，能读难懂的古文，能咏和歌，会作诗等，更重要的是指掌握实际学问。福泽谕吉所重视的实际学问包括介绍日本及世界万国风土的地理学，考察天地万物本质并探究其作用的物理学，详记年代和研究古今万国情况的历史学，讨论国家与世界生计的经济学，阐述修身交友及为人处世之道的修身学。

（三）道德教育：明辨独立，言行一致

在道德教育方面，福泽谕吉反对向学生灌输忠臣、孝子、义士、节妇之类的封建伦理道德，强调注重学生独立品质的培养。

福泽谕吉认为，独立是个人所拥有的重要道德品质，独立分为"有形的独立"和"无形的独立"。有形的独立是指物质方面的独立，指个人拥有私产，可以不依赖别人而能维持个人和家庭的生活。无形的独立是指精神方面的独立，精神方面的独立有两种表现形式：一是指人的内心摆脱了物质的奴役与束缚，不为外部条件所累，无论做什么事情都不迷失本性；二是指个人凡事有主见，不受他人意见左右，包括不羡慕他人的物质财富、不模仿他人的生活方式。精神方面的独立主要表现为言论与行动一致、理论与实践一致。只有保持言论与行动的一致、理论与实践的一致，才可有益于世。

---

① ［日］福泽谕吉：《劝学篇》，群力译，2 页，北京，商务印书馆，1984。
② ［日］福泽谕吉：《文明论概略》，北京编译社译，192 页，北京，商务印书馆，1982。

为保持言行一致，福泽谕吉主张道德教育的主要任务包括如下方面。第一，要培养学生具有高尚的品德。没有高尚的品德，就没有高尚的行动。人之行动有大小、轻重之别，凡能明辨行动的大小、轻重，舍轻、小行动而事重、大行动，便是品德高尚的表现。第二，要教导学生明辨行动的效用。第三，要教导学生认清行动发生的时间与环境，以便使自己的行动合乎规律。

福泽谕吉于明治维新时期积极倡导西学，宣传教育的富民强国作用，倡导实学知识学习，培养学生明辨独立、言行一致的意识和品质等，直接影响了明治维新时期日本的教育改革事业。他的教育主张后成为日本政府多次教育改革的理论主题。

小结

18世纪中期至19世纪末欧美和日本教育发展的历史表明，教育在适应社会政治、经济、文化、科技以及宗教发展要求的同时，还遵循教育自身发展的规律，表现出一些共同的特征。在教育管理主体上，实现从教会向民族国家政府的转变，发展普及性的国民教育成为政府的一项重要职责，国民教育体系逐步完善，更好地适应了民众日趋高涨的接受教育的需求；在教育内容上，初等教育、中等教育以及高等教育内容的实科化以及科学化成为各国教育改革的共同主题，一些新兴的科学学科和与社会生产联系密切的科学知识、技术成为学校教育的内容；在教学实施方面，随着教育心理学化运动的开展以及对儿童年龄特征和学习心理认识的深化，更加注重遵循直观教学、尊重儿童身心发展、发挥儿童主动性和积极性等教学原则。此外，斯宾塞、赫胥黎、费希特、洪堡、涂尔干、贺拉斯·曼、第斯多惠、乌申斯基、福泽谕吉等教育家也结合不同国家教育发展的情况及任务，提出了各具特色的教育观，促进了各国教育实践的发展，进一步丰富了人类教育思想。

在表现出共同特征的同时，各国还表现出各自的教育特色，如法国中央集权式教育管理体制的建立，德国体现教学科研自由的新大学的建立，俄国国民教育体系的建立，日本各种教育法令的颁布，美国公立学校运动的开展，等等。这些都极大地塑造了各国的教育制度，并一直延续到此后各国的教育实践中。

思考题：

1. 简述费希特的国民教育论。
2. 简要评析洪堡的大学教育观。
3. 试评第斯多惠的教师教育观。
4. 简要评述19世纪英国的新大学运动和大学推广运动。
5. 简述斯宾塞教育观的主要内容。
6. 试评述赫胥黎的科学教育观。
7. 试评述19世纪中后期俄国的教育改革运动。
8. 试评乌申斯基的公共教育观。
9. 试述19世纪法国中央集权式教育管理体制的确立及其演变过程。
10. 简析贺拉斯·曼的教育观。

11. 试述日本明治维新时期教育改革所取得的成就。

12. 简述福泽谕吉的教育思想。

参考文献：

1. 吴式颖，李明德. 外国教育史教程. 3 版. 北京：人民教育出版社，2015.

2. 王保星. 美国现代高等教育制度的确立. 石家庄：河北教育出版社，2005.

3. 第斯多惠. 德国教师培养指南. 袁一安，译. 北京：人民教育出版社，2001.

4. 斯宾塞. 斯宾塞教育论著选. 胡毅，王承绪，译. 北京：人民教育出版社，1997.

5. 托·亨·赫胥黎. 科学与教育. 单中惠，平波，译. 北京：人民教育出版社，2005.

6. 郑文樾. 乌申斯基教育文选. 张佩珍，冯天向，郑文樾，译. 北京：人民教育出版社，2007.

7. 福泽谕吉. 福泽谕吉教育论著选. 王桂，主译. 北京：人民教育出版社，1991.

第十一章 裴斯泰洛齐的教育思想

内容提要

裴斯泰洛齐是瑞士近代著名的教育家，世界教师的楷模。他倡导"爱的教育"，毕生为贫苦儿童的教育事业不懈奋斗，在初等教育和师范教育方面做出了杰出贡献。本章从生平及主要教育活动、教育思想的理论基础、教育目的论、教育心理学化、和谐教育论、要素教育论、历史地位与影响等方面，对裴斯泰洛齐的教育思想进行了较为系统的介绍。

学习目标

1. 全面了解裴斯泰洛齐的生平及主要教育活动，感受其为教育事业鞠躬尽瘁的教育家精神。

2. 正确理解奠定裴斯泰洛齐教育思想的哲学观、心理观和社会政治观基础。

3. 重点把握裴斯泰洛齐有关教育目的、教育心理学化、和谐教育和要素教育的思想和主张。

4. 科学评价裴斯泰洛齐教育思想的历史地位和影响。

核心概念

裴斯泰洛齐；爱的教育；教育心理学化；教育适应自然原则；和谐教育；要素教育

约翰·亨利赫·裴斯泰洛齐(Johann Heinrich Pestalozzi，1746—1827)，享有世界盛誉的瑞士民主主义教育改革家和教育理论家。他深信教育的作用，毕生关注和从事"拯救农村、教育救民"的教育和社会活动，堪称世界教育史上的杰出典范，被人们誉为"贫民的救星""孤儿之父""人民学校的创始者""人类教育家"。

第一节　生平及主要教育活动

裴斯泰洛齐幼年丧父，在慈母的教育下成长，养成了仁爱的品性；他生活在西欧资本主义制度确立时期，目睹农民生活的困苦，对他们的悲惨境遇报以深深的同情；他深处国家动荡、新教与旧教冲突、贵族和平民对抗的社会现实中，对恶劣的教育状况极为不满；他深受卢梭及德国古典哲学家莱布尼茨(Gottfried Wilhelm Leibniz，1646—1716)、康德等人的影响，萌生出民主的政治理想和教育救民的坚定信念。上述力量的交织，促使裴斯泰洛齐高举"爱的教育"的旗帜，忘我地将毕生心血献给贫苦儿童的教育事业，试图通过教育改善他们的处境，提高民众的素质，进而改造社会。在艰难曲折的一生中，裴斯泰洛齐开展了广泛的教育和社会活动，为世界教育理论和实践发展做出了不可磨灭的贡献。

1768—1825年是裴斯泰洛齐教育活动的重要时期，大致可分为四个阶段。

第一阶段(1768—1798年)：新庄时期。

新庄(又译为诺伊霍夫，新庄是其意译)是裴斯泰洛齐1768年购买的一个小庄园，最初他是想通过举办示范农场的方式，帮助农民提高农耕技术以改善生活，但并未成功。1774年，他在新庄创办了一所名为"贫儿之家"的孤儿院，实验贫儿工艺教育，人数最多时达到80人。这是一个较早的试图使教育与生产劳动相结合的教育机构。在这里，裴斯泰洛齐教儿童学习农耕、纺织等技术，同时教他们读、写、算，并进行道德教育，在短期内取得很大成功。然而，由于缺少经费支持，1780年"贫儿之家"被迫停办。

1780—1798年，裴斯泰洛齐在新庄"贫儿之家"经济陷入困境的情况下，对自己初步的社会、教育活动经验加以总结，并集中精力从事著述。其中，《隐者夜话》(1780年)表达了他的教育信条；社会政治和教育小说《林哈德和葛笃德》(1781—1787年)则塑造了一位教子有方的平民妇女——葛笃德的形象，该书在欧洲各国影响巨大，使他一举成名，法兰西共和国立法会议还因此书授予他"法兰西共和国公民"的荣誉称号。此后，裴斯泰洛齐逐渐进入他教育研究与实验的全盛时期。

第二阶段(1798—1799年)：斯坦兹时期。

1798年，裴斯泰洛齐应瑞士新政府的邀请在斯坦茨创办孤儿院，收容了80名5～10岁的儿童。在这里，他参照家庭教育的做法，对儿童实施爱的教育。他注重实现儿童教育与劳动实践的结合，也注意实现儿童智力、道德和体力的和谐发展。为根据儿童心理特点寻求最容易、最简单的儿童教育教学方法，他积极开展初等教育新方法的研究和实验。在短短几个月的时间内，裴斯泰洛齐在斯坦兹孤儿院的工作取得很大成绩，但因战争原因，孤儿院的工作被迫中断。

第三阶段（1799—1805 年）：布格多夫时期。

1799 年，裴斯泰洛齐来到布格多夫，先在一所市立幼儿学校任教，一年后担任新建立的布格多夫学校的领导工作。这是一所综合性的教育机构，承担着日间小学、寄宿中学和师资训练等教育任务。在这里，裴斯泰洛齐对自己的教育理论进行了充分的实验，这是其教育理论、实践探索与研究颇具成效的时期。1801 年，《葛笃德如何教育她的子女》发表，这是阐述他的教育基本原理和方法的重要著作，该书不久便成为19 世纪初等教育的经典，在理论和实践方面产生了深刻影响。两年以后，《母亲读物》等一系列面向父母和教师的丛书也相继问世。这些著作对简化教学问题做了较详尽的阐述，集中体现了教育心理学化的原则。裴斯泰洛齐在这里的工作为他赢得巨大声誉，前来向他求教的人遍及欧洲各国。

第四阶段（1805—1825 年）：伊佛东时期。

1805 年，布格多夫学校迁到伊佛东，改称伊佛东学校。在政府的支持下，学校规模有所扩大，分为小学、中学和师范学校三部。裴斯泰洛齐在这里的工作较之前在斯坦兹以及布格多夫又进一步发展。此后 20 年，裴斯泰洛齐一直在此继续开展教学方法实验，他的各种教学法得到了更为广泛的实验和应用。与此同时，裴斯泰洛齐还积极训练教师，不断发表教育论著。伊佛东学校因裴斯泰洛齐而成为欧洲著名的教育实验中心，享有很高的国际声誉，参观学习者络绎不绝，其中包括赫尔巴特、福禄培尔、费希特、欧文等人。裴斯泰洛齐的教育思想和教学方法广为传播，对各国教育产生了重要影响。遗憾的是，在一片赞扬声中，伊佛东学校在成立十年后逐渐衰落，1825 年被迫关闭。

1825 年，年事已高的裴斯泰洛齐回到最初从事教育活动的地方——新庄，在这里他总结了自己一生的教育工作经验，完成《天鹅之歌》（1826 年）一书，后于 1827 年逝世。

为缅怀这位终身献身于贫苦民众教育事业的伟大教育家，瑞士人民在裴斯泰洛齐的墓碑上镌刻了这样的碑文：新庄贫民的救星，斯坦兹孤儿之父，布格多夫学校的创始人，伊佛东的人类教育家——毫不利己，专门利人。

第二节　教育思想的理论基础

一、哲学观

裴斯泰洛齐的哲学观受到莱布尼茨、康德和卢梭的影响。

在接受莱布尼茨"单子"论影响的基础上，裴斯泰洛齐形成了自己有关天性自我发展的观点。莱布尼茨认为，上帝所创造的宇宙万物均由无数精神实体——"单子"所构成，这些"单子"不占空间、可自由活动且具有内在动力，可推动自身不断发展。由于是上帝预先安排好的，这些"单子"相互信赖、和谐相处，具有"预定和谐"的属性。裴斯泰洛齐接受了莱布尼茨的这一思想，并将它应用到人身上。他认为每个人生来就蕴藏有各种能力和力量的萌芽，并且都渴望得到充分的发展。

康德把人的认识分成三个阶段：感性阶段、知性阶段和理性阶段。他认为，在感性阶段，由外在事物刺激人的感官所产生的混沌杂乱的感觉，必须经过人先天固有的"直观形式"去整理，才能构成认识对象并由此获得感性知识。裴斯泰洛齐接受了康德的这种"感性直观"的观点，强调认识事物首先必须通过感觉器官，通过感官把"以不明显状态存在的"观念引申出来，使之成为清晰的观念，这也就是认识的过程。

受卢梭的影响，裴斯泰洛齐重视人的天性，要求通过合理安排的教育，使人们先天的欠缺、智愚的区别、性情嗜欲的偏差以及不良的性格等得到改造，只有这样，才能将人培养成"典型的公民"，使之具有公民的才能。他要求根据人的天性进行教育。但与卢梭认为的人性本善的观点不同，裴斯泰洛齐更倾向于人性本恶。要改善社会，解决社会问题，获得根本的社会改造，就必须使人的天赋能力和力量得到解放，使之活跃而有用，从而使个人道德化，追求人自身的能动和主体性，不断地克服人自我的自私观念，成为道德人。这些观点的形成，与裴斯泰洛齐有关人的认识紧密相连。裴斯泰洛齐从基督教基本信念出发，认为人的本性是崇高的。但现实的残酷促使裴斯泰洛齐逐渐放弃了这种理想化的观念，进而提出关于人类三种状态的学说，即人类是在自然状态、社会状态、道德状态三种状态中生存的生物。自然状态的人纯粹为自我而生存，具有本能的纯洁；社会状态中的人则是进入社会状态的堕落的自然人，按照各种人与人之间的联系和契约行事；道德状态中的人，能摆脱动物本性的自私和社会关系行事。这三种状态是人所具有的三种不同属性，虽然在本质上具有相对独立性和矛盾性，但它们之间相互联系并可以逐渐过渡。自然人不是完美的人，社会人也充满矛盾，人在追求自身人性化和自身完美的过程中，通过道德，过渡为道德人，而真正的道德与真正的宗教是一致的。

二、心理观

裴斯泰洛齐的心理观建立在对感觉和直觉理解的基础之上。他认为感觉和直觉对人的认识和思维发展具有重要的作用。人通过感官活动，看、听、触、闻、尝等感知事物特性，如形、数量等，从而形成模糊的直觉。人和动物皆如此，但人能通过思维活动，对直觉加以整理、解释和命名，最后用言语表达出来。裴斯泰洛齐将人对事物的认识过程分为四个阶段：模糊不清的直觉阶段、定直觉阶段、透直觉阶段和透概念阶段。而语言、外形和数目是确定感官直觉经验的三个基本要素，使认识从模糊不清的直觉阶段过渡到定直觉阶段。随后，人再通过各种不同的感官，尽可能地分清事物的颜色、温度、音响、味道、气味、重量、坚固性等，使得人的直觉更为明晰和丰富，认识从定直觉阶段进到了透直觉阶段。最后，人在更大的范围内观察事物，不断地对某方面的知识做深入的解释和补充，于是认识进入了透概念阶段。这就是人对事物认识的过程，是人们认识的基础，是思维和能力发展的基础，也是裴斯泰洛齐教学理论的依据。

上述经由外部感官而获得的感觉属于外部感觉，大致包括视觉、听觉、嗅觉、味觉、肤觉五类。此外，裴斯泰洛齐认为人应当还有"内部感觉"，内部感官使人获得内部观念，帮助人们更深刻地认识世界，发现和揭示事物的真谛。

裴斯泰洛齐认为人的能力由脑（头）、心、手三部分组成。这里的"脑"或"头"即"精神"，包括感觉、记忆力、想象力、思想和语言，是人认识世界、理智判断一切事物的所有内在精神的官能；"心"指伴随着全部知觉和思想而来的一切感情范围，既包括基本的道德感情，也包括"内部感觉"的种种表现，如良心的活动、预感能力或评判能力等；"手"即人的实践活动能力，如"手工能力""艺术能力""职业能力""家务劳动能力"等。遵照"预定和谐"观点，这三种基本能力应协调发展。在这三种能力中，"心"起主导作用，当其他二者都顺从于高尚的"心"时，三者才会协调一致。裴斯泰洛齐有关人的三种基本能力协调发展的思想，为人的和谐发展和教育学理论的创立奠定了心理学基础。

三、社会政治观

裴斯泰洛齐拥有资产阶级民主、爱国和人道的社会政治观。

裴斯泰洛齐极为关注国家的任务和作用，认为保证安全是国家首先要完成的直接任务。为此，国家的主要任务是通过制定、颁布法律和维护权力，使个人在国家中具有安全感，使生命和财产不受威胁。为了不至于出现因权力滥用而使权力沦为集权统治的工具，国家要制定法律约束权力，并通过分权使统治者的权力与人民的权利达到均衡。此外，合理满足个人需求和实施教育应是国家的间接任务，这是国家正常运转的需要。因为统治者合理掌握权力、公民合理行使公民权利都需要建立在对法律的正确理解和遵守的基础上。因此，要保障法律的公平合理，必须让所有人都接受教育。国家政权也应该掌握在受过教育的最优秀的公民手中，他主张通过民主选举的方式选任国家官员。

尽管裴斯泰洛齐反对社会财富掌握在少数人手里，痛恨贫富不均，但并不主张剥夺私有者的财产。他认为私有财产是合法的、不可侵犯的，关键是如何使用财产。出于悲天悯人的善良心愿，裴斯泰洛齐希望用和平的方式解决当时的社会矛盾，企图通过改良主义的途径，帮助贫苦农民摆脱悲惨处境。在18世纪启蒙运动思潮的影响下，裴斯泰洛齐深信教育是社会改革的重要手段，认为社会腐败和道德堕落是不合理和不平等的教育制度所造成的，劳苦大众的贫困和悲惨生活境遇也只是因为他们缺乏教育和文化科学知识。所以，他认为必须从教育入手，彻底改变不合理的教育制度，建立普通的民主教育制度，使社会各个阶级的儿童都受到一种合理的、满足他们实际需要的教育。他认为，教育对于所有人来说，不是宗教需要，更不是慈善救济，而是自然权利，也是人类的实际需要。在实践中，裴斯泰洛齐更关心的是贫民子女的初等教育。他认为开明地主、官吏乃至最高的统治者应从各个方面帮助贫民，使之改善生活条件，过上美满幸福的生活。这既是裴斯泰洛齐一生奋斗的伟大目标和崇高理想，也构成了裴斯泰洛齐全部教育活动和教育理论的出发点。

第三节 　教育目的论

　　由莱布尼茨的"单子"论，裴斯泰洛齐推演出每个人生来就蕴藏有各种能力和力量的萌芽，并且都渴望得到充分的发展。但是，只有教育才能把它们发掘出来、发展起来，人只有接受教育才能成为真正的人。也就是说，教育可以促进人的一切天赋能力和力量的全面、和谐发展。"为人在世，可贵者在于发展，在于发展各人天赋的内在力量，使其经过锻炼，使人能尽其才，能在社会上达到他应有的地位。这就是教育的最终目的。"[①]

　　裴斯泰洛齐指出：儿童天赋的能力和力量，即天性，有其自然发展的规律，就好像一棵树的生长一样，种子埋在土里，然后发芽、生枝、开花、结果，直到长成一棵大树，是一个连续不断、逐步发展的过程，而其根本则存在于种子和树根里面；教育在促进人的发展的过程中，也要有一个适合人类本性的、心理学的、循序渐进的方法。这就要求教育者必须多方面研究儿童的自然发展，努力使教育与儿童的自然发展相一致。他认为教育只有牢固建立在儿童自然发展的基础之上，才能达到它预期的目的。因此，适应自然的原则是教育的最基本原则，意即教育应按照人的天性及其发展顺序逐步进行。

　　裴斯泰洛齐"教育适应自然"的原则明显受到夸美纽斯和卢梭的自然教育思想的影响。但他还指出教育不能机械模仿和消极遵循自然，这一点是对卢梭自然教育思想的发展和深化。裴斯泰洛齐认为，虽然大自然的发展具有永恒的规律，但在变化的过程中，当规律应用于每个个体和每一种情况时，则带有偶然性，人类需要通过意志和本性去施加影响，才能实现人与物质世界的和谐。教育同样如此，既要遵循自然，也不能消极地服从自然，任其自然发展。

　　在教育的作用和教育适应自然原则的基础上，裴斯泰洛齐确定了教育的目的是发展人的天性并形成完善的人。具体而言，由于人的天性由智力、精神和身体三个相互联系的部分组成，教育的目的也是发展人的智力、精神和身体，使人成为有智慧、有道德、身体健康和有劳动能力的和谐发展的人。

　　在实现教育的目的过程中，裴斯泰洛齐认为家庭教育作为整个教育的第一阶段，作为学校教育的基础，是至关重要的，理由有三：第一，教育应当始于婴儿诞生，最初的教育必须由母亲承担；第二，母爱满足了婴幼儿生理上的基本需要，唤起了婴幼儿对母亲的热爱、尊敬和信任，从而有助于将孩子引上正途，实现教育目标；第三，父母最了解孩子，有助于发展儿童天赋。裴斯泰洛齐大部分的教育著述中都贯穿着家庭教育思想，家庭教育是裴斯泰洛齐教育体系中的重要组成部分。他甚至把家庭教育

---

① 　［瑞士］裴斯泰洛齐：《林哈德和葛笃德》下卷，北京编译社译，319 页，北京，人民教育出版社，1984。

看作自然教育的原型、社会教育的榜样。即便进入学校教育阶段，在教育过程中教师、学校领导和家长间的相互配合也是十分重要的，因为只有学校与家庭互相配合，才能环环坚固、环环相扣、配合得宜，这样才能保证教育链条的完整和教育的有效。对于那些不能在家庭中受到良好教育的孩子，裴斯泰洛齐建议在学校中设立学前班，按家庭教育的形式来安排这些孩子的学习，以弥补家庭教育的不足。

第四节　教育心理学化

为实现其简化教育和提高教育有效性的理想，裴斯泰洛齐还在西方教育史上首次明确提出"教育心理学化"的口号。

裴斯泰洛齐在1800年发表的《方法》中强调："我正在试图将人类的教学过程心理学化；试图把教学与我的心智的本性、我的周围环境以及我与别人的交往都协调起来。"[①] 裴斯泰洛齐主张，教育者的使命在于寻找人类智力发展就其真正本性而言所必须服从的那些规律，并且相信能够从中找到普遍心理学化的教学方法的可靠线索。

裴斯泰洛齐继承了卢梭自然教育理论的基本主张，强调在人的发展过程中实现遗传、环境和教育的有机结合，但又将卢梭的"遵循自然"和"顺应自然"加以具体化，而具体化的手段即实现教育心理学化。

裴斯泰洛齐较为全面地阐述了教育心理学化的任务、内容和意义。

一、教育心理学化的任务

教育心理学化的任务在于科学认识儿童心理发展所存在的个别差异，将教育科学建立在人的心理活动规律的基础上，将教育提高到科学的水平，并在教育教学实践中充分体现和正确运用有关教学规律和儿童心理发展规律，以实现儿童的和谐发展和全面发展。裴斯泰洛齐主张，教育教学要致力于培养和发展人所固有的、内在的能力，要与儿童心理发展特点和规律协调起来，要使儿童在获取知识、发展智慧和道德情感等方面都处于主动地位。

裴斯泰洛齐认为，每个儿童在心理发展的方式与速度上存在差异。教育需要关注儿童心理能力发展过程中所存在的微妙差异与不平衡，采取针对性的发展措施，实现儿童各方面能力的均衡发展与和谐发展。

教育心理学化任务的完成，直接取决于对儿童心理发展能力和发展顺序的认识水平。裴斯泰洛齐认为，儿童的心理发展能力主要由身体、智力和精神三部分组成，它们是先天固有的，和谐一致地存在于儿童内心。裴斯泰洛齐认为，这种能力的发展遵循一定的顺序：首先是身体外部感觉的发展，接着是身体感官受到外界刺激，形成概念体系，又促进儿童智力发展，继而是儿童个体与他人产生联系，进而萌生情感和道

---

① ［瑞士］裴斯泰洛齐：《裴斯泰洛齐教育论著选》，夏之莲等译，198页，北京，人民教育出版社，2001。

德，最终实现个体的精神发展。教育教学的任务在于遵循能力发展的顺序，有效利用能力发展的关键期，逐步实现儿童身体、智力和精神的发展。

二、教育心理学化的基本内容

教育心理学化贯穿于裴斯泰洛齐全部教育思想体系之中，因而具有相当丰富的内容。

(一)教育目的确定与达成的心理学化

在确定以及达成教育目的的过程中，教育者需要认识到，所有儿童都拥有要求不断发展的潜能和动力，所有儿童的先天遗传素质和后天成长环境都是独一无二的，所以每个儿童也都是独一无二的个体。在依据社会发展和时代要求确定教育目的时，除表现出某种一致性要求外，还要为儿童实现差别化发展预留出足够的空间。在教育目的的达成过程中以及对阶段性教育目的达成程度的评价上，应充分体现并遵循有关儿童心理发展的规律。

(二)教学内容选择与编制的心理学化

在教学内容选择与编制上，裴斯泰洛齐主张要依据儿童实现全面、均衡与和谐发展的本性，在初等学校开设阅读、书写、计算、测量、唱歌、体操、历史、地理、自然科学等广泛而全面的基础课程，筛选能够体现儿童道德发展、知识掌握与身体成长规律的基本要素，体现并尊重儿童的身心发展特点，奠定坚实的心理学基础。

(三)教学方法与教学原则的心理学化

为实现通过教育改善民众生活，实现儿童脑、心和手三种天赋基本能力发展的教育目的，提高教育教学活动的效率，裴斯泰洛齐一直孜孜以求地探索一条普遍心理学化的教学方法与教学原则的线索。"我在寻觅人类智力发展就其真正本性而言所必须服从的那些规律。我认为它们一定跟物质自然的规律一样，并且相信从中能找到一条普遍的心理学化的教学方法的可靠线索。"[1]

教学原则的制定也需要体现儿童认识客观事物的特点。人类认识过程始于对客观事物的感觉，感觉是人类知识的来源和基础。教学过程与此相似，"教学首先把混乱、模糊的感觉印象一个一个地呈现到我们的面前，然后把这些孤立的感觉印象以变化的姿势放到我们眼前，最后把它们跟我们早先已有的整个系统组合起来，清晰概念就是这样形成的"[2]。因而，教学需要遵循的一项基本原则就是直观性原则。此外，循序渐进作为一项教学原则的确立，也主要是教学原则心理学化的结果，该原则的实施将有助于确保教学体现人类本性的、心理学的原理和基础。

(四)引导儿童成为自我教育和自我成长的人

在裴斯泰洛齐看来，教育不仅是教育者借助于知识传授和道德熏陶促使儿童成长

[1] [瑞士]裴斯泰洛齐：《裴斯泰洛齐教育论著选》，夏之莲等译，79 页，北京，人民教育出版社，2001。
[2] [瑞士]裴斯泰洛齐：《裴斯泰洛齐教育论著选》，夏之莲等译，88 页，北京，人民教育出版社，2001。

和发展，而且还在于对儿童实施正确的指导和引导，使其成为一个能够开展自我教育、实现自我成长的人。儿童本身拥有一种发展的意愿，且倾向于依据这种意愿完成自身的成长和发展任务。所以，教育者应在认识儿童心理特点、把握儿童心理时机的基础上，调动儿童自我发展和自我成长的主动性和积极性，使其有效开展自我教育。

三、教育心理学化的意义

在裴斯泰洛齐看来，在教育教学实施以及儿童的发展过程中，教育心理学化具有多方面的意义。

第一，教育心理学化有助于提升教学艺术。了解并遵循儿童的自然本性，充分发挥教学过程中所有的心理学因素，对一切教学艺术的共同的心理学根源做深入的探讨和了解，将有助于教学艺术的提升。可以说，"人的所有的教学艺术实质上都是心理的自然机制规律的结果"①。

第二，教育心理学化有助于认识人类天性和提升教育科学水平。1818 年，裴斯泰洛齐在一次名为"教育的科学"的演讲中提出："我已确切地得出这样的结论：教育必须提高到科学的水平，教育科学应该起源于并建立在对人类天性最深入的认识的基础上。"②

第三，教育心理学化还有助于把握自然发展的自我能动性，并促进教育和教学发展的简化。在《葛笃德如何教育她的子女》中，裴斯泰洛齐借其同事脱布勒之口提出："自然在人类发展进程中显示出一种自我能动性，我们如果要帮助自然发展这种自我能动性，就必须把所有教育和发展的方法简化为反映它们内在本质的最简单的形式，以及简化为既符合心理学又和谐的语言教学的形式。"③

第五节　和谐教育论

///////////////////

裴斯泰洛齐认为，教育要"遵循大自然的秩序，使人的头脑、心灵和手这些特有的能力得以展开和发展的问题"④。而且，教育所努力实现的这一发展是一种均衡发展，即教育应追求儿童各方面的平衡发展，避免仅发展某一方面却忽视其他方面。发展的"主旨就是追求各种才能的均衡。为此，它要求人的所有基本能力都充分

---

① ［瑞士］裴斯泰洛齐：《裴斯泰洛齐教育论著选》，夏之莲等译，201 页，北京，人民教育出版社，2001。
② ［瑞士］裴斯泰洛齐：《裴斯泰洛齐教育论著选》，夏之莲等译，339 页，北京，人民教育出版社，2001。
③ ［瑞士］裴斯泰洛齐：《裴斯泰洛齐教育论著选》，夏之莲等译，61 页，北京，人民教育出版社，2001。
④ ［瑞士］裴斯泰洛齐：《裴斯泰洛齐教育论著选》，夏之莲等译，425 页，北京，人民教育出版社，2001。

发展"①。教育要把儿童天赋的能力和力量的萌芽充分发展起来，从而培养出和谐发展的完人。这种完人，不但能依靠自己的能力生活得很好，而且能关心别人，更不侵犯别人的生活。

一、体育和劳动教育

裴斯泰洛齐重视体育和劳动教育对于实现教育目的的重要作用，认为体育和劳动教育是人全面和谐发展教育的重要组成部分。他认为，儿童生来就有活动的愿望，这是发展儿童体力的萌芽，是体育和劳动教育的基础。

裴斯泰洛齐认为，体育是人的全部才能和潜能获得发展的基础，是人的和谐发展教育的一项重要内容，其任务是发展儿童身体、力量和技巧。裴斯泰洛齐认为，体育最基本的要素是关节的活动，体育教学和训练应以关节活动为起点，由易到难；练习是体育的基本方法，练习应该与感觉的训练、思维的练习相协调，以便使体力、感觉、听觉和思维同时得到发展。在裴斯泰洛齐看来，体育可以促进儿童的欢乐和健康，有利于儿童勤奋、坦诚、勇敢、吃苦耐劳等品质的养成，因此体育对身体和道德的发展同样具有重要的价值。体育还被裴斯泰洛齐看成劳动教育的最基本的和初步的阶段，主张体育应与劳动教育紧密联系起来。

裴斯泰洛齐所说的劳动教育，是指教育与生产劳动相结合，包括身体器官、日常生活能力、职业以及其他一切实践技能的训练，任务是获得谋生所需的劳动技能，养成劳动习惯，培养热爱劳动的品质。裴斯泰洛齐非常重视劳动教育，先后在新庄和斯坦兹开展了劳动教育实验。一方面，他从民主主义立场出发，认为提高劳动人民的劳动技能和管理能力，是改变他们贫困状况的根本途径，因此必须对贫苦儿童进行劳动教育；另一方面，他认为通过劳动教育，儿童的手和脑均得到锻炼，知识获得增长，诚实、认真、精确、耐劳等品质得以培养。也就是说，劳动教育可以发展儿童的身体能力、力量与智慧，使儿童获得劳动实践技巧，取得谋生的本领，形成德行，让儿童懂得劳动的社会意义，培养正常的人际关系，从而有利于促进人的全面和谐发展。关于劳动教育的实施，裴斯泰洛齐提倡在生活中接受劳动教育，并要与爱的教育以及脑、心、手的教育相结合。

二、智育

裴斯泰洛齐认为智育对人的和谐发展具有重要作用。智育的任务就在于激发儿童天赋的才能和能力，最终达到发展学生智力的目的，具体而言，即发展思维能力、表达能力和接受印象能力，其中思维能力包括思考能力和判断能力。

裴斯泰洛齐认为智力发展是以掌握专门知识为基础的，只有在掌握专门知识的基础上，人才能具备判断力。专门知识是通过各种课程的学习而获得的，这是能力增长的基础。知识的学习也必须与智力的发展紧密相连，绝不能孤立地传授知识。为此，他主张向学生传授多方面的知识，在初等学校里要开设语文、算术、历史、地理、制

---

① ［瑞士］裴斯泰洛齐：《裴斯泰洛齐教育论著选》，夏之莲等译，427页，北京，人民教育出版社，2001。

图、图画、唱歌等课程。在知识的学习过程中，应尽可能多地观察和练习，从而获得知识的基础——直觉。

裴斯泰洛齐认为传授知识和发展智力，还应以适合和发展人性为基础。他反对经院主义式的教育，认为那是用别人的情感、观点和无用的知识来充塞儿童的头脑的教育，阻碍了儿童的内在能力的发展。他在教育史上首次提出了"教育心理学化"的主张，强调把教学建立在心理学的基础上，在教育实验的基础上提出了若干新的教学原则，为初等学校各科教学法的提出做出了重要贡献。这些教学原则主要有直观性原则、连续性原则、循序渐进原则、自发性原则、自我能动性原则和慎始原则。裴斯泰洛齐认为，学习知识必须有十分完全而确定的目标，然后在直观的基础上有层次、有秩序地进行。裴斯泰洛齐认为教师在智育中主要承担四项任务：第一，寻找产生各种复杂自然文化现象的要素，进而认识自然和文化之间的严密结构；第二，研究儿童智力发展的规律；第三，熟悉儿童智力的发展程度；第四，判断某件事总的发展程度同某个儿童的发展水平是否相适应。

三、道德教育

裴斯泰洛齐非常重视道德教育，认为它是整个教育体系的关键问题，也是培养"和谐发展"的"完善的人"的重要方面。他认为，道德教育的任务就是要发展人的各种天赋的道德力量的萌芽，通过对儿童的抚养、教育，逐步唤起儿童的道德情感，形成道德观念，进而养成道德习惯。裴斯泰洛齐的道德教育以"爱的教育"或"教育爱"著称，通常包含两层意思：首先，教育者对教育对象要抱以真诚的、全身心的、无保留的关心与热爱，即便面对有缺陷的儿童也要如此，这是教育取得成效的必要前提；其次，爱的教育要提升儿童的价值，即在教育者奉献一段时期的"爱"、取得一定的成果后，教育对象不仅能做到独善其身、自尊自爱，而且还能乐于助人，使自己的行为对他人有益。

按照裴斯泰洛齐的设想，道德教育通常分为三个阶段。第一阶段是道德情感的唤起阶段，要用纯洁的感情来培养一种道德情感。这个阶段的道德教育，必须与家庭教育相联系，以母爱为起点，通过对儿童施以母亲般的慈爱、信任等情感，激发、唤起儿童的爱、信任和感激的种子；儿童从爱母亲，发展到爱兄弟姐妹、周围的邻人，以至扩大到爱所有的人乃至上帝，即博爱。这就是裴斯泰洛齐关于道德自我发展的基本原则。第二个阶段是道德行为的训练和养成阶段。在第一阶段的基础上，通过做好事的活动来强化道德行为习惯。在这一阶段，主要通过自我克制和力求正确与完美来进行道德训练。第三阶段是对道德品质问题的议论和思考阶段。在这一阶段，要有意识地向儿童表达道德概念，让他们对所处的法律和道德环境进行思考和比较，从而培养他们的道德理解力。也就是说，要努力为孩子们提供真实的道德思考的背景，从而帮助他们自然而稳定地形成道德判断能力，否则，道德教育在大多数情况下就会成为不适宜的令人讨厌的"玩具"，不可能获得理想的效果。

裴斯泰洛齐强调学校教育必须参照家庭教育的做法，使学校像家庭一般，到处充满着爱,从而使爱的道德情感通过学校教育得到进一步的发展。他坚信有爱的学校,就绝对不会产生有问题的学生;有爱的家庭,也绝不可能出现有问题的孩子。在他看来,爱是品格陶冶的最大推动力。但裴斯泰洛齐警告说应该把慈爱与威严结合起来,不能给予儿童无原则的爱,因为这种无原则的爱是不能培养出有德行的人来的。在道德教育过程中,应反对强制、规则和单纯"说教",需要特别重视将教师的以身作则与儿童对道德行为的实际练习结合起来。因为,如果运用了强制、规则和说教,或许孩子们口头上表示顺从,但内心却难以接受,此外也不利于他们高尚品德的培养,从而难以达到教育的效果。

在裴斯泰洛齐看来,"爱"是教育的主要原则。德国哲学家费希特曾说,裴斯泰洛齐生活的灵魂是爱。他热爱儿童,尊重儿童,热爱教育事业,是教育史上宣传爱、实施爱的教育的最具代表性的教育家之一。这种以无尽的爱来关心儿童、教育儿童的精神,被称为"裴斯泰洛齐精神"。

第六节　要素教育论

////////////////////

裴斯泰洛齐强调,各种教育和教学必须从简单的、容易的、就近的、具体的事物开始,进而延展到复杂的、困难的、远处的、抽象的事物。这样,教和学都要容易得多。为了改变当时学校呆板、烦琐、经院式的教学方式,并使每个普通家庭和每位普通的母亲能够独立而容易地教育自己的孩子,裴斯泰洛齐在教育实验中不断地探索简化教育的方法。要素教育论就是裴斯泰洛齐简化大众教育手段的一项显著成果,是裴斯泰洛齐对初等教育新方法的研究和实验所取得的主要成果。他坚信,运用这种简化了的教学方法,即便最无经验、最无知识的人也能够胜任教育自己孩子的任务。

要素教育论的基本思想是,各种教育教学过程和各门学科中,都存在着一些最简单的因素,即要素(element)。教育教学就要从这些最简单的、易于为儿童所接受的"要素"开始,再逐渐转到日益复杂的要素。这样的教育教学符合心理学的原则,简便易行,效果良好,有利于促使儿童各种天赋能力和力量的全面、和谐的发展。裴斯泰洛齐的要素教育论,体现在他的初等教育理论和实践之中,包括智育、道德教育、体育和劳动教育等方面。

一、智育要素

裴斯泰洛齐认为"任何对象的外部特征的总和,就是由它的轮廓和它的数目组成的,并通过语言为我们的意识所掌握"[①]。在这个基础上,裴斯泰洛齐提出"形""数""词",即"形状、数目和语言",这是构成智育和教学的三要素,是一切教学最初的、

---

① [瑞士]裴斯泰洛齐:《裴斯泰洛齐教育论著选》,夏之莲等译,90页,北京,人民教育出版社,2001。

最简单的要素。根据这一理论，裴斯泰洛齐认为"教学艺术首先要用来培养基本的计算能力、测量能力和说话能力，这些能力是一切精确认识物体意义的基础"①。具体而言，就是教学中应先让儿童观察实物，通过谈话引导儿童弄清它的形状、数目和名称，然后通过一系列的练习，使学生获得扎实的知识。

通过进一步研究，裴斯泰洛齐还认为，形、数、词本身还存在最简单的要素，即要素的要素。他确认直线是形的最简单的要素，1是数的最简单的要素，声（音）是词的最简单的要素。从直线、角到正方形及其他形状，从个位数、十位数、百位数到其他数目，从发声、说话到语言等，都存在教育与教学的要素问题。

从要素教育论出发，裴斯泰洛齐进一步改变了初等学校的教学科目和教学内容。教学科目包括阅读、书法、算术、初步几何、测量、绘画、唱歌、体操以及地理、历史、自然等方面的基本知识，从而进一步扩充了初等学校的教学计划。

裴斯泰洛齐在要素教育论的指导下，结合教育适应自然原则，探讨了初等学校各科教学法，既奠定了初等学校各科教学法的基础，也在实践中验证了要素教育论。他的初等学校各科教学法的核心指导思想，就是将每一个教学活动依一定的程序分为若干具体的步骤，一步一步递进，使新旧观念成为一个自然联系系统，使学生开展真正的学习。形状、数目和语言是教学的三个基本要素，而这三个要素还有其最简单的要素，初等学校各科教学必须从这些最简单的要素开始。

在测量（初步几何、制图）教学中，裴斯泰洛齐提出首先要关注直线，进而关注直角、正方形、正方形的分割（二等分、四等分等），然后关注曲线和其他几何图形。

裴斯泰洛齐很详尽地研究了算术的教学及方法。裴斯泰洛齐认为，算术教学应该从数目的最简单要素"1"开始，它的本质和基础是加减运算。因为算术是"把若干个单位集合起来和拆分开来的产物"。由于数目是精确的、可以计算的，它能引导到确定的结果，教学时应首先让学生了解个位数的运算及其关系，再进行到十位数、百位数及其他。在教学过程中，要以直观的感觉印象为基础，进而抽象为用点和画（表格）代替实物，如此，儿童对数目的真实关系的认识就能获得巩固。

裴斯泰洛齐提出语言（本民族语）教学的最简单要素是词。"发音"是语文教学的"第一个基本手段"。语言教学应包括以下三个阶段或步骤。首先，"发音教学，或言语器官的训练"阶段：熟悉全部发音，让儿童迅速掌握发出这些声音的能力，进而认识字母、懂得音节。其次，"单字教学，或关于单个事物的教学"阶段：在发音教学的基础上，继续进行事物名称的教学，让儿童熟背事物名称的单词，为以后阅读做准备。最后，"语言教学"阶段：要求儿童把每一事物作为一个整体认识，从而能够正确表达所熟知的事物以及获得有关这些事物的认识。②

---

① ［瑞士］裴斯泰洛齐：《裴斯泰洛齐教育论著选》，夏之莲等译，90页，北京，人民教育出版社，2001。
② ［瑞士］裴斯泰洛齐：《裴斯泰洛齐教育论著选》，夏之莲等译，93～116页，北京，人民教育出版社，2001。

在地理教学中，裴斯泰洛齐主张先给予儿童初步的地理观念，然后再将这些观念予以扩大，直到获得关于整个地球的观念。在实际操作中，这种由近及远的做法如下：先从观察儿童所熟悉的周围地区的自然环境开始，进而熟悉学校园地、本村的地理情况，再逐步扩大到对本县、本省、本国以至对全世界地理的认识。

二、道德教育要素

裴斯泰洛齐认为，在家庭中儿童对母亲的爱是德育的最简单要素，这种爱是由母亲基于天性对儿童的真挚的热爱而激发起来的。它在儿童心中表现得最早，并将逐步扩展到对家庭其他成员以至全人类的爱。德育应由此入手。具体实施时，首先应培养儿童对母亲的爱，这种道德的种子是由母亲对婴儿的本能热爱及满足其生理的需要而产生的。然后将儿童对母亲的爱扩大到父亲乃至兄弟姐妹。随着儿童年龄的增长，再将儿童这种爱的情感进一步发展，转到爱周围一切人，最后扩大到爱全人类，并意识到自己是整个人类的一员。用裴斯泰洛齐的话来说，"初步的道德教育，作为一个整体来说，包含着三个显著的部分：儿童的道德感必须首先从他们富有生气的和纯洁的情感所引起；然后他们必须练习自我控制，并教导他们关心一切公正和善良的东西；最后，他们必须通过思考和比较，自己形成关于他们的地位和环境所应有的道德权利和义务的正确的观念"①。

为此，裴斯泰洛齐主张学校教育应效法家庭教育，师生间应确立父母与子女般的爱，儿童之间则确立兄弟姐妹般的爱，在这种爱的团体中培养儿童具备一般的义务感和道德感。教师在德育的过程中要以身作则，率先垂范。

三、体育和劳动教育要素

体育和劳动教育的最简单要素是儿童的关节活动，自然赋予儿童关节活动的能力，这是体力发展的基础。关节活动由一些最基本的动作构成，如击打、跳、撞、拉、转、压、振动等，这些基本的动作结合起来，即可以构成各种复杂的动作。体育应该从练习这些最简单的动作开始，待这些动作和技巧熟练后，再进行其他复杂动作的练习。练习要随着年龄的增长逐步增多、增强，从关节活动逐步扩展到全身的复杂的体力活动。裴斯泰洛齐还认为，"这些基本动作的训练，必须一律从根据心理学原理安排的早期训练开始，单项训练和综合训练无不如此。当然，这些基本的四肢操练必须同基本的感觉训练协调合拍，同所有的机械思维练习协调合拍，同形状训练和数字教学协调合拍"②，从而使体力和智力的发展相结合。裴斯泰洛齐认为体育和劳动教育要在家庭和学校中共同进行，在家庭中可以结合日常生活中最简单的动作练习来进行，并循序渐进地展开。

---

① 张焕庭：《西方资产阶级教育论著选》，202 页，北京，人民教育出版社，1979。
② ［瑞士］裴斯泰洛齐：《裴斯泰洛齐教育论著选》，夏之莲等译，179 页，北京，人民教育出版社，2001。

第七节　历史地位与影响

　　裴斯泰洛齐是一位杰出的民主主义和人道主义教育家，他深信教育的作用，毕生致力于开拓一条发展公共教育的途径，维护人人受教育的权利，鞠躬尽瘁，从事贫民儿童教育事业。他所追求的最高教育目的，不仅是建立新的教育体制、原则和教学方法，而且是提高人民素质，改善贫穷人民的生活，提高人民对社会的责任感，从而建立一个和平的世界。从其对事业的执着及献身精神来看，他堪称世界教育史上的楷模。

　　裴斯泰洛齐强调教育对人发展的作用，重视通过体育和劳动教育、道德教育、智育的相互协调配合使人实现和谐发展；他是教育史上提倡与实施爱的教育的杰出代表，重视母亲和家庭在儿童教育中的地位和作用，彻底改变了传统的师生关系，营造了尊师爱生、互敬互爱的动人氛围；他提出的"教育心理学化"主张，开启了19世纪欧洲教育心理学化运动的序幕，使教育学在科学化的进程中迈出了重要一步，并将前人教育适应自然的思想发展到更高的层次，为后来赫尔巴特提出"教育建立在心理学的基础上"的主张做了准备；他赋予直观性教学原则更为丰富的内涵，将其扩展到了对直观主体的能力的培养、主客体的交往，及如何从感觉印象上升到清晰概念等领域，突破了前人将直观性教学原则停留在感觉论或经验论的局限性；他努力根据心理学原理解决一般教育问题，创立了要素教育论，并在此基础上研究了初等教育的一般原理和各科教学法，直接推动了19世纪初等教育的发展；他坚持教学与实际生活相联系，使教育与生产劳动相结合，并在实践中不断深化认识，积累了丰富的经验。

　　总之，裴斯泰洛齐在教育理论和教育实践领域为人类教育进步做出了巨大贡献。他的教育理论是适应当时需要的，促进了当时的教育发展。他的有些教育主张甚至是超前的，为世界现代教育的发展开拓了不少新的理论研究领域，对教育发展产生了深远的影响。

　　当然，受时代、阶级和认识论的限制，裴斯泰洛齐的教育思想和理论不可避免地存在一定的局限性。在思想观点上，他的局限性主要表现在他试图用教育改良社会的社会观点和唯心主义的哲学观点上。从前者来看，他不了解社会不平等和农民生活贫困的真正原因及寻求正确解决社会问题的途径；从后者而言，他相信天赋能力的存在，并错误地认定农民和贵族由于天赋能力的不同，生来就应处于不同地位、从事不同职业、接受不同内容的教育。他的全部事业始终不能遂其心愿的主观障碍即在此。他的教育理论中亦有不尽完善和缺乏理论逻辑的地方。例如，在认识论和教学论上，他虽然接触到感觉经验还须上升到概念这一重要问题，但仍未达到感性认识与理性认识相统一的水准，也不了解二者的区别、联系及其基础。又如，尽管他的教育心理学化的成就巨大，但就心理学本身及教育学科学化的进程而言，他只是提出了问题，远未解决问题。他所谓的心理学，仍未脱离那时人所共知的感觉经验的窠臼。

在教育史上，裴斯泰洛齐是一个很有影响力的教育家。他的影响力既来自他伟大的教育实践和奉献精神，也来自他丰实的文献著作所体现的教育思想。他的全部理论，他对师资培养工作做出的贡献，他对初等教育的改进等，不仅当时对包括瑞士、德国、英国、奥地利、法国等西欧各国教育的发展有一定影响，而且后来对东欧、美洲以及其他许多国家和地区的教育发展也产生了很大影响。从19世纪中叶开始欧洲形成了"裴斯泰洛齐运动"，足见其影响深远。裴斯泰洛齐运动的中心内容在于宣传裴斯泰洛齐在改进初等教育、提高师资培养方面的功绩和推广他的教学方法。裴斯泰洛齐也因此被称作"人类教育家"。裴斯泰洛齐提出的爱的教育和儿童早期教育思想对以后的幼儿教育家，特别是德国幼儿教育家福禄培尔产生了直接的和重要的影响。赫尔巴特和欧文也曾到裴斯泰洛齐创设和领导的学校参观并受其影响。"实际上，没有一位欧洲教育家能有如此多的杰出的访问者对他的学校进行访问，从他们的报告中我们可以重新勾勒裴斯泰洛齐这个人和他的工作的图景。"①德国教育家第斯多惠继承和发展了裴斯泰洛齐的教学思想，被称为"德国的裴斯泰洛齐"。

小结

裴斯泰洛齐是世界教育史上颇为引人注目的教育家，不仅是由于他的教育理论，更是由于他的教育活动和实践，给人留下了极其深刻的印象。他鞠躬尽瘁，毕生从事贫民儿童教育和国民教育事业，尤其为初等教育发展做出了重要贡献。尽管已过去约两个世纪，但是他的光辉仍照耀在他的故乡苏黎世和他从事教育活动的地方。苏黎世和布格多夫耸立着他的纪念雕像。苏黎世博物馆还珍藏着他留下的文化教育遗产——有关他的大量材料与著作。裴斯泰洛齐的教育学说从清末传入我国，至今已有一百多年，对我国的初等教育也有相当大的影响。裴斯泰洛齐献身教育与追求简化的教育方法的精神，对世界各国的教育工作者有着非常重要的激励和启示作用，正如裴斯泰洛齐在《母亲读物》所写的那样："我的方法的形式会毁灭，但是，我的方法的精神，给人以生命的精神，将会永存。"②

思考题：

1. 裴斯泰洛齐是如何理解教育适应自然原则的？
2. 试述裴斯泰洛齐的和谐教育思想。
3. 如何理解裴斯泰洛齐的爱的教育？
4. 试述裴斯泰洛齐的要素教育论。
5. 简述裴斯泰洛齐的教育心理学化主张的基本内容和教育意义。
6. 试述裴斯泰洛齐教育思想的历史影响。

参考文献：

1. 裴斯泰洛齐. 裴斯泰洛齐教育论著选. 夏之莲，等译. 北京：人民教育出版

---

① ［英］罗伯特·R. 拉斯克、詹姆斯·斯科特兰：《伟大教育家的学说》，朱镜人、单中惠译，168~169页，济南，山东教育出版社，2013。

② J. G. Compayré, *Pestalozzi and Elementary Education*，London，Harrap，1908，p. 100.

社，2001.

2. 裴斯泰洛齐 . 林哈德和葛笃德：上、下卷 . 北京编译社，译 . 北京：人民教育出版社，2005.

3. 吴式颖，任钟印 . 外国教育思想通史：第六卷 . 北京：北京师范大学出版社，2017.

4. 赵祥麟，王天一，单中惠 . 外国教育家评传：第二卷 . 上海：上海教育出版社，1992.

5. J. G. Compayré. Pestalozzi and Elementary Education. London：Harrap，1908.

第十二章　赫尔巴特的教育思想

内容提要

赫尔巴特是德国近代著名教育家，传统教育的重要代表人物。赫尔巴特努力将教育学建立在心理学和伦理学的基础之上，其教育思想对世界各国的教育理论与教育实践产生了深刻而持久的影响。本章主要围绕赫尔巴特的生平与教育思想的理论基础、道德教育论、课程体系论、教学过程论、教学阶段论、教育思想的传播与影响等方面，对赫尔巴特的教育思想进行阐述。

学习目标

1. 了解赫尔巴特的生平和重要著作。

2. 理解赫尔巴特教育思想的理论基础。

3. 重点把握赫尔巴特关于道德教育、课程体系和教学阶段的教育思想。

4. 能够全面科学评述赫尔巴特教育思想的传播和影响。

核心概念

赫尔巴特；道德观念；管理；训育；教育性教学；多方面的兴趣；教学阶段；赫尔巴特学派

约翰·弗里德里希·赫尔巴特(Johann Friedrich Herbart，1776—1841)，19 世纪德国著名教育家、心理学家和哲学家。他在裴斯泰洛齐教育思想的影响下，以心理学和伦理学为基础，从理论和实践上认真探索了"教育心理学化"问题，并对教育目的、教育管理、课程与教学、德育等进行了较先前时代更为系统的论述，试图构建一个以系统知识传授为首要任务的完整的"主知主义"(intellectualism)教育思想体系，对世界许多国家的学校教育产生了十分广泛、持久和深远的影响。在西方教育史上，赫尔巴特被誉为"科学教育学的奠基人"，成为"传统教育"的重要代表人物。

第一节　生平与教育思想的理论基础

一、生平

1776 年，赫尔巴特出生于德国小城奥尔登堡，父亲是当地一位司法官，母亲是一位医生的女儿，祖父则是中间学校的教师，后来还出任奥尔登堡一所文科中学的校长。赫尔巴特是这个家庭的独生子，在意志坚强、富有智慧的母亲的精心照料与严格要求下，赫尔巴特自幼受到良好的家庭教育，多才多艺。

1788 年秋，12 岁的赫尔巴特进入奥尔登堡一所五年制的拉丁语学校(该校后改办为文科中学)学习，其间开始对康德哲学产生浓厚兴趣。1794 年秋，赫尔巴特进入耶拿大学法律系学习。在大学时代，他深受康德、费希特和莱布尼茨哲学思想的影响。在费希特哲学的影响下，他确信教育是国家内部改革的杠杆，因而选择了教育工作作为自己的职业。

1797 年，赫尔巴特遵照母命到瑞士一个地方行政官施泰格尔(N. F. Von Steiger)家中任三个孩子的家庭教师，在近两年的教育实践中积累了一定的教育经验，这对其以后教育理论的形成产生了很大影响。其间，他结识了当时已享有盛名的裴斯泰洛齐，并于 1799 年前往瑞士布格多夫拜访了裴斯泰洛齐。他从借鉴及审视的角度研究了裴斯泰洛齐的教育理论，成为德国第一个传播裴斯泰洛齐教育思想的人。1800—1801 年，赫尔巴特主要在不来梅从事裴斯泰洛齐教育理论的研究和宣传工作，并对自己已有的教育实践经验进行了总结。

1802 年 10 月，赫尔巴特顺利获得哥廷根大学的博士学位，并通过教授备选资格答辩。此后，赫尔巴特作为私人讲师登上哥廷根大学讲台，开始了他梦寐以求的大学教学生涯，讲授教育学、哲学。1804 年晋升为教授，讲授伦理学和心理学等课程。其间，赫尔巴特侧重从伦理学角度探讨教育问题，提出了"科学教育学"的基本学说，先后撰写了《裴斯泰洛齐直观教学 ABC》(1802 年)、《裴斯泰洛齐教学方法之批评》(1804年)、《论对世界之审美描述是教育的首要工作》(1804 年)、《普通教育学》(1806 年)和《实践哲学概论》(1808 年)等著作。《普通教育学》是作者多年教学实践经验及理论探讨的总结性成果，比较集中地反映了赫尔巴特的教育思想，其出版通常被认为是科学教育学形成的标志。

1809 年拿破仑大军入侵德国，哥廷根大学停办，赫尔巴特应柯尼斯堡大学的聘请，出任该校哲学教授，主讲哲学和教育学。1833 年，赫尔巴特离开柯尼斯堡大学，再次到哥廷根大学任教，直至 1841 年去世。这一时期，大学教职为赫尔巴特提供了便利和保障，使他能安下心来清晰、严谨地思考一系列教育理论问题。赫尔巴特着重从心理学角度探讨教育问题，先后撰写了《心理学论文集》(1811 年)、《心理学教科书》(1816 年)、《科学心理学》(1824—1825 年)、《关于心理学在教育学中应用的几封信》(1831 年)等著作。在大学任教的同时，他还积极参加教师培训工作，创办、主持教育研究所及实验中学，并亲自教授数学，把从裴斯泰洛齐那里学来的小学数学教法加以发展，应用于中学教学。

借助于这一时期的工作，赫尔巴特进一步完善了自己的教育理论体系，完成了《教育学讲授纲要》(1835 年)。在《教育学讲授纲要》中，赫尔巴特重新审订了自己的教育原则，并把《普通教育学》中阐述的教育理论与其心理学理论更明确地联系在一起。

二、教育思想的理论基础

18 世纪后半期，英国工业革命的持续推进使英国资本主义生产力得到迅速发展，法国的政治革命也促进了资本主义生产的较大发展，唯有德国仍然处于分散、落后的封建君主专制状态。德国资产阶级一方面向往革命，希望在政治上和经济上有所进步；另一方面又不敢像法国那样革命，表现出政治上的软弱性和妥协性。与此同时，欧洲正值启蒙运动的顶峰时期，处处充满"叛逆精神"，赫尔巴特还深受当时康德、费希特、黑格尔、歌德、席勒、贝多芬等德国哲学家、文学家和艺术家的影响。所有这些，都必然地影响到处于欧洲资本主义发展极不平衡时期的赫尔巴特的思想和行动。从总体上看，构成赫尔巴特教育思想的理论基础主要有四个方面。

（一）社会政治观：教育改良论

赫尔巴特的社会政治观较为温和。他认为国家应该按照一定的道德规范来组织，作为政权机构，国家要保护各种人群的不同利益。但是，他主张通过社会变革而非法国式革命的方式来改变封建等级制度，并认为教育是社会变革的杠杆。

赫尔巴特高度重视教育的社会作用，指出教育可以培养德行和传递文化，从而培育尊崇和奉行道德的理性社会。他认为，比起直接改革甚至破坏性的革命，教育更有望实现国家和社会的道德进步。为此，他不希望破坏社会秩序，认为动乱不利于教育工作的顺利开展，进而影响社会的改良。他甚至把社会变革和国家改良的希望完全寄托在道德教育上。

赫尔巴特还指出，人人具有可塑性，人人都应当接受教育。他认为，每个学生不管其身份地位有何差别，都必须养成求学的习惯，使自己成为社会的有用之才。为此，无论男女老少、贵贱贫富，人人应接受平衡的多方面的教育。

（二）伦理学：五种道德观念

伦理学，即实践哲学，在赫尔巴特那里体现为五种道德观念。这是赫尔巴特教育思想中有关教育目的的重要内容，成为赫尔巴特教育思想最重要的理论基础之一。

在赫尔巴特看来，有五种道德观念调节着社会和人的道德行为，这些道德观念是维护社会秩序的永恒不变的真理。他详细阐述了这些道德观念，认为每一种道德观念都包含着权威性的知识，人们可以通过教育产生一种独立的判断，这种判断是审视各种道德观念的结果。这五种道德观念如下。

第一，"内心自由"。内心自由要求个人的愿望、倾向和情欲要摆脱外在影响的束缚，服从"理性"的判断。为此，要对善有充分的认识和足够的责任感，在欲望与理性发生矛盾时，使理性能够驾驭和克服欲望。赫尔巴特认为，内心自由的观念就是智慧、勇敢和节制的三位一体，它能够使人决定行为的方向，但还不能使人成为有道德的人。

第二，"完善"。完善要求意志在深度、广度和强度上实现最大限度的发展，从而保证对理性所指引的善的方向的坚持。

第三，"仁慈"。仁慈即"绝对的善"，要求一个人无私地为他人谋福利，使自己的意志与他人的意志互相协调，从而保持社会的稳定和生活的安定。

第四，"正义"。正义即"守法"的观念，应用于两种或数种意志发生冲突时的道德判断上，要求根据人们自愿协调所制定的守法观念（或法律条文）解决争端。

第五，"公平或报偿"。公平或报偿即善有善报、恶有恶报，这是用于处理赏罚的指导原则。

赫尔巴特强调，这五种道德观念是一个相互联系、不可偏废的整体。其中前两种用于调节个人道德行为，后三种用于调节社会道德行为。

(三)哲学思想：实在论

从中学时代起，赫尔巴特就深受康德和费希特哲学思想的影响，但他并不完全同意康德的学说，与费希特的唯心主义哲学思想体系相左更甚。他提出了很多自己首创的哲学观点。

赫尔巴特在驳斥唯心主义基础上建立了实在论。他同意康德关于"自在之物"存在的唯物主义观点，认为物质是实在的。他认为，经验能够揭示现象，而现象含蕴实在，并在同样程度上暗示存在。他驳斥了费希特关于认识的本源是"自我"的唯心主义论点，反对费希特将"心"看作一切事物构成的基础，认为经验是认识的来源，感觉是人们能把握的唯一本源事件。但是，他反对康德的先天感觉形式以及有关空间与时间具有主观性的论点，认为空间与时间具有客观性。

在赫尔巴特看来，人的认识就是通过意识来反映意识以外的实在的过程。他认为，认识的目的就是在头脑中反映所感知的事物。他指出，感知仅仅是简单的感觉，只能显示现象，但不能反映事物的本质；而认识比感知高一层，是头脑积极的加工活动，能够将事实的本质从感知中抽象出来，从而达到认识事物本质的目的。

赫尔巴特认为，经验论过于强调感知，唯理论偏重脑力自身活动在认识中的作用，二者均失之偏颇。他指出，认识活动不是随心所欲发生的，它通过经验获得材料，以概念的形式在意识中描述实在。在赫尔巴特那里，概念是对象在意识中的反映，属于纯粹的精神现象，既非对象本身，也非关于对象的感受。他还认为：概念并非天生，而是从纯粹的感知出发、从经验中产生、从历史的人类普遍思维中发展而来的；思维是各种感受的抽象，在概念领域中进行；认识就是在意识中依靠概念系统表达实在。

从总体上看，赫尔巴特的哲学思想具有较明显的唯物主义倾向。但是，他的唯物主义并不彻底。他相信上帝的存在，认为自然运动与力的体系是上帝推动的，因此怀疑人的认识的可靠性，并否认实践可以检验人的认识的真理性，认为只有科学才能证明某种认识的正确性，却没有认识到科学的发展具有历史局限性。此外，他还认为实在是不变的，只承认事物现象上的变化，而否认质的变化，从而又陷入了形而上学。

（四）心理学：主知主义观念论

裴斯泰洛齐是世界教育史上首次提出"教育心理学化"主张的人，但他并未将这一主张上升到理论高度。受裴斯泰洛齐的影响，赫尔巴特认识到心理学对教育的重要作用，宣称心理学是一门科学，主张把心理学从哲学和生理学中分离出来，使用特殊的方法研究自己特定的对象，从而成为一门独立的科学。他毕生致力于将教育学建立在心理学基础之上。

从实在论出发，赫尔巴特认为，人的心灵是一种不变的实在，并可以脱离肉体而独立存在。而人则是由心灵与肉体两部分结合而成的，这种结合必然要使心灵与组成肉体的各种物质建立联系，从而获得各种感觉，并进而和其他物体建立联系，形成能够自我保存的观念，造成各种不同的心理属性、不同的气质和不同的性格。心灵通过肉体接受着许多感觉，并和其他物体建立联系，从而创造出自我保存的观念。赫尔巴特确认这种观念是人的心理活动的最简单、最基本的要素，是人的全部心理活动的基础。他认为人的全部心理活动其实就是各种观念的出现、活动、集聚、分散、增强与减弱，即人的心理活动只是观念的活动而已。赫尔巴特主张，心理学就是研究观念的科学，主要研究观念的出现、结合和消失。他把教学中向学生提供的一切知识都称为观念。

赫尔巴特认为，观念时刻处于活动状态。为了使心理学成为一门精密的科学，他还提出心理学是观念的"静力学和动力学"，必须而且可以运用数学方法加以研究。根据他的动力学观点，他认为观念在不同时间有强弱的差异，彼此互相吸引或排斥。但是，因为性质不同，观念不会因相互抑制而完全消失，只是在强弱上有所变化。

在阐述有关观念的观点时，赫尔巴特重视并发展了两个重要的概念，即"意识阈"（conscious threshold）和"统觉"（apperception）。

赫尔巴特认为，人的意识中集聚着无数的观念，而观念又是能动的，从完全受抑制的状态到完全自由的状态，这两种状态之间存在一道界限，称作"意识阈"。因力量和强度较小而受抑制并沉降于"意识阈"以下的观念被称为"下意识"或"无意识"，而存在于"意识阈"之上的观念被称为"意识"。意识和下意识是可以互相转化的。赫尔巴特运用有关"意识阈"理论解释了很多心理现象。例如，遗忘，即一些观念被另一些力量较强的观念排挤出去，抑制在意识阈之下；回忆，与遗忘相反，是原已被排挤出去的观念受到某些观念的吸引，重新呈现在意识阈之上。

"统觉"曾被莱布尼茨和康德使用，赫尔巴特则赋予"统觉"特定的含义，并成为他用以阐明教学过程所依据的一个最基本的心理学原理。赫尔巴特认为，在新观念进入人的意识之前，必须首先在意识的观念的统一整体内占有位置，这一过程是通过旧观念同化、吸收新观念来完成的，这一过程就被称为"统觉"，而经过统觉所形成的观念体系被称作"统觉团"（apperception mass）。赫尔巴特认为，进入意识的任何观念都可引起统觉。他还认为，从观念活动来说，相同或相似的观念容易互相联合而进入意识的领域。"统觉"在赫尔巴特的心理学中占有重要地位，他认为能否促进统觉的进行关系到教学的成败。因此，教师应善于利用可以激发学生促成观念联合的知识，使新知识与学生头脑中已有的知识更容易、更紧密地结合起来。新旧观念联合得越多、范围越大，学生掌握的知识就越广、越容易被理解，也就越牢固。也就是说，教师在教学中要为旧观念的再现创造更多的机会，促使新观念能够更好地被统觉团所同化。

赫尔巴特将注意、兴趣与统觉联系起来。他认为，注意和兴趣是两个有着内在联系的心理学概念。注意指的是观念的一种活动，它能够使现有观念增值。注意分两种，即有意注意和无意注意。有意注意是指具有预定目的并围绕此目的而进行努力的注意，无意注意则反之。无意注意又可分为原始注意和统觉注意，前者由直观感觉（如对客体色彩的感觉）的强度决定，后者由旧观念和新观念相联合的程度决定。兴趣指的是学生心理、观念的积极广泛的运动，以及其对所学事物产生的有高度吸引力和高度注意力的内部心理状态。在某种程度上，兴趣包括注意，其内涵比注意丰富。

赫尔巴特从心理学上将兴趣划分为认识和情感两类。认识类兴趣包括观察、认识自然界及周围环境个别现象的经验的兴趣，对事物进行思考的思辨的兴趣，对现象的善恶美丑进行艺术评价的审美的兴趣。情感类兴趣包括与一定范围内的人接触的同情的兴趣，与较广泛的人接触的社会的兴趣，重视所信奉教派的宗教的兴趣。赫尔巴特认为这六种兴趣构成了心灵接受观念的自身形式。在兴趣状态下，人可产生专心和审思两种心理活动。专心在前，审思在后，二者交替进行。通过审思，那些被专心活动所接受的新观念与儿童已有的观念调和起来，从而保证了儿童意识的统一性。

赫尔巴特的心理学理论摧毁了长久以来占统治地位的官能心理学，其实质是以通过感觉所形成的观念为心理生活的本源，并且用观念的运动来解释各种心理现象，将传授知识作为教学的核心任务。因此，赫尔巴特的心理学常被称作"主知主义的观念心理学"。赫尔巴特还主张对心理现象做定量分析，是第一个尝试用数学运算方式来论证观念运动的人，为实验心理学的形成开辟了道路。但是，赫尔巴特并未把握人的各种心理特点，他离开社会实践，脱离外部客观现实和人的生理基础，把复杂多样的心理活动简单归结为观念的呆板的组合，无法揭示人的全部心理现象的客观规律。他的定量分析也显得较为机械。

总之，赫尔巴特在教育改良论的社会政治观的指导下，从教育的作用角度强调了教育对于改良国家和社会的积极意义。他一生致力于将教育学建立在实践哲学和心理学的基础之上，并坚信自己建立了"科学教育学"。他说："教育学作为一种科学，是以实践哲学和心理学为基础的。前者说明教育的目的；后者说明教育的途径、手段与障碍。"[①]

---

① ［德］赫尔巴特：《教育学讲授纲要》，李其龙译，3页，北京，人民教育出版社，2015。

第二节 道德教育论

赫尔巴特的道德教育论囊括了管理、教学、训育等一系列教育基本问题。

一、教育的目的

赫尔巴特认为:"我们可以将教育惟一的任务和全部的任务概括为这样一个概念:道德。""道德,普遍地被认为是人类的最高目标,因此也是教育的最高目标。"[①]这种以培养道德为主要目标的教育,体现的是在政治上社会对人提出的要求,赫尔巴特称之为"道德的目的"或"必要的目的"。他指出,这种道德教育的主要目标,不是发展某种外在的行动模式,而是在儿童心中培养明辨是非的观念以及相应的意志力。"使绝对明确、绝对纯洁的正义与善的观念成为意志的真正对象,以使性格内在的、真正的成分——个性的核心——按照这些观念来决定性格本身,放弃其他所有的意向,这就是德育的目标,而不是其他。"[②]也就是说,教育要培养安分守己,既不怀疑现存社会秩序,又能遵守并服从既定法规的人。在赫尔巴特看来,道德教育要以五种道德观念为基础,即"内心自由""完善""仁慈""正义""公平或报偿"。他认为,具有这些完善道德观念的人,是"能将世界导之于正轨"的人。

除了道德的目的这个教育的最高目的外,赫尔巴特还从人才培养的规格出发,提出了教育的"可能的目的"或"直接的目的",即培养儿童多方面的兴趣,从而为儿童未来的发展和就业做准备。因此,赫尔巴特的教育目的是典型的双重教育目的。

在赫尔巴特的教育学体系中,管理、教学和训育是三个重要的组成部分,与道德的目的这个最高目的都有联系。其中,管理是外在的、强制的,强调行为的后果,为教学和训育的顺利进行奠定必要的基础;教学对道德教育来说是一种间接的途径;训育以管理与教学为前提,具有陶冶性,持续不断地、慢慢地渗透道德教育。在培养人的道德的过程中,三者需互相补充、互相成就。

二、管理

按照赫尔巴特的解释,管理发生在教学之前,目标体现在多方面,但主要是为了使儿童形成一种遵守秩序的精神,从而为顺利进行教学和训育创造必要的条件。因为在赫尔巴特看来,人性本恶,儿童生来具有不驯服的烈性,拥有盲目冲动的种子,如果对此不加以有效约束,则不仅学业难成,而且在将来甚至有可能对社会不利。换句话说,管理即教育者为了克服或约束儿童的"烈性"和"冲动"所必须采取的措施。当儿童处于幼儿阶段时,管理尤为必要,在其他年龄阶段也需要采用必要的管理手段。

赫尔巴特提出了多种管理的方法和措施,主要包括以下内容。

第一,作业。赫尔巴特认为作业是一切管理的基础,目的是通过组织儿童游戏,

---

① 李其龙:《赫尔巴特文集》教育学卷二,177 页,杭州,浙江教育出版社,2002。

② [德]赫尔巴特:《普通教育学》,李其龙译,32~33 页,北京,人民教育出版社,2015。

或给儿童讲故事等活动，使儿童有事做，从而没有空闲时间做蠢事。

第二，惩罚性威胁。即以惩罚威胁儿童，不许他们随心所欲、乱说乱动。赫尔巴特认为，惩罚性威胁是必要的，往往能收到良好的效果。但赫尔巴特同时指出，惩罚性威胁不可滥用，并且必须与其他方法结合进行。

第三，监督。即对儿童加以严密监视、督促。这是为了防止儿童做出越轨行为而采取的一种消极防范措施。赫尔巴特认为，监督是儿童管理的一种不可缺少的手段。但是，监督一定要适当，否则会带来危险。比如，监督过严不仅对教育者和被教育者而言是一种负担，而且还不利于儿童身心健康发展，妨碍儿童自我控制能力和创造能力的形成，压制儿童的果敢精神和自信行为。

第四，权威与爱。赫尔巴特认为，权威与爱能防止或克服由威胁、监督造成的消极后果的出现，是管理的一种有效辅助手段。他说："心智服从权威，权威能约束其超出常规的活动，因此非常有助于扑灭一种倾向于正在形成的邪恶的意志。"[①]特别是对那些天性活泼的儿童来说，权威是最不可缺少的。"爱"指的是一种情感的交流与和谐。赫尔巴特认为，权威与爱比任何严厉手段更能保证管理的效果，但权威与爱并非可以随意获得。权威必须建立在优越的智慧、知识、体魄和外表举止的基础上，爱也必须与和善、严格相结合。

第五，命令、禁止和惩罚。这些都是严厉的管理措施。赫尔巴特认为，在教育者具有充分理由，且上述方法效果不佳的情况下，可以采用命令、禁止、惩罚甚至体罚的手段，让儿童毫无异议地服从。在采用命令、禁止和惩罚手段时，应向儿童做出解释，注意将服从和儿童本人的意志结合起来。赫尔巴特认为可以采取的惩罚措施有：批评、警告、罚站、禁止吃食物、关禁闭以及体罚（如用戒尺打手）等。

由于性恶论是赫尔巴特管理论的出发点，因此从总体上看，赫尔巴特的管理论有过分强调采用压制手段和权威途径的倾向；但赫尔巴特也强调爱和情感的力量，并主张对儿童实施管理时要谨慎采用消极措施，要求教育者努力将儿童服从同儿童本人的意志结合起来。为了对儿童实行有效的管理，赫尔巴特还提出要加强学校与家庭、教师与父母之间的合作。

三、教育性教学原则

赫尔巴特继承和发展了前人有关教学应具有教育性的观点，重视教学对教育的作用。他在西方教育史上第一次明确提出教育性教学原则，并从心理学上论证了这一原则。教育性教学反映了教学客观规律，是对教学理论发展的一个贡献。

教育性教学是指：没有任何无教学的教育，也没有任何无教育的教学，教学是实施教育的基本手段。由于道德的目的是教育的最高目的，因此，教学如果没有进行道德教育，就只是一种没有目的的手段；道德教育如果没有教学，就只是一种失去手段的目的。他甚至认为，教学的最高的、最后的目的和教育的最高目的一样，都是培养德行。如此，赫尔巴特将道德教育与学科知识教学统一在同一个教学过程中。

---

① ［德］赫尔巴特：《普通教育学》，李其龙译，20页，北京，人民教育出版社，2015。

教育性教学要求学校教育一方面通过情感和意志的训练，对学生进行道德品质的培养，另一方面在所有的教学活动中通过知识传授对学生进行智慧的启发，其中包含道德教育的成分。具体到教师个人，要求教师在组织教学的过程中要有一定的教育目的，要求在知识教育的基础上培养学生的思想品德。反过来，德行的培养也有利于学生的智力发展，因为与其他教学相比较，教育性教学将更容易和更可靠地呈现教学内容，使之更有利于学生的智力活动。

赫尔巴特从他的观念心理学出发解释了教育性教学原则。他认为，教学就是向儿童提供适当的观念，并促使这些观念以一定的方式联结起来。观念的获得在教学上也就是知识的掌握，教学的过程就是统觉的过程。欲望、情感、意志都是一种观念的积累和贮存，即知识的掌握的结果。良好的道德离不开坚定的以知识、能力为依据的意志和信念。也就是说，人的一切心理现象，包括情感和意志等，都以"知"为基础，由观念的相互作用而产生。无知就无法成善。因此，教师应该把培养学生的道德品质建立在知识掌握的基础上。

教育性教学原则阐述了教育与教学的关系，在教育思想发展史上具有非常积极的意义。但是，仅把教育看作目的、把教学视作手段则过于简单，有时，教学也是目的，教育也可能成为手段。

四、训育

训育或称训练，是教育的主要部分，目的是培养"性格的道德力量"。在赫尔巴特看来，道德性格可以分为主观的和客观的两部分，二者缺一不可。赫尔巴特认为，只有将主观的和客观的道德性格结合起来，才能形成良好的道德性格，而训育的过程恰恰就是这种结合的过程。训育可以成为严厉的管理与气氛紧张的教学之间的过渡，可以同管理与教学结合起来进行。

赫尔巴特认为，按照作用区分，训育可以分为"维持的训育"、"决定的训育"、"调节的训育"、"抑制的训育"、"道德的训育"和"提醒的训育"六种。

"维持的训育"即通过训育维持学生自己的想法，从而巩固管理的成果，特别是巩固儿童服从的意愿。

"决定的训育"即通过训育引导学生做出某种选择，从而增强儿童决定自己行为的能力，使他们能够对自己应忍受什么、占有什么、进行什么等问题做出正确的决定。

"调节的训育"即通过训育引导和说服儿童，使他们能够剖析自己的内心世界，从中找到自己行为的根源，最终在行为中保持一贯性。

"抑制的训育"即通过训育使儿童克制狂热的冲动，保持情绪的平静与头脑的清晰，培养正确的判断力。

"道德的训育"即在上述四种训育的基础上向儿童说明真理，促使他们通过模仿高尚行为等方式，确立道德观念。

"提醒的训育"即在儿童下定道德决心时，及时提醒儿童纠正失误。

赫尔巴特将训育的方法分为"激发"与"抑制"两大类，前者包括感染、赞许、奖励等，后者包括压制、责备、惩罚等。有些措施与管理相同，但运用中却存在区别。管理主要着眼于当前的作用，而训育注意儿童的未来。从总体上讲，"陶冶"是训育的原则，也是训育的最大特点。训育中即便采用压制、责备与惩罚等消极的方法，也旨在使儿童吸取教训，而不是如管理中要求学生服从外来的约束。与管理的急促而强烈的风格不同，训育应该是延续不断、慢慢渗透并逐渐停止的，要使人感觉到是一种陶冶。

训育要求教育者除不得已时采用抑制的方法外，更多的应该采用激发的方法。赫尔巴特尤其强调赞许的效用，认为"通过应得的赞许给儿童以快乐，这是训育的出色的艺术"①。但他也提醒教育者要善于把握赞许运用的尺度，在应用赞许时要使学生感到失去赞许的危险，在内心感到受责备的压力。必要时，也可单纯运用责备。在教育者使用不愉快的艺术实施训育时，赫尔巴特都要求教育者必须"自始至终用温和的感情来控制它，同时使人原谅它，使它得到宽容；而且只是为了克服学生的傲慢顽固时才应用它"②。此外，赫尔巴特还指出教育者可通过具有充分影响力的感情气氛、人格、各种行为和思维方式的结果等来感染儿童。

赫尔巴特还从心理学的角度强调，塑造儿童性格是一个促使美学判断形成道德判断、性格成为道德性格的过程。一旦儿童的见解和道德原则达到可以信任的程度，训育就可以停止，而让位于自我教育。

第三节 课程体系论

赫尔巴特认为，人类的发展经历一个从感觉到理性的过程。在早期，感觉在人的认识中起主导作用，以后想象力逐渐发展起来，最后理性得到发展。儿童的个体发展经历相同的发展历程。因此，他要求教学内容和课程的安排应该遵循这一规律。赫尔巴特把人的发展划分为婴儿期、幼儿期、童年期、青年期四个阶段，分别施以不同的教育内容。婴儿期以感官训练为主，学习语言；幼儿期以发展想象力为主，学习读、写、算等，并注意培养良好的道德观念；童年期和青年期教授与理性思维有关的内容，如数学、历史、诗歌、自然科学等，并养成道德判断能力。赫尔巴特的课程体系论是针对童年期和青年期的教学内容而言的，更多地体现在中等教育阶段。

培养多方面的兴趣关系到人才培养规格的问题，在赫尔巴特的教育思想中属于教育"可能的目的"或"直接的目的"，是教学的基础。他认为，兴趣虽然是多方面的，但又是统一于一种意识的。他还指出，兴趣是观念的积极活动状态，因此，对兴趣的培养有利于学生的有效学习。他把教学的过程看作学生兴趣的产生和发展的过程。在赫尔巴特看来，多方面的兴趣是获得广泛而完善的观念的强大动力，人的兴趣涉及的方面越多样，接受的新知识、形成的新观念就越丰富。

① ［德］赫尔巴特：《普通教育学》，李其龙译，140页，北京，人民教育出版社，2015。
② ［德］赫尔巴特：《普通教育学》，李其龙译，141页，北京，人民教育出版社，2015。

如前所述，赫尔巴特将兴趣分为两大类六种。他认为，要在教学中培养多方面的兴趣，可以通过设置与这些兴趣相应的广泛的课程来实现。为此，赫尔巴特拟订了相应的课程体系。

经验的兴趣——有关是什么的知识，如自然(博物)、物理、化学、地理等。

思辨的兴趣——有关为什么的知识，如数学、逻辑、文法、自然哲学等。

审美的兴趣——有关艺术评价的知识，如文学、音乐、绘画、雕刻等。

同情的兴趣——有关人类事务的知识，如古典语、现代外语、本国语等。

社会的兴趣——有关民族和社会的知识，如历史、政治、法律等。

宗教的兴趣——有关人与上帝关系的知识，如神学等。

赫尔巴特又把上述课程归纳为三类：属于经验的和思辨的兴趣的课程为科学课程；属于审美的、同情的和社会的兴趣的课程为历史课程；属于宗教的兴趣的课程为宗教课程。

赫尔巴特认为，仅仅从各种兴趣出发编制相对应的广泛的课程是不够的。他认为，课程体系的设计不仅要满足多方面兴趣的发展，而且要努力使多方面的兴趣构成一个匀称的统一整体，即多方面的兴趣必须是和谐的、比例适合的、平衡的，从而避免各兴趣间相互对立和彼此冲突情况的发生，防止学生片面发展，使学生获得范围广泛却联系密切的系统知识。

在西方教育思想史上，赫尔巴特第一次在兴趣的基础上拟订了内容广泛、结构严谨的课程体系。该课程体系既包括传统的古典人文学科，也吸纳了新兴的近代自然科学学科，奠定了近现代普通教育课程体系的基础，较先前的课程体系无疑是进步的。但其中仍存在重视人文学科的倾向，对宗教教育也比较重视，反映了时代的特点和限制。

第四节　教学过程论与教学阶段论

赫尔巴特的教学理论对后世的教学实践产生了极大的影响，其教学理论主要包括教学过程论与教学阶段论。

一、教学过程论

为确保课程教学的有序高效实施，赫尔巴特还提出了基于教学方法的教学过程论，即包括单纯提示的教学、分析教学和综合教学(方法)的教学过程论。

教学过程对应于一个完整的统觉过程：单纯提示的教学对应于统觉过程中的"感觉经验获得"，分析教学对应于统觉过程中的"分析与综合"，综合教学对应于统觉过程的"概念形成"。

单纯提示的教学，即传统的直观教学。按照统觉理论，统觉过程的第一个环节，即感官接触外部事物形成表象——感觉必须具有一定的强度和频率，才可能引发意识中或意识阈之下的类似观念的活动。单纯提示的教学，即要增强所传授知识的强度和频率，加大其引发观念活动的动力。欲实现增强单纯提示的教学的动力，需要把新知识教学建立在学生已有知识和经验的基础之上，实现对学生已有知识和经验的再现、模仿、复制和扩充。单纯提示的教学的目的在于，通过感官的运用，使学生首先获得与其经验相类似的感觉表象，进而为观念的联合做好充分准备。

分析教学的任务在于对感觉到的多种事物进行分析，结合已有观念，探究多种事物之间的异同及其内在联系。

综合教学的任务在于实现经由单纯提示的教学所获得的"表象"和经由分析教学所获得的"表象的区分"的联合，形成新的知识和观念（概念），完成阶段性教学的任务。

二、教学阶段论

在教学的过程中，教师提示或讲授新教材，学生在已有经验的基础上努力学习新教材、形成新观念。这个过程就是一个观念频繁活动的过程，是一个不断发生统觉的过程。兴趣作为统觉发生的基本条件，也是智力活动的前提，经历着注意、期待、探究、行动四个阶段。在兴趣状态下，教学中儿童的学习过程包含两种思维活动，即专心与审思。专心是指集中于某一主题或对象而排斥其他主题或对象的思维活动；审思是指追忆和同化由专心所获得的知识内容的思维活动。赫尔巴特认为，观念的获得是逐个地获取单个观念的专心过程与交替同化这些单个观念形成观念体系的审思过程。

赫尔巴特强调，良好的教育必须把多方面的兴趣和引起学生的注意结合起来。在教学中，有意注意和无意注意都重要。有意注意依赖教师的引导或学生本人的努力。对教师而言，更要注意发展学生的无意注意，这是教学的艺术问题。对学生而言，则更应注意发展自己的有意注意。因为学生所需学习和记忆的事物并不总是有趣的，因此，需要借助有意注意来提高学习的效率。

正是依据观念活动和兴趣所经历的四个阶段，赫尔巴特提出了著名的教学阶段论，把教学过程划分为明了、联合、系统、方法四个连续的阶段，在每一阶段对教师的"教"和学生的"学"都做出了明确而具体的规定和要求，使得各个教学环节与各种必要的心理活动巧妙地、有机地配合起来，形成一个严密的教学过程。赫尔巴特认为，一切教学活动都可分为如下四个阶段。

第一，明了，即清楚、明确地感知新教材。在本阶段，学生思维处于静态的"专心"状态，兴趣所处的阶段为注意。教师要以学生已有经验为基础，运用直观教具和讲解的方法，对新材料进行明确的提示，使学生获得清晰的表象，进一步丰富经验；学生应尽可能保持较高的学习兴趣，把注意力集中到新教材的讲述和新知识的分析上，仔细学习每一个环节，直到正确地理解每个对象为止。

第二，联合，即在已有经验的基础上形成新的知识和经验。在本阶段，学生思维处于动态的"专心"状态，兴趣所处的阶段为期待。经过明了阶段，学生的观念被唤起并得以丰富，但此时观念并未获得联合，新知识和新经验未能产生。因此，在联合阶段，教学中要建立新旧观念的联系，使新的教材和学生已有的知识产生联系，在新旧观念的联系中继续深入学习新教材。教师应与学生进行无拘无束的自由交谈，帮助学生实现新旧知识和经验的结合。学生要深入思考，将上一阶段所获得的知识与已有知识、经验联系起来，形成新的知识和经验。

第三，系统，即各种新旧观念进行更大范围的联合，形成系统性的知识和经验。在本阶段，学生思维处于静态的"审思"状态，兴趣所处的阶段为探究。经过联合阶段，学生的新旧观念、新旧知识已经产生了联系，但还不够系统化。在本阶段，教师应采用谈话指导等综合教学方法，通过对教材的深入思考和理解，尤其是对新旧知识加以联系，使学生头脑中形成并产出各种概念、定义、原则、规则等系统性的知识和经验。学生应在教师的指导下，在新旧观念联系的基础上进行深入的思考和理解，并寻求结论、规律。

第四，方法，即通过一定形式的实际练习，使观念体系不断形成、不断充实和不断完善。在本阶段，学生思维处于动态的"审思"状态，兴趣所处的阶段为行动。赫尔巴特认为，经过系统阶段后，观念体系并未完全形成，还需不断地加以充实和完善。在这个阶段，教师可采用练习法，指导学生通过练习、作业等方式将所领会的知识应用于实际，并发展逻辑思维。学生通过练习、作业等，将系统化的知识加以运用，使之变得更为牢固、运用得更为熟练。

综合上述内容，赫尔巴特教学阶段论中存在几组重要的基本关系，它们发展的各个阶段基本上相互对应，如下所示。

教学阶段：明了—联合—系统—方法。

统觉过程：感知—联合—形成—强化。

思维状态：静态—动态—静态—动态。

兴趣阶段：注意—期待—探究—行动。

教学方法：叙述—分析—综合—应用。

教学阶段论是赫尔巴特将心理学运用于教学理论的直接、具体的体现。它细致地考虑到了学生学习时的心理状态，揭示了学生在教学过程中认识事物的某些客观规律。它将教学过程做了阶段性的划分，尤其适合教师教授及学生学习较为复杂的原理或法则，还可以训练学生推理判断和分析综合的思考能力，养成学生系统的思维习惯。在多数情况下，它是课堂教学中一种有效的教学程序。教学阶段论对进一步认识教学过程、推动教学理论的发展起了积极作用。

赫尔巴特的教学阶段论并非固定不变，赫尔巴特曾告诫过教育工作者，不要把某一种教学方法绝对化，而应博采众长，结合具体情况加以运用。如果盲目照搬，必定会使本该生动、丰富多样的教学活动变成刻板的公式，扼杀教师的独创性，有时也很难达到最佳效果。此外，赫尔巴特的教学阶段论似更适用于班级授课制形式下传授系统书本知识、教师按照逻辑加以编排的教学，但不适用于教授浅易知识及技能的教学，更不适合于学生主动地学。因为赫尔巴特强调，在教学中，教师必须尽力"注意使学生产生一种与教学相合拍的心理状态"[1]，并且"学生对教师须保持一种被动的状

---

① [德]赫尔巴特：《教育学讲授纲要》，李其龙译，20 页，北京，人民教育出版社，2015。

态"①。因此，虽然赫尔巴特也重视教学中儿童的兴趣及心理特点，他的教学思想也是以此为基础的，但这种重视是服从于以教师为中心的系统知识的传授这一前提的。也就是说，赫尔巴特的教育学研究的重点是如何让教师更有成效地教，而不是让学生如何更主动地从经验中学习。也正是如此，赫尔巴特的教育学被称作"教师教育学"，以教师、课堂教学、教材为中心，被视为传统教育"三中心"的代表。

第五节　赫尔巴特教育思想的传播与影响

赫尔巴特的教育思想在他生前只在有限的学术圈内流传，没有立即赢得人们的充分重视。他本人也没有获得应有的声誉，甚至在他去世后的 20 年里，他的教育思想也很少被人注意。其中的原因主要有三个：第一，赫尔巴特既不是政治活动家，也不是社会活动家，只是终身从事大学教育和规模不大的教育实验活动的教授；第二，当时的德国政治生活闭塞，社会思想保守，人们对教育学的兴趣远远不及对神学、语言学和法学等学科的兴趣；第三，赫尔巴特教育思想体系庞大、内容深奥且概念表述较为晦涩，一般教师不容易理解，因此也很难运用于教育实践。

一、德国赫尔巴特学派运动的兴起

随着时代的发展，欧洲资产阶级革命的胜利极大地推动了生产力的迅猛发展，机器大工业生产的推广也迫切要求教育部门培养大批有文化、懂技术的劳动者。在这种背景下，欧洲各国中小学教育发展迅猛，如何在较短的时间内对中小学教师进行必要的教学技能培训，成为当时各国亟待解决的教育实践问题。德国的情况也是如此。19世纪 60 年代以后，德国资本主义经济发展迅速，尤其是 70 年代普法战争之后，德国迫切需要大力发展中小学教育。在这种情况下，赫尔巴特的教育思想逐渐受到人们的重视。当时不少教育家发现了赫尔巴特教育思想的独特优势。首先，赫尔巴特将教育学建立在伦理学和心理学的基础上，前者决定教育的目的，后者决定教育的内容和方法。如此，教育学成为一门独立且完整的学科。其次，教学阶段论简单明了，便于普通教师掌握和操作，有利于提高教学质量。最后，赫尔巴特提出的一整套管理和教育学生的方法，便于学生品德的培养和学校对学生管理的加强。此外，赫尔巴特毕竟在大学里从事哲学、心理学和教育学的研究和教学 40 余年，著述丰厚，直接或间接地接受赫尔巴特学说影响的学生很多。

正是在上述特定的时代背景下，从 19 世纪 70 年代起，德国、美国、英国等许多赫尔巴特的门徒，纷纷致力于宣传、推广、实施和发展赫尔巴特的教育思想，形成了声势浩大的赫尔巴特学派运动。赫尔巴特学派的主要代表人物包括德国的齐勒尔（Tuiskon Ziller，1817—1882）、斯托伊（Karl Volkmar Stoy，1815—1885）和莱因，以及美国的德加谟和麦克默里兄弟等。他们研究赫尔巴特的教育著作，宣传赫尔巴特的

① ［德］赫尔巴特：《普通教育学》，李其龙译，133 页，北京，人民教育出版社，2015。

教育思想，丰富和发展赫尔巴特的教育理论。在他们的努力下，赫尔巴特的教育思想更为通俗化、简明化与具体化，在世界范围内广为传播。最终，赫尔巴特的教育思想被奉为教育理论的权威，影响了德国乃至全世界的教育事业，为近代教育科学的形成和发展开辟了道路。

齐勒尔首先在德国发起"赫尔巴特学派运动"。他于1865年发表《教育性教学原理的基础》，用通俗简洁的语言系统地介绍了赫尔巴特的教育理论，并说明了如何应用它来解决教育教学工作中的实际问题。该书的出版发行使得赫尔巴特及其教育思想名闻天下，赫尔巴特的教育思想开始在德国和欧洲其他国家广泛传播开来。1869年，齐勒尔组织并领导了"科学教育学会"，科学教育学会的工作使得赫尔巴特的教育思想在德国教育领域赢得统治地位。齐勒尔在继承和宣传赫尔巴特教育思想的同时，也对其进行了修正和补充。比如，齐勒尔在实践中认识到赫尔巴特"四段教学法"论述得还不够确切，也不容易在教学中普遍推广，在经过长期研究后，他将"四段教学法"发展为"五段教学法"，即将原来的"明了"阶段分拆为"分析"和"综合"两个阶段，其他基本保持不变。"分析"，即教师在上课前要引导学生对所学新教材进行必要的分析，引导学生做好上课的准备。也就是说，教师要运用直观教具或讲解的方法，就所学的新教材对学生进行明确的提示，激发学生在新的情景下学好新教材的兴趣。"综合"，即教师在前一阶段"分析"的基础上，引导学生思考如何对教师所讲的新教材进行必要的综合，把新知识尽可能地吸收到已有观念体系中去。

莱因是齐勒尔的学生，他在耶拿大学成功组织了研究赫尔巴特教育思想的习明纳，使得耶拿大学成为研究赫尔巴特教育思想的国际性中心，使赫尔巴特教育思想在全世界得到了迅速传播。他还先后撰写了《关于小学教学的理论和实践》《教育学纲要》《系统教育学》等著作，建立起一个更加完整的教育科学体系，使赫尔巴特的教育理论更加完整和系统，并使其通俗化和简明化。尤其值得一提的是，莱因在反复研究赫尔巴特和齐勒尔教学阶段理论后认为，无论赫尔巴特的四段教学法，还是经齐勒尔修正过的五段教学法，在理论论证上都显得过于抽象烦琐，难以被一般教师所理解，因此不容易被一般教师在教学实践中轻松地运用。经过长期实验，他创立了自己的"五段教学法"，即预备、提示、比较、概括和应用。莱因创立的"五段教学法"，为19世纪后期和20世纪初期世界各国推行赫尔巴特学派的教学理论提供了基本模式。它既系统又实用，易为教师所理解和接受，且便于操作，因而受到了各国中小学教师的普遍欢迎，很快在德国及世界各国学校中广泛地传播开来，极大地影响了许多国家教学改革的发展。

二、赫尔巴特教育思想在美国的传播

19世纪末20世纪初，美国跃居世界头号工业强国之位，生产力的迅猛发展对教育提出了新的人才培养要求。当时公立学校运动迅速发展，在提高师资培养质量、改进教师教学方法、编写出具有美国特色的中小学教材等方面，都迫切需要获得科学的教育理论的指导。这就促使美国教育理论界向德国赫尔巴特学派学习，并将赫尔巴特学派运动的中心由德国移到美国。曾留学耶拿大学的美国学者德加谟在1889年和

1895 年分别出版了《方法的基础》和《赫尔巴特和赫尔巴特主义者》，麦克默里兄弟在 1892 年出版了《一般方法要素》。这些著作成为当时美国各州师范院校学生的教科书，在美国教育界产生了极大影响。1892 年，在德加谟及麦克默里兄弟的推动下，美国成立了"赫尔巴特俱乐部"。该俱乐部在 1895 年扩大为"全国赫尔巴特教育科学研究会"，简称"全国赫尔巴特学会"，旨在研究并推广赫尔巴特的教育学说。美国教育家杜威当时也是该协会的成员。在杜威等人的倡导下，该协会于 1902 年更名为"全国教育科学研究会"，是 1910 年成立的"全国教育研究会"的前身。在德加谟和麦克默里兄弟等人的努力下，赫尔巴特学派的教育理论在美国备受推崇，对美国的学校教育产生了较大影响。

三、赫尔巴特教育思想在其他国家和地区的传播和影响

在英国，赫尔巴特及其学派的教育思想首先也是通过曾留学德国耶拿大学的学者传播的，他们将曼彻斯特大学建设为在英国传播赫尔巴特及其学派的教育思想的中心。他们纷纷著书立说，四处游说，对赫尔巴特及其学派教育理论的研究和推广做出了重要贡献，使得赫尔巴特学说在英国备受尊崇。

由于赫尔巴特的教育学说，尤其是道德教育论，与日本明治维新后大兴科学的要求存在一致性，且又具有近代哲学的新意，因此到 19 世纪末叶，赫尔巴特的教育学说在日本大为盛行。日本学者争先恐后地翻译出版赫尔巴特和赫尔巴特学派的教育著作，并根据赫尔巴特学派的观点编写日本的教育学著作。学校教师们也对赫尔巴特的教学论，特别是赫尔巴特学派的五段教学法非常推崇，认为这种教学法注重儿童的心理活动，比传统的"漏斗式"灌注教学要生动活泼得多，且操作简便。后来，赫尔巴特学派的五段教学法在日本得到广泛而持久的推广和应用，对当时日本中小学教育的发展和教育质量的提高起了很大作用。

20 世纪初，赫尔巴特的教育学说从日本传入中国，对当时中国废科举、兴学堂的教育改革产生了一定的推动作用，对当时我国教育理论的发展尤其是对教学论影响较大。在实践中，五段教学法能够解决当时大兴学堂中的实际问题，因此受到广大教育工作者的欢迎，很快在中小学教育界得以广泛运用。20 世纪 20 年代以后，受到杜威实用主义教育理论的冲击，赫尔巴特教育思想在中国的影响有所削弱，但赫尔巴特学派的教育理论，特别是五段教学法，仍长期在教育实践中发挥着作用。

赫尔巴特学派运动促进了教育科学知识在世界各国的广泛传播和普及，促进了各国师范教育的迅猛发展，提高了教师的素质，促进了中小学教学质量的提高。从世界范围看，19 世纪 70 年代以后直至第一次世界大战，赫尔巴特及其学派的教育思想先后在世界许多国家的学校教育改革实践中发挥过支配作用。但是，赫尔巴特学派运动在发展过程中，也暴露出许多弊端。例如，认为五段教学法可普遍应用于任何学科，从而导致了教学过程中形式主义和教条主义的泛滥；虽然提出教学中要重视学生的兴趣，但更注重以教师为中心，因此不利于学生积极性的发挥，不利于学生能力的培养。20 世纪 20 年代以后，随着杜威实用主义教育理论的兴起，赫尔巴特学派运动趋于衰落，但仍对各国教育科学的发展发挥着积极的推动作用。20 世纪 30 年代，美国

甚至兴起新赫尔巴特学派。20世纪40年代问世的苏联凯洛夫的教育学中,也存有赫尔巴特教育思想体系的印记。

小结

赫尔巴特是近代教育科学的开拓者,是近代教育心理学化最重要的代表人物。他在历史上最先明确提出心理学是一门科学,并试图在心理学和伦理学的基础上构建系统的教育学理论体系,努力使教育学成为一门严谨的科学。这一努力,开辟了教育学发展的新途径,给后人以很大的启示。在西方教育史上,赫尔巴特是推动教育理论发展和广泛影响世界各国教育实践的少数最杰出的教育家之一,被称作"科学教育学的奠基人"。"在近代西方教育家中,几乎没有哪一位像赫尔巴特一样对许多国家的学校教育产生过如此广泛、直接和深刻的影响。"①当然,由于所处时代和阶级的局限性,赫尔巴特的教育理论中也存在一定不足。例如,主张对儿童实施严格的管理,不反对体罚,表现出一定的封建性;在教学理论方面存在着某种程度的机械主义倾向。由于赫尔巴特教育理论的重要特色是重视教师在教学中的主导作用、对儿童施以严格的管理及主知主义的系统课堂教学,因此,赫尔巴特被视为"传统教育"的代表人物。

思考题:

1. 简述赫尔巴特教育性教学原则的主要含义。
2. 试述赫尔巴特训育思想的主要内容。
3. 试述赫尔巴特"多方面的兴趣"及其课程体系的主要内容。
4. 评述赫尔巴特教学阶段论。
5. 试述赫尔巴特学派运动在赫尔巴特教育思想的传播和发展中所发挥的作用。

参考文献:

1. 赫尔巴特. 普通教育学. 李其龙,译. 北京:人民教育出版社,2015.
2. 赫尔巴特. 教育学讲授纲要. 李其龙,译. 北京:人民教育出版社,2015.
3. 赫尔巴特. 赫尔巴特文集:心理学卷. 李其龙,郭官义,等译. 杭州:浙江教育出版社,2002.
4. 赫尔巴特. 赫尔巴特文集:教育学卷. 李其龙,郭官义,等译. 杭州:浙江教育出版社,2002.
5. 吴式颖,任钟印. 外国教育思想通史:第七卷. 北京:北京师范大学出版社,2017.
6. 吴式颖,任钟印. 外国教育思想通史:第八卷. 北京:北京师范大学出版社,2017.
7. 赵祥麟,王天一,单中惠. 外国教育家评传:第二卷. 上海:上海教育出版社,1992.
8. 滕大春. 外国教育通史:第三卷. 济南:山东教育出版社,2005.

---

① 赵祥麟、王天一、单中惠:《外国教育家评传》第二卷,73页,上海,上海教育出版社,1992。

9. Charles De Garmo. Herbart and the Herbartians. New York：Charles Scribner's Sons，1895.

10. Frederick M. Binder. Education in the History of Western Civilization：Selected Readings. London：Macmillan Company，1972.

11. Paul Monroe. A Text-Book in the History of Education. London：Macmillan Company，1905.

第十三章 福禄培尔的教育实践与教育思想

📖 **内容提要**

　　19 世纪德国教育家福禄培尔构建了以幼儿园教育理论为核心、兼及学校教育的教育思想体系。他创设了世界上第一所专门的幼儿教育机构——幼儿园，并致力于开展幼儿园教育价值的宣传和幼儿园教师培训，提出了幼儿园的教育任务、课程体系和教育方法。他高度评价了游戏在幼儿和少年儿童成长中的积极作用，将游戏视为幼儿体现自身本质、发挥创造性和认识外部世界的重要手段，创制了包括"恩物"和运动游戏在内的游戏体系。他阐述了学校的教育使命、教育任务和教育内容，强调了学校教育与家庭教育的内在联系，实现了学校教育与儿童生活和社会生活的密切结合。福禄培尔的教育思想表现出浓厚的宗教色彩和神秘主义倾向，具有较为明显的局限性。

🎯 **学习目标**

1. 了解福禄培尔的生平与主要教育活动。
2. 理解福禄培尔关于教育的基本原理的主要观点。
3. 掌握福禄培尔幼儿园教育理论的核心内容。
4. 掌握福禄培尔关于教育分期与学校教育的主要观点。

核心概念

幼儿园；教育分期；恩物；游戏；作业；歌谣；社会参与；自我活动

福禄培尔（Friedrich Wilhelm August Fröbel，1782—1852），19 世纪德国著名教育家，近代幼儿教育理论体系的奠基人，世界上第一所幼儿园的创办者。他毕生献身于幼儿教育事业，强调幼儿教育在个人发展中发挥着重要作用，主张密切家庭教育与幼儿园教育的联系，撰写幼儿教育的相关论文，积极组织幼儿教师培训，为世界幼儿教育事业发展做出了重大贡献，被誉为"幼儿教育之父"。

福禄培尔积极开展新学校教育实践，探索学校教育理论，在裴斯泰洛齐教育思想的影响下，创办了新式学校——凯尔豪学校，并在自己多年学校教育工作实践的基础上撰写出版了教育著作《人的教育》，就教育的理论基础、教育分期及各阶段的教育任务等进行了较为全面的探讨。

第一节 生平与主要教育活动

/////////////////////

1782 年，福禄培尔出生于德国中部图林根州一个名为奥伯维斯巴赫的乡村。父亲为路德派牧师，母亲在福禄培尔出生后不到一年不幸病逝。缺乏母爱、孤独和寂寞的童年生活使福禄培尔养成了独自沉思的习惯，并且对幼儿怀有特殊的感情，深深感受到母爱和完整的家庭对幼儿成长的重要意义。

福禄培尔童年时期曾在家乡附近的国民学校接受教育，1797 年，接受完国民学校教育的福禄培尔未能进入中学继续自己的学业，而是跟随护林员做了学徒，学习一些土地测量知识。在接触大自然的过程中，他自学了部分植物学和数学知识。1799 年，福禄培尔进入耶拿大学学习自然哲学和数学，深受当时在该校执教的费希特、谢林（Friedrich Wilhelm Joseph von Schelling）等哲学家思想的影响。后因经济原因，不得不中断在耶拿大学的学习，先后做过见习护林员、土地测量员和农场秘书等工作。

1805 年，福禄培尔计划去法兰克福学习建筑学，以便将来能够从事建筑师工作。在偶遇法兰克福模范学校校长安东·格吕纳（Anton Grüner）后，接受其建议，到法兰克福模范学校担任教师和校长助理，就此开启了他的教师职业生涯。教学工作之余，福禄培尔潜心研究裴斯泰洛齐的教育学说，探索教育实践问题与理论问题，并曾前往瑞士伊佛东拜访裴斯泰洛齐。

1806 年，福禄培尔应邀到法兰克福贵族冯·霍尔斯豪森（von Holzahausen）男爵家中任家庭教师。1808 年，福禄培尔带着两名贵族子弟第二次前往伊佛东，直至1810 年回国。

1811 年和 1812 年，福禄培尔先后入哥廷根大学和柏林大学，主要学习哲学、语言学、历史学、人类学、地理学和矿物学等。其间，福禄培尔曾加入由裴斯泰洛齐的追随者所组成的爱国团体，并在 1813 年入伍服役，1814 年退伍。

1816 年，福禄培尔在格里斯海姆创办了一所名为"德国普通教养院"的教育机构。该机构 1817 年迁至鲁道尔施塔特的凯尔豪，改称为"凯尔豪学校"。福禄培尔在此遵循裴斯泰洛齐的教育原则，重视实现儿童天性的自然发展与自由发展，注重指导儿童开展各类活动。在总结自身教育实践经验的基础上，福禄培尔完成《人的教育》一书的撰写，并在 1826 年出版。福禄培尔在凯尔豪学校的工作一直持续到 1831 年。

1834—1835 年，福禄培尔在瑞士布格多夫的一所孤儿院任院长，深切感受到家庭教育在幼儿成长过程中的重要性，遂决定将自己的已有教育经验集中运用于幼儿教育实践，并开始探讨和制作幼儿教育材料。1837 年，福禄培尔在凯尔豪附近的勃兰根堡开办了"发展幼儿和青少年活动本能和自我活动的机构"，招收 3～7 岁儿童，创制了一套名为"恩物"的教学材料，并将"恩物"用于幼儿的游戏活动中。1840 年，福禄培尔将该机构命名为"幼儿园"①，标志着世界上第一所幼儿园的诞生。此后，德国许多城市也都纷纷创办了幼儿园，原"幼儿学校"和"看护学校"也依照幼儿园体制实施了相应改造。在福禄培尔看来，"幼儿园"就是幼儿的花园，他希望幼儿能像花草树木一样，在此健康自然地成长。

1843 年，福禄培尔出版了自己的幼儿教育著作《慈母曲及唱歌游戏集》。为确保幼儿园拥有合格的教师，他还于 1849 年在马林塔尔创设了幼儿园教师训练所，开展幼儿园教师训练活动。

1851 年，普鲁士文化教育部部长劳默尔(Karl von Raumer)以幼儿园教育实践具有宗教和政治破坏倾向为由，发布了关闭幼儿园的禁令。同时禁止福禄培尔在普鲁士从事教育活动。福禄培尔一直全身心投入的幼儿园教育事业遭受了极大打击。后曾计划远赴美国，继续开展自己的幼儿园教育事业，但终因年事已高，且身体状况不佳而未能成行。

1852 年，福禄培尔在马林塔尔与世长辞。

在普鲁士政府取消幼儿园禁令后，1861 年，福禄培尔的生前故交将其有关幼儿园教育的著作编辑出版，名为《幼儿园教育学》。

第二节　教育的基本原理

福禄培尔不仅积极投身于教育实践，而且还十分重视教育理论探索，且注重将德国古典哲学作为理解与认识教育的理论基础。受克劳泽(Karl Christian Krause)、奥

---

① "幼儿园"的得名，还有一段鲜为人知的故事：一天，福禄培尔在从凯尔豪学校前往图林根的途中，远望莱茵河谷在他的眼前铺展开来，就像一座巨大的天然花园。于是，他高呼："有了，有了，学校名称就叫做幼儿园。"[爱尔兰]弗兰克·M.弗拉纳根：《最伟大的教育家：从苏格拉底到杜威》，卢立涛、安传达译，111 页，上海，华东师范大学出版社，2009。

肯(Lorenz Oken)、施莱尔马赫、谢林、费希特等人哲学思想的影响，尤其是受克劳泽和奥肯自然哲学的影响，福禄培尔将对个人发展的理解置于与自然万物的联系之中，主张人作为一种理智的生物，与自然万物遵循同样的规律，并具有共同的本质。教育的任务即在于顺应个人本性，发展自身天赋和潜能，展示自己的力量和本质。

一、万物一体与教育的统一任务

18 世纪末至 19 世纪前半期，自然科学的发展成就促使人们日益明确地认识到，宇宙万物皆处于发展之中，世界万物之间是有联系的，万物一体，且遵循着相同的规律，进而形成"统一"的观念。福禄培尔将"统一"观念描述为："有一条永恒的法则在一切事物中存在着、作用着、主宰着。这条法则，无论在外部，即在自然中，或在内部，即在精神中，或在两者的结合中，即在生活中，都始终同样地明晰和确定……这条支配一切的法则必然以一个万能的、不言而喻的、富有生命的、自觉的、因而是永恒的统一体为基础……这个统一体就是上帝。"①

"万物一体"的思想，又与福禄培尔的"球体法则"紧密关联。事实上，福禄培尔正是运用"球体法则"对"万物一体"做出解释的。福禄培尔主张，球体完美解释了世界与人相互联系并统一于上帝的精神。相等的"力"从统一体中心向四面八方发散，导致无限多样和差异化的个别现象和事物的出现。"如果力向一切方向自由地、没有阻挡地发展和表现，那么，它的空间的现象和形体的产物便是一个球。因此，广泛地表现于自然界的球形的，或一般地说圆形的形体是在最一般意义上说的最初的和最终的自然形式……"②

与宇宙万物相同，作为上帝的造物之一，人的使命也在于体现自身所存在的"上帝的精神"。"一切事物的命运和使命就是展现它们的本质，也就是展现它们的上帝精神……"③在这个过程中，人首先需要实现对自然万物的认识，进而认识具有普遍意义的人性，最终完成对上帝精神的认识和展现。教育的任务即在于帮助和引导个人认识自然、认识人性，最终实现认识上帝精神和展现上帝精神的完美统一。④

二、教育顺应自然

教育顺应自然，意味着人的教育需要顺应人自身所具有的特性，应着重探索和发现个人所固有的良善的特性，即人性。不同于无生命或其他种类的有生命的存在，人具有自我意识、自由和活力，具有活动本能、认识本能、艺术本能和宗教本能。教育应顺应人所具有的这些特点、特性和本能。

教育顺应自然，意味着教育在实施过程中，要运用容忍的和顺应自然的教育教学方法，保护和培养良善的人性，使儿童实现不受干扰的自然发展，最终实现个人生活和发展的自由和自觉。福禄培尔还以园丁修剪葡萄藤作喻，强调慎用绝对的、强制性

① ［德］福禄培尔：《人的教育》，孙祖复译，5 页，北京，人民教育出版社，2001。
② ［德］福禄培尔：《人的教育》，孙祖复译，124 页，北京，人民教育出版社，2001。
③ ［德］福禄培尔：《人的教育》，孙祖复译，6 页，北京，人民教育出版社，2001。
④ ［德］福禄培尔：《人的教育》，孙祖复译，6～7 页，北京，人民教育出版社，2001。

的教学方法。"为进一步接受大自然的教训，葡萄藤应当被修剪。但修剪本身不会给葡萄藤带来葡萄，相反地，不管出自多么良好的意图，如果园丁在工作中不是十分耐心地、小心地顺应植物本性的话，葡萄藤可能由于修剪而被彻底毁灭，至少它的肥力和结果能力被破坏。"①福禄培尔主张，只有确实证明接受教育的人的原始的健全性已被损坏，才需要采取较为严厉的、绝对的、强制性教育方法。

三、人发展的连续性与教育

受自然哲学"进化"概念的影响，福禄培尔将人的发展理解为一个从不完善到完善、从简单到复杂、从低级到高级的变化过程，其间所经历的每一发展阶段都具有内在关联性和有序性。人的前一个阶段的充分发展，是实现后继阶段发展的条件和基础。与人的发展过程相类似，人性的发展和完善也要经历一个相应的过程。不得将人性视为已经实现充分发展的固定静止的东西，而应将其视为处于成长过程中的发展着的东西。因而，人的教育过程的推进应依据和遵循儿童本性，连续地和协调地使其各方面均得到发展。

人的发展的连续性要求在教育实施过程中，不得将人的发展阶段作孤立化理解。福禄培尔认为，个人发展的各个阶段之间不存在突然的断裂，而是彼此和缓过渡的。"如果把人不断前进的一系列发展的年岁划分明显的界限和造成截然的对立，从而完全忽视持续不断的进步、活生生的联系和生活的本质，那是十分有害的，起阻碍作用的，甚至会发生破坏作用。"②

人的发展的连续性要求在儿童教育中，要把儿童所处的具体发展阶段与其实际的智力、情感和身体的发展状况结合起来，而不可认为一个人步入少年期了，他就是一个少年了，就按照他是一个少年教育他，而不论其发展是否已达到该阶段的具体要求。

人的发展的连续性还要求教育者和父母不得要求自己的学生和孩子超越发展阶段，如要求一个少年表现得像一个成人般成熟。"这种观点，以及忽视同后继发展阶段联系的先前发展阶段，特别是最早发展阶段，会给该少年未来的教师和教育者带来几乎不可克服的困难……"③

四、劳动以及其他儿童活动的教育意义

福禄培尔将劳动以及儿童所开展的其他活动视为儿童认识自己的途径，具有明确的教育意义。人在从事劳动和其他具体活动的过程中，将存在于自身的本质，即上帝的精神外化，并认识这种精神，进而认识自己的本质。

劳动和儿童所从事的其他活动还是实现个人内部世界和外部世界相统一的中介。福禄培尔认为，人在发展自身的本质的过程中，必须将此内在本质明确而确定地反映在外部世界，即自然界之中，实现内部世界和外部世界的关联与统一，即实现精神和

---

① ［德］福禄培尔：《人的教育》，孙祖复译，10页，北京，人民教育出版社，2001。
② ［德］福禄培尔：《人的教育》，孙祖复译，24页，北京，人民教育出版社，2001。
③ ［德］福禄培尔：《人的教育》，孙祖复译，26页，北京，人民教育出版社，2001。

自然在劳动生活中的结合，如此才能得到发展。人在劳动中，表现出人的本质，既为自己所认识，也为他人所认识，最终在生活、劳动和活动中实现内部世界与外部世界、自然和精神的统一与融合，从而获得满足、得到发展。

劳动还是实施教育的重要手段。福禄培尔认为，儿童具有活动本能，这是儿童智力得以发展的基础。因而，就教育而言，组织儿童参与劳动或参与其他活动，就成为儿童教育与生活中至关重要的事务。福禄培尔对过度强调从经济利益的角度评价劳动意义的做法或认识提出了批评。"那种认为人从事劳动、工作、创造仅仅为了维持他的身体、他的躯壳，仅仅为了获得面包、房子和衣服的思想和胡言乱语是卑微的，只宜加以容忍，不宜传播和进一步培育。人进行创造，原来仅仅是为了使存在于他身上的精神的东西，上帝的本质，在他自身以外以一定的形式表现出来……"①

五、教育的创造性

福禄培尔提出，教育是一项具有创造性的人类活动。人在某种程度上具有创造性，应该实施创造性的活动。就人类教育而言，其任务在于为儿童及早提供与未来所从事的社会工作和生产活动相关的训练，使其在相关活动以及劳动实践中创造性表现自身的本质，即上帝的精神。

教育的创造性要求教育实现与社会生活的密切结合，引导儿童在生活中学习、在各类劳动实践中学习。

第三节　幼儿园教育理论

福禄培尔将幼儿期视为个人发展的一个极其重要的阶段，这一阶段是人的真正教育的开始。福禄培尔创办幼儿园的主要目的，即确保这一阶段的幼儿能够接受真正的教育，能够为后来各阶段的发展奠定基础。福禄培尔就幼儿园的教育任务、课程、教育方法等进行了深入探索，形成了独具特色的幼儿园教育理论，直接指导了这一时期以及此后德国和世界其他国家的幼儿园教育实践，发挥了巨大的教育影响，表现出深远的历史意义。

一、幼儿园的教育任务

福禄培尔重视发挥家庭和母亲在幼儿早期成长与教育中的作用。家庭是幼儿早期成长的主要环境，家庭氛围、结构以及家庭成员之间的关系对幼儿的早期成长至关重要。在所有家庭成员中，母亲的影响尤为关键。母亲在未接受专门指导和训练的情况下，基于母爱天性和本能教育自己的孩子，并不能保证幼儿接受到真正的教育。福禄培尔主张，有必要为3～7岁幼儿专设教育机构，以为家庭开展有效的家庭教育和母亲教育幼儿提供指导和帮助。

在创设专门的幼儿教育机构——幼儿园后，福禄培尔特别强调，幼儿园教育绝非

①　[德]福禄培尔：《人的教育》，孙祖复译，27页，北京，人民教育出版社，2001。

家庭教育的"替代"，而是其有益的、必要的"补充"。确保家庭教育和幼儿园教育任务与发展方向的一致，将幼儿园生活建设成为家庭生活的自然延续和必要拓展，是实施真正教育的首要条件。为此，福禄培尔所开办的幼儿园均采取半日制，以确保家庭教育和幼儿园教育的联系。

相对于家庭教育而言，幼儿园教育的主要任务在于，在组织实施各类游戏、手工作业、自然研究、唱歌、表演、讲故事等各类活动的过程中，引导幼儿获得关于自然、人类以及自身的相关知识，发展幼儿智力；使幼儿初步掌握关于个人生活的技巧和基本技能，发展幼儿体力；培养幼儿具备适宜的社会态度和民族美德，发展幼儿的道德品质。

二、幼儿园课程体系

为确保幼儿园教育任务的完成，福禄培尔强调必须谨慎选择幼儿活动与游戏的形式和内容，认为并非所有的游戏和活动都有利于幼儿健康成长，并非所有的游戏都具有教育价值。基于自己的教育适应自然、自我活动与社会参与等主张，福禄培尔构建了一个以游戏和活动为主要内容的幼儿园课程体系，具体包括四类内容：游戏、作业、歌谣、自然研究。

（一）游戏

1. 游戏的教育价值

各类游戏在福禄培尔的幼儿园课程体系中居于极为重要的地位。在福禄培尔看来，游戏是幼儿表现自身创造性和主动性的重要形式，标志着幼儿发展步入最高阶段。"游戏是儿童发展的、这一时期人的发展的最高阶段，因为它是内在本质的自发表现，是内在本质出于其本身的必要性和需要的向外表现，'游戏'一词本身就说明了这一点。"[①]幼儿生来就具有一种创造的本能（或曰活动本能），这一本能在幼儿期主要表现在游戏中。借助于游戏，幼儿将自己的内部世界真实地表现出来，同时全面感受外部世界，并在试探性对比内部世界和外部世界的过程中，实现对自然和生活的认识，并逐步学会依照生活的要求来生活。

游戏是个人在幼儿期这一人生最早期发展阶段中最为纯洁的精神产物，是幼儿整个未来生活的胚芽，给幼儿带来欢乐、自由和满足。"游戏是人在这一阶段上最纯洁的精神产物，同时是人的整个生活、人和一切事物内部隐藏着的自然生活的样品和复制品。所以游戏给人以欢乐、自由、满足，内部和外部的平静，同周围世界的和平相处。一切善的根源在于它、来自它、产生于它。"[②]福禄培尔充满信心地认为，一个能干的、长时间心平气和的、坚韧不拔的、直到身体疲劳为止仍在坚持游戏的幼儿，必然能够成长为一个能干的、心平气和的、坚韧不拔的、以自我牺牲增进别人和自己幸福的人。

2. "恩物"

为发挥游戏对幼儿的教育价值，福禄培尔构建起一个从简单到复杂、从统一到多

---

① ［德］福禄培尔：《人的教育》，孙祖复译，38 页，北京，人民教育出版社，2001。
② ［德］福禄培尔：《人的教育》，孙祖复译，38～39 页，北京，人民教育出版社，2001。

样、循序渐进的游戏体系。他将此游戏体系称为"恩物"，意为上帝赐赠给幼儿的礼物。

"恩物"将球体作为基本图形，此外还包括立方体和圆柱体。依据"球体法则"，球体是所有物质形态中最完善的形态。球体表面无起点、无终点，且可以自由滚动，象征着运动无限。立方体具有 6 面、8 角和 12 边，具有三维性，充分显示了几何图形的多样性，代表着物质世界的多样性与复杂性。圆形与四边形的组合，即为圆柱体。

福禄培尔"恩物"的创制始于 1835 年，1836 年创制出第一种至第五种恩物。1850年，福禄培尔在《教育周刊》上公布恩物体系时，共提到八种恩物。关于恩物的创制，福禄培尔强调，真正的恩物需遵循三项原则：第一，既能帮助幼儿理解他所生活于其间的周围世界，又有助于表达他对外部世界的认识；第二，除第一种恩物外，后面的恩物应包含其前面的所有恩物，且能够预示其后面的恩物；第三，每种恩物自身应体现出有序的"统一"观念，整体由各部分构成，各部分构成有序的整体。

依据上述原则，福禄培尔共创制了八种恩物，具体如下。

第一种恩物，六只绒毛小球，颜色分别为红色、黄色、蓝色、绿色、紫色和白色，每只绒毛小球上系有两条线，用以提起绒毛小球。第一种恩物的教育价值具体表现为：帮助幼儿辨识日常生活中常见的颜色；提起小球，可锻炼幼儿肌肉能力，训练感觉能力，培养注意力和独立活动的能力；手持和抛掷绒毛小球，可帮助幼儿形成对存在、拥有、空间和时间等较为抽象概念的初步感性体验和认识；说出小球颜色及其相对位置，可发展幼儿的语言表达能力。

第二种恩物，硬木材料制成的三件套玩具：球体、立方体和圆柱体。其中，立方体和圆柱体穿有小孔，可帮助幼儿辨识物体的各种形状。

第三种恩物，可分为 8 块小立方体的大立方体。借助于教师的讲述，幼儿可形成关于整体与部分、部分与部分之间关系的概念。若把大小不等的立方体想象为"砖块"，也可用于尝试激发幼儿的制造本能。

第四种恩物，一块可沿纵向切割成许多小长方体的立方体，有助于幼儿初步理解运算的基本法则，初步掌握加、减、乘、除等计算规则。

第五种恩物，一块可分割为 27 块等体积小立方体的大立方体。其中，三个小立方体再沿对角线二等分，另三块则沿对角线四等分，可用于形成幼儿的几何学认识，开展相关的几何教学。

第六种恩物，27 块砖形木块。其中，3 块纵向二等分，6 块横向平分，也可组成一个大的立方体。

第七种恩物，一块可分为 64 块小立方体的大立方体，用于帮助幼儿理解事物的统一和组合。

第八种恩物，一块可分为 64 块小长方体的大立方体，用于帮助幼儿理解事物的统一和组合。

3. 运动游戏

除"恩物"外，福禄培尔还为幼儿编制了圆圈游戏、团体游戏和伴以诗歌的游戏等各类运动游戏。为开展运动游戏，他提议建设一个与花园相连通的专供幼儿游戏的"游戏室"。游戏室应视野开阔，采光与透光条件良好，光线充足。幼儿运动游戏的开展，往往基于对所观察到的自然界和日常生活中的各种动作的模仿，并注重体现"部分"与"整体"的关系，使幼儿形成"万物一体"的认识。

（二）作业

为面向幼儿实施一种创造性的教育，福禄培尔还设计了一种名为"作业"的课程。作业材料主要包括：不同颜色和大小的纸张或纸板，可用来折制或剪裁成不同形状的纸板；可用于绘画、雕塑或编织的相关材料；沙、黏土或泥土等。作业的完成要求幼儿掌握一定的操作或制作技巧。所以，福禄培尔提出相关作业安排在幼儿学会操作"恩物"之后。

待幼儿学会熟练操作"恩物"后，便可安排幼儿从事泥塑、折纸和雕刻等作业，这些作业基本上与恩物中的立方体相对应；也可安排幼儿从事缝纫、画图等作业，这些作业基本上与恩物中的平面图形相对应。

就"恩物"与"作业"的区别而言，一般来说，恩物安排在前，作业则安排在后；恩物的主要教育目的在于帮助幼儿接纳或吸收外部世界，作业则主要用于呈现或表现幼儿内心的想法；操作时，不改变作为教具或玩具的"恩物"的形态，作业则一般是在改变作业材料的过程中完成的。

（三）歌谣

1843年，福禄培尔在幼儿教育著作《慈母曲及唱歌游戏集》中强调，母亲和家庭在幼儿早期成长中发挥着不可替代的重要作用。可以通过教唱歌谣的方式培育幼儿的积极情感，唤醒幼儿的自我意识。《慈母曲及唱歌游戏集》辑选了7首"母亲的歌"和50首"游戏的歌"。前者表达了母亲对幼儿的情感，后者则用于指导幼儿在学唱儿歌的过程中实现身心的发展。"游戏的歌"在内容上一般包含四部分：指导母亲的格言，儿歌内容，与儿歌内容相关的图画，对与儿歌内容相关的促使幼儿身心发展的运动方式的说明。

（四）自然研究

在福禄培尔的幼儿园课程体系中，"自然研究"课程的设立则明显受到裴斯泰洛齐的影响。该课程内容主要为自然旅行、植物种植与动物饲养等。组织指导幼儿在大自然中，在植物种植与动物饲养的实际活动中，逐步实现喜爱接触大自然、激发满足好奇心、培养自制力和忍耐力、促进知识和智力发展等目的。

三、幼儿园教育方法

在幼儿园教育方法上，福禄培尔提出了三种主要的教育方法或方式：自我活动与自我表现，游戏，社会参与。

（一）自我活动与自我表现

自我活动即幼儿自由自主地认识自然、人类、自我与上帝的活动。通过自我活动，幼儿向外展现自身所内蕴的上帝的精神，同时表现自己所处的发展阶段和已达到的发展水平。自我表现则是自我活动的进一步发展和补充，幼儿的自我表现既显示出其对新知识的关注和兴趣，在获得鼓励与引导的基础上，还可进一步实现对其生存世界和生活环境的认识和把握。

（二）游戏

福禄培尔高度重视发挥作为一种教学方式的游戏在幼儿成长过程中的重要作用。游戏既是幼儿内在本质的外发性表现，又是人在幼儿阶段所收获的最为纯洁的精神馈赠。游戏更多指向的是幼儿的心理态度的塑造和完善，而非简单的外部操作性活动。游戏能够源源不断地带给幼儿欢乐、自由与满足，使幼儿具有必要的意志力和自我牺牲的精神，发挥着一种富有创造性的关涉幼儿自我活动、本质与本能的自我教育功能。因而，福禄培尔创制了包括"恩物"与运动游戏等在内的游戏体系。

（三）社会参与

福禄培尔还在幼儿自我活动的基础上，提出了"社会参与"这一幼儿园教育方法。他强调幼儿的自我发展必须在经历"社会化"，即在与社会成员交往和参与社会事务的活动中，才能得到真正的实现。作为一种重要的幼儿园教育方法，社会参与方法的运用意味着注重在幼儿园再现和复演家庭生活和社会生活。幼儿在幼儿园教师的引导与组织下适应小组生活，力所能及地了解和参与社会事务和社会实践活动，能够逐步形成互助、合作等社会意识和道德品质。

第四节　教育分期与学校教育

依据所涉及的年龄范围，福禄培尔将人的教育分为婴幼儿期的教育和少年期的教育。其中，婴幼儿期又细分为婴儿期和幼儿期两个阶段，少年期又细分为少年早期和学生期两个阶段。学生期的教育即学校教育。

一、婴幼儿期

（一）婴儿期

处于婴儿期的婴儿运用自身的"吸吮"功能，吸吮母亲的乳汁，吸纳外部事物，将自然界中的事物纳入自身，变外部事物为内部事物。在这一时期，婴儿发展的重要内容为身体和各种感官的发展，发展的具体方式主要是尽可能多地接触外部事物，从本质和形式上了解外部事物。在婴儿的感官得到发展，身体和四肢的活动达到能够自动地向外表现内在本质的程度时，婴儿期即告结束，婴儿将进入下一个发展阶段——幼儿期。

（二）幼儿期

幼儿期是真正的人的教育开始的时期，教育形式主要是家庭教育。处于幼儿期的幼儿，将此前所吸纳的已经内化了的东西重新外化，实现内部与外部的统一。幼儿期的教育主要是游戏教育，游戏既标志着幼儿最高发展阶段的到来，也是其内在本质的自发表现，更是幼儿未来生活的胚芽。

二、少年期

(一)少年早期

学前期的少年儿童处于少年早期这一发展阶段，完整的家庭生活和家庭教育对这一时期少年儿童的成长弥足关键。少年儿童发展的主要任务在于通过学习，将外部世界内部化。少年儿童往往具有极为强烈的好奇心和求知欲，力求实现对外部事物之间联系的认识。游戏仍然是满足少年儿童好奇心、求知欲和归属感的得力手段和方式。

家庭生活对少年儿童的教育影响主要表现为，父母之间以及其他家庭成员之间的关系以及家庭氛围让少年儿童耳濡目染，在家庭成员各自的社会职业以及家庭劳动的影响下，少年儿童也会产生参与的愿望。父母对少年儿童主动做事、积极参与的行为应给予积极支持和肯定，尽可能使其意识到自己对家庭的意义。此外，对于少年儿童在户外从事的带有一定冒险性的活动，福禄培尔也认为这是少年儿童敢于冒险的勇敢表现，有助于少年儿童积累知识、增长才干、积累经验、开阔眼界，父母需要给予他们帮助和支持。

(二)学生期

承担少年后期即学生期少年儿童教育任务的主要机构是学校。作为一种专门的教育机构，学校的教育使命在于："它致力于使学生认识到事物和他自己的本质和内部生活，教他了解和使他意识到各项事物彼此之间的内部关系、对人和对学生的关系……"[1]

学校教育的主要任务是，把学生的外部世界以及学生自身呈现在学生面前，同时为学生指明外部事物的内部倾向及其相互关联，提升学生对事物认识的准确性，实现从对客观事物外部的、表面的非本质观察跃升至对事物内部的、深入的本质观察。"一个学生或少年儿童，一旦进入学校，便会越出对事物的外部观察而进入对事物更高深的精神的理解。儿童越出事物外部的、表面的观察而进入对事物内部的观察，因而也是达到对事物认识、洞察和形成意识的观察，以及他脱出家庭秩序而进入更高的世界秩序，这就使他成为学生，而学校则成为真正意义上的学校。"[2]

关于学校的教学内容，福禄培尔主张应首先明确一个问题，即儿童是一个人，成人不仅应该教给他学习对象本身，而且还应该教给他与该学习对象有关的知识。具体来说，学校教学内容应包括四类：宗教与宗教教学；自然常识与数学；语言与语言教学，及与此相关的阅读与书写；艺术与艺术对象。宗教与宗教教学在于实现儿童对内部心灵的认识；自然常识与数学的教学则在于帮助儿童认识外部世界；语言与语言教学，及与此相关的阅读与书写则在于帮助儿童实现外部世界与内部世界的统一；艺术与艺术对象的教学则有助于儿童实现对内部心灵的艺术化表现。

福禄培尔还十分重视强化学校教育与家庭教育的关系，注重通过开设宗教教育、体育卫生、自然常识、歌唱、语言表达、手工、图画、颜色识别、游戏、故事与童话等教学科目，确保家庭生活与学校生活的一致性，确保儿童接受一致性的教育，既建设一种面向社会生活与家庭生活的教育，又有助于儿童掌握系统的学科知识。

---

[1] ［德］福禄培尔：《人的教育》，孙祖复译，92页，北京，人民教育出版社，2001。
[2] ［德］福禄培尔：《人的教育》，孙祖复译，92页，北京，人民教育出版社，2001。

小结

19 世纪，德国教育家福禄培尔以德国古典哲学为基础，基于对自身丰富教育实践经验的总结和提升，构建了以幼儿园教育理论为核心、兼及学校教育的教育思想体系，对德国的幼儿园教育与学校教育实践产生了直接影响。

在幼儿园教育实践与教育理论探索方面，福禄培尔创设了世界上第一所专门的幼儿教育机构——幼儿园，并致力于开展幼儿园教育价值的宣传和幼儿园教师培训，提出了幼儿园的教育任务、课程体系和教育方法，对世界幼儿教育实践发展和理论建设产生了意义深远的影响，被誉为"幼儿园之父"。

在游戏教育意义的认识与体现方面，福禄培尔高度评价了游戏在幼儿和少年儿童成长中的积极作用，将游戏视为幼儿体现自身本质、发挥创造性和认识外部世界的重要手段，创制了包括"恩物"和运动游戏在内的游戏体系，极大地影响了世界幼儿教育理论和实践的发展。杜威曾就福禄培尔的游戏思想做出评价："任何时代任何人，对于儿童的教育，尤其是对于年幼儿童的教育，无不在很大程度上依赖于游戏和娱乐。游戏是如此出自自然的和不可避免的，以至很少有教育著作家从理论上赋予它在实际中所占的地位，或者试图弄明白，儿童自发的游戏活动能否提出一些可供学校采纳的启示。只有古代的柏拉图和近代的福禄培尔算是两个重大的例外。"[1]

在学校教育方面，福禄培尔着重阐述了学校的教育使命、教育任务和教育内容，强调了学校教育与家庭教育的内在联系，实现了学校教育与儿童生活和社会生活的密切结合，丰富了人类关于学校教育的理论认识。

受唯心主义世界观、基督教神学立场以及德国古典哲学观的影响，福禄培尔的教育思想表现出浓厚的宗教色彩和神秘主义倾向，将宇宙万物视为上帝精神的象征和体现，进而使其游戏观、幼儿成长观和恩物表现出鲜明的宗教神学倾向和色彩，具有较为明显的局限性，一定程度上影响了其教育思想的传播和对教育实践的影响。

思考题：

1. 简要评述福禄培尔关于教育基本原理的主要观点。
2. 简述福禄培尔幼儿园教育理论的主要内容及其历史影响。
3. 简述福禄培尔关于教育分期与学校教育的基本主张。
4. 试评述福禄培尔关于幼儿园教育的实践成就及其对世界幼儿教育发展的影响。

参考文献：

1. 福禄培尔. 人的教育. 孙祖复，译. 北京：人民教育出版社，2001.
2. 周采，杨汉麟. 外国学前教育史. 北京：北京师范大学出版社，1999.
3. 赵祥麟，王天一，单中惠. 外国教育家评传：第二卷. 上海：上海教育出版社，1992.
4. 吴式颖，任钟印. 外国教育思想通史：第七卷. 北京：北京师范大学出版社，2017.

---

[1]　吕达、刘立德、邹海燕：《杜威教育文集》第 1 卷，260 页，北京，人民教育出版社，2008。

第十四章 马克思和恩格斯的教育思想

📋 内容提要

在批判性继承前人教育思想遗产的基础上，马克思、恩格斯深入全面考察了人的发展与教育，阐释了教育与社会的内在联系和教育与社会生产的互动关系，论述了教育与生产劳动相结合的必要性、可能性及其重大意义，阐述了人的全面发展的必要性及其教育实施方式。

🎯 学习目标

1. 了解马克思、恩格斯批判性继承前人教育思想遗产的基本情况。
2. 理解马克思、恩格斯关于教育与社会关系的主要观点。
3. 掌握马克思、恩格斯关于教育与社会生产关系的基本主张。
4. 掌握马克思、恩格斯关于人的本质及影响人发展的各因素之间关系的核心观点。
5. 掌握马克思、恩格斯关于教育与生产劳动相结合的主要观点。
6. 掌握马克思、恩格斯关于人的全面发展与教育的核心观点。

🔑 核心概念

社会分工；片面发展；全面发展；教育与生产劳动相结合；综合技术教育；遗传；环境；教育的社会性；教育的阶级性

卡尔·马克思（Karl Marx，1818—1883）和弗里德里希·恩格斯（Friedrich Engels，1820—1895）在批判继承欧洲空想社会主义者教育思想的基础上，综合运用辩证唯物主义和历史唯物主义世界观与方法论，基于对人类社会实践和发展规律的科学探索，着重就教育与社会，教育与社会生产，人的本质、个性形成与教育，人的全面发展与教育，教育与生产劳动相结合等重大教育问题进行了深入探索，形成了完整的马克思恩格斯教育思想体系，指导了人类教育实践的前进与发展。

第一节　批判性继承欧洲空想社会主义者的教育思想

马克思、恩格斯对一系列重大教育理论问题的探讨及马克思恩格斯教育思想体系的形成，是在批判继承以圣西门（Henri de Saint-Simon，1760—1825），傅立叶（Charles Fourier，1772—1837）和欧文等为代表的欧洲空想社会主义者教育思想的基础上进行的。

一、对封建社会与资本主义社会教育的批判

空想社会主义者在对封建社会和资本主义社会的弊病与不合理性实施严厉抨击的同时，也对其教育内容的空疏无用、教育管理的违背人性、教育方法的机械单一和严重阻碍年青一代的健康成长等教育弊端，实施了全面谴责。圣西门提出，封建教育、资本主义教育以及基督教会教育，是压抑和摧残儿童天性的教育，其结果，只能导致儿童的智力和体力惨遭束缚和麻痹，难以实现正常的和自然的发展，最终只能使儿童成为片面发展的人。

傅立叶则具体指出，资本主义教育存在过程颠倒、教学行动简单、教学手段单一强制、忽视歌剧学习、忽视体力锻炼五种"失调"之处，资本主义教育与受教育者"人性"相悖逆，最终导致受教育者人性扭曲、身体衰弱、精神颓废。

欧文在社会改革和教育实践中，逐步认识到并明确提出资本主义社会的分工和教育只能导致工人，尤其是童工的片面发展。只有改为实施一种与生产劳动相结合的教育，才能从根本上改变这一状况。

马克思、恩格斯对空想社会主义者就封建教育和资本主义教育所做出的批判给予了高度评价，但同时也指出，空想社会主义者将资本主义教育诸多弊端产生的根源，归结于其对普遍的"人性"的违背，未能真正认识到使人沦为片面发展的人的社会根源，更未能正确地掌握根除相关教育弊端的有效手段。

二、影响人发展的遗传、环境和教育因素

在对影响人发展的遗传、环境和教育因素关系的认识上，空想社会主义者充分吸纳了狄德罗等 18 世纪唯物主义者的观点，反对"先天决定论"，坚持"环境决定论"。"'人是环境的产物'，他一生的每一时刻中所处的环境和他的天生品质使他成为什么样的人，他就是什么样的人。"①空想社会主义者重视探讨社会环境在人的发展过程中

———————————

① ［英］欧文：《欧文选集》第一卷，柯象峰、何光来、秦果显译，345 页，北京，商务印书馆，1979。

所产生的影响，重视发挥教育的作用，认为社会环境由制度、立法、教育等诸多社会因素组成。欧文认为，尽管不同个人在基于遗传所获得的先天素质之间存在差异，但这些差异不足以决定人的发展的结果，不是导致人的差异化发展的根本原因。欧文强调，导致人的不良性格形成的根本原因，导致人的发展存在差异的决定因素，在于不平等的资本主义社会环境。受爱尔维修"教育万能论"的影响，欧文认为个人通过接受相应的教育，可以养成任何一种习惯，可以形成任何一种性格。

对于欧文等人关于影响人发展的遗传、环境和教育因素关系的认识，马克思、恩格斯对其强调人发展的社会制约性、重视教育对人发展的作用等认识给予了充分肯定。但同时也指出，欧文等人的"环境决定论"和"教育万能论"，未能认识到社会环境改造和个人性格改变的基础在于革命实践，而只能将实现个人发展的希望寄托于少数天才人物身上。马克思在《关于费尔巴哈的提纲》中指出："有一种唯物主义学说，认为人是环境和教育的产物，因而认为改变了的人是另一种环境和改变了的教育的产物，——这种学说忘记了：环境正是由人来改变的，而教育者本人一定是受教育的。因此，这种学说必然会把社会分成两部分，其中一部分高出于社会之上（例如在罗伯特·欧文那里就是如此）。"①马克思进一步强调："环境的改变和人的活动的一致，只能被看作是并合理地理解为革命的实践。"②

三、人的全面发展与教育

欧洲空想社会主义者在抨击资本主义社会制度、旧式分工、教育与生产劳动相隔离等造成人片面发展的基础上，提出人的理想发展在于全面发展。傅立叶设想建立一种新的社会制度，他称之为"和谐制度"或"协作制度"，每个人根据自己的性格与爱好，在工业、农业、商业、教育、科学、艺术与家务等劳动类别中，选择自己参加的劳动。在"协作社会"，教育是一项重要的社会活动，人人需要接受"协作教育"，以实现个人智力和体力的全面发展，为未来理想社会的建设培养全面发展的人。欧文将人片面发展的根源归结于资本主义社会的分工，主张建立一种新的社会制度，其中，所有儿童都享有受教育的权利，具备体、智、德、行等方面的品质，成为全面发展的人。

马克思、恩格斯在指出其空想成分的同时，对空想社会主义者所提出的关于人的全面发展的观念表达了高度赞赏，并将其合理内核运用于对实现人的全面发展的教育理想的设计与探讨中。

四、教育与生产劳动相结合

空想社会主义者对教育与生产劳动相结合表现出共同的关注。圣西门在其设计的新社会制度"实业体系"中，认为一切人都要以参与生产劳动的方式为人类造福，致力于不断提高人类的物质生活和精神生活水平。教育作为一种重要的社会事务，承担着

---

① 苏联教育科学院：《马克思恩格斯论教育》上卷，华东师范大学《马克思恩格斯论教育》辑译小组辑译，95 页，北京，人民教育出版社，1985。
② 苏联教育科学院：《马克思恩格斯论教育》上卷，华东师范大学《马克思恩格斯论教育》辑译小组辑译，95 页，北京，人民教育出版社，1985。

使人获得物质幸福和精神幸福的双重任务。青少年教育要重视对实证科学和实验科学等科学知识的学习，要与工厂经营、桥梁铸造、轮船驾驶等实际社会事务结合起来。傅立叶提出，"协作社会"要求科学和劳动永远结合在一起，在教育各阶段要求儿童教育与生产劳动相结合，儿童在参加各类手工业生产劳动的实践中，学习科学文化知识，最后成长为手脑并用、全面发展的新人。

受英国经济学家和教育家贝勒斯（John Bellers）的影响，欧文在新拉纳克和"新和谐"公社开展实验，探索科学知识教育与工业生产的结合，并在《新道德世界》一书中，具体描绘了教育与生产劳动相结合的理想。欧文提出，对于不同年龄的儿童，教育与生产劳动相结合的内容亦存在差别。比如，12～15 岁的儿童，主要学习农业、矿业、渔业、食品制造等各类生产技能以及食品贮存技能。相对于莫尔、卢梭、裴斯泰洛齐以及傅立叶等教育家和空想社会主义者将教育与生产劳动相结合建立在农业和手工业生产基础上而言，欧文将教育与生产劳动相结合建立在大工业生产的基础之上，无疑前进了一大步。

欧文等空想社会主义者的教育与生产劳动相结合的主张获得了马克思、恩格斯的高度评价，为马克思、恩格斯教育与生产劳动相结合教育学说的提出提供了思想来源和必要材料。"正如我们在罗伯特·欧文那里可以详细看到的那样，从工厂制度中萌发出了未来教育的幼芽，未来教育对所有已满一定年龄的儿童来说，就是生产劳动同智育和体育相结合……"[1]不过，马克思、恩格斯同时指出，空想社会主义者关于教育与生产劳动相结合的主张，距真正揭示出教育与生产劳动相结合的客观规律还存在一定的距离。

第二节　教育与社会的关系

在《政治经济学批判》一书中，马克思这样写道："物质生活的生产方式制约着整个社会生活、政治生活和精神生活的过程。不是人们的意识决定人们的存在，相反，是人们的社会存在决定人们的意识。"[2]这一论断为理解教育与社会的关系提供了充分的唯物主义依据。

一、教育的社会性

不同于此前的教育学说将教育理解为超越现实社会环境的抽象性存在，马克思、恩格斯明确指出，教育始终是一种具体社会历史条件下的社会性存在。马克思、恩格斯在《共产党宣言》中，就资产阶级学者无端指责共产党人"消灭一切教育"做出有力反

---

[1]　苏联教育科学院：《马克思恩格斯论教育》上卷，华东师范大学《马克思恩格斯论教育》辑译小组辑译，406 页，北京，人民教育出版社，1985。

[2]　苏联教育科学院：《马克思恩格斯论教育》上卷，华东师范大学《马克思恩格斯论教育》辑译小组辑译，239 页，北京，人民教育出版社，1985。

驳:"而你们的教育不也是由社会决定的吗?不也是由你们借以进行教育的那种社会关系决定的吗?不也是由社会通过学校等等进行的直接的或间接的干涉决定的吗?共产党人并没有发明社会对教育的影响;他们仅仅是要改变这种影响的性质,要使教育摆脱统治阶级的影响。"[1]

依据马克思、恩格斯辩证唯物主义和历史唯物主义的基本观点,物质生活资料的生产和再生产为人类社会的存在和发展提供了必要的物质基础,同时客观上要求人类借助于教育实现自身的持续发展、成长和进步。人类社会的历史证明,个人的形成与发展,人类教育的产生、发展和演进,教育对象和教学内容的确定,以及教学手段和形式的选择和运用,都决定于人类社会物质生活资料的生产与再生产的水平和状态,促使教育表现出明确的社会性。

教育的社会性还表现为,人类的教育活动受制约于一定的社会关系。人们在生产实践活动中所结成的生产关系构成了社会关系,社会生产活动总是在一定的社会关系中开展的。因而,教育与人类物质生产的关系进而体现为与一定社会关系的关系。社会关系决定着教育的发展,教育的性质、目的、任务、内容和方法都受制约于一定的社会关系,并随着社会关系的变革而变化。教育功能的发挥朝着维护和服务于社会政治、文化、科学技术发展的方向,促使教育呈现出鲜明的社会性。

二、教育的阶级性

在服务社会生产与维护社会关系的过程中,教育也在不断地发生着变化。人类教育的历史是这一变化的记录和体现,因而教育具有历史性,是一种历史性的存在。在阶级社会里,生产关系以及建立在生产关系基础上的社会关系,直接体现为相应的阶级关系。体现阶级关系的教育,也就相应表现出鲜明的阶级性。

在阶级社会里,各阶级追求各自阶级利益的最大化,反映这种阶级利益的便是不同的意识形态。作为社会整体意识形态一部分的教育,便具有了阶级性。教育遂成为阶级斗争的工具,并为特定阶级(一般来说是统治阶级)的利益服务。

在阶级社会里,教育的阶级性往往体现为具有不同社会地位和社会身份的成员,其受教育机会和获得教育资源的能力存在差异。居于统治地位的社会阶层或阶级往往掌握着教育资源的配置权,常常通过颁布教育法令、制定实施教育政策、规定教育目的等方式,促使教育发展切实服务于维护本阶层或阶级的政治利益和经济利益。

三、教育的相对独立性

马克思、恩格斯充分肯定了教育在个人成长和社会生活中发挥的重要作用,提出工人阶级的未来,也就是人类的未来,是完全有赖于对年青一代的教育的。教育发展及其变革是一项重要的社会改革事务,是改变社会条件的重要手段。

---

[1] 苏联教育科学院:《马克思恩格斯论教育》上卷,华东师范大学《马克思恩格斯论教育》辑译小组辑译,153页,北京,人民教育出版社,1985。

第三节　教育与社会生产的关系 /////////////////

马克思、恩格斯主张，社会物质生活资料生产、社会生产力水平与生产关系对教育发展发挥着决定性的作用，在为教育事业发展提供物质基础的同时，也对教育发展的规模和速度、教育内容、教学方式等提出了相应要求。其中，社会生产力水平对教育发展的影响则更为直接。

当人类社会生产维持在简单再生产水平时，社会生产力的获得和维持对教育的要求较为有限，未来的生产者或劳动者只需在实际生产场所或在实际劳动实践中，直接模仿有经验者的劳动或操作经验，学习师傅的操作技巧，即可胜任劳动岗位，不需要通过专门构建制度化的学校教育体系来培养合格的劳动者。工业革命之后，人类社会生产步入现代机器大工业生产时期，生产规模日益扩大，生产工具中的科学技术知识含量日益增加，对劳动者提出了接受相应的学校教育以掌握相应的文化知识和科学技术的要求。为适应这一要求，欧洲先行推进工业革命的各资本主义国家，结合各自国情构建了各自的国民教育体系，推广实施普及化义务教育，以为现代机器大工业生产培养合格的劳动者和技术人才。为适应现代科学技术发展及其在生产实践中得到快速应用的现实，教育与社会生产的联系日益密切，其作用也日益凸显。

具体来说，教育在社会物质生产中所发挥的作用主要体现在三个方面。

第一，教育可以实现劳动力的生产与再生产。首先，实施与开展相应的教育，可为社会生产培养发达的、技术化的和专门化的劳动力。"要改变一般的人的本性，使它获得一定劳动部门的技能和技巧，成为发达的和专门的劳动力，就要有一定的教育或训练，而这就得花费或多或少的商品等价物。"[1]其次，必要的教育可以促使劳动力做出改变。与生产实际结合密切的教育，可以将一个仅能从事简单劳动的劳动力培养成为一个有能力从事复杂劳动的劳动力，将一个只能从事一般性劳动的劳动力培养成为一个可以胜任专业性劳动和以脑力劳动为主要劳动形式的劳动力。最后，实施与开展以科学技术为基础的教育，可以为社会生产造就具有较强的职业转换能力和适应能力的劳动力，他们能够适应由于科学技术日新月异的发展所导致的生产结构、职业门类和职业岗位快速变化的社会就业市场。

第二，教育可以将科学知识和技术从"知识形态"的生产力转化为"物质形态"的生产力。作为一种"知识形态"的生产力，科学知识和技术只有实际运用于生产实践之中，并凝结在物质性的具体劳动成果之中，才能实现其生产的价值。教育实现科学知识和技术"物质化"的主要手段，是为社会生产培养能够将科学知识和技术"物质化"为新机器和新工艺，以及有能力使用新机器和新工艺的技术人才和劳动者。

---

[1]　苏联教育科学院：《马克思恩格斯论教育》上卷，华东师范大学《马克思恩格斯论教育》辑译小组辑译，333 页，北京，人民教育出版社，1985。

第三，现代学校教育可以实现文化知识和科学知识的传播、创新与应用。现代国民教育承担着文化知识的贮存和传播任务，大学和科学研究机构则承担着文化知识与科学知识的创新与再生产职能。现代学校教育既能够为现代社会生产提供具有一定的文化知识素养和劳动技能的劳动者，也在为现代社会生产提供源源不断的科学知识与技术保障。

第四节　人的本质、个性形成与教育

在对人的本质的考察与认识上，马克思、恩格斯反对费尔巴哈把宗教的本质归结为人的本质，而将其与人类社会生活密切联系在一起。"人的本质并不是单个人所固有的抽象物。在其现实性上，它是一切社会关系的总和。"①马克思、恩格斯强调，要在现实社会中，从社会性的角度考察和认识人的本质；人同时是作为一种具有生命的自然存在物和社会存在物而存在的，其自然属性受制约于社会属性；人只有在具体的社会关系中，通过参与社会实践才能实现自身的发展；人具有自由性、自觉性和主动性，能够在参与社会实践活动中发挥自己的主观能动性，在认识和改造客观世界的同时，实现对自己的主观世界的改造。马克思、恩格斯在历史上第一次就人的本质做出了科学概括，为理解人个性的内涵、影响因素及各影响因素之间的关系指明了方向。

社会环境决定个性形成，但人类又能主动地改造社会。对社会环境的改造不仅为人类提供了更合适的生存条件和生活基础，而且使人接受到更深刻的教育。

关于人的个性，持唯心主义立场的教育家往往将其理解为抽象的、一般的人性，认为人的个性独立存在于社会生活之外，与人的世界观和心理特征没有关联。马克思、恩格斯则认为，人的个性是社会的产物，不同社会阶段、不同的阶级会形成具有不同个性的人，反映着不同的社会关系的总和。

马克思、恩格斯继而论述了遗传、环境和教育等在人的个性形成中发挥的作用及其相互关系。

第一，关于遗传素质对人个性形成的作用。马克思、恩格斯反对"遗传决定论"，认为遗传只是为个人个性的形成提供了条件和可能。遗传素质并不是现成的才能、智慧和性格，仅仅是一种素质和可能性，是实现才能、智慧和性格发展的前提和条件。要想将遗传素质转化为现实的才能、智慧和性格，只能依赖于必要的和适当的社会条件和教育。不同的社会条件与不同的教育，对个人来说就意味着遗传素质转化为现实才能、智慧和性格的不同限度。

第二，关于环境在个性形成中所发挥的作用。法国唯物主义思想家爱尔维修和空想社会主义者欧文等人曾主张"人是环境的产物"，环境在个性形成中发挥着决定性的

---

① 苏联教育科学院：《马克思恩格斯论教育》上卷，华东师范大学《马克思恩格斯论教育》辑译小组辑译，96页，北京，人民教育出版社，1985。

作用，这一见解在当时是具有积极意义的。但马克思、恩格斯认为，爱尔维修和欧文的观点夸大了环境对人的作用，没有真正理解人的本质及其与环境的辩证关系，没能认识到人对环境的适应不是消极的、被动的，而是通过自己的实践活动积极地改变环境，并在改造客观世界的过程中实现对自身主观世界的改造。

第三，马克思、恩格斯主张教育在人的个性形成中发挥着巨大作用。每个人都是处于一定历史时期的人，其发展与前人以及同时代其他人的发展紧密地联系在一起。前人与同时代人所积累的改造自然和改造社会的经验和知识，可以通过教育，尤其是通过系统化的学校教育传授给年轻的一代人，实现人个性、体力和精神的发展，所以，教育在个性形成中发挥着巨大的作用。另外，为了实现对人一般人性的改造，使其在一定的劳动部门中经受锻炼，成为特殊的和专门的劳动力，也需要进行相应的教育。在存在阶级压迫和剥削的旧社会中，教育对人的个性形成作用有限。只有在未来的理想社会之中，阶级压迫和剥削现象被消除，人人从事有计划的劳动和生产活动，个人利益和集体利益高度一致，教育的方向和社会发展保持高度一致，教育才能成为影响个性形成的决定性因素。

第四，马克思、恩格斯十分重视通过革命实践，发挥环境和教育对人的个性形成与个人发展的作用。在一定历史时期，当生产关系对生产力的束缚达到不可调和的地步时，革命往往会发生。借助于革命实践摧毁旧的社会关系，并建立起新的社会关系，也就相应改变了社会关系对教育的制约性，同时发生改变的还有社会关系对人的个性形成的影响。

第五节　人的全面发展与教育

关于人的全面发展，是马克思和恩格斯重点论述的教育问题。马克思和恩格斯在系统考察人类社会生产发展历程，尤其是社会分工历程的基础上，深入探索了导致人片面发展的社会根源、实现人全面发展的社会生产和教育基础，提出了面向全体社会成员实施普遍的包括智育、德育、体育、美育与综合技术教育在内的全面教育，实现教育与生产劳动的结合，培养全面发展的人的教育主张。

一、社会分工与人的片面发展

基于对人类社会分工与人的发展之间历史关系的系统考察，马克思、恩格斯提出，正是支配个人的社会分工使人的发展受到限制，使其最终成为片面发展和畸形发展的个人。人的发展受到特定历史时期社会生产力水平、生产关系、社会分工以及个体受教育状况等多种因素的影响。脱离具体的社会现实和历史条件，抽象地讨论人的发展是没有意义的。

人类原始社会时期，较为低下的生产力水平决定了人的发展普遍维持在一个较低的水平上。所有的社会成员共同拥有生产资料、共同劳动，人的发展表现出该时期特有的朴素的"全面发展"状态。

当人类社会步入奴隶社会后，生产力水平的提高、剩余产品的出现、私有制和阶级的产生、城市和乡村的分离、脑力劳动和体力劳动的分离，最终导致人的片面发展。"第一次大分工，即城市和乡村的分离，立即使农村人口陷于数千年的愚昧状况，使城市居民受到各自的专门手艺的奴役。它破坏了农村居民的精神发展的基础和城市居民的体力发展的基础。"①

封建社会与资本主义社会初期，随着手工作坊与工场手工业生产方式的逐步确立与完善，工人被束缚在单一的操作动作上，成为承担局部劳动的自动工具。"为了训练某种单一的活动，其他一切肉体的和精神的能力都成了牺牲品。人的这种畸形发展和分工齐头并进，分工在工场手工业中达到了最高的发展。工场手工业把一种手艺分成各种精细的工序，把每种工序分给个别工人，作为终生的职业，从而使他一生束缚于一定的操作和一定的工具之上。"②

随着工业革命的爆发，在发达的资本主义国家，现代机器大工业生产以及工业主义制度的推行，进一步导致工人与智力劳动的分离，导致工人体力与精神自由发展的机会和空间被剥夺，最终只能沦为巨大的现代机器大工业生产体系中的"活零件"，成为机器的单纯附属品，工人发展则越来越片面化和畸形化。

现代科学知识与技术持续创新和发展，并被持续应用于现代机器大工业生产实践，导致工人的劳动职能与生产过程结合的内容与方式，随着新知识与新技术的应用而不断发生着革命性变化，工人也就不断地从一个生产门类和生产岗位主动或被动地迁移到另一个生产门类和生产岗位。马克思、恩格斯指出，这体现了现代机器大工业生产的本性："现代工业通过机器、化学过程和其他方法，使工人的职能和劳动过程的社会结合不断地随着生产的技术基础发生变革。这样，它也同样不断地使社会内部的分工发生革命，不断地把大量资本和大批工人从一个生产部门投到另一个生产部门。因此，大工业的本性决定了劳动的变换、职能的更动和工人的全面流动性。"③基于此本性，现代机器大工业生产向人提出了全面发展的要求，即承认劳动的变换，进而承认将工人尽可能多方面的发展视为社会生产的普遍规律。同时，大工业还要求："用适应于不断变动的劳动需求而可以随意支配的人员，来代替那些适应于资本的不断变动的剥削需要而处于后备状态的、可供支配的、大量的贫穷工人人口；用那种把不同社会职能当作互相交替的活动方式的全面发展的个人，来代替只是承担一种社会局部职能的局部个人。"④

---

① 苏联教育科学院：《马克思恩格斯论教育》下卷，华东师范大学《马克思恩格斯论教育》辑译小组辑译，94页，北京，人民教育出版社，1986。

② 苏联教育科学院：《马克思恩格斯论教育》下卷，华东师范大学《马克思恩格斯论教育》辑译小组辑译，94页，北京，人民教育出版社，1986。

③ 苏联教育科学院：《马克思恩格斯论教育》上卷，华东师范大学《马克思恩格斯论教育》辑译小组辑译，409页，北京，人民教育出版社，1985。

④ 苏联教育科学院：《马克思恩格斯论教育》上卷，华东师范大学《马克思恩格斯论教育》辑译小组辑译，410页，北京，人民教育出版社，1985。

关于在大工业生产条件下个人实现全面发展的可能性，马克思、恩格斯则认为，现代科学技术为机器大工业生产消除旧式分工的凝固化及其导致的人的发展的片面化提供了条件。科学知识与技术在大工业生产实践中的不断应用、工艺学的出现，使得整个社会生产过程变成基本科学原理的具体应用过程，掌握基本生产原理的劳动者能够适应多种专业的生产劳动。此外，机器化大生产缩短了劳动时间，为劳动者接受教育和学习科学知识与技术提供了时间上的可能。

尽管机器大工业生产提出了人的全面发展的要求，但这在资本主义社会中是难以实现的。资本主义生产方式使新的分工产生，让人的发展更趋于片面化。资本家为了攫取更多的利润，将工人阶级家庭的子女束缚于工厂劳动的分工上。他们丧失了接受教育的机会，或者仅能接受极为有限的教育，个性得不到全面发展。农民家庭子女也因居于乡村，生活贫困，只能从事粗重的体力劳动，难以接受应有的教育。资本主义社会中机器大工业生产提出的人的全面发展要求，与资本主义制度和生产方式可怕地再生产了新的分工凝固化和专门化之间的矛盾，是资本主义社会生产力与生产关系这一基本矛盾的反映。只有消灭资本主义制度本身，才能从根本上消除这一矛盾。

二、实现人的全面发展的教育

人的全面发展，首先是指人在智力和体力两方面均得到发展；人的全面发展还具体表现为人在个性、道德和志趣等诸方面均得到发展；人的全面发展还是一种自由、主动、完整的发展。人的全面发展只有在未来的理想社会，即共产主义社会中才能真正实现。在共产主义社会，生产资料私有制被废除，阶级划分和阶级差别被消灭，社会生产力实现高度发展，人们有计划地生产以满足全社会民众的需要，劳动者的劳动包括智力劳动和体力劳动，科学知识和技术与劳动高度结合，所有这些为个人自由全面的发展提供了坚实的物质基础和社会保障。

人的全面发展的实现，还需要面向全体社会成员平等实施智育、体育、技术教育。"我们把教育理解为以下三件事：

第一：智育。

第二：体育，即体育学校和军事训练所教授的那种东西。

第三：技术教育，这种教育要使儿童和少年了解生产各个过程的基本原理，同时使他们获得运用各种生产的最简单的工具的技能。

对儿童和少年工人应当按不同的年龄循序渐进地授以智育、体育和技术教育课程。技术学校的部分开支应当靠出售这些学校的产品来补偿。

把有报酬的生产劳动、智育、体育和综合技术教育结合起来，就会把工人阶级提高到比贵族和资产阶级高得多的水平。"[①]

在其他相关著作中，马克思、恩格斯对青少年一代的道德教育也极为重视，并曾论及美育。所以，实现人的全面发展的教育包括智育、德育、体育、美育和综合技术

---

① 苏联教育科学院：《马克思恩格斯论教育》上卷，华东师范大学《马克思恩格斯论教育》辑译小组辑译，328～329 页，北京，人民教育出版社，1985。

教育五部分。

关于智育，马克思、恩格斯将其作为实现人全面发展教育的最重要的组成部分。智育的主要任务在于，向青年一代传授系统的科学知识，提高他们的智力和智慧水平，培养他们的思维能力，使其形成辩证唯物主义世界观，掌握将系统的科学知识和理论应用于社会建设实践的技能和技巧。恩格斯把人类的知识分为三类：自然界无机物的知识，如天文学、数学、机械学、物理学和化学等；自然界有机物的知识，如植物学、动物学等；社会科学的知识，如历史学、社会学、语言学、政治学和经济学等。因而，社会主义学校应开展数学、植物学、动物学、语言学、历史学、本国语、外国语、古典文学等全面的学科知识教育。在教学过程中，注重依据各学科知识的内在逻辑向学生传授系统的知识，使学生具备认真严肃的科学态度。遵循理论与实践的结合，综合运用归纳法和演绎法，强调知识的理解、掌握与应用是一项艰苦的智力劳动，青年一代只有刻苦学习，才可能完成相应的学习任务。"在科学上没有平坦的大道，只有不畏劳苦沿着陡峭山路攀登的人，才有希望达到光辉的顶点。"①

关于德育，马克思、恩格斯将道德教育作为实现人全面发展教育的不可分割的部分。道德是人类社会发展的产物，在阶级社会中道德是有阶级性的。资本主义社会同时存在至少三种道德：已过时的贵族道德，即封建道德的残余；居于统治地位的资产阶级道德；无产阶级道德。无产阶级道德是人类的最高道德，要以无产阶级道德武装人民，教育年轻的一代。无产阶级道德教育的主要内容包括：爱国主义、集体主义、国际主义与人道主义教育，劳动观点、组织性与纪律性教育，反宗教教育，无产阶级革命意志教育。

关于体育，马克思、恩格斯将其作为实现人的全面发展教育的不可或缺的组成部分。体育的内容主要包括体操、军事训练以及远足等。借助于体操、军事训练和远足等活动，发展工人阶级子女的体力，锻炼他们的意志和性格，并相应提高他们的智力，为实现人的全面发展提供必要的物质基础。

关于美育，马克思、恩格斯将其视为实现人的全面发展教育的因素之一。美育可以帮助发展人对大自然和人类文化艺术的欣赏才能和兴趣，使人具备健康的情感和意志，鼓励人创造和建设美好的世界。

关于综合技术教育，马克思、恩格斯将其作为实现人的全面发展教育的必要组成部分。在马克思、恩格斯看来，综合技术教育的主要任务，在于使青年一代了解现代机器大工业生产过程的基本原理，掌握操作最简单的生产工具的技能。综合技术教育的目的在于将年青一代培养成为生产过程自觉的支配者，既能有效地从事生产劳动，又能通晓现代科学知识，了解现代生产基本原理。实施综合技术教育需要接受者具备一定的基础，掌握有关物理学、机械和数学等方面的知识。马克思、恩格斯提倡的综合技术教育，不同于此前裴斯泰洛齐和卢梭等教育家的劳动教育。裴斯泰洛齐等教育

---

① 苏联教育科学院：《马克思恩格斯论教育》上卷，华东师范大学《马克思恩格斯论教育》辑译小组辑译，331页，北京，人民教育出版社，1985。

家主张儿童学习农业和手工业知识与技术，劳动生产与教育的结合只是一种简单的机械的结合；综合技术教育则是在普通教育的基础上实施的，既不是狭隘的职业教育，也不是多种类型的农业与手工业技术技巧教育，而是以传授"工艺学"知识的方式向青少年传授现代机器大工业生产过程的基本原理，以及实施带有极大通用性的生产工具操作技能的训练。在综合技术教育中，教育与生产劳动的结合是一种深入的、有机的结合，目的在于培养适应现代大工业生产的全面发展的人。

第六节　教育与生产劳动相结合

在继承唯物主义思想家及空想社会主义者关于教育与生产劳动相结合的合理观点的基础上，马克思、恩格斯就教育与生产劳动相结合的必要性、可能性及其重大意义等重要问题进行了更为科学和全面的论述。

关于教育与生产劳动相结合的必要性，马克思、恩格斯认为，第一，工业革命的持续推进、资本主义经济的发展、机器大工业与工业主义的兴起、现代科学技术日新月异的发展及其在生产领域中的普遍应用、社会生产的科学化和社会化水平不断提升，导致劳动者的脑力劳动和体力劳动进一步分离。因此，未来工人和劳动者的教育必须实现与生产劳动相结合。第二，现代化机器大工业与大生产的本性，向劳动者提出了实现尽可能多方面发展的要求。教育与生产劳动相结合，能够使劳动者较好适应劳动岗位的变更和劳动内容的变化。第三，越来越多的妇女和儿童被吸引到工厂参加劳动，儿童身心受到摧残。马克思、恩格斯将现代机器化工业生产吸引儿童和少年参与生产事业，视为进步的和合乎规律的现象。但同时强调，必须通过相应的立法的手段，就童工的劳动时间做出限定，且规定他们必须接受相应时间的教育，将教育与生产劳动结合起来。

关于教育与生产劳动相结合的可能性，马克思、恩格斯认为，现代化机器大工业生产建立在现代科学知识与技术的基础之上，现代生产过程成为现代科学原理的具体应用过程，通过"工艺学"等即可向劳动者展示现代生产过程的基本原理，使劳动者掌握现代生产的通用性技能和技巧，这为实现教育与生产劳动的结合提供了基础；同时，综合技术教育通过"使儿童和少年了解生产各个过程的基本原理，同时使他们获得运用各种生产的最简单工具的技能"，为教育与生产劳动相结合提供了重要手段。

关于教育与生产劳动相结合的重大意义，马克思在《资本论》中将其表述为："它不仅是提高社会生产的一种方法，而且是造就全面发展的人的唯一方法。"[1]在《哥达纲领批判》中，马克思论述道："在按照各种年龄严格调节劳动时间并采取其他保护儿童的预防措施的条件下，生产劳动和教育的早期结合是改造现代社会的最强有力的手

---

[1]　苏联教育科学院：《马克思恩格斯论教育》上卷，华东师范大学《马克思恩格斯论教育》辑译小组辑译，406 页，北京，人民教育出版社，1985。

段之一。"①

尽管资本主义社会机器大工业生产提出了教育与生产劳动相结合的要求,并且提供了相应的基础和条件,但这一"结合"因受制于资本主义社会中的生产关系和经济规律而不能得到较好实现。只有在合理的社会制度下,社会生产力实现高度发展,对通过教育与生产劳动相结合培养全面发展的人提出更高的要求,劳动制度和教育制度也为这一"结合"提供更为完善的条件,教育与生产劳动的普遍结合、密切结合和全面结合才可能实现,教育与生产劳动相结合的重大意义才能得到最充分体现。

小结

在批判性继承欧洲空想社会主义者教育思想遗产的基础上,马克思、恩格斯从一定社会历史条件下具体的人和现实的人出发,深入全面考察了人的发展与教育,解释了教育与社会的内在联系,阐明了教育与社会生产的互动关系,探讨了遗传、环境、教育以及革命实践对人的本质、个性形成所发挥的作用及其相互关系,论述了教育与生产劳动相结合的必要性、可能性及其重大意义,阐述了人的全面发展的必要性及其教育实施方式。马克思和恩格斯的教育思想进一步提升了人类教育科学的理论水平,为人类教育尤其是社会主义教育实践的开展和共产主义教育理想的实现提供了科学的理论指导。

思考题:

1. 简述马克思、恩格斯关于教育与社会关系的主要观点。

2. 简评马克思、恩格斯关于教育与社会生产关系的基本主张。

3. 试述马克思、恩格斯关于人的本质及影响人发展的各因素之间关系的核心观点。

4. 试述马克思、恩格斯关于教育与生产劳动相结合的主要观点。

5. 试述马克思、恩格斯关于人的全面发展与教育的核心观点。

参考文献:

1. 苏联教育科学院.马克思恩格斯论教育:上卷.华东师范大学《马克思恩格斯论教育》辑译小组,辑译.北京:人民教育出版社,1985.

2. 苏联教育科学院.马克思恩格斯论教育:下卷.华东师范大学《马克思恩格斯论教育》辑译小组,辑译.北京:人民教育出版社,1986.

3. 王焕勋.马克思教育思想研究.重庆:重庆出版社,1988.

---

① 苏联教育科学院:《马克思恩格斯论教育》下卷,华东师范大学《马克思恩格斯论教育》辑译小组辑译,46 页,北京,人民教育出版社,1986。

第三编　现代教育史

第十五章 19世纪末至20世纪初的欧美教育革新运动

内容提要

本章主要描述了19世纪末20世纪初欧美国家教育革新运动兴起与发展的历史过程，重点阐述了欧洲新教育运动和美国进步教育运动中重要教育实验的内容、主要代表人物的教育观点以及实验教育学的基本主张，并评价了其历史影响，具体归纳了该时期欧美国家教育革新运动的特征与影响。

学习目标

1. 了解19世纪末20世纪初欧美教育革新运动发生的社会背景。

2. 掌握新教育运动、进步教育运动以及实验教育学的主要观点。

3. 掌握重要教育实验并对其进行评论。

核心概念

新教育；进步教育；实验教育学；儿童中心；活动课程

19世纪末20世纪初,欧美国家的社会政治格局、经济发展以及科学文化都发生了许多重大变化。首发于英国的工业革命以及由此引发的资本主义生产方式变革的成果已在西欧各国确定下来。在这一时期,科学技术的新发现和新发展,催生和推动了以电力代替蒸汽为机器运转动力为标志的第二次工业革命的爆发,世界各主要资本主义国家工业化进程加快,资本主义生产方式的变革实现了由自由资本主义向垄断资本主义阶段的过渡。工农革命斗争暂时处于低潮,资本主义世界步入相对稳定的发展时期。

物质生产领域所发生的变化呼唤并推动着精神领域的相应变革,要求改变传统的社会价值观,确立体现并维护资本主义生产理念的新的现代社会价值观。自由、平等、博爱、人权、个人主义价值观等先后确立下来,各种文化革新运动也风起云涌。人们以乐观主义的态度对教育寄予较大的希望,希冀借助改进教育解决各种社会矛盾,培养适应并促进新时期社会政治与经济发展的人。另外,随着初等义务教育的普及化发展,人们在关注教育质量的同时,更加重视对儿童特性的研究。实验科学尤其是实验心理学的诞生和发展为教育革新提供了科学依据和方法论基础。卢梭及其追随者的自然教育主张成为教育革新运动的思想渊源。人们积极开展教育实验,探求教育良策,推进教育实践,力求建立符合实际、与社会生活和儿童生活联系密切的"科学的教育学"。

19世纪末20世纪初,在欧洲国家和美国兴起的教育革新运动,既是上述复杂的社会发展在教育领域内的综合反映,也是基于第二次工业革命的深入发展而开展的整体社会改革运动的重要组成部分。在抨击19世纪形成的旧教育体制、教育内容与方法的基础上,欧美教育革新运动以建立符合现代社会要求的新型教育为目的,揭开了现代教育的新篇章。此次教育革新运动因活动地域、历史背景、文化传统和发展轨迹的差异,主要分为西欧的新教育运动和美国的进步教育运动。实验教育学、凯兴斯坦纳的国民教育和劳作学校理论、蒙台梭利的教育方法均属于新教育的范畴。

第一节　新教育运动

"新教育运动"是19世纪末至20世纪初在欧洲大陆兴起与推行的一场以改革传统教学理论和方法为目的的教育革新运动,又称"新学校运动"。为适应当时政治、经济发展的需要,新教育运动以自然科学特别是生物学和心理学为理论依据,以建立不同于旧式传统学校的"新学校"为先导,以新学校为新教育的"实验室",就新教育目的、内容与方法等进行了广泛实验,并与美国的进步教育运动遥相呼应。

新教育运动首先在19世纪80年代末的英国开启,后迅速扩展到欧洲其他国家和地区,如法国、德国、瑞士、意大利、比利时等。新教育运动从产生、发展到衰落前后历时半个多世纪,对世界各地的教育理论与实践发展产生了广泛而深远的影响。新教育运动初期,新教育的代表人物主要包括英国的雷迪(C. Reddie,1858—1932),德国的利茨(H. Lietz，1868—1919)和法国的德莫林(E. Demolins，1852—1907)等；进入20世纪后，新教育的代表人物主要包括德国的凯兴斯泰纳和比利时的德可乐利(O. Decroly，1871—1932)等。

一、新教育运动的形成与发展

1889年，英国教育家雷迪在英格兰德比郡创办了阿博茨霍尔姆(Abbotsholme)乡村寄宿学校，标志着欧洲新教育运动的兴起。这一时期，英国公学以古典人文学科为主要学习内容，脱离社会现实，难以适应科学时代的要求。雷迪在批判这一弊端的基础上，希冀通过创办阿博茨霍尔姆学校，发挥新学校的引领作用，让教育担负起改造社会文明的神圣使命。阿博茨霍尔姆学校以11~18岁的男孩为教育对象，以培养新型的英国领袖人物为教育目的。在课程与教学内容上，学校除对入学儿童进行体力和手工活动、艺术和想象力的教育与训练外，还开设了文学和智力课程，同时实施社会教育和宗教道德教育。在教学组织形式和教学方法上，学生上午学习功课，下午从事体育锻炼和户外实践，晚上则开展娱乐和艺术活动。该校因其引人注目的改革成效而被奉为欧洲"新学校"的典范，其教学方式被教育革新人士竞相效仿。

1893年，曾在雷迪学校执教的巴德利(John Haden Badley，1865—1967)效仿雷迪，在英国南部的苏塞克斯郡创办了贝达尔斯(Bedales)学校。该校在教育目的、课程设置和教学形式上与阿博茨霍尔姆学校相似，有所不同的是，巴德利更注重对儿童创造力的培养，更关注教学过程，学校管理也更加民主自由，并且实行男女同校教育。随后建立的新学校还有亚历山大·戴文(Alexander Devine)在曼彻斯特创办的高顿男童之家，帕克在布里斯托尔创设的女童学校。这类新学校注重组织儿童开展手工劳动、园艺作业及远足旅行等活动，教师则作为活动的组织者和指导者，负责学生看护、营养及心理健康发展等事务，允许学生参与管理学校事务。

法国社会学家德莫林和德国教育家利茨在参观了雷迪的阿博茨霍尔姆学校后，分别在法国和德国创建了新学校。1898年，德莫林出版《新教育》一书，在法国推行新教育，并于1899年创办了法国第一所新学校——罗歇斯学校。该校追随贝达尔斯学校的实践，又类似于阿博茨霍尔姆学校，只招收男生。德莫林重视在师生之间营造"小家庭"式的亲密关系，并在开设各种正规课程的同时，注重为学生提供参与体力劳动和开展小组游戏等活动的机会，尤其重视体育运动，因此这所学校又享有"运动学校"之称。该校在法国获得很大成功，引起许多人的关注。

利茨深受法国教育家卢梭和瑞士教育家裴斯泰洛齐等人教育思想的影响，又直接吸收了雷迪阿博茨霍尔姆学校的经验，1898年在德国哈尔茨山区的伊尔森堡创办了德国第一所乡村教育之家，招收6~12岁男童，注重营造亲切、民主和自由的家庭氛围，为学生提供各种活动的机会，将智力活动与广泛的体育、游戏和艺术鉴赏活动等结合起来，培养学生"清楚地和深刻地思考，热情地探索，以及勇敢地和果断地行动"[1]

---

[1] W. F. Connell, *A History of Education in the Twentieth Century World*, New York, Teachers College Press，1980，p. 128.

的能力。后来，利茨又在豪宾达和拜勃斯顿地区创办了另外两所乡村教育之家，后又扩展成为八所，均效仿阿博茨霍尔姆学校，探索实施新教育。

这一时期，影响较大的新学校还包括瑞士教育家费利耶尔（Adolphe Ferriere，1879—1960）创办的克拉赛格学校（1899 年）、比利时教育家德可乐利创办的"隐修学校"（1907 年）等。至第一次世界大战爆发前，西欧各国共创办了 100 多所新学校。这些新学校虽然类型不同，但均表现出一些共同特征：实施寄宿制；学校多设于风景优美的乡间或城市远郊；注重在校内营造和谐的家庭氛围；重视儿童经验和兴趣在学习过程中的作用；注重培养学生多方面的能力，开设游戏、园艺劳动、手工、体操和旅行等课程。总的说来，新教育家分别对新教育的一般理论和原则进行了初步探索，开展了卓有成效的教育实验，并在实践中不断丰富、更新自己的思想，各国新教育家也彼此借鉴各自的教育理念和教育经验。然而，总体而言，这一时期的新教育运动缺乏总体规划，主要是教育家个人的教育行为，缺乏必要的组织与计划性。并且，这些新学校在办学实践中也表现出一些局限性，如学费昂贵，教育对象主要是社会上层和高收入阶层的儿童，学校规模较小，并且独立于学校教育制度之外等。不过，新教育运动的开展以及新教育家的办学实践，引起了世人对新教育的关注和对传统教育的反思，也推动了各国间新教育的国际交流。

第一次世界大战后，西欧新教育运动蓬勃发展。这不仅表现为原有的新学校得以继续发展，而且还体现为新学校的继续创办以及新教育运动原则的确立，更表现在新教育联谊会的成立和该组织所开展的卓有成效的工作上。瑞士教育家费利耶尔为新教育运动的发展步入正轨做出了突出贡献。1899 年，费利耶尔在日内瓦创建了"国际新学校局"，作为欧洲各国新学校的协调与联络中心。1921 年，在费利耶尔的推动下，"新教育联谊会"在法国加莱成立，并出版了《新时期的教育》杂志，每位杂志订阅人自动成为该会会员。1922 年，新教育联谊会颁布了新教育联谊会章程，提出了新教育的"七项原则"：①增进儿童的内在精神力量；②尊重儿童个性发展；③促使儿童的天赋自由发展；④鼓励儿童自治；⑤培养儿童为社会服务的合作精神；⑥发展男女儿童之间的协作意识；⑦教育儿童尊重他人与民族、保持个人尊严。

然而，1929 年经济危机爆发后，随着意大利法西斯和德国纳粹势力的日益猖獗，世界局势动荡不安，新教育联谊会也相应修订了自己的目标。1932 年之后，新教育运动强调通过教育对社会进行改造，让儿童认识复杂的社会，培养社会参与意识和社会责任感，为社会变革服务。新教育联谊会还在欧洲、亚洲和非洲的一些国家以及英语世界的大部分地区成立了分会。1942 年，新教育联谊会通过了著名的《儿童宪章》，适应世界性普及教育的要求，强调教育机会均等。第二次世界大战结束后，随着联合国教科文组织的成立和各国教育形势的新发展，西欧新教育运动逐步走向消解。1966 年，新教育联谊会更名为"世界教育联谊会"，标志着新教育运动作为一场运动的终结，但这场运动对未来的影响是长远而深刻的。

二、西欧新教育运动中的著名教育实验

（一）雷迪的阿博茨霍尔姆学校

雷迪的阿博茨霍尔姆学校是西欧新教育运动中创办的第一所新学校，该校位于英国德比郡一个风景秀丽的小镇。雷迪创办此校的最初动因是，他认为当时的公学不能发挥其应有的改造社会的积极作用。雷迪创设新学校，不是为了满足追随时尚者的一时兴趣，而是为了满足经过改革的英吉利民族之正常需要。① 阿博茨霍尔姆学校为男子寄宿学校，招收 11~18 岁男孩入学，实施一种全面的教育，使学生具备领导、合作、平衡各方面的能力。学校的日常生活安排是：上午主要开展室内学习活动；下午主要开展室外活动，如手工、体育运动及体力活动等；晚上主要开展音乐、文学和社会性娱乐活动。

阿博茨霍尔姆学校课程设置颇具特色。全部课程共分为六大模块：第一是学科课程，包括英语、现代及古典语言、数学、自然科学、历史、地理、经济、社会研究、卫生学、体育等；第二是体育和手工活动课程；第三是能唤起儿童想象力的艺术课程；第四是社会教育课程；第五是宗教道德课程；第六是健康与卫生课程。这六大模块的课程彼此联系，雷迪要求尽可能地把课程与当地现实情况及男孩子们的现有活动联系起来。他认为，和谐均衡教育的课程理想，只有通过智力的、体力的、道德的、艺术的、社会的各方面课程恰当而成功的结合才有实现的可能。

阿博茨霍尔姆学校的新教育实验获得了巨大成功，并产生了较大的国际性影响，贝达尔斯学校、罗歇斯学校及乡村教育之家等一批新学校都是以该校为榜样创办的。雷迪也因其在阿博茨霍尔姆学校所做的开创性贡献而被誉为"新教育之父"。

（二）利茨的乡村教育之家

利茨为西欧新教育运动时期德国的杰出代表，曾就读于哈勒大学和耶拿大学，受德国教育家莱因的影响，于 1889 年赴雷迪的阿博茨霍尔姆学校访问并工作了一年。在教育思想方面，他深受卢梭和裴斯泰洛齐等人的启发。因此，在借鉴雷迪阿博茨霍尔姆学校经验的基础上，利茨先后在德国的伊尔森堡、豪宾达及拜勃斯顿地区创办了三所乡村教育之家。这标志着新教育运动在德国的兴起。

利茨根据自己的成长经历以及在阿博茨霍尔姆学校的观察结果，认为乡村环境蕴含着无穷的教育力量，城市是最不利于开展教育的地方。因此，他认为必须精心选择学校地点，校舍环境必须风景优美，以使学生的身体和心理得到充分的发展。乡村教育之家注重教育社会化，其目的在于养成和谐健康的人格。乡村教育之家的生活应富有规律性，拥有民主、友爱、互相信任的家庭氛围，并在家庭式生活的基础上实行学生自治，每个学生均有权参与学校及其生活中的一切事项。每所乡村教育之家对学生的年龄都做出了一定限制，并充分发展儿童个人的才智和能力。乡村教育之家提供各种学术、体育、艺术活动，力图将智力活动与广泛的体育活动、社会教育和艺术欣赏

---

① W. F. Connell, *A History of Education in the Twentieth Century World*, New York, Teachers College Press, 1980, p. 264.

结合在一起。在课程与教学方面，学生主要学习德语、数学、自然科学、历史和地理等，教学方法以直观教学和实物教学为主。在乡村教育之家，教师发挥着指导者和力行者的作用，在道德学识和为人处世方面为学生树立榜样。

利茨的乡村教育之家实践在德国产生了较大影响。至第一次世界大战之前，这类学校已增至12所。

(三)德莫林的罗歇斯学校

德莫林为法国著名的社会学家和教育家。在与雷迪交流的过程中，德莫林认识到乡村教育之家是适合社会生活需要、打破传统教育体系的新动力，并由此撰写了《英国民族的优越性在哪里?》一书。1898年，他又写了《新教育》一书，系统地阐述了自己的新教育主张。

德莫林对法国教育的现状非常不满。他认为，法国教育以培养服从与安分之人为目标，学生缺乏独立自主与承担责任的精神；公立寄宿制中学师生关系不够融洽，缺乏沟通与交流，学校未能发挥应有的作用；学校纪律严酷，且与外界隔离，学生无自然发展机会，缺乏充分的自由与宽容。为扭转时弊、树立榜样，1899年，德莫林在巴黎郊外的诺曼底风景区德勒创办了法国第一所新学校——罗歇斯学校。该校追随贝达尔斯学校的风格，又类似阿博茨霍尔姆学校，仅招收男生。德莫林认为，该校的教育目的在于通过开展各种活动与训练，培养身体健康、心智完善、品德高尚的人，培养富有独立和自由精神的人，培养对社会有用的人。学校开设课程包括希腊语、拉丁语、现代语言、数学、自然科学、历史、地理、农业和实业、手工和游戏课程。罗歇斯学校的课程教学表现出三个特点：第一是采用游学法学习现代语言，熟悉他国国情；第二是重视手工课，每周安排三个下午从事厚纸细工、制木、黏土细工、木工、金属细工、锻冶、园艺等手工活动；第三是设置游戏课。学校注重营造"小家庭"式氛围，学生可参与管理学校生活事务，主持组织学校的一些重要活动等，教师提供指导并参与其中。

(四)德可乐利与隐修学校

德可乐利，比利时医生、心理学家和教育家，新教育代表人物。1901年，他创办了一所特殊儿童学校。1907年，他又开办了一所名为"隐修学校"的新学校，招收正常儿童，后人又称之为"德可乐利学校"。

德可乐利深受卢梭自然教育思想、格式塔心理学和机能主义心理学观点的影响，将儿童本能与兴趣作为教育基础。他批评传统学校教育学术色彩浓厚，未能很好适应儿童的年龄、能力和兴趣。德可乐利为"隐修学校"所确立的教育宗旨为：第一，加强教育与生活的联系，在生活中进行为生活做准备的教育；第二，为学生提供适合儿童发展倾向的环境。因此，学校应设于自然环境之中，学习的地方即生活的地方，便于学生接触各种自然现象。同时，学校又是一个简化的社会。

"隐修学校"在办学实践中表现出如下特色。

第一，坚持生活教育信条，将自由视为学校教育的灵魂。学校教育的目的在于发展儿童独特的想象力、敏锐的观察力、专心作业和合作精神，注重个人与团体的合作，培养学生的合作能力和合作意识。

第二，探索实验一种新的课程与教学制度，将儿童兴趣和发展需要作为教育的基础，将儿童兴趣视为儿童成长方向的指示器。依据儿童所具有的食物、躲避自然灾害、防御敌人、劳动和相互依赖四大兴趣中心设置课程，将课程分为关于个人的知识和关于环境的知识两类。教室是工作室和实验室，学生以活动为主，上课及参观为活动的补充和拓展。

第三，教学方法分为具有内在关联的观察、联想和表达。观察即收集理解相关资料信息；联想即对已收集资料信息实施综合、分类和比较，并最终加以概括；表达即将概括的结果以书面或口头的形式加以展示和表述，巩固前两个阶段性方法的学习成果，进一步扩大学生的兴趣范围。

第四，学校日常生活安排力求生动活泼、丰富多彩。

"隐修学校"以儿童的营养、居室、防卫和活动四种需要为中心构建课程体系，以观察、联想和表达为基础构建教学模式，使儿童的观察、研究、实验和教育在繁忙活跃的气氛中进行，在实行互助和自我纪律的学校共同体之中进行。这无疑是"学校为生活，学校依靠生活"的最完整、最平衡的范例。① 德可乐利在隐修学校所实施的新教育实验，一定程度上推动了比利时乃至整个欧洲新教育运动的发展。

（五）巴德利的贝达尔斯学校

巴德利，19 世纪末 20 世纪初英国新教育实践家。巴德利曾在阿博茨霍尔姆学校工作，后在英国南部苏塞克斯郡彼得斯费尔特近郊创办了贝达尔斯学校，并在实践中形成了自己的办学特色。

第一，在人与社会之间，贝达尔斯学校更加强调人自身的发展，强调教育的育人功能。该校的理想是把自由和责任结合起来，使个性要求与社会义务一致。②

第二，学校按照儿童入学年龄设立初级部与高级部，实行分部招生、分部学习，在教学实践中注意遵循不同年龄儿童身心发展的特征。在课程设置与实施上注意时间安排的阶段性。比如在高级部，第一阶段为普通科，实施全面的普通训练，发展一般能力，科目有英语、外国语、历史、地理、数学、科学等；第二阶段为升学科，为学生毕业升学做准备，科目有语文、数学、历史、地理和自然科学以及音乐和绘画等；第三阶段为专攻科，学生可根据各自的才能和兴趣，做专门的学习、研究，实行没有时间限制的个别教学。

第三，学校实施自由民主管理，给学生和教师充分的自由和尊重，并建立了议会式的自治制度。

第四，学校实行男女同校，揭开了新教育探索男女同校教育的新篇章。

在汲取阿博茨霍尔姆学校办学经验的基础上，贝达尔斯学校在教育理念、课程教

---

① 转引自戴本博、张法琨：《外国教育史》下，49 页，北京，人民教育出版社，1990。

② W. F. Connell, *A History of Education in the Twentieth Century World*, New York, Teachers College Press, 1980, p. 264.

学和教育管理上办出了自己的特色，取得了较大成功，一定程度上代表了这一时期英国新教育发展的理论水平和实践成就。

三、凯兴斯泰纳的教育思想

凯兴斯泰纳(G. Kerschensteiner，1854—1932)，德国教育家，19 世纪后期欧美劳作教育思潮的主要推动者和重要代表。在《国民教育的概念》(1910 年)和《劳作学校要义》(1912 年)中，凯兴斯泰纳系统表述了自己的国民教育和劳作教育思想，既契合了新教育运动重视儿童手工劳动的趋势，又在一定程度上满足了当时德国社会发展的需要，既促进了德国新教育运动的发展，又在事实上对德国普通教育及职业教育的发展产生了较大影响。

(一)国民教育思想

凯兴斯泰纳的国民教育思想建立在其政治理想的基础之上。凯兴斯泰纳的政治理想是建设一个文化法治国家。国家既要维护自身安全，确保公民身心健康，又要向伦理化社会发展，逐步实现人道国家理想，即通过"自我完善"实现"自我保存"。

凯兴斯泰纳指出，"国民教育的目的是以民族的理想，即民族文明与法制国家的理想的手段，实现道德集体的理想"①。具体来说，国家应开办公立学校，向个人提供最广泛的教育，以将其培养成为合格的国民，实现国家的理想。国民教育通过促成个人完善以服务于国家利益。国民教育事务及其目的的实现至关重要，"国民教育的问题，即国家信念的教育，培养人们将个人利益置于集体利益之中的教育，是一切教育问题中最最艰巨的问题"②。

凯兴斯泰纳强调，德国国民教育的任务在于，通过建立学校，成立各种学生联合组织，采取正确的劳作方法，教育学生为集体服务，习惯于尽义务，在自愿参与、服从、相互关照以及自愿奉献和重视道德勇气的情况下，从道义上促成集体发展。③ 同时，国民教育还承担着"教育公民自觉地，或者不自觉地，直接地或者间接地服务于使由他们组成的现有立法国家越来越接近于道德集体这一无限遥远的理想"的任务。④

关于国民教育对象，凯兴斯泰纳最初确定为产业阶层 14～20 岁的青少年，但后来又进行了修正，认为包括富有的和有教养的社会阶层的子弟在内的所有社会阶层的成员都需要接受国民教育。此外，凯兴斯泰纳批评了现代教育制度忽视对农民和女子实施国民教育的缺陷，主张设立农业补习学校以对农民进行技术、政治和艺术的教

---

① [德]乔治·凯兴斯泰纳：《凯兴斯泰纳教育论著选》，郑惠卿译，241 页，北京，人民教育出版社，1993。

② [德]乔治·凯兴斯泰纳：《凯兴斯泰纳教育论著选》，郑惠卿译，219～220 页，北京，人民教育出版社，1993。

③ [德]乔治·凯兴斯泰纳：《凯兴斯泰纳教育论著选》，郑惠卿译，240 页，北京，人民教育出版社，1993。

④ [德]乔治·凯兴斯泰纳：《凯兴斯泰纳教育论著选》，郑惠卿译，241 页，北京，人民教育出版社，1993。

育，并要求对14岁以上的女孩子实施与男孩子相同的教育。

（二）劳作教育思想

与其国民教育思想相联系，凯兴斯泰纳对劳作教育进行了深入思考。凯兴斯泰纳认为，国民教育的根本目标是培养有用的国家公民，服务于这一目标的教育机构是"劳作学校"，实施的教育即"劳作教育"。国民教育、职业教育和劳作学校是目的、手段和机构的关系。由此看出，劳作教育思想既是其国民教育思想的有机组成部分，又具有相对的独立性。

凯兴斯泰纳首先阐发了"劳作"的教育学意义，认为不同于游戏、运动和活动，"劳作"是一种身心结合、体脑并用的活动，是具有教育价值的个人活动方式。劳作有其具体目的，需要劳力劳心方可实现。因此，"劳作"是学生的独立活动，应使学生激起个人兴趣，产生内在需求，按照自己的计划想方设法去完成。

据此，凯兴斯泰纳为劳作学校确立了三项基本教育任务：第一项任务是进行"就业前的准备教育"[①]，即为个人将来在社会或国家组织中担任一种职务或从事具体的职业做准备；第二项任务是实现"职业教育的伦理化"[②]，即把个人工作与社会进步联系起来，把职业陶冶与性格陶冶联系起来；第三项任务是实现学生在其中"生活与谋职的大集体的道德伦理化"[③]，即在学生个人伦理化的基础上，培养其互助友爱、乐于合作的团队精神。此外，凯兴斯泰纳认为，劳作学校还担负着促使学生性格养成的责任，要求对学生实施道德教育与训练。劳作学校除注重向学生传授职业知识外，还应注重思维品质和手工操作能力的培养与提升。

在劳作学校的组织与实施上，凯兴斯泰纳主张制订切实具体的劳作学校教学计划，聘任接受过专门训练、经验丰富的技术教师承担教学任务，建设完善劳作教学的专用设施。劳作教学内容以体力工作为主，并且按照团体工作的原则组织开展劳作学校的各项工作。

凯兴斯泰纳是劳作教育思潮的主要代表，其教育理论不仅对德国，而且对世界许多国家的学校教育产生了影响。不过，凯兴斯泰纳的教育思想在反映19世纪末欧美国民教育趋势的同时，又带有明显的民族主义色彩。

四、爱伦·凯的教育观

爱伦·凯（Ellen Key，1849—1926），瑞典女作家、新教育运动的倡导者。所著的《儿童的世纪》（1900年）被视为欧洲新教育的经典著作。

爱伦·凯出生于国会议员家庭，23岁时随父游历欧洲，后在斯德哥尔摩做教师，并在工人学校兼职授课。

---

① ［德］乔治·凯兴斯泰纳：《凯兴斯泰纳教育论著选》，郑惠卿译，19页，北京，人民教育出版社，1993。

② ［德］乔治·凯兴斯泰纳：《凯兴斯泰纳教育论著选》，郑惠卿译，27页，北京，人民教育出版社，1993。

③ ［德］乔治·凯兴斯泰纳：《凯兴斯泰纳教育论著选》，郑惠卿译，32页，北京，人民教育出版社，1993。

爱伦·凯关注妇女解放，积极参与妇女运动活动，呼吁保障作为未来母亲的广大妇女的选举权、择偶权等相关权益，切实提高妇女的知识水平和文化素养，为妇女承担抚养教育子女的责任提供有利条件。

作为新教育的积极倡导者，爱伦·凯预言"20世纪是儿童的世纪"，提出了自己的自由教育理论，就新教育目的、新学校建设、新教育环境建设等问题进行了较为深入的阐述，为实现儿童天性发展和个性自由提供了理论支持。

关于新教育目的，爱伦·凯在批判旧教育戕害儿童发展的基础上，提出新教育要致力于培养身心健全、自由独立和富于创造精神的"新人"。

关于新学校建设，爱伦·凯主张，理想的新学校应废除班级教学制度、教科书、考试和体罚制度，一切活动以儿童为中心，让气质、兴趣相近的儿童组成学习小组，自选图书自学。理想的新学校还应创设手工工场，方便儿童开展多种活动，发展能力。

关于新教育环境建设，爱伦·凯抨击了旧教育无视儿童年龄特征、强迫儿童屈从于成人意志、限制其兴趣与活动等弊病，提出教师要为儿童发展创造适宜环境，成人和教师应依靠大脑而不是手臂去教育儿童，要求彻底废除体罚。她认为体罚只能给儿童带来恐惧，扼杀儿童的活动热情、冒险精神、想象力与创造力。

此外，爱伦·凯还提出要重视家庭教育，认为家庭中友爱温馨的氛围、父母高尚的情操等，均是对儿童的最好教育。

五、德可乐利的教育观

德可乐利(O. Decroly，1871—1932)，比利时教育家、心理学家和医生。著有《论个性心理学与实验心理学》、《语言的发展》和《比利时德可乐利新教育法》(与人合著)等。

德可乐利曾在根特大学攻读并获得博士学位，后在柏林和巴黎短期进修；1901年，在布鲁塞尔创办了特殊儿童学校，研究低常儿童的心理和教育问题；1907年，创设了德可乐利学校；1913年，任布鲁塞尔高等师范学校教授；1915年，联合教育家和慈善家开办孤儿院，收容第一次世界大战中的孤儿；1920年起，任布鲁塞尔大学儿童心理学系主任。

德可乐利批判当时的学校教育学术色彩浓厚，学习科目之间缺乏内在联系，不能很好适应儿童的年龄特点、能力和兴趣，主张教育和教学应以儿童的兴趣和发展需要为基础，要体现儿童整体化认知的特点。

德可乐利提出，学校教育改革的基本方向在于强化教育与生活的联系，为儿童创造适宜的发展环境，培养儿童的自制力、创造力和合作能力。

关于儿童教育环境，德可乐利认为，适于儿童发展的教育环境，应是有助于儿童智力、体力、社会适应能力和审美能力发展的教育环境，是方便儿童充分接触大自然、可以自由活动的教育环境，是风景秀美、视野开阔的教育环境。

关于儿童学习的课程，德可乐利主张设置以儿童兴趣为中心的课程，将儿童兴趣视为儿童成长方向的指示器。教育要基于儿童兴趣而实施，要打破传统的学科界限，将课程内容分为关于个人的知识和关于环境的知识两类，以前者为中心，与属于后者的家庭、社会、动物、植物、矿物等联系在一起，组成教学单元，开展整体化的以学生兴趣为基础的教学。

德可乐利的新教育观丰富了新教育思想体系，其探索实施的教学方法尊重儿童的兴趣，在一定程度上激发了儿童的学习热情，强化了教育与生活的联系，推动了新教育实践的发展。

六、罗素的教育观

罗素（Bertrand Russell，1872—1970），英国哲学家、数学家和教育家。1872 年 5 月 18 日出生于英国蒙茅斯郡的一个贵族家庭。幼年接受祖母的抚养和教育。1890 年入剑桥大学三一学院学习哲学、逻辑学和数学。1894 年完成学业。1908 年任剑桥大学三一学院研究员。后相继在剑桥大学、美国芝加哥大学和加利福尼亚大学任教。1927—1934 年，罗素与妻子朵拉开设了皮肯希尔学校。主要教育著作有《教育与美好生活》（1926 年）和《教育与社会秩序》（1932 年）。

罗素首先对传统教育进行了批判，认为传统教育过于强调对现有社会秩序的维护，而未以促进儿童发展为教育目的。"现在政府、教会和其他为它们服务的大的机关团体所办的教育，并不是本着尊敬的精神。教育上几乎从来也没有考虑到男女儿童、男女青年，而差不多老是在研究怎样在某种形式之下，可以保持现在的秩序。"①此外，罗素还提出，传统教育不利于儿童个性的自由发展。传统教育忽视儿童的心理特点，教学以产生信仰而非发展思维为目的。教学方法多为灌输式，儿童只是被动地接受教师所传授的知识，缺乏理解、思考和吸收的时间。

罗素重视开展"品格教育"。罗素认为，6 岁之前儿童的品格教育应该成为教育的中心任务。品格教育的目的在于使儿童具备四种理想的品格：活力、勇敢、敏感和智慧。"在我看来，将活力、勇气、敏感以及智慧四种特征结合便可奠定理想品格的根基。"②品格教育的内容主要包括使儿童养成良好的习惯、消除恐惧心、培养想象力、发展建设本能、养成诚实习惯、具备爱心和同情心，以及普及公平。

罗素还对现代教育的发展趋势做出了判断与预测，提出现代教育表现出四大发展趋势。一是教育制度民主化，即现代教育注重为每个人提供均等的教育机会，注重为所有男女儿童提供利用社会条件发展自己的机会。二是教育内容实用化，注重将数学和自然科学知识纳入课程体系，注重向学生传授有助于实现其自身发展和职业生活成功的实用知识。三是教学方法自由化。现代教育抛弃传统教育强制压抑的教学方法，取而代之的是从儿童本能和兴趣出发，开展引导和启发式教学，注重使儿童具备形成独立见解所必需的文化知识和思想习惯。四是对幼儿期教育及其在个人成长过程中的价值予以充分重视。

罗素对传统教育的弊端进行了抨击，重视实施品格教育，强调开展启发式教学，

---

① ［英］柏特兰·罗素：《社会改造原理》，张师竹译，86 页，上海，上海人民出版社，1959。
② ［英］罗素：《罗素论教育》，杨汉麟译，38 页，北京，人民教育出版社，2009。

预测了现代教育的发展趋势，丰富了欧洲新教育思想的内涵，对英国及欧洲其他国家的教育实践产生了一定的影响。

教育思想的发展既是教育实践变革的先导，也是教育实际经验的总结。西欧新教育运动中，不仅出现了大批有影响的新教育实验，而且还涌现了众多的教育思想家。他们凭着对新世纪新教育事业的热忱，就新教育实验和新教育实践进行了深入思考，形成了各具特色的教育理论。

第二节　进步教育运动

美国进步教育运动兴起于 19 世纪 70 年代，衰落于 20 世纪 50 年代，是迄今为止美国历史上持续时间最长、影响范围最广的一次教育运动。就基本性质而言，美国进步教育运动与西欧新教育运动，同为 19 世纪末 20 世纪初为适应现代社会政治变革、经济发展与文化革新需要而开展的教育革新运动。美国进步教育运动与西欧新教育运动孕育并检验了现代教育理念，推进了现代教育实践的发展。

进步教育运动发端于美国社会的重大转折时期——由农业国向工业国的大转折，由自由资本主义阶段向垄断资本主义阶段的大转折，由殖民地文化向独立自主文化的大转折。社会大转折需要新的教育与其相适应，然而，有关美国公立教育的调查却发现，美国旧教育存在普遍不适应当时社会需要的弊端。因而，19 世纪末美国兴起的进步主义运动在矫治工业社会政治经济弊病的同时，也要求对教育实施全面改革，呼吁进步主义者积极参与教育改革实践。在教育理论支持层面，进步教育运动的组织者与倡导者从卢梭、裴斯泰洛齐、福禄培尔和赫尔巴特等人的教育思想以及早期儿童研究成果中挖掘汲取了大量的理论观点，同时还接受了现代科学尤其是生物科学和进化论的影响。随着进步教育运动的持续推进，杜威的实用主义教育思想则为进步教育的开展提供了直接而有效的理论支持。

进步教育运动是作为进步主义运动的一部分而发起的，是应对美国工业化和民主化对教育的挑战的产物。因此，它面对和努力解决的问题是工业化初期和民主化初期的问题。进步教育运动具有广泛的社会性，其目的不仅仅局限于教育领域，而且具有更为广泛的社会意义。进步教育的操作程序是将社会的目标转换为教育的观念、思维和行动，其实验室主要是美国的公立学校。与欧洲"新学校"相比，进步学校更关心普通民众的教育，更强调教育与社会生活的联系，更重视从做中学，更关注学校的民主化问题。

一、进步教育运动的始末

美国进步教育运动发展相继经历了美国社会工业化与垄断化、第一次世界大战、1929—1933 年经济危机、"美国新政"以及第二次世界大战等历史时期。按照其自身发展轨迹，可以划分为四个阶段：进步教育运动的兴起（19 世纪 70 年代至 1918 年）、进步教育运动的成型（1918—1929 年）、进步教育运动的转折（1929—1943 年）和进步教育运动的衰落(1944—1957 年)。

1875 年，帕克先后在马萨诸塞州昆西市和芝加哥库克师范学校开展教育实验，与教师们共同创造了"昆西教学法"，创设了一批新型学校——昆西学校，这是美国进步教育运动中创办的第一批实验学校，帕克也因此被杜威称为"进步教育之父"。赖斯(J. Rice)于 1889—1890 年到德国耶拿和莱比锡研究教育理论，归国后受《论坛》杂志约请，撰写有关美国教育问题的文章。他访问了 36 个城市，与 1200 位教师座谈，察觉到美国学校教育中存在的各种弊端并予以揭露，引起了人们对传统教育的普遍批评以及对教育革新的广泛关注。1896 年，杜威创办了芝加哥实验学校。在他的影响下，各种形式的进步教育纷纷开展起来。尽管早期的进步教育家都力图通过学校改造社会，但各自的教育主张不尽相同，实施方式也存在差异。比如，深受卢梭和蒙台梭利影响的约翰逊(Marietta Johnson，1864—1938)创办的"有机教育学校"和帕克赫斯特(Helen Parkhurst，1887—1973)推行的"道尔顿制"，均强调儿童个性发展，重视儿童兴趣和能力的培养和提高；而深受杜威教育思想影响的沃特(William Albert Wirt，1874—1938)，则在推行"葛雷制"的过程中努力将学习和劳动、抽象的和实用的以及个性的和社会的因素等结合起来。

第一次世界大战后，美国许多学校或社区对实验进步教育新方法表示出强烈兴趣，进步教育思想得到广泛传播。1919 年，进步教育协会成立，标志着进步教育运动从一种自发的社会性运动发展成为一种有组织的专业化运动。1920 年，该协会确立了改进初等教育的七项目标，即进步教育的七项原则或行动纲领：①学生拥有自然发展的自由；②兴趣是全部活动的动机；③教师是指导者，而非作业的监工；④注重有关学生发展的科学研究；⑤对儿童的身体发展给予更大的注意；⑥适应儿童生活的需要，加强学校与家庭间的合作；⑦进步学校应在教育运动中发挥领导者作用。

1924 年，进步教育协会创办了《进步教育》杂志，向读者宣传并介绍欧洲的教育革新和美国进步教育状况，该杂志是当时教师了解进步教育的重要参考资料。在进步教育运动专业化和组织化水平日益提升的过程中，哥伦比亚大学师范学院发展成为美国进步教育运动的中心。从 1905 年起，哥伦比亚大学师范学院聚集了包括教育家杜威、历史学家孟禄(P. Monroe，1869—1947)、心理学家桑代克、社会学家拉格(H. Rugg，1886—1960)和课程理论家克伯屈(W. H. Kilpatrick，1871—1965)等在内的许多知名学者。20 世纪 20 年代末，杜威担任进步教育协会名誉主席，协会秘书处也迁至该院。不过，随着专业化倾向的日益增强，进步教育运动逐步失去了公众的理解与支持，并且出现了严重的对立与分化：以拉格为代表的一派强调"儿童中心"教育，以康茨(G. Counts，1889—1974)为代表的一派则强调"社会中心"教育。

1929—1933 年蔓延于整个资本主义世界的经济危机严重影响了美国进步教育运动的发展，促使进步教育运动的重心发生了转向，由以前的强调儿童中心和个人自由发展，开始转向重视发挥学校的社会功能，并且运动开展的领域也逐步从初等教育转向中等教育。"八年研究"成为这一转向的集中反映。经济危机进一步加剧了进步教育运动的内部分裂，"改造主义"就是这种分裂的产物。新保守主义教育思潮、工业的发展和泰勒的工业科学管理理论等都对进步教育运动提出了严峻挑战。1938年，博德发表《进步教育在十字路口》，成为进步教育运动走向衰落的标志。美国在欧洲战场参与第二次世界大战后，进步教育运动渐渐接近尾声。

1944年，进步教育协会更名为"美国教育联谊会"，成为欧洲新教育联谊会的一个分会，这是进步教育进一步衰落的表现。1953年，该会恢复"进步教育协会"名称，但此后未见有大的起色。1955年，进步教育协会宣布解散。1957年，《进步教育》杂志停办，标志着进步教育运动的终结。

进步教育运动的衰落具有多方面的原因。

第一，进步教育运动未能与美国社会发展步调始终保持同频同步。该运动前后延续70余年，恰值美国社会迅速发展、急剧变革的历史时期，社会对教育发展提出的各项新要求令进步教育家们应接不暇。美国工业化和城市化的完成意味着现代化的实现，复杂的社会结构和日益多元化的社会集团，对教育发展提出了各自不同的诉求和主张，也让进步教育家们无所适从。冷战、朝鲜战争以及美国国内麦卡锡主义势力的猖獗，也对进步教育运动产生了不利影响。1957年苏联人造地球卫星升空则直接给了进步教育运动重重的一击。

第二，进步教育理论与实践本身存在诸多的矛盾和局限。比如，过分强调儿童个人自由，相对忽视社会和文化对个人发展的作用；过分强调以儿童活动为中心，相对忽略学校工作的一些基本规律，导致教学质量的下降。

第三，进步教育运动指导思想和理论基础的多元性与运动的相对统一性之间的矛盾，造成了教育理论与教育实践的对立和冲突，从而导致进步教育运动内部的分裂。并且，进步教育家们建议的教学方法在时间和能力上对教师要求过高，不具有现实性。

第四，改造主义和各种新保守主义势力，事实上扮演了进步教育运动的掘墓人的角色，加速了进步教育运动走向终结的进程。

二、进步教育实验

在进步教育运动推行过程中，进步教育家们开展了各自的教育实验，在教育实验基础上形成的进步教育思潮进一步推动了进步教育运动的发展。进步教育运动从兴起、成型、转折到衰落经历了半个多世纪，涌现出帕克、约翰逊、沃特、克伯屈、华虚朋(C. W. Washburne，1889—1968)、帕克赫斯特等进步教育家。他们批判了"传统教育"理论与实践，开展了各种教育改革实验，归纳了进步教育理论，形成了进步教育思潮，提出了关于现代教育的系统见解，对20世纪美国乃至世界教育发展产生了较大影响。

(一)帕克的昆西教学法

帕克，美国进步教育运动的先驱，"昆西教学法"的首倡者，被杜威称为"进步教育之父"。1871—1875年，帕克赴欧洲学习考察，归国后决定开展学校教育革新。1875—1880年，帕克任马萨诸塞州昆西市教育局局长，开始把进步教育思想付诸实践，领导和主持了昆西学校实验。后来，他又担任过波士顿公立学校督学、芝加哥库克师范学校校长和芝加哥大学教育学院院长等职务。昆西教育改革实验是其职业生涯中的重要教育活动。主要教育著作是《关于教学的谈话》和《关于教育学的谈话》。

"昆西教学法"的主要内容如下。

第一，学校教育工作遵循以儿童为中心的原则。帕克受卢梭自然教育思想的影响，认为儿童具有发展的潜能，可以自发地学习和工作。学校教育必须适应儿童发展，而不是儿童适应学校教育。教师须了解儿童的本性与特征，并提供与儿童的本性与特征相适应的教育。

第二，学校课程与社会实践活动相联系。在昆西学校，帕克放弃了固定课程，选择了与学生日常生活具有紧密联系的事物作为学校课程内容。教学强调儿童的活动以及对周围事物的观察，培养学生的自我表现能力，激发学生的主动学习意愿，将学习内容与学生日常生活联系起来，围绕一个核心主题或任务安排相互联系的科目，统一安排各门学科，引导学生获得整体性知识。

第三，培养儿童的自我探索与创造精神。教师注重使学生养成积极探究从而发现真理的习惯。

第四，发挥学校的社会功能。学校组成一种理想的家庭、一种完善的社区和雏形的民主政治，面向儿童开展社会化教育。

帕克的昆西教育改革实验在美国开创了一条教育革新的道路，许多教师前来学习考察后，成为进步教育运动的积极支持者与参与者。帕克去世后，他的学生库克（P. J. Cooke）将其教育思想与杜威的教育思想融为一体并付诸实践，进一步发展和完善了"昆西教学法"。

（二）约翰逊的有机教育学校

约翰逊，美国教育家，进步教育协会的创始人之一，曾于 1907 年在亚拉巴马州的费尔霍普创办了费尔霍普学校。该校是一所私立学校，以"有机教育学校"而闻名。

约翰逊借用亨德森（C. H. Henderson）"有机教育"一语，将教育目的概括为：通过实施"有机教育"，实现作为有机体的个人的整体性发展，具体包括感觉、身体、智力以及社会生活能力的发展，实现个人生活与文化的共同改善。"有机教育"即在遵循学生自然生长的基础上所实施的教育。

约翰逊认为学校的教育任务在于为儿童每个阶段的发展提供所需要的活动和作业，主张以儿童自然的发展而不是以知识的分量为教育的目标。费尔霍普学校从幼儿园到中学都按照学生的年龄分成生活班级，来代替固定的年级。她强调教师要尊重儿童有机体的自然性、主动性以及他们的兴趣和需要，注重实现儿童的自然发展。

费尔霍普学校坚持以儿童为中心的原则，根据儿童需要制订学校的课程计划，以达到促进儿童自然发展的目的。课程与教学以活动为主，学校活动是家庭活动的继续，通过对学生兴趣和需要的观察，遵循儿童自然求知的欲望，引导他们学习读、写、算、地理等正规课程。取消所有强迫性的作业和考试。教师要为儿童提供体育活动、自然研究、音乐、手工、野外地理、讲故事、感觉教育等训练，以使其获得最好的经验。约翰逊还非常重视儿童社会意识的培养，认为学校应该培养儿童无私、坦率、合作的品格，并使其具备提出建设性建议的能力，即以一种平衡又有纪律的方式实现个人的整体发展。

鉴于约翰逊教育实验的特点，杜威提出"教育即自然发展的一个实验"，认为"约翰逊女士的根本原则就是卢梭的主要思想"①，费尔霍普学校也因此而引起人们的关注。

(三)沃特的葛雷制

沃特，美国教育家，葛雷制创始人，1899—1907年担任印第安纳州布拉夫顿督学期间，提出了一个将学校课程与社会生活相结合的具有进步主义性质的教育革新计划，即"葛雷制"，亦称"双校制"、"二部制"和"分团学制"。1907年，他受聘出任印第安纳州葛雷市教育委员会公立学校督学，开始推行葛雷制。

葛雷制以杜威的"教育即生活"、"学校即社会"和"从做中学"等基本理论为依据，以具有社会性质的作业即活动为学校课程。沃特认为，葛雷学校注重为儿童接受教育营造良好的环境，为儿童选择最适宜的活动以为发展其个性提供条件。作为社会化的学校，葛雷学校注重在学校内建设一种类似于实际社会职业生活的雏形的社会生活。因此，葛雷学校一般设教室、工厂和商店、体育场、礼堂四部分，课程也分学术工作与科学、工艺和家教、体育和游戏、团体活动四类型，以"把普通教育和职业教育、智力教育和道德教育统一起来"②。

为减少学校经费开支，提高现有教学设备利用率，葛雷学校在教学中采用二重编法，即将全校学生分为两部分，上午，一部分在教室学习，另一部分则在体育场、工厂、商店等场所活动，到了下午，学生则对调。此外，废除寒暑假和星期日，昼夜开放。这样，既节约了学校开支，又为更多学生提供了入学接受教育的机会，解决了葛雷地区学校教育资源短缺难题。节省下来的费用可用于装配学校工厂，聘请更多的教师开设更多的课程等。葛雷学校还利用学校设备为成人提供夜校课程。葛雷学校注重培养学生的各种兴趣和责任心，努力避免其沾染社会不良习气。

沃特的葛雷制曾被看作进步教育最为成功的实践案例。葛雷学校因课程设置尊重儿童的兴趣、注重满足学生的发展需求、管理方式经济而高效，成为20世纪初在美国流行较广的一种学校形式。

(四)帕克赫斯特的道尔顿制

帕克赫斯特，美国著名女教育家，道尔顿制创始人。帕克赫斯特曾师从注重实施学生个别差异教学的加利福尼亚州立师范学校校长伯克，并拥有在蒙台梭利学校执教、接受蒙台梭利教学法训练的经历。1920年，她在马萨诸塞州的道尔顿中学推行了一种新的课程和教学计划，即道尔顿制(亦称道尔顿计划)，获得了显著成效。

道尔顿制是一种推崇个别教学的教学组织形式，使教和学两方面活动协调一致。

---

① [美]约翰•杜威：《学校与社会•明日之学校》，赵祥麟、任钟印、吴志宏译，230页，北京，人民教育出版社，1994。

② L. A. Cremin, *American Education, the Metropolitan Experience, 1876—1980*, New York, Harper & Row Publishers, 1988, p. 236.

道尔顿制倡导并遵循三项原则：自由、合作与时间预算。自由原则即倡导并引领学生开展自由学习；合作原则即注重加强教师与学生之间、学生与学生之间的合作，以培养学生的社会意识；时间预算原则即指导学生根据自己的需要做出时间预算，安排自身学习进度，养成独立学习和工作的能力。帕克赫斯特认为，教育最重要的任务是利用环境扩展学生的经验。道尔顿制要求每个学生对自己的学习速度和学习方法负起更大责任，科学制订并实施自己的学习计划。在实施道尔顿制的学校里，课程表、年级制和课堂教学均被废除，取而代之的是"公约"或合同式学习。学生可以根据自己的需要自主安排学习，有效克服了班级授课制教学忽视学生个别差异的不足。

实验室是学生完成作业的地方，兼有教室、自习室、图书馆的作用。实验室一般按学科分设，配有桌椅和各种教学与学习用具，并安排该学科的1～2名教师，随时对学生进行指导，或在必要时进行集体授课。指定作业是学生必须完成的作业，教师运用"表格法"了解学生的学习进度，学生可以自由安排时间完成作业，既增加了学生学习的动力，亦可使学生管理简便化。

20世纪20年代，道尔顿制曾在许多国家的学校教育领域传播和流行。但因过分强调学生个别差异和个人自由，且对教师的教学组织与实施能力提出了较高要求，实施过程中容易导致放任自流，难以达到预期效果。因此，到20世纪30年代末，人们实施道尔顿制的热情开始减退。

（五）华虚朋的文纳特卡计划

美国教育家华虚朋，"文纳特卡计划"的创始人，曾任美国进步教育协会主席。1919—1943年，华虚朋任伊利诺伊州文纳特卡学校校长，其间与该校教师共同研讨、制定并实施了一种新的课程与教学形式，即文纳特卡计划，亦称"文纳特卡制"。主要著作有《使学校适应儿童》（1926年）和《什么是进步教育》（1952年）。

华虚朋制订实施文纳特卡计划的目的，在于发展每个儿童的创造性与社会意识，帮助每个儿童实现全面的和完善的发展。为实现这一目的，学校课程与教学应适应儿童的个性差异。华虚朋认为道尔顿制缺乏科学的课程和教材体系，缺乏创造性的活动技巧。为克服道尔顿制的这一不足，华虚朋提出的课程与教学方案是：将课程分为共同知识或技能（包括读、写、算等工具性学科）和创造性的、社会性的作业（如木工、金工、织布、绘画、雕刻等）两部分。第一部分主要按学科进行，以学生自学为主，教师适当进行个别辅导。按教学计划学习，并记录学习进度，最后以考试检测学习效果。第二部分以小组为单位开展活动或进行教育，对学习程序和考试不做任何要求，学生可以根据兴趣自由选择，以加强不同年龄儿童之间的联系，培养社会意识与合作意识。这样，个别学习和小组学习相结合，可以促进学生个性的发展与社会意识的养成。

文纳特卡计划与道尔顿制的基本原则是一致的，都注重发展儿童个性，以儿童为中心，但文纳特卡计划更强调基本知识和技能在儿童个性发展中的作用，重视儿童自我教育能力和社会意识的培养，实现个别教学与智力测验、表现主义与社会目标的有机结合，因而被认为是对道尔顿制的改进。不过，由于文纳特卡计划影响学科的深入学习，实施起来也较为困难，因而，20 世纪 50 年代后逐渐衰落。

(六)克伯屈的设计教学法

作为杜威的学生，美国教育家克伯屈致力于杜威实用主义教育思想的通俗化阐释，并创造性地发展了杜威的教育思想。克伯屈的主要兴趣在于研究学习理论，依据杜威"从做中学"的教育思想创造了一种新的教学组织形式和方法——设计教学法。1918 年，他发表《设计教学法》一文，在国内外赢得了巨大声誉，他也因此获得"设计教学法之父"称号。

克伯屈主张，教育属于生活，教育为了生活，而且教育要依靠并借助于生活。他认识到与工业化相伴而生的社会道德水准的普遍下降，希望通过教育革新改变这一状况。克伯屈认为，教育的最终目的在于培养学生品格，他所谓的品格除了道德品质外，还包括人的思维方法、情绪以及参照自我、他人及世界而开展的行动。有机体通过行动进行学习，而学习的结果是养成一种新的行为方式。基于这种教育目的，克伯屈反对主智主义教育，强调发展完整人格，主张设立一种以生活和实际经验为中心的新学校。以桑代克联结主义心理学为基础，克伯屈阐述了学习中的"广义的方法"与"狭义的方法"。广义的方法是就伦理道德和哲学意义而言的，是生活问题；狭义的方法则首先是心理学问题。

克伯屈系统归纳和阐述了设计教学法，将"设计教学法"定义为在社会环境中进行有目的的活动，重视教学活动的社会因素和道德因素。有目的的活动是设计教学法的核心，儿童自主、自发的、有目的的学习则是设计教学法的本质。克伯屈认为现有的教科书不符合儿童的心理特点，主张放弃固定的课程体制和学科教材，取消分科教学，按照学生有目的的活动来设计学习单元。

基于不同的设计主题，克伯屈将学校课程分为四类：生产者或建构性的设计、消费者的或欣赏的设计、问题的设计(以解决理智方面的问题和困难为目的)、具体的学习设计。其中，生产者或建构性的设计是重点，最能体现教育的社会化。克伯屈还认为课程应采用"设计教学法"的方式和步骤实施，以发展学生的创造力，提高审美能力，发展智力。他认为，一般的设计包括四个步骤：确定目的、制订计划、实践计划和评定。这四个步骤的实施以学生为主，但目的的确定取决于环境和教师的引导。这四个步骤只是逻辑上的而非次序上的，既可以是个人的设计，也可以是集体的设计，但每一种设计必须以一个问题为中心，是有合作计划的生产活动，是一种评价性的和目的性的练习。

设计教学法在美国实现迅速传播的同时，也影响到西欧、苏联、中国和印度等国家和地区的教育和教学实践。设计教学法强调发挥儿童的自主学习意识，力求使教学符合儿童心理发展规律，注重培养儿童的合作精神，在提高学习效率的同时，加强了教学与儿童实际生活的联系。不过，设计教学法的四个步骤主要针对生产者或建构性的设计而言。并且，设计教学法过于强调根据儿童的经验组织教学，不利于学生系统知识的学习与掌握。

第三节　实验教育学

//////////////////////

　　实验教育学于 19 世纪末 20 世纪初产生于德国，随后在欧美一些国家发展成为一种以教育实验为标志、运用科学方法开展教育理论探讨的教育思潮。

　　实验教育学的产生与形成接受了实证主义思潮的影响，但更直接的理论支持则来自实验心理学。实验心理学为实验教育学提供了科学的基础和实验方法。此外，实验心理学以及其他自然科学的研究成果也为实验教育学的发展提供了大量的知识和材料。实验教育学反对传统旧教育，反对以赫尔巴特为代表的强调逻辑推论和概念思辨的教育研究范式。

　　为解决传统教育中存在的问题，实验教育学提倡把实验心理学的研究成果和方法运用于教育研究，划分教育实验阶段，主张用实验、统计和比较的方法探索儿童心理发展的特点及其智力发展水平，以实验数据为改革学制、课程和教学方法的依据，努力将教育学建立在自然科学的基础上，使教育学成为一门真正的科学。实验教育学的主要代表人物包括德国的梅伊曼和拉伊、法国的比纳、美国的霍尔和桑代克等。

一、德国的实验教育学

（一）梅伊曼

　　梅伊曼（Ernst Meumann，1862—1915），德国实验教育学的创始人之一，青年时期曾师从冯特学习与研究实验心理学。1901 年，他在《德意志学校》杂志上发表了系列文章，首次提出"实验教育学"，并阐述了有关实验教育学的研究内容和目的。1904—1907 年，梅伊曼与拉伊合作主编了《实验教育学》杂志，宣传实验教育思想。他的主要著作有《实验教育学导论及其心理学基础》和《实验教育学纲要》。

　　梅伊曼高度评价了实验教育学的目的和价值，认为传统教育学存在直观思维和思辨推论的弊端，缺乏严格的科学实验论证，循规蹈矩的教育妨碍了教师的活动，损害了儿童的自发力，不符合儿童心理发展的特点。他主张把教育学由"教育者的教育学"改革为"受教育者的教育学"，运用实验心理学的研究方法和成果研究儿童的生活和学习活动，从而得出具有科学依据的教育原理。

　　梅伊曼强调用实验的方式研究教育问题，并首先把心理实验的方法应用到教育研究中。他认为，实验教育学的科学性主要表现为观察和实验。通过实验研究，每个教育工作者都能从教育对象的身心特点，尤其是心理特点出发考虑教育和教学工作。这样既有利于教育和教学活动的开展，也有利于激发儿童的活动和自主性。

　　梅伊曼认为，实验教育学是汇集各种教育实验的一门科学，其研究对象主要包括儿童身心发展规律、儿童智力发展、儿童个体差异及天才儿童的特点、儿童心理各组成部分的发展状况、教学方法、教师工作及学校管理制度的合理性。实验教育学主要致力于实现教材教法心理化、教育教学活动个性化和学生"学习经济化"。梅伊曼重视开展儿童智力发展问题,尤其是与学习过程中的心理疲劳和记忆等有关问题的实验研究。

梅伊曼主张实验教育学的研究人员应该是受过系统严格训练的实验心理学家,不赞成课堂教学实验法,主张以心理学实验室为研究场所,进行与教育过程相关的实验项目研究,同时配合使用反省法,把严格控制与精确测量结合起来,以获得可靠而有价值的研究结果。不过,梅伊曼简单地把实验心理学的实验方法用于教育研究,忽略了教育现象的复杂性和教育问题的特殊性,因而遭到包括拉伊在内的实验教育学家的批评。

在教育史上,梅伊曼首次系统地论述了实验教育学的性质、研究领域、原则、方法和任务等。他强调以实验的方式研究教育问题,率先把心理实验的方法应用到教育研究中,开"实验教育学"之先河。梅伊曼关注到教育学的实践性,对传统教育学的可靠性和科学性提出疑问,要求革除传统教育学中的思辨性,提倡采用科学实验的方法,对近代教育学的发展构成了冲击,加快了教育学科学化的步伐。不过,梅伊曼反对建立教育学的完整体系,过分强调实验研究方法在教育实践中的作用,在一定程度上影响了教育基本理论研究和探索。

(二)拉伊

拉伊(Wilhelm August Lay,1862—1926),德国著名教育家和心理学家,与梅伊曼齐名的实验教育学创始人之一。1893年,拉伊开始执教于卡尔斯鲁厄师范学校,后任校长,主要研究成果均来自他在该校及附属小学的教育实验。1903年,拉伊出版了《实验教育学》一书,系统地阐述了实验教育学的性质、任务和方法。该书被德国教育界誉为继赫尔巴特以后教育学发展新纪元的标志。1904—1907年,拉伊与梅伊曼共同主编了《实验教育学:实验教育合作研究刊物》。他还著有《行动学校》(1911年)、《教育学与教授学》(1913年)和《新教育科学大纲》(1921年)等。

同为实验教育学的创始人,拉伊与梅伊曼对一些基本问题的看法是一致的。他们都反对传统教育中的主智主义和形式主义倾向,认为建立在思辨推论和经验基础上的传统教育学缺乏科学性,与现实严重脱节,不能有效地解决教育实践问题。他们都提倡以实验方法为基础的实验教育学,认为实验教育学必须借助于生物学、社会学以及道德伦理等相关科学的理论观点和方法。

拉伊认为,实验教育学家的任务,即"我们要在理论上和实践上证明,为了解决教学和教育中的各种问题,可以卓有成效地采用实验的研究方法,即特别适宜在教育上运用的实验、统计科学和客观或系统的观察"[1]。作为一种完整的教育学,实验教育学是对传统教育学的补充和完善。实验教育学的研究对象非常广泛,其不仅要探究

---

[1] [德]W. A. 拉伊:《实验教育学》,沈剑平、瞿葆奎译,《实验教育学》,9页,北京,人民教育出版社,2005。

学生的心理经验，而且要探究学生的生物的、人类的、卫生的、经济的、逻辑的、伦理的、审美的和宗教的经验，还要探究学生的社会环境。[①]

拉伊提出，教育科学应包括教育史、辅助科学和实验研究三大领域，他主张从历史发展的角度对教育进行自然科学和人文科学两个方面的考察。在他看来，传统教育研究方法是不完整的，实验教育学应利用传统教育学的所有资源，通过全面观察、统计和实验，充实和完善旧的研究方法。就此意义而言，实验教育学是对传统教育学的进一步扩充与完善。

拉伊将实验教育学建立在他所理解的生物学和社会学的基础上，认为教育的目的就是造就生物—社会中完整的个性。既要从生物学的观点看待儿童，又要从社会学的观点看待儿童。由此出发，拉伊认为，实验教育学就是生物—社会教育学。它由三部分组成：一是以个体素质、天赋为研究对象的"个体教育学"；二是研究自然环境因素与儿童之间关系的"自然教育学"；三是研究社会环境因素对儿童影响的"社会教育学"。三部分相互联系，共同组成了一个具有一致性的统一整体。

活动的原则和表现的原则是拉伊提出的基本教育原则，也是他倡导的教育实验的根本出发点。以上原则的主旨是行动，因此，拉伊的实验教育学也被人们称为"行动教育学"，"通过活动进行教育"是他的座右铭。[②] 此外，拉伊认为，实验教育学的基本原则还包括自然科学原则和文化价值原则。

在实验教育学的研究方法上，拉伊与梅伊曼观点不同。拉伊主张把心理学实验与教育学实验区别开来。他主张的是一种自然条件下的实验，或使实验时的情境与教室中教学时的情境越相似越好。并且，他主张实验研究者主要是有实际经验的教师，因为提出假设、设计和实施教育实验、解释和验证结果以及最后把实验结果引入教育实践，所有这些都要求实验研究者拥有全面的观察能力和丰富的经验。

依据活动的原则，拉伊重视进行课程改组，提出以"有机的课程"来代替各种知识堆积的课程。所谓有机的课程，就是按照卫生学、经济学、逻辑学、伦理学、美学和宗教的规范来指导各种活动，即以活动为骨架的各门科目的网络。他非常重视活动课程在教学中的地位，把活动训练作为教学的主要内容，把意志陶冶作为教育的目的。拉伊教学实验的重要方面是关于表现形式的教学科目，包括绘画、塑造、算术、阅读、书写、拼写、外语以及唱歌等。

由上可知，拉伊毕生倡导开展教育实验研究，主张把教育纳入客观的科学研究范畴，强调在正常的学校环境中进行教育实验，有利于克服传统教育学主观推演、方法呆板、理论独断、缺乏检验的弊端，这是符合社会进步和教育发展的客观规律的，为教育学的科学化做出了可贵的探索，并促进了整个实验教育学的发展。

梅伊曼和拉伊的工作迅即引起了热烈响应，实验教育学风行一时，并从德国迅速

---

① ［德］W. A. 拉伊：《实验教育学》，沈剑平、瞿葆奎译，《实验教育学》，16 页，北京，人民教育出版社，2005。

② ［德］W. A. 拉伊：《实验教育学》，沈剑平、瞿葆奎译，《拉伊和他的〈实验教育学〉》10 页，北京，人民教育出版社，2005。

扩展到美国和欧洲其他国家和地区，形成了 19 世纪末 20 世纪初欧美的教育实验热潮。

二、美国的儿童发展学说

(一)霍尔

霍尔(Granville Stanley Hall，1844—1924)，美国心理学家和教育家，美国儿童心理学的创始人，美国教育心理学的开拓者。霍尔学术兴趣广泛，专注于将发生心理学与教育联系起来。霍尔开展了关于儿童心理和教育问题的调查，引起社会对儿童研究的极大关注，形成了儿童研究运动，被誉为"儿童研究之父"。

霍尔深受进化论的影响，把生物学上的复演观和进化论扩展到心理学上，提出个体心理发展是种族进化历史的复演，认为儿童期反映人类的远古时代，少年期是中世纪的复演，青年期则是比较新近祖先特征的再现，并主张教育必须遵循复演顺序，遵循个体发展的特点，适应儿童不同发展阶段的不同需要，对儿童进行自然教育。作为一种儿童发展理论，霍尔复演说的主要缺陷在于将个体发展史与种族发展史完全等同起来，从而走向了"生物决定论"。但霍尔依据复演说所阐发的教育主张，却与夸美纽斯和卢梭的教育观点相一致，都主张教育要适合儿童年龄特征，为欧美的教育革新运动提供了直接的理论依据。

霍尔在儿童研究中广泛使用问卷法，直接让被试回答问卷，或通过教师和父母收集资料。尽管霍尔的问卷法在真实性和科学性方面存在一定缺陷，但并未动摇霍尔在美国心理学和教育学界的地位。在他的影响下，美国国内外纷纷采用问卷法进行儿童研究，并兴起了儿童研究运动。儿童研究运动的重要产物——儿童学在霍尔和德国克里斯曼(O. Chrisman)的影响下迅速发展，在欧美各国广为流传，在一定程度上促进了人们对儿童身心特点及其发展规律的研究。

(二)桑代克

桑代克(Edward Lee Thorndike，1874—1949)，美国心理学家和教育家，美国教育心理学的奠基人，心理测验运动的开创者之一。桑代克早年从事动物学习研究，并取得了重要成果。1899 年后，桑代克将其动物学习研究技术与方法应用于儿童学习研究，集中开展人类学习、教育及心理测验等领域的研究。桑代克的主要著作有：《教育心理学》(1903 年)、《智力测验法》(1904 年)、《教育心理学》(3 卷本，1913—1914年)、《课程研究》(1928 年)、《教育之基本原理》(与盖兹合著，1929 年)和《人类的学习》(1931 年)等。

"联结"是桑代克教育心理学的核心概念。桑代克用小鸡、猫和狗进行了他自己设计的迷箱实验，得出动物的学习就是刺激和反应之间形成的联结这一结论，并把这一结论直接运用于人类的学习。依据实验结果，并援用机能主义的观点，桑代克以刺激与反应的联结取代了"学习即观念的联合"这一传统观点。桑代克在总结以往教育心理学有关研究成果的基础上，确立了教育心理学的名称及体系，使教育心理学发展成为一门独立学科。他认为，教育心理学的研究对象是人的本性及其发展的规律，由人的本性、学习心理学和个别差异三部分组成。人的本性分为先天本能和后天习惯两类，其中本能是行为的基石，其特点是不学而知，是先天的联结，而习惯是后天的联结。桑代克指出在教育过程中，人性只提供了一个基点，教育的真正任务是根据人的需要逐步改变人性。

桑代克重视探索人的学习规律，学习心理学是其教育心理学的重要组成部分。他通过著名的猫走迷箱的实验，构建了尝试错误的学习理论和学习的三项定律：准备率、效果率和练习率。准备率强调学习必须有良好的心理准备，积极地接受知识；效果率说明"满意"的效果可加强联结，"不满"或"烦恼"则削弱联结；练习率则指反应重复的次数越多，联结就越牢固。在此研究基础上，他又提出了"相属原则"，认为能否形成联结的关键在于是否相属，并由此提出了学习迁移的"相同元素说"，即只有两种机能之间具有相同的元素时，一种机能的变化才能导致另一种机能的变化，这一主张极大地革新了官能心理学和形式训练学说。此外，桑代克关于成人学习的研究还表明，人在 25～45 岁期间学习能力并未衰落，这一结论积极地推动了成人教育工作。

桑代克的学习理论对现代心理学产生了深远影响。桑代克重视行为研究，把心理学研究成果运用于教育实践，为联想主义和行为主义心理学的发展发挥了奠基性作用。不过，桑代克的研究主要关注人的外显行为和遗传本能，忽视了人的认知因素、教育和环境在形成个别差异中的作用，只是简单地把动物学习理论搬用到人类学习上，从而形成了一种客观的、机械的学习理论，未能准确体现人类学习的本质特点。

三、比纳的智力测验

智力测验是儿童研究运动的一种表现形式，产生于 20 世纪初期的法国，20 世纪二三十年代流行于美国，后在意大利、德国、英国、日本和中国等国家得到传播与发展。代表性人物为法国心理学家比纳（Alfred Binet，1857—1911）。

1889 年，比纳与博尼斯（H. Beaunis）在巴黎大学联合创设了法国第一个心理学实验室。1895 年，两人共同创办了《心理学年鉴》刊物。1905 年，比纳与医生西蒙合作研究并编制出世界上第一份智力测验量表，即《比纳-西蒙智力量表》。比纳的主要著作包括：《推理心理学》（1886 年）、《个性的变化》（1891 年）、《个体心理测量》（1898 年）、《智力的实验研究》（1903 年）、《异常儿童》（1907 年）和《关于儿童的现代概念》（1911 年）等。

比纳重视个体差异研究，认为传统教育忽视个体差异，要求把新教育建立在个体心理学的基础上。比纳的实验研究工作围绕个体差异而展开，注重研究人与人之间的差异，尤其关注个人思维方式即智力上的差异。比纳将人的思维方式分为分析逻辑的思维方式和直觉灵感的思维方式，客观的思维方式和主观的思维方式，实际的思维方式和思辨的思维方式。比纳提出，应根据个人思维方式的差异，确定相应的教育内容，运用适当的教育教学方法，做到因人施教。

比纳智力测验的有关研究成果在教育领域得到广泛应用。1905 年，为满足法国教育部门对学生实施智力甄别的需要，比纳和西蒙编制了智力测验量表。比纳摆脱了实验室限制，运用"心理年龄"概念，测量个体的综合智力。比纳认为，人的智力由思维定向、意义理解、发现和判断组成。其中，判断是智力的基本功能。比纳认为正常人的智力随年龄增长而相应提高，并以此为指导编制智力测验量表的基本理论。《比纳-西蒙智力量表》以 3～13 岁儿童为测试对象，通过对被试进行从易到难的各项测验得出实测结果，从而判断他们的思维是否敏捷。这份量表问世后获普遍好评。但该智力测验量表未能明确简洁地说明不同年龄儿童智力的发展程度。因此，1908 年，比纳和西蒙制定了新的年龄智力测验量表，按年龄分组进行测试，并引入了"智力年龄"概念，同时增加了测试题数量，以能迅速判断个人智力落后或超前的程度。因此，该量表又被称为"年龄量表"。1911 年，比纳和西蒙对量表又做了一次修订，使其成为更加规范、科学、系统的儿童智力测量工具。

比纳和西蒙制定的量表迅速被译成多种文字，并传播到世界各地。1916 年，美国斯坦福大学教授特曼(Terman)以《比纳-西蒙智力量表》为蓝本，制定了适合测量 3～18 岁儿童与青少年智力发展水平的《斯坦福-比纳量表》，并采用"智商"(Intelligence Quotient，IQ)来衡量儿童智力的发展水平，具体计算公式是：智商(IQ)＝智力年龄/实际年龄×100。智商为 90～110 者属正常智力，智商高于 110 者属高智商，智商低于 90 者属低智商。美国教育心理学家桑代克在智力测验的基础上，提出了测定儿童学业成绩的公式：成绩商数＝学业成绩年龄/智力年龄×100。桑代克还编制了成就、能力倾向、人格和兴趣等方面的测验量表。

比纳首创的智力测验尽管存在着这样或那样的问题，但对新教育产生了很大的影响，并且至今仍得以流行。

综上所述，实验教育学的基本特征是重视研究儿童发展与教育的关系，重视开展以儿童发展为主题的教育或心理实验，强调依据实验结果探索有效的教育途径和方法。实验教育学为新教育提供了重要的理论依据，促进了教育理论的科学化，一定程度上克服了以往教育理论研究中的理论思辨和演绎式推理的缺陷，形成了注重定量、重视归因分析的教育实验模式，对当时及以后的教育产生了一定影响。实验教育学与20 世纪初的儿童研究运动、学校调查运动彼此联系，共同成为教育科学的开端。受实证主义和自然科学研究方法的影响，实验教育学过分强调实验方法，片面强调儿童的生物性，忽视了教育的社会性因素，忽视了社会科学与自然科学之间的差异，致使教育研究自然科学化，具有明显的局限性。

小结

19 世纪末 20 世纪初，欧美教育革新运动在继承西方传统教育中某些要素的基础上，抨击了传统教育与现实社会脱节、忽视学生个性特征等弊端，利用现代生物学、心理学等学科的最新研究成果，提出了一系列新的教育主张，并开展了系列教育实验，在教育实践中验证发展了现代教育理论。

欧洲新教育运动、美国进步教育运动以及实验教育学在发展过程中彼此影响、相互促进，表现出一些共同特征：重视儿童在教育中的地位，强调以儿童为中心，注重发挥儿童的自发性与主动性；重视儿童的创造能力、社会合作意识与劳动技能培养；运用定性研究和定量研究相结合、思辨推理与经验归纳相结合以及比较和测量等方法，开展儿童研究和教育调查，力求实现教育研究科学化。所有这些均对西方现代教育理论的形成以及 20 世纪欧美国家教育实践的开展产生了广泛而深远的影响。

当然，19 世纪末 20 世纪初的欧美教育革新运动也存在着诸多不足。比如，儿童研究表现出过度的生物学化倾向；过高估计了儿童自由、个性和创造性的价值；过度强调儿童活动的教育教学意义，忽视了系统知识的传授和教育教学的基本规律，一定程度上影响了教育质量。

思考题：

1.19 世纪末 20 世纪初美国进步教育运动述评。

2.19 世纪末 20 世纪初欧洲新教育运动述评。

3. 简述实验教育学的基本主张和对教育实践的影响。

4. 评析凯兴斯泰纳国民教育与劳作教育思想的主要内容。

参考文献：

1. 杨汉麟 . 外国教育实验史 . 北京：人民教育出版社，2005.

2. 吴式颖，李明德 . 外国教育史教程 . 3 版 . 北京：人民教育出版社，2015.

3. 吴式颖，任钟印 . 外国教育思想通史：第九卷 . 北京：北京师范大学出版社，2017.

4. 乔治·凯兴斯泰纳 . 凯兴斯泰纳教育论著选 . 郑惠卿，译 . 北京：人民教育出版社，1993.

5. W. A. 拉伊 . 实验教育学 . 沈剑平，瞿葆奎，译 . 北京：人民教育出版社，2005.

6. W. F. Connell. A History of Education in the Twentieth Century World. New York：Teachers College Press，1980.

第十六章 蒙台梭利的教育思想

内容提要

20 世纪意大利著名教育家蒙台梭利持续关注幼儿的教育与发展，长期从事幼儿的教育实践活动，探索出独特而有效的"蒙台梭利幼儿教育科学方法"，构建了完整的幼儿教育思想体系。她提出的幼儿发展观，有关自由与纪律教育辩证关系的论述，有关幼儿感觉训练、书写、阅读、计算和实际生活练习的观点，对意大利学前教育及世界学前教育实践与理论均产生了积极而深远的历史影响。

学习目标

1. 了解蒙台梭利终生献身世界幼儿教育事业的历程和所做出的贡献。
2. 掌握蒙台梭利"幼儿发展观"的具体内涵。
3. 掌握蒙台梭利关于自由与纪律教育关系的主要观点。
4. 掌握蒙台梭利幼儿教育思想在世界传播与发挥影响的过程。

核心概念

幼儿发展观；纪律教育；自由；感觉训练；工作；敏感期

蒙台梭利（Maria Montessori，1870—1952），20 世纪意大利女教育家，世界杰出的幼儿教育实践家和思想家。蒙台梭利毕生致力于"儿童的发现"和"幼儿心理"的探索，提倡在自由的氛围中实现幼儿生理和心理的健康发展。蒙台梭利创办了世界闻名的幼儿教育机构——儿童之家，撰写了大量的幼儿教育理论著作，并集中探索了儿童发展、感觉教育、纪律教育、教师观等问题，推动了世界幼儿教育实践的发展，成为世界教育史上与福禄培尔齐名的著名学前教育家。

第一节　生平与主要教育实践活动

蒙台梭利于 1870 年降生在意大利安科纳省的一个天主教徒家庭。1882 年举家迁往罗马。蒙台梭利在罗马接受中等教育后，顶住传统观念与家庭的压力，考入罗马大学医学院接受系统的医学专业教育，并在家庭资助断绝的条件下依靠奖学金和兼任家庭教师刻苦学习，1896 年以内科学和外科学两个专业第一的优异成绩毕业，成为意大利历史上第一位获得罗马大学医学博士学位的女性。毕业后，蒙台梭利出任罗马大学附属医院精神病诊所的助理医生，得以有机会从事身心缺陷儿童的观察、诊断和治疗工作，并开始集中研究低能儿童的教育问题。同时，她还在罗马大学承担哲学和实验心理学课程的讲授工作。为学习法国心理学家伊塔（Jean Itard，1774—1838）和塞贡（Edouard Seguin，1812—1880)有关诊治智力缺陷和感觉障碍儿童的教育方法，蒙台梭利还到巴黎实地考察学习，并逐步形成了自己关于低能儿童发展的认识。1898 年，蒙台梭利在都灵召开的教育会议上，将自己关于低能儿童发展的认识集中表述为："我认为治疗心理缺陷主要的不是医学问题，而是教育问题。"[1]

1899 年，蒙台梭利受命在罗马创办一所国立特殊儿童学校，招收 22 名低能儿童入学接受教育。蒙台梭利参考使用了塞贡的训练方法和教具，依照自己对低能儿童的观察与认识，全身心投入对低能儿童的教育和训练工作中。蒙台梭利的努力取得了巨大成功，入学的低能儿童不仅掌握了基本的日常生活技能，而且还初步掌握了读、写、算的基本知识和技能。这些儿童和公立学校的正常儿童参加相同的考试，且都通过了考试。蒙台梭利就此提出，智力缺陷向人们提出的挑战主要是教育方法的问题，而不是治疗的问题。[2]

在低能儿童教育问题上取得成功的蒙台梭利并不满足，她利用逆向思维，开始考虑另外一个重要问题：既然低能儿童通过接受适当的教育和训练可以实现等同于正常儿童的发展，那么用类似的方法教育和训练正常儿童，是不是可以使他们获得更高水平的发展？或者说，正常儿童的表现何以如此之差，以至于只能达到低能儿童的标准

---

[1]　蒙台梭利：《蒙台梭利幼儿教育科学方法》，任代文主译校，73 页，北京，人民教育出版社，2001。

[2]　[爱尔兰]弗兰克·M. 弗拉纳根：《最伟大的教育家：从苏格拉底到杜威》，卢立涛、安传达译，143 页，上海，华东师范大学出版社，2009。

呢？1901 年，决意转向正常儿童教育的蒙台梭利再入罗马大学哲学系，认真学习哲学、教育学和心理学，并研读夸美纽斯、洛克、卢梭、裴斯泰洛齐和福禄培尔等教育家的著作，从中汲取教益。

1907 年，应罗马住宅改善协会主席塔拉莫（Edoardo Talamo）的邀请，蒙台梭利在罗马圣罗伦佐区的一栋公寓大楼中，创办了一所名为"儿童之家"的幼儿学校。第一所儿童之家招收了 60 名 3～6 岁的儿童。蒙台梭利将此前运用于低能儿童教育和训练的方法加以改造后运用于正常儿童的教育，同样获得了巨大成功，并引发了广泛的社会关注。此后，蒙台梭利开始对自己的教育方法进行总结，并在 1909 年出版了《蒙台梭利方法——运用于"儿童之家"的幼儿教育的科学教育方法》（该书英译版为《蒙台梭利方法》）。蒙台梭利的教育方法和幼儿教育思想在世界范围内引发强烈反响，各国关注儿童教育问题的人士纷纷参观学习儿童之家的教育实践，《蒙台梭利方法》也被译为 20 多种文字广为传播。①

1911 年之后，蒙台梭利离开"儿童之家"，将工作重点转移到幼儿教育理论的传播和完善方面，远赴美国、澳大利亚、阿根廷、印度、巴基斯坦和欧洲国家参观和学习，并开办了教师训练班，系统宣传自己的幼儿教育思想，产生了较好的世界影响。1913 年，美国"蒙台梭利教育协会"成立，在美国以蒙台梭利名字命名或采纳蒙台梭利方法的学校有 200 余所。1929 年，一个宣传蒙台梭利教育思想的国际组织——国际蒙台梭利协会在荷兰成立。

蒙台梭利因以"尊重儿童自由发展"为主要特征的教育思想，而在意大利墨索里尼独裁统治时期受到迫害，蒙台梭利被迫于 1934 年离开祖国，先后避难于西班牙和荷兰，并定居荷兰。1947 年，已达耄耋之年的蒙台梭利不辞奔波劳苦，仍辗转各国指导教育工作，并在 1952 年客逝于荷兰。

除曾产生深远世界影响的《蒙台梭利方法》外，蒙台梭利的其他教育著作还包括：论述 0～3 岁儿童教育的《童年的秘密》（1936 年）、《发现孩子》（1948 年）和《有吸收力的心灵》（1949 年）；论述 3～7 岁儿童教育的《蒙台梭利儿童教育手册》（1914 年）、《家庭中的儿童》（1936 年）；论述 7～13 岁儿童教育及青春期教育的《高级蒙台梭利方法》（两卷本，1913 年）。其他较有影响的著作还有《教育人类学》（1908 年）、《新世界的教育》（1946 年）、《开发人类的潜能》（1948 年）。

第二节　幼儿发展观

关注幼儿教育问题的教育家大都首先重视幼儿的发展，因为幼儿的健康而理想的

---

① 1909 年《蒙台梭利方法——运用于"儿童之家"的幼儿教育的科学教育方法》出版后，1912 年，该书的英文版在美国首次面世，译名为《蒙台梭利方法》；同年，法文版出版，书名为《蒙台梭利博士的科学教育方法——幼儿教育》；1913 年德文版《幼儿期的自我教育》出版；1914 年日文版《蒙台梭利教育方法及其应用》出版。

发展正是借助于教育来实现的。科学明确的发展观往往为教育提供了努力的方向和实现的目标，也成为教育家在建构自己教育理论的过程中所探索的重要问题。在幼儿发展观上，蒙台梭利深受卢梭的自然教育观、裴斯泰洛齐的和谐教育观和福禄培尔的自由教育观的影响。不过，这些影响的发挥，完全建立在蒙台梭利对于幼儿发展的观察、试验研究的基础上；同时，蒙台梭利的幼儿发展观与其生物学、遗传学、生理学、心理学和生命哲学的观点也存在着内在的联系。

一、幼儿发展是幼儿"内在生命潜力"在生物学规律作用下发展的结果

幼儿身上存在着与生俱来的"内在生命潜力"（又称为"内在的生命力"、"内在潜力"或"人类的潜能"），该"内在生命潜力"表现出无限的发展可能性，始终处于一种积极的、活跃的、发展的状态中。蒙台梭利坚信，幼儿的"内在生命潜力"在幼儿的发展中居于重要地位。"内在生命潜力"的主要表现形式是幼儿的自发冲动。教育的职责在于发现幼儿的"内在生命潜力"，科学探索幼儿"内在生命潜力"的秘密，并按照"内在生命潜力"特征为幼儿的发展提供必要的训练，引发而不是压制幼儿的自发冲动，最终实现幼儿自然的和自由的发展。相对于"内在生命潜力"在幼儿成长过程中所发挥的决定性作用，环境因素居于第二位。但居于第二位的环境因素又不可忽视，幼儿内在生命潜力是在环境的刺激与帮助下得以展示和发展的。对于幼儿内在生命潜力的发展来说，所需要的是一个"有准备的环境"，一个可以作为幼儿向成人世界过渡桥梁的"有准备的环境"。

二、幼儿发展是一种精神生命"实体化"的过程

蒙台梭利把"实体化"理解为：存在一种神秘的力量，这种神秘的力量赋予孤弱的新生儿躯体一种生长活力，"我们可以把儿童心理的和生理的发展说成是一种'实体化'"[①]。

相对于其他动物而言，幼儿在出生后的较长时间里一直软弱无力，然而作为人类的个体，幼儿最终所实现的发展却超过其他任何动物。而且，更为重要的是，人和动物之间的差异还表现在精神差异方面："动物就像成批生产的物品，每一个个体具有它的物种所特有的特征。相反，人就像手工制作的物品，每个人都不相同。每个人都有他自己创造性的精神，这使他成为一件艺术品。"[②]

幼儿的个性是其创造性精神的具体表现，同时也是幼儿精神生命"实体化"的一项内容。幼儿发展的过程伴随着精神生命的成长，而这种成长是独立于、优先于并能够激发所有外部活动的。幼儿精神生命"实体化"的过程需要一种特殊的环境，"正如一个肉体的胚胎需要母亲的子宫并在那里得以发育一样，精神的胚胎也需要外界环境的保护"[③]。具体到学校教育环境，蒙台梭利提出，组成一个好的教育环境的基本元素

---

① ［意］玛丽亚·蒙台梭利：《童年的秘密》，马荣根译，44页，北京，人民教育出版社，2005。
② ［意］玛丽亚·蒙台梭利：《童年的秘密》，马荣根译，45页，北京，人民教育出版社，2005。
③ ［意］玛丽亚·蒙台梭利：《童年的秘密》，马荣根译，48页，北京，人民教育出版社，2005。

包括纪律严明、秩序井然的生活制度，洁净美观的校园环境，富有教益的教学设备、教材和教具。教育环境要体现出鲜明的"准备性"，即所有环境要素的布置都要为幼儿的身心发展做好准备，这种准备不是直接干预幼儿的发展，而在于积极引发幼儿的主动的自发的活动。

三、幼儿发展是一个连续性与阶段性并存的过程

幼儿是一个处于发展中的个体，幼儿在发展过程中需要与环境保持一种连续的交互作用。有益于幼儿发展的理想环境首先是一个充满温暖、关爱和教益的环境，应富含积极帮助幼儿实现身心和谐健康发展的教育营养，要让置身于该环境的幼儿，受"内在生命潜力"或生理、心理本能需要的驱使产生一种自发的活动，连续不断地在与环境交互作用的过程中获得经验、积累经验，不断满足生理和心理发展的需要。这种幼儿与环境之间所存在的交互作用的连续性，决定了幼儿发展的连续性。

蒙台梭利把0～18岁个体的发展过程分为三个阶段。

第一阶段，0～6岁。该阶段又可分为"心理胚胎期"（0～3岁）和"个性形成期"（3～6岁）。处于"心理胚胎期"的婴幼儿尚不能进行有意识的思维和意志活动，主要凭借感官的敏感性感受外部世界，并形成和发展各种能力。处于"个性形成期"的幼儿依旧保持着与处于"心理胚胎期"的婴幼儿相同的心理类型，借助于此前所初步形成的能力，幼儿逐步发展完善自己的意识，并有意识地接受成人世界的影响，对文化和社会相关活动产生了解和接近的兴趣。

第二阶段，6～12岁，这是一个比较平稳的发展阶段，稳定性是该时期的一个显著特征。"这种稳定性（包括心理上和生理上），是童年时期最引人注目的特点。"[①]儿童无忧无虑地生活着，并开始有意识地学习活动，抽象思维能力的发展使其能够理解成人和社会的要求，道德观、技能和社会观也开始发展。

第三阶段，12～18岁，被称为"青春期"。这是人生发展过程中变化最为剧烈的时期，青少年的社会意识进一步增强，个人理想和价值观逐步成型，知识和能力得以丰富和提高。

不同的发展阶段之间具有内在联系：前一个阶段的充分发展是后一个阶段的基础，后一个阶段的发展是以前各个阶段充分发展的积累和延续。具体来说，从无意识的自发活动转变为有意识的自主选择活动，生命的本能冲动活动逐步减弱，满足个人心理内在需要的活动逐步增强，活动的目的性、自主性和社会性不断提高。

处于不同发展阶段的个体具有不同的发展重点。0～6岁的婴幼儿主要凭借"吸收心理"形成自己的心理意识和个性，获得一定的记忆、理解和思维能力；6～12岁儿童的主要发展任务在于增长学识和艺术才干；12～18岁的青少年已步入青春期，知识、

---

① ［意］蒙台梭利：《蒙台梭利幼儿教育科学方法》，任代文主译校，351页，北京，人民教育出版社，2001。

技能、道德观念以及身体的发展成为发展的主要方面。

四、幼儿发展具有独特的"心理胚胎期"

蒙台梭利认为，人之所以不能像动物那样在出生后即充分展示自己的本能，是因为人的本能是在生活中不断与环境交往实践的结果。她说："人似乎有两个胚胎期，一个是在出生以前，与动物相同；另一个时期是在出生以后，只有人才有。"①人出生以前在母亲体内生长发育的时期被称为"生理胚胎期"，0~3 岁的婴幼儿则处于人类特有的"心理胚胎期"。"心理胚胎期"是婴幼儿心理形成的关键时期，与婴幼儿生理发展的路径相似，婴幼儿心理发展也是从一片空白开始的。婴幼儿在"内在生命潜力"的驱使下，借助于感觉器官吸取外部刺激和印象，形成许多感受点，最终产生心理活动。蒙台梭利认为，处于"心理胚胎期"的婴幼儿，"有一种特殊的敏感性引导他去吸收其周围的一切，而且正是这种观察和吸收使他能够使自己适应生活"②。

与"心理胚胎期"相关联，蒙台梭利还主张幼儿心理具有"吸收力"，即所谓的"心理吸收力"。在蒙台梭利看来，"儿童创造了自己的'心理肌肉'，用于周围世界所发现的事物"③，并将这一特殊心理类型称为"吸收心理"。有赖于这一"吸收心理"，幼儿得以通过与周围环境的接触，获得各种印象和文化，形成自己的心理、个性和行为模式。就此意义而言，幼儿都拥有一颗可以吸收知识的心灵，具有独自学习的能力；幼儿都是勤勤恳恳、技术娴熟的自我教育者。即"儿童天生就具有一种'吸收'的能力，可以吸收文化"④。

五、幼儿发展存在"敏感期"

关于幼儿心理发展，蒙台梭利受荷兰科学家德佛里斯（Hugo De Vries，1848—1935）的影响，提出幼儿发展的"敏感期"概念，即幼儿发展过程中，存在若干易于获得某种能力或者能够完成某种特定任务的关键时期。蒙台梭利认为，在某一年龄阶段，幼儿倾向于接触适合发展某种技能或掌握某类知识的环境因素，对某种技能的形成或某类知识的掌握表现得异常容易和快捷，并表现出某种心理的倾向性和可能性。这一时期即某种技能形成和知识掌握的敏感期。敏感期具有不可逆转的特点，一旦错失，技能的形成和知识的掌握就会变得特别困难。关于敏感期形成的生理机制，蒙台梭利认为："一个敏感期跟一种特殊的敏感性有关，这种敏感性是生物在其早期仍处于个体发育的过程中获得的。它是一种暂时的倾向，限于获得一种特殊

---

① ［意］蒙台梭利：《蒙台梭利幼儿教育科学方法》，任代文主译校，391 页，北京，人民教育出版社，2001。
② ［意］蒙台梭利：《蒙台梭利幼儿教育科学方法》，任代文主译校，393 页，北京，人民教育出版社，2001。
③ ［意］蒙台梭利：《蒙台梭利幼儿教育科学方法》，任代文主译校，357 页，北京，人民教育出版社，2001。
④ ［意］玛丽亚·蒙台梭利：《有吸收力的心灵》，蒙台梭利丛书编委会编译，5 页，北京，中国妇女出版社，2012。

的品质。一旦这种品质或特性获得之后，这种特殊的敏感就消失了。"①敏感期的存在对幼儿的发展具有重要意义，幼儿在某一特定的敏感期内凭借生机勃勃的冲动力，逐步习得自我调节和掌握某些东西。正是幼儿在敏感期内所表现出来的敏感性，"使儿童以一种特有的强烈程度接触外部世界。在这一时期，他们容易地学会每样事情；对一切都充满了活力和激情"②。

借助于自己的研究和探索，蒙台梭利还对幼儿的敏感期做出了区分：感觉敏感期是从幼儿出生至5岁，秩序敏感期自幼儿1岁多持续到4岁左右，语言敏感期是在出生后两个月至8岁，动作敏感期则从幼儿出生持续到6岁。

鉴于幼儿"敏感期"的存在及其在幼儿发展过程中所发挥的作用，蒙台梭利主张教师应长期观察幼儿，对幼儿进入某一敏感期的标志或信号保持警觉，并适时做出必要的反应。

第三节　自由与纪律教育

蒙台梭利主张将幼儿发展理解为基于内在生命潜力的自发冲动的结果，这种冲动即表现为幼儿的自由活动。传统教育往往倾向于采取惩罚手段压制幼儿的自发冲动，迫使幼儿服从外在的、强制性的纪律。结果只能导致接受传统教育的幼儿个性受到压抑，因为"在这样的学校里儿童如同被针钉住的蝴蝶一样被钉在各自的座位上，钉在课桌旁，张开着他们所得到的乏味的、没有意义的知识的翅膀，然而这种翅膀已失去了作用"③。

为改变这一状况，蒙台梭利提出应在学校中推行科学的教育学。科学的教育学是一种给予幼儿自由的教育学，是允许幼儿依照其本性自主、自发地表现自己个性的教育学，是在教育实践中普遍奉行自由概念的教育学。

蒙台梭利在"儿童之家"中注重为幼儿创造有准备的环境的目的，即在于为幼儿发展提供一个可以自由表现个性的活动场所。她声称，允许幼儿自由活动，是迈向实施新教育的第一步。

不过，蒙台梭利在强调幼儿自由的同时，也明确提出"儿童之家"是需要纪律的，提出纪律意味着自由，"纪律必须通过自由而获得"④。那么，幼儿的自由和纪律是什么样的关系？二者能否彼此容纳，并相互成就？对于这些问题，蒙台梭利形成了自己独特的认识。

---

① ［意］玛丽亚·蒙台梭利：《童年的秘密》，马荣根译，51页，北京，人民教育出版社，2005。
② ［意］玛丽亚·蒙台梭利：《童年的秘密》，马荣根译，52页，北京，人民教育出版社，2005。
③ ［意］蒙台梭利：《蒙台梭利幼儿教育科学方法》，任代文主译校，61页，北京，人民教育出版社，2001。
④ ［意］蒙台梭利：《蒙台梭利幼儿教育科学方法》，任代文主译校，112页，北京，人民教育出版社，2001。

一、自由的教育

(一)幼儿"自由"的教育意义

蒙台梭利首先把幼儿早期教育中的"自由"概念理解为:幼儿所处的环境必须适合并最有利于幼儿个性的发展,适合并最有利于幼儿生理和心理的最大限度的发展。而要实现这一目的,就必须把教育理解为:"对儿童生命的正常扩充与发展给予积极的帮助。"[1]为确保幼儿享有发展的自由,教育者应对生命真诚崇拜,尊重幼儿生命的发展,把幼儿视为活生生的个体,逐一观察,直接施教。教育者为幼儿提供的帮助应能同时促进幼儿"成长着的身体"和"发展着的心灵",要充分尊重幼儿"内在生命潜力"的特点,"我们既不要损害也不要窒息存在于这两种生长形式之中的神秘力量,但是我们必须等待,我们知道,这种力量的表现形式将陆续展现出来"[2]。

(二)幼儿自由与自主、自发的活动

蒙台梭利主张:"必须遵循这样一条原则:我们应尽可能地把一切留给自然;因为婴儿更多的自由发展会形成更为谐调的身体比例和更为健全的机能。"[3]同时,进一步要求教育"不为自然发展设置障碍"[4]。幼儿的自由是通过活动展现出来的,因而教育环境的准备应该有利于幼儿活动的开展。按照蒙台梭利关于幼儿发展的理解,幼儿身上存在的"内在生命潜力"决定着幼儿发展经常处于积极主动的状态,而其表现的形式就是自由自在的活动、主动而积极的活动。在蒙台梭利的"儿童之家",所有教育环境的准备和教学设备的布置,无不以有利于幼儿自由活动为主要考虑。"儿童之家"设有宽敞的花园和游戏场,幼儿可以在其间自由嬉戏和活动,教室里桌椅均可以活动,幼儿可以根据自己活动的需要改变桌椅的位置,矮柜上的物品及各种教具也全部向幼儿开放,他们可以任意取用。课程安排上尊重幼儿的学习兴趣和个性差异,他们可以自由地选择参加各种学习活动。

幼儿自由自在的活动是培养幼儿自主精神的有效手段。幼儿活动的设计与开展,应该使幼儿在自由活动的同时,获得精神上的满足和情感上的熏陶,即"孩子应允许有精神自由,因为有创造力的自然比我们更能塑造他的精神,当然,这并不意味着他的精神应受到忽视或放任自流"[5]。

幼儿自由自在的活动还是培养幼儿情感、磨砺其意志的得力手段。幼儿对活动的

---

[1] [意]蒙台梭利:《蒙台梭利幼儿教育科学方法》,任代文主译校,126 页,北京,人民教育出版社,2001。

[2] [意]蒙台梭利:《蒙台梭利幼儿教育科学方法》,任代文主译校,126 页,北京,人民教育出版社,2001。

[3] [意]蒙台梭利:《蒙台梭利幼儿教育科学方法》,任代文主译校,622 页,北京,人民教育出版社,2001。

[4] [意]蒙台梭利:《蒙台梭利幼儿教育科学方法》,任代文主译校,623 页,北京,人民教育出版社,2001。

[5] [意]蒙台梭利:《蒙台梭利幼儿教育科学方法》,任代文主译校,626 页,北京,人民教育出版社,2001。

选择、参与以及各种具体活动的开展，都需要幼儿做出判断并对自我做出控制，一些较为复杂的活动还要求幼儿做出必要的努力，所有这些对于幼儿而言都是极为有益的锻炼和磨砺。在幼儿自由自在的活动中，值得注意的问题是教育者或成人不得越俎代庖，不得处处干涉幼儿的活动，或代替幼儿做出选择，否则幼儿便会失去宝贵的磨炼自己意志的机会。

自由自在的活动应该得到教育者或成人的极大激励，任何形式的压制和干预都可能对幼儿刚刚开始的积极的自发行为，甚至对生命本身构成伤害。因此，"我们必须以宗教般的虔诚尊重儿童早期的个性表现。如果要使教育产生效果，那就应该促进生命的充分发展。要起到这种作用，必须严格避免抑制孩子们的自发活动，避免蛮横无理地强加各种任务来加重孩子们的负担"①。

（三）幼儿的自由与独立性

蒙台梭利主张，幼儿自由与否和其是否具有独立的能力、处于独立的状态密切相关，"谁若不能独立，谁就谈不上自由。因此，必须引导儿童个体自由的最初的积极表现，使儿童可能通过这种活动走向独立"②。判断教育活动的安排是否有效，必须视其是否可以帮助幼儿在独立的道路上前进。向幼儿提供的训练和教导，其最为根本的目的在于使他们达到自己的目的，满足自己的愿望。让幼儿的发展真正处于自由的状态，还必须废除奖励和外在惩罚。对于真正实现自由发展的幼儿而言，"他所追求的不是使他受到轻蔑而感到沮丧的奖励，而是从他的内在生命中产生的人类的力量、自由的源泉和更大的积极性"③。

（四）幼儿的自由与社会性

当然，幼儿独立性的训练不得与其社会性的培养对立起来，要让幼儿在活动的同时，认识到伙伴的存在，感受到集体的存在，意识到与同伴密切合作有助于活动的顺利开展，进而逐步养成与同伴或集体合作的观念和能力。在幼儿与社会性关系问题的处理上，蒙台梭利规定了一个限度："孩子们的自由，就其限度而言，应在维护集体利益范围之内；就其行为方式而言，应具有我们一般所认为的良好教养。"④一旦教师发现幼儿冒犯、干扰他人，做出不礼貌或粗野行为时，则需加以制止。但是，这种教育的介入仍不得背离幼儿自发活动这一根本初衷，教育介入的根本目的，恰恰在于采用以自由为基础的教育方法，帮助幼儿获得自由。教育者要坚守的一条教育准则是：对幼儿的指导与训练应有助于幼儿尽可能少地感受到社会的束缚，尽可能多地向独立

---

① ［意］蒙台梭利：《蒙台梭利幼儿教育科学方法》，任代文主译校，113 页，北京，人民教育出版社，2001。

② ［意］蒙台梭利：《蒙台梭利幼儿教育科学方法》，任代文主译校，119 页，北京，人民教育出版社，2001。

③ ［意］蒙台梭利：《蒙台梭利幼儿教育科学方法》，任代文主译校，123 页，北京，人民教育出版社，2001。

④ ［意］蒙台梭利：《蒙台梭利幼儿教育科学方法》，任代文主译校，112 页，北京，人民教育出版社，2001。

自主的方向发展。①

二、纪律教育

（一）纪律必须是积极主动的

在对纪律的理解上，蒙台梭利基于对教育任务的理解而赋予纪律新的认识。按照蒙台梭利的理解，教育任务在于激发幼儿的"内在生命潜力"，使幼儿身心获得自由的发展，以最终培养出具有独立自主精神和善于工作的人。实现这一教育目的就要求破除传统的纪律教育观。传统教育理论将纪律视为"维持教育和教学的外部秩序的手段"，视为一种强迫、被动、静止的纪律，为此不惜动用威胁、监视、惩罚、命令和禁止等手段，竭尽所能地在幼儿心目中树立起遵守权威的意识，"严加管教"成为至上法宝。处于这种纪律体系之下的幼儿不得不安静地坐在固定的椅子上，双眼直勾勾地盯着教师或黑板，把教师所传授给他们的知识一股脑儿地接受下来。久而久之，幼儿便会厌倦这种静听式的学习活动，对自己也会逐步失去信心。

蒙台梭利认为，真正的纪律必须是积极主动的。"如果纪律是建立在自由的基础上，那么纪律就必须是积极主动的。"②纪律并非要求置幼儿于严密监视之下，更不是让幼儿凡事"不许动"。一个遵守纪律的人应该是积极主动的，"当一个人是自己的主人，在需要遵从某些生活准则的时候，他能够节制自己的行为，我们就可称他是守纪律的人"③。真正的纪律源于幼儿对规则的充分理解和接受，并在自己的活动中主动而积极地体现出来。依照某种外力强制形成的纪律只能是消极的、被动的、难以持久的。蒙台梭利强调，纪律的形成不能依靠强迫和压制，而只能建立在幼儿自由活动的基础之上。纪律赖以建立的自由活动，当然不是幼儿放肆任性的随意活动，而是一种手脑结合、身心协调的"工作"。

（二）纪律源于幼儿的自发工作

"纪律决不是靠命令、说教以及常为人们所称道的惩戒性的措施所能得到的。"④惩戒和说教可能表面上发挥暂时的效用，但效用往往难以持久。真正的纪律源于幼儿自发的工作，源于幼儿自由主动的活动。"真正纪律的第一道曙光来自工作。"⑤蒙台梭利坚信，在幼儿带着极大的兴趣从事某项工作的时候，他们所激发出的旺盛激情、高度集中的注意力、细心和耐心、毅力和持续性、自动性和创造精神，恰恰是真正纪律的充分表

---

① ［意］蒙台梭利：《蒙台梭利幼儿教育科学方法》，任代文主译校，119 页，北京，人民教育出版社，2001。

② ［意］蒙台梭利：《蒙台梭利幼儿教育科学方法》，任代文主译校，112 页，北京，人民教育出版社，2001。

③ ［意］蒙台梭利：《蒙台梭利幼儿教育科学方法》，任代文主译校，112 页，北京，人民教育出版社，2001。

④ ［意］蒙台梭利：《蒙台梭利幼儿教育科学方法》，任代文主译校，305 页，北京，人民教育出版社，2001。

⑤ ［意］蒙台梭利：《蒙台梭利幼儿教育科学方法》，任代文主译校，306 页，北京，人民教育出版社，2001。

征。对幼儿而言，工作就是活动，而活动则是幼儿"内在生命潜力"的积极展示和表现。

尽管幼儿的工作与成人的工作存在目的和要求上的差异，但其性质却是相同的，都是为了满足生活与发展的需要。工作是人的特征，并同为幼儿和成人的一种天赋本能。对于成人而言，成人通过工作改善自己的生活环境，推动社会文明的进步，并感受到一种精神的愉悦和满足。不过，当人的工作本能被占有欲、权力欲、冷漠和依附引入歧途后，工作便成为一种强制性的劳动。对于幼儿来说，"儿童工作的愿望代表了一种生气勃勃的本能，因为没有工作他就不可能形成他的人格：人是通过工作构造自己的"①。幼儿喜欢参加各种活动，甚至参加一些在成人看来非常没有意义的活动，他们常常还会模仿成人的活动，这些都是幼儿的工作。正是通过这些工作，幼儿得以为未来的生活做准备，幼儿的早期教育才成为可能。

当然，相对于成人的职业性工作，幼儿的工作表现出独有的特征。第一，幼儿工作的主动性。幼儿的工作是其主动开展的工作，没有威胁，不为奖励，不受惩罚。第二，幼儿工作的创造性。幼儿的工作是一种创造性的工作，其目的在于成人，或者说成为成人。成人所有的力量都始于或源于委托幼儿完成秘密使命的内在生命潜力。蒙台梭利提出，就此而言，"儿童是成人之父"②。不过，幼儿是在运用成人使用和改造过的同一个外在环境中，通过积极而富有创造性的工作，最终长大成人的。第三，幼儿工作的非收益性。幼儿工作不遵循效益规律，不寻求工作结果的物质意义，不为获利，幼儿只是把精力消耗在工作中，并在完成每个细节时运用自己的潜能，在工作中生长，在工作中成人。第四，幼儿工作的独立性。幼儿必须靠自己工作，没有人代替他成长，没有人可以代替他工作。

蒙台梭利指出，"我们必须把儿童的每一项学习都看作是工作，也只有工作才能使儿童走上纪律之路，因为工作是养成儿童纪律的基本途径"③。首先，在工作中，幼儿应养成"工作习惯"，如保持安静、集中注意力、细心观察等。待工作习惯养成后，则需注意按照既定的原则和方法，进行不同层次和不同阶段的练习，激发参与工作的热情和完成工作的信心。

幼儿工作之所以能够促进真正纪律的形成，原因有多方面：第一，幼儿长时期从事与其身心发展状况相适宜的工作，能够锻炼自己的肌肉协调和控制能力，在完成工作任务的过程中，逐步形成正确支配自己行动的能力；第二，一般来说，具体工作任务的完成还需要幼儿逐步形成个性和意志力，而这些都是服从纪律的必要条件；第三，幼儿借助于具体工作目标的实现，能够体验到工作带给自己的乐趣，逐步形成独立的意识，相信通过自己的努力能够完成预定的工作任务。

---

① ［意］玛丽亚·蒙台梭利：《童年的秘密》，马荣根译，183 页，北京，人民教育出版社，2005。
② ［意］玛丽亚·蒙台梭利：《童年的秘密》，马荣根译，190 页，北京，人民教育出版社，2005。
③ ［意］蒙台梭利：《蒙台梭利幼儿教育科学方法》，任代文主译校，《蒙台梭利的教育基本理论》22 页，北京，人民教育出版社，2001。

第四节　感觉训练

////////////////////

感觉训练在幼儿教育过程中占有重要地位，并实际上成为蒙台梭利幼儿教育思想体系中的主要内容。事实上。蒙台梭利很多关于幼儿教育的目的，都是借助于相应的感觉训练实现的。

一、感觉训练的目的与意义

基于对教育目的的理解，蒙台梭利提出了感觉训练的目的与意义。在她看来，教育要实现双重目的：生物学的目的和社会学的目的。就生物学意义上的教育而言，要帮助个体实现自然的发展；就社会学意义上的教育而言，则要培养个人适应包括社会在内的生存环境。而这两种教育目的的实现，均需从幼儿的感觉训练入手。关于感觉训练的目的，蒙台梭利认为在于借助对幼儿触觉、视觉、听觉、嗅觉和味觉等的训练，借助反复的感觉练习，训练幼儿的注意、比较和做出判断的能力，使幼儿的感受性更加敏捷、准确和精练，进一步改善他们感觉与分辨不同刺激的能力。"感觉训练的目的在于通过反复练习改善对不同刺激的感觉能力。"[①]

在幼儿的发展和教育过程中，感觉训练的实施表现出多重意义。

第一，感觉训练为幼儿智力发展奠定可靠的基础。无论从教育的生物学意义，还是从教育的社会学意义上来说，感觉训练都很重要。具体到3岁至7岁的孩子，其感觉器官的发展比高级智力活动的发展更早，实施适当的感觉训练既能促进幼儿感觉能力的发展，还可为智力的发展奠定坚实可靠的基础。"在3岁至7岁这段生命时期包括了身体的加速发展时期，是与智力相关的感器官活动的形成期。"[②]该时期的幼儿，其注意力以被动的好奇形式为周围环境所吸引。另外，按照蒙台梭利对幼儿心理发展的认识，学龄前幼儿正处于各种感觉特别敏锐的"敏感期"，特别适合接受各种感觉训练。如不利用这一宝贵的感觉训练机会，其损失是难以在后来弥补的，甚至可能会给幼儿的智力与精神发展带来障碍。

第二，感觉训练能够发现并纠正学校里尚未发现的缺陷。幼儿智力的发展，除与先天的遗传素质存在关联外，后天的教育与训练也发挥着重要作用。感觉训练不但可以直接促进幼儿智力的发展，而且还可以在实施感觉训练的过程中，发现幼儿身上所存在的某些影响智力发展的感官缺陷，以便为及时采取矫正或补救措施提供可能。在这方面，教育者不能被动等待幼儿身上的明显的无法补救的缺陷自己表现出来，而应在感觉训练过程中独具慧眼，及时发现缺陷并加以补救，以"直接为智力教育作准备，

[①]　［意］蒙台梭利：《蒙台梭利幼儿教育科学方法》，任代文主译校，173页，北京，人民教育出版社，2001。

[②]　［意］蒙台梭利：《蒙台梭利幼儿教育科学方法》，任代文主译校，208页，北京，人民教育出版社，2001。

完善感觉器官神经发射和联络通道"①。

第三，感觉训练可以把幼儿培养成为一个观察者，提高幼儿适应环境的能力。鉴于观察在个人发展中的作用，蒙台梭利还着重论述了感觉训练在培养幼儿观察能力方面的作用。她说，现代的文明人都是杰出的环境观察家，他们必须最大限度地利用环境所提供的所有财富。同时，近代科学的进步与改变人类生活环境的所有发明的问世，均是借助于观察实现的。如此，观察对于个人适应当前生活和未来环境的意义，便显得尤为明确和突出，而实施感觉训练的目的，就是"把人培养成为一个观察者，不仅为了能够适应现代文明时代而完成一般工作，而且也是直接为实际生活作准备"②。

第四，感觉训练还为智力发展提供了实践机会。幼儿智力发展以感觉训练为基础，感觉训练为智力应用与锻炼提供实践机会。智力水平总是在接触实际事物、解决实际问题的过程中表现出来的，实践经验的多寡也是判断智力水平高低的标准之一。对于个人来说，长期的实践经验的缺失，将会导致智力失去磨炼的机会，不消说不再会有智力的提高，即便已经发展起来的智力也会不保。蒙台梭利将此种情形概括为："事实上，在许多情况下，由于缺乏实践经验，智力也会变得无用。所谓实践经验几乎就等于感觉训练。每个人都知道，在实际生活中，最基本的是必须准确判断各种刺激，才能作出正确反应。"③

二、感觉训练的内容

在蒙台梭利看来，幼儿正处于各种感觉趋于精细化和准确化的关键期，对各种感觉器官的科学训练不仅可以帮助幼儿更好地适应未来的生活世界，而且还表现出明确的教育意义。幼儿借助于感觉训练，可以整理已经获得的关于外部世界的不甚清晰和不够系统化的印象，并在此基础上逐步发展智力。对于存在感官缺陷的儿童而言，适当的感觉训练则可以帮助其实现某种程度的补救和矫正。

蒙台梭利的感觉训练主要包括对触觉、视觉、听觉、嗅觉和味觉等的训练，并以触觉训练为感觉训练的主导性内容。蒙台梭利认为，触觉训练的目的在于帮助幼儿辨别物体的轻重、大小、厚薄、长短以及温度高低的差别；视觉训练则在于指导幼儿提高视知觉的鉴别度，用以鉴别物体的形状、颜色等；听觉训练则主要在于训练幼儿辨别声音的高低。

关于幼儿的感觉训练，蒙台梭利提出有三个方面的问题需要引起教育者注意。

第一，感觉训练在于使用训练不同感觉的教具进行教学实验。教具的选择首先需要引起幼儿的兴趣，并能使幼儿的自我教育成为可能。

第二，实施感觉训练的目的在于借助于反复练习，逐步改善幼儿对不同刺激的感

---

① [意]蒙台梭利：《蒙台梭利幼儿教育科学方法》，任代文主译校，208页，北京，人民教育出版社，2001。

② [意]蒙台梭利：《蒙台梭利幼儿教育科学方法》，任代文主译校，209页，北京，人民教育出版社，2001。

③ [意]蒙台梭利：《蒙台梭利幼儿教育科学方法》，任代文主译校，211页，北京，人民教育出版社，2001。

觉能力。

第三，幼儿的感觉训练不同于幼儿通过感觉从周围环境获取具体概念的活动，"在我们思想上既不能把感觉训练与表达相应具体概念的语言名称相等同，也不能把感觉训练与获取练习的抽象概念相等同"①。

(一)一般感觉训练

一般感觉训练包括触觉、热觉、压觉和立体感觉训练。在实施过程中，触觉和热觉训练有时是结合起来进行的。比如，让孩子们在洗手时感觉水的热度，用毛巾擦手时感觉毛巾的质感。

在触觉训练上，蒙台梭利设计的材料包括几块相同的木板：①一块木板上粘贴光滑的纸，或者把木板表面打磨得很光滑；②一块木板上粘贴砂纸；③一块木板上用光滑的纸和砂纸纸条相间呈现的方式进行粘贴。让孩子们分别用手触摸木板，形成"光滑"与"粗糙"的感觉。

在热觉训练上，蒙台梭利的方法为：使用一套小金属碗，碗里盛满不同温度的水，用温度计测量水温，设法使其中两碗的水温相等。让孩子们把手放入不同的碗中，体会不同的水温差别，并分辨出其中水温相同的两碗水。另外，也可以让孩子们把手浸入冷水、温水和热水中，体验水温的差别。

在压觉训练上，蒙台梭利的方法为：制作一些 8 厘米×6 厘米×0.5 厘米的三种不同木质(紫藤木、胡桃木和松木)的木板，重量分别为 24 克、18 克、12 克。木板表面应光滑，或者在木板表面涂上清漆，并保留木质的原色。让孩子们取其中的两块木板分别托于掌上，上下移动以感觉重量的差别。在实施时，要让孩子们闭上眼睛，主要借助于压觉感知重量的差别，而不是靠视觉观察颜色的差异。

在立体感觉训练上，蒙台梭利的一个设想是同时通过触觉和肌肉感觉的帮助识别物体。她所使用的教具由福禄培尔砖块和立方块组成。首先，让孩子们注意这两种物体的不同形状，尤其将注意力放在物体的各自特点上。然后，让孩子们把立方块放在右边，把砖块放在左边。接着，孩子们开始触摸砖块和立方块。最后，让孩子们闭上眼睛重复这种练习。

(二)嗅觉训练和味觉训练

嗅觉训练不像触觉训练那样易于实施，原因在于幼儿的嗅觉尚未充分发展，嗅觉训练方法很难吸引他们的注意力。在这方面，蒙台梭利承认她还没有取得令人满意的训练结果。不过，蒙台梭利曾为训练幼儿的嗅觉设计过一项实验：先让一个孩子嗅新鲜的紫罗兰和茉莉花。之后，蒙上孩子的眼睛，对他说"我们现在给你花"。让另一个孩子把一束紫罗兰放到被蒙上眼睛孩子的鼻子下，让他猜出花的名称。为区别花香气味的浓淡，花的给予量可逐渐减少，直至最后剩下一朵。为实施味觉训练，可让孩子的舌头接触酸、甜、咸等各种味道，让孩子识别各种味道。

---

① [意]蒙台梭利：《蒙台梭利幼儿教育科学方法》，任代文主译校，174 页，北京，人民教育出版社，2001。

(三)视觉训练

视觉训练在实施中又可区分为大小视觉、形状视觉和颜色视觉的训练。

在大小视觉训练方面,蒙台梭利提出可以采用两大类教具加以实施。第一大类是"镶块"。教具由长55厘米、宽8厘米、厚6厘米的三块木板组成,其中每块木板又由10块嵌在相应大小孔里的圆柱形木块组成,其顶端有木质或黄铜提钮,形状类似化学家使用的砝码。让孩子们在玩弄这些教具的过程中,把圆柱形木块从孔中抽出来,弄乱后再插回原来所在位置。第二大类是分级的方块,其中又按照大小、薄厚和长短三个维度将方块设计成三套。第一套包括10个大小不等的涂以玫瑰色油漆的木质立方块。其中最大的木质立方块底边长10厘米,最小的木质立方块底边长1厘米。相邻大小的木质立方块底边长相差1厘米。练习的方法是让孩子们按从大到小的顺序,在一块绿布毯上依次垒起这些立方块,直至最后,以最大的一块为塔底,以最小的一块为塔顶,垒成一个小宝塔。孩子们在垒制的过程中不断调整不同大小立方块的置放顺序,依此锻炼其对大小的视觉敏感。第二套由从厚到薄的10个棱柱体组成,其中最大的底边长10厘米,其余依次递减1厘米,长度均为20厘米。练习的方法是把棱柱体散落在小地毯上,将其顺序弄乱,让孩子们按从厚到薄的顺序或从薄到厚的顺序一块挨着一块摆好,最后摆成类似楼梯的梯形形状。这种方法在于训练孩子们对厚薄的视觉敏感。第三套包括10根长短不一的长方体木棍。底边长为3厘米,第一根长1米,最后一根长10厘米,相邻的两根相差10厘米。练习时,将木棍散开,打乱颜色顺序,让孩子们按长短次序和对应的颜色进行排列。

在形状视觉训练上,蒙台梭利也设计出了实施形状视觉训练的教具材料。比如,制作一个30厘米×20厘米的长方形托盘,里面放入计划让孩子们练习的任何形状的物体,如三角形、菱形、矩形等形状的物体,向孩子们提出摆放物体的具体要求。

在颜色视觉训练上,蒙台梭利利用颜色鲜明的材料,共设计出8种颜色——黑色、红色、橙色、黄色、绿色、蓝色、紫色和棕色的小块,每种颜色又有8种深浅色度,共有64块小块。可制作两套这样的小块,把它们装在两个大盒子里,每个盒子分成8格,每格放置8块。训练时,最初可选用深颜色的小块。从一个盒子中取出3块,并从另一个盒子中取出同样的3块。把这6块小块放在孩子面前的桌子上。从中取出一种颜色的小块,要求孩子从混杂的小块中找出与此相同的另一块,并把这两块并排摆在一起。小块数目可从6块增加到8块或16块。训练完毕,可按照同样方法使用较浅颜色的小块。

三、感觉训练的实施原则

为保证感觉训练的实施效果,蒙台梭利还提出了一些实施原则。

(一)教具设计的内在系统性和等级性原则

设计出有效的教具是实施感觉训练的必要条件。在教具的设计和制作上,蒙台梭利提出了以下观点。第一,教具的根本价值在于使幼儿的自我教育成为可能,使幼儿的系统性感觉训练成为可能。为确保幼儿的自我教育成为可能,教具设计要能够控制幼儿使用不当的错误,即当幼儿操作不当时,能够推倒重来,根据教具的暗示开展自我矫正，实施"自我教育"。第二，教具应该具备内在的关联性，不同教具既要指向对不同感官的感觉训练，它们之间又要保持内在的关联，要发挥彼此促进、互为补充和共同强化的训练作用。第三，作为实物的教具还要包含合理的刺激等级。存在某种关联的教具之间的刺激既不可完全相同，也不宜存在较大的距离，要体现必要的等级性原则。

(二)感觉训练的循序渐进原则

感觉训练的一个基本前提是幼儿成长过程中存在敏感期，表现出个体发展的节律现象。感觉训练的实施必须按照幼儿的敏感期要求，首先把肌肉练习作为感觉训练的基础，把提高感觉的敏锐性和精细性作为感觉训练的重点，循序渐进地实施某一方面的感觉训练，把整体复杂的感觉训练分解为几个部分进行。同时，不能仅仅停留在单纯感觉训练的层面上，要尽可能与幼儿的阅读、书写与计算教育结合起来，逐步实现由简单的感觉到复杂的智力活动的过渡，为幼儿智力活动的开展奠定基础。

(三)感觉训练的自我教育原则

"自我教育"是蒙台梭利幼儿教育的一项基本原则。蒙台梭利主张，作为认识主体的幼儿在学习与训练活动中发挥着重要作用。学习与训练只有转化为幼儿主动开展、自觉参与的活动，才能取得较好的效果。在感觉训练方面，"没有一个教师能够教给孩子只有通过体操锻炼才能获得的那种敏捷。学生需要通过自己的努力完善自己，感觉训练也是一样"①。

在感觉训练过程中，幼儿借助于教育者所提供的教具，基于自己的兴趣和需要，独立操作，自我校正，开展相应的感觉敏锐性和精细性训练。蒙台梭利的教具体系中设计了专门的"错误检验"系统，帮助幼儿在出现错误时根据教具的暗示实现有效的"自我教育"。

(四)感觉训练的针对性原则

在感觉训练实践中，为确保训练效果，蒙台梭利主张在对某一特定感觉进行训练时，要尽可能排除其他感觉的干扰，以保证该感官获得清晰准确的印象。

第五节 书写、阅读、计算和实际生活练习 //////////////////

不同于一般的心理学家或儿童教育专家，蒙台梭利对幼儿早期的学习能力持有非常乐观的立场。幼儿不但能够在活动中获得有价值的生活经验，发展自身的各种能力，而且还已具备学习书写、阅读和计算的能力。教育者应充分利用幼儿的这种学习能力，通过为其提供适当的教材和教具，实现其学习技能的发展。

一、书写练习

在幼儿的学习技能训练中，蒙台梭利将书写技能的训练置于阅读技能的训练之

---

① [意]蒙台梭利：《蒙台梭利幼儿教育科学方法》，任代文主译校，172 页，北京，人民教育出版社，2001。

前，其具体实施步骤如下。

第一阶段，运用书写工具的肌肉运动机制练习。训练教具包括小木桌、金属镶块、轮廓画和彩色铅笔。在组织孩子画出几何图形之后，孩子就开始练习运用书写工具。孩子选定一支彩色铅笔，用线条填满自己画出的几何图形，不使线条超出轮廓线。在此过程中，孩子的进步表现在以下方面。第一，超出轮廓线的情况越来越少，直至最后消失，中心部分和边缘部分的线条也变得紧密一致。第二，线条从短而不规则变得长而规则，直至从图形一边到另一边都规则地填满线条。

第二阶段，建立字母符号的视觉—肌肉感觉印象和建立书写的肌肉运动记忆的练习。使用的材料包括用砂纸剪成的单个字母的硬纸卡。练习分为三步：第一步，把视觉和肌肉的触觉与字母联系起来，幼儿的任务是通过视觉、触觉和听觉相结合的练习，掌握字母的形状；第二步，把相应字母的发音与字母联系起来，辨认字母形状，当孩子听到相应字母的发音时，能从教师所给出的许多字母中辨认出该字母的形状；第三步，记住字母形状，教师将孩子已经记住的字母放在桌上几分钟后，再指着字母让孩子回答"这是什么?"，以巩固孩子的记忆。

第三阶段，拼字练习。所使用的材料主要是字母表。每一个字母制成一张卡片，把字母卡片放入专门装字母的盒子中。盒子分成很多小格子，每个字母卡片占一格。元音字母用红色纸板剪成，辅音字母用蓝色纸板剪成。练习时，当教师非常清晰地读出一个字母时，让孩子从格子中取出相应的字母。这样，孩子便能够把听到的声音与相应的字母联系起来，为以后正规完善的拼写打下基础。

蒙台梭利认为，当孩子能够通过多次的触摸掌握字母的形状，并把字母发音与字母形状建立对应性的联系时，会很快产生书写冲动，在一切可能的条件下去书写。幼儿书写的举动并非为了完成具体任务，而是服从内部冲动的结果。

二、阅读练习

在幼儿掌握书写技能后，蒙台梭利主张开始进行阅读练习。开展阅读练习的材料包括清晰书写的单词、短语纸片和卡片。蒙台梭利将阅读理解为对书写符号的思想意义的解释，是一种纯粹的智力活动，能够帮助幼儿发展思维和运用语言的能力，并最终提高其社交语言能力。

(一)读字游戏

为实施阅读练习，蒙台梭利在准备好的卡片上写下一个日常用词，这个词代表着眼前存在或大家熟知的一件物品。让孩子慢慢读出写好的词。如果孩子的读音是正确的，教师就只说一声"快一点"，接下来让孩子读第二遍、第三遍……直至孩子能够理解该词所表达的意义为止。

(二)读句子游戏

教师出示装有折叠好的纸条的篮子。所有会读的孩子从篮子中抽取一张纸条，默念一两次，直到完全理解为止。孩子把纸条交给教师，便开始执行纸条上所表达的行动，如"关上窗户，打开前门，然后等一会儿，再把窗户和前门恢复成原样"等。

三、计算练习

为开展计算练习，蒙台梭利相继设计出"用书写符号表示数""数的记忆练习""从1到20的加减乘除法"等练习的方法。在"用书写符号表示数"的练习中，蒙台梭利设计了两个托盘，每个托盘分成五个小格。每格底部放有一张印有数字的卡片。第一个托盘里的数字是0、1、2、3、4，第二个托盘里的数字是5、6、7、8、9。练习的方式是按照各自底部卡片上的数字，把相应数量的物件放到格子里去。

可以看出，无论是阅读练习还是计算练习，其基本原理和书写练习一样，遵循由简单到复杂的程序，主要的实施方法仍然是对幼儿实施多方面的感觉训练。蒙台梭利的实验证明，所有幼儿都具有学习书写、阅读和计算的潜在能力，这不但为幼儿早期的文化教育提供了理论基础，而且还以实际行动表明幼儿具有较强的学习潜能。

四、实际生活练习

蒙台梭利将书写、阅读和计算练习视为"发展性练习"。除此类练习外，她还主张幼儿须接受另一种类型的练习，即实际生活练习。这类练习包括日常生活技能练习、园艺活动练习、手工作业练习和体操练习。

（一）日常生活技能练习

日常生活技能练习具体包括对得体地坐、卧、行、语言表达、剪指甲、洗澡以及开门锁、系鞋带等一系列生活技能的练习。这类练习在培养幼儿生活自理能力的同时，还可帮助他们形成独立意识和自信品质。

（二）园艺活动练习

受卢梭自然教育思想的影响，蒙台梭利主张幼儿应到大自然中去，在自由自在的活动中获得发展。"既然儿童的肉体生命需要大自然的力量，那么他的精神生命也需要使心灵与天地万物接触，以便直接从生动的大自然的造化能力中吸取养分。达到这一目的的方法是让儿童从事农业劳动，引导他们培育动植物，并从中思考自然、理解自然。"[1]具体的园艺活动包括种植植物和喂养小鸡、鸽子、兔子等小动物等。蒙台梭利把这类园艺活动的教育价值概括为五个方面：第一，引导孩子观察生命现象；第二，引导孩子通过自我教育而具有预见性；第三，培养孩子的耐心和信心；第四，培养孩子对大自然的感情；第五，引导孩子沿着人类发展的自然道路前进，实现个人发展和人类发展的协调一致。

（三）手工作业练习

手工作业主要指绘画和泥工。绘画与幼儿书写练习时的画画相同，目的在于将幼儿的触觉与对具体图形的记忆结合起来。泥工练习在锻炼幼儿手部肌肉的同时，也为幼儿的自我表现冲动提供了释放的机会。

（四）体操练习

蒙台梭利首先主张，既不能把体操等同于普通学校里所实施的集体性的肌肉训

---

[1]　[意]蒙台梭利：《蒙台梭利幼儿教育科学方法》，任代文主译校，160页，北京，人民教育出版社，2001。

练，也不能把它等同于旨在使麻痹的肌肉恢复正常运动的医疗体操。"我们必须把体操和一般肌肉训练作为有助于生理运动(如走路、呼吸、说话等)的正常发育以及保护这种发育的一系列训练。"①蒙台梭利进一步认为，适合3~6岁幼儿需要的体操类型是保健体操，主要形式是走路。走路首先要保持身体平衡，为此，蒙台梭利设计了走线练习，如走直线、椭圆形线与8字线的练习。对于这一年龄段的幼儿，蒙台梭利还采用"坐式秋千""爬小圆梯""爬绳梯""摆球"等游戏作为幼儿参与的体操类型。除此之外，蒙台梭利还专门讨论了自由体操、教育体操和呼吸体操的具体实施办法和训练价值。比如，把教育体操练习纳入学校教育工作，组织幼儿参加翻土、栽种植物、饲养动物等活动，发展幼儿动作的协调性。

第六节　蒙台梭利幼儿教育思想的传播与影响

蒙台梭利毕生献身于幼儿教育事业，在长期的幼儿教育实验和实践活动中，形成了独特而有效的"蒙台梭利幼儿教育科学方法"和幼儿教育思想体系。蒙台梭利的方法和理论体系在世界范围内产生了广泛影响。

蒙台梭利论证了幼儿早期教育的必要性和可能性，主张幼儿早期发展中存在"敏感期"，论述了幼儿发展的基本内容，强调幼儿早期环境经验和智力开发的价值，要求教师做幼儿发展的积极的观察者和引导者，倡导实现幼儿自由、主动的发展，让幼儿通过自由地选择练习材料，独立操作，自我校正，自我发展，最终建立起自我教育与发展体系。这些教育主张所体现的教育创见力和洞察力已被现代教育科学理论与实践所证明。

在蒙台梭利的幼儿教育思想体系中，关于幼儿发展的乐观认识是一个亮点。蒙台梭利把幼儿视为一个具有"内在生命潜力"的活动与发展的个体，追求自由与主动的活动是幼儿的天性，认为幼儿身上存在着要求自我积极主动发展的力量，这些见识为我们树立科学的儿童观提供了有益的启示。尽管蒙台梭利在关于幼儿发展与遗传、环境的关系及幼儿敏感期的认识上表现出某种神秘主义的色彩，但她强调幼儿的主动发展，强调幼儿早期发展的潜力，为我们思考此类问题提供了基础。

在幼儿自由与纪律教育问题上，蒙台梭利提出了一个看似矛盾的著名命题——纪律即意味着自由。蒙台梭利强调幼儿纪律形成的有效手段在于赋予幼儿活动的自由，并主张通过幼儿的工作使其最终走上纪律之路。对于蒙台梭利的纪律教育方法，教育史学家康内尔曾做出评价："通过不断胜利完成自己正在做的递升的作业，儿童变得更守纪律，也就变得更好。当他在能力上有所长进后，他就增加了达到所希望的目的的自由。他的纪律和他的自由是同时增长并且是相互依赖的。蒙台梭利对纪律的看法

---

① ［意］蒙台梭利：《蒙台梭利幼儿教育科学方法》，任代文主译校，148页，北京，人民教育出版社，2001。

与卢梭的'调节得很好的自由'不无共同之处。"①

在幼儿的感觉训练问题上，蒙台梭利不但设计出了一整套行之有效的感觉训练方法体系，而且还把这些感觉训练与幼儿的书写、阅读与计算的教学有机地联系起来。在感觉训练过程中，蒙台梭利采取的将复杂的整体感觉分解为简单的、个别的感觉的思路，也是符合幼儿年龄特点和认识特征的。

蒙台梭利的幼儿教育思想对世界学前教育事业发展产生了全面而深刻的影响。自蒙台梭利方法面世以来，各国关注学龄前儿童发展的人士纷纷涌入罗马，实地考察学习蒙台梭利的教育方法。她的教育著作被译成多种文字出版，许多国家创办了本国的"蒙台梭利学校"。世界范围内形成了声势浩大的宣传、应用和发展蒙台梭利教育方法的"蒙台梭利运动"。这一运动又反过来促进了蒙台梭利教育思想在全世界的传播和发展。

当然，任何一种教育理论都不是完美无缺的。蒙台梭利的幼儿教育思想在获得广泛传播的同时，也受到多方面的批评。美国进步教育家克伯屈把蒙台梭利教育思想体系的弊端概括为：教育理论基础——官能心理学的陈旧和社会性训练的缺乏。克伯屈还将蒙台梭利的教育思想与杜威的教育理论进行了比较。克伯屈认为，"蒙台梭利和杜威的主张虽然有很多共同之处，但也有很大区别。她对教育的看法比杜威狭窄得多。她坚持一个站不住脚的理论，强调形式的、系统的感觉训练，并热衷于设计一种教授意大利语言的读和写的方法。而杜威则认为早期教育应着眼于儿童生活更重要的活动。借助于这些活动使儿童熟悉我们的复杂社会环境"②。对此，蒙台梭利的支持者则认为，蒙台梭利方法为幼儿的创造性活动提供了广泛的准备，蒙台梭利学校正在为有能力的、自信的、尊重自己和他人的幼儿的成长做准备。③

从蒙台梭利幼儿教育思想所遭受的批判来看，这些批判主要集中在以下方面。她认为幼儿发展是某种"内在生命潜力"发展与展示的结果，是一种生命本能的冲动，在某种程度上忽视了教育的作用。蒙台梭利的感觉训练也存在将幼儿引入机械操作和单调练习的危险。另外，在纪律教育实践中，蒙台梭利似乎过于强调幼儿借助于实际活动养成纪律习惯，对说理教育的成效重视不够。

小结

20世纪意大利女教育家蒙台梭利通过坚持不懈的教育实验和理论探索活动，论证了幼儿早期教育的必要性和可能性、幼儿发展的基本内容，倡导实现幼儿自由且主动的发展。

蒙台梭利把幼儿视为一个具有"内在生命潜力"的活动的、发展的个体，追求自由

---

① ［澳］W. F. 康内尔：《二十世纪世界教育史》，张法琨、方能达、李乐天等译，291页，北京，人民教育出版社，1990。

② 吴式颖：《外国现代教育史》，296～297页，北京，人民教育出版社，1997。

③ ［英］罗伯特·R. 拉斯克、詹姆斯·斯科特兰：《伟大教育家的学说》，朱镜人、单中惠译，265页，济南，山东教育出版社，2013。

与主动活动是幼儿的天性，认为幼儿身上存在着要求自我积极主动发展的力量，这些见识为我们树立科学的儿童观提供了有益启示。在幼儿的自由与纪律教育问题上，蒙台梭利提出纪律即意味着自由，强调幼儿纪律形成的有效手段在于赋予幼儿活动的自由，并主张通过幼儿的工作使其最终走上纪律之路。在幼儿的感觉训练问题上，蒙台梭利设计出了一整套行之有效的感觉训练方法体系，而且还把这些感觉训练与幼儿的书写、阅读与计算的教学有机地联系起来。

蒙台梭利的幼儿教育思想对意大利及世界学前教育的发展产生了全面而深刻的影响，一场声势浩大的"蒙台梭利运动"在世界范围内开展。但蒙台梭利的幼儿教育思想在广泛传播的同时，也受到多方面的批评。这些批评主要集中在蒙台梭利幼儿教育思想中的某种神秘主义色彩。

思考题：

1. 如何评价蒙台梭利有关自由与纪律辩证关系的认识？
2. 简述蒙台梭利的幼儿发展观。
3. 简述蒙台梭利感觉训练的教育意义。

参考文献：

1. 蒙台梭利. 蒙台梭利幼儿教育科学方法. 任代文，主译校. 北京：人民教育出版社，2001.
2. 玛丽亚·蒙台梭利. 童年的秘密. 马荣根，译. 北京：人民教育出版社，2005.
3. 玛丽亚·蒙台梭利. 有吸收力的心灵. 蒙台梭利丛书编委会，编译. 北京：中国妇女出版社，2012.
4. 玛丽亚·蒙台梭利. 蒙台梭利早期教育法. 蒙台梭利丛书编委会，编译. 北京：中国妇女出版社，2012.
5. 玛丽亚·蒙台梭利. 蒙台梭利儿童教育手册. 蒙台梭利丛书编委会，编译. 北京：中国妇女出版社，2012.
6. 玛丽亚·蒙台梭利. 发现孩子. 蒙台梭利丛书编委会，编译. 北京：中国妇女出版社，2012.
7. 吴式颖. 外国现代教育史. 北京：人民教育出版社，1997.

第十七章　杜威的教育思想

内容提要

　　杜威是美国现代著名教育家，现代教育理论的集大成者和现代教育实践的积极而有效的探索者。他在实用主义哲学、机能主义心理学与本能论心理学、民主主义和改良主义的社会有机论的基础上，建立了体系庞大而严密的实用主义教育理论体系，深刻地影响了世界各国现代教育的发展。本章主要围绕杜威教育思想的理论基础、教育价值、教育本质、教育目的、思维与教学、课程与教材、教育思想的传播与影响等方面的内容加以论述。

学习目标

　　1. 了解杜威教育思想的理论基础。

　　2. 掌握杜威在教育价值、教育本质、教育目的、思维与教学、课程与教材等方面的观点和主张。

　　3. 科学评价杜威教育思想的历史影响。

核心概念

　　杜威；教育即生活；教育即生长；教育即经验改造；教育目的；儿童中心；从做中学；反省思维；教学五步法；活动；作业

约翰·杜威(John Dewey，1859—1952)，美国现代著名哲学家、教育家和心理学家。作为彻底的联结主义者，杜威在批判传统教育的同时，努力从最广泛的意义上将教育问题同整个历史背景以及实用主义思想体系的各方面联系起来进行考察。纵观杜威在各个时期提出的教育主张，虽然重点不尽相同，但基本上是连贯一致的。杜威毕生勤勉，在丰富的教育理论探索与有效的教育实践探究的过程中，为世人构筑了一个完整而又严密的实用主义教育理论"大厦"，为世界现代教育发展做出了重大贡献。

第一节　教育思想的理论基础

1859年，杜威出生于美国佛蒙特州的一个小镇柏林顿，在一个家教甚严的家庭环境中成长。1884年，杜威从霍普金斯大学研究生毕业，此后一直在大学任教。1896年，杜威在任芝加哥大学哲学、心理学和教育学系主任期间，创办了内设幼儿部的芝加哥大学实验学校(即"杜威学校")，实验并完善其教育理论，杜威也因此校的实践而闻名。芝加哥大学及芝加哥大学实验学校的教育实践对杜威教育思想形成和发展起到了非常关键的作用，当时美国进步教育运动的迅速发展也进一步推动了他教育思想的发展和成熟。杜威一生勤于笔耕，著述宏富，共计发表论文815篇，撰写专著44部(其中教育学论著11部)，形成了一个极复杂的涉及形而上学、认识论、逻辑学、伦理学、美学、科学哲学和教育哲学等方面的实用主义思想体系。其中，《民主主义与教育》(1916年)一书，是对杜威哲学在教育上进行的"最完全而最详细的"阐明，旨在探讨民主、科学、进化论和工业制度对于教育的意义，是杜威实用主义教育思想最集中、最系统的代表作。其他的在教育学方面的代表作还有：《我的教育信条》(1897年)、《学校与社会》(1899年)、《儿童与课程》(1902年)、《我们怎样思维》(1910年)、《明日之学校》(1915年)和《经验与教育》(1938年)等。

杜威积极顺应时代发展、科学进步的趋势，全面批判了传统教育的种种做法，并注意对教育史上的各种理论进行批判性的论述和继承。杜威将自己的教育思想综合建立在实用主义哲学(尤其是经验论)、机能主义心理学与本能论心理学、民主主义和改良主义的社会有机论的基础之上。

一、实用主义哲学

实用主义哲学为美国本土哲学，核心概念即"效用"，最先由皮尔斯(C. Peirce，1839—1914)提出，后经詹姆斯(W. James，1842—1910)予以发展。杜威是实用主义哲学的集大成者，他将实用主义哲学运用于社会事务和教育领域，使其成为教育思想的首要理论基础。

杜威的实用主义哲学表现在真理论上即"工具主义"或"实验主义"。他认为哲学是人用以辨别方向、适应环境和整理世界秩序的工具。就哲学和教育的关系而言，"如果我们愿意把教育看作塑造人们对于自然和人类的基本理智的和情感的倾向的过程，哲学甚至可以解释为教育的一般理论"①，"教育乃是使哲学上的分歧具体化并受到检验的实验室"②。

杜威的实用主义哲学表现在认识论上常被称作主观经验论，并陷入不可知主义。杜威反对争论物质与意识何者为第一性的问题，认为这种争论毫无意义。他提出只需研究经验就行。杜威引进生物学的概念，坚持经验与自然的连续性，特别强调经验是有机体与环境的"相互作用"。"经验既是关于自然的，也是发生在自然以内的……被经验到的并不是经验而是自然——岩石、树木、动物、疾病、健康、温度、电力等等。在一定方式之下相互作用的许多事物就是经验；它们就是被经验的东西。"③他指出，生物学揭示有机体占有环境，与环境相互作用，并适应环境。这些"相互作用"是构成生活本身的材料，即经验的东西。由此可见，杜威所指的经验，无所不包，作为经验主体的人和作为经验客体的自然都被包括在内。由于反对争论物质与意识何者为第一性的问题，杜威的经验论在逻辑上必然归结为人所认识的只能是主观的经验世界，而不是离开人的经验而独立存在的客观世界。在杜威看来，人的认识就是一个不断变动的、未完成的、不确定的和有疑难的经验过程。人的思维就是在疑难的情境中产生以获得经验，并成为改造和指导人的活动的工具。通过这种经验和思维，人们寻求使自己通向世界的道路。这样，提供疑难情境，训练疑难问题的解决和批判性思维的技巧，便在杜威的学校教育计划中占有特别重要的地位。在阐述自己的认识论时，杜威强调操作、行动在认识过程中的重要性，认为观念、知识、经验都是在主客体相互作用的过程——行动中得来，行动是整个认识的核心。这一观点是杜威实用主义教育思想的核心内容。从这种主观经验论出发，杜威把真理也看成主观的，认为对个人有价值的或者有好处的便是真理。他强调"有效即真理"，从而否定了判断一个观念的标准是它的兑现价值。

尽管杜威努力塑造其实用主义哲学的客观的、科学的外观，但其实质是一种主观唯心主义哲学。他把整个客观的自然（环境）消融在人的主观经验之中，把客观的自然（环境）变成了主观经验的东西，甚至是虚幻的东西，实际上也就是把主观的经验看成第一性，而把客观的自然（环境）看成第二性。从杜威的教育哲学乃至整个教育理论来看，"经验"在其中占据了核心地位。在杜威看来，教育是在经验中、通过经验和为了经验的一种发展过程。

二、机能主义心理学与本能论心理学

机能主义心理学与本能论心理学是杜威心理学体系中具有内在联系的两种形式，是杜威教育思想的又一重要理论依据。

杜威继承詹姆斯的机能主义心理学，主张用"适应"和"效用"的观点研究有机体的活动。1896 年，杜威在《心理学评论》杂志上发表《心理学中的反射弧概念》一文，认为

---

① ［美］约翰·杜威：《民主主义与教育》，王承绪译，347 页，北京，人民教育出版社，2001。
② ［美］约翰·杜威：《民主主义与教育》，王承绪译，348 页，北京，人民教育出版社，2001。
③ ［美］杜威：《经验与自然》，傅统先译，4 页，北京，商务印书馆，1960。

心理活动是一个连续的整体，心理是有机体适应环境的有用工具，有机体是通过反射弧的协调来适应环境的，心理学就是研究动作的协调机能，它的真正对象是在环境中发生作用的整个有机体的适应活动。他提出不应该把行为看作一种人为的科学结构，而应该把它置于有机体适应环境，即有机体与环境积极而能动的相互作用之中加以研究。杜威这篇强调有机体对环境的适应的文章的发表，一般被认为是美国机能主义心理学诞生的标志，也是心理学著作对教育学产生深刻影响的重要里程碑。1900年，杜威以美国心理学会主席的身份，在该学会年会上作了题为"心理学与社会实践"的讲演，阐述了他的机能主义心理学思想在教育工作中的应用。杜威指出，心理学是教育理论和实践的基础，要为包括教育科学在内的社会科学发展指明方向和开辟广阔的道路。

根据机能主义心理学的有关观点，杜威把儿童看作与他们的环境取得联系并且相互作用的积极而能动的有机体，把儿童直接参与社会生活的各种活动看作使他们适应社会环境并富有成效地与他们的社会取得合作的基本手段。因此，强调人的心理发展依赖于参与共同活动，强调人的心理活动的协调性和连续性，就成为杜威实用主义教育理论体系中的基本指导思想。

本能论心理学从生物学的角度考察人的行动，也称生物化本能论心理学。本能论心理学重视本能的作用，认为行动的最初状态是冲动，儿童心理就是以本能活动为核心的天生心理机能不断发展、生长及与周围环境协调的过程。杜威把这种本能论心理学作为他的教育教学论的心理学依据。杜威认为：儿童心理活动的实质就在于其本能的发展，而人的本能与冲动是潜藏在儿童身体内部的一种与生俱来的能力，基本上是原封不动地一代一代传下去的；儿童身上潜藏着四种本能，即语言和社交的本能、研究和探索的本能、制作的本能、艺术的本能，其中最重要的是制作的本能；儿童的能力、兴趣、需要和习惯都建立在他的原始本能之上。据此，杜威提出，教育的任务就是按照儿童本能生长的不同阶段为其提供适当的材料，促进本能的表现与发展。

三、民主主义和改良主义的社会有机论

在社会政治观上，杜威十分强调民主主义的重要性。他认为"民主主义不仅是一种政府的形式，它首先是一种联合生活的方式，是一种共同交流经验的方式"①，民主主义的特征是"共同参与的事业的范围的不断扩大，和作为民主的特征的个人各种各样能力的解放"②。在杜威看来，一方面，个体在社会中生活，并通过社会而生活；另一方面，社会存在于无数的社会个体之中，并通过这些个体而存在。个人与社会组成了一个有机的统一体。杜威这种强调个人的发展在于适应社会环境的需要的社会观被称为"社会个人主义"，体现了通过个人教育达到社会改良的要求。他指责美国现实社会制度的不民主，希望通过改良的途径建立一个民主主义的理想社会。改良主义与民主主义的社会有机论贯穿于杜威教育理论之中，支持这一思想的理论基础主要有以

① [美]约翰·杜威：《民主主义与教育》，王承绪译，97页，北京，人民教育出版社，2001。
② [美]约翰·杜威：《民主主义与教育》，王承绪译，97页，北京，人民教育出版社，2001。

下三个方面。

第一，人性论。杜威认为社会乃是由具有诸如本能、习惯等人性的个人联结而成的，人性天然具有趋向分化（形成个人主义）和趋向结合与联合（构成社会）的本质，这种本质即人性中利己和利他的倾向。

第二，庸俗进化论。杜威认为社会既然只是人性的组合，欲使社会进步，只要利用人性中利他的一面，采取激发智慧的教育方法，而无须进行阶级斗争。因此，社会的发展只能是逐渐的进化，只有量变而无质变，只需改良而无须社会制度的根本变革。

第三，民主观。美国早期启蒙思想家提出"民治、民有、民享"的观念，在杜威看来，民主主义理想有两条标准：一是共同参与，多数人有共同的兴趣和共同的目的，热心于共同的福利事业，相互之间都具有同情心；二是平等交际，多数人能平等相待和协力工作。

杜威认为民主主义社会最需要教育，且为教育提供了良好的条件。具体而言，民主主义这个出发点和参照点能够给教育行动以力量，并指导批判思维和教育思想，使学校更好地迎接民主主义的挑战。在杜威看来，民主主义和教育趋于有机的统一，二者关系密切、不可分割。他甚至认为"民主主义本身便是一个教育的原则，一个教育的方针和政策"①。

杜威强调了教育在改进社会中所具有的决定性意义。他认为，学校作为生活在这个社会中的个体的教养者，就必须完全地成为社会的一部分，并使每一个学生都参与学校的社会生活，从而培养应对环境和适应社会的行为方法。在他看来，通过教育，社会的每一个分子都可以实现更大的个性化，培养更广泛的共同兴趣，养成既促进社会的变化又不致引起社会混乱的心理习惯。这样，教育就成为杜威社会有机论中的一根杠杆，可以调和阶级矛盾，缓和社会冲突，进而建成"理想社会"。

上述杜威教育思想的理论基础之间存在内在联系，它们是相互渗透、密不可分的。它们一方面反映了杜威全部的学术观点，另一方面构建了杜威教育思想的完整性和科学性。

第二节　教育价值论

杜威将教育价值分为内在价值和工具价值两种。教育的内在价值，是指教育具有的增长生活经验的功用和特性；教育的工具价值，是指教育具有的可以用来达到其他目的的功用和特性。从总体上讲，教育价值就是教育在现今社会中的实际功用，是教育对现今社会和人的生活的益处。

---

① ［美］约翰·杜威：《人的问题》，傅统先、邱椿译，26页，上海，上海人民出版社，2014。

一、教育的一元论价值观及其产生

杜威主张"一元论"的教育价值观,认为教育是一种包括获得知识和养成品德在内的智慧训练过程。换句话说,教育就是要使人获得和增长有益于人类社会进步的经验,即养成有效地参与社会生活的"智慧"的态度、能力和行为。

杜威的"一元论"教育价值观,是在分析批判历史和现实中存在的种种"二元论"教育价值观基础上产生的。

在教育是为个人未来职业生涯做准备还是只为内心自由做准备的问题上,杜威认为历史上存有两种根深蒂固的教育观念:劳动观与闲暇观。前者认为教育是为人们今后的职业生涯做准备的,而后者则认为教育为享受闲暇做准备。这两种教育价值观反映在"职业教育"和"自由教育"的争论上。与此相适应,通常学科也被划分为"实利"和"文雅"两类。杜威认为,劳动与闲暇的教育价值观可以统一于一种课程体系中,使学生既可以获得完全实用的技能训练,又能够培养理智能力和养成习惯。

在教育是应该重"知"还是重"行"的问题上,杜威批判了知行分离的观点,认为经验与知识不可分离,知行统一。因此,教育活动中要注意使知识学科和实用学科相结合,使实用作业知识化和知识学科作业化。杜威从其机能主义心理学和社会有机论等角度论证了知行统一的必然性。首先,在心理活动与生理活动的关系上,"知"依赖于神经系统的活动;其次,在个体与环境的关系上,"知"本身就是个人参与社会生活的一种活动;最后,在思想与行动的关系上,"知"为"行"所必需,"行"是"知"的方法和验证。

在教育是应该重"文"还是重"理"的问题上,杜威认为,近代科学发展之后逐渐形成了自然科学与人文学科的对立问题,但无论是"重文轻理"还是"重理轻文"都失之偏颇,二者应密切联系和互相渗透。从内容到方法,二者都可以彼此吸收。人文学科可以应用自然科学的方法,自然科学也应适度吸纳人文学科的内容。

在职业教育与普通教育的问题上,杜威批评了现实中的职业教育开始得过早、内容过于狭隘,忽视了对学生其他重要方面的教育,从而使学生的智慧得不到充分的发展。杜威强调应在实施职业教育前让学生接受充分良好的普通教育,认为理想的职业教育应当是技能训练与文化修养紧密结合的教育,培养人们适应"时代变动"的习惯。

在知识学习与道德养成的问题上,杜威认为道德与行为是相互联系的,道德通过行为来表现。道德意识与道德行为、道德行为的动机与效果,应当是有机统一的。将道德分为内在修养和外在制约这两个彼此割裂的部分,是不符合人的道德行为实际的。他认为,"直接由经验获得的知识"对行为最有影响。因此,道德教育应将理论知识与具体行动结合起来,使道德品性的形成在不知不觉中成为活动的一部分。

在教育价值的个人定位和社会定位的问题上,杜威一方面受西方历史上的儿童本位论思想的影响,其中尤以卢梭的影响最大;另一方面又深受法国社会学家孔德、德国哲学家黑格尔等人的社会本位论思想的影响。此外,如前面已提及的,在个人和社会的关系问题上,从民主主义和社会有机论出发,杜威认为个人与社会是共存的而非割裂的,是有机统一的而非对立的。使个人得到充分生长和全面发展是民主主义社会对教育的要求，同时通过教育实现个人的充分生长、全面发展又成为建设民主主义社会的重要途径。因此，个人生长与社会发展的目标是一致的。正是在吸取西方历史上众多思想家的观点，又结合现代哲学、心理学、伦理学以及实验科学的新成果的基础上，杜威一方面大力倡导儿童中心论，另一方面把社会的需要、社会的目标放在教育的中心，形成教育的双中心，二者在教育中都很重要，相辅相成，不可偏废。教育的双中心要求学校教育考虑个人在目的和兴趣上的差异，赋予个人选择行动方法的自由，但是这种自由不应纯粹出于冲动或感情的偶然，而应受到社会目标的限制。在他看来，儿童中心是就心理的因素而言的，属于方法论范畴；而社会中心是就社会的因素来说的，属于目的论范畴。他说，教育问题"本质上是一个使个人特性与社会目的和价值协调起来的问题"①。

二、教育的儿童中心论

（一）教育要以儿童天性和本能为基础

杜威批评传统教育以课堂、教科书和教师为中心的"三中心"模式，认为这只是自上而下地把成人的标准、成人编制的教材与教法强加给正在生长的儿童，强加给儿童的内容超出了儿童经验的范围。在《我的教育信条》中，杜威强调教育过程的组成部分之一是心理学，教育应当重视心理的因素，将教育建立在儿童的天性、本能的基础上，主张教育实施一种变革，"我们教育中将引起的改变是重心的转移。这是一种变革，这是一种革命，这是和哥白尼把天文学的中心从地球转到太阳一样的那种革命。这里，儿童变成了太阳，而教育的一切措施则围绕着他们转动，儿童是中心，教育的措施便围绕他们而组织起来"②。他强调儿童的兴趣和需要、儿童个人的完全自由和自我表现。为此，杜威认为，学校教育要以活动教学代替传统的课堂讲授，以儿童的亲身经验代替书本知识，以学生的主动活动代替教师主导，形成所谓现代教育的新"三中心"模式。

（二）教育过程是师生平等合作的过程

杜威并没有完全否定教师的作用。他认为，教育过程是学生和教师共同平等参与的过程，应尽可能让学生在有意义的情境中学习。在有意义的情境中，学生通过自己的活动察觉到事物的联系。在这个过程中，教师不应袖手旁观，而应共同参与学生的活动。在这种共同参与的活动中，教师也是一个学生；而学生，虽然自己不觉得，但也是一位教师。这样一来，教师虽然失去了外在的指挥者和决定者的地位，但是负起了集体活动的领导者的责任。学生应该得到教师更多的而不是更少的指导，因为"教师作为集体的成员，具有更成熟的、更丰富的经验以及更清楚地看到在任何所提示的设计中继续发展的种种可能，不仅是有权而且有责任提出活动的方针……"③。

---

① ［美］凯瑟琳·坎普·梅休、安娜·坎普·爱德华兹：《杜威学校》，王承绪、赵祥麟、赵端英等译，406 页，上海，华东师范大学出版社，1991。

② 赵祥麟、王承绪：《杜威教育论著选》，32 页，上海，华东师范大学出版社，1981。

③ 赵祥麟、王承绪：《杜威教育论著选》，262 页，上海，华东师范大学出版社，1981。

杜威认为，教师的首要任务是为学生提供一个实际的经验情境，以此来激发起他们的探究兴趣。其次，教师还要选择在现有的经验范围内有希望和有可能引起新的问题的教材，使学生通过观察和思维的方法解决这些新的问题，并扩大后来的经验，即教师应该为学生提供生长的适当机会和条件。最后，教师还必须了解学生的兴趣和能力，注意学生的哪些冲动在向前发展。

（三）职业教育是一种理想的教育形式

杜威认为职业教育是一种理想的教育形式，可以实现他的教育理想。他甚至设想把所有学校都改办为职业学校，以便通过实施普及性职业教育，实现他的新"三中心"教育模式，进而建设一个民主、合作的社会。在这个社会中，人人都能从事自由的职业，使自己与别人都生活得更有价值，打破人与人之间的隔阂。杜威的普及性职业教育，实际上是指一种间接的而非直接的职业预备，通过学生从事目前需要和兴趣所表明的主动的作业来实现。杜威认为，"只有这样，教育者和受教育者才能真正发现个人的能力倾向，并且可以表明在今后生活中应选择何种专门的职业"[1]。这种职业预备，并非预先为儿童选定一个将来的职业，如果真这样做了，往往不能顾及个人的兴趣和能力，还会损害现在发展的可能性，并削弱为将来适应职业的充分准备。显然，杜威所指的职业教育并非狭隘的职业技能获得，而更在于促进学生多方面能力的发展。这些思想在20世纪上半期的美国被普遍运用，同时对推动美国职业教育的发展也起了相当作用。

三、教育的社会中心论

杜威认为构成教育过程的因素除心理学外，还有社会学。他生活的年代，外来移民大量涌入美国，阶级矛盾、民族矛盾、种族矛盾异常尖锐。作为一位对现实不满，但又企图维护社会秩序的思想家，杜威在考虑教育问题时，无时不着眼于社会的需要，其具体教育主张包括以下内容。

（一）教育要以社会为中心

教育要以社会为中心，要把教育的社会方面放在第一位；应使儿童在将来有能力担负各种各样的社会角色，使他们的行为与社会的要求合拍；要用为社会服务的精神熏陶儿童并授以有效的自我指导的工具。他认为，只有这样民主的和进步的社会发展才具有最好的保证。

杜威在《学校与社会》中提出了要把学校作为社会生活形式的思想，建议把社会生活的一切因素组织到学校中来，使学校社会化，以克服正式教育与社会隔离带来的弊端。

（二）道德教育要解决个人与社会的关系问题

在杜威看来，协调个人与社会的关系是"一切教育的根本问题"，道德教育要解决的根本问题也是个人与社会的关系问题，且教育的道德性和社会性是相通的，加强道德教育的根本措施在于为学生提供社会性的条件。他说："从哲学讲，道德教育的含意很深，最重要的是'个性'与'社会'的关系。道德教育不如旁的教育。它一方面发展

---

① ［美］约翰·杜威：《民主主义与教育》，王承绪译，329～330页，北京，人民教育出版社，2001。

个性，养成个人的知识能力感情；一方面发展之后，还须使社会的同情格外增加。所以，问题在怎样使个性发展，同时并把同情的范围扩大，对于社会情愿尽忠、情愿牺牲。"①"归根到底，行为的道德的特性和社会的特性彼此是相同的。所以说，衡量学校行政、课程和教学方法的价值的标准就是它们被社会精神鼓舞的程度。……威胁着学校工作的巨大危险，是缺乏养成渗透一切的社会精神的条件；这是有效的道德训练的大敌。"②因此，杜威主张，道德教育要注重为儿童健康成长提供适宜的社会环境，并将培养学生的民主素质视为一项重要任务。

杜威反对空洞的道德说教，认为这种方式对人的道德品性的形成影响比较轻微。在他看来，道德教育不仅应通过学校生活进行，而且还应通过教材与教法进行。这样可以使获得知识、发展能力与形成道德之间产生联系，消除理性与道德、知与行之间的对立。也就是说，学校生活、教材、教法中都应渗透社会精神，这三者相互影响、不可分割，构成"学校道德的三位一体"。

在《教育中的道德原理》中，杜威将道德教育的原理分为社会方面和心理方面，分别说明了道德教育的目的和内容，以及如何进行道德教育的问题。社会方面的道德教育包括社会性的情境、社会性的内容（如同新个人主义和良好的公民素质所揭示的）和社会性的目的；心理方面的道德教育是指道德教育若要取得成效，就必须建立在学生本能冲动和道德认识、道德情感的基础上，否则道德行为可能会变成机械的模仿或外在的服从。关于社会的道德要求，应顾及学生的心理能力，应晓之以理、动之以情、导之以行，使学生知之、好之、乐之。在《民主主义与教育》的最后一章中，杜威又进一步从哲学的高度讨论了道德教育中存在的四组对立，即内部和外部（动机论和效果论）的对立、义务和兴趣的对立、智力和性格的对立、社会和道德的对立。在杜威看来，这些对立都不是绝对的，道德能够将个人的动机和兴趣与社会的目的和要求相统一，道德与理性（知识）和社会均有关系。总之，杜威不仅指出了道德教育的根本目的，而且指出了道德教育的途径和方法。

第三节　教育是什么？

///////////////////

杜威在自己的教育理论中从心理学、社会学、哲学等多个角度反复地论述了"教育是什么"这一问题，并将对该问题的回答概括为三个重要的教育命题：教育即生长，教育即生活，教育即经验的改造。

一、教育即生长

杜威认为当时的学校无视儿童本性的发展。为了将儿童从被动的、压抑的状态中解放出来，他从个人因素或心理学的角度提出了"教育即生长"的教育本质观。

①　单中惠、王凤玉：《杜威在华教育讲演》，60～61页，北京，教育科学出版社，2014。
②　[美]约翰·杜威：《民主主义与教育》，王承绪译，376页，北京，人民教育出版社，2001。

(一)教育即生长的理论基础

教育即生长以生长论为基础。生长论代表了杜威的儿童发展观,与儿童中心论有密切的关系。从达尔文的生物进化论及自身的机能主义心理学与本能论心理学出发,受卢梭教育思想的启发,并引用生物学"生长"(growth 或 growing)概念,杜威认为教育就是各种自然倾向和能力的正常生长。儿童和成人均可生长,但儿童的生长有其独特性,因为儿童具有很大的"依赖性"和"可塑性",具有从经验中学习的能力。在杜威看来,儿童生长是一个过程,没有终极目标,是面向未来的一个连续性和阶段性相联结的动态的心理发展过程,需要在一定的内在条件和外在条件的作用下发生。内在条件即必须以儿童的本能、能力为依据,外在条件即能够促使儿童适当生长的外部环境。儿童生长即儿童与环境(内在条件和外在条件)相互作用的过程。杜威强调儿童的生长应引导习惯的养成,并认为儿童的本能、能力的生长是通过自身经验不断改组改造的活动而得以完成和实现的。

(二)生长的教育意义

杜威将生长论与前人有关教育本质的讨论进行了比较,在批判前人观点的基础上,更加明确地阐述了生长论的内涵。

第一,生长不同于预备。"教育预备说"将教育视作对未来的预备,认为整个教育过程是为成年生活做准备的过程。杜威认为"教育预备说"由于强调教育为未来做准备,极易造成漠视现在的种种可能性和有利条件,不能够使教育过程本身变得有意义、有乐趣和值得向往。另外,由于未来又不可能是固定不变的,因此教育为未来做准备也未必能够成功。而"教育生长说"则恰恰可以克服"教育预备说"的这些不足,不仅能够使教育过程本身变得有意义、有乐趣和值得向往,而且如果校内外的环境能够为未成熟的儿童充分利用现在的能力提供条件,那么从现在伸展出来的将来就会得到保证。

第二,生长不同于展开。"教育展开说"把教育视为儿童潜在能力的展开,有时被称作"内发论"。这里的展开,忽视了教育是一个持续不断的过程,只是将教育视作潜在能力向特定目标的展开,而这个目标只能作为一种理想而存在,是不可能真正达到的。杜威认为,"教育展开说"其实就是"教育预备说"的变种,只是预备的目标变得更加难以捉摸。

第三,生长不同于形式训练。"教育的形式训练说"认为人的心灵生来具有某些心理官能或能力,如观察、记忆、判断、概括等,教育就是反复练习训练这些官能,而不必考虑运用什么材料训练,教材是外部的、无关紧要的东西。杜威认为"教育的形式训练说"忽视了教育中所用材料的重要性,从而使教育脱离了社会背景。在他看来,人的各种能力是天赋的主动倾向与某些材料相互作用的结果。因此,人的发展与生长是人的心理与外界因素相互作用的过程和结果。

第四,生长不同于塑造。"教育塑造论"又称"外铄论",强调外部因素对心灵的塑造作用,赫尔巴特是该论点的重要代表。杜威认为"教育塑造论"过于强调外界的作用,从而忽视和低估了儿童具有的许多主动的和特殊的机能,对生长与发展的内在条件没有给予足够的重视，进而减弱了教育和生长的成效。

第五，生长不同于复演。"复演说"认为，教育的本质就是追溯，个体恰当的发展在于有秩序地重复动物生活和人类进化所经过的许多阶段。杜威认为"复演说"的生物学基础是错误的，而且教育的任务是使儿童从复演过去和重蹈覆辙中解放出来，而非要儿童去走老路。教育应展望未来，而不是要现在去适应过去。在这一点上，生长恰恰不是保守地面向过去，而是积极地面向现在和未来。

第六，生长不同于自然发展。卢梭是"教育自然发展说"的重要代表人物。"教育自然发展说"反对"教育的形式训练说"所主张的人生而具有各种能力，但强调人天生具有一些特殊的本能和冲动。杜威对卢梭的"教育自然发展说"做了高度评价，认为卢梭的"教育自然发展说"重视儿童的身体活动，注意儿童的爱好和兴趣，关心儿童的个别差异，从而注意到儿童生长的内在条件。但杜威也认为，卢梭的"教育自然发展说"在强调生长的内在条件的同时，却忽视了外在条件。"教育自然发展说"将自然与社会对立起来，认为自然的都是良善的(性善论)，都是可取的，而社会则是邪恶的，会对人产生坏影响，这些无疑又是有消极作用的。在杜威看来，人类原始冲动本身既不是善的，也不是恶的。自然的或天赋的能力，为一切教育提供了起发动作用和限制作用的力量，但不能提供教育的目的。天生的冲动与倾向不可能自生自长。应提供一个适当的环境，使可取的倾向得以发展，使不可取的倾向因未用而废弃。

(三)教育即生长的具体内容

教育即生长要求教育者应尊重儿童生长的需要和时机，重视生长的过程。正确的教育不是单纯的灌输，而必须从研究儿童心理开始，根据受教育者的天赋能力和需要，提供相应的环境和机会让儿童生动地表现自己的生命力，使教育成为儿童自身的本能、兴趣和能力的生长过程。在杜威看来，能否帮助儿童生长是衡量学校教育价值大小的标准。

在杜威看来，生长体现为身体、知识、能力、道德等诸多方面的生长。在民主主义社会里，这种生长具体表现为以下方面的生长：民主精神与民主素质，良好的职业能力，新个人主义的道德风貌，良好的公民素质，智慧的方法和解决实际问题的能力。可见，杜威的教育即生长，表现出强烈的社会性和现实性。

二、教育即生活

(一)教育即生活

从教育即生长出发，杜威又从教育与社会生活的关系这个角度，提出了教育即生活。他说："生活就是发展；不断发展，不断生长，就是生活。"①意思是指，儿童的本能生长总是在生活过程中展开的，或者说生活就是生长的社会性表现。他认为通过学校进行的正式教育，是一种有意识的教育形式，如果学校教育能够使儿童从"从生活中学习""从经验中学习"，就有利于将复杂社会的全部资源和成就传递下去，以克

---

① [美]约翰·杜威：《民主主义与教育》，王承绪译，58页，北京，人民教育出版社，2001。

服正式教育与社会隔离带来的弊端。他批评当时的美国学校教育与社会生活、儿童生活相脱离，造成教育的巨大浪费。他认为教育不应当是生活的预备，而应当是儿童现在生活的过程。"教育在它最广的意义上就是这种生活的社会延续。"①他甚至认为，"教育是达到分享社会意识的过程中的一种调节作用，而以这种社会意识为基础的个人活动的适应是社会改造的唯一可靠的方法"②。

(二)学校即社会

与"教育即生活"相关联，杜威提出了一个基本的教育原则——"学校即社会"，要求学校不应该仅仅被当作一个传授某些知识、学习某些科目和养成某些习惯的场所，而应社会化，即把社会生活的一切因素组织到学校中来，把学校改造为简化的、净化的与平衡的雏形社会，从而使学校成为社会生活的一种形式。杜威关于芝加哥大学实验学校的设计和理论以及《学校与社会》主要体现的就是这一思想。学校即社会要求"以反映大社会生活的各种类型的作业进行活动，并充满着艺术、历史和科学的精神"③，教学要注意儿童现在的生活经验，从儿童现有的直接经验开始，注重培养儿童对现实社会的适应能力。具体方法是学校提供过去由家庭拥有的那些教育因素，把各种不同形式的主动作业，如烹调、缝纫、木工等引进学校课程体系，使儿童在生活过程中学习。杜威认为，"当学校能在这样一个小社会里引导和训练每个儿童成为社会的成员，用服务的精神熏陶他，并授予有效的自我指导的工具，我们将有一个有价值的、可爱的、和谐的大社会的最深切而最好的保证"④。

"教育即生活""学校即社会"的观点与杜威的通过教育改良社会的社会学观点是相通的，其理论前提是：教育本身应是一种美好的生活，教育应与现实生活相联系，教育应成为促进美好生活的积极手段。在传统教育严重脱离实际社会生活的情况下，"教育即生活"的要求有利于使教育与生活，特别是与儿童参与其中的生活结合起来，在一定程度上具有实际的意义。

三、教育即经验的改造

基于主观经验论和不可知论，杜威又从知识获取的角度，把教育的本质看作"经验的改造或重新组织"，并认为经验的继续不断的改组或改造是教育过程中自始至终都具有的"当前的目的"。

经验是西方哲学史中古老的重要概念，杜威对这一概念进行了改造，赋予传统"经验"概念以新的内涵。

(一)经验的特点

与传统的经验概念相比较，杜威的"经验"具有如下特点。

第一，将经验与理性、知识相统一。杜威的"经验"不再是通过感官被动获得的一

---

① [美]约翰·杜威：《民主主义与教育》，王承绪译，7页，北京，人民教育出版社，2001。
② 赵祥麟、王承绪：《杜威教育论著选》，11页，上海，华东师范大学出版社，1981。
③ 赵祥麟、王承绪：《杜威教育论著选》，28页，上海，华东师范大学出版社，1981。
④ 赵祥麟、王承绪：《杜威教育论著选》，28页，上海，华东师范大学出版社，1981。

些散乱的感觉印象，而是有机体与环境相互作用的过程。有机体不仅受环境的塑造，也在改变环境。在杜威看来，理性不再是一个抽象的体系，或某种神秘的官能，而是一种"智慧"，一种使经验(或做、行为等)更富成效的"智慧"。经验的过程同时也是一个运用智慧的、理性的过程。

第二，经验既包含了传统意义上认识的过程，亦包含了认识结果，即求知和知识。如此，就拓宽了经验的外延。

第三，经验不再是一个被动的认识过程，而是有机体主动的认识过程。杜威对经验的改造，实际上是他在哲学上(尤其在认识论方面)努力克服行为与认识、经验与理性、客观与主观、情感与理智等二元对立的结果。

杜威认为，并不是所有的印象都可被称为经验，也不能将经验和教育直接地相等同。因为在杜威看来，相信一切真正的教育从经验中产生，并不意味着一切经验都具有教育意义。那些对经验的继续生长起着抑制或歪曲作用的经验，都是不利于教育的，有些经验甚至还具有错误的教育作用。因此，教育过程中，既要强调经验，也要分析经验的性质，注意选择那些富有成效且具有创造性的经验。对富有成效且具有创造性的经验，必须有衡量的标准，为此，杜威提出了经验的交互作用原则和连续性原则。

(二)经验的交互作用原则

交互作用原则表现为主体与客体、有机体与环境的相互作用，强调经验过程中人的主动性。他说，"相信一切真正的教育是来自经验的"①，"教育是在经验中、由于经验和为着经验的一种发展过程"②，"在全部不确定的情况当中，有一种永久不变的东西可以作为我们的借鉴，即教育和个人经验之间的有机联系。或者说，新教育哲学专心致志地寄希望于某种经验的和实验的哲学"③。在这里，"经验"有两个词性：一是动词，指有机体与环境的相互作用，即"求知"；二是名词，指这种相互作用产生的结果，即"知识"。杜威将求知的过程与知识统一于"经验"中。在杜威看来，既然经验是世界的基础，那么教育也就是通过儿童的主动活动去经验一切和获得各种直接经验的过程，这一过程不仅要教给儿童既有的科学知识，更重要的是让儿童在活动中自己取得经验，即儿童要"从做中学"。

(三)经验的连续性原则

连续性原则意味着经验是一个连续的过程。具体而言，"经验作为一个主动的过程是占据时间的，它的后一段时间完成它的前一段时间；它把经验所包含的、但一直未被察觉的联系显露出来。因此后面的结果揭露前面的结果的意义，而经验的整体就养成对具有这种意义的事物的爱好或倾向。所有这种继续不断的经验或活动是有教育

---

① ［美］约翰·杜威：《我们怎样思维·经验与教育》，姜文闵译，253页，北京，人民教育出版社，1991。
② ［美］约翰·杜威：《我们怎样思维·经验与教育》，姜文闵译，255页，北京，人民教育出版社，1991。
③ ［美］约翰·杜威：《我们怎样思维·经验与教育》，姜文闵译，253页，北京，人民教育出版社，1991。

作用的，一切教育存在于这种经验之中"①。意思是说：人最初的经验来源于先天能力与环境的相互作用，人的一生要不断经历、改变各种事物，当新的经验增加到原有经验中后，就会对原有经验加以改组和改造。因此，"教育是经验的继续不断的改组和改造"②。这里经验的改造具有两层含义：一是增加经验，使儿童认识到新的经验，这个可以通过大量的社会活动，甚至可以通过将学校办成雏形社会的方式来实现；二是指导儿童掌握获取经验的能力，也就是说儿童在参加某种有意义的活动时，一定要知道自己正在做什么，并预料其行为的后果。

综上所述，"教育即生长""教育即生活""教育即经验的改造"三者彼此联系、密不可分。大致来说，"教育即生长"侧重从心理学的角度探讨教育的内在条件，要求教育尊重儿童发展的天赋条件和现实条件，为"儿童中心论"提供了依据；"教育即生活"侧重从社会学的角度探讨教育的外在条件，要求教育与社会生活相结合；"教育即经验的改造"侧重从哲学(主要是认识论)的角度探讨经验的获得，同时强调了心理学因素和社会学因素，使得二者在教育过程中得以协调。总之，教育应当尊重儿童的天性和发展潜能，应当紧密联系社会生活，儿童应当从经验中、从活动中、从做中学习。

第四节　教育目的论

一、教育"无目的"论

杜威主张，教育即生长，教育即生活，教育即经验的改造，因此教育即一种过程，而"教育的过程，在它自身以外没有目的；它就是它自己的目的"③。"因为生长是生活的特征，所以教育就是不断生长；在它自身以外，没有别的目的。"④杜威强调："我们要提醒自己，教育本身并无目的。只是人，即家长和教师等才有目的；教育这个抽象概念并无目的。"⑤

值得注意的是，杜威所强调的教育"无目的"论是有具体适用范围的，针对的是传统教育中不考虑儿童及其生活而为教育设置的"一般的和终极的目的"。杜威将教育目的分为教育过程以内的目的和教育过程以外的目的，反对的是固定的、终极的教育过程以外的目的。杜威认为教育过程以外的目的难以体现儿童的兴趣和需要，难以适应变化了的具体社会现实。

因此，要理解杜威的教育目的，重点不在于理解"有目的"和"无目的"之争，而在于理解杜威所支持或反对的教育目的究竟是什么。

① ［美］约翰·杜威：《民主主义与教育》，王承绪译，88～89页，北京，人民教育出版社，2001。
② ［美］约翰·杜威：《民主主义与教育》，王承绪译，86页，北京，人民教育出版社，2001。
③ ［美］约翰·杜威：《民主主义与教育》，王承绪译，58页，北京，人民教育出版社，2001。
④ ［美］约翰·杜威：《民主主义与教育》，王承绪译，61～62页，北京，人民教育出版社，2001。
⑤ ［美］约翰·杜威：《民主主义与教育》，王承绪译，118页，北京，人民教育出版社，2001。

二、生长作为教育的目的

杜威主张，教育是有目的的，"教育一事，不可以无目的。无目的则如无舵之舟，无羁之马，教育的精神从何发展，其结果必不堪设想"①。生长即教育的目的，教育应该尊重儿童的愿望和要求，使儿童从教育本身、在生长过程中实现快乐成长。

杜威认为，教育只有"教育过程以内"的目的，而无"教育过程以外"的目的。因此，"我们探索教育目的时，并不要到教育过程以外去寻找一个目的，使教育服从这个目的。我们整个教育观点不允许这样做。我们所要做的，是要把属于教育过程内部的目的，和从教育过程以外提出的目的进行比较"②。显然，杜威把由社会、政治需要所决定的教育总目的看作"教育过程以外"的目的，并指斥这是一种外在的、虚构的目的；而把由儿童的本能、冲动、兴趣所决定的具体教育过程视作教育的目的，认为"教育的过程和目的是完全相同的东西。如要在教育之外另立一个任何目的，例如给它一个目标和标准。便会剥夺教育过程中的许多意义，并导致我们在处理儿童问题时依赖虚构的和外在的刺激"③。

三、教育目的的社会性及其实现

教育目的主要涉及教育应为一定的社会培养什么样的人的问题，杜威的教育目的也离不开教育的社会性目的。他只是将教育的社会性目的通过"生长"的社会性内容和方向表现出来，从而构成"生长"的实质。因为，在杜威的教育理论中，生长不是自然发展，而是具有强烈的社会性。

杜威提出应追求建立一种"良好的教育目的"，并认为它应具备如下特征：人人都容易获得均等的求知机会，能够确保教育机会的均等；必须以受教育者个人的活动、需要和现有能力为依据；能够通过一定程序的活动计划，使人的能力得以有组织而又自由的发展；避免制定一般的、终极的目的，而应制定当前的和各种具体的目的等。他在访问中国期间曾明确提出，教育的目的是养成配做社会的良好分子的公民。可以说，杜威要培养的就是掌握科学探究方法、具有解决实际问题能力、具有良好民主素质和全面职业素质的人。

四、教育的特殊目的

如果说教育目的的社会性表现的是教育的一般目的的话，那么杜威还在吸收前人，尤其是赫尔巴特等人有关教育目的的理论基础上，论述了教育的特殊目的，即"兴趣"和"训练"，并认为这是使学生共同参与社会生活和相互交流社会经验的根本问题。与赫尔巴特一样，杜威认为，"兴趣"可以促使一个人努力向前推进现有的活动，并使自己的精力全部倾注于他的对象上，以达到所预见的结果。在教育上，兴趣也是一种意识性很强的事情，它密切联系着学生的需要和期望，又与社会的要求和期待密切关联。因此，应当把培养兴趣当作教育的特殊目的。在杜威看来，兴趣与训练相伴

---

① 赵祥麟、王承绪：《杜威教育论著选》，439 页，上海，华东师范大学出版社，1981。
② ［美］约翰·杜威：《民主主义与教育》，王承绪译，111 页，北京，人民教育出版社，2001。
③ 赵祥麟、王承绪：《杜威教育论著选》，8 页，上海，华东师范大学出版社，1981。

而行,没有兴趣就没有训练。有了兴趣,就更容易预见到事情的结果,并产生坚毅的行动能力。在学校教育中,兴趣与训练包含于一切有目的的活动之中,是互相关联的两个方面。在教育过程中,既要扩充儿童在活动中的兴趣,又应训练智慧,以避免只是堆积与事实无关的知识的现象,消除仅以获得知识本身为终极的教育目的。此外,兴趣可分为直接兴趣和间接兴趣,训练亦可分为机械训练和智能训练。在杜威看来,更重要的应当是间接兴趣和智能训练。

无论是教育的一般目的还是特殊目的,杜威都反复强调其是"任何自然过程的结果","并成为决定当前的观察和选择行动的方式的一个因素"[1]。杜威在理论上激烈反对从外面强加给活动过程某种目的,认为这是一种固定的、呆板的和遥远的做法,难以在特定情境下激发智慧,亦不能直接和现在的活动发生联系,不能启发一个更自由、更平衡的活动,反而阻碍活动的进行,使教师和学生的工作都变成机械的、奴隶性的工作。

第五节　思维与教学论

经验是杜威教育思想的核心概念。在杜威看来,经验既是主动的又是被动的,包含了"去经验"和"经验的结果"。如何在二者之间正确而审慎地建立联结,从而有效地获得有价值的经验,成为值得关注的重要问题。杜威认为,"估量一个经验的价值的标准在于能否认识经验所引起的种种关系或连续性。当经验已经是积累性的经验,或者有点价值、有点意义时,只是在这个程度上,经验才含有认识的作用"[2]。从根本上说,这是一个涉及方法的问题。

杜威指出,思维就是方法,其中较好的一种方式是反省思维。他认为,"反省思维的功能是把经验含糊的、可疑的、矛盾的、某种失调的情境转变为清楚的、有条理的、安定的以及和谐的情境"[3]。他还说,反省思维的功能在于引起新的情境,"在新的情境中,困难解决了,混乱排除了,麻烦消除了,问题得到了答案"[4]。要想顺利地解决现实中存在的问题,必须培养人的思维能力,必须掌握科学思维的方法。

反省思维,即对所产生的疑难结合自己已有的经验进行反复的观察、思考、设问、推理等思想活动的过程。这一过程通常包括五个步骤,即"反省思维的五个形态":①感觉到问题的存在;②确定问题的所在;③提出解决问题的种种假设;④推断能够解决问题的假设;⑤通过实验,验证或修改假设。在杜威看来,这种思维方法

---

[1] [美]约翰·杜威:《民主主义与教育》,王承绪译,122页,北京,人民教育出版社,2001。
[2] [美]约翰·杜威:《民主主义与教育》,王承绪译,154页,北京,人民教育出版社,2001。
[3] [美]约翰·杜威:《我们怎样思维·经验与教育》,姜文闵译,83页,北京,人民教育出版社,1991。
[4] [美]约翰·杜威:《我们怎样思维·经验与教育》,姜文闵译,82~83页,北京,人民教育出版社,1991。

不仅适用于对自然的探索，也适用于社会领域。掌握了这种方法，就可使人心智发生变化，从而改变社会。杜威指出，这五个步骤的顺序并不是固定的，它们也不依固定的顺序而出现，在实践中有步骤合并的情况发生，复杂的思维也可能分为几个阶段，而每个阶段又包括若干分阶段。但是，儿童只有处于直接的经验的情境，亲身考虑问题的种种条件，寻求解决问题的方法，才能算进行真正的思维。后人通常将杜威的这种思维方法称为"思维五步法"（或"问题解决法"）。

由于杜威认为教学法的要素和思维的要素是相同的，提出教学过程乃是培养"思维的习惯"的过程；因此，他将"思维五步法"直接运用到教学上，就形成了教学的五个步骤："第一，学生要有一个真实的经验的情境——要有一个对活动本身感到兴趣的连续的活动；第二，在这个情境内部产生一个真实的问题，作为思维的刺激物；第三，他要占有知识资料，从事必要的观察，对付这个问题；第四，他必须负责有条不紊地展开他所想出的解决问题的方法；第五，他要有机会和需要通过应用检验他的观念，使这些观念意义明确，并且让他自己发现它们是否有效。"①这就要求教学中要尽可能让学生在有意义的情境中学习。在有意义的情境中，通过自己的活动，学生能察觉到事物的联系。在这种教学过程中，教师虽然失去了外在的指挥者和独裁者的地位，但是担负起了集体活动的领导者的责任。

杜威的"教学五步法"显然是一种"从做中学"的教学方法，学生提出和解决问题，在"做"中验证所获经验的有效性。在《民主主义与教育》中，杜威指出，人们最初的知识和最牢固地保持的知识，是关于怎样做的知识，自然的发展总是从包含着"从做中学"的那些情境开始的。通常人们认为，"从做中学"是杜威全部教学理论的基本原则，贯穿于杜威所论述的各个教学领域，诸如教学过程、课程、教学方法、教学组织形式等。"从做中学"倡导通过各种"作业"和活动，即从做事情中获得各种知识和技能。杜威认为传统教学不能为儿童提供"引起思维"的情境，不能为儿童设计主动的活动，而只是让他们被动地死读书本，这样势必会阻碍儿童的自然发展。他指出，儿童生来就有做事和工作的愿望，对作业活动具有强烈的兴趣。当然，儿童的工作或活动不存在功利性的考虑，只是理解事物的媒介、工具和手段，包括任何形式的表现活动和建造活动，以及任何形式的艺术活动和手工活动等。杜威认为，在这种教学过程中，儿童通过发现式的学习，可以学习到创造知识以满足需求的方法，不仅可以使学校施加于儿童的影响更加生动和持久，而且可以使儿童能够在社会和个人两方面之间保持一种协调。当然，这种教学的实现是困难的，因为"要创造一种条件，使获得一个观念就等于得到一次经验，扩大我们和环境的接触，并使这种接触更加精确，实在是一件不容易的事"②。

尽管从批判传统教育弊病的角度出发，杜威倡导"从做中学"，主张学校与生活加强联系，较大程度上革除了传统教育知行脱节、手脑脱节、儿童处处被动的弊病，

① ［美］约翰·杜威：《民主主义与教育》，王承绪译，179页，北京，人民教育出版社，2001。
② ［美］约翰·杜威：《民主主义与教育》，王承绪译，176页，北京，人民教育出版社，2001。

含有一些合理的因素，为现代教学理论对"发现法"的研究奠定了基础；但是，"从做中学"所倚赖的"经验"和"思维"都是以实用主义经验论和机能主义心理学为依据的，过分强调了工作或活动等直接经验在教育中的地位，从而相对忽视了间接经验和系统知识在教育中的地位。

第六节　课程与教材论

　　课程与教材是传递教育思想的重要载体，是检验教育思想的有效工具。杜威的教育思想不仅反映在他对课程与教材的阐述上，而且还落实在他在芝加哥大学实验学校中所精心设计与开展的具体实验上。

　　杜威批判传统学校的课程与教材不仅没有以儿童的兴趣和需要为根据，严重脱离儿童以及他们现在生活的经验，而且还因分科而将现有的知识领域分隔开来，使得全部课程变为"互相冲突的目的和毫不相关的各种科目的一种完全拼凑起来的大杂烩"①。他认为，知识应当以生动的、相互联系和相互依存的形式出现在课程中。在课程与教材的问题上，杜威强调与现实生活的经验的联系，也强调与儿童的联系。他说："一个课程计划必须考虑课程能适应现在社会生活的需要；选材时必须以改进我们的共同生活为目的，使将来比过去更美好。"②他还明确表示，"关于'教材'，迫切的问题是要在儿童当前的直接经验中寻找一些东西，它们是在以后的年代里发展成为比较详尽、专门而有组织的知识的根基"③。

　　在杜威看来，为了使教育不至于成为机械的和死板的令儿童生厌的活动，课程应符合儿童心理需要、兴趣及能力；为了保证儿童的生活和经验具有"统一性和完整性"，课程应相应地体现保护儿童认识的统一性和整体性；为了使系统知识发挥社会作用，课程应具有社会性，在一定情境中发展学生的社会见识和社会兴趣。为此，活动性、经验性的主动作业应该成为学校课程和教材的主要内容。主动作业的方式很多，如游戏、竞技、户外短途旅行、园艺、烹饪、缝纫、印刷、书籍装订、纺织、绘画、唱歌、演剧、讲故事、阅读、书写等。这些都是具有社会目的的主动作业。在杜威看来，这些作业既能满足儿童的心理需要，又能满足社会的需要，还能使儿童对事物的认识具有统一性和完整性。

　　在芝加哥大学实验学校，努力为学生提供活动的条件是教学组织工作的出发点。为此，芝加哥大学实验学校下设幼儿园以及历史（社会科学）、自然科学和数学、家政、手工训练、音乐、语言（包括法语、拉丁语）、体育教研组，每个组由一位有一定业务水平和学位的教师负责；学生不按年龄分为年级，而是按发展阶段分

① 赵祥麟、王承绪：《杜威教育论著选》，51页，上海，华东师范大学出版社，1981。
② ［美］约翰·杜威：《民主主义与教育》，王承绪译，209页，北京，人民教育出版社，2001。
③ ［美］凯瑟琳·坎普·梅林、安娜·坎普·爱德华兹：《杜威学校》，王承绪、赵祥麟、赵端英等译，409页，上海，华东师范大学出版社，1991。

为若干小组，没有考试，没有升留级；学校提供各种"活动的装置"，并设有实验室（生物学和物理学）、工场、体育馆以及供儿童用来建造和调查研究的工具。根据"从做中学"的基本原则，杜威还设计了一套以主动作业活动为中心的课程与教材，对应于杜威所认为的儿童天赋的四种本能（语言和社交的本能、研究和探索的本能、制作的本能、艺术的本能）。全部课程由平行于纺织、烹饪、金工、木工等各种作业活动的理智活动所组成，主要包括历史或社会研究、自然科学、思想交流三方面的内容。

　　杜威以经验为基础的课程与教材观在理论上论证严密，但在实践中并非完美，存在几个难以解决的问题：难以将所有系统知识还原为直接经验来学习；儿童由于缺乏系统知识，对自身的直接经验并不能很好地理解，所以课程与教材的直接经验化并不一定能够很好地实现教材心理学化；学生的个人直接经验有限，且从个人直接经验到系统知识的组织需要较长时间，难以在有限的条件和时间内有效地将学生的个人直接经验组织为系统知识。显然，杜威的课程与教材必须建立在儿童本人较高的知识组织能力以及教师高超的指导能力的基础之上，而这些在实践中难于实现和控制。因此，尽管芝加哥大学实验学校积极设计与发展新的课程与教材，改善了传统课程与教材的呆板状态，但是最后杜威也不得不承认，要解决好课程与教材的问题"是非常困难的；我们并没有解决好；这个问题到现在还没有解决，而且永远不可能彻底解决。但是，无论如何，我们曾试图研究这个问题以及这个问题所带来的各种困难"①。

　　尽管杜威有关课程与教材的论点存在不足，所提出的课程与教材的解决方案在实践中也存在一些难以有效解决的问题，但他对传统课程与教材的批判却是有价值的。他强调课程与教材的出发点是儿童现有的心理水平，而非传统的逻辑顺序，认为系统知识的获得是最后的事情，而非课程与教材设计之始的标准。这些思路对后人具有重要的启发意义。

第七节　杜威教育思想的传播与影响

////////////////////

　　杜威针对传统学校教育的弊端，力图摆脱非此即彼的形而上学的思维模式，希望能够把教育中面临的诸多相互对立的问题统一起来，如儿童本位与社会本位、教师中心与儿童中心、活动课程与学科课程、职业教育与普通教育、个人经验与群体经验等。杜威所构建的庞大、完整的实用主义教育思想体系，全面深入地探讨了现代社会的诸多教育问题，其主要教育观点传播到世界许多国家和地区，对 20 世纪以来美国乃至世界教育发展产生了深远影响。

---

① ［美］凯瑟琳·坎普·梅林、安娜·坎普·爱德华兹：《杜威学校》，王承绪、赵祥麟、赵端英等译，409～410 页，上海，华东师范大学出版社，1991。

一、在美国的传播与影响

进步教育运动是 19 世纪末 20 世纪初在美国开展的一项教育革新运动。进步教育运动使学校生活发生了一些富有意义的变化，如教师对儿童的需要有了更多的了解，师生之间的关系明显地变得亲切和民主等。杜威认同进步教育运动给美国教育带来的这些变化，并称这些变化是进步教育运动最广泛和最显著的成就。但杜威在肯定进步教育运动和进步学校的工作成就的同时，也指出进步教育运动只是带来了教育气氛上的改变，并没有真正深入和渗透到教育制度的基础中去，并批评了进步教育运动实践中的种种做法。通常，人们认为，尽管进步教育运动的产生早于杜威教育理论的形成，但杜威的教育理论形成后即成为进步教育运动的主要理论依据，进步教育运动在某种程度上是以杜威的教育哲学为指导的，杜威的教育思想为进步教育运动提供了系统的哲学论证。在实践上，杜威所创办的芝加哥大学实验学校在美国亦受到广泛关注，成为进步教育思想最重要的中心。因此，从理论到实践，杜威被人们广泛地看作进步教育运动的一位主要发言人。作为批判传统教育的领袖，杜威的名字和"进步教育"几乎成为同义词。

1916 年《民主主义与教育》发表以后，伴随着 20 世纪 20 年代美国进步教育运动步入高潮，杜威的教育思想对美国教育产生了重要影响。《民主主义与教育》作为美国进步教育运动的理论说明，使美国教育真正从以赫尔巴特教育思想为主导跨入以杜威教育思想为主导的新阶段。20 世纪前半期，美国出现的许多种教学制度与方法，如设计教学法、道尔顿制、文纳特卡制、综合课程、单元教学等都与杜威的教育、教学理论有着密切的联系。其中，设计教学法影响最大，它的倡导者是"实验主义及杜威思想的主要阐述者"克伯屈。由于设计教学法在很大程度上脱胎于杜威的教学理论，有时又被称为"杜威—克伯屈设计教学法"。设计教学法在美国盛行一时，对中小学及幼儿园教育都产生了重大影响。后来这种方法还传播到世界其他部分国家和地区，对这些国家和地区的初等教育及幼儿教育产生了一定影响。

除克伯屈外，杜威教育思想的追随者还有约翰逊、沃特、帕克赫斯特、华虚朋、康茨、布拉梅尔德(Theodore Brameld，1904—1987)等，他们都以实用主义为自己哲学和教育学的理论基础，各自有所侧重地推行实用主义教育理论。他们在运用杜威的教育理论时，又补充发展了杜威的教育理论，从而使进步教育理论更加丰富充实、更加具体实用。在这些进步教育家的努力下，杜威的实用主义教育思想在 20 世纪上半期的美国被普遍运用，促使美国的学校教育在 1920—1950 年发生了巨大的变化。

就杜威与进步教育运动的关系而言，值得一提的是，杜威的教育理论在被进步主义者运用到实践时，产生了不少的偏差和扭曲。这使得杜威曾一度不愿意担任进步教育协会名誉主席一职。20 世纪 30 年代，杜威更是对进步教育运动中出现的一些极端片面的东西不断提出了强烈的批评①。

---

① Steven M. Cahn, *New Studies in the Philosophy of John Dewey*. New Hampshire, The University Press of New England, 1977, p. 18.

杜威是美国精神的代言人，更是美国教育精神的代言人，他把美国教育带入一个新时代。第一次世界大战后，美国学校中暴露出学生纪律松懈、书写无能以及初等数学和科学知识严重不足等缺点，杜威及其追随者们的教育主张受到一定程度的质疑。自 20 世纪 30 年代以来，杜威的实用主义教育思想受到包括巴格莱（William Chandler Bagley，1874—1946）等要素主义教育家在内的多方面的激烈批判。第二次世界大战以来，杜威的教育理论被美国教育界视作导致美国教育质量下降、科技水平落后于别国的重要根源，使得杜威教育思想的影响力越来越弱。1955 年，美国进步教育协会宣告解散，标志着实用主义教育思想在美国的衰败。但是，杜威的实用主义教育思想从来也没有彻底退出美国教育的舞台。20 世纪 50 年代，布拉梅尔德等人重提杜威的理论，宣扬改造主义教育思想。20 世纪 60 年代，科南特（J. B. Conant，1893—1979）等人掀起了一场广泛的课程改革运动，力图纠正杜威教育思想在实践中的不足之处。20 世纪 70 年代以后，美国又流行"开放教育"，在具体实施上有许多地方与杜威教育思想的具体内容相似，杜威的教育思想似乎又受到重视。无论是被倡导还是被批判，杜威的教育思想无疑都已成为美国现代教育的重要流派之一。

二、在世界其他国家和地区的传播与影响

杜威是当代世界教育史上最有影响力的人物，对美国、对世界其他国家和地区的教育产生了广泛影响。杜威教育思想在世界的传播与影响大致通过以下三条途径。第一，出访。杜威一生访问过许多国家，最突出的是他到日本、中国、土耳其、墨西哥和苏联等国家进行的教育研究活动，对这些国家当时和其后的教育实践和理论都产生了较大影响。第二，著作。杜威一生著述丰硕，其中很多重要的著作被翻译成至少 35 种语言文字，从而使杜威的教育思想传播到世界各国。第三，学生。杜威作为一名大学教授，其门徒包括来自世界各地的几千名学生，这些学生回到本国后，其中许多人都成了他们各自所在国家的教育领导人和工作者，从而有效地传播了杜威的教育思想。

在欧洲，第一次世界大战前后，"新教育运动"在欧洲各国也步入更为广泛和深入发展的时期。"新教育运动"同样重视儿童活动与劳动操作能力的培养，并从杜威的教育思想中吸收了许多有益于自身的理论主张，从而推动了杜威教育思想在欧洲的传播。

杜威的教育思想对十月革命后的苏联教育也产生了一定影响。20 世纪二三十年代，苏联教育改革的许多内容和措施都与引证杜威的教育思想密切相关。例如，实施"综合教学大纲"、提出"学校消亡论"等。

杜威对 20 世纪初期的中国教育也产生了深远影响。"五四运动"前后，杜威在居留中国两年多的时间内，访问了 11 个省、上海市和北京市，先后在北京大学、南京高等师范学校和部分城市发表演说，演说题目主要有"社会哲学与政治哲学""教育哲学""思想之派别""伦理学""平民主义的教育""现代教育的趋势"等，对中国教育影响深远。在他的影响下，美国的六三三学制，课程、教材和教学方法，包括设计教学法、道尔顿制等，被大量地介绍进来，一些大城市甚至还建立了实验学校或"杜威学

校"。有些高等学校把杜威的《民主主义与教育》作为教育哲学课程的教科书。此外，我国教育家如陶行知等，吸取了杜威教育思想中有益的内容，并在根据中国的实际情况加以改造之后，将其应用于中国的教育实践。

总之，杜威和他的追随者长达半个多世纪的教育活动对世界教育的影响是巨大的，它已成为20世纪世界教育发展的一部分重要内容。

小结

杜威的实用主义教育思想面向新的民主化、工业化的现实，基于对前人教育学说系统的批判，立于其博大精深的哲学、心理学和社会学理论基础。它致力于解决传统教育中存在的三个主要问题：教育与社会脱离、教育与儿童脱离、教育理论与教育实践脱离。在社会政治上，它倡导民主主义，力图调和个人与社会的冲突；在哲学上，它批判各种二元论，力求克服各种二元对立；在经济上，它要求加强广义的职业训练，以克服工业社会的不足；在文化上，它倡导科学方法，以实现美好的社会理想。显然，杜威的教育思想在实质上是要努力实现教育的内在价值与工具价值的结合，使教育过程充满乐趣、富有实效，既有益于儿童个人，又有益于社会。为此，它要求教育要尊重儿童心理发展水平，加强学校与社会生活的联系，增强理论与实践的联系。简单地说，就是要通过活动性、经验性的课程和教学方法使学生掌握科学的思维方法，这是教育的根本目的。当然，杜威教育思想中也有不少不足之处。例如，由于杜威过分强调儿童当前的直接经验，提倡"从做中学"，在一定程度上忽视了间接经验在课程和教材中的地位或作用，轻视了系统理论知识的传授，从而不可避免地降低了智力训练的标准。杜威是20世纪美国影响最大、争议最多的教育家，虽遭到不少批判，但无论如何，他对教育理论与实践发展的贡献是不可抹杀的，他在教育史上所占有的重要地位是不容置疑的。

思考题：

1. 简评杜威关于教育是什么的主张。
2. 杜威的课程与教材论述评。
3. 杜威的教育目的论述评。
4. 杜威的"思维五步法"述评。
5. 杜威教育思想对当代教育思想与实践发展有何重要意义？

参考文献：

1. 约翰·杜威. 民主主义与教育. 王承绪，译. 北京：人民教育出版社，2001.
2. 约翰·杜威. 学校与社会·明日之学校. 赵祥麟，任钟印，吴志宏，译. 北京：人民教育出版社，1994.
3. 约翰·杜威. 我们怎样思维·经验与教育. 姜文闵，译. 北京：人民教育出版社，1991.
4. 约翰·杜威. 人的问题. 傅统先，邱椿，译. 上海：上海人民出版社，2014.

5. 赵祥麟，王承绪 . 杜威教育论著选 . 上海：华东师范大学出版社，1981.

6. Martin S. Dworkin. Dewey on Education. New York：Teachers College Press，1959.

7. Melvin C. Baker. Foundations of John Dewey's Educational Theory. New York：King's Crown Press，1955.

8. Authur G. Wirth. John Dewey as Educator：His Design for Work in Education (1894—1904). New York：John Wiley & Sons，Inc. ，1966.

第十八章　20 世纪前期欧美主要国家和日本的教育

内容提要

19 世纪末 20 世纪初，英国、法国、德国、美国等资本主义国家先后完成了第二次工业革命，进入了垄断资本主义经济发展阶段。为了适应这一变化，使教育成为维护政治秩序、增强经济力量和促进科学技术发展的有力工具，各国着手对教育实施了较大幅度的调整与改革。历经半个多世纪的改革实践，现代教育制度逐步形成。20 世纪前期爆发的两次世界大战，特别是第二次世界大战，给世界人民带来了巨大的灾难和创伤，也对各国教育发展造成了极大破坏。

学习目标

1. 认识 20 世纪前期英国、法国、德国、美国和日本教育发展的特点。

2. 掌握 20 世纪前期英国、法国、德国、美国和日本现代教育制度的形成历程。

3. 掌握 20 世纪前期英国、法国、德国、美国和日本现代教育制度建立对社会发展的作用及影响。

> ◆ 核心概念
>
> 《巴尔福教育法》；《费舍教育法》；《哈多报告》；统一学校运动；《阿斯蒂埃法案》；
> 《中等教育的基本原则》；《史密斯-休士法》；初级学院运动

　　为适应 20 世纪前期国家政治、经济、科技、文化发展与参与国际竞争的需要，英国、法国、德国、美国和日本等国着手实施全方位的教育改革。英国于 1902 年颁布了《巴尔福教育法》，确立了中央统一领导与地方分权管理相结合的教育管理体制，1918 年颁布的《费舍教育法》促进了普及性初等教育的发展。此后又通过《哈多报告》《斯宾斯报告》的发布与实施推动了中等教育的改革与发展。法国在强化中央集权式教育管理的同时，在 20 世纪二三十年代掀起了一场声势浩大的"统一学校运动"，极大地推动了教育民主化进程。1919 年通过颁布实施《阿斯蒂埃法案》，构建起法国职业技术教育的基本框架。德国在德意志帝国和魏玛共和国时期，教育实现了一定程度的发展，但在 1933 年纳粹上台之后，教育出现了全面倒退。美国在 1918 年《中等教育的基本原则》的指导下对中等教育进行了改组，1917 年《史密斯-休士法》的颁布则推动了职业教育的发展。日本从 20 世纪初到 20 年代推行了一系列教育改革，各级各类教育获得了不同程度的发展，但从 20 年代后期开始，随着法西斯势力的甚嚣尘上，教育逐步滑入军国主义轨道，出现了全面的停滞乃至倒退。

第一节　英国教育

　　英国是老牌的资本主义国家，到 19 世纪末 20 世纪初，英国因雄厚的经济实力再次赢得了"世界银行"和"世界工厂"的声誉。为了适应社会变革和经济发展的需要，英国政府改变了此前所实施的放任的自由主义教育政策，逐步加强了对国民教育事业的领导，颁布了一系列重要的教育法令，进一步完善了公共教育制度，中等教育亦在 20 世纪三四十年代实施改革，并取得了很大成效。

一、1902 年的《巴尔福教育法》与教育管理体制的变化

　　1870 年英国颁布《初等教育法》，结束了以往英国政府不直接过问、不参与教育的状况，确立了国家对初等教育的领导和管理权，标志着英国国民教育制度的正式形成。为了调整和改革中等教育，1894 年，以布赖斯为主席的"皇家中等教育委员会"成立。1895 年，该委员会在全面考察英国中等教育之后，提出了一份调查报告，建议设立中央教育行政管理机构，该机构接受教育大臣领导，承担教育局、科学与艺术局和慈善委员会的教育职能，以彻底解决中等教育领导问题。受该报告影响，1899 年，英国议会通过了一项教育法令，决定成立"教育委员会"，由主席和委员若干人组成，作

为新的中央教育行政管理机构，代替原来的教育局、科学与艺术局和慈善委员会。教育委员会的主要职责是管理和检查初等教育、中等和职业教育，并分配教育补助金。教育委员会的成立为实施初等和中等教育的统一管理提供了组织保障。尽管如此，由于它对教育只拥有监督权，因此，地方教育行政管理、补助金分配及中等教育方面存在的问题仍有待解决。

为了公平分配教育补助金，进一步强化对地方教育事务的管理，1902年，英国又颁布了《巴尔福教育法》，主要内容包括：在教育领导体制上，废除以往由各学区学校董事会管理初等学校的办法，责成郡参议会和郡自治市设地方教育当局，以取代原来的地方教育委员会；地方教育当局有权兴办公立文法学校、中等技术学校及师范学校，并为中等学校和师范学校提供资金，其资金从地方税收和政府津贴中解决；责成地方教育当局对私立学校和几乎所有的教会学校提供资助和实施管理。

《巴尔福教育法》是英国进入20世纪后颁布的第一部重要的教育法案，促进了英国政府教育行政管理机构和地方教育当局的结合，形成了国会、教育委员会和地方教育当局相结合的教育领导体系。这是一种既有中央统一领导又有地方分权负责，并以地方教育当局为主体的国民教育管理体制，对英国后来的教育管理体制的形成和中等教育的发展产生了重要影响。

《巴尔福教育法》颁布与实施的主要目的，在于推动各地方教育当局大力发展中等学校，以满足工业快速发展对工人文化水平要求提高的需要，并满足民众对接受中等教育的强烈要求。其结果，一方面使中等学校数量增加，另一方面也加强了教育行政机构对中等学校的控制。据统计，1902年，在《巴尔福教育法》生效之前，接受公共财政补助的中等学校有272所，共31716名学生；1912年，接受此类补助的中等学校增加到1000多所，近190000名学生。可见，《巴尔福教育法》对英国中等教育的发展产生了重要推动作用。

《巴尔福教育法》的颁布结束了英国基础教育管理不统一的状况，第一次把初等教育和中等教育放在一起论述，一定程度上为初等教育和中等教育发展提供了公共财政保证，使发展基础教育成为地方公共事务。但是，该法案颁布后，中学学费并未取消，大部分劳工阶层子女仍不能接受中等教育，平均70名儿童之中，只有1名能够获得接受中学教育的机会。1907年，执政的英国自由党颁布《中等学校管理条例》，实施"免费学额制"，接受政府拨款的中等学校应为通过考试的儿童留出25%的免费入学名额。不过，由于劳工阶层子女在初等学校中只能学习读、写、算课程，而文法学校的入学考试要求学生掌握拉丁文、代数和几何学知识，因而他们基本上不能通过考试而获得就读文法学校的机会，初等教育与中等教育之间缺乏衔接，教育的双轨制仍沿用。这既是英国20世纪初国民教育制度的一个重要特征，也是其明显的缺陷。

二、1918年的《费舍教育法》与初等义务教育的普及

第一次世界大战结束后，遭受重创的英国经济走向衰落，国内阶级矛盾进一步激化，劳动人民争取受教育权的斗争日益高涨。为规范初等教育发展，创建完整的国民

教育体系，回应民众的教育需求，1918 年英国国会颁布实施了教育大臣费舍（Herbert Fisher，1865—1940）提出的初等教育法案，即《费舍教育法》，主要内容如下。①加强地方教育当局发展教育的权力和教育委员会制约地方教育当局的权限。规定地方教育当局负责本地区教育发展事务，全面组织发展本地区的教育。同时，地方教育当局负责将其管辖范围内的教育发展计划报送至教育委员会以争取资金补助。原不接受教育委员会资助同时也不接受其视察的公学和私立学校，今后有接受其视察、监督和指导的义务。②地方教育当局应当为 2～5 岁儿童开设幼儿学校或幼儿班，并为接受监督的私立幼儿学校提供资助，促使儿童身体和智力发展。③规定义务教育年限为 5～14 岁，公立初等学校一律免费。其中，初等学校分为 5～7 岁和 7～11 岁两个阶段。为实现初等教育普及化，禁止使用 12 岁以下童工，限制 12～14 岁童工的劳动时间为每天 2 小时。④地方教育当局应建立和维持继续教育学校，特别是中等职业技术学校，向 14～16 岁青少年提供免费的课程、教学和体育训练。⑤改革考试制度。精简后的校外考试分为"学校证书考试"（16 岁）和"高级学校证书考试"（18 岁）。

　　《费舍教育法》在建立完整的国家教育制度方面发挥了重要作用，在英国教育史上第一次明确宣布教育立法的实施要"考虑到建立面向全体有能力受益的人的全国公共教育制度"。① 英国初步构建起一个包括幼儿学校、小学、中学和各种职业学校在内的公立学校体系，在建立完整的国家教育制度方面向前迈进了一步。普及性初等教育得到发展。据统计，到 1934 年，公立初等学校在校学生人数已达 385 万人，超过私立初等学校学生人数 1 倍以上。② 但是，《费舍教育法》回避了为所有儿童提供"义务""无竞争性"中等教育的问题，以继续教育替代了无差别的中等教育，没有触动教育的双轨制，没有解决初等教育和中等教育的衔接问题。

三、1926 年的《哈多报告》与中等教育的变化

　　第一次世界大战之后，随着英国经济的恢复和发展，普通民众不再满足于自己的子女只接受初等教育的现状，强烈要求中等教育向大众开放。而英国政府也逐渐认识到，随着各国科技和教育的迅速发展，中等教育已成为事关国计民生的重要事业，而要大力发展中等教育，必须实现初等教育和中等教育的有效衔接。在这种情况下，解决初等教育和中等教育的衔接问题日益迫切。1920 年，只有 5%～9% 的初等学校毕业生能进入中等学校，最后仅仅 2% 的学生完成了中等教育。③ 这种状况显然难以适应第一次世界大战后英国经济发展的需要。1924 年上台执政的工党提出"人人有权接受中等教育"的口号。

　　围绕英国中等教育的供给问题，当时提出了三种解决方案：一是继续实施"双轨制"，维持初等教育与中等教育的分离；二是实施"选拔制"，推行 11 岁考试，从初等

---

① ［澳］W. F. 康内尔：《二十世纪世界教育史》，张法琨、方能达、李乐天等译，377 页，北京，人民教育出版社，1990。

② 上海师范大学教育系《外国教育发展史资料》（近现代部分）编译组：《外国教育发展史资料（近现代部分）》，38 页，上海，上海人民出版社，1976。

③ 滕大春、戴本博、单中惠：《外国教育通史》第五卷，171 页，济南，山东教育出版社，1993。

学校中选拔具有可教育能力的儿童入读中等学校；三是实施"单轨制"，即所有初等学校毕业生全部进入中等学校学习。系列《哈多报告》的发布，表明英国政府选择实施了具有折中色彩的解决方案——"选拔制"。

1924 年，工党政府专门成立了一个以哈多（W. H. Hadow，1859—1937）爵士为主席的教育调查委员会，负责对英国全日制小学后教育实施调查，进而制定出教育改革方案。教育调查委员会在 1926—1933 年提交了三份"关于青少年教育的报告书"，合称《哈多报告》，其中以 1926 年的《哈多报告》影响最大，报告主要内容如下。①小学教育重新称为"初等教育"，取消基础教育一词。儿童在 11 岁以前所接受的教育为初等教育，包括两个阶段：5～8 岁入幼儿学校，8～11 岁入初级小学。在初级小学之后，设高级小学，招收已满 11 岁但未考取中学的学生。高级小学学生读到 13 岁时，可转到属于中等学校性质的职业学校。②儿童 11 岁之后所接受的各种形式的教育均称为"中等教育"，中等教育阶段设四类学校：以学术性课程为主的文法学校（11～16岁），设文、理两类课程，为升入大学做准备；具有实科性质的选择性现代中学（11～14 岁）；相当于职业中学的非选择性现代中学（11～14 岁）；略高于初等教育水平的高级小学或公立小学高级班（11～14 岁）。③儿童在 11 岁时参加选拔性考试，依据考试结果确定儿童就读的中等学校的类型。④延长义务教育年限，5～15 岁为义务教育阶段。

《哈多报告》第一次从国家角度阐明了实现初等教育与中等教育衔接的意义，提出了中等教育应当面向全体儿童的教育理想。不过，《哈多报告》将中等学校分为两类，即传统的文法学校和各种类型的现代中学，试图用一次统一的竞争性和选拔性考试决定学生进入何类中等学校，以此实现表面上的入学机会均等。事实上，当时英国劳工阶层子弟真正接受中等教育的只是极少数。20 世纪 30 年代，90％的初级小学毕业生只能进入高级小学或职业学校学习。受这一时期英国学校教学设施、教师队伍以及教育经费等诸多因素以及 20 世纪 30 年代资本主义世界经济危机的影响，《哈多报告》提出的诸多建议并未能得到实施。不过，《哈多报告》的出台在一定程度上反映了英国政府改革与发展中等教育的愿望，所提出的关于中等教育改革与发展的基本原则，后被 1944 年的《巴特勒教育法》确认，对英国教育实践产生了较大的影响。

为了适应第一次世界大战后英国经济发展对技术人才的迫切需要，1938 年，以斯宾斯（Will Spens，1882—1962）为首的教育调查委员会，提出了以改革中等教育为中心的《关于文法学校和技术中学的中等教育的报告》，即《斯宾斯报告》。

《斯宾斯报告》坚持《哈多报告》所指明的教育改革方向，是对《哈多报告》的补充和发展。报告将 20 世纪 20 年代英国教育改革侧重个人发展需要，转向更多强调社会发展需要，强调发挥学校社会职能，强调各类型的中等学校地位平等。《斯宾斯报告》根据当时英国初级技术学校增多的状况，把中等学校由两种类型即文法学校、现代中学扩展为三种类型，即文法学校、现代中学和技术中学，技术中学成为中等学校的重要组成部分。此外，报告还提出了设立多科性学校的建议，即在同一所中等学校兼设文法学校、现代中学和技术中学课程。这是有关第二次世界大战后在英国获得发展的综合中学的最初设立建议。

《斯宾斯报告》的发布推动了英国中等教育的发展。据统计，1936 年中等学校在校生人数达 48.2 万人，是 1913 年的 2.56 倍。[①] 到 1938 年，英国在各种类型中等学校学习的 11 岁以上青少年人数增加到 56.9 万人。此后，英国又先后发布了一系列教育改革报告，如 1943 年的《诺伍德报告》、1944 年的《弗雷明报告》等。《诺伍德报告》从理论上论证了不同的儿童应进入不同的学校；《弗雷明报告》则致力于对英国公学加以调整。到第二次世界大战以前，英国基本上形成了由文法学校、现代中学和技术中学构成的中等学校体系。"人人接受中等教育"的观念已经为英国公众广泛接受，并深入人心。不过，英国中等教育距离真正实现"人人接受中等教育"的目标仍很遥远。

四、师范教育发展

20 世纪前期，在适应和满足各级各类教育改革对合格教师提出的新需求的过程中，英国师范教育也实现了较为快速的发展。这一时期英国师范教育发展主要体现为大学设立走读制教师培训学院、走读制教师培训学院改办为大学教育系以及师范学院与大学合作培养教师。

1886 年，为监督《初等教育法》的实施情况，考察见习生制度以及师范学院的工作，英国成立了克罗斯委员会。在克罗斯委员会的推动下，1890 年，英国教育委员会颁布法令，允许大学创设走读制教师培训学院，凡获得女王奖学金的教师可选择进入寄宿制师范学院或大学走读制教师培训学院学习。走读制教师培训学院配备"模范教师"，专门教授教育理论和教育史课程。相较于大学教育系，除实施走读制外，大学所设的走读制教师培训学院主要培养初等学校教师。20 世纪初，大学走读制教师培训学院纷纷改办为大学教育系。1925 年，卡迪夫大学的两所走读制教师培训学院合并组建教育系。1921 年，威尔士大学设立教育系。剑桥大学也于 1938 年创办了教育系。

随着英国师范教育的改革与发展，由公、私立师范学院和大学教育系组成的师范教育体系逐渐形成，中等学校教师由大学培养，公、私立师范学院则培养初等学校教师。

1928 年，英国政府出台了"联合考试委员会"实施方案，即将全国师范学院划归到 11 个地区，每一地区的师范学院与大学组建"联合考试委员会"，成员分别来自师范学院、地方教育当局、教师组织、大学，其职责在于主持"教师证书"考试。联合考试委员会在师范学院组织实施考试，制定考试规则。联合考试委员会的成立，为大学与师范学院开展师范教育合作提供了组织保障。

---

① ［英］奥尔德里奇：《简明英国教育史》，诸惠芳、李洪绪、尹斌苗译，126 页，北京，人民教育出版社，1987。

第二节 法国教育

19 世纪 60 年代，法国基本上完成了第一次工业革命，开始向垄断资本主义阶段过渡，发展成为继英国之后的又一欧洲强国。为适应新的政治、经济发展需要，20 世纪前期，法国在承袭 19 世纪确立的中央集权式教育管理体制的基础上，也开始对教育进行诸多方面的变革。

一、中央集权式教育管理体制的强化与双轨制的确立

早在 19 世纪初第一帝国时期，法国就形成了以帝国大学和大学区制为特色的中央集权式教育管理体制，此后，法国虽政权更迭频仍，但这种中央集权式教育管理体制一直得以延续和强化。到 20 世纪初，法国继续实施大学区制，其基本框架与此前相比并没有发生实质性的变化，只是随着国内政治、经济生活的发展变化，其机构名称和组成有所变化而已。中央政府设置公共教学部，部长由总统任命。在公共教学部的统一管辖之下，全国被划分为 17 个大学区。每个大学区分管数个普通行政区的教育行政领导工作。全国教育在公共教学部的领导下实施整齐划一的管理。公共教学部对学制、课程设置、教材内容、学年安排、考试制度与升留级规定、教师资格与任命、教师工资乃至公立和私立学校每周及每日的教学安排等，均做出统一规定，在全国范围内执行。为了进一步强化政府对教育的控制与管理，20 世纪初法国政府采取了一系列措施逐步解除教会对教育事业的控制和影响。1881 年和 1882 年分别颁布的《费里法案》即规定初等学校不得开设宗教课，取消教会监督公立学校的权力和教士任教的特权。1902 年，法国政府宣布解散了 50 多个从事传教和教育活动的教会组织，关闭了 3000 多所教会学校。1904 年，法国政府宣布废除《法卢法案》，重申教会与国家分离，禁止教会在法国境内涉足教育事务，停办教会学校，沉重打击了教会在教育领域中的传统势力，进一步强化了中央集权式教育管理体制，加强了国家对教育事业的控制。

自《费里法案》确立了法国国民教育发展的义务、免费、世俗化三大原则之后，法国初等教育实现了较快发展。到 1920 年，法国已拥有公立初等学校 3579 所，学生数占小学生总数的 80%；私立学校 2960 所，学生数只占小学生总数的 20%。[1] 从教学内容上看，初等学校主要开设法语、算术、历史、地理、自然、农业常识、唱歌、图画、体育、手工，以及代替宗教课的道德与公民课。在初等学校之上，还设有三年制高等小学，一种类似于市立中学第一阶段的普通教育学校。高等小学主要开设法语、应用算术、初等代数、几何、物理、工农业常识、经济知识、法国历史、经济地理、外国语、簿记、会计和手工等课程。此外，高等小学还从二年级起分为农业、工业和商业三组。1918 年前，高等小学数量有限，1941 年后，高等小学并入市立中学。这

---

[1] 赵祥麟：《外国现代教育史》，10 页，上海，华东师范大学出版社，1987。

样，19世纪末已具备雏形的法国现代学制——双轨制在20世纪初最终确立。其中，一轨包括母育学校—初等学校—高等小学或职业学校，入读学生多为家境贫穷的工人、农民家庭子弟，在接受基本知识技能教育和训练后，就进入劳动市场，成为新一代的体力劳动者。另一轨包括家庭教育或中学预备班—中等学校（国立或市立中学）—大学或高等技术学校。这些学校收取高额学费，只有富裕的资产阶级家庭子弟才能承担得起。学生主要学习传统的古典学科课程，毕业后进入大学深造。为劳动人民设立的初等教育一轨和为资产阶级家庭子弟设立的中等教育一轨之间互不衔接。这种双轨制学校教育制度，成为这一时期法国教育制度的一个主要特征，并一直实行到20世纪前半期。

二、统一学校运动与学制改革

进入20世纪后，法国的双轨制日益受到人们的强烈抨击。在社会民众要求取消双轨制、谋求教育民主与平等的呼声中，法国的教育不得不朝着统一学校制度的方向发展。

1919年，一些进步人士和教师组成了一个具有资产阶级自由主义色彩的团体——"新大学同志会"。"新大学同志会"成员在批判双轨制教育的斗争中提出了建立统一学校的主张，认为统一学校是"属于全体和面向全体的学校，这种学校向一切符合要求的人提供中等教育"[①]；主张初等教育与中等教育相互衔接，高等教育向所有中学毕业生开放；要求推进学校教育民主化，消除人为的阶级鸿沟，为一切人提供均等的教育机会。

在统一学校的设立方面，"新大学同志会"提出了一些具体建议。①将义务教育年限延长到14岁，儿童接受同样的教育，并一律免费。②中学按性质分为人文类和职业类两类。儿童接受智力检测，在此基础上根据其兴趣和才能确定进入人文类或职业类中学。这两类学校的学生均可升入大学。③国家为那些没有机会升入中学的儿童提供多种形式的免费义务职业教育，直至18岁为止。

可见，"新大学同志会"强调统一学校主要解决两个问题：一是民主教育，二是择优录取。所谓民主教育，即废除双轨制，改为实施统一学校制度，所有儿童毫无区别地在统一开设的小学中接受同样的基础教育，一直到14岁（后降低到13岁），这种教育不仅是平等的，而且是义务和免费的。所谓择优录取，即在学生接受初等教育之后，再根据儿童的智力差别，让不同儿童进入不同类型的中学。选择标准不再是儿童的家庭出身、父母职业或社会地位，而是儿童的智力水平和学习能力。所有表现出学习能力和兴趣的孩子都可获得进入高一级学校学习的机会。

"新大学同志会"的这些要求和主张，反映了欧洲新教育运动对法国教育的影响。以"新大学同志会"的活动为契机，法国很快掀起了"统一学校运动"。在这一运动中，"新大学同志会"的改革主张引起了法国社会的广泛关注，并导致了一系列的教育改

---

① ［澳］W. F. 康内尔：《二十世纪世界教育史》，张法琨、方能达、李乐天等译，372页，北京，人民教育出版社，1990。

革。尽管他们的主张遭到了以天主教会为代表的右翼势力的强烈反对，但教育民主化已成为不可阻挡的历史潮流。1923 年法国政府决定在 6～13 岁的初等义务教育阶段实施统一学校制度，规定所有初等学校，不论是公立小学，还是中学预备班，都必须遵循同样的教学大纲，开设同样的课程。1925 年初步实现了小学阶段的统一学校。全国所有适龄儿童，无论进哪一类学校都必须学习同样的课程，由同等资格的教师任教，同样接受初等学校视察员的监督，从而取消了中学预备班所享有的各种特权。

随着初等教育阶段统一学校运动的深入，法国的中等教育也进行了相应的变革。1930—1933 年法国政府连续颁布法令，规定国立、市立学校教育一律免费。1933 年，政府颁布了实施中学入学统一考试的命令，这进一步加强了初等学校的统一性质。1937 年，教育部部长让·泽(J. Zay，1904—1944)提出在中学(国立中学和市立中学)初级阶段实行统一学校制度的方案，使统一学校运动延伸到中等教育领域。改革要点包括：①将国立中学和市立中学初级阶段改为独立的公立学校，与初等统一学校衔接，以实现初等教育、中等教育的统一化；②为所有通过考试持有"初等教育证书、升入中学初级阶段"的学生设立为期一年的方向指导班(11～12 岁)，指导培养学生的兴趣和能力；③依据学生在方向指导班的能力和表现于第二年实行分流，使学生分别升入古典中学、现代中学和技术中学。1937 年 5 月，法国教育部正式发布命令，设置方向指导班，启动学制改革。但不久后爆发的第二次世界大战，导致改革被迫中止。

统一学校运动有力地冲击了法国的双轨制教育，提高了劳工家庭子弟接受初等教育和中等教育的比例，进一步推动了教育民主化的进程，对法国教育产生了积极影响。

三、《阿斯蒂埃法案》与职业教育的发展

19 世纪后半期，职业教育作为与经济发展联系最为密切的教育类型逐渐受到各国政府的重视。但是，与同期其他国家相比，法国职业教育发展缓慢，远远不能适应社会经济发展对技术人才的需求。进入 20 世纪后，面对经济的飞速发展，为满足与其他欧美国家开展竞争的需要，法国政府开始认真考虑职业教育发展问题。1905 年，高等技术教育评议会提出了一项关于职业教育的法案提案，但由于各种原因，这一法案提案未获通过。

第一次世界大战的爆发与战争的持续使法国经济蒙受巨大损失，战后恢复和发展经济的需要以及社会各界要求改革传统教育的呼声，使职业教育再一次成为教育改革的重点。1917 年，时任公共教育部部长的维韦安尼首先提出，有必要为所有已接受完全初等教育的 20 岁以下的男青年和 18 岁以下的女青年提供免费的、强迫的、非全日制的继续教育。这类学校将对青年进行体育、职业教育和普通教育方面的训练，以培养"合格的工人、合格的战士和合格的公民"。这项建议进一步引起全社会对职业技术教育问题的广泛关注。

1919 年，阿登省议员阿斯蒂埃(P. Astier)提出的一项职业技术教育法案提案获准通过，这就是法国教育史上著名的《阿斯蒂埃法案》(又名《技术、工业和商业教育组织法》)。法案强调，职业技术教育应当与普通教育处于同等的地位，职业技术教育的目

的"不是影响一般教育的完成，而是为了工业和商业的发展从理论上和实践上学习各门科学知识和各种工艺知识"①。

法案主要内容包括以下方面。①在职业教育管理体制上，中央由教育部设立专门主管职业教育的部门，各省设立专门机构和官员负责职业教育的工作。②在职业教育机构上，规定每一市镇须设立职业技术学校一所，经费由国家和雇主各负担一半。私立职业技术学校，包括教会设立的学校，如遵守教育部的有关规定，可以获得国家的承认与相关经费资助。③在职业教育对象上，为保证职业技术教育的发展，并使学习者在理论与实践上掌握各门科学知识和各种工艺知识，规定18岁以下的男女青年有接受免费职业教育的义务，雇主负有提供条件让学徒接受职业教育的责任，每周须保证学徒抽出4小时的工作时间接受职业教育，年学时累计不得少于100小时。④在职业教育内容上，规定职业技术学校课程包括三个部分：补充初等教育的普通教育、作为职业基础的各门学科、获得实际劳动技能的劳动实习。

《阿斯蒂埃法案》在法国职业技术教育发展史中具有重要意义，构建了法国职业技术教育的基本框架，被称为法国历史上的"职业教育宪章"。以后法国政府又多次颁布补充法令，进一步完善了职业教育体制。

第三节　德国教育

德国自1871年统一后，经济迅速发展，工业生产总值于20世纪初跃居世界第二位。德国的政治野心也显露出来，发动了第一次世界大战，但最终成为战败国。之后建立了魏玛共和国。1929年爆发的经济危机给德国经济带来巨大打击，不久建立起法西斯政党统治的国家，发动了第二次世界大战，但最终仍摆脱不了失败的命运。与这一时期德国的经济、政治特点相适应，德国教育的国家主义、民族主义、专制主义和军国主义色彩日渐强烈。本时期德国教育发展可分为三个时期：德意志帝国时期（1870—1918年）的教育，魏玛共和国时期（1919—1933年）的教育和纳粹统治时期（1933—1945年）的教育。

一、德意志帝国时期的教育

统一前的德意志各邦普遍重视发展教育事业，尤其重视初等教育发展。1871年统一后，德意志帝国对教育工作则更为重视。1872年，帝国政府以普鲁士教育为基础，着手推进教育改革。

（一）《普通学校法》与初等学校发展

资本主义经济的迅速发展和对外扩张侵略政策的实施，既需要一定数量的有能力的管理人员，更需要大量掌握基本知识和技能的劳动者，以及为帝国利益而战的士

---

① 日本世界教育史研究会：《六国技术教育史》，李永连、赵秀琴、李秀英译，207页，北京，教育科学出版社，1984。

兵，因此改革一再强调实施强迫义务教育。1892 年公布《普通学校法》，规定 6～14 岁的儿童接受为期 8 年的强迫义务教育，并要求已经就业、年龄在 18 岁以下的青年，尽可能继续接受职业补习教育，以适应生产劳动和技术革新的要求。在这一基本思想指导下，德国对原有初等教育系统进行了调整和改革。设国民学校以实施 8 年制强迫义务教育，国民学校分前后各为 4 年的两个阶段，前 4 年为基础学校，后 4 年为高等国民学校。学生毕业后，既可就业，也可直接升入职业学校、专门学校和师范学校学习，但不能进入中学和大学。此外，在基础学校之上，增设 6 年制的中间学校，实施普通教育，兼设职业课，毕业后可从事职员和商人工作。中间学校略高于高等国民学校，而又低于九年制的各类中学。名义上规定学生可以自由转入各类中学的相应年级，实际上在各种条件的限制下真正能转到中学学习者为数很少。入中间学校者要缴纳学费，但又不像中学那样昂贵，最适合小资产阶级家庭子弟的要求。这是对劳动者子弟就学的教育轨道所进行的调整和改革。

（二）中等教育改革

19 世纪末，受新人文主义思想的影响，德国中学也酝酿开展新的改革，改革焦点在于中学是以古典课程为主还是以现代课程为主，由此出现了古典教育派与现代教育派之争。就其实质来说，这一争论反映了德国容克贵族与资产阶级对中等教育的不同要求以及两者之间的矛盾。针对这种争论，1890 年德国国王在学校工作会议上发表演说，公开支持中等学校开设现代课程，认为应该予以重视的是德语，而不是希腊语、拉丁语，因为德国教育的目的是把青年教育成年轻的德国人，而不是年轻的希腊人或罗马人。1892 年，德国实施中等学校改革，减少古典语言在古典中学即文科中学课程中所占分量，在其他类型的中学中增加自然科学和现代语言的课程。但同时也增加了德语和德国史的教学。在改革后的德国中学，德语、德国历史和地理、宗教在教学计划中占比较大，其目的在于培养学生的"德意志精神"，使他们成为效忠国王和国家的德意志民族主义者。这次改革实际上是一个妥协的产物。改革的结果是这一时期出现了三种类型的 9 年制中学。

文科中学，以古典语言即拉丁语和希腊语为主要课程，为学生毕业后直接升入大学做准备，为德国中学的主要类型，是德国中等教育制度的支柱；文实中学，以学习现代语、数学和自然科学为主，在古典语言方面，只教授拉丁语，希腊语被英语取代，为学生毕业后学习大学数学和自然科学等专业课程做准备，是调和古典主义教育和实科教育矛盾的产物；实科中学，不授古典语，以学习现代语、数学和自然科学为主，毕业生不能升入大学，为学生毕业后胜任各类职业活动并成长为高级技术和商业人才做准备。

与 9 年制中学并存的还有 6 年制学校：前期文科中学，其课程相当于文科中学的前 6 年；前期文实中学，其课程相当于文实中学前 6 年；前期实科中学，其课程相当于实科中学的前 6 年。

1901 年，德国召开了教育工作者大会，随后，德国政府颁布法令，宣布文科中学、文实中学、实科中学具有同等的智力培养价值，三者地位平等，并正式确认这三类中学的毕业生都拥有报考大学的资格。法令还对这三类中学的教学计划做了一些调整，但指导思想没有太大变化，课程设置和内容侧重也没有较大变动。第一次世界大战前，文科中学作为中等学校的主要类型，仍然是最流行的学校，以语言学科训练为中等教育基础的传统仍然被普遍继承。这是对统治者子弟就学的教育轨道所进行的调整和改革。

与该时期其他欧洲国家类似，这一时期的德国学制也是一种具有鲜明等级性的双轨教育制度。

二、魏玛共和国时期的教育

第一次世界大战结束后，德国于1919年废除君主政体，建立了资产阶级联邦制共和国——魏玛共和国，并通过了《魏玛宪法》，实施以资产阶级为主体的资产阶级与贵族的联合执政。对于德国现代学校教育发展而言，这一时期对此前各时期延续下来的德国各级学校教育制度进行了调整，对联邦德国教育改革产生了明显影响。

（一）初等教育和职业继续教育

《魏玛宪法》顺应了战后德国社会民主化的要求，明确教育管理权归各州所有，国家负责对各类教育实施监督。在普通教育上，主张废除等级性的双轨学制，建立单一的公立学校系统。宪法第146条规定：公立学校事业为有机组成的整体。在所有儿童共同的基础学校之上设立中间学校和高级中学。① 各州应为儿童提供8年免费义务教育和非义务补习教育，直到18岁。

1920年，德国颁布实施《基础学校法》，废除贵族化的预备学校，建立统一的初等国民学校——基础学校。规定凡6～10岁的儿童，无论贫富贵贱，都必须进4年制的基础学校学习，这是强迫义务教育的第一阶段。学生读完基础学校，再通过考试，少数成绩优异者进入中学，为升大学做准备；大多数学生则进入高等国民学校继续学习4年，完成义务教育。4年基础学校加上4年高等国民学校，构成了全部的强迫义务教育阶段。这一定程度上体现了自由主义教育原则，基本保证了社会各阶层子弟享有接受平等初等教育的权利，为从根本上废除教育的双轨制奠定了基础。

职业继续教育主要是各种职业补习教育和训练。绝大多数为青年就业而提供，对青年工人进行业余的职业课程的补习，以便提高生产技术水平。同时还要进行思想教育和"公民训练"，使之成为忠顺而又掌握熟练技巧的人。

（二）中等教育

中等教育发展表现为两个方面：一是取消了中学的预备阶段，将中学建立在统一的基础学校之上；二是在原中间学校、文科中学、文实中学和实科中学的基础上，新设立德意志学校和上层建筑学校。

德意志学校的设立，与德国教育领域中长期充斥的民族沙文主义和军国主义情绪密切相关。德意志学校与基础学校相衔接，在入学条件、学习要求上与其他中学基本

---

① 瞿葆奎、李其龙、孙祖复：《教育学文集·联邦德国教育改革》，26页，北京，人民教育出版社，1991。

一致，日耳曼主义和德意志化是其最突出的特色。德意志学校课程以"德意志文化""德意志学科"为主，德意志学科课程包括德意志语言、德意志文学、德意志历史、德意志地理等课程。在德国纳粹统治时期，这种学校备受重视。

上层建筑学校，与高等国民学校七年级相衔接。读完高等国民学校七年级的学生，成绩优异者可以被选拔到上层建筑学校，继续学习6年，将来有资格报考高等学校。这种学校数量较少，仅设在一些乡村或小城镇。其课程兼有德意志学校和实科中学课程的性质。

(三)师范教育

德国一直重视师范教育，20世纪20年代以前，德国小学教师主要由中等师范学校培养，中学教师由四年制大学培养。魏玛共和国时期，小学教师开始由师范学院培养。招收通过严格考试选拔的中等学校毕业生进行培养。师范学院学习年限4年，分两个阶段：前两年为学习年，主要学习各科知识、教学法和教育学等课程；后两年为实习年，主要进行教学实习。中学教师则由大学培养。学生在大学学习4年后，经过第一次考试，合格者获得见习教师资格；经过为期2年的见习和试教之后，再参加第二次考试，合格者成为助理教师，此后经正式任命，可成为终身任职的教师。

(四)高等教育

这一时期，德国高等教育也获得了一定程度的发展，德国大学逐渐恢复为讲授科学知识和研究学术的场所。一方面强调坚持大学自治、教学与科研相结合的原则，使德国的学术进步和文化提高的速度比其他各国要快一些。在希特勒上台以前，德国的科学技术和文化发展水平居于世界领先地位。另一方面又提出了高等教育面向大众的理念。1920年，全德学校工作委员会设专门委员会负责研究公众接受高等教育的问题。委员会发表的《关于民众高等学校和自由民众教育的指导原则》文件中，明确要求建立民众高等学校，为广大民众接受高等教育创造了条件。

总之，魏玛共和国时期德国教育实现了较为快速的发展，但教育强调民族主义和国家主义倾向，是其明显不足和缺陷，为后来德国法西斯上台留下了隐患。

三、纳粹统治时期的教育

1933年，希特勒(Adolf Hitler，1889—1945)领导的纳粹党掌握了德国政权，在德国全面实行法西斯专政。1934年，国民教育部设立，其职责包括研制教育计划和教育大纲，编订课程和教科书。德国教育中的民族主义倾向急剧膨胀，学校成为宣传极端民族主义、民族沙文主义和法西斯主义的机构，沦为纳粹对内实施法西斯专政统治和对外实施侵略扩张的工具。

(一)初等教育

为灌输法西斯思想和训练为法西斯卖命的青少年，希特勒政府重视发展初等学校，对初等学校及其课程进行改革，注重让学生了解德国现实情况，做好体格上和心理上的准备，增强民族自信心，并培养学生对纳粹国家和"元首"的忠诚感。

1937—1940年，纳粹政府多次发表关于实施小学教育及课程改革的命令，要求设立8年制国民学校，分前后各为4年的两个阶段，主要开设德语、体育和地理环境等课程，以使儿童具有共同的民族意识。

（二）中等教育

纳粹政府对中等学校不如初等学校那样重视，普遍缩减了中等学校学习年限，压缩了中等学校的招生数和在校人数。1935—1939 年，德国中等学校数量削减了一半。学校类型由原来的五种减少为三种：8 年制的德意志学校、8 年制的文科中学和 6 年制的上层建筑学校。

中学课程强调统一性，重视在教学中向学生灌输沙文主义精神。除一般基础课程外，纳粹政府还在中学设立了"德意志学科"类课程，通过德意志语文、历史、地理、化学、物理和数学等课程的教学，向学生灌输法西斯主义思想。这一时期，德意志学校发展备受重视，并取代了文科中学成为主要的中等学校类型，德意志学校数量也有显著增加。1938 年，德意志学校招收的学生数占中学生总数的 83.3%。[1]

（三）高等教育

这一时期，德国大学也处于压缩和政治化的时期。大学招生人数削减，1932 年高等学校在校生数 11.6 万人，1935 年则骤减到 7.7 万人，1939 年则又减少到 5 万多人。高等学校曾施行的大学自治、教授治校等民主管理原则，一概被废弃，而代之以纳粹法西斯式的野蛮专制统治。大学招收积极为纳粹政府服务的学生。军事、体育、种族学、法律学、政治学与历史等大学课程的教学受到重视。最终，纳粹德国把所有大学置于国家的严格控制之下。

总之，在纳粹统治时期，德国各级学校沦为法西斯专政的工具，德国学校教育表现出全面倒退的趋势。

第四节　美国教育

19 世纪下半叶，南北战争的结束为美国资本主义工商业的迅速发展创造了有利条件。到 20 世纪初，美国已由原来的农业国家发展成为一个发达的工业国家，工业总产值已超过英国、法国而跃居世界第一位。工农业迅速发展、移民人口增长以及现代科学实验兴起，极大地促进了这一时期美国教育的发展。20 世纪前期，美国教育基本上摆脱了殖民地时期对他国教育的移植，逐渐形成了具有本国特色的教育管理体制和公立学校教育制度。

一、地方分权教育管理体制的完善

19 世纪美国最终确立的以地方分权为特色的教育管理体制在 20 世纪前期继续沿用并得以不断完善。美国各州教育的领导权归各州政府教育委员会。联邦政府并不拥有管理全国教育的职责。各州教育委员会依照本州教育法制定与实施相关教育政策。

---

① 人民教育出版社《外国教育丛书》编辑组：《六国教育概况》，256 页，北京，人民教育出版社，1979。

美国各州下设学区作为地方教育行政机构。学区在美国教育管理体制中占有重要地位。

20世纪初期，美国开始加强对全国教育的宏观管理，其主要途径并不是通过教育行政手段，而是通过各种"教育基金会"和全国性教育组织实施间接干预和引导。1929年，美国全国教育行政管理机构为联邦教育局，隶属于国会内政部联邦安全总署。联邦教育局没有教育决策权与管理权，不领导各州教育的实施，仅限于搜集各州教育资料、发布统计数字和情报、报道各州教育工作情况、发展国际教育关系、管理联邦教育经费和提供咨询帮助等。美国教育管理权实际上掌握在垄断资本集团之手，它们通过各大金融资本集团设立的"教育基金会"对学校及各类教育机构实施管理和控制，直接对教育方针和目标的确定、学校课程的设置、教师的聘请等施加影响。据统计，1921—1940年，美国设有200个教育基金会。此外，一些全国性的教育组织往往决定着美国教育发展的方向。比如，1857年创设的"全国教育协会"，以及隶属于该组织的成立于1935年的"教育政策委员会"等，虽为非官方组织，但对美国教育发展发挥着重要作用。尤其是"教育政策委员会"制定的教育政策，往往对各州的教育实践具有较大影响。

二、1918年的《中等教育的基本原则》与中等教育改组

1913年，美国全国教育协会成立了"中等教育改组委员会"，研究中等教育职能和目的问题。1918年，委员会发布《中等教育的基本原则》报告。该报告的主要内容包括以下方面。①美国教育发展的指导性原则为民主原则，应使每个成员通过为他人和为社会服务的活动发展自己的个性。②确立中等教育的七项原则：健康（促进身体的健康）、掌握基本的方法（读、写、算、口头及文字表达的基本技能）、高尚的家庭成员、职业（发展职业能力）、公民资格、享受闲暇和养成道德品格。③建议改组学制，构建一个中等教育与初等教育相衔接的学校系统。初等教育（满足6～12岁学生的需要）和中等教育（满足12～18岁学生的需要）各为6年，中等教育分各为3年的初级阶段和高级阶段。中学初级阶段的任务主要是帮助学生认识自己的能力倾向，让学生对将来从事的工作做出初步选择。中学高级阶段的任务是针对学生所选定的领域，提供相应训练。④确立综合中学为美国中学的标准模式，使中等教育面向所有适龄青少年。综合中学的所有课程都在一个统一的组织中提供。⑤中等教育应当根据社会需要、个人发展以及教育理论和实践的知识来决定。⑥强调教师不仅要引导学生掌握一门特殊的科目，而且要把学习科目和参与学校活动作为实现具体教育目标的方法。

在美国教育史上，《中等教育的基本原则》是一份很有影响力的报告，它所提出的基本原则不仅对中等教育，而且对其他各级教育产生了较大影响。《中等教育的基本原则》肯定了美国的六三三学制和综合中学的地位，第一次以文件的形式明确肯定了充分的中等教育对所有青少年都必不可少，提出了中学应面向所有学生并为社会服务的思想。

受《中等教育的基本原则》的影响，直到第二次世界大战爆发前，美国教育以实施进步教育为主，实用主义教育理论发挥着指导作用，强调教育适应个人生长和民主社

会进步的需要，强调在教育教学过程中多方面地运用科学方法。

20世纪30年代以后，美国中等教育改革继续沿着《中等教育的基本原则》指明的方向推进。1938年，美国全国教育协会所属的教育政策委员会提出了新的中等教育目标：自我实现、人际关系、经济效能和公民责任。这四项教育目标继承了教育七项原则的基本精神，但更强调中等教育在培养美国公民和提高经济效率上的作用。1944年，教育政策委员会在吸取《中等教育的基本原则》思想的基础上，又发布了一份《为所有美国青少年的教育》的小册子，对美国青年提出了10项发展要求，基本内容与《中等教育的基本原则》保持一致，除强调培养学生的公民责任外，还强调组织学生开展职业训练。总之，注重培养学生的公民意识和社会责任、着眼于个人和社会的共同发展，成为20世纪前期美国中等教育的基本任务。

三、1917年的《史密斯-休士法》与职业教育发展

职业教育也是20世纪前期美国中等教育改革的主要内容之一。20世纪初，美国社会与经济快速发展，需要大批的熟练技术工人，仅仅为学生升入大学做准备的普通中学教育已不能满足社会的迫切需要，社会公众强烈呼吁进一步改革和发展职业教育。在马萨诸塞州，由州长任命的一个调查职业教育的委员会于1905年提出报告，建议成立专门的职业教育管理机构。在委员会的建议下，州议会成立了州职业教育委员会，提出在独立的公立职业学校或在普通中学的专门部门中提供职业教育，受到人们的普遍欢迎。在纽约州，州劳工部门也提出了有关发展职业教育的报告。全国教育协会也成立了"关于职业在公共教育中的地位委员会"以专门研究职业教育问题。在有组织地推进职业教育的活动中，起主导作用的还是成立于1906年的"全国职业教育促进协会"。其主要目的是推动制定一项能为职业教育发展提供财政补助的法律。两年后，该协会又组成了一个以普利切特为首的十人委员会，提出了一份《职业训练与普通教育体制的关系》的报告，报告建议联邦政府对有关职业教育问题进行调查。同时，该协会又多次把它拟订的职业教育立法提案提交国会。全国职业教育促进协会为发展美国职业教育所做的努力得到了广泛支持，也使20世纪初美国职业教育实现了一定发展。1910年，美国半数以上的州发展了一些种类的职业教育，少数州还设立了技术中学，一些农村地区设立了农业中学，许多普通中学开设了职业训练课程，此外，还出现了一些由个人或企业创设的职业训练学校。

尽管如此，当时参加工厂或农场工作的人中在就业前实际接受过职业训练者尚不足百分之一。在这种情况下，伴随着社会公众要求提供职业教育的强烈呼声，1914年，美国国会任命了一个专门研究补助职业教育事务的"职业教育国家补助委员会"，主席由国会议员史密斯（Hoke Smith）担任，其成员主要包括国会议员休士（Dudley M. Hughes）、马萨诸塞州职业教育负责人普洛瑟（Charles A. Prosser）等人。随后，职业教育国家补助委员会提出了一份《美国职业教育大宪章》的报告，内容包括发展职业教育的必要性、联邦政府向职业学校提供补助经费的范围和条件、依靠联邦政府资助开办的职业学校的种类等。1914年，该委员会向国会提交了职业教育法案提案，但被搁置起来。

1917 年，迫于对受过训练的劳动力的迫切需求，美国国会最终通过了由史密斯和休士再次提出的职业教育法案提案，史称《史密斯-休士法》。法案主要内容包括：①联邦政府承担发展职业教育的职责，拨款补助各州大力发展大学程度以下的职业教育，开办农业、工业、商业、家政等方面的职业学校；②联邦政府与各州合作，提供农业、工业、商业、家政等科目的师资训练，并向职业教育师资训练机构提供补助；③在公立中学开设职业科，设置选修的职业学科，把传统的专为升学做准备的普通中学改办为兼具升学和就业目的的综合中学；④为职业学校教师或讲授职业科目的教师、督学和校长制定合格标准。同年，美国联邦职业教育委员会成立，各州也相继成立了职业教育委员会，形成了从中央到地方的全国性职业教育系统，为职业教育的发展提供了管理与机构保障。

《史密斯-休士法》的颁布与实施极大地推动了美国中等职业教育的制度化，对美国普通教育和职业教育的发展产生了重要影响。它使得普通教育的目标开始由单一的升学目标，转向升学和就业双重目标，加强了普通教育与社会的联系。同时，也为美国职业教育的发展提供了有利条件。1918—1925 年，职业学校教师人数从 3276 人增加到 9037 人，学生人数从 117934 人增加到 382275 人，职业教育师资训练机构从 45 个增加到 85 个。[1] 1936 年，美国又通过了《乔治-迪恩法案》，增加联邦政府对职业教育的拨款 1400 万美元，同时把联邦补助的范围扩大到市场营销以及公共服务等。在第二次世界大战期间，为适应战争需要，美国国会于 1940 年又专门通过了《国防职业教育法案》，拨出专款发展军事工业方面的职业教育。

四、20 世纪 30 年代的"八年研究"计划

20 世纪 30 年代，美国面临经济危机的巨大冲击。为了解决中学与大学衔接、升学和就业矛盾等问题，1930 年，美国进步教育协会成立了以艾肯（Wilford M. Aikin）为主席的"大学与中学关系委员会"，探讨中学与大学之间的衔接与合作问题。1932 年，该委员会制定了一项为期 8 年（1933—1941 年）的大规模高中教育改革实验研究计划，即"八年研究"计划。

（一）"八年研究"的实施

"大学与中学关系委员会"从 200 所中学中选出 30 所中学参加此项研究，因此，"八年研究"也被称为"三十校实验"。参加这项实验研究的 30 所中学具有一定的代表性，包括公立中学和私立中学、规模大的中学和规模小的中学，并且来自美国不同的地区，其经济、文化背景都不相同。实验研究以进步教育思想为指导。实验学校具有较大的自主权，可以根据自己的情况制订符合自己需要的教育计划。

"八年研究"分为两个阶段实施。

第一阶段（1933—1936 年），在"大学与中学关系委员会"和指导委员会的协调下，参与实验研究的中学各自开展教育实验，依照进步教育的理念与原则，就教学计划、课程编制、学校管理、教师与学生参与等实施改革，进步教育家、指导委员会及分支

---

① ［日］细谷俊夫：《技术教育概论》，肇永和、王立精译，89 页，北京，清华大学出版社，1984。

委员会提供指导与咨询服务。

第二阶段(1936—1941年)，参与实验研究的300所大学依据中学校长的推荐信和学生中学记录表录取学生，无须进行传统的入学考试。而后，大学挑选来自参与实验研究中学的新生和来自未参与实验研究中学的新生，分别组成实验组和对照组，开展为期4年的跟踪研究，依据确定的大学成功标准实施比较研究，以获得最终研究结论。大学成功标准涉及(智力水平、文化素养、实践能力、人生观、性格特征、情感健康、社会适应性、社会敏锐性、身体健康)九个方面。

(二)"八年研究"的主要内容和任务

"八年研究"的主要内容和任务包括以下方面。

关于教育的目的。确定中学教育除升学目的外，还在于实现个人发展，并有效地协调个人与社会的关系，为学生走向社会做准备。

关于学校的民主管理。指导委员会在对美国20世纪二三十年代的学校教育进行调查分析后认为，学校教育管理的民主化色彩较弱，要求将进步教育理念贯穿到学校管理实践之中，实施民主化管理，特别注重让全体教师共同参与对教学大纲的再评价，在学校教育政策制定中注意搜集和听取教师的声音，允许学生参与学校事务管理。

关于课程编制与教学方法选用。参与实验研究的中学重视开展综合课程、核心课程的编制和学科重组。综合课程是指课程内容来自一个独立的学科领域，但同时又打破了该学科领域内不同课程之间的界限，或者通过分析学科内容编制课程，或者通过分析日常生活问题编制课程。核心课程的主要特征在于将不同学科组合成一种更大范围的课程，或者以青少年个人的发展需要为基础编制课程，或者以社会或成人的需要为基础编制课程。学科重组是指在一门学科内对单一课程的内容加以扩展和重组。在教学方法上注意体现学生兴趣，强调学生的思考以及学生与教师之间的合作。

关于教师发展。指导委员会认为，教师专业水平的高低决定着教育实验的成败，决定着教育目标制定、学校民主管理实施以及课程编制等学校发展关键事务的成败。学校应为教师发展提供条件，或在学校教育的日常生活之中提升教师专业水平，或组建专门机构制订实施教师培训计划，提升教师职业素养。

关于大学跟踪研究与评估。从整体上看，实验组在18个项目上的平均成绩高于对照组，个别项目表现趋同，改革力度大的中学效果更为明显。基于研究结果，美国中学与大学可建立良好的合作关系，大学与学院一方完全可以信任中学的预备教育，中学专门针对大学入学考试制定的学校课程模式，并非促使学生顺利适应大学生活的唯一方式。"八年研究"通过对美国中学与大学关系的研究，集中探索了教育实验、进步教育理论、课程改革以及教育评价等问题，并探索了解决问题的手段与策略，开创了现代教育实验的基本方式，提出并实施了教师发展的理念，实验所使用的研究方法等在以后也得到广泛应用，为构建合理有效的大学与中学关系做出了积极探索。

五、师范学院的出现

19世纪末20世纪初期，为适应义务教育发展和教育水平提升对高素质教师的需要，美国出现了师范学校升格成为师范学院的现象。1882 年，亚拉巴马州州立师范学校升格为师范学院。1893 年，纽约奥尔巴尼市师范学校也升格为州立师范学院。1908年，美国全国教育协会师范学校部发布《师范学校政策声明》，为师范学校升格成为师范学院提供了依据。20 世纪前期，各州普遍设立师范学院，逐步构建起以四年制师范学院为主题的高等师范教育体系。

第五节　日本教育

明治维新后，日本社会经济发展迅速，到 20 世纪初，日本已步入帝国主义发展阶段。日本自身的封建主义和军国主义色彩依然浓厚，这也预示了未来日本教育的发展走向。20 世纪 20 年代日本走上了法西斯主义的对外侵略与扩张的道路，教育体制也开始向军国主义教育体制转变。第二次世界大战期间，日本教育完全沦为日本法西斯势力穷兵黩武的工具。第二次世界大战结束初期，日本学校教育濒临全面崩溃境地。

一、20 世纪初期至 20 年代的教育改革

在 20 世纪前二十余年中，日本各级各类教育相继推行了改革。

(一)初等教育

自 1872 年颁布《学制令》以来，日本政府采取了一系列有效措施以提高初等学校入学率，推进初等教育普及化。1900 年，日本对 1886 年颁布的《小学令》做出修订，不仅将初等义务教育年限统一规定为 4 年，而且规定初等教育实行免费，确立了免费义务教育原则。免费义务教育政策的实施使初等学校入学率快速上升，1905 年，初等学校入学率已提高到 95.6%。

1907 年，日本政府颁布《再改正小学令》，把全国的私立小学统一改为公立小学，推进现代课程的改革，确立免费义务教育年限为 6 年。至此，6 年制义务教育完全确立，而且在以后的 40 年里没有大的变动。20 世纪 20 年代初期，日本基本普及了 6 年制义务教育，初等学校的教学设施和设备也实现了较大改善。

为了加快初等教育普及化进程，日本政府在重视和积极发展师范教育的同时，努力改善小学教师的待遇，鼓励他们立志从事初等教育事业。1896 年国会通过《国家补助金法案》，决定提高小学教师的工资水平。1899 年又决定，正式教师任教 15 年以上，60 岁后可领取终身养老金。

(二)中等教育

经历了 19 世纪末 20 世纪初的发展，日本中等教育已形成多轨学制，中学、女子中学和中等职业学校构成了日本的中等学校体系。

20 世纪 20 年代，日本政府继续推进中等教育改革。1917 年成立了教育专门委员会，就中等教育课程改革提出指导意见，促进了该时期日本中等教育的发展。1918年，日本文部省颁布了新的《高等学校令》，提出高等学校应以完成高等普通教育为目

的，加强和充实国民道德教育；允许开办私立学校和地方公立学校，并对私立学校和公立学校的设置以及课程改革提出了具体要求。

1919年，日本文部省颁布了《修正中学令》，主要内容为：重新编写学科课程教材，重视理科课程的开设与教学，特别是物理和化学的实验教学和实习；允许初等中学开办两年制预科；加强小学与中学的联系，取消原来初中入学年龄为12岁以上的规定，允许学习优秀者提前一年升入中学。由于日本政府的重视和社会需要的增强，中等学校入学人数增长较快。1895年中等学校入学率为1.1%，到1932年增长到32.3%。

（三）高等教育

自20世纪初期起，日本政府一直重视高等教育的改革与发展，相继创设了一些新的大学和学院。1918年，日本颁布《大学令》，强调大学的教育任务在于向学生传授国家所需要的思想和知识，注重学生的人格熏陶，向学生灌输效忠天皇、拥护日本国体的国家主义意识，培养高水平的人才；大学除由国家创办外，也允许私人团体和地方创办私立大学和地方公立大学；可设立由数个学部组成的综合大学，也可设立单科大学；大学主要招收预科或高等学校的毕业生。《大学令》颁布以后，日本大学得到较快发展，一些综合大学和单科大学出现。据统计，1918年日本共有大学5所，1929年增加到46所。

20世纪20年代，日本政府对女子教育也做出了一些调整，颁布了《高等女子学校令》和《高等女子学校实施规则》，改革女子中等教育，提高女子的国民道德和文化水平，并取得了一定成效。

二、军国主义教育逆流的泛滥

1926年，日本裕仁天皇继位后，日本军国主义法西斯势力走上了对外侵略和扩张的道路。在教育上，强化民族精神教育和军国主义教育。军国主义教育的具体内容为：加强对师生民主进步运动的严密控制和镇压，把法西斯主义确定为学校的教育准则，加强对学生和教师的言行控制和监督；灌输军国主义思想，使其渗透到各级各类学校的教育内容中；军事训练学校化和社会化，在全国中等学校以上的各级学校普遍开设军事训练课，采取军事化生活方式，限定师生的思想和行动，学校变成了兵营和精神训练营。在加强学校控制的同时，日本政府还针对社会青年开展了军事教育和训练。1926年，日本政府成立了"青年训练所"，规定所有16～20岁的青年必须接受军事训练，并责成日本军部开展军事训练。1930年，日本文部省成立学生管理局，负责调查和控制学生的言论和行为，清除自由化思想对学生的影响。1935年后，又将"青年训练所"改为义务制"青年训练学校"，使其成为日本军国主义教育的重要工具。

1937年日本政府悍然发动全面的侵华战争后，日军政府对教育体制做出进一步调整，建立了战时教育体制。日本内阁设立"教育审议会"，负责实施各级各类教育改革。改革的核心内容是加强忠于天皇的思想教育，实行法西斯化的军事训练，推行"校门即营门"的军国主义教育政策。1938年，日本军部设立培养青年军人的义务"青年学校"，让学生接受"准军事"化的教育。在大学里设立军事指挥课，要求学生毕业时军事技能达到军队少尉的水平。

20世纪40年代，为适应战争的需要，日本政府进一步强化军国主义教育。1941年，日本颁布《国民学校令》，将小学改为国民学校，学制8年，分初等科6年、高等科2年，实施国民基础训练，重视对学生开展军国主义与法西斯主义教育。

随着日军在中国和太平洋战场的连续失败，日本实行了"学徒勤劳动员纲要"。大部分学生被推上战场而成为战争的牺牲品。1945年，日本强令关闭幼儿园，疏散小学生，所有学校暂时停办，日本学校教育陷于全面瘫痪和崩溃的境地。同年8月，日本宣布无条件投降，以上政策也随即被废除。

小结

20世纪前期英国、法国、德国、美国和日本为适应经济、政治、科技、军事发展和全面参与国际竞争的需要，对教育实施了大幅调整与改革。这些改革虽因各国的教育传统、经济条件和发展水平不同而彼此互有差异，但也呈现出一些共同特征：各国政府更加重视和加强对教育事业的领导，推行实施初等义务教育；积极改革和发展中等教育和高等教育；不断完善考试制度；推进依法治教；不断扩大教学内容，革新教学方法；教育发展的现代化、民主化、科学化、国际化趋势日益突出。

思考题：

1. 试分析20世纪前期英国教育管理体制演变的过程与特点。

2. 20世纪前期法国统一学校运动述评。

3. 20世纪前期美国中等教育改革述评。

4. 魏玛共和国时期德国教育改革述评。

5. 20世纪前期日本教育改革述评。

参考文献：

1. 滕大春. 外国教育通史：第五卷. 济南：山东教育出版社，2005.

2. 吴式颖，李明德. 外国教育史教程. 3版. 北京：人民教育出版社，2015.

3. 吴式颖. 外国现代教育史. 北京：人民教育出版社，1997.

4. 戴本博，张法琨. 外国教育史：下. 北京：人民教育出版社，1990.

5. 滕大春. 美国教育史. 北京：人民教育出版社，1994.

6. 奥尔德里奇. 简明英国教育史. 诸惠芳，李洪绪，尹斌茵，译. 北京：人民教育出版社，1987.

7. W.F. 康内尔. 二十世纪世界教育史. 张法琨，方能达，李乐天，等译. 北京：人民教育出版社，1990.

第十九章　第二次世界大战前苏联的教育

内容提要

1917 年，俄国十月革命爆发并取得胜利，俄罗斯苏维埃联邦社会主义共和国（简称苏俄）成立。1922 年，苏维埃社会主义共和国联盟（简称苏联）诞生。苏俄成立后即改革教育管理体制，创设统一劳动学校，发展高等教育。20 世纪 20 年代，对九年制统一劳动学校实施调整，开展教学实验与改革，探索解决教学脱离社会生活与生产劳动、忽视儿童创造性与主动性的培养等问题，改革高等教育招生、管理以及教学工作。20 世纪 30 年代，联共（布）中央和苏联政府颁布了一系列调整普通学校教育教学工作的决议，探索解决促进学生系统知识学习与提高教学质量的问题，大力实施普及义务教育，提高全民文化水平，大力发展师范教育，提高高等教育质量。第二次世界大战前苏联教育改革与发展为苏联经济建设输送了大量的各级各类人才，为苏联社会发展提供了强有力的人才支持和智力保障。列宁、克鲁普斯卡雅和马卡连柯的教育思想则直接指导了不同阶段苏联教育教学实践，推动了各项教育事业的发展。

学习目标

1. 掌握苏俄时期教育改革与教育实验的主要内容。
2. 理解20世纪二三十年代苏联教育改革与调整过程，科学总结其经验教训。
3. 掌握马卡连柯教育思想的主要内容。
4. 掌握克鲁普斯卡雅的教育理论体系。

核心概念

《统一劳动学校规程》；《统一劳动学校基本原则》；《关于小学和中学的决定》；综合教学大纲；列宁；马卡连柯；克鲁普斯卡雅

  1917年11月7日，伟大的无产阶级革命导师列宁领导俄国人民推翻了资产阶级临时政府，建立了世界上第一个实施无产阶级专政的社会主义国家，为彻底改造俄国旧式教育与发展社会主义新教育创造了条件。1922年12月30日，苏联成立。苏联共产党和政府高度重视年青一代的教育工作，采取了一系列强有力的措施，致力于发展社会主义教育事业。

第一节　苏俄时期的教育改革与教育实验

一、教育管理体制改革

  十月革命前，沙皇俄国的教育掌握在资产阶级和封建贵族手中，接受教育是资产阶级和贵族子女的特权，广大劳动人民子女无权接受教育，俄国文化教育非常落后。

  1917年10月26日，苏维埃第二次代表大会通过了《关于成立工农政府》的法令，建立了以卢那查尔斯基为首的教育人民委员部。11月9日，在列宁同志的倡导下，遵照苏俄中央执行委员会的指令，取消了原来沙俄帝国的教育部，成立了最高教育领导机构——国家教育委员会，研究和制定国民教育发展的基本原则。按照指示，11月11日，《教育人民委员部关于国民教育的宣言》发布，阐明了教育工作的总方针和基本原则，强调接受教育是全体国民的权利，主张所有适龄儿童都要接受免费的义务教育。11月21日，《教育人民委员部关于将教育和教养事业从宗教部门移交给教育人民委员部管理的决定》通过，将原堂区学校、教会中学、教会师范学校、神学校和神学院等隶属于教会的学校，均交由教育人民委员部管辖，并统一改组为普通学校。不久，列宁签署了《关于信仰自由、教会和宗教团体的法令》，规定教会与国家分离，学校脱离教会，禁止在普通学校讲授宗教教义和举行宗教仪式，消除教会对学校的影响。

自 1918 年 1 月起，苏维埃政府废除沙俄时代的国民教育管理体制，撤销学区制。1918 年 6 月，《关于把各部门的教学和教育机关移交给人民委员部管理的决定》批准实施，将原隶属于各部门的小学、中学、专业学校、大学及其所有的房屋、财产、设备等，一律转交教育人民委员部管理。为改变十月革命前学校管理混乱的局面，《俄罗斯苏维埃联邦社会主义共和国国民教育事业组织条例》发布，决定国民教育事务管理由国家教育委员会承担，各地方的国民教育事务管理则由省、县、乡的工农兵代表苏维埃执行委员会所属的国民教育局承担。为保证各民族和各阶层人民享有统一的接受教育的权利，这一时期还颁布实施了《俄罗斯各族人民的权利宣言》。

借助于上述一系列法规、政策的颁布与实施，苏俄时期的教育管理体制改革得以有效推进，废除了沙俄时代具有等级制和宗教色彩的学校教育制度，建立了世俗的、消除等级差别的统一劳动学校；对原沙俄时期的教师进行了社会主义教育，提高了教师队伍的思想觉悟和业务素质，改善了教师的待遇，调动了广大教师参与社会主义教育事业的积极性；按照社会主义社会经济发展和社会变革的要求对原来的学校教育教学内容进行了改革，强化了教育教学内容与生产劳动的联系；国家大力增加对教育事业的投入，大力发展学校教育和成人教育，努力扫除文盲。

二、统一劳动学校的建立

为更好地使教育为广大劳动者服务，国家教育委员会提出要消除教育的等级性，改变教育脱离劳动的现状。1918 年，经全俄教育工作者第一次代表大会讨论通过，《统一劳动学校规程》和《统一劳动学校基本原则》（又称《统一劳动学校宣言》）颁布。

根据《统一劳动学校规程》的相关规定，教育人民委员部管辖的俄罗斯苏维埃联邦社会主义共和国的所有学校（不含高等院校）一律易名为"统一劳动学校"。所谓"统一"，是指从幼儿园到大学的所有学校构成一个统一的不间断的教育阶梯，所有儿童都有权沿着这一教育阶梯逐级升入高一级学校学习；所谓"劳动"，是指教育人民委员部管辖的俄罗斯苏维埃联邦社会主义共和国的所有学校均应开设劳动课程，使学生在劳动中积极地、灵活地、创造性地认识世界。

《统一劳动学校规程》和《统一劳动学校基本原则》就统一劳动学校的教育对象、教育教学内容和教育教学管理等问题做出了相关规定：所有 6～17 岁的儿童进入统一劳动学校学习（其中 6～8 岁儿童在幼儿园学习；9～17 岁儿童所就读的统一劳动学校分为两级，第一级学校学制 5 年，第二级学校学制 4 年），切实加强统一劳动学校的生产劳动，把传统的读书学校变成劳动学校，引导学生在生产劳动的过程中学会劳动和生活。为了真正实现教育民主化和加强教育与生产劳动相联系的目标，国家教育委员会明确规定取消传统的教科书，取消传统的班级授课制，教育者引导学生根据生产劳动的实际需求进行分组学习，禁止体罚学生，不得布置任何形式的课外作业。

其后，苏维埃政府又根据本国经济建设和社会发展对劳动者要求的实际，积极开展学制改革，缩短了学习者的学习年限，把原来的第一级学校（小学）改为 4 年，第二级学校改为 3 年，原来的八至九年级改为实施技术训练的中等技术学校。这样，从 20 世纪 20 年代初，独特的普通学校制度形成：8 岁入学的四年制学校；实行四三分段的七年一贯制学校；实行四三二分段的九年制学校。此外，在苏维埃政府的指导下，各地还创立了形式多样、学习年限较短的面向工农子弟的新型学校。

不过，《统一劳动学校规程》错误地取消了一切必要的、合理的教学制度，取消教学计划，废除考试和家庭作业，宣称生产劳动应成为学校生活的基础，过高估计了劳动在学校教育中的地位，对这一时期的教育发展产生了较为明显的消极影响。但作为俄罗斯教育史上第一部重要教育立法，作为世界教育史上第一部贯彻非宗教的、民主的和社会主义教育原则的重要教育立法，《统一劳动学校规程》在尖锐批判旧学校形式主义和脱离社会实际弊端的基础上，要求实现教育与生产劳动密切结合，强调充分发展儿童个性，发挥儿童学习的主动性与积极性，为社会主义教育的发展赋予了新的内涵。

三、高等院校的改革与发展

十月革命胜利后不久，苏维埃政府就颁布了一系列关于发展高等教育的法令，废除了沙俄时代的高等教育法令，免除了一些高等院校领导人的职务，选派忠于苏维埃政权的教育专家和政工干部到高等院校工作，在高等院校建立和完善共产党和共青团组织，确保高等院校能够按照苏维埃政府的要求进行改革。

为了确保高等教育坚持为劳动者服务的方向，考虑到劳动者文化水平不高和经济收入偏低的实际，苏维埃政府在十月革命胜利后不久就宣布废除沙俄时代的高等院校招生制度，强调苏维埃社会主义国家的高等院校取消入学考试，向所有有志于进入高等院校学习的劳动者子女免费开放，为他们提供必要的衣物、食品和学习用具，并在许多高等院校设立相当于预科的工农速成系（亦称工农速成中学），以为那些文化程度不高的学生提供免费的文化知识补习的机会，为他们完成专业学习奠定必要的知识基础。据统计，在苏维埃政府强有力的领导下，十月革命胜利后高等院校内建立的工农速成系的数量和在校学生人数快速增长，1919—1929 年，在高等院校工农速成系学习的学生超过 40 万人，1932—1933 年，苏联境内共有 1025 个工农速成系，在校学生达 339500 人。[①]

为了更好地适应高等教育发展与改革的要求，苏维埃政府在十月革命胜利后加大了对高等院校教师的社会主义教育和改造工作，加强对高等院校教师的思想政治教育工作，大幅度提高高等院校教师的工资待遇，在国内重点大学和科研机构设立研究生部，并创设红色教授学院，为高等院校培养合格教师。高等院校、科研机构研究生部以及红色教授学院的创建，使高等院校教师队伍的补充拥有了稳定可靠的来源，对这一时期高等教育的改革与发展产生了积极的推动作用。

为了适应经济建设和社会变革的需要，充分发挥高等教育在经济建设和社会变革中的作用，苏维埃政府在十月革命胜利后不久就开始对本国高等院校的布局、高等院

---

① 贺国庆、王保星、朱文富等：《外国高等教育史》，414 页，北京，人民教育出版社，2003。

校院系结构和专业结构进行大规模调整，采取有力措施努力做到使国内每一个主要城市至少拥有一所综合大学，大力发展以工业技术为核心的专业学院（如钢铁学院、交通学院、化工学院等），优先发展独立的师范学院等，在校大学生人数不断增加。1927—1928 学年度，共有各类高等院校 148 所，在校大学生达到 168500 人。①

十月革命后苏维埃政府高度重视高等教育的发展，采取了一系列措施对原沙俄时代的高等教育制度和高等教育布局、专业结构进行调整，建立了面向劳动者子女的社会主义高等教育制度，完善了高等院校的布局和结构，促进了高等教育的恢复和发展，为这一时期乃至以后苏联经济建设和社会发展提供了强有力的人才支持和智力保障。

不过，这一时期高等教育改革与发展也表现出一些不足，如武断地取消了高等院校的招生考试制度和学位、职称制度，不利于调动广大教师的积极性，难以保证高等院校的生源质量，对提高高等院校培养人才的质量产生了消极影响。

四、大力开展扫盲运动

十月革命胜利初期，文盲数量很大，文盲占总人口的比例约为 80%，对本国的经济建设和社会发展产生了严重影响。十月革命胜利后不久，苏维埃政府在列宁同志的领导下立即着手开展全国的扫盲工作，于 1920 年成立了国家扫盲委员会，颁布了扫除文盲的法令，要求全国每一个识字的人都应教不识字的人，号召国内有觉悟的知识分子、教师、学生、工人、农民和军人都参与扫盲工作，形成了一场声势浩大的全面扫除文盲的群众性运动。

在苏维埃政府强有力的领导下，十月革命胜利后的扫盲运动取得了很大的成绩。据统计，与 1897 年相比，1920 年识字人数每一千人中增加了近百人，为 20 世纪 50 年代彻底扫除文盲奠定了较为坚实的基础。②

总之，十月革命胜利后，广大教育工作者遵照列宁同志的指示，结合具体实际，创造性地创建了面向劳动者生活实际的社会主义统一劳动学校，堪称俄罗斯乃至世界教育史上具有重大意义的一项创举，标志着面向劳动者子女的具有社会主义性质的学校教育制度的正式创立，推动了苏俄时期的教育改革与发展。这一时期所进行的教育改革和教育实验具有重大创新意义，它奠定了社会主义教育的基础，为经济建设和社会发展提供了强有力的人才支持和智力保障。但这一时期的教育改革和教育实验还存在一些不足和失误，如全盘否定传统教学中的教科书和课堂教学制度，过于强调实践和创新，对文化知识的作用重视不够，特别是对教育科学和教育规律的作用认识不足，对历史上优秀教育遗产和教育制度的继承有所忽略，对教育实验和教育改革的困难估计不足，教育教学改革和教育实验的计划性不够一贯。

---

① 贺国庆、王保星、朱文富等：《外国高等教育史》，419 页，北京，人民教育出版社，2003。
② 戴本博、张法琨：《外国教育史》下，110 页，北京，人民教育出版社，1990。

第二节　20世纪20年代苏联的学制调整与教学改革

　　1920年年底，在历经三年艰苦卓绝的斗争之后，新生的苏维埃政权击退了帝国主义势力的武装干涉，粉碎了国内反动势力叛乱，苏俄全面转入社会主义和平建设时期，俄共(布)中央和苏维埃政府适时地将工作重心转移到经济发展与文化建设上来。将俄罗斯从一个落后的农业国发展成为一个强大的工业国，是摆在人民面前的一项重要任务。这一时期的学制调整与教学改革就是在此背景下展开的。

一、学制调整

　　1920年年底，俄共(布)中央召开国民教育问题会议，通过了学制改革决议。为解决原九年制统一劳动学校年限过长、学生在学校难以接受必要的专业训练问题，决议将七年制学校确定为普通学校的主要类型，在此基础上设立三年制或四年制的中等技术学校。在学制调整上，依据教育人民委员部通过的《改组第二级学校的条例》，决议将第二级学校改组为中等技术学校，后因专业教师和相关设备缺乏，改组工作被搁置，第二级学校得以保留。至此，以统一劳动学校为基础的学校制度得以确定：四年制小学，招收8～12岁学生；七年制学校，实施四三分段，招收8～15岁学生；九年制学校，实施四三二分段，招收8～17岁学生；三年制或四年制的中等技术学校。此外，还先后创设了部分新型学校，如1921年创设的工厂艺徒学校，1923—1924年创设的农村青年学校，1925年创设的七年制工厂学校等。

　　经过学制调整，新的学校教育制度表现出适度的灵活性，一定程度上适应了国家培养各类技术人才的需要，但各级各类学校之间在学生年龄、教学内容与教育质量上某种程度的不协调与不衔接现象仍然存在，第二级学校的发展方向问题也未能得到彻底解决。

二、"综合教学大纲"的施行

　　为适应学制调整和教育教学改革发展的需要，国家学术委员会科学教育组于1921—1925年间编制公布了《国家学术委员会教学大纲》，统称"综合教学大纲"或"单元教学大纲"。"综合教学大纲"彻底打破学科界限，以劳动为中心，按照自然、劳动和社会三个方面对学生学习的全部知识进行编制。不同年级学生的学习内容及范围根据年级的递升以同心圆的方式逐步扩充和扩大。另外，还可按时间以及主题将学生所学内容分为若干单元，实施单元教学。

　　为配合"综合教学大纲"的施行，教学方法也发生了相应改变，普遍推行"劳动教学法"，使用"活页课本"、"工作手册"和"杂志课本"。在自然环境中，在劳动实践以及生产活动中实施教学，甚至提出了"废除教科书""打倒教科书"的口号。在教学组织形式上，则以分组实验室制和设计教学取代班级授课制。

　　实施"综合教学大纲"的初衷，原本在于加强学校教学与社会生活的联系，根除教学与生活脱节的痼疾，在于加强各教学科目之间的联系，在参与单元学习或改造周围环境的实践中激发儿童学习的主动性、积极性与创造性。但由于未能对教学活动与社会生活的联系做出科学理解，综合教学大纲的实施事实上打破了各门学科知识的内在逻辑，弱化了对学科知识的学习和对学生基本的阅读、写作与计算能力的培养，对学校的教学工作产生了较为明显的消极影响。

三、劳动教育与综合技术教育的开展

为贯彻列宁和克鲁普斯卡雅有关开展劳动教育和综合技术教育的指示，并配合统一劳动学校制度的实施，20世纪20年代苏联加强了对劳动教育与综合技术教育的统一领导和在学校教育实践中的积极落实。

《国家学术委员会教学大纲》明确规定，劳动是学校生活的必要组成部分，第一级学校和第二级学校各自分别承担着具体的劳动教育任务。1929年，联共（布）中央第十四次代表大会指示教育人民委员部，切实保证在普通学校实施劳动教育和综合技术教育。

为贯彻落实国家学术委员会以及联共（布）中央的有关指示，苏联的第一级学校负责向学生传授有关劳动活动和文化生活所必需的知识和技能，并培养学生对生活环境的兴趣；第二级学校注重培养学生的认识能力和劳动技巧，训练学生科学安排自己从事劳动的意识和能力。关于劳动教育内容，第一级学校组织指导学生在参与细木工、钳工以及园艺劳动的过程中掌握基础科学知识，掌握各种简单工具的使用技能，养成热爱劳动的习惯；第二级学校则主要在组织学生参观或实地考察各类工厂以及实际生产场所的过程中，开展综合技术教育，使学生了解生产的组织与基本过程，理解生产的技术基础。为方便实施劳动教育和综合技术教育，苏联学校普遍设立了各种小型车间、工场以及学校生产博物馆，组织学生走出课堂，实地参观国营农场、养蜂场、电站等。

这一时期劳动教育和综合技术教育的开展，加强了学校教育与实际生活之间的联系，提高了学生学习的积极性，但也在一定程度上破坏和肢解了完整的教学过程和教学内容，综合技术教育也因脱离科学基础知识而未能实现预期目的。

四、高等教育改革

这一时期高等教育改革主要表现在以下几个方面。

第一，为确保高等院校招收到合格新生，1926年部分高等院校恢复入学考试制度。

第二，为促使高等院校教学与生产实际接近或结合，协调各部门办学资源和力量，将原由教育人民委员部统一管理的部分高等院校和中等技术学校，分别交由苏联最高国民经济委员会和有关政府部委实施领导，教育人民委员部、最高国民经济委员会和交通人民委员部共同承担高级技术人才的培养工作。

第三，为适应工农业生产发展的需要，实现专业人才培养与工农业生产实践之间的结合，1925年，联共（布）中央颁布实施《关于当前高等院校在确定同生产部门联系工作中的任务的决定》，强调高等院校的教学需与全部生活实践密切联系起来，将大学生产实习作为教学计划的重要内容加以安排和实施。1928年，联共（布）中央进一步

推行《关于改进培养新专家的工作的决议》，重申加强高等技术学校教学与社会生产的联系；高等技术学校生产实习时间不少于 10 个月；高等技术学校要承担经济问题的研究工作，其教学应得到经济管理机关的科研部门和实验室的支持和配合；加强高等技术学校的劳动教育，保持劳动教育与理论教学的适当平衡。

经过 20 世纪 20 年代的改革，苏联高等教育与社会生产实际的联系得到进一步加强，各类专业技术人才的培养质量和规模得到进一步提升和扩大。同时，高等院校的教学工作也不同程度存在着系统理论知识学习分量不够、教学计划的合理性和一致性有待进一步提高等问题。

第三节　20 世纪 30 年代苏联教育的调整与改革

20 世纪 30 年代是苏联经济腾飞的时期，对各级各类人才提出了更加迫切的需求，苏联教育发展不够充分、质量偏低与国民经济发展对人才需求不断增强的矛盾更加尖锐。为了更好地使教育为本国国民经济发展服务，苏联教育主管部门开始对十月革命胜利后建立的苏联各级教育体系进行大规模的调整与改革。

一、普通中小学教育的调整与改革

十月革命胜利后到 20 世纪 30 年代以前，普通中小学在教学中较为重视调动学生的积极主动性，但相对忽视教师的主导作用，排斥传统教科书的作用，废除了课堂教学，主张学校里的学生在没有课外作业、没有考试和分数的压力下，在活动与交往中自主学习，造成中小学教学质量明显下降，难以较好适应 20 世纪 20 年代后期苏联经济建设和社会变革对人才的要求。

为扭转中小学教育落后混乱的局面，联共(布)中央和苏联政府于 1931 年颁布了《关于小学和中学的决定》。《关于小学和中学的决定》在肯定十月革命胜利后苏联中小学教育改革与发展成就的同时，指出在实用主义教育思潮影响下，该时期中小学教育教学改革存在着忽视教师主导作用、忽视教科书和课堂教学的倾向，造成中小学教学没有向学生传授系统的学科知识，没有很好地完成为高一级学校输送合格新生的任务等弊端。《关于小学和中学的决定》强调，中小学教学的根本任务在于向中小学生传授充分的普通文化知识，要求学校严格按照教学计划、教学大纲和教科书进行教学，废除活动教学，强调课堂教学是教学的基本组织形式，恢复考试制度等。

其后，苏联政府又陆续颁布了《关于中小学教学大纲和教学制度的决定》(1932年)、《关于中小学教科书的决定》(1933 年)、《关于苏联中小学结构的决定》(1934 年)以及《关于教育人民委员部系统中的儿童学曲解的决定》(1936 年)等一系列重要文件，要求教育主管部门加大对各地中小学的财政支持力度，逐步把各地的七年制学校改组为十年制学校，对实用主义教育思潮、儿童学进行了全面彻底的批判和否定，强调各地中小学必须严格按照教育主管部门颁布的教学计划和教学大纲进行教学，重申课堂教学是中小学教学最基本的组织形式，教育主管部门必须为中小学生提供高质量的教科书等，在中小学中废除劳动课和技术训练课。

自 1934 年起，苏联形成下述学制：四年制小学，招收 7～11 岁儿童；七年制不完全中学，招收 7～14 岁儿童和少年；十年制完全中学，招收 7～17 岁的少年和青年；二至三年制技工学校与铁路学校；两年制的技术工人学校；四年制的技术学校、医科学校、师范学校、音乐学校、戏剧学校等中等专业学校；四至六年制的高等院校。这一学制为 1917 年以来所实施的第二个完整学制，直至 1958 年才对该学制进行了较大调整。

苏联政府颁布的一系列关于中小学课程与教学改革的文件，反映了苏联经济建设和社会发展的要求，有力地推动了 20 世纪 30 年代苏联中小学课程与教学改革。在苏联政府强有力的指导下，苏联中小学教育教学工作排除了实用主义教育思潮的干扰，恢复和加强了教学计划、教学大纲和教科书的地位和作用，重新开始重视发挥教师和课堂教学的作用，强调学生在教师指导下刻苦学习科学文化知识，学生经过严格的考试合格后方能升级和毕业。这些措施的实施奠定了苏联现代中小学教育制度的基础，切实提高了中小学的教学质量，促进了苏联中小学的改革与发展。20 世纪 30 年代末，苏联已经基本普及了七年制义务教育，中小学在校学生人数大量增加，从 1929—1930 学年度的 1351.6 万人增加到 1938—1939 学年度的 3151.7 万人。[1]

20 世纪 30 年代苏联中小学教育改革与调整中也存在着一些问题，如在批判实用主义教育思潮的过程中，全盘否定了资本主义国家的教育思潮。运用行政干预的方式彻底否定"儿童学"，致使在一个较长的历史时期内苏联教育学理论未再涉足儿童及儿童心理特征研究，影响了苏联教育科学的发展，对苏联中小学教育教学改革产生了消极影响。同时，这一时期在重视发挥教师的主导作用，强调教学计划、教学大纲和教科书的作用的过程中，一定程度上忽视了课外活动的作用，忽视了生产劳动和技术训练，忽视了教学中的因材施教，影响了中小学生创新意识和实践能力的培养。

二、高等教育的改革与发展

20 世纪 30 年代初，随着苏联经济建设的全面开展，苏联国民经济各部门对高级专门人才数量和质量的要求不断提高。苏联政府为了使高等教育适应本国经济建设的要求，颁布了一系列文件和决议以推动高等教育的改革与发展。

为提高高等院校的教学质量，1932 年，联共（布）中央执行委员会颁布了《关于高等院校和中等学校教学大纲和教学制度的决定》，强调不可因扩大高等院校网和增加在校生数量，而忽视高等院校教学质量，提出要进一步巩固高等院校教学与生产的联系，有效发挥学生学习的主动性。

为了提高高等院校的生源质量，1932 年，联共（布）中央执行委员会规定，苏联政府决定从 1932 年开始废除十月革命胜利后制定的工农子弟免试入学的政策以及对高等院校报考者的阶级出身、社会关系等方面的限制，恢复高等院校的入学考试制度，强调凡报考高等院校者，无论其是否毕业于某一类型的中等学校，均须参加数学、语

---

① 戴本博、张法琨：《外国教育史》下，174 页，北京，人民教育出版社，1990。

文、物理、化学、社会学等科目的考试，由高等院校综合考生的考试成绩以及其他方面的表现，择优录取。苏联高等院校入学考试制度的恢复，极大地提高了高等院校生源质量，对苏联高等教育的改革与发展产生了积极影响。

为了有效地调动高等院校广大教师的积极性，苏联政府于 20 世纪 30 年代初决定恢复原来的学位和学衔制度，并根据苏联的实际确定设置博士和副博士学位，设置的学衔包括教授、副教授和助教(研究人员包括一级科学研究员和初级科学研究员)等。苏联政府在这一时期还颁布了《研究生院工作条例》，确定在学术研究条件优良的高等院校(特别是综合大学)和科研机构设立研究生院，培养高素质的研究生。

20 世纪 30 年代苏联高等院校学位、学衔制度的恢复和完善，以及具有苏联特色的研究生培养制度的确立，促进了苏联高级专门人才培养制度的进一步完善，为苏联高等院校教师队伍和科学研究人员的补充提供了有力的保障。

为了使苏联的高等教育更好地适应国民经济高速发展的新形势，苏联政府从 20 世纪 30 年代初进一步加大了对高等教育的投入，多次对高等院校的布局进行大力调整，并对高等院校的系科设置进行改组，特别是增设了国民经济建设急需的新型专门学院，并把这些新型的专门学院划归国民经济的各主管部门管理。

这一时期，在苏联政府强有力的指导下，苏联各地创设了一些高等函授学校和夜大学，并发布命令要求各高等院校大力发展多种形式的成人教育，着力提高苏联国民的科学文化素养，培养经济建设和社会发展急需的各类人才。到 1940—1941 学年，苏联国内创建了 17 所函授学校、8 所夜大学，383 所高等院校附设了夜校部和函授部，不脱产学习的学生达到了 253600 人。①

三、中等技术教育和中等专业教育的改革与发展

为了适应苏联 20 世纪 30 年代经济建设对专业技术人才的需要，苏联政府在大力发展中小学教育和高等教育的同时，还采取了一系列有力措施创办职业技术培训班，创设两年制培养技术工人的技术工人学校，以及四年制培养中等技术人才的中等专业学校。1927—1928 学年，中亚各加盟共和国和哈萨克共拥有中等专业学校 82 所，到 1940—1941 学年则猛增到 315 所；1914—1915 学年，阿塞拜疆、格鲁吉亚和亚美尼亚共和国共拥有 9 所中等专业学校，到 1940—1941 学年则已有 345 所中等专业学校和技术工人学校在培养专家。1929—1940 年，中等专业学校共培养了 1592000 名专家。②

20 世纪 30 年代苏联中等技术教育和中等专业教育的迅猛发展，为苏联经济建设输送了大量的技术工人和中等技术人才，缓解了苏联技术人才严重不足的状况，为这一时期苏联的经济发展做出了贡献。

---

① ［苏］B. П. 叶留金：《苏联高等学校》，张天恩、曲程、吴福生译，175 页，北京，教育科学出版社，1983。

② ［苏］B. П. 叶留金：《苏联高等学校》，张天恩、曲程、吴福生译，32～33 页，北京，教育科学出版社，1983。

四、师范教育的发展

为了适应苏联教育规模扩大和中小学教育改革的需要，苏联政府在20世纪30年代进一步加大了对师范教育的支持力度。1930年，联共（布）颁布《关于普及义务教育的决定》，提出要迅速增加师范学院、中等师范学校、专门师资训练班的数量，扩大师范教育规模。1932年，联共（布）中央又进一步要求教育人民委员部在扩大师范教育规模的同时，切实提高教师的政治思想觉悟，提升教师的教学能力，切实改善教师的生活待遇和工作条件。

20世纪30年代苏联已形成了较为完整的师范教育体系：三年制中等师范学校，招收七年制学校毕业生，主要培养初等学校教师；两年制师范专科学校，招收十年制学校毕业生，主要培养中学5～7年级的教师；四年制师范学院，招收十年制学校毕业生，主要培养中学8～10年级的教师。各类师范学校（院）设有日校部、夜校部和函授部。

为切实提高教师的教学能力，提高教师的社会地位，稳定教师队伍，这一时期还采取了一系列措施：凡未接受过七年制中等教育、中等师范教育或高等教育的中小学教师，均须在1939年前接受相应的教育；所有毕业于中等师范学校且适于从事教师工作的人获"小学教师"称号，所有毕业于师范学院或大学且适于从事教师工作的人获"中学教师"称号，在中小学担任教学、教育工作且成绩特别优秀者获"功勋教师"称号，只有拥有相应教师称号的人才可在中小学从事教学工作；实施严格的中小学教师和校长的任免制度。

苏联政府还在这一时期颁布法令，大幅度提高教师的工资待遇，实施教师任职资格制度和教师在职培训制度，进一步调动了教师的工作积极性，有效地满足了中小学教育改革和发展对合格教师的需求。据统计，1930年，苏联国内共有教师48.2万人，到1939—1940学年中小学教师人数达到了123.8万人。这一时期，苏联政府通过大力发展师范教育，着力提高教师的物质生活待遇，不断提高教师队伍的整体素质，满足了各级各类学校对师资数量和质量的要求，有力地促进了这一时期苏联各级各类教育的改革与发展。

20世纪30年代是苏联教育大调整和大改革的时期，也是苏联各级教育快速发展的黄金时期。这一时期，为了适应苏联经济建设快速发展对各级各类人才需求不断增加的新形势，在苏联政府强有力的领导下，苏联教育主管部门带领广大教育工作者系统地总结了十月革命胜利后苏联教育改革的经验与教训，重新重视发挥教育规律和优秀教育遗产的作用，大力强调教师、教科书和课堂教学在教育中的作用，恢复了高等院校入学考试制度和学衔、学位制度，对苏联的各级各类教育制度进行大规模改革，大力发展基础教育和高等教育，全力发展成人教育和中等专业教育。这一时期，苏联教育的调整和改革取得了巨大成就，奠定了社会主义苏联现代教育的基础，为苏联20世纪30年代的经济腾飞乃至后来赢得反法西斯战争的最后胜利，提供了强有力的人才支持和智力保障。

但这一时期苏联教育的调整和改革也存在着一些明显不足，如全盘否定资本主义国家的教育思潮，对国内儿童学和心理学发展实施了不适当的行政干预，对苏联教育科学发展和苏联教育改革实践产生了一定的消极影响。

第四节　20世纪前期苏联的教育思想

一、列宁的教育思想

列宁(Владимир Ильич Ленин，1870—1924)，苏维埃社会主义共和国联盟的缔造者，在领导苏联人民开展社会主义革命和社会主义建设的过程中，高度重视发挥文化教育的作用，并依据辩证唯物主义和历史唯物主义的观点，对教育的功能和作用、综合技术教育、教师等问题进行了全面系统的论述，对苏联教育改革产生了重大影响。

(一)论教育的作用和地位

列宁高度重视文化教育对经济建设和社会发展的促进作用，在他看来，沙皇俄国文化教育长期落后，广大劳动者缺乏科学文化知识是导致俄国经济发展水平不高、广大劳动阶层生活状况恶劣的重要原因。要改变这种落后面貌，就必须大力发展苏联的文化教育，大力培养社会主义的建设者和保卫者。他说："劳动者渴求知识，因为知识是他们获得胜利所必需的。十分之九的劳动群众都懂得：知识是他们争取解放的武器；他们遭到挫折就是因为没有受教育；现在要真正做到人人都能受到教育，全靠他们自己。"①

列宁认识到教育是一种社会现象，教育不可能脱离社会实际孤立地发展，社会主义国家必须在经济条件许可的情况下大力发展本国的教育事业，本国的文化教育必须为社会主义经济建设和社会进步服务。列宁主张：社会主义的学校不仅应当成为一般共产主义原则的传播者，而且应当从思想上、组织上、教育上实现无产阶级对劳动群众中的半无产阶级和非无产阶级的阶层的影响，并培养出实现共产主义的一代新人。

列宁关于教育作用与地位的论述，深刻地揭示了教育受社会政治经济制约，并要为社会政治经济发展服务的基本规律，为十月革命后苏联的教育改革与发展指明了方向。

(二)关于年青一代的全面发展教育

列宁认为苏维埃社会主义国家的教育就是要培养共产主义者，强调苏维埃社会主义国家教育的基本任务就是要通过社会主义教育，培养和造就接受过全面训练的、全面发展的人，即会做一切工作的人。

在列宁看来，未来的共产主义者应当具有良好的共产主义觉悟、高尚的道德修养和渊博的学识。他反复强调科学文化知识对共产主义事业的重要性，严厉地批判了那种认为只要背诵了共产主义口号，不用刻苦学习人类积累的科学文化知识就能成为共

---

① 《列宁全集》第三十五卷，78页，北京，人民出版社，1985。

产主义者的错误观点，强调必须用人类创造的全部知识财富来武装自己的人，才可能成为共产主义者。

列宁认为学校教育要培养出身心和谐发展的共产主义者，就必须对青少年学生实施全面和谐发展的教育，即德育、智育、体育、美育和综合技术教育。

为实施全面发展的教育，列宁还提出了教育工作所需遵循的基本原则。

1. 共产主义方向性原则

列宁强调共产主义道德是一种积极的精神力量，对社会主义国家的经济建设和社会发展具有重大的推动作用，因此他强调苏维埃社会主义国家的教育要确保其共产主义方向性，使其渗透于全面发展教育的全过程。

2. 理论与实践相结合的原则

列宁反复强调，要培养共产主义者，就要引导青年们批判性继承和掌握人类积累的科学文化知识，并且把这些知识与实际生活紧密地联系起来，成为知识渊博并善于利用所学知识来解决实际问题的人。他指出："学习、教育和训练如果只限于学校以内，而与沸腾的实际生活脱离，那我们是不会信赖的……共产主义青年团只有把自己的学习、教育和训练的每一步骤同参加全体劳动者反对剥削者的总斗争联系起来，才符合共产主义青年团的称号。"[1]

3. 教育与生产劳动相结合的原则

列宁继承和发展了马克思关于人的全面发展理论，认为教育与生产劳动相结合是培养身心全面和谐发展的新人的唯一途径，他说："没有年轻一代的教育和生产劳动的结合，未来社会的理想是不能想象的：无论是脱离生产劳动的教学和教育，或是没有同时进行教学和教育的生产劳动，都不能达到现代技术水平和科学知识现状所要求的高度。"[2]列宁主张苏维埃社会主义国家的学校教育必须与生产劳动紧密地结合起来，让青少年学生在接受义务的、免费的综合技术教育的过程中，获得身心的全面和谐发展，成为社会主义建设所需要的身心和谐发展的新人。

（三）教师工作

列宁高度重视教师工作，并根据苏联教育教学改革的具体实际，就教师问题发表了一系列重要讲话，为制定苏维埃社会主义国家教师队伍政策指明了方向。

列宁反复强调，教师担负着培养社会主义建设者和保卫者的重大任务，是办好社会主义学校的主要力量，是决定学校性质和教育质量的关键，在转变社会风气和促进社会进步方面发挥着重大作用。他认为人民教师要认识到自己在培养新人和转变社会风气过程中的重大责任，要主动加强自己的思想改造和业务学习，把自己的工作同苏联社会主义建设的任务密切地联系起来，为了祖国和人民的前途而努力地学习与忘我地工作。

列宁认为，要提高教师的思想道德觉悟和业务素养，不能简单地依靠行政命令的

---

① 上海师范大学教育系：《列宁论教育》，237页，北京，人民教育出版社，1979。
② 上海师范大学教育系：《列宁论教育》，18页，北京，人民教育出版社，1979。

方式，必须尊重教师的人格，改善教师的工作和生活条件，调动他们参与教育教学工作和社会变革的积极性，而最重要的是少说空话、大话和假话，为教师多办实事，切实提高教师的物质生活待遇。他说："应当把我国人民教师提高到从未有过的，在资产阶级社会里没有也不可能有的崇高的地位。这是用不着证明的真理。为此，就必须进行有步骤的、坚持不懈的工作，来提高他们的思想意识，使他们具有真正符合他们的崇高称号的各方面的素养，而最最重要的是提高他们的物质生活条件。"①

列宁在领导苏联人民进行社会主义革命和社会主义建设的过程中，高度重视教育工作，他在广泛继承前人教育遗产的基础上，运用马克思主义基本原理对苏联成立后教育教学改革面临的实际问题进行了全面分析，就苏联教育改革与发展提出了有价值的指导性意见，对苏联教育教学改革产生了重大影响。

二、克鲁普斯卡雅的教育理论

克鲁普斯卡雅(Н. К. КруппскаЯ，1869—1939)，苏联著名教育家，无产阶级革命实践活动家。1869 年，克鲁普斯卡雅出生在俄国圣彼得堡一个贵族知识分子家庭。14 岁时，父亲去世，此后，她与母亲相依为命，一边在中学学习，一边任家庭教师。后来，她考入圣彼得堡女子高等专科学校。在这里，她开始和一些有进步倾向的大学生接近，并第一次接触到马克思和恩格斯的著作。1895 年，克鲁普斯卡雅加入了列宁创办的"工人阶级解放斗争协会"。1896 年因参与工人罢工运动被沙皇政府逮捕，后被流放。在流放期间，她成为列宁最亲密的战友和助手。流放期满后，克鲁普斯卡雅侨居国外，积极参加革命工作，同时参观考察西欧部分国家的国民教育情况，阅读了许多西方教育家的著作，撰写了《国民教育与民主主义》一书。

1905 年，克鲁普斯卡雅随列宁回到圣彼得堡，任社会民主工党(布)秘书。十一月起义被镇压后，又随列宁侨居芬兰和瑞士。1917 年二月革命后，克鲁普斯卡雅返回彼得格勒，在党中央书记处任职，负责青年和妇女宣传工作。随后，被选入维堡区杜马主持文教局工作。十月革命胜利后，克鲁普斯卡雅在教育人民委员部担任领导工作。在此期间，她以极大的热情参加各类教育会议，以演讲、报告和撰写文章的方式积极宣传和贯彻苏共(布)党的政策、决议，阐明共产主义教育理论的一些重要问题。她主持过国家学术委员会教育科学组的工作，直接参与制定了各科教学大纲和有关学校组织问题的重要文件。她是苏共中央委员、苏联最高苏维埃主席团代表和委员、苏联科学院荣誉院士，并获教育科学博士学位。

(一)论学校性质和社会主义教育的根本任务

克鲁普斯卡雅首先揭示了学校的阶级实质。她指出，社会主义国家和工农政府从广大人民群众的利益出发，"应该彻底改变学校的阶级性质，应该使全体居民能进入各级学校学习，而且不仅在口头上说，还要实际去做"②。这就需要变革学校的性质与目的，也就是把单纯的读书学校改造成为设置一定劳动课的劳动学校，把为资产阶

① 上海师范大学教育系：《列宁论教育》，328 页，北京，人民教育出版社，1979。
② 《克鲁普斯卡雅教育文选》上卷，卫道治译，206 页，北京，人民教育出版社，1987。

级效力的学校教育改造为培养全面发展的人的学校教育。她指出，社会主义国家的"小学、中学和高等学校的目标一致：培养全面发展的人"①。全面发展的人，就是具有自觉的共产主义觉悟和组织本领，具有成熟的世界观，清楚地了解周围自然界和社会生活中发生的一切事情的人。这种人能从理论上认识并在实践中从事各种劳动（既有脑力劳动，又有体力劳动），能建设合理的、内容丰富多彩的而又愉快的个人和社会生活。正是从这个意义上出发，克鲁普斯卡雅一再强调，既要让学生很好地读书，更要让他们进行生产劳动。组织学生进行生产劳动，这是社会主义教育的特点，只有这种教育才是更有生命力的、更加深入的教育，才能培养出既能从事脑力劳动又能从事体力劳动的人。因此，克鲁普斯卡雅认为，培养全面发展的、既能从事脑力劳动又能从事体力劳动的人，正是社会主义学校的根本任务和重要标志。

（二）论集体主义教育

克鲁普斯卡雅非常重视集体主义教育，认为这是社会主义学校最重要的任务之一，是社会主义教育与资产阶级教育的根本区别。学校、少先队和共青团在青少年的德育工作中有着共同的目标。首先要使儿童明白自己是集体的一部分，是和集体紧密地联系在一起的。集体主义教育是与社会主义制度的特点相适应的。在苏联的学校中，集体主义教育是同人的全面发展和纪律教育联系在一起的。集体主义教育不是消除每一个人的个性，也不是否定每一个人的特点，而是要使每个儿童的个性得到充分的发展。她强调，应当在儿童年龄很小的时候就开始实施集体主义教育，以便形成儿童热爱集体、热爱同伴的情感和习惯。她认为集体生活开始得越早，儿童成长为全心全意献身于公共事业的真正共产主义者的可能性就越大。因此，及早为儿童创造和安排一些必要的集体生活是很必要的。

（三）论劳动教育和综合技术教育

克鲁普斯卡雅认为，社会主义学校不但应该向学生传授知识，而且必须使学生掌握生活和劳动的本领。因此，她强调社会主义学校应该是劳动的学校。她指出，从读书学校向劳动学校过渡是历史性的要求。在社会主义国家，必须使学校教育和劳动教育结合起来。学生在学校参加生产劳动具有重大的教育意义，可以使学生获得从事劳动和组织劳动工作的技巧，能够培养学生的坚韧、毅力、耐心，等等。劳动还可以让儿童检验个人的力量和能力，并全面发展自己的能力。除此之外，集体劳动还可以培养学生的其他宝贵品质，如珍惜时间、热爱劳动、团结互助等。劳动教育的实施，必须考虑学生的年龄特点及劳动能力，要避免让他们从事不能胜任的劳动。要使劳动既是有趣的，又是力所能及的，还是一种创造性的劳动，而不是一种机械式的劳动。在一所十年制的学校中，一、二年级学生的劳动应以游戏和自我服务为主；三、四年级学生的劳动应具有生产劳动的性质；五至七年级学生的劳动应安排在实习工厂中进行；八至十年级学生应与成人一起在工厂或农场劳动。

根据列宁关于综合技术教育问题的指示，克鲁普斯卡雅对综合技术教育做了进一

① 《克鲁普斯卡雅教育文选》上卷，卫道治译，206 页，北京，人民教育出版社，1987。

步研究。她认为,实施综合技术教育具有深远的意义:培养和发展学生全面的和广泛的技术兴趣;了解现代生产的技术原理;能够使儿童获得一种劳动素养,为将来的工作奠定基础。克鲁普斯卡雅认为,综合技术教育包含两个方面的含义:一是对社会各生产部门及其相互关系和联系的了解,二是对技术本身的理解。综合技术教育的内容不能仅仅局限在使学生获得一定的技能和技巧,而要求把生产劳动同科学知识联系起来。克鲁普斯卡雅进一步指出,综合技术教育要建立在大工业发展的基础上,且又不同于职业教育。其区别在于:综合技术教育的重点是使学生理解劳动过程,发展把理论和生产实践联系在一起的能力;而职业教育的重点是使学生掌握一些劳动技巧。

(四)论少先队的教育活动

克鲁普斯卡雅是苏联少先队运动的组织者,为发展少先队运动做了大量工作。她指出,少先队运动的根本任务是培养自觉的、积极的建设者和保卫者。1926年,她在苏联共青团第七届代表大会上为少先队工作指明了方向:帮助队员发展与一切劳动人民团结一致的情感,巩固少先队员之间的友谊;使每个队员成为为公共利益而工作的人;使队员善于团结一致地从事集体工作;教育队员努力学习,掌握知识。她还对辅导员提出了要求:应当善于学习,要做一个积极的群众活动家,要了解儿童并知道怎样组织他们。她建议共青团要严格选拔和认真培养辅导员;辅导员的工作必须与班主任和教师的工作密切结合起来,共同促进儿童的全面发展。

(五)论学前教育

克鲁普斯卡雅一直重视学前教育工作,并为建立苏联的学前教育体系做出了重大贡献。她把学前教育视为社会主义国家的事业,是国民教育体系中不可缺少的部分,认为这不仅关系到下一代的成长和教育问题,关系到社会主义、共产主义建设事业的成败问题,而且也与妇女解放、吸引妇女参与国家与社会建设有着密切联系。克鲁普斯卡雅领导开展了历史上从未有过的、大规模扩展学前教育网的工作。在她的领导下,教育人民委员部成立了学前教育处。她亲自指导该处的工作,还参加了许多学前教育的代表大会和有关会议。在她的指导下,各种幼儿教育工作的指导性文件相继制定,其中包括《幼儿园规程》《幼儿园教养员工作指南》。她还撰写了许多有关学前教育问题的文章,向广大人民群众宣传学前教育的重要性,鼓励群众积极开展学前教育事业,并对学前教育的内容和方法、德育、体育、智育、美育及有关游戏和玩具等问题提出了许多宝贵的建议。

(六)论学校教育和家庭教育的关系

克鲁普斯卡雅非常重视学校教育和家庭教育之间的密切联系。她指出,学校教育不能同家庭教育相隔离。1935年在全苏妇女代表大会上,她说,母爱是最伟大的。她向苏联的母亲们提出要求,要她们遵照共产主义思想来教育自己的孩子。她一直赞同妇女参加社会活动,因为积极参与社会活动的母亲们会使对孩子们的教育更加符合社会的要求。她指出,母亲对孩子的教育作用是巨大的,学校要帮助母亲确立正确的教育方向,把孩子教育成为社会主义事业的建设者、享受劳动快乐的人和为共产主义事业奋斗终身的人。只有让父母与学校紧密地联系起来,才能共同解决教育实践中出现的一系列问题。

克鲁普斯卡雅作为苏联无产阶级教育理论家和实践家，以马克思主义教育观为指导，创造性地开展了社会主义教育理论的研究工作和教育实践活动，对苏联社会主义教育理论建设和教育事业发展做出了重大贡献。

三、马卡连柯的教育思想

安·谢·马卡连柯（Антон Семёнович Макаренко，1888—1939），苏联早期著名的教育实践活动家和教育理论家。出生于一个铁路工人家庭。1905 年毕业于波尔塔瓦省克列缅丘格市市立初等学校附设的一年制师资训练班，后出任一所铁路学校教师。1914 年入波尔塔瓦师范专科学校学习，十月革命前夕毕业，任克留科夫高等小学校长。自 20 世纪 20 年代初开始，受波尔塔瓦省国民教育厅的委托，负责组织和领导少年违法者工学团（后更名为"高尔基工学团"）的工作。在其不懈努力下，高尔基工学团发展成为一个模范教育机构，数百名违法儿童成长为"真正的苏维埃人"。

1928 年，马卡连柯调入一所流浪儿童教育机构——捷尔任斯基公社，并承担领导工作。马卡连柯总结吸取在高尔基工学团的教育经验，全身心投入流浪儿童的改造与教育工作，最终把捷尔任斯基公社发展成为远近闻名的教育机构。马卡连柯在长期的面向流浪儿童和违法青少年的教育工作生涯中，把 3000 多名流浪儿童和违法青少年中的绝大多数人培养成为苏维埃国家的建设者和保卫者。

1935 年后，马卡连柯的工作重点转向教育理论研究工作。他先后出版了《教育诗篇》（1925—1935 年）、《塔上旗》（1936—1938 年）和《父母必读》（1937 年）等教育著作，这些著作集中体现了马卡连柯的教育思想。

（一）论教育的作用、目的与任务

马卡连柯认为，社会环境和教育在个体的身心发展中发挥着重大作用，任何出生后没有重大疾病的儿童，虽然彼此在遗传素质等方面存在着一些差异，但这些差异并不是很大，他们都拥有巨大的发展潜力，只要为他们提供良好的成长环境和教育，他们都会在身心各方面获得积极的发展，成为有用之才。

马卡连柯提出，儿童和青少年存在的各种问题，并不是由他们的遗传素质导致的，而是因他们所处的文化教育环境不佳，因他们没有受到适当的教育而造成的。他说："我深信，男女孩子们所以成为违法者或'不正常的人'，都是由于受了'违法的'和'不正常的'教育的缘故。正常的教育、积极的教育和具有一定目的的教育，能很快地使儿童集体变成完全正常的集体。任何天生的犯过失的人，任何天生的不良性格，是绝对没有的。在我个人的亲身经验中，这种道理的确凿性，到达了百分之百。"[1]因此，他反复强调要促进个体身心的健康发展，帮助他们改变原有的个性，就要为他们创造良好的社会文化环境，让他们接受到合适的教育。

马卡连柯认为学生是具有主动性的人，他们不仅是教师教育的对象，而且还是教

---

① ［苏联］安·谢·马卡连柯：《论共产主义教育》，刘长松、杨慕之译，254 页，北京，人民教育出版社，1981。

育的主体，在确定教育目的和任务的时候，一定要考虑到学生的具体特点和不同需求。他又认为，教育学生的工作并不能仅仅局限于学校课堂之内，而需要和社会上的各个方面紧密地联系在一起，脱离社会的具体需求来谈论学校教育的目的、任务是行不通的。因此，他强调教育工作者在确定教育的目的和任务时，既要考虑到现实社会的具体需求，又要考虑到学生的具体需求，要把二者有机辩证地结合起来。

根据马克思列宁主义关于人的全面发展理论和苏联社会主义社会的具体实际，马卡连柯提出社会主义教育的目的和任务就是要培养身心和谐发展的、有个性有文化的社会主义建设者，认为他们必须是忠诚于社会主义祖国的爱国者、有文化有教养的人，有自尊心、有责任感和荣誉感、守纪律、朝气蓬勃、活泼愉快且善于创新的人。

马卡连柯认为，要把青少年学生培养成为身心和谐发展的社会主义新人，就必须对他们实施全面发展的教育，即德育、智育、体育、美育和劳动教育。全面发展教育的各个组成部分紧密相连、互相促进，因而要树立综合教育观，通过科学文化知识与生产劳动的结合，把德育、智育、体育、美育和劳动教育有机地联系起来，全面地促进学生身心的和谐发展。

马卡连柯在长期的教育实践中对德育理论进行了创造性研究，总结了广大教育工作者的教育经验，提出了一些颇具创新价值的改进学生德育工作的建议，如把集体主义教育、纪律教育和劳动教育作为学校德育的主要内容，德育要遵循严格要求与尊重信任相结合原则、平行教育原则(通过集体、在集体中和为了集体的原则)、发扬积极因素与克服消极因素的原则、教育影响的一致性和连贯性原则等。

马卡连柯认为社会主义国家的教育就是要培养热爱劳动的劳动者，社会主义国家的学校教育忽视劳动是不可想象的。因此，他强调社会主义国家的学校教育一定要重视劳动教育，要把劳动教育作为学校教育的重要内容。但他又反复指出，仅仅让学生参加一定数量的劳动，而不引导学生体会到劳动的意义是无法发挥劳动的教育价值的。马卡连柯要求，必须引导学生利用已掌握的科学文化知识来解决现实中的劳动问题，即把教育教学与生产劳动通过科学技术知识有机地结合起来，最大限度地激发学生学习科学文化知识和解决劳动实践中的现实问题的热情，促进学生在劳动中获得身心的全面发展。

(二)论集体主义教育

1. 集体与集体主义教育的含义

马卡连柯非常重视发挥集体主义教育在个人成长过程中的作用，将集体主义教育视为培养苏维埃社会主义新人的重要手段。

马卡连柯认为，集体不是一群个别人的偶然集合，而是社会的结合，是社会主义社会的细胞。"集体并不等于一群人，而是一个有目的地组织起来进行活动的机构，是一个有活动能力的机构。"[①]具体来说，"集体是以社会主义的结合原则为基础的人

---

① 吴式颖等：《马卡连柯教育文集》上卷，133页，北京，人民教育出版社，2005。

与人互相接触的总体"①。在苏维埃共和国，社会主义集体还具有自身独特的性质：集体不仅是用共同的目的和在共同的劳动中把人们团结起来，而且要在劳动的共同组织中把人们团结起来；集体是苏维埃社会的一部分，同一切其他的集体有机地联系着；达到集体的目的，集体的共同劳动、义务和荣誉，不能够成为个人偶然任性妄为的表现；苏维埃集体是站在全世界劳动人民统一的原则性立场上的。②

马卡连柯认为，在苏维埃社会中，个人都生活在集体之中，只有在参与集体生产和生活的过程中，个人的价值和才能才能得到应有的体现和发挥。

苏维埃的教育任务即在于培养集体主义者，这一教育任务只有遵循在集体中、通过集体和为了集体的基本原则，通过集体主义教育才能完成。只有在集体中，个人才能唤醒自身强大的发展力量，自觉接受集体规范的约束，逐步形成集体主义者的思想、观念和行为习惯。

2. 平行教育

在学生集体的培养上，马卡连柯认为正确的教育方式是实施"平行教育"，即以集体为教育对象，通过集体来教育人。在教育单独的个人的时候，我们应当想到的是整个集体的教育。在具体实施中，教育者尽可能不与个别学生建立联系，而只与集体建立联系，使每个学生在参与集体共同活动的过程中接受集体的教育影响。在此过程中，教育者对集体和集体中每一个成员的影响同时进行，彼此平行。"每当我们给个人一种影响的时候，这影响必定同时应当是给集体的一种影响。相反地，每当我们涉及集体的时候，同时也应当成为对于组成集体的每一个个人的教育。"③

3. 前景教育

马卡连柯认为，富有生命力的集体是在不断为实现美好前景而向前发展和前进的过程中形成的。因而，在创建集体以及发挥集体教育影响的过程中，必须贯彻实施"前景教育"原则，即为学生描绘出美好前景，为学生布置须经过努力才可能完成的教育任务，为学生提出经过刻苦学习才能够实现的学习目标。应该鼓励学生集体和集体中的每一位成员在不断完成任务和实现阶段性学习目标的过程中，唤醒自身的责任感和使命感，不断为实现美好的光明前景而努力学习和不懈奋斗。

4. 纪律教育

马卡连柯在创建良好集体以及发挥集体教育功能的过程中，还十分重视发挥纪律教育的作用。纪律既是实现集体教育目的的有效方式，也是富有生命力的集体的外部表现，更是组成集体的个人实现充分发展的重要保障。

社会主义社会的纪律是自觉的纪律，是个人基于对社会主义集体目标的高度认同而自觉遵守相关制度与规则的结果。不应把纪律仅仅视为教育的手段，纪律应当首先是一种教育的结果，然后才能成为一种教育的手段。"纪律是教育过程的结果，首先

---

① 吴式颖等：《马卡连柯教育文集》上卷，19 页，北京，人民教育出版社，2005。
② 吴式颖等：《马卡连柯教育文集》上卷，81～82 页，北京，人民教育出版社，2005。
③ 吴式颖等：《马卡连柯教育文集》上卷，81 页，北京，人民教育出版社，2005。

是学生集体表现在一切生活领域——生产、日常生活、学校、文化等领域——中的努力的结果。"①

在学校的纪律教育实践中，奖励和惩罚手段的适当运用可以强化纪律教育的成效。若奖励适当，则可增强学生自信，调动学生学习和发展的积极性；若惩罚合理，则可增强学生责任感，提高学生抵御错误和诱惑的自觉性。

(三)论家庭教育

马卡连柯认为家庭是社会的细胞，家庭教育在促进学生身心和谐全面发展的过程中具有不可替代的作用。马卡连柯就如何实施家庭教育提出了一系列建议。

1. 家庭教育要及早进行

马卡连柯认为，儿童自出生之日起即在接受家庭教育，要提高家庭教育的效果，不能等到儿童成长到一定年龄的时候再进行有目的的家庭教育，家庭教育要及早进行。他说："儿童将成为怎样的一个人，主要地决定于你们在他五岁以前把他造就成一种什么样子。假如你们在五岁以前没有按照需要的那样去进行教育，那么，以后就得去进行再教育。"②

2. 家庭教育环境要融洽和谐

马卡连柯认为儿童出生后很长的时间内是在家庭环境中度过的，家庭教育环境、家庭成员之间的关系对儿童的成长具有潜移默化的影响。家庭集体的完整和团结一致是实施良好教育的一个基本条件。要提高家庭教育的效果，家庭成员就要注意提高自身的文化修养，处处为他人着想，建立融洽和谐的家庭成员关系，注意为儿童创设温馨和谐的家庭教育环境，使儿童在其中能感受到温暖和关怀，产生使自身变得更好的意愿。

3. 家庭教育要从细节着手

马卡连柯认为儿童在家庭中会表现出最真实、最轻松的状态，因此他们各方面的问题在生活的细节中也都易于暴露，而这正是家庭成员对他们进行家庭教育的最佳时机。家庭成员要注意为孩子树立良好的榜样，在穿衣、说话、吃饭等生活细节上对他们进行细致耐心的教育。"最好的教育组织工作是不忽略细节与小事的。"③

4. 尊重信任与严格要求相结合

马卡连柯反复强调，家长要尊重自己的孩子，不能伤害他们的自尊心，但又不能溺爱孩子，要把尊重信任孩子与严格要求孩子和谐有机地统一起来。他说："如果有人问我，怎样以简单的公式概括我的教育经验的本质时，我就回答说：要尽量多地要求一个人，也要尽可能地尊重一个人。"④

(四)论教师

马卡连柯高度重视发挥教师在教育过程中的重大作用，认为教师自身的行为在教

---

① 吴式颖等：《马卡连柯教育文集》上卷，271 页，北京，人民教育出版社，2005。
② 吴式颖等：《马卡连柯教育文集》下卷，566 页，北京，人民教育出版社，2005。
③ 吴式颖等：《马卡连柯教育文集》下卷，488 页，北京，人民教育出版社，2005。
④ 吴式颖等：《马卡连柯教育文集》下卷，402 页，北京，人民教育出版社，2005。

育上具有决定性的意义。他认为，教师要在教育教学过程中有效地发挥作用，赢得学生的尊重与爱戴，关键在于教师要热爱学生，有高度的文化修养和熟练的业务素质，有真才实学，有较高的教学艺术和教学能力，能够真正赢得学生的信任、尊重与效仿。

马卡连柯坚持以马克思列宁主义哲学认识论为指导，在广泛继承人类优秀教育理论成果的基础上，对社会主义教育的目标与任务、内容与方法、教育教学原则、教师等问题进行了深入研究，形成了尊重学生人格、注重学生综合素质培养的教育思想，对苏联教育教学改革产生了重大影响。

小结

十月革命胜利后，苏联在积极开展社会主义改革和经济建设的同时，极富创造性地通过苏俄时期改造旧教育、20 世纪 20 年代探索新教育、30 年代实施教育调整，最终建立起独特的苏联社会主义学校教育体系，为苏联社会发展和经济建设培养出一大批具有高度的社会主义觉悟、有文化的建设者和劳动者。列宁、克鲁普斯卡雅和马卡连柯的教育思想，既是对这一时期苏联教育改革实践进行理论总结的结果，也指导并促进了苏联教育改革事业的发展。

思考题：

1. 试述苏俄时期至 20 世纪 30 年代苏联教育改革的历史进程，并归纳总结其经验与教训。

2. 列宁教育思想述评。

3. 马卡连柯教育思想述评。

4. 克鲁普斯卡雅教育思想述评。

参考文献：

1. 顾明远 . 战后苏联教育研究 . 南昌：江西教育出版社，1991.

2. 瞿葆奎 . 教育学文集·苏联教育改革：上册 . 北京：人民教育出版社，1993.

3. 田本娜 . 外国教学思想史 . 北京：人民教育出版社，1994.

4. 滕大春 . 外国教育通史 . 济南：山东教育出版社，2005.

5. 吴式颖 . 外国现代教育史 . 北京：人民教育出版社，1997.

第二十章　第二次世界大战后欧美主要国家和日本的教育

内容提要

第二次世界大战结束后，和平与发展成为世界新的主题。国际范围的竞争依然存在，但已不再以军事和武力对抗为主，而代之以经济、科技、军事等领域实力的竞争。与此相适应，美国、英国、法国、德国和日本在第二次世界大战后都开展了大规模的教育改革，而且改革的周期越来越短，几乎每 10 年就酝酿实施一次大规模的教育改革。这些改革涉及教育管理体制、学校教育制度、课程设置、教学内容与教学方法、考试制度等方面，使现代教育发生了日新月异的变化，较好地适应并促进了美国、英国、法国、德国和日本社会经济、政治与科学技术的发展。

学习目标

结合第二次世界大战后美国、英国、法国、德国和日本政治、经济、文化、教育发展的特点，认识美国、英国、法国、德国和日本教育改革的主要历程，理解现代教育改革与发展的特点与趋势。

核心概念

《国防教育法》；生计教育；"返回基础"教育；《巴特勒教育法》；《1988 年教育改革法》；《郎之万-瓦龙方案》；《高等教育方向指导法》；《哈比改革》；《总纲计划》；《汉堡协定》；《教育结构计划》；《高等学校总纲法》；《教育基本法》；《学校教育法》；临时教育审议会

第一节　美国教育

在第二次世界大战中，美国虽然是参战国，但战场不在美国本土，战争给美国带来的损失较英、法等国家而言要小得多。不仅如此，美国还借助于战争赢得巨大的经济利益，使本国的经济实力远远超过其他任何国家。同时，美国开始与社会主义国家苏联展开激烈竞争，两个超级大国之间的"冷战"不断升级，对两个国家乃至东西方各国的教育发展产生了重要影响。为了维护自己的世界霸主地位，美国在第二次世界大战后进行了一系列教育改革。

一、1958 年的《国防教育法》

1957 年苏联发射了第一颗人造地球卫星，使美国认识到自己在培养人才和发展尖端科技方面的落后状态。

1958 年，美国总统通过了《国防教育法》。该法案共 10 章，主要内容包括以下方面。①加强普通学校的自然科学、数学和现代外语（即"新三艺"）的教学。法案要求更新自然科学、数学和现代外语学科的教学内容，提高教学水平。设置理科实验室，建立外语教学中心，加强视听电化教学设备配置，并在公立中等学校加强学生指导、辅导和测验工作。②加强职业教育。法案要求各地区设立职业教育领导机构和开办职业训练机构，有计划地为青年提供职业训练，并将其培养成为专门技术人才和熟练工人。③强调"天才教育"。法案要求通过测验、咨询等手段发现和鉴定具有卓越才能的天才儿童，使他们在接受中等教育后升入学院和大学，并提供专项奖学金和奖研金。④增拨大量教育经费，作为对各级学校的财政援助。法案规定从 1959 年到 1962 年联邦政府每年拨款 8 亿多美元资助各级学校教育事业发展。

1964 年和 1968 年，美国国会两次修改《国防教育法》，延长其有效期，扩大其应用范围。1982 年，美国国会再次讨论并补充了《国防教育法》，以应对来自日本、联邦德国等国家在科技、贸易及苏联在空间技术、战略武器等领域提出的挑战。

《国防教育法》的颁布是第二次世界大战后美国教育发展史上的一个重要里程碑，对第二次世界大战后美国教育发展与改革产生了重大影响。此前，受实用主义教育思想的影响，美国学校注重实用知识教育，重视教育与生活的联系。此后，美国对科学技术教育高度重视，教育经费投入力度日益加大，为培养美国科技人才发挥了巨大作用。

二、20 世纪 60 年代的教育改革

20 世纪 60 年代，美国以《国防教育法》的颁布为契机，从三个方面着手推行了大规模的教育改革：一是中小学的课程改革；二是继续解决教育机会不平等的问题；三是发展高等教育，提高高等教育质量。

在中小学课程内容和教育方法改革方面，1959 年，美国科学院组织召开了由 35位科学家与心理学家参加的会议，专门讨论普通学校数学、自然科学等学科的教学质量及其改革问题，心理学家布鲁纳担任大会主席，会议通过了由他起草的关于改革中小学课程的总结报告。会后，布鲁纳以"教育过程"为名发表了这篇报告。其主要内容为：①早期教育对于儿童发展至关重要，强调进行早期教育；②儿童具有极大的智力发展潜力，应逐级下放科学技术课程，增加教材知识的深度和难度；③强调课程和教材结构的重要性，要求按照知识的基本结构设计课程，并把反映各门学科现代发展水平的基本概念与基本原理纳入课程；④鼓励学生开展发现学习。

这次改革，开启了美国 20 世纪 60 年代的课程改革运动，但此次改革并没有达到预期目的，主要原因在于新教材由科学家所编写，他们虽然重视教材中科学知识的深度，但因缺乏中小学教学实践经验，所编教材深奥难懂，学生无法从教材中获得感兴趣的符合生活实际的知识内容，因而不愿学习。

1965 年，为了解决教育机会不平等问题，美国通过了《中小学教育法》，法案重申了黑人和白人合校教育的政策，制定了针对处境不利儿童的教育措施。法案的主要内容包括：①提出了中小学的教育目标，指出小学教育的目标是加强普通文化科学知识教育，为学生将来接受高一级教育奠定基础，中学教育的目标在于向学生传授各种科学知识，使学生掌握科学研究方法，以为高等学校输送合格生源做准备；②政府拨款推动合校工作，规定凡主动而认真实施合校工作的学校可以获得相应的补助经费。据统计，到 20 世纪 70 年代初，适龄儿童的入学率已近 99％。[①] 与此同时，中等教育普及的速度也逐步加快，入学率已达到 85％。[②] 1966 年和 1967 年，美国又对这一教育法令进行了修订，颁布了《中小学教育法》的修订案。

在高等教育方面，20 世纪 60 年代美国联邦政府先后颁布了一系列有关高等教育的法案，主要有 1963 年的《高等教育设施法》、1965 年的《高等教育法》、1968 年的《高等教育法修正案》。这些法案都强调大力培养科技人才，促进科技进步；增加高等教育拨款，改善和更新高等学校教学和科研设施；提高学生贷款和奖学金数额；推进高等学校教学改革，提高教学质量。这些法案的出台促进了美国高等教育的迅速发展。据统计，1959—1960 年，美国拥有各类高等教育机构 2004 所，学生 358 万人；

---

① 滕大春：《今日美国教育》，75 页，北京，人民教育出版社，1980。
② 吴式颖：《外国现代教育史》，434 页，北京，人民教育出版社，1997。

1969—1970 年，高等教育机构增加到 2483 所，学生 849 万人。1950 年，全国每万人中大学生为 152 人，1970 年提高到 427 人。[①] 可以说，20 世纪 50 年代末到 60 年代末是美国高等教育实现大规模扩张与发展的时期，有人甚至将其称为美国高等教育的"黄金时期"。

高等教育的改革也体现在高等教育结构的变化上。这一时期，初级学院发展迅猛。这种二年制的高等教育机构因收费低廉，修业年限较短，课程设置灵活，学生可就近入学，毕业后既可就业也可转入大学本科阶段继续学习等，受到了广大青年的欢迎。据统计，1960 年美国有初级学院 509 所，学生近 40 万人。到 1970 年，初级学院已增加到 1000 所，而且几乎完全改办为社区学院，学生近 200 万人，占高等教育机构在校生总数的 25％。[②] 初级学院的迅速发展使以大学本科教育为高等教育主体的结构和格局开始发生改变。

三、20 世纪 70 年代的教育改革

20 世纪 60 年代的中小学教育改革虽然取得了一定成效，但也存在很多失误，改革并没有达到预期目的，反而造成普通教育质量下降，特别是学生基础薄弱现象突出，引起了人们的普遍关注和忧虑。加之当时美国国内又出现了严重失业、社会动荡等社会问题，进入 20 世纪 70 年代后，美国再一次掀起了教育改革运动。这次教育改革主要围绕生计教育和"返回基础"教育两大主题展开。

（一）生计教育

1971 年，美国教育总署署长西德尼·马兰(S. P. Marland) 倡导实施"生计教育"。他提出，生计教育的实质是以职业教育和劳动教育为核心的适应社会发展的教育，实现普通教育和职业教育的结合，实际上是一种扩大了的职业教育。1974 年，美国国会通过了《生计教育法》，开始正式实施生计教育。当年，有 10 个州通过了《生计教育法》，全国 30％的学区在学校里正式实施了生计教育。[③]

生计教育实施的对象，包括幼儿园、中小学和高等院校的在校学生以及成人，其中，以中小学在校生为实施重点。在推行生计教育的实践中，主要采取了以下措施。①制订从幼儿园教育到中等学校及以上学校教育，直到成人继续教育的计划。②把 2 万种以上的不同职业归纳为 15 个职业群。1～6 年级的学生通过各种教学途径了解这些职业群，是为"职业了解和选择阶段"；7～10 年级的学生学习他们感兴趣的职业知识，是为"职业探索和学习阶段"；11～12 年级的学生选定其中的一种，详细了解某种职业知识与技能，是为"职业决定阶段"。③学校、家庭和企业各方建立有关的组织机构，促进三方在学生生计教育上的合作。④国家运用电视教学、函授教学等各种现代教学手段，实现职业教育与成人教育的融合。

---

① 滕大春、王桂、李明德：《外国教育通史》第六卷，99 页，济南，山东教育出版社，1994。
② 滕大春、王桂、李明德：《外国教育通史》第六卷，100 页，济南，山东教育出版社，1994。
③ 王桂、许明、诸惠芳等：《当代外国教育——教育改革的浪潮与趋势》，339 页，北京，人民教育出版社，1995。

生计教育实践是当时美国社会失业率较高,人们对就业问题忧心忡忡而在教育领域内的映射,难以从根本上解决美国的社会就业问题。

(二)"返回基础"教育运动

针对中小学校出现的基础知识教学和基本技能训练薄弱等方面的问题,在美国基础教育委员会的倡导和推动下,美国自1976年开展了"返回基础"教育运动。"返回基础"教育运动的主要内容包括:①在小学阶段,开展阅读、写作和算术等基本技能的教学,强调把大部分时间用于对这些基本技能的练习上;②在中学阶段,主要强调新三艺,即英语、自然科学和数学的教学;③关于教师的作用,要求教师在学校教育中发挥主导作用,取消学生的自主活动;④在教学方法上,强调运用练习、背诵、布置日常家庭作业、进行经常性测验等多种教学方法;⑤在考试制度上,使用传统的等第评分法,经常评定和填发成绩报告单;⑥严明学校纪律,允许使用体罚手段,并规定学生的服装和发型;⑦取消选修科目,增加必修课,停止讲授各种华而不实的课程(如泥塑、编织、吹笛等);⑧完全取消学校的"社会性服务"(包括性教育、安全驾驶教育等);⑨恢复爱国主义精神教育(包括爱上帝、爱乡土等)。

"返回基础"教育运动实际上是美国的一种恢复传统教育的运动,强调对学科知识的学习和严格管理,对提高美国中小学教育质量具有一定的意义,但仍有教育家对此持有异议,指责它过分赞赏传统教育。20世纪80年代以后,"返回基础"的呼声逐渐消沉。

四、20世纪八九十年代的教育改革

20世纪80年代,随着新技术革命的迅猛发展、人类知识的迅速增长,为适应国际经济与科技激烈竞争的需要,美国在20世纪八九十年代进行了新一轮的教育改革。

(一)《国家在危机中:教育改革势在必行》

20世纪80年代初期,美国中小学课程中增加了消费教育、环境教育、多元文化教育、反毒品教育、性教育和心理健康教育等内容。在一系列持续的教育改革中,教育质量问题始终是难点问题。1983年,美国中小学教育质量调查委员会发布了《国家在危机中:教育改革势在必行》的报告。联邦教育部将报告下发各州,要求各州依据报告开展教育改革。

报告详细列举了美国学校教育存在的缺陷,并就提高学校教育质量提出了改革建议,主要内容包括以下方面。①加强中学五门"新基础课"的教学,即4年英语、3年数学、3年自然科学、3年社会科学、半年计算机科学的教学。这五门课程构成现代课程的核心,被视为中学生毕业后取得成功的基础。报告建议安排更多的时间用于新基础课的学习。②提高教育标准和要求。把分数看作评判学生成绩的标准,要求小学、中学、大学都要对学生的成绩和品行采取更严格的和可测量的评判。③延长学习时间。要求更有效地利用现有的学日,延长学日或学年,把更多的时间用于学习新的基础训练科目。④提高教师的社会地位和待遇,改进师资培养,使未来的教师达到较高的教育标准。⑤各级政府应加强对教育改革的领导和实施,并提供必要的财政资助。联邦、州政府以及各级教育领导人员在教育改革中必须发挥决定性的领导作用。

《国家在危机中：教育改革势在必行》以提高美国教育质量为中心，是美国 20 世纪 80 年代中期实施教育改革的纲领性文件。虽然有人批评美国在重视教育质量的同时，又出现了忽视教学方法运用的灵活性、忽视学生情感培养等问题，但就总体而言，这份报告对美国教育改革产生了积极影响。

（二）《普及科学——美国 2061 计划》

20 世纪 80 年代中后期，美国教育为面向 21 世纪又提出了许多改革的设想。1985 年，美国促进科学协会邀请学科专家和教育工作者研究第二次世界大战后科学技术发展对教育的影响，总结了 20 世纪 80 年代以来美国教育改革的经验与教训，预测了科学与技术发展的趋势，在此基础上于 1989 年提出了《普及科学——美国 2061 计划》。计划包括总报告和五份专题报告，指出教育改革应以学科课程改革为重点，注重向学生传授学科前沿知识，将每个学生自幼儿园至高中毕业所要学习的知识浓缩为 12 大类，即科学的性质、数学、技术的性质、自然环境、生存环境、人类机体、人类社会、被改造了的世界、数学世界、历史观点、通用概念、思维习惯，使学生具有宽厚的基础知识和综合思维的能力。

《普及科学——美国 2061 计划》包含的五份专题报告——《生物科学与保健学》、《数学》、《自然科学、信息科学和工程学》、《社会科学和行为科学》和《技术》，则重点阐述了各门学科或科学之间的联系，强调在课程编制中纳入最新科学研究成果。

20 世纪 80 年代后期，美国政府又相继出台了多项教育政策，主要内容包括：提高学术水平，奖励学生努力学习，鼓励教师热心工作；加强职业教育和高等教育；兴办"磁石学校"等新型学校，所谓磁石学校，意谓这些学校要办出水平，极具吸引力，像磁石一样，把学生吸引到学校来学习，促进学校体系更新；关注困难儿童教育等。

（三）《美国 2000 年教育战略》

1991 年，美国发布《美国 2000 年教育战略》，提出了 2000 年美国教育的六项目标和四项战略。

六项目标分别是：①所有美国儿童都能做好学习的准备，入学时乐意学习；②提高高中生毕业率，至少达到 90%；③所有中小学生在核心学科上都能达到合格标准；④美国学生在自然科学方面和数学方面的学业成绩要在世界上名列前茅；⑤每一个成年人都能具备读写能力，掌握参与社会竞争和履行公民权利与责任所必需的技能；⑥所有美国学校都没有毒品和暴力，能够为学生提供健康有序的学习环境。

四项战略分别是：①为今日之学生，必须从根本上改进现有全部学校；②为明日之学生，要创建满足 21 世纪需要的新型学校——新一代美国学校；③为昨日之学生——那些已经离开学校、进入劳动者行列的人，应提供学习资源和机会，使美国变成"全民皆学之邦"；④为保证学校取得成功，要超越课堂，把眼光放到社区和家庭上，每个社区都要成为可以学习的地方。这份文件对 21 世纪美国教育改革起到了重要的指导作用，为美国教育发展提供了蓝图。

（四）《2000 年目标：美国教育法》

1994 年，为强化美国联邦政府和各州教育标准体系建设，美国总统签署了《2000

年目标：美国教育法》，组建成立了"国家教育标准和改进委员会"，确立了联邦和州级的教育内容标准、操作标准、学习机会标准和评价标准。法案要求各州教学计划须包含课程标准，即学习各门学科后应掌握哪些知识以及如何评价学生已掌握了相关知识。在法案的规范和指导下，美国各州制定了本州的课程标准，具体涉及英语、数学、科学、历史、地理和社会研究、艺术、公民教育、外语、社会研究、经济、健康与体育教育、生活技能、商业教育、公民与政治等学科课程。联邦与州级课程标准体系的确立，为构建高质量的教育与教学体系创造了条件。

(五)克林顿政府的教育改革目标

1997 年，美国总统克林顿发表《国情咨文》，提出建立世界一流的教育体系，培养国际一流人才，确保美国在 21 世纪的国际竞争中继续保持优势地位。

为实现上述目标，克林顿政府提出了美国教育改革的具体目标和行动纲领。教育改革的具体目标包括：每个 8 岁的儿童必须能阅读，每个 12 岁的儿童必须能上互联网，每个 18 岁的青年必须能上大学，每个成人必须坚持终身学习。具体的行动纲领包括：制定实施国家教育标准，标准须就学生的发展水平做出具体规定；推广教师许可证书制度，美国联邦政府增加财政预算，提升教师培养质量，落实"一流教师成就一流学校""一流教师培养一流学生"的教育理念；开展全国性阅读行动，确保美国学生在二年级结束前掌握阅读技能；加强早期教育；赋予家长为孩子选择合适公立学校学习的权利；发展继续教育；加强学校图书馆信息网络建设；等等。

五、21 世纪美国的教育改革

(一)《不让一个孩子落伍法》

为提升美国基础教育质量，确保所有就读于公立学校的儿童拥有安全的学习环境，能够在高素质教师的指导下学习科学知识、掌握科学技能，2001 年，美国布什总统签署了《不让一个孩子落伍法》。

《不让一个孩子落伍法》以强调问责结果、强调使用基于科学研究的教学方法、加强地方控制和提升地方自主权、听取家长意见为核心原则，要求各州每年对 3~8 年级学生开展学业测验，并将学生学业年度报告单交至家长，以此为家长对学校业绩、教师资格水平以及学生学业成绩实施评价的依据。各州要致力于缩小社会优势群体学生与弱势群体学生之间的差距，各学校要致力于提高所有学生的学业成绩。

《不让一个孩子落伍法》主要内容包括以下方面。①实施中小学责任制。各中小学负有使所有学生的数学、科学和阅读能力达到熟练水平的责任，各州须制定州级阅读和数学标准，所有学校教师须获得学士学位、持有教师资格证书并在所执教学科的教学中表现出较高的教学水平和职业素养。政府须为教师培训提供经费支持，学区应制订并实施面向数学与社会科学教师的暑期资助计划。②提升中小学教学质量，强化教学工作研究。实施有效的教学项目以提升教学质量，将教学工作建立在有效的科学研究基础上，政府须支持并资助各州与高等院校构建合作伙伴关系，共同提高中小学数学、科学等学科教学质量。③落实家长的选择权。各州与学区须向家长提供本州与本学区的学校和学区报告单，载明学校的教育教学质量信息，供家长为子女教育做出选择。④赋予地方更大的办学自主权。授权各州与学区在联邦教育资金使用上享有更大自主权和灵活性，学区无须申请和获得批准即可以自己认为合适的方式分配教育资金。

《不让一个孩子落伍法》通过制定和实施统一且严格的学业标准，强调教育问责和评价机制，一定程度上提升了美国中小学生的阅读、数学和科学素养，加强了学校、家庭与社区之间的联系，提高了地方政府与学区教育管理的主动性与积极性，也提升了学校管理自身教育事务的自主性和灵活性。

(二)美国高中教育改革

1. 高中"3A 计划"改革

为实现美国高中教育的个性化改革与发展，全美高中最后一年委员会相继发布了《高中最后一年错失的机会》(2000 年 6 月)和《拓宽我们的视野：不让一个高中生落伍》(2001 年 10 月)，着手实施美国高中"3A 计划"改革，即"提升学业成绩"(raise achievement)、"强化联系"(improve alignment)和"提供更多选择"(provide more alternatives)。

2005 年，美国州长协会在"全美高中教育峰会"发布了《改进美国高中行动计划》，主张重新设定美国高中的学业标准和毕业要求，培养高质量的高中教师和校长，以帮助学生提高学业达标率；选取教育领域和商业领域代表组建有效的 P-16 理事会，中学后教育系统和 K-12 教育系统合作构建课程和评估机制，高中和大学共同接受问责。

2008 年发布了《改进美国高中行动计划》的更新版，重申提高高中学业标准和毕业要求，提出高中学业标准应达到大学与企业的现实期望值，学业标准应就学生的团队精神、口头表达能力、阅读和写作能力等做出明确规定。

2. 推行 AP 课程计划

AP 课程全称为 Advance Placement，即大学先修课程。该计划始于 1955 年，主要为学有余力的高中生提供入门级大学课程，后发展为绝大部分高中生参与的富有挑战性的获取 3 分或更优成绩的课程类型。进入 21 世纪，越来越多的美国高中参与此项计划。据统计，2002—2003 年，全美 67％的公立高中推行 AP 课程计划，参与 AP 课程计划的学生数量达到 180 万人。

3. 加强科学教育

2011 年，美国国家研究理事会核准出版《K-12 科学教育框架：实践、跨学科概念和核心概念》，在整合科学教育与工程教育的基础上，制定了新的科学教育标准和发展框架。报告提出，在科学教育中要把理解科学概念和开展科学实践结合起来，注重培养学生的科学探究能力和科学欣赏能力，培育学生学习工程和科学知识的兴趣和意识。报告对"科学和工程实践"、"跨学科概念"和"学科核心概念"做出了详细说明。其中，"跨学科概念"是指可运用于所有科学与工程领域的通用概念，是解释科学与工程问题的通用工具；"学科核心概念"则是指构成各门学科的关键概念，可为研究或理解更复杂的概念和问题提供工具与支持，涉及物理科学、生物科学、地球和空间科学、工程、技术和科学应用等领域。报告详细列举了 K-12 教育阶段学生应掌握的具体学科核心概念。为推进美国科学教育实践，报告列出了八项"科学和工程实践"，具体包括提出与确定问题，建立与使用模型，设计和实施调查，分析和解释数据，运用数学与计算思维，构建(科学)解释和设计(工程)实施方案，开展基于证据的辩论，获取、评价和交流信息。

第二节　英国教育

第二次世界大战使英国经济发展蒙受巨大损失，综合国力明显下降。在第二次世界大战末期和结束后，英国统治者颁布了一系列教育改革法令，采取了许多教育改革措施，试图通过教育改革促进英国社会与经济发展。

一、1944年的《巴特勒教育法》

为了恢复和重建教育，1944年，英国政府通过了教育委员会主席巴特勒提出的教育改革法案，名为《巴特勒教育法》，又称《1944年教育法》。这一法案的中心内容在于调整教育领导体制和谋求初等教育与中等教育的衔接。其主要内容如下。①加强国家对教育的控制和领导，把自1899年建立以来只负监督责任的"教育委员会"改为"教育部"，统一领导和管理全国的教育事业。教育部设教育部部长，教育部部长除负责促进国民教育发展外，还负责监督与领导各地方的教育事业。②改变以往初等教育与中等教育互不衔接的双轨学制，规定把英国的普通教育学校体系改造成为连续的三个阶段的教育，即初等教育、中等教育和继续教育。年龄在11岁以上的青少年所接受的教育为中等教育，与初等教育衔接。③实施5～15岁的义务教育，地方教育当局应向义务教育超龄者提供全日制教育和业余教育。法案还就师范教育和高等教育改革提出了一些要求，并明确规定在学校中开展宗教教育。

在英国教育史上，《巴特勒教育法》是一部重要的教育法案，其颁布实施加强了国家对教育事务的控制和领导，奠定了英国现代教育的基础，基本形成了初等教育、中等教育和继续教育彼此衔接的现代英国国民教育制度，对第二次世界大战后英国教育事业发展产生了深远影响。

二、20世纪六七十年代教育的整顿与发展

(一)综合中学运动与中等教育结构改革

20世纪前期，英国形成了由文法学校、技术中学和现代中学组成的中等教育体系，这三类学校在英国中等教育发展中发挥过重要作用，特别是在第二次世界大战结束后，在中等教育机构严重不足的情况下，现代中学和文法学校的开办一定程度上满足了国民接受更多中等教育的要求。但这三类学校在教育质量、课程内容标准等方面存在很大差异，因此中等教育问题再次引发广泛的社会争议。

经济发展要求人们接受更加完全的中等教育，甚至更高层次的教育。特别是世界教育民主化潮流迫使统治阶级考虑实施一种更加民主的教育制度，使更多的人接受中等教育。1951年，英国工党提出了发展综合中学的计划，规定进入综合中学不再需要通过入学考试，凡已接受初等学校教育的11岁儿童均可进入。1964年工党执政后，再度把发展综合中学作为自己的政治策略。1965年工党政府发布《中等教育的结构》的

通告，要求按照综合中学的模式改组中等教育结构。20 世纪 50 年代前，综合中学的发展还比较缓慢。50 年代中期以后，由于工党的竭力提倡，一些地区逐步改组综合中学，1960 年综合中学达到 130 所，1965 年综合中学发展到 262 所。综合中学因取消了入学考试，又在表面上把三类中等学校合而为一，缓和了社会民众对等级学校的抵制情绪，因而在英国得到迅速发展。1975 年，综合中学学生人数在中学生总数中已达到 68.8％，1980 年达到 82.5％，1985 年达到 85.4％，1988 年达到 85.9％。① 综合中学发展成为英国中等教育的主要类型。但文法学校、现代中学、技术中学等学校类型并没有完全消失，私立学校仍有其特殊的地位。

（二）1963 的《罗宾斯报告》与高等教育的改革

为推动教育改革的深入开展，英国政府把 1963 年定为"教育改革运动年"。1963 年，以罗宾斯为主席的高等教育委员会发表了《罗宾斯报告》。该报告拟定了到 1980 年为止的英国高等教育发展规划。不同于以往此类报告，该报告探讨了英国高等教育如何为社会服务这一重大问题，在多达 178 条的报告建议中，最为著名的是被称为"罗宾斯原则"的建议，即应对所有在能力和成绩方面合格、愿意接受高等教育的人提供高等教育课程服务。这一原则为当时的英国政府和各派政治力量所接受，成为 20 世纪 60 年代英国高等教育改革的政策依据，极大地促进了英国高等教育的发展。报告发表同年，英国办起了广播大学，1971 年定名为开放大学。它运用电视、广播、函授与面授等方式，为成人提供本科和研究生层次的高等教育，为英国高等教育的发展注入了活力，并为许多国家所效法。

（三）《詹姆斯报告》与师范教育改革

1972 年，英国《詹姆斯报告》提出了一项综合性的教师职前教育和在职培训计划，运用"师资培训三段法"培养教师，即师资培训分为个人高等教育、职前教育专业训练和在职进修三个阶段。在《詹姆斯报告》的影响下，20 世纪 70 年代英国师范教育改革得以推进，1975 年，原"地区师资培训组织"被撤销，师范院校发展成为"公共"高等教育机构，政府加强了对师范教育的宏观调控。师范教育体制逐步实现了由"定向与非定向相结合"向"非定向"的转变。20 世纪 80 年代初期，英国专门的教师培养机构已不存在，师范教育作为一个专业并入综合大学教育系、多科技术学院和高等教育学院。

三、20 世纪 80 年代的教育改革

20 世纪 80 年代，英国教育改革频繁，焦点为高等教育和教育体制改革。

（一）《雷弗休姆报告》

为了重新思考和规划英国高等教育发展，英国高等教育研究会在雷弗休姆基金会的赞助下，委托兰卡斯特大学教育规划教授加勒斯·威廉斯主持，对英国高等教育发展进行了两年的调查研究。1981—1982 年举办了八次专题研讨会，发表了 10 份有关高等教育发展的专题报告。1983 年，威廉斯教授对这些报告又做了评述和总结。上述 11 份报告共同构成了 20 世纪 80 年代英国高等教育发展的《雷弗休姆报告》。报告主要

---

① 吴式颖：《外国现代教育史》，475 页，北京，人民教育出版社，1997。

内容：①采取灵活多样的方式，拓宽高等学校的入学途径；②调整高等教育课程内容和结构，适应社会职业多样化和知识综合化的需要；③改进高等教育管理，强化高等学校内部的专业化管理，提高教学质量和科研水平；④改革高校学生资助方式，以贷款和助学金相结合的方式取代原助学金资助方式。

针对当时教育发展存在的问题，《雷弗休姆报告》提出了20世纪80年代英国高等教育的改革对策，成为后来英国一系列高等教育发展报告和政府文件的序章，为酝酿中的英国高等教育改革揭开了序幕，对英国高等教育改革和发展产生了重大影响。

(二)《1988年教育改革法》

1988年，英国国会通过了教育大臣贝克(K. Baker)提交的教育改革法案提案，称为《1988年教育改革法》。法案重点关注普通中小学教育改革问题，同时涉及高等教育、职业技术教育、教育管理、教育经费等多方面问题。

《1988年教育改革法》主要内容包括以下方面。①设立全国统一课程。打破以往教育内容由地方教育当局和学校自主设立的传统，规定在5~16岁义务教育阶段开设核心课程、基础课程和附加课程三类课程。核心课程和基础课程合称为"国家课程"，为中小学必修课程。核心课程包括数学、英语和科学，基础课程包括历史、地理、工艺、音乐、艺术、体育和现代外语。②建立与课程相联系的考试制度。把义务教育阶段学生的学习分为四个阶段，规定在每一学习阶段结束或临近结束时对学生的每门科目实施评定。即学生要在7岁、11岁、14岁、16岁时参加全国性考试，以考试成绩为衡量学校教育质量的主要依据。③改革学校管理体制。打破中小学由地方教育当局管理的局面，规定原地方教育当局管理的所有中学及规模较大的小学，改为直接接受中央教育行政管理机构的指导。④加强家长选择学校和参与学校管理的权利。⑤建立新型的城市技术学校，为全部或来自学校所在地区已满11岁且未满19岁的学生提供教育。⑥废除英国高等教育"双重制"。规定多科技术学院和其他类型学院为"独立"机构，不再接受地方教育当局的管辖。英国高等教育"双重制"，是指英国将高等教育分为自治大学和公立高等学校两部分。前者有权授予学位，经费来自中央政府，实行自治，以全日制为主，承担教学、科研两项任务；后者无权授予学位，经费由地方提供，并由地方教育当局管理，以部分时间制为主，主要任务是教学。⑦成立"多科技术学院基金委员会"，负责多科技术学院发展规划制订和拨款事务。同时，成立"大学基金委员会"取代"大学拨款委员会"，负责分配大学经费，并向国务大臣提供咨询服务。

《1988年教育改革法》被视为英国1944年《巴特勒教育法》颁布后最重要的一部教育法案，其颁布与实施促进了英国中小学以及其他等级与类型教育事业的发展。

四、20世纪90年代的教育改革

20世纪90年代，英国教育改革继续推进。在基础教育领域，推进实施《1988年教育改革法》，推行国家课程；在高等教育领域，建立统一的高等教育管理体制，推进英国高等教育的大众化发展。

（一）基础教育改革

初等教育改革主要围绕实施"国家课程"展开，保守党与工党政府推行实施国家统一课程与统一考试制度，力争提高全国教育水准，强化中央政府对初等教育的影响，实施单一教育督导体制，逐步使初等教育发展呈现"共同化的水准"和"多样化的机构"两大特征。

中等教育改革主要围绕创设新型中等学校、推进管理体制改革、提升学校办学自主权以及推进中等教育均衡发展等展开。20 世纪 90 年代，为满足日趋多样化的中等教育需求，"直接拨款学校"、"城市技术学校"和"特色学校"等新型中等学校相继设立，加强了普通教育与职业教育的融通。《1988 年教育改革法》颁布实施后，英国教育部先后创设了"英国教育标准局"、"英国继续教育局拨款委员会"、"中小学教育局拨款委员会"、"中小学教学大纲与评价总局"和"教师培训局"等半官方机构，具体负责教育行政事务管理，既保持了英国政府不过多直接干预学校事务的传统，又确保了政府对学校事务的必要引领与参与。此外，教育部还致力于扩大学校的办学自主权，学校享有基建、教材与课程建设、教师聘任等方面的自主权。

为实现中小学教育的均衡发展，英国政府在《1998 年教育法》中提出推行"教育行动区"计划。所谓教育行动区，是指由 15～25 所学生学业成绩相对低下的城镇或乡村学校组合而成的一个区域性教育行动区，由私营工商企业、学校、家长和地方教育当局实施共同管理。每一个教育行动区向教育大臣提交一项 3～5 年的发展规划以供审核，获得批准后，即成为一个教育行动区。教育行动区除每年可获政府 25 万英镑的追加拨款外，还可在课程设置和教师聘任事务上享有自主权。

（二）高等教育改革

20 世纪 90 年代英国高等教育改革主要围绕《1992 年继续教育和高等教育法》和《学习社会中的高等教育》的发布而开展。

依据《1992 年继续教育和高等教育法》，英国多科技术学院更名为多科技术大学，与大学享有同等地位，并获得学位授予权；统一教育拨款机构，教学拨款与科研拨款分别实施；构建包括质量控制、质量评估和质量审查在内的高等教育质量保障体系。《1992 年继续教育和高等教育法》的颁布与实施，彻底终结了英国高等教育的"双重制"，构建了适应英国高等教育大众化需要的统一的高等教育体制。

1997 年发布的《学习社会中的高等教育》，系统总结了 20 世纪 60 年代以来英国高等教育所取得的成就，并从教育目的、模式、结构、规模、经费等方面探讨了未来英国高等教育发展的具体规划。报告被视为 20 世纪 60 年代以来对英国高等教育发展做出系统性反思和总结，并就未来英国高等教育发展做出战略性规划的教育文件。

五、21 世纪的教育改革

进入 21 世纪以来，在延续 20 世纪 90 年代相关教育改革的基础上，英国政府相继开展了高中课程改革、中等教育均衡发展改革和《国家科学教育课程标准》构建等教育改革。

(一)高中课程改革

英国高中课程设置与国家资格证书体系紧密相连。英国第六学级课程体系主要包括：高级水平普通教育证书(Advanced Level General Certificate of Education，A-Level)课程、高级拓展证书(Advanced Extension Awards，AEA)课程、国家通用职业资格证书(General National Vocational Qualification，GNVQ)课程、关键技能课程等。

高级水平普通教育证书课程是英国第六学级主要的学术性升学考试课程。该课程在2000年课程改革后由两部分构成：高级补充水平(Advanced Supplementary Level，AS Level)课程和A2课程(第六学级第二年的高级水平课程)。前者对学生学习要求较低，但要求学生至少选修4门课程。学生在第一年修完4门课程后参加考试可获得单独的高级补充水平证书。第二年的A2课程对学生要求较高，其考试后不发放单独的证书。两年的综合考核合格后，学生可获得高级水平普通教育证书。2000年，英国资格与课程局开列了72门可供第六学级学生选择的高级水平普通教育证书课程，涵盖了语言、科学、艺术、文学、体育、社会等多个学科领域。

高级拓展证书课程主要针对第六学级中学习能力强的学生开设。课程侧重学生对所选学科理解的深度和对所学学科知识的综合理解程度，注重培养学生的批判性思维能力和创新能力。高级拓展证书课程包括批判性思维、生物学、化学、经济学、数学、物理、英语、德语、西班牙语、宗教等。学生选择修习相关课程，若考试合格，可提高其成功申请大学的概率。

国家通用职业资格证书课程依照社会工作或就业分工领域组织课程，主要包括信息技术、科学、建筑、工程、制造、土地与环境、商业、艺术与设计、表演艺术与娱乐、健康与护理、媒体等。课程分为初、中、高三级，学生读完高级课程，成绩为良好以上，可申请自己心仪的大学。

关键技能课程专为适应社会发展和就业市场需求开设，着重培养学生的基本技能。2000年课程改革计划共提出六项关键技能：①交流(能够积极有效地进行商谈、阅读、写作)；②数字运用(在真实的生活环境中运用数学知识)；③信息技术；④合作；⑤提高自己的学习能力及成绩；⑥问题解决。

(二)"城市学校优异计划"与中等教育均衡发展改革

进入21世纪，英国政府为实现中等教育的均衡发展，继续推进和实施1999年3月启动的"城市学校优异计划"(Excellence in Cities，EIC)。

"城市学校优异计划"推行初期，25个地方教育当局和438所中学参加。2000年9月，新增23个地方教育当局和大约300所中学。2001年9月，另有10个地方教育当局和150多所中学加入。2006年4月，共有57个地方教育当局(个别进行了撤并)的1300多所中学和3600多所小学加入了"城市学校优异计划"。

在实际推行过程中，"城市学校优异计划"主要围绕六个方面展开。①学习辅导员计划，旨在帮助消除校内外影响学生有效学习的各种障碍，指导学校运用个性化的教学方法；确保每个学生开展高效学习；减轻教师压力，让他们有更多的时间和精力投入教学中。② 学习支持单元计划，旨在减少学生低劣的行为问题、以强凌弱现象和极端行为事件的出现和发生；确保为受排斥学生提供优质的教育条件，帮助他们重塑自我；减少无故缺席与逃学现象；改变家长和教师的行为观念；缩小不同群体间学生的行为差距。有关评估结果表明，该计划在学生行为改进和出勤计划中发挥着关键作用，参与该计划的学生在学业成绩、对学校的态度以及出勤率上得到明显改善。③城市学习中心计划，为学生学业达标提供支持，使用信息技术教学，为主办学校、周边学校及更广泛社区的学生提供学习最新信息技术的机会，为家庭学习创造条件，并为包括"天才计划"在内的其他计划提供支持。④天才计划，面向每所中学 5％～10％ 的天才学生实施，为进一步提高他们的学业标准而提供校外学习支持。⑤专门学校和示范学校计划。专门学校计划指出，任何中学都可在数学与计算、科学、工程、艺术、体育、语言、商业娱乐、技术、人文、音乐 10 个学科领域中，申请选择任何一个学科设立"专门学校"，努力形成学校发展特色，满足不同学生的个人兴趣和学习需求。示范学校计划则通过传播示范学校的有效实践，帮扶薄弱学校，缩小校际差距。⑥城市学校优异行动区计划，主要致力于提高行动区内薄弱学校的教育教学质量。

2004 年，英国教育标准局对实施"城市学校优异计划"的学校进行了评估，发现自 1999 年以来，参与"城市学校优异计划"的薄弱学校与普通学校的差距逐步缩小，学生成绩也得到显著提高。同时，不同学校之间、学校与地方教育当局之间以及其他组织之间的合作伙伴关系也得到强化。

2003 年，英国教育与技能部发布了《机会与卓越：14—19 岁青少年教育》白皮书。白皮书强调，中等教育应致力于满足所有青少年的需要和愿望，为他们提供适合其能力和兴趣的多样化选择，延长青少年的受教育年限；拓展青少年技能训练，拓宽其就业范围，弥补技能短缺；破除社会偏见，开辟多样化的职业发展道路；允许部分学习能力较强学生提前参加中等教育普通证书考试，为需要帮助的学生提供辅导服务。

（三）《国家科学教育课程标准》

2000 年，英国政府颁布实施了《国家科学教育课程标准》。该标准具体就英国科学课程、学习计划、教学要求和教学目标等做出了说明。

关于科学教育的价值，《国家科学教育课程标准》提出，科学教育的有效开展有助于促进学生精神、道德和文化层面的发展，使学生掌握数据处理和信息交流技能，提高学生的思维能力、专项技能、学习能力和可持续发展能力。

关于科学教育的实施原则，《国家科学教育课程标准》强调，科学教育的实施需遵循三项原则：为学生提供适当的学习挑战，满足学生多样化的学习需求，帮助学生克服在学习和评估实践中所遇到的困难。

关于科学教育的基本教学要求，《国家科学教育课程标准》主张，科学教育的基本教学要求是"为所有学生提供有效的学习机会"。

《国家科学教育课程标准》的颁布，为 21 世纪初期英国科学教育提供了专业指导和方向引导。

第三节　法国教育

第二次世界大战以后，法国为适应政治经济发展的需要，相继开展了多次大规模的教育改革，推进了法国现代教育事业的发展。

一、1947 年的《郎之万-瓦龙方案》

第二次世界大战给法国社会经济发展造成了严重损害，战后社会恢复与重建任务繁重，教育也同样面临着战后重建、延续战前学制改革和适应战后社会发展需要的紧迫任务。1947 年法国教育改革计划委员会在物理学家郎之万（P. Langevin，1872—1946）和儿童心理学家瓦龙（H. Wallon，1879—1962）所主持的调查研究的基础上，向议会提出了教育改革方案，即《郎之万-瓦龙方案》，主要内容如下。

第一，确立战后法国教育改革的六项基本准则。①社会公正：儿童不分出身、种族和社会地位，都享有平等的受教育机会。②一切工作与学科价值平等。③方向指导：为尊重与正确发展每个学生的才能，对在校学生首先进行一般方向指导，然后进行职业方向指导。④普通教育与专业教育相结合。⑤各级教育施行免费制。⑥加强师资培养，提高教师地位。

第二，实施 6～18 岁的免费义务教育，主要通过基础教育阶段、方向指导阶段和决定阶段进行。①基础教育阶段：面向 6～11 岁全体儿童，儿童在接受幼儿园教育的基础上，6 岁进入初等学校，接受共同的普通课程教育，直至 11 岁时结束。主要任务是使儿童掌握理解别人和取得别人理解的方法，获得有关自然和人类环境的基本知识。②方向指导阶段：面向 12～15 岁儿童，接受过普通初等教育的学生不经考试即可全部升入中等教育机构学习，所有学生学习同样的课程，教师在课堂教学的过程中观察学生的兴趣爱好、能力倾向，并对学生的发展方向予以指导。③决定阶段：主要面向 16～18 岁的青年，在四年指导性的中等教育阶段结束后，学生分别进入三年制学术型学校、技术型学校和艺徒制学校学习，主要学习学术性知识、职业技术知识与技能。18 岁时，免费义务教育结束。

第三，高等教育分为大学预科教育和高等教育两个阶段。大学预科教育为学生接受高等教育做好文化和专业方面的准备；高等教育向一切能够从中受益的人开放，招生根据考生的能力，而不是根据社会地位和财产状况。在义务教育第三阶段结束之后，学术型学校的毕业生可进入大学预科学习，然后可升入高等学校学习。

第四，教育实施注重学生特点，采取小组教学的方式，注重鼓励与培养学生的创造性和责任感。

第五，发挥教师在教育教学中的作用，确保教师培养质量，各级学校教师应由师范大学培养，为教师提供进修深造、更新知识的机会。

当时，由于刚从战乱中解脱出来的法国还不具备实现这些目标的条件，加之战后初期法国政局不够稳定，政府无暇顾及教育，《郎之万-瓦龙方案》未能付诸实施。但方案就法国教育改革所提出的一些建议，对法国后来的教育改革产生了重要的影响，它的提出成为法国现代教育史上的一个里程碑。受其影响，法国政府在此后的教育改革中开始大力扩充初等教育，同时推动部分优秀的初等学校升格为中学，促进了中等教育的普及化发展，基本上实现了初等教育和中等教育的衔接。

二、20 世纪五六十年代戴高乐政府的教育改革

为适应战后经济发展对人才培养的需要，并缓解法国教育领域中的诸种矛盾，戴高乐政府出台了一系列重要教育法令，对教育进行了一系列重大的改革。

（一）《教育改革法》

1959 年颁布了《教育改革法》，在吸收以往教育改革方案有益建议和条款内容的基础上，规定延长义务教育年限为十年，即 6～16 岁。十年义务教育分为三个阶段完成：①6～11 岁为五年基础教育，即初等教育，所有儿童学习相同的基础知识和技能；②11～13 岁为中学的最初两年，为"观察期"，所有学生学习同样课程，教师观察学生的能力倾向和爱好，并据此提供有关升学和就业方向的指导；③13～16 岁为义务教育的"完结期"，学生分别进入普通中等学校和各种技术学校学习。

《教育改革法》部分规定难以在实践中落实，且人们普遍认为两年的观察期教育为时过短，主张建立 4 年制普通初级中学。因而，1962 年，一种新型中等学校——市立初级中学出现，并在 20 世纪 70 年代成为法国中等学校体系中的有机组成部分。

（二）《国家与私立学校关系法》

1959 年通过了《国家与私立学校关系法》，法案规定政府以"简单契约"和"联合契约"两种方式补助私立学校，从而赢得了宗教界对政府的支持，调节了政府与宗教团体及个人在教育问题上的矛盾。"简单契约"，即要求私立学校在学制、教学时间、教师资格、学生人数、卫生条件等方面符合政府的要求，通过认可后，政府每年向学校拨款，支付教师工资，并帮助学校改善办学条件。"联合契约"，即私立学校采用公立学校的生活准则和教学大纲，并接受国家监督，政府不但支付教师的工资，而且提供教学设备、基建及维修费用，由国家按年限和学生人数支付。通过该项法令，国家运用财政手段加强了对包括教会学校在内的私立学校的管理。

（三）《高等教育方向指导法》

20 世纪 60 年代后期，法国高等教育在获得发展的同时，也暴露出一些矛盾，如高等教育管理权过分集中，课程内容更新迟缓，考试竞争日益激烈，难以很好适应现代社会发展的需要。高等教育发展迟缓及管理落后的状态引发了社会民众和大学师生的普遍不满。1968 年 5 月，以一场政治危机为导火线，巴黎的大学生掀起了大规模的游行示威运动，同时波及欧美及日本等一些国家和地区，这一运动被称为"五月风暴"。

"五月风暴"向政府和社会揭示了法国教育制度乃至整个社会体制的内在矛盾，促使法国政府不得不考虑改革法国的高等教育。当年，戴高乐总统批准了时任教育部部长富尔提交的《高等教育方向指导法》，又称《富尔法案》。法案明确规定了法国高等教育的性质、任务、办学原则、组织结构及教师队伍等。法案为法国高等教育改革与发展提出了三项重要原则。

自治性原则：按自治性原则重新建立新的大学教学与科研单位，教学活动、研究计划、教学方法、学生知识和能力的考查方法等大学事务均由大学自主决定。

参与性原则：在教育部部长及学区总长的领导下，教授、讲师和一般教员、职员和学生都可加入学校管理委员会，实行民主管理。吸收一定比例的校外人士参与大学管理，加强大学与社会的横向联系。

多科性原则：打破以往各学科相互阻隔、互不联系的状况，强化各学科联系，重新组合相近学科，创设新型课程，使大学更好地适应当代科学技术发展高度分化和综合的特点。

依据以上原则，戴高乐政府对法国大学体制和结构进行了调整和改组，并取得一定成效。不过，由于法国高等教育长期实施中央集权化管理，自治性、参与性和多科性原则的落实在法国高等教育实施过程中遭遇了不少困难，法国高等教育的矛盾并未得到较好解决。

三、20世纪70年代的教育改革

为了满足法国现代社会经济发展对各级各类专业与技术人才的需要，不断推进法国学校体制改革，1975年法国议会通过了《法国学校体制现代化建议》（又称《哈比改革》），就法国普通中小学教育管理体制、教育内容、教学方法等提出了具体改革建议。

《法国学校体制现代化建议》主要内容包括以下方面。①在教育管理体制上，建议学校成立各种组织（小学设家长委员会、教师委员会，二者还可联合成小学理事会；中学设中学理事会、班级教师小组、教学委员会），参与学校的行政管理和教育教学工作。②在教育内容上，适当减少语言和人文类课程教学时数，强调教育内容的"现代化"，增加数理、实验科学和技术教育方面的内容，加强教学内容与实际生活的联系。③在教学方法上，加强实验教学和直观教学，采用现代化教学手段，如使用录音机、照相机以及其他信息科学设备。实行"课时三分制"教学，即把教学内容分为工具课程（包括数学和法语）、启蒙课程（包括历史、地理、公民道德、自然科学、人文科学与工艺、艺术等）和体育课程三个部分。一般上午安排工具课程，下午安排启蒙课程和体育课程。

《法国学校体制现代化建议》还规定，建立一种完全统一的并向所有学生开放的综合性教育机构——综合中学。这是法国继统一小学以后，在教育民主化事业上又迈出的重要一步。

《法国学校体制现代化建议》代表了法国教育改革的正确方向，特别是在初中阶段，综合初中的设立使单轨制统一学校系统由小学延伸到初中，中小学课程改革措施也体现了教育现代化、科学化的尝试。但此次改革也引发了新的矛盾，招致社会民众的不满，部分教育改革要求及标准较高，难于在教育实践中实施。

四、20世纪80年代的教育改革

20世纪80年代以后，法国为适应参与日趋激烈的国际竞争的需要，注重提高国民文化素养，不断推进教育改革。

（一）初等教育

初等教育改革主要集中在课程内容和教学方法上。20 世纪六七十年代法国曾对小学课程结构和教学方法进行了一次较大的调整。在历经十多年的教育实践之后，一些弊端逐渐显露出来。比如，课时三分制教学计划的推行损害了学科知识的系统性，一些重要学科课程课时不足，导致小学生文化知识水平下降等。为解决相关问题，1985 年法国政府推行课程改革，宣布废止课时三分制教学计划，重新恢复传统的分科教学，以加强基础学科的教学。教育部公布了新的小学教学大纲，规定小学开设法语、数学、科学与技术、历史与地理、公民教育、艺术教育和体育课程。该大纲于 1985 年秋季开始实施。

1989 年，法国国会通过了时任教育部部长诺斯潘提交的《初等教育方向指导法》提案，这是继 1985 年初等教育课程改革之后实施的又一次重大教育改革。法案主要内容如下。①取消留级制度，实行弹性学制，规定 3 年为一个学业阶段，即 3～5 岁为准备学习阶段，5～8 岁为基础学习阶段，8～11 岁为巩固加深阶段。②改革课程设置，对小学的七门课程做出新的调整，把七门课程分为三组：第一组，法语、历史与地理、公民道德；第二组，数学、科学与技术；第三组，艺术、体育。此外，还为各组规定了每周最低和最高教学时数。③建立学科同质小组，规定可在同班或同年级范围内建立学科同质小组，允许某一学科的教学进度快些或慢些。④调整学习节奏，把全部教学时间分成 5 个"等时的学习周期"，每连续学习七周，可放假休息两周。⑤推进实施阅读计划，为阅读教学提出新的目标。⑥传授现代外语，在小学开设外语课。

（二）中等教育

20 世纪 70 年代《法国学校体制现代化建议》颁行之后，法国中等教育仍存在一些问题，如学业失败现象严重、教育机会不平等、教学内容偏难偏旧等。为解决上述问题，20 世纪 80 年代法国政府开展了新一轮的中等教育改革。1982 年，《为民主的初中而斗争》报告发布。报告提出：为实现初中教育的真正民主化，必须消灭由于过早对学生进行淘汰性选择而造成的学业失败现象，必须发展学生的自主能力和责任感，必须使初中教育更加适应社会的变化。此目标成为 20 世纪 80 年代法国初中教育改革的指导思想，报告所提出的许多建议在初中教育改革中被采纳。

1983 年，法国政府着手实施初中教育改革。改革内容主要包括：加强基础教育，促进教学内容和方法的现代化；提高教育质量，与学业失败作斗争；普及信息科学教育；加强中等职业技术教育；提高教师素质，加强教师队伍建设等。1985 年，法国教育部公布了新的初中教学大纲。

1983 年，巴黎第一大学教授普罗斯特（Antoine Prost）主持的高中教育工作委员会向政府提交了一份《21 世纪前夕的高中及其教育》的报告。报告认为，法国高中教育存在诸多弊端，如学生学业负担过重，教学课时偏多，过分强调数学课程学习，教学内容脱离实际，教学方法不够科学，缺乏对学生独立思考和实践能力的培养等。为解决这些问题，报告提出了 11 条改进建议，主要内容有：调整教学内容，修改教学大纲，加强各学科之间的协调，推进教学的多样化发展；改进教学方法，加强对学生的个别辅导与方向指导，鼓励教师采用灵活多样的教学方式，使教学更适合学生的需要；注重培养学生独立思考和灵活运用所学知识的能力。这一报告对法国高中教育的改革产生了积极的影响。

（三）高等教育

1984 年，法国颁布了时任教育部部长萨瓦里主持制定的《萨瓦里高等教育法》，以促进高等教育更好地适应法国政治、经济、科技和社会发展的要求。该法案坚持了 1968 年《高等教育方向指导法》的改革方向，重申了高等教育的自治性、参与性和多科性原则，进一步将高等教育现代化、职业化和民主化作为改革目标。《萨瓦里高等教育法》是《高等教育方向指导法》在 20 世纪 80 年代的扩展和深化，预示着法国高等教育的发展趋势。受法国政局变化影响，《萨瓦里高等教育法》的实施曾一度遭遇挫折。

1986 年，议会批准了时任教育部副部长德瓦凯起草的《高等教育改革法》，又称《德瓦凯法案》，试图以此取代《萨瓦里高等教育法》。《高等教育改革法》以"竞争、创造性和责任感"代替此前的"现代化、职业化与民主化"，规定大学可以自主确定招生标准，实行择优录取，提高注册费等。《高等教育改革法》一经提出，即遭到了强烈反对，其颁布被认为是法国高等教育职能和民主化进程的倒退。在强大压力下，法国政府不得不宣布撤销《高等教育改革法》，德瓦凯本被迫辞职。《萨瓦里高等教育法》得以继续执行。

这一时期法国政府就教育改革所做出的各项努力，尽管未能彻底解决教育领域内的各种问题，但毕竟适应了时代的潮流和要求，对教育发展起到了一定的促进作用。

五、20 世纪 90 年代的教育改革

20 世纪 90 年代，为应对法国国内社会政治、经济、科技发展的挑战，并服务于法国积极参与国际竞争的需要，法国政府推行了包括继续推进"教育优先区"计划、基础教育课程改革和落实《教育指导法》等在内的一系列教育改革。

（一）"教育优先区"计划

"教育优先区"计划最早实施于 1981 年，法国政府为克服学生学业失败，实现教育公平发展，挑选出若干学业失败率较高的城市或乡村区域作为"教育优先区"，依据"给予最匮乏者更多，特别是更好"原则，给予一定的教育政策扶持和倾斜。20 世纪 80 年代，"教育优先区"计划主要从政策补偿角度出发，强化社会条件不利地区的教育功能，降低社会因素对学生学业成绩的影响。1982 年，法国共设"教育优先区"363 个，涉及 8％的小学生和 10％的初中生。

20 世纪 90 年代初期，"教育优先区"计划主要强化相关补偿政策的落实问题，以促进学生特别是困难地区学生的学业成功为目标，积极落实相关政策，强化弱势地区的教育功能。加强学校之间的合作，开展教育评价，组织"教育优先区"内的学校撰写三年的"教育优先区"计划书，全面展示学校、学生和教学情况及需求，以获得相应资助。具体实施政策包括强化早期教育、实施个别教学、扩大校外活动、提升教师待遇和追加教育经费等。

（二）《教育指导法》

《教育指导法》颁布于 1989 年，指导了 20 世纪 90 年代法国的教育改革事业。法案主要内容包括：实施幼儿教育和小学教育一体化，创设新的教学组织形式——学习阶段，将 2～11 岁儿童的教育分为三个连续的学习阶段，每一学习阶段为 3 年。对每一学习阶段的学生实施同学科同水平分组教学。创设教师培训学院，统一开展教师职前和在职培训。教师培训学院学制 2 年，为公立教育机构，主要招收大学三年级且已获得学士学位的大学生。教师培训学院附属于一所或数所大学，大学在资金和人员上保证教师培训学院开展教师培训活动。组建国家课程委员会，全面推进基础教育课程改革。

为推进师范教育改革，法国政府除创设教师培训学院开展教师培训外，还注重提高中小学教师工资和津贴标准，为毕业于教师培训学院的新教师制定新的工资标准，普遍提升教师的社会地位和待遇，增强教师职业的吸引力，为教育改革的顺利推进提供高质量的教师队伍。

（三）《课程宪章》与基础教育课程改革

1990 年，法国成立了"国家课程委员会"，作为全国课程和教学大纲的编写机构。1992 年，该委员会公布了《课程宪章》。《课程宪章》指出，法国今后仍继续实施中央集权式的课程管理体制；课程编制以学生为中心，使全体学生具备较高的素质；推进学科体系的综合改革，推进小学到高中课程融为一体的纵向综合改革，开展各科知识融会贯通的横向综合改革等。

六、21 世纪的教育改革

（一）21 世纪教育改革与学校建设目标

为确保法国教育为法国社会各项事业发展培养各类合格人才，2003 年以时任法国总理让-皮埃尔·拉法兰为主席的"学校未来全国讨论委员会"成立。该委员会发布了《为了全体学生成功》的报告，提出未来法国教育改革的主要目标是：确保所有学生的成功，确保所有已接受义务教育的学生掌握必要的职业知识和行为准则，并为开展终身学习奠定基础。2005 年，法国议会颁布了《学校未来的导向与纲要法》，将未来法国学校教育改革与建设的目标确定为：建设更为公正、更被信任的学校，建设更有效率、更高质量的学校，建设更加开放的学校。

（二）"教育优先区"计划

21 世纪初期，法国"教育优先区"计划对公民就业基本能力及学习标准提出了更高的要求，并强调通过教学工作实现相应目标。同时将"教育优先区"内小学与中学的联系和合作延伸到学前教育阶段，并建设教育优先网络，其重点也转移到强化学生的学习上来，强调教学方式的选择应反映并满足学生的需求，为学习困难学生提供必要的帮助，对需要帮助的群体实施分类，分别提供相应的帮助和优先教育网络服务。

2010 年，法国在校园暴力频发的 105 所中学推行了名为"为了中学的雄心、创新与成功"计划。2011 年，该计划推广到小学实施。该计划赋予学校更多自主权，实施学监制度，拓展教学人员职能，强调为学生提供个性化的课程指导，加强学校与家长、社会合作伙伴之间的联系等。

2012年，法国政府推行了"重建共和国学校"的新政策，重新调整了教育优先区网络布局，提出了"重建学校教学"和"推广团队合作、反思及继续培训"两大原则。2014年推出了新的"教育优先区"划分图，将社会和学校发展状况较为不利且相似的地方合并为一个区域，将其中350个网络特困区列为"强化优先教育网络区"。

(三)高中教育质量提升改革

1998年，法国教育部发布了《为了21世纪的高中》报告，提出："高中的任务就是让所有的学生，不论其社会出身，不论其获得成功的领域如何，在其教育专业中获得基本知识，并掌握进入国家和欧洲生活，更广义地说，进入人类历史所需要的批判能力和文化形式。"[1]

为提升高中学生的学业成绩，降低失败率，法国政府强调高中学生学业指导遵循"发展性"和"可逆性"原则，加强对高中一年级学生的"方向指导"，每周安排2小时用于学业和职业方向指导。后又将每周2小时的辅导制度推广到全部高中学生。

2010年，法国教育部发布了《面向2010年的新高中》，确定了法国高中教育改革的基本主题：更精准化定向、更个性化辅导、更多样化课程和学好外语。

关于"更精准化定向"。"定向"，一般是指法国初中毕业生需要在普通教育、技术教育和职业教育之间做出选择，初步确定自己的发展方向。高中一年级学生在升入高中二年级前要在文科、理科、经济与社会科之间选定自己的分科方向。为实现高中学生的"更精准化定向"，《面向2010年的新高中》强调要为学生提供"错选权"，即允许高中二年级学生重新选择学习方向，学校还会为重新定向的学生提供补习培训和过渡培训。

关于"更个性化辅导"。为确保所有高中学生取得学业成功，最大限度减少学业失败现象，《面向2010年的新高中》规定，针对每个高中学生的学业实际，每周安排2小时的辅导时间，辅导内容包括对学科内容、学习方法、学业计划和生涯发展规划的指导与辅导等。

关于"更多样化课程"。《面向2010年的新高中》提出在高中课程体系中强化课程多样化建设，提升共同科目的比重，建设"通识课程"、"补充课程"和"辅导课程"，各年级学生自主选课。"通识课程"主要引导学生顺利实现从初中向高中的过渡，为其日后深造奠定学业基础。"补充课程"主要引领学生接触新的学科领域。"辅导课程"着力体现适才教育理念，高中一年级辅导课一般通过课外兴趣小组、跨专业课题组、科技和艺术实践课的形式实施。

关于"学好外语"。为适应培养具有国际化视野、掌握国际竞争与交流技能人才的需要，《面向2010年的新高中》要求每个高中生至少掌握两门外语。

---

[1] 李其龙、张德伟：《普通高中教育发展国际比较研究》，151页，北京，教育科学出版社，2008。

第四节　联邦德国和统一后的德国教育

第二次世界大战结束后，德国一分为二，西部地区成立了德意志联邦共和国（又称联邦德国），东部地区成立了德意志民主共和国（又称民主德国）。联邦德国基本上沿袭了以前德国的教育制度。1990年，德国重新实现了统一，这一变迁对德国教育改革与发展产生了深远影响。

一、第二次世界大战后联邦德国教育的恢复和重建

战后初期，联邦德国教育面临的首要问题是在战争的废墟上重建学校教育。为实现战后教育恢复与重建，联邦德国采取了许多措施，一方面加强校舍与设备建设，另一方面因陋就简，在农村、山区创设简易的国民学校。1949年，学校数量出现了大幅度增加。同年颁布的《德意志联邦共和国基本法》规定，联邦政府对文化教育事务不享受专有立法权，并且依照美国的做法行事。为克服各州教育差别所造成的混乱及防止其对今后经济发展造成困难，各州州长于1955年在杜塞尔多夫签订了《关于统一学校教育事业的协定》，简称《杜塞尔多夫协定》，主要就各州各类学校的名称统一、学期长短、考试认可、分数等级等事项做出规定。根据协定，与基础学校相衔接的，达第十学级的学校被称为中间学校，达第十三学级的学校被称为完全中学，完全中学的毕业生均可升入大学。该协定为统一联邦德国的普通教育制度奠定了基础。

二、20世纪五六十年代的教育改革

20世纪50年代后期，联邦德国为了适应战后社会劳动分工对学校培养人才规格的不同要求，同时也受到苏联第一颗人造地球卫星升空的冲击，实施了战后的第一次教育改革。

（一）《改组和统一公立普通学校教育的总纲计划》

1958年，在联邦内务部和教育部部长常务会议倡议下，联邦德国教育委员会成立，其任务是协助联邦政府调查研究教育发展状况及其存在问题，以为促进教育事业发展提供咨询和建议。1959年，联邦德国教育委员会公布了《改组和统一公立普通学校教育的总纲计划》，简称《总纲计划》。

《总纲计划》主要探讨了如何改进普通初等教育和中等教育的问题。在初等教育阶段，所有儿童均应首先接受四年制的基础学校教育，然后再接受两年的促进阶段教育。在促进阶段的教育中，由教师根据学生各自不同的能力和兴趣，实施定向指导。在中等教育阶段，建议设置三类中学：主要学校，使学生掌握初步的文化知识和生产技能，并为接受职业教育做准备；实科中学，使学生熟悉科学知识及其在实际中的应用；高级中学，包括完全中学和学术中学。完全中学招收完成促进阶段教育的学生；学术中学则招收基础学校毕业生中具有特殊才能的学生。

《总纲计划》的颁布，适应了战后联邦德国社会经济发展的需求，对联邦德国的教育和社会发展起到了积极作用，但仍保留了德国传统的等级性。该计划的颁布也标志

着联邦德国全面教育改革的开始。

(二)《关于统一学校教育事业的修正协定》

1964年,联邦德国各州州长在汉堡签定了《关于统一学校教育事业的修正协定》,简称《汉堡协定》。这是联邦德国在新形势下为实现教育更好地适应现代工业社会的需要而采取的改革措施。《汉堡协定》规定如下。①联邦各州所有儿童均应接受9年制义务教育,义务教育阶段为全日制学校教育。基础学校教育为四年,是义务教育的第一阶段。基础学校学习期满后,学生进入两年的"观察期",在"观察期",经过指导和选择,确定进一步就读的中学类型。②中学包括主要学校、实科中学和完全中学三种类型。主要学校是层次最低的一类中学,学制3~4年,主要为社会普通家庭子弟开设,招收基础学校毕业后不能进入实科中学和完全中学的所有学生。实科中学学制6年,程度介于主要学校和完全中学之间,主要培养工、商业专业人才以及政府机关和企业职员。实科中学主要讲授实用学科,加强对学生的基本训练。实科中学毕业生一般可直接参加实际工作。完全中学学制7年,招生实施严格选拔,且收取高昂学费。只有有钱人家的子女才能到完全中学学习,从完全中学毕业的学生,一般都可以升入大学学习。

《汉堡协定》就联邦德国普通教育制度结构做了全面、详尽的规定,为统一联邦德国的学校教育制度和确立公立教育制度奠定了基础,并为20世纪70年代后开展进一步教育改革提供了必要条件。全国统一的教育制度建立后,联邦德国政府进一步加强了教育管理,1969年设立了教育和科学部,负责规划和协调各州教育事业发展。

三、20世纪七八十年代的教育改革

从20世纪70年代开始,联邦德国再次开展了全面的教育改革。

(一)《教育结构计划》

1970年颁行《教育结构计划》提出:①把整个学校教育分为初步教育、初等教育、中等教育、高等教育和继续教育五个阶段,对初等教育和中等教育结构做出较大调整,将学前教育列入学校教育系统,基础学校入学年龄由6岁提前至5岁,进一步延长义务教育年限。②在完全中学高年级实行必修课和选修课制度。③按不同层次组织实施师范教育。《教育结构计划》反映了联邦德国对早期教育和终身教育的重视。

1973年,联邦与州教育委员会制定了《综合教育计划》,重申了《教育结构计划》所提出的目标和构想,提出了一个为期15年的包括从初步教育直至继续教育领域的教育改革方案,对联邦德国的教育发展起到了重要作用。《综合教育计划》的实施,导致一种新的普通学校类型——综合中学的出现,打破了原主要学校、实科中学、完全中学不平等的等级划分,将三类学校合为一体。20世纪80年代,综合中学逐渐赢得与主要学校、实科中学、完全中学同等的地位。

(二)《高等学校总纲法》

1976年,联邦德国正式颁布了《高等学校总纲法》,这是第二次世界大战结束后联邦德国颁布的第一部高等教育法规。《高等学校总纲法》规定正规高等院校学制四年,并分别就大学任务、入学条件、学校组织和管理、学历认定等做出了具体规定。《高等学校总纲法》的基本精神是在保留传统大学民主自治的基础上，注重挖掘大学潜力，以适应参与新的国际竞争的需要。1985 年，联邦德国对《高等学校总纲法》进行了修订。①删除高等教育机构统一模式的有关内容，坚持高等院校多层次、多样化的办学原则。②赋予各高等院校在教学工作和接受企业委托从事科研方面享有更大的自主权。③鼓励各高等院校之间展开竞争，建设名牌大学。④强化高等院校教师责任，为学习成绩优异的学生举办研讨班，促进其特殊才能的发展。⑤加强教育实习与实践环节的教学与指导。

20 世纪 70 年代以后，联邦德国职业教育也有较大进展。1978 年，开始推行"职业基础教育年"计划，即在职业教育的第一年专门开展职业基础教育，学生学习某一职业领域的基本知识和技能，为以后接受特定职业训练奠定基础。此外，"双元制"发展成为联邦德国富有特色的职业教育模式，主要面向那些接受了九年义务教育之后不再继续接受高等教育的青年实施，安排他们一面在工厂企业培训中心接受实际职业技能训练，一面在职业学校学习职业理论知识。"双元制"职业教育模式培养了大批合格的技术工人，为联邦德国经济发展做出了重要贡献。

（三）20 世纪 80 年代的教育改革

初等教育和中等教育的改革主要包括：幼儿园与基础学校的衔接；加强初等学校与中等学校的外语、计算机和环境教育；普通教育和职业教育的融合改革；开展个别化教学，实现学生的个性化发展；加强对学习能力强、发展潜力大的学生的选拔和培养。

四、20 世纪 90 年代德国统一后的教育改革

1990 年，原德意志民主共和国以五个新联邦州的名义并入联邦德国，实现了自第二次世界大战以来德国的统一。统一后德国教育体制的改革遵循原联邦德国的模式逐步进行。

勃兰登堡等 5 州并入联邦德国后，即在各州进行了第一次议会选举，产生了各州新政府，并按照联邦德国的模式，相应成立了州一级教育行政机构——文化教育部。1991 年，各州先后颁布了临时教育法规，对义务教育、学制结构等问题做出了大致统一的规定。①关于义务教育，遵照《汉堡协定》，儿童入学年龄统一为 6 周岁，除勃兰登堡实行 10 年制全日制义务教育外，其余各州均实行 9 年制全日制义务教育。②在义务教育之后，实行通常为期 3 年的职业学校义务教育，直到职业训练结束或年满 18 周岁为止。③在学制结构上，采用原联邦德国的多轨制学校模式。主要学校、实科中学、完全中学和 20 世纪 70 年代以后出现的综合中学四种学校共存。稍有不同之处在于，主要学校在大多数州受到排斥，一些州排斥其作为一种独立学校而存在，个别州甚至完全取消了主要学校。主要学校遭受排斥的主要原因在于其声誉和地位的日趋下降。

伴随着学制的改革，5 州对中小学课程内容也进行了改革。主要内容包括：取消了明显涉及意识形态的军事教育和公民教育两门必修学科，代之以社会综合常识；在历史课上，暂时回避在政治上存有争议的问题；改变以俄语为首要必修外语和把英

语、法语限制在选修学科领域的规定，而把这三门外语作为必选课程开设，学生从5年级起可以在三门外语课程中任选一门学习。

五、21世纪德国教育改革与发展

(一)学前教育

继续推进学前教育改革，为有需要的家庭提供幼儿照管服务。2008年颁布的《儿童促进法》规定，如果父母双方都在工作、正在找工作或正在接受教育，那么其3岁以下的孩子有权要求获得日托服务；不论父母是否工作，其1岁以上、3岁以下的孩子均有权要求获得托儿所的照管服务。

为提高学前教育质量，2004年德国还颁布了《日托扩充法案》，要求为3岁以下儿童提供高质量的、基于需求且灵活的托幼服务，以进一步减轻父母的育儿负担。

(二)初等教育与中等教育

2003年，德国联邦政府和各州政府实施了"未来的教育和照管"项目。按照协定，联邦政府在2003—2009年向各州提供40亿欧元，用于建立或扩建全日制中小学及幼儿园。全国约有7000所学校获得该项资助。

为解决德国各地教育发展不均衡问题，并为评价各地区和各类学校教育质量提供可资对照的标准，2003年，德国文教部部长联席会议提出了适用于"中等学校毕业资格"(10年级)的国家教育标准。2004年10月，文教部部长联席会议公布了适用于小学教育(4年级)的国家教育标准，适用于"中等学校毕业资格"(9年级)的国家教育标准(包括德语、数学和第一外语3个科目)。2004年12月，文教部部长联席会议提出了适用于"中等学校毕业资格"其他3个科目(生物、化学、物理)的国家教育标准。

(三)高等教育

1999年，29国教育部部长在意大利签订了《博洛尼亚宣言》，提出在2010年建成欧洲高等教育区，提高欧洲高等教育系统的国际地位，推进欧洲高等教育一体化进程(简称"博洛尼亚进程")。《博洛尼亚宣言》所设定的具体目标包括：提高各国大学生毕业证书的可读性和可比性；建立以"本科"和"硕士"为基础的两级学位结构；引入学分制系统；提升高等院校教师、学生和研究人员的国际流动性；加强各国在高等教育质量保障领域的合作；参与高等院校的课程和项目设计，彰显"欧洲维度"。

截至2016年，参与"博洛尼亚进程"的国家已增至47个，范围已超过欧盟界限。大多数国家学生都在"本科—硕士—博士"三级学位结构体系下学习，绝大多数国家实施了欧洲学分转换系统，可为毕业生出具欧洲文凭附件，学生的国际流动性也大为增强。2019年，德国大学在读国际学生约32万名，约占德国大学生总数的11%。

为应对21世纪知识经济社会的挑战，满足更多学生接受高等教育的需求，2007年，德国联邦政府与16个州政府签署了《高等教育协定2020》，提出了德国高等教育发展的总目标：确保青年一代接受高等教育的机会，培养科学研究后备人才，提升国家创新力。为实现这一目标，《高等教育协定2020》做出如下规定。①增加高等院校的学习位置，满足更多高中毕业生接受高等教育的需求。②资助高等院校的高水平科研

项目。2011—2015 年，为进一步增加高等院校的学习位置，大学新生资助额度由
22000 欧元增加到 26000 欧元。

第五节　日本教育

第二次世界大战结束后，日本学校教育完全崩溃。在美国的控制与主导下，日本
政府开始推行政治、经济、军事与教育等各领域的改革，特别是《宪法》和《教育基本
法》的颁布，引发了自明治维新以来日本近现代教育史上的第二次大规模教育改革，
从而确定了与战后日本政治、经济体制相适应的新的教育体制，即资产阶级民主化的
教育体制。

一、1947 年的《教育基本法》和《学校教育法》

1947 年，日本国会颁布了《教育基本法》和《学校教育法》，为第二次世界大战后的
日本教育发展指明了方向。

《教育基本法》由"前言"和 11 条"正文"组成，主要内容如下。①阐明教育目的，
教育必须以陶冶人格为目标，培养爱好和平的公民及社会的建设者，造就爱好真理和
正义、尊重个人价值、注重劳动和责任、充满独立自主精神且身心健康的国民。②规
定全体国民接受 9 年制义务教育。③尊重学术自由。④政治教育旨在培养富有理智的
国民。⑤确定教育机会均等、男女同校原则。⑥在国立及地方公立学校，禁止实施宗
教教育或开展宗教活动。⑦尊重教师，并给予教师良好的待遇。⑧鼓励和发展家庭教
育和社会教育。

《学校教育法》是《教育基本法》的具体化，主要就学校教育制度做出了规定，主要
内容包括以下方面。①废除中央集权制，实施地方分权制。在中央仍设文部省，但削
弱其权力，新设地方教育委员会管理学校事务。②学制改为单轨的"6—3—3—4"制。
义务教育年限由 6 年延长到 9 年。③高中设普通科与职业科，以实施普通教育和专门
教育为目的。根据课程设置情况，高中分为单科制和综合制，单科制即职业高中；根
据学习时间，高中分为全日制和定时制(可超过 4 年)，两者的毕业生都可升入大学。
④将原来多种类型的高等教育机构统一为单一类型的大学。大学以学术为中心，传授
和研究高深学问，培养学生研究和实验的能力。一般为 4 年制。在大学之上设研究
生院。

《教育基本法》和《学校教育法》否定了第二次世界大战时日本政府实施的军国主义
教育政策，其颁布与实施为日本教育发展指明了方向。

二、20 世纪五六十年代的中小学教育改革

20 世纪 40 年代末，日本经济进入恢复时期。1956—1972 年日本经济实现快速发
展，发展速度超过同一时期的美、英、法、德等西方国家。

在经济大发展的情况下，社会各产业部门对人才需求的数量和规格都发生了巨大
变化，与经济发展联系密切的职业教育受到政府特别的重视。1951 年，文部省颁布了

《产业教育振兴法》,制定了振兴职业教育的政策,此后又通过一系列教育法令,促进了职业教育的发展。

20 世纪 50 年代,日本中小学教育存在的主要问题是学生学力水平偏低。日本教育学会开展了"义务教育结束时的学力调查",日本全国教育研究所进行了"全国中小学学生水平调查",日本教职员工会也进行了"学力调查"。调查发现,导致日本教育质量下降的主要原因在于从第二次世界大战结束初期开始,接受了美国"生活中心主义"的教育指导思想,把教学重点置于儿童经验的获得,忽视了系统文化科学知识的传授。基于对中小学教育弊端的认识,从 50 年代后期开始,日本对中小学课程进行了改革。1957 年受苏联第一颗人造地球卫星升空的冲击,日本政府更加认识到振兴科学技术、加强人才开发的重要性。为此,1958 年日本政府提出了"充实基础学力,提高科学技术教育"的课程改革方案。这次课程改革以科学的基本概念为核心,重新改组了各门学科,将现代科学成果编入中小学教学计划和教学大纲,其高深程度甚至超过了美国 20 世纪 60 年代的课程标准。在课程改革上所采取的主要措施包括加强基础学科教学、增设新学科、提高教材标准、实行选修制度、重视道德教育等。此次课程改革大幅度提高了日本中小学课程和教学大纲所包含学习内容的难度水平,脱离了学生智力发展水平和接受能力,导致这些教学计划在实施一段时期以后,出现了许多学生不能接受和掌握新内容的现象。

三、20 世纪 70 年代的教育改革

20 世纪 70 年代后,日本已实现了成为经济强国和技术大国的发展目标,但同时也面临着新的挑战,教育体制也由于经济的发展暴露出种种问题和局限性。针对 20 世纪 60 年代的课程改革,1971 年日本全国教育研究所联盟大会的报告显示,超过半数的日本中小学学生难以适应教学进度或完成课业学习任务。社会各界纷纷提出全面改革教育的要求。

1971 年,日本中央教育审议会提出了《关于今后学校教育综合扩充、整顿的基本措施》的咨询报告,拉开了日本自明治维新和第二次世界大战结束初期两次重大教育改革之后"第三次教育改革"的序幕。该报告以学校教育改革为重点,同时涉及社会教育、校外教育和家庭教育。报告的主要内容:①以培养自主性和创造性的人为教育目标;②从终身教育观出发,对整个教育体系进行综合性整顿;③在综合协调家庭教育、学校教育、社会教育的基础上改革学校教育。

在中小学教育方面,咨询报告强调,日本中小学教育应致力于实现三方面的教育目标:为每个学生的终身成长与发展奠定基础;政府制定实施长期稳定的教育政策,提高公立学校的课程与教学水平,为学生提供均等的受教育机会;正确认识教师在教育改革中的作用,保证教师具有较高的专业水平与特长,对教育工作充满荣誉感。

关于中小学教育改革的具体内容,咨询报告做出了具体说明:在开展示范性实验的基础上,逐步推进教育体制改革;实施学校教育各阶段课程的一体化改革,确保课程内容包括成人公民必备的基础知识与基本技能;为家长、社区成员和教育者提供咨询服务,指导学生选择课程和制订学习计划;在教学实践中,探索运用个别教学、分

组学习等教学与学习方法，提高教学质量和学生学业成绩；推进教育民主化改革，提升教育公平和教学质量；为所有不满 5 岁的幼儿提供入园机会，不断改善幼儿园设施；设立私立学校专门管理机构，加强私立学校管理，激发私立学校的办学活力；强化教育实验，开展教育理论研究，为教育改革提供理论指导。

在高等教育方面，咨询报告提出了高等教育的改革目标：切实发挥高等教育设施在教学和科学研究实践中的作用；高等专门教育课程应着重培养学生解决问题的能力；高等教育机构享有较高程度的教学与研究活动的自主与自由；提升高等教育向社会民众开放的水平；激励各高等院校科学有效处理自身发展与满足社会需求的关系。

关于高等教育改革的具体内容，咨询报告也做出了具体说明：推进高等教育机构分类化改革，培养多层次、多规格人才；推进教学方法改革，运用现代化教学设备、小组研讨和实验等教学手段和方法；扩大高等院校对民众的开放范围；创设研究机构行政管理中心，提高研究机构的研究效率和水平；推行校外专家评议会制度，实施教师岗位任期改革；构建私立学校资助体制，改革奖学金制度和学费制度；丰富大学生课外活动，改善大学生的学习与生活环境；推进大学招生机制与体制改革。

《关于今后学校教育综合扩充、整顿的基本措施》咨询报告被文部省采纳，对日本中小学教育和大学教育改革发挥了重要的指导作用，筑波大学、长冈技术科学大学等新型大学得以创办，教师待遇和业务水平得到提高，专修学校和广播大学的筹办和设立则满足了在职人员的学习需求。

20 世纪 70 年代，日本政府还颁布了《关于改善中小学教学计划的标准》、《小学初中教学大纲》和《高中教学大纲》等一系列教育文件。

20 世纪 70 年代日本的教育改革取得了一定成绩，但改革力度和步伐都不是很大，进展也很缓慢。20 世纪 80 年代后，教育改革进一步展开。

四、20 世纪 80 年代的教育改革

20 世纪 80 年代日本教育改革更为深入和具体。根据中曾根首相的建议，1984 年日本国会组建"临时教育审议会"，标志着日本第三次教育改革步入全面展开的阶段。1987 年日本文部省成立"教育改革推进本部"，后改称"教育改革实施本部"。"临时教育审议会"和"教育改革推进本部"成为 20 世纪 80 年代日本教育改革的领导机构。

"临时教育审议会"集中研究了面向 21 世纪的日本教育模式，从长远战略的角度对各教育领域的改革进行了认真分析。1984—1987 年四次发表关于教育改革的咨询报告，其中，1987 年发表的第四份报告最具代表性和权威性，其主要内容如下。

第一，教育改革原则。①重视个性原则；②国际化原则；③信息化原则；④向终身教育体制过渡的原则。

第二，面向 21 世纪的教育目标和使命。培养富有创造力、体魄健康、心胸宽广的日本人，培养具有自由、自律品格和公共精神的日本人，培养面向世界的日本人。

第三，具体教育改革建议。①完善终身教育体制，加强家庭、学校与社会合作，发挥三者的教育功能，完善终身学习基本设施；②改革中小学教育体制，依据灵活、多样、柔性化原则改革学制；③加强道德教育和振兴体育；④推进高等教育和师资培

训，实施高等教育多样化改革，提高高等教育质量，增强高等教育个性，改革大学招生制度，振兴学术研究；⑤开展适应信息化社会需要的教育改革，培养学生利用信息手段的能力，创造信息环境。

五、20世纪90年代的教育改革

(一)基础教育

1996年，日本中央教育审议会提出了一份咨询报告——《面向21世纪我国教育的发展方向》，将日本教育改革的方向表述为：在宽松的环境中培养学生的生存能力。这一"生存能力"具有三个层面的内涵：发现问题、思考问题、独立判断以及解决问题的能力和素质；严于律己、与人合作、共情与感恩的人性；健康的体魄与充沛的体力。

1996年，日本中央教育审议会发表了《关于面向21世纪的我国教育》，就课程改革提出指导性意见：削减课程与教学时数，精简课程内容；增强课程弹性，改革教学方法，实施个性化教育；强化道德教育；开展多样化的体育健身活动；设定"综合学习时间"，满足学生开展综合学习和项目化学习的需要。这些意见直接促进了日本的基础教育改革。

1998年，日本文部省发布了幼儿园、中小学教育课程标准与学习指导要领。1999年，又发布了高中学校、聋哑学校、护理学校教育课程标准与学习指导要领。公告强调要实现道德教育目标，日本教育要致力于造就具有主体性的日本人，造就能够为世界和平做出贡献的日本人。

(二)高等教育

1991年，日本文部省对《大学设置标准》实施修订，拉开了20世纪90年代日本高等教育改革的大幕。这一时期日本高等教育改革的主要内容包括：①更新课程内容，提高课堂教学质量，培养促进社会发展的创新型人才；②加强大学特色化建设，满足学生个性化发展的需要；③改革研究生教育，培养具有较高专业能力和研究素养的专业技术人才；④面向社会民众开放高等教育，满足民众终身学习的需求。

相关改革落实在本科生教育层面，即构建四年一体化的课程体系，强化实践教学环节，提升学生的创新能力。在研究生教育层面，即开展研究生入学资格和学习年限的弹性化改革，加大对学习能力突出的研究生的资助与培养力度，培养高素质的研究人才。

1998年，日本大学审议会提出了《21世纪的大学和今后的改革策略》，就21世纪日本大学和研究生教育改革提出相关建议。1999年，日本国会通过了《独立行政法人通则法》，将国立大学列入独立行政法人化的行列，为21世纪日本"国立大学法人化"改革奠定了基础。

六、21世纪的教育改革

(一)基础教育

进入21世纪以来，日本基础教育改革主要是对1996年发布的《关于面向21世纪的我国教育》相关规定的具体落实。自2002年起，学校实施每周5日制，推行新的学习指导要领，实施"宽松教育"，设定"综合学习时间"等。2005 年，日本中央教育审议会发布《开创新时代的义务教育》，强调日本义务教育的目的在于培养人格健全的、合格的国家建设者。学校教育要致力于向学生传授基础知识和基本技能，培养学生的思考能力和创造能力，最终实现学生的全面发展。《开创新时代的义务教育》的发布与实施，标志着日本教育的指导性理念正从此前的"宽松教育"转向"扎实学力教育"。

(二)高等教育

进入 21 世纪以来，国立大学法人化改革成为日本高等教育改革的重要内容。依据 1999 年日本国会颁布的《独立行政法人通则法》，2004 年日本国立大学法人化改革正式启动。改革的基本目的在于赋予日本国立大学以法人资格，促使国立大学在享有自主性、注重自律性与自我负责的基础上，实施经营责任明确的大学管理，开展高水平的人才培养和具有国际竞争力的科学研究活动，建设个性丰富的大学，实现日本大学从"知识共同体"向"知识经营体"的转型。

日本国立大学法人化改革的主要内容包括：①赋予大学法人资格，实施大学自主管理，大学可以制定自己的教育目标和计划，并展开相应的管理工作；②引入"民间思维"的管理方法，引入董事会制度，实现最高管理层管理，实现全校教育资源利用的最大化；③吸纳校外人士参与校务管理，吸纳校外人士加入董事会和校长甄选委员会，并承担相关管理工作；④实施弹性化的人事管理制度，根据能力和业绩确定个人工资标准，推行公开招聘制以及全校人员校长任命制；⑤引入"第三方评价"，组织第三方机构评价大学教育和研究绩效，根据第三方评价结果分配大学资源，并将评价结果、财务状况、教育和研究等信息向社会公布。

2010 年，日本国立大学财务·经营中心提交了《关于国立大学法人化后财务·经营状况的研究报告》，结果显示这一改革取得了积极成效。另据国立大学法人评价委员会对 86 所国立大学和 4 个大学共享机构所实施评价的结果，大多数国立大学法人化改革实现了预期的改革目标。

这一时期，日本高等教育还开展了大学入学考试和大学教育评价改革。在大学入学考试改革方面，2012 年，中央教育审议会发布了《为了构建新的未来，向大学教育的质的转变——以培养学生终身学习和拥有主体的思考能力为目标》，提出高中教育和大学教育衔接的改革方向。2016 年，《高中教育和大学教育衔接系统改革会议最终报告》确定了大学入学考试改革内容，如解决降低学力考核所产生的弊端，提高对参加入学中心考试和推荐考试学生的学力要求，灵活运用高中阶段学生学习情况调查书和活动计划，招收家庭环境贫困、残疾以及具有外国国籍的考生等。

关于大学教育评价改革，首先，在大学设置的认可制度上实施弹性化的准许设置制度。大学(含一般大学、短期大学和高等专门学校)的设立和组织改编都需要经过一定的审查。其次，在评价方式上，引入第三方评价，2004 年日本引入第三方评价制度(又称认证评价制度)。最后，在信息公开上，大学有义务向公众公开说明其办学理念和教育质量。根据 2011 年的《学校教育法施行规则》，所有大学都必须公开其教育和研究活动情况。2017 年，则规定一般大学和短期大学都必须公开其"学位授予方针"

"教育课程编制和实施方针""入学方针"。

小结

通过对第二次世界大战后美国、英国、法国、德国和日本教育发展历程的回顾，可以看出，教育在国家经济、政治、科技发展中的重要作用越来越受到各国政府和社会民众的高度重视。各国教育改革持续开展，在表现出不同特点的同时，也表现出一些共同特征：教育被视为开展国际竞争的重要战略，教育改革越来越受到各国政府的重视；注重通过教育立法手段保障教育的改革与发展；教育管理体制的完善注重寻求中央和地方对教育领导权和管理权的最佳结合点；对微观教育领域的改革，特别是教学内容与课程体系的变革越来越深入；各级学校教育体系日趋完善和衔接；教育发展走向终身化、民主化、现代化等。

思考题：

1. 试述《国防教育法》的主要内容及对第二次世界大战后美国教育发展的影响。
2. 试述英国《巴特勒教育法》的主要内容及历史意义。
3. 试述法国《郎之万-瓦龙方案》的基本内容及对法国教育发展的影响。
4. 试述《汉堡协定》的基本内容及对联邦德国教育发展的影响。
5. 试述日本《教育基本法》和《学校教育法》的主要内容及对日本教育改革的影响。

参考文献：

1. 滕大春. 外国教育通史：第六卷. 济南：山东教育出版社，2005.
2. 吴式颖，李明德. 外国教育史教程. 3 版. 北京：人民教育出版社，2015.
3. 吴式颖. 外国现代教育史. 北京：人民教育出版社，1997.
4. 赵祥麟. 外国现代教育史. 上海：华东师范大学出版社，1987.
5. 李其龙，孙祖复. 战后德国教育研究. 南昌：江西教育出版社，1995.

第二十一章　第二次世界大战后苏联和俄罗斯的教育

内容提要

第二次世界大战对苏联的社会主义教育改革事业造成了严重损害。第二次世界大战结束后，苏联政府带领人民开启了全面的恢复与重建工作。第二次世界大战后至 20 世纪 50 年代中期，苏联教育在重建中获得进一步发展。60 年代至 80 年代，苏联教育实施了一系列的改革，基础教育改革致力于推进普通学校较好完成为高一级学校培养合格新生和为学生参加社会生产劳动做好职业准备的双重任务，高等教育改革则致力于培养适应社会经济发展和技术进步需要的高素质专业人才。90 年代苏联解体以来，俄罗斯联邦在部分继承苏联教育制度与体系的基础上，也在不断的教育改革中向前发展。在继承教育传统、总结苏联教育实践经验和不断探索教育规律的基础上，苏联的教育思想与理论建设也取得了突出成就。具有代表性的教育家及其教育思想包括凯洛夫在《教育学》中呈现的教育思想、赞科夫的发展性教学理论、巴班斯基的教学过程最优化理论与苏霍姆林斯基培养全面和谐发展的人的教育思想。苏联教育家的教育思想丰富了世界现代教育理论，对苏联教育改革实践产生了重大影响。

学习目标

1. 了解凯洛夫《教育学》中的教育思想形成的源泉，掌握《教育学》中的教育思想。

2. 了解赞科夫教育思想的形成与发展过程，掌握赞科夫发展性教学理论的主要内容。

3. 了解巴班斯基教育思想的形成与发展过程，掌握巴班斯基教学过程最优化理论的主要内容。

4. 了解苏霍姆林斯基教育思想的形成与发展过程，掌握苏霍姆林斯基教育思想的主要内容。

核心概念

凯洛夫；赞科夫；巴班斯基；苏霍姆林斯基；一般发展；和谐发展教育；教学过程最优化

第二次世界大战对苏联的社会主义教育改革和文化事业发展造成了严重损害。第二次世界大战结束后，苏联政府带领人民开展了全面的恢复与重建工作，并在此后的不同历史时期不断推行教育改革，注重为社会进步和经济发展培养高素质的劳动者和专业技术人才。1991年12月26日苏联解体后，俄罗斯联邦的教育事业在部分继承苏联教育制度与体系的基础上，在改革中不断前进。

为适应第二次世界大战结束后苏联教育重建与教育事业发展的需要，在继承此前苏联教育理论成果的基础上，苏联教育实践家和教育思想家凯洛夫、赞科夫、巴班斯基和苏霍姆林斯基等深入思考并确立了新的教育理论研究方向和研究问题。他们的创新性教育研究成果既丰富了苏联教育理论研究的宝库，也较好地适应了第二次世界大战后苏联文化教育事业应对国际竞争和科技革命挑战的需要，积极地指导了苏联教育实践改革事业的发展。

第一节　第二次世界大战后至 20 世纪 50 年代中期苏联教育的重建与发展

第二次世界大战结束后，苏联人民努力工作，国民经济和教育事业不仅很快得以恢复，而且实现了较大发展。

一、各类教育事业的恢复与重建

1946 年，苏联最高苏维埃通过了《关于恢复与发展国民经济的五年计划（1946—1950）》，规定五年计划的基本任务在于将苏联的工农业生产恢复到战前水平。该计划对于教育的恢复给予了特别重视，国民教育事业发展投资大幅度增加。得益于政府的强有力领导和广大教育工作者的忘我劳动，苏联的普通教育、高等教育和职业教育的恢复与重建任务按预定计划完成或提前完成。

在普通教育方面，恢复和发展学校网的五年计划任务提前完成。1950—1951 学年度，苏联小学、七年制学校和完全中学数已达到 201628 所，超出五年计划建成各类普通学校 193000 所的预定目标。为提高普通教育质量，苏联人民委员会还在 1945 年发布了《关于改进师资培养工作的建议》，加强师范院校发展，废除不具备中等教育水平的人员经过短期培训即出任教师的做法。

在高等教育方面，1947 年年底，苏联高等院校数已达到第二次世界大战前的水平。夜校和函授形式的高等教育也得到了快速发展。

在职业教育方面，1950—1951 学年度，各类中等技术学校和中等专业学校数和在校生数，均超过了 1945—1946 学年度。各学校培养了大量的初级与中级技术人才，为苏联社会经济的恢复和发展做出了贡献。

二、1958 年的教育改革

1958 年，最高苏维埃主席团通过了《关于加强学校同生活的联系和进一步发展全国国民教育制度的法律》（以下简称《法律》），以法律手段确定了 1958—1964 年教育改革的主要措施。

针对当时苏联教育存在的学校教育脱离生活、脱离生产劳动的倾向，《法律》对普通教育、中等专业教育、中等技术教育和高等教育的改革提出了具体的要求，主要内容如下。①把引导学生走向生活和参加公益劳动确定为苏联普通学校的首要任务。②在苏联实施 8 年制普及义务教育，以代替 7 年制普及义务教育。③把原来 10 年制普通学校改为 11 年制学校。延长的 1 年加到不完全中学阶段，使之成为 8 年制学校，作为普通教育的第一阶段；第二阶段的教育仍为 3 年，通过青年工人学校、农村青年学校、兼施生产教学的劳动综合技术普通中学和中等技术学校或中等专业学校实施。④改组职业学校和技术学校体制，设立城市和农村职业技术学校，改进中等专业学校。⑤改革高等教育，推进高等教育接近实际生活和生产的改革，高等院校优先录取具有实践工作经历的人。

《法律》提出的各项教育改革措施陆续得到落实，一定程度上提高了人们对工农业生产劳动的认识，加强了学校教育与社会生活的联系；延长了普及教育年限，到 1964 年，8 年义务教育取代了 7 年义务教育；多种形式的职业教育和高等教育也获得较大发展。同时，这次改革也遗留下一些问题，主要表现为生产教学和劳动活动过多地占用了学生应有的文化知识学习时间；学制延长，加剧了劳动力的供求矛盾；大学实施新的招生标准（优先招收具有实践工作经历的人）割断了普通中学与高等院校之间的直接联系，并使高等教育的教学质量受到影响。另外，在当时苏联劳动力极度匮乏的情况下，将普通教育年限延长到 11 年，也是不可取的。因此，1964 年，苏联通过了《关于改变兼施生产教学的劳动综合技术普通中学的学习期限的决定》，把建立在 8 年制学校基础上的中学学习年限由 3 年改为 2 年，而且还责成教育部门对教学计划和教学大纲做出相应修改。

第二节　20 世纪 60 年代至 80 年代苏联的教育改革

一、1966 年的教育改革

为进一步推进中等教育改革，1966 年，苏共中央和苏联部长会议通过了《关于进一步改进普通中学工作的措施》的决议。

决议确定普通中学的主要任务是使学生掌握牢固的科学基础知识，具有高度的共产主义觉悟，面向生活并能自觉地选择职业。决议对中学教学内容提出了具体要求。①教学内容要符合科学、技术和文化发展的要求。②合理安排各年级学生所学习的科学基础知识内容，使之互相衔接，从第四学年开始系统讲授科学基础知识。③删除教学大纲和教科书中过于烦琐和次要的材料，减轻学生负担。④规定各年级学时，1~4 年级每周课时不超过 24 节，其他各年级不超过 30 节。⑤从七年级开始，中学开设选修课，强化数理学科、自然学科和人文学科知识学习。此后，苏联又发布了几个相关文件，作为此次教育改革的补充文件。

二、20 世纪 70 年代的教育改革

1969 年，苏联把 4 年制初等学校改为 3 年制初等学校。1972 年，苏共中央和苏联部长会议分别通过了《关于完成向青年普及中等教育的过渡和进一步发展普通学校的决议》、《关于进一步改进职业教育体系的决议》和《关于进一步改进全国高等教育的措施的决议》。这三项决议强调了完成向青年普及普通中学教育过渡的重要性以及如期编写反映现代科学和生产水平的标准教科书的必要性；强调要加强中等技术学校发展，提高中等技术教育水平；强调要采取措施努力提高高等院校的文化知识和专业知识水平，使之符合现代科学和生产要求。这三项决议的基本精神是加强基础知识教学，反映现代科学的最新成果，提高教育质量。这既是对 1966 年以来教育改革的进一步深化，也为 1973 年的教育立法做了一定的准备。

1973 年，苏联通过了《苏联各加盟共和国国民教育立法纲要》，以法律的形式对 60 年代中期以来的一系列教育改革和措施加以确定，并对苏联国民教育制度、培养目标、高等院校的主要任务等做出了规定。但在强调加强教学内容现代化和科学化、提高学生学习强度和难度的同时，学校教育与生产部门需要相脱节的新矛盾也暴露出来。于是，苏联又开展了 1977 年的教育改革。

三、1977 年以后至苏联解体前的教育改革

1977 年，苏共中央和苏联部长会议通过了《关于进一步完善普通学校学生的教学、教育和劳动训练的决议》。决议针对中学毕业生在走向生活时缺乏应有劳动训练的状

况，确立普通中学是统一的劳动综合技术学校，普通中学的主要任务是使学生掌握科学基础知识和在国民经济部门工作的劳动技能（职业技能）。要求改进和加强劳动教育与教学，使劳动教育与教学在广泛的综合技术教育的基础上进行，而不是要恢复 20 世纪 50 年代末 60 年代初在学校中广泛采用的生产教学。

1984 年，苏共中央和苏联最高苏维埃通过了《普通学校和职业学校改革的基本方针》。该方针强调：①劳动教育和职业教育是培养人全面和谐发展的不可缺少的因素，也是满足国民经济对劳动力资源需求的重要手段；②儿童入学年龄逐渐实现由 7 岁向 6 岁过渡；③普通学校学制由 10 年制改为 11 年制，延长的 1 年时间加在小学阶段，使初等学校由 3 年转变为 4 年，以加强小学教育；④普通教育必须使青年学习不可缺少的高水平知识，同时还必须使其具有走向生活从事劳动的本领和态度。方针的基本精神是促使普通教育和职业教育互相渗透、互相结合，实现学生的全面和谐发展。

1987 年，苏共中央公布了《苏联高等教育和中等专业教育改革的基本方针》，提出苏联的高等院校和中等专业学校毕业生在数量和质量上已基本满足了国民经济各部门和行业的需求，但学校的教学和教育水平仍然不能全面适应科学技术和国民经济迅猛发展的需要。因此，苏联政府开始把注意力转移到高等教育上来。《苏联高等教育和中等专业教育改革的基本方针》首先提出了高等教育存在的缺点和问题，并针对这些缺点和问题，对教学过程组织、专业调整、政治思想教育、科研工作、师资队伍建设等提出了具体要求，标志着苏联教育改革开始由以普通教育和职业教育为主转到以高等教育为主上来。

第三节　俄罗斯联邦的教育

1991 年苏联解体以来，各独联体国家，特别是作为苏联经济、政治、军事、科技、文化遗产主要继承者的俄罗斯，直接延续了苏联 20 世纪 80 年代以来的教育改革与发展趋势。伴随着国内政治、经济以及社会意识形态等因素发生的根本性变化，俄罗斯教育也进入了新的改革时期。

一、《俄罗斯联邦教育法》与 20 世纪 90 年代的教育改革

俄罗斯联邦政府重视通过教育立法促进教育改革与发展。1991 年，叶利钦颁发了第一号总统令，明确提出必须制定国家教育发展纲要，以确保教育发展的优先地位。1992 年，俄罗斯颁布了《俄罗斯联邦教育法》，并于 1996 年对该法进行了修改和补充。1994 年，俄罗斯联邦政府通过了《俄罗斯联邦教育发展纲要》，在此之后又几经修改和补充。1996 年，俄罗斯颁布了《俄罗斯联邦高等教育法（俄罗斯联邦高等及大学后专业教育法）》。

1992 年颁布的《俄罗斯联邦教育法》，在总体上继承苏联解体前国家教育政策的基础上，结合俄罗斯联邦教育发展目标与任务，做出了新的规定。

第一，重新构建国民教育体制。把原来的普通教育、中等专业教育、中等技术教

育和高等教育四部分重新划分，归并为普通教育和职业教育两大部分。

第二，确立创办教育机构主体的开放机制。规定了创办教育机构的程序和细则，为非国立教育发展提供了保障。

第三，扩大教育机构的管理自主权和经营自主权。允许教育机构从事一定范围的经营性活动及获取补充资金的非经营性活动，为教育参与经济活动和引进市场机制提供了政策依据。

第四，修订义务教育年限。《俄罗斯联邦教育法》把义务教育年限缩减了两年，即从原来的完全中等教育（11 年）改为基础中等教育（9 年）。

随着俄罗斯联邦教育改革的不断深入，《俄罗斯联邦教育法》经历了多次修改和补充，1996 年俄罗斯颁布了《俄罗斯联邦教育法》的补充修改版（又称"新教育法"）。与原教育法相比，新教育法对许多条款的内容做了重大增删和修改。比如，重新将义务教育年限确定为 11 年，规定如果本国公民首次接受职业教育，均有权利通过考试入学免费接受教育。此外，新教育法还对教育管理、教育机构类型、教育领域中的私有化问题、学生辍学年龄、教育工作者的劳动报酬等许多方面的规定做了增补。

1994 年，俄罗斯联邦政府通过了《俄罗斯联邦教育发展纲要》。该纲要是俄罗斯独立以后各种教育法律、法令和法规的集大成产物，对俄罗斯教育体制发展的现状及存在的基本问题，教育发展的目标、方针、任务、预期成果以及教育体制的管理职能、资源保障等方面做了明确阐述。其中，"坚持教育发展的国家优先地位"和"保证俄罗斯的教育、文化和科学的统一空间"这两个纲领性的口号，为新时期国民教育的持续发展提供了全方位的政策依据和明确的目标导向。

依照《俄罗斯联邦教育法》的有关规定，国家政权管理机构和地方自治机构，本国和外国的企业、各种所有制形式的机构及其所属团体和协会，在俄罗斯联邦境内注册的各种社会宗教组织，俄罗斯联邦及其他国家的公民，均可以成为教育机构的创办者。这一规定为俄罗斯联邦私立学校的创设与发展提供了法律依据，私立学校的发展规模不断扩大，改变了俄罗斯联邦的办学体制和教育结构，一定程度上满足了经济发展和个人成长的多样化需求，但也随之导致了不同类型学校教育质量参差不齐的现象，加强对私立学校的规范化管理成为俄罗斯教育主管部门的一项重要任务。

二、21 世纪俄罗斯的教育改革

2012 年，俄罗斯联邦议会通过了最新版的《俄罗斯联邦教育法》，新版《俄罗斯联邦教育法》更加强调教育领域的国家意志和国家主义，成为指导 21 世纪俄罗斯联邦教育改革的教育大法。21 世纪俄罗斯联邦的教育改革也以《俄罗斯联邦教育法》颁布为界分为两个阶段：2000—2012 年俄罗斯的教育改革与发展，2012 年至今俄罗斯的教育改革与发展。

（一）2000—2012 年俄罗斯的教育改革与发展

该阶段教育改革与发展的主题在于强化国家发展教育的责任，确保教育改革服务于国家利益。"国家回归"教育领域成为 21 世纪初颁布实施的《2000—2005 年联邦教育发展计划》、《俄罗斯联邦国民教育要义》、《2010 年前俄罗斯教育现代化构想》和《俄罗斯教育现代化计划》等教育文件的共同主题。

这一阶段俄罗斯教育改革着重解决的问题主要包括以下方面。

1. 确立教育优先发展的教育政策

肯定教育事业在俄罗斯社会总体变革实践中的保障作用，强调通过学校教育实现俄罗斯文化和精神的统一。2006 年颁布实施的《2004 至 2010 年俄罗斯联邦教育政策构想》明确提出，俄罗斯联邦的国家教育政策是促进俄罗斯多民族社会稳定发展的战略资源，是确保俄罗斯多民族社会安全的重要因素，是保证俄罗斯联邦文化和教育空间统一的有力工具。

2. 建立新的教育投入机制

为实现俄罗斯联邦教育事业的优先发展，《2004 至 2010 年俄罗斯联邦教育政策构想》提出教育投入应占俄罗斯国内生产总值的 5％，构建相应的教育经费投入机制，并对教育资金使用以及教师工资发放等实施严格监管和监督。为保证教育资金的使用成效，实施教育经费的"项目投入机制"，从 2006 年开始，俄罗斯相继实施了中小学校建设计划、初等和中等职业教育支持计划，以及高等教育创新计划等教育专项计划。

3. 制定第一代和第二代国家教育标准

2003 年，俄罗斯联邦教育科学部部务委员会批准通过《俄罗斯国家教育标准》，并于 2004 年实施该标准。依据此标准，教学内容由联邦、地区和学校共同确定，地区和学校在教学内容选择上享有一定自主权。2009—2010 年俄罗斯教科院分别制定了普通教育阶段 1～4 年级、5～9 年级、10～11 年级新的国家教育标准，突出"能力为主"的导向。

4. 推进高中"专业性教学"改革

2001 年，联邦政府批准《2010 年前俄罗斯教育现代化构想》，提出在中学高年级阶段建立侧重专业性教学的体系。2002 年，《普通教育高级阶段实行侧重专业性教学的构想》颁布，不断推进"专业性教学"，改革教学结构、内容和教学组织形式，发展学生的兴趣、爱好和能力。

5. 推行"国家统一考试"与"九年级毕业考核"

2001 年，俄罗斯联邦政府发布《关于试行国家统一考试的决定》，开展国家统一考试的试验。2009 年，所有普通中学毕业生须参加国家统一考试，国家统一考试成绩被视为学生获取中学毕业证书的依据，也是大学及中等技术学校的入学考试成绩。国家统一考试的推行改变了俄罗斯实施三十余年的大学自主招生制度，是 21 世纪俄罗斯开展的一项重要教育改革。

2002 年，俄罗斯地区教育管理部门组织实施对九年级学生的毕业考核，侧重考查学生对基础性教育内容的掌握程度。2010 年，所有九年级毕业生必须参加毕业考核，不参加考试者将不被授予九年级毕业证书，也不会被十年级和职业学校录取。

（二）2012 年至今俄罗斯的教育改革与发展

2012 年，新版的《俄罗斯联邦教育法》颁布。依照新版《俄罗斯联邦教育法》的相关规定和精神，一系列教育改革得以实施：构建并实施"教育拨款跟随学生走"的教育投入机制，从 2016 年 1 月开始，对幼儿园、中小学校以及儿童补充教育机构，按学生人数发放教育拨款；制定实施新的国家教育标准，保证俄罗斯联邦教育空间的统一性、基本教育计划的连续性和教育计划内容的可选择性；增设毕业作文和国家监测项目。依据新版的《俄罗斯联邦教育法》，2014—2015 年开始，在全国范围内增设 11 年级毕业作文作为高中毕业生参加国家统一考试前的一项考核，只有通过考核者，才有机会参加国家统一考试。从观点论证、材料引用、篇章结构组织、语言表述等方面对毕业生的毕业作文进行评价。2014 年俄罗斯启动了国家监测项目——国家教育质量研究，针对某一教育层次具体课程的教学质量实施定期监测；加强国家对教科书的鉴定和管理，设"联邦教科书科学指导委员会"，制定中小学教科书和教学用书鉴定内容和鉴定程序，基于鉴定结果发布中小学教科书目录及使用建议，统一指导教科书鉴定工作，严格执行教科书和教学用书鉴定程序，组织编写《俄罗斯历史》教科书。

第四节　凯洛夫《教育学》中的教育思想

伊·安·凯洛夫(Иван Андреевич Каиров，1893—1978)，出生于教师家庭，从小受到良好教育，1917 年以优异成绩毕业于莫斯科大学数理系，毕业后先后在莫斯科市教育局农业教育处和教育人民委员部职业教育总局工作，1929 年后开始专门从事教育理论研究工作，1935 年获得教育科学博士学位，1935—1938 年在联共中央学校的校部工作，从 1937 年起担任莫斯科大学和列宁师范学院教育学教研室主任，1942—1950 年担任《苏维埃教育学》杂志主编，1946—1966 年担任苏联教育科学院院长，1949—1956 年担任苏联教育部部长。作为苏联国民教育的出色组织者和管理者，凯洛夫主编出版了被苏联师范院校广泛使用的《教育学》教材。

一、教育学研究必须坚持辩证唯物主义和历史唯物主义哲学认识论

凯洛夫《教育学》认为，独立的教育学是不存在的，教育学必须接受哲学认识论的指导，"只有历史唯物论才能正确了解教育在社会生活中和个性发展中的作用以及教育与人所由形成的其他因素的相互关系"[1]，而"辩证唯物论要求我们在一切联系和关联中全面地观察教育现象，在发展中、在运动中去研究教育现象，并确立变化的规律"。[2] 凯洛夫《教育学》强调，苏联社会主义教育学研究必须坚持以辩证唯物主义和历史唯物主义哲学认识论为指导，"凭藉着科学认识的唯一正确方法——马克思主义的辩证法——教育学才初次获得了正确反映教育现象规律的可能性，才能作出教育经验的客观分析，并能建立获得论证的概括结论，作为行动的正确指针"[3]。

---

[1]　[苏联]凯洛夫：《教育学》，沈颖、南致善、贝璋衡等译，28 页，北京，人民教育出版社，1953。
[2]　[苏联]凯洛夫：《教育学》，沈颖、南致善、贝璋衡等译，28 页，北京，人民教育出版社，1953。
[3]　[苏联]凯洛夫：《教育学》，沈颖、南致善、贝璋衡等译，28 页，北京，人民教育出版社，1953。

二、论教育的目的与作用

依据马克思列宁主义关于人的全面发展理论和培养共产主义新人的要求，凯洛夫《教育学》提出社会主义教育的目的在于培养共产主义社会的全面发展的积极建设者和苏维埃国家勇敢的保卫者。苏维埃教育要完成培养共产主义社会的建设者和保卫者的任务，就必须为学生提供全面发展的教育，即德育、智育、体育、美育和综合技术教育。

凯洛夫《教育学》提出，教育作为培养人和传递社会经验的机构，在社会发展过程中的作用是不容忽视的。凯洛夫《教育学》强调，个体的身心发展离不开个体的遗传素质和周围环境的影响，但教育在个体身心发展中起着主导作用，"人的遗传素质的发展，不论是在肯定的趋向上或是在否定的趋向上，都不是自然完成的，而主要是由于教育的结果完成的"①。

三、教学过程

凯洛夫《教育学》认为，作为实现教育目的的重要手段，教学即以知识、技能和熟练技巧武装学生，确立他们的共产主义世界观和有计划地发展他们的智力与道德品格。教学过程是以学生掌握知识为中介的认识过程，学生是在掌握知识的过程中认识客观世界的。这一过程和人类的认识过程的性质是相同的，都要受认识过程的基本规律制约。但凯洛夫《教育学》又明确指出，教学过程具有特殊性，如学生学习的主要是人类已经获得的真理知识，学生的学习经常是在有经验的教师指导下进行的，在学生的学习过程中教师除要引导学生掌握知识技能外，还要有计划地发展每个儿童的智力、体力和道德品质，也就是说，教学是教师指导下的学生的特殊的认识过程，也是教师促进学生身心和谐发展的过程。

凯洛夫《教育学》将教学过程理解为：教学过程是教师引导下的学生的特殊的认识过程，是教师和学生共同参与的过程，要提高教学效果，就要切实发挥教师和学生双方的积极性与主动性。

四、论教学内容与教学组织形式

凯洛夫《教育学》认为，学校的主要工作是教学，教学内容是学生在教学过程中所要掌握的知识、技能和技巧。教学内容中的系统知识是使学生获得全面发展，形成辩证唯物主义世界观、共产主义观点和相应行为的基础。为保证教学内容的质量，国家要加强对教学内容的干预力度，使"教学内容具体表现于教学计划、教学大纲和教科书中"②。"凡符合教学大纲和教学论的要求，包含科学的、连贯的、为学生所能理解的叙述教学科目内容的那种书籍，叫作教科书。"③教科书是学生获得知识的主要源泉，教师和学生应当以教科书为依据开展教学活动。

凯洛夫《教育学》强调教科书的编写应当有利于学生掌握系统的科学文化基础知

---

① ［苏联］凯洛夫：《教育学》，沈颖、南致善、贝璋衡等译，23页，北京，人民教育出版社，1953。
② ［苏联］凯洛夫：《教育学》，沈颖、南致善、贝璋衡等译，93页，北京，人民教育出版社，1953。
③ ［苏联］凯洛夫：《教育学》，沈颖、南致善、贝璋衡等译，125～126页，北京，人民教育出版社，1953。

识。在内容选择上，教科书只能采用已经有定论的材料，而不能编入那些没有定论的知识观点；教科书编写要符合学生年龄特点和教学法的要求，要有利于教师的讲授和学生的学习。

在教学组织形式问题上，凯洛夫《教育学》严厉批判了实用主义教育家倡导的各种教学组织形式，明确提出班级授课制是一种在中小学教学中很有效的教学组织形式，这种制度是"群众性的、有计划的、合理的教学制度。从班级授课制度产生后，教育学的理论和实践，在解决上述的那些问题中，确实向前迈进了一大步"①。凯洛夫《教育学》充分肯定了班级授课制的优越性，并结合教学实际提出了改进课堂教学内容实际和课堂教学程序的相关建议，使班级授课制进一步完善，对提高课堂教学质量具有积极意义。

凯洛夫《教育学》在广泛继承人类优秀教育遗产的基础上，坚持以马克思列宁主义辩证唯物主义和历史唯物主义哲学认识论为指导，系统总结了苏联成立后教育教学改革的经验教训，创建了重视教师主导作用、重视课堂教学、重视教科书、重视学生身心全面和谐发展的具有苏联特色的社会主义教育思想体系，极大地提高了苏联教育教学理论的科学化水平。

第五节　赞科夫的发展性教学理论

列·符·赞科夫(Леонид Владимирович Занков，1901—1977)，苏联著名的心理学家、教育家、教学论专家，教育科学博士，苏联教育科学院院士。1917年中学毕业后，曾任乡村学校教师，1928年入莫斯科大学心理系学习。毕业后留校工作，在苏联著名心理学家维果茨基的指导下从事儿童心理学和缺陷儿童教育学的研究，参与了"最近发展区"项目的研究工作。1949年调入苏联教育科学院教育理论与教育史研究所工作，发表了多项有分量的教育研究成果，在苏联教育界产生了广泛的影响。

从1957年起，赞科夫开始了有关教学与发展的实验研究工作，最终创建了强调学生主体性、关注学生一般发展的发展性教学新体系，对苏联的教学理论科学化以及苏联课程与教学改革产生了重大影响。

一、教学目标与任务

在赞科夫看来，在信息社会里，现代科学技术的广泛运用促使社会生产和社会生活的诸多方面发生了重大变化，对学校教育培养的人才提出了新的要求，特别要求他们既要具有良好的科学文化知识素养，还要具有较强的能力素养，善于适应新的变化。也就是说，不仅要具备广博而深刻的知识，而且还要实现个人智慧、意志、感情、才能和天资的全面发展。赞科夫强调教师在教学中要向学生传授系统的科学文化基

①　［苏联］凯洛夫：《教育学》，沈颖、南致善、贝璋衡等译，129页，北京，人民教育出版社，1953。

础知识，但又不能为传授知识而传授知识，向学生传授知识只是手段，其最终目的在于不断增强学生的综合素养，促进学生的"一般发展"，使其成为身心和谐的共产主义新人。

赞科夫认为，教师要在引导学生掌握知识的过程中不断提高他们的观察力、思考力和动手操作能力，也就是要促进他们的"一般发展"。他说："我们所理解的一般发展，是指儿童个性的发展，它的所有方面的发展。因此，一般发展也和全面发展一样，是跟单方面的、片面的发展相对立的。"①"当谈到一般发展的时候，人们所指的乃是人的发展问题的心理学和教育学方面。'一般发展'的概念并不取代'全面发展'的概念，也不跟它等量齐观。当谈到全面发展的时候，首先是而且主要是指该问题的社会方面或者广泛的社会和教育学方面。"②也就是说，赞科夫所说的一般发展，是指儿童在智力、情感、意志的一般心理机能的整体发展，是学生综合素养的全面发展。

因此，赞科夫强调教学的目标和任务就是要对传统教学体系进行全面的改革，要以尽可能大的教学效果来促进学生的一般发展，在提高学生一般发展水平的基础上，不断提高学生的学习质量和综合素养。

二、教学与学生一般发展的关系

赞科夫认为，教学是促进学生发展的手段，学生的发展离不开教学，但主张教学和发展并不成正比例关系，认为教学和发展之间存在着一定的"剪刀差"，也就是说在现实教学实践中，学生的认知发展水平并不一定随着学生掌握知识的总量增加而提高。当然，赞科夫并不反对让学生在学校学习和掌握系统的科学文化基础知识，而是强调教师在教学过程中要引导学生完成两种任务：高质量地掌握知识和技巧，实现一般发展。他认为通过教学促进学生的一般发展，对于提高学生掌握知识的质量和效率具有重大的意义。在学生的一般发展上取得良好的效果，是使学生掌握多方面的知识的可靠基础，教师在教学中要尽可能促进学生的一般发展。

赞科夫根据辩证唯物主义的基本原理，认为学生的一般发展是学生与周围世界相互作用的一种方式，因此他强调对学生一般发展的研究，就要从学生与外部世界、与客观现实的主要关系入手，即研究学生如何面对面地观察世界（观察活动），学生如何认识现实世界的本质（思维活动），学生如何直接作用于客体从而改变客体、创造新事物（实际操作活动）。因此，赞科夫强调教师要在引导学生积极参与观察活动、思维活动和实际操作活动的过程中，不断提高他们的一般发展水平。

赞科夫认为传统教学理论仅仅把学生作为教学的对象，让学生被动地接受教师传授的书本知识，影响了学生的一般发展，因此他强调要促进学生的一般发展，就要改革传统的教学过程，调动学生学习的内部诱因，让学生对所学知识产生强烈的需求，引导他们积极主动地参与知识的产生与发展过程。在赞科夫看来，教师要让学生对所学的知识内容感兴趣，积极地参与教学过程，关键在于切实了解学生的实际发展水

---

① ［苏联］Л. В. 赞科夫：《论小学教学》，俞翔辉译，20 页，北京，教育科学出版社，1982。
② ［苏联］Л. В. 赞科夫：《论小学教学》，俞翔辉译，20 页，北京，教育科学出版社，1982。

平，为学生制造困难情境，让他们在特定的困难情境中产生学习的动力，积极主动地运用以前所学的知识技能解决面临的问题，促使学生在动眼、动手、动脑的学习活动中不断提高自身的一般发展水平。

赞科夫强调学生的发展离不开具体环境，如果学生的生活仅仅局限于在课堂上接受教师传授的知识，忙于完成教师布置的课外作业，与火热的实际生活完全隔离，那么他们的一般发展是会受到严重影响的。他说学生是怀有认识世界的渴望来到学校的，教师不要忘记学生本身的生活，应认识到学生精神生活的完整性，要从思想、感情、愿望的全面意义上理解学生的精神生活。因此，赞科夫强调要冲破传统教学论的束缚，切实加强学生生活与课堂教学之间的有机联系，使学生在丰富多彩的教学环境中受到多方面的启迪和教育，促进自身发展水平的不断提高。

赞科夫运用辩证唯物主义的基本原理分析学生的一般发展过程，强调内部学习诱因是学生实现一般发展的源泉，重视加强课堂教学环境与学生周围实际的联系，教师要在教学过程中为学生创设困难情境，引导学生在积极主动参与观察活动、思维活动和实际操作活动的过程中，运用以前所学的知识经验解决面临的实际问题，不断提高自身的一般发展水平。赞科夫的这一设想突破了传统教学理论过于强调知识技能传授、忽视学生智能发展的观点，为学生的一般发展提供了切实可行的途径，为教育、教学开辟了一片广阔的新领域。

三、发展性教学的基本原则

为了确保发展性教学新体系在教学改革中的顺利推行，切实做到以尽可能大的教学效果来促进学生的一般发展，赞科夫和他的同事们系统地总结了发展性教学改革的经验教训，创立了注重弘扬学生的主体精神、强调学生一般发展的现代教学原则体系。

(一)以高难度进行教学的原则

以高难度进行教学的原则是指，教材的内容和教师的教学要有一定的难度，要通过引导学生学习具有一定难度的教材内容，克服教学中的障碍来提高学生掌握知识的效率，促进学生的一般发展。

对于"难度"，赞科夫有两种理解。一是指教学过程中要有一定的障碍需要克服，"'难度'这个概念，在教学论中使用于各种不同的场合，具有各种不同的含义。这个概念的涵义之一，是指克服障碍"[①]。如果不克服这些障碍就不能顺利地获得知识，促进自身的一般发展。二是指需要学生付出一定的努力，也就是说要获取这些知识，就需要开动脑筋，运用以前所学的知识经验解决面临的实际问题，在动手动脑去解决面临的实际问题的过程中，促进知识的掌握和一般发展水平的不断提高。也就是说，

---

① ［苏联］赞科夫：《教学与发展》，杜殿坤、张世臣、俞翔辉等译，43页，北京，人民教育出版社，1985。

难度"这个概念的另一个涵义，是指学生的努力"①。

赞科夫提出这一原则的目的在于纠正传统教学中存在的因教学难度过小、教学速度过慢而影响学生一般发展的弊端，他说传统教学中教育部门不合理地把教材编得太容易，难以促使学生的迅速发展。因此，赞科夫提出了加大教学难度的"以高难度进行教学的原则"。

赞科夫强调，教师要根据最近发展区理论和学生实际确定教学难度，既不能让学生不经过努力就可以轻松掌握，又不能超越学生发展水平的实际，让学生无论如何努力也无法掌握。以高难度进行教学的真实含义在于，教师要引导学生通过学习具有一定难度的教材内容，调动学生的求知探究欲望，而不是以无限度的难，让学生对学习失去信心。"以高难度进行教学的原则的特征，并不在于提高某种抽象的'平均难度标准'，而是首先在于展开儿童的精神力量，使这种力量有活动的余地，并给以引导。"②

难度的设计要有一定的分寸，要限制在最近发展区的范围之内，既要高于学生的已有发展水平，又要使多数学生经过努力能够获得知识。"难度的分寸具体体现在教学大纲、教科书、教学法指示和教学方式里，它在日常教学工作中还取决于教师经常留意儿童掌握知识和技巧的过程和结果。"③

（二）以高速度进行教学的原则

赞科夫提出，以高速度进行教学的原则是指教师的教学要在保持一定难度的基础上维持一定的速度，教师要用多方面的教材内容丰富学生的智慧，用知识的广度求知识的深度，为学生全面深入地掌握教材内容创造条件。

赞科夫进一步提出，创立以高速度进行教学的原则是为了纠正传统教学中教学进度慢、单调重复多、学生积极性不高、教学效率低下的弊端。在他看来，教学要有一定的速度，只要学生能够理解，教师就要加快教学的进度，不必进行重复。以高速度进行教学可以使学生在较短的时间内获得多方面的知识信息，促使学生的学习向更深入、更广泛的方向进行，使学生在学习更广泛知识的过程中，不断提高自身的一般发展水平。他说："以高速度进行教学，就有可能揭示所学知识的各个方面，加深这些知识并把它们联系起来。这一原则与其说是具有量的特征，毋宁说主要是具有质的特征。"④

当然，赞科夫并不认为，以高速度进行教学意味着教学速度可以无限制加快，而是要确保教学进度与学生最近发展区的实际学习可能性相适应，确保大多数学生经过努力能够跟得上教学进度。

①　[苏联]赞科夫：《教学与发展》，杜殿坤、张世臣、俞翔辉等译，43页，北京，人民教育出版社，1985。

②　[苏联]赞科夫：《教学与发展》，杜殿坤、张世臣、俞翔辉等译，44页，北京，人民教育出版社，1985。

③　[苏联]赞科夫：《教学与发展》，杜殿坤、张世臣、俞翔辉等译，45页，北京，人民教育出版社，1985。

④　[苏联]赞科夫：《教学与发展》，杜殿坤、张世臣、俞翔辉等译，46页，北京，人民教育出版社，1985。

在赞科夫看来,以高速度进行教学的原则,既可辅助以高难度进行教学原则的实施,又可促使学生在较短时间内接触多方面知识,促进学生的一般发展,因此也是一项相对独立的教学原则。

(三)理论知识起主导作用的原则

赞科夫强调,理论知识起主导作用的原则就是要求教师在教学中以学科的基本结构、基本理论统率教材内容,引导学生在学习教材内容的过程中,掌握学科的基本概念和基本结构,促进学生认识能力的不断提高。

赞科夫提出"理论知识起主导作用的原则"的目的,在于纠正传统教学中过于重视让学生掌握一些具体的知识和技巧,但忽视学科基本概念、基本理论学习的弊端。赞科夫认为,学生在学习科学文化基础知识的过程中掌握学科的基本概念和基本理论,有助于学生全面准确地把握知识的本质和灵活地运用知识,不断提高学生自身的一般发展水平。

赞科夫认为贯彻理论知识起主导作用这一教学原则,并不与对知识和技巧的学习相矛盾。"确定理论知识的主导作用的原则,并不贬低知识和技巧以及学龄初期儿童获得知识和技巧的意义。我们的教学大纲、教学法指示、教材和教科书,都证明在实验教学中对技巧是十分重视的。"[①]因而,贯彻理论知识起主导作用这一教学原则,就要求教师在教学中既要引导学生掌握一些具体的技能技巧,又要向他们传授一些具有规律性的知识,做到举一反三、触类旁通。

赞科夫提出理论知识起主导作用这一教学原则的目的,在于提高教材内容的理论化和现代化水平,让学生在学习具有一定理论性和一定难度的教材内容的过程中,提高自身的理论概括能力,为顺利掌握新知识创造条件。

(四)使学生理解学习过程的原则

赞科夫认为,使学生理解学习过程的原则,要求教师在教学过程中引导学生积极主动地参与知识的产生与发展过程,指导学生在掌握知识技能的过程中,形成良好的学习技能、态度和主动求知的习惯。

赞科夫提出"使学生理解学习过程原则"的目的,在于纠正传统教学中过于重视知识技能传授,忽视学习能力和学习习惯培养的弊端。赞科夫认为,传统教学过于重视发挥教师的主导作用,过于强调教师的系统讲授,极力要求学生掌握教师传授的知识技能,但对学生的主体作用重视不够。因而,学生未能参与知识的产生与发展过程,没有学会如何学习,极大地影响了学生的一般发展,对学生今后的学习和生活也产生了严重的消极影响。

赞科夫认为,教师在教学过程中引导学生理解学习过程,有助于提高学生掌握知识的质量,有助于促进学生的一般发展。赞科夫极力主张教师要转变教育教学观念,切实注意调动学生参与学习过程的积极性,引导他们积极主动地参与知识的产生与发

---

① [苏联]赞科夫:《教学与发展》,杜殿坤、张世臣、俞翔辉等译,45 页,北京,人民教育出版社,1985。

展的过程，逐步学习如何制订适合自身需要的学习计划、如何利用工具书查阅资料、如何发现和纠正自己学习中的错误、如何与他人交流、如何提高时间利用效率等，帮助他们在学习的过程逐步形成良好的学习技能，养成主动求知的学习习惯。

（五）使全体学生都得到发展的原则

赞科夫认为，使全体学生都得到发展的原则是指，教师在教学过程中要用社会主义人道主义精神对待所有学生，引导他们不断进步，促使他们的一般发展水平不断提高，使每一个学生都能在自己的原有基础上实现最大程度的一般发展，成为苏维埃社会主义国家的建设者和保卫者。

赞科夫强调，苏维埃社会主义现代化建设事业要求学校教育不能过于关注向学生传授现成的知识技能，不能仅仅关注少数学生学业成绩的提高，而要关注所有学生学业成绩的提高。该原则的目的就是纠正传统学校过于关注少数学生，而忽视其他学生学习和实现一般发展的弊端，使学校由筛选、选拔人才的精英教育机构，转变成关注所有学生一般发展和个性发展的大众性教育机构。

赞科夫提出，传统教学过于强调发挥教师的主导作用，过于重视考查学生死记硬背的技能，忽视了学生的一般发展，学生处于被动学习状态，许多学生难以适应教师的教学进度，学习成绩不断下降。在一些教师看来，这些学生成绩不佳的原因除天赋不佳以外，主要在于学习不努力，于是在课外给这些学生补课，让他们做大量的补充性作业，结果造成这些学生学习成绩更差。赞科夫则认为，学生学习成绩不佳，主要原因并非他们学习不努力，而是他们的一般发展水平不高，学习效率低下。赞科夫反对教师为成绩不佳的学生补课，或者让他们做大量的补充性作业，强调要采用有效的措施减轻他们的学习压力，因材施教，注意引导他们有目的、有计划地参加观察活动、思维活动和实际操作活动，要在学生的一般发展上下功夫，逐步提高他们的一般发展水平，循序渐进地提高他们的学习成绩。学生只有在一般发展上取得成绩的基础上，才能真正地掌握知识和技巧。

总之，赞科夫强调教师要转变教育教学观念，不能一味地要求学生看教科书、做课外作业，要调动学生参与学习过程的积极性，要有目的、有计划地引导他们参与知识的产生与发展过程，在观察活动、思维活动、实际操作的活动中不断提高他们的一般发展水平，促使他们学习成绩的不断提高。

赞科夫认为，以上五项原则共同构成了实验教学的教学原则体系。这五项原则作用各不相同，但又相互联系，形成了一个不可分割的整体。赞科夫提出，这些教学原则的基本特点包括：注重发挥学生学习动机的作用，强调学生参与学习过程，关注学生一般发展，强调培养学生的创新意识。

在广泛继承苏联和部分国家教学改革经验与教训的基础上，赞科夫坚持以辩证唯物主义哲学认识论和现代心理学研究成果为指导，系统总结了长期教学实验的成果，创建了注重发挥学生的主体作用、强调学生一般发展的发展性教学理论新体系。这一理论体系突破了传统教学过于重视教师主导作用、课堂教学和书本知识的诸多限制，依据"最近发展区"理论提出了教学要走在发展前面，发展要为教学服务的教学改革思想，提出了要创建良好的教育教学环境，建立民主和谐的师生关系，引导学生通过积极参与观察活动、思维活动和实际操作活动促进学生一般发展的具体建议，创建了促进学生一般发展的教学原则体系，进一步丰富和发展了现代教学理论，为苏联和世界教学理论的科学化和现代化做出了贡献。

不过，我们还应注意到赞科夫的发展性教学理论体系的一些不足。该理论提出以高难度、高速度进行教学的原则，但如何确定难度和速度，在教学实践中难以准确把握。

第六节　巴班斯基的教学过程最优化理论

尤里·康斯坦丁诺夫·巴班斯基(Юрий Константинович Бабанский，1927—1987)，苏联著名教育家，苏联教育科学院院士。1949年毕业于顿河畔罗斯托夫师范学院，后留校任教，讲授物理教学法和教育学。为克服当时苏联中学普遍存在的学生成绩不及格和留级现象，曾参与顿河畔罗斯托夫市第一学校和第九十二学校的教学过程最优化教育实验，并提出了教学过程最优化理论。主要教育著述包括《教学过程最优化———一般教学论方面》(1977年)、《怎样实施教学过程最优化》(1978年)、《教学教育过程最优化———方法论原理》(1982年)和《提高教育学研究的效率问题》(1982年)等。

一、教学过程的基本成分与基本环节

巴班斯基提出，社会主义学校教育的基本目的在于在整体性的教学和教育过程中培养全面和谐发展的人。教学过程是这一整体性过程的必要组成部分，对其基本成分和基本环节进行揭示，既是实现社会主义学校教育目的的必然要求，也是实现教学过程最优化的基础性工作。

教学过程的基本成分包括：由社会所决定的教育目的、教学内容、教学条件、教师和学生活动的组织形式、师生活动的方法、对教学结果的分析和自我分析。

教学过程包括以下六个基本环节。

第一个环节：教师研究教学过程得以进行的教学系统的特点，即研究学生(年龄、性别、学业水平等)、学生集体、教学条件、教师本身的可能性等，了解教学的社会目的和任务，并使之具体化。

第二个环节：考虑全班的学生特点，使教学内容具体化。

第三个环节：教师根据已揭示的教学系统的特点，确定教学手段，最优化地选择教学活动的组织形式和方法。

第四个环节：把教师教的影响和学生的学习认识活动统一起来，形成师生在教学中的相互影响。

第五个环节：对知识、技能、技巧掌握的情况实施日常检查和自我检查，适时地调整教学过程的进程。

第六个环节：教师和学生分析教学过程一定阶段的结果，查明尚未解决的任务，以供设计下一个周期的教学过程时参考。①

二、教学原则

教育和教学过程中存在着一些结构性的和普遍性的联系，即教学规律。比如，教学与生活、与劳动者为建立共产主义新社会而进行斗争的实践相联系的规律，学校教学与科学知识、技术和文化发展水平相适应的规律，教学与教育相统一的规律，在教学和教育中发挥学生积极性的规律等。

依据上述教学规律，可以归纳出若干有助于实现最优化教学的教学原则。比如，教学过程旨在实现个性全面而和谐发展的方向性原则；教学与共产主义建设实际相联系的原则；教学的科学性原则，即教学内容应严格地符合科学，客观反映并体现科学知识现状和发展趋势；教学的可接受性原则，即教和学的内容、形式和方法要尽最大可能反映学生学习的实际可能性；教学的系统性和连贯性原则，要求按照一定的顺序，系统化地使学生掌握知识、技能和技巧；为发挥教学过程的作用创设最优的条件原则；全班、分组和个别的教学组织形式相统一和最优结合的原则；口述的、直观的和实践的教学方法最优结合的原则；在教师指导下发挥学生在教学中的自觉性、积极性和独立性的原则；再现的与探究的学习认识活动相统一和最优地相互联系的原则；尽力激发和诱导学生形成良好的学习态度的原则；保证在教学中随机应变地进行检查和自我检查的原则；知识、技能和技巧的巩固性、理解性和实效性，教养效果和教育效果相统一的原则等。②

三、"教学过程最优化"的概念

巴班斯基在全面解析对"教学过程最优化"所存在的偏差性理解的基础上，以马克思主义辩证法为理论指导，借助有关心理学研究成果，明确界定了"教学过程最优化"概念。

首先，教学过程最优化中的"教学过程"不等于"教师的劳动"。在完整的教学过程中，教学过程最优化不仅意味着科学组织教师的劳动以实现最优化，而且还意味着科学组织学生的学习活动以实现最优化。

其次，教学过程最优化不等于"程序教学"，不能把"程序教学"视为最优化地组织教学的同义词。不可否认，程序教学在改进学生尤其是后进生工作上具有很大优点。但也应指出，程序教学因其对教学程序的严格控制，有可能成为抑制学生实现自主性和独立性发展的因素，进而影响教学过程最优化的实现。巴班斯基强调，教学过程最优化不是一种具体的教学方式或方法，力戒从某个单一因素或方面理解或追求教学过程最优化，需要全面考虑教学规律、教学原则、教学组织形式与方法、教学体系的内外部条件等。"最优化不是什么特别的教学法或教学手段，而是在教学规律和教学原

---

① ［苏联］尤·克·巴班斯基：《教学过程最优化——一般教学论方面》，张定璋等译，14 页，北京，人民教育出版社，2007。

② ［苏联］尤·克·巴班斯基：《教学过程最优化——一般教学论方面》，张定璋等译，24～36 页，北京，人民教育出版社，2007。

则基础上，教师对教育过程的一种目标明确的安排，是教师有意识的、有科学根据的一种选择（而不是自发的、偶然的选择），是最好的、最适合于该具体条件的课堂教学和整个教学过程的安排方案。"①

最后，教学过程最优化的判断标准。"最优化"，意味着从一定标准看是最好的，因而，确立最优化的标准有助于为教师选择最好的方案提供依据。巴班斯基为教学过程最优化提供了四项标准：①在形成知识、技能、技巧和形成某种个性特点方面，在提高学生教育水平方面，取得可能达到的最好结果；②师生花费最少的必要时间，取得各项预定结果；③以可允许的精力花费，在限定时间内取得预定结果；④以比通常消耗少的经费，在有限时间内取得预定结果。在此基础上，巴班斯基提出了教学过程最优化的最重要标准，即"首先必须是完成教学教育任务的效率和质量，以及师生在完成这些任务时所花费的时间和精力"②。

在此基础上，巴班斯基将"教学过程最优化"界定为："教学过程最优化是在全面考虑教学规律、原则、现代教学的形式和方法、该教学系统的特征以及内外部条件的基础上，为了使过程从既定标准看来发挥最有效的（即最优的）作用而组织的控制。"③ 巴班斯基强调，对于"教学过程最优化"不能作空泛的理解，只有从某一选定的标准或总标准来看，才可能具有最优化的意义。

四、创造实现教学过程最优化的条件

没有必要的条件，任何活动要么完全不能进行，要么只能不完全地进行。教学过程最优化的开展，也要以创造实现教学过程最优化的条件为前提。所需创造的具体条件包括以下方面。

第一，对教师实施专门的科学教学法训练。主要包括阐述实现教学过程最优化的方法论，组织教师开展选择教学过程最优结构的练习，组织教师系统地研究先进的教学经验，训练教师自我分析教学工作。"为了卓有成效地优选组织教学过程的各种决定，教师必须仔细分析自己本身的教学教育工作经验，评定过去采取的决定是不是最优的。"④

第二，使教师掌握有关研究学生的大纲和切实可行的研究方法，以使教学过程能适当考虑学生的特点。教师要对学生"个人实际的学习可能性"进行深入研究，即对学生实际的学习可能性的内部成分与外部成分进行研究。内部成分包括个人的思维、识记等基本心理过程和属性的发展水平，特殊的知识、技能与技巧，一般学习劳动的技

---

① ［苏联］Ю. К. 巴班斯基、M. M. 波塔什尼克：《教育过程最优化问答（修订本）》，李玉兰译，1页，北京，北京师范大学出版社，1988。

② ［苏联］Ю. К. 巴班斯基、M. M. 波塔什尼克：《教育过程最优化问答（修订本）》，李玉兰译，2页，北京，北京师范大学出版社，1988。

③ ［苏联］尤·克·巴班斯基：《教学过程最优化——一般教学论方面》，张定璋等译，55页，北京，人民教育出版社，2007。

④ ［苏联］尤·克·巴班斯基：《教学过程最优化——一般教学论方面》，张定璋等译，118页，北京，人民教育出版社，2007。

能和技巧，对个人学习精力具有特殊影响的身体发展因素，个人的学习态度，对学习有特殊影响的品德修养因素。外部成分包括家庭、文化和生产环境等校外影响，教师、学生集体、学校教学物质基础等的影响。[①]

第三，提供有助于发挥教学过程作用的良好的教学物质条件、学校卫生条件和精神心理条件。关于教学物质条件，巴班斯基提出，必须保证普通学校拥有专用教室、实验室、教学工厂、学校实验园地等教学设备，教师要深思熟虑，选择运用有关课程教学的设备。关于学校卫生条件，巴班斯基强调，没有适当的学校卫生条件，教学过程最优化是难以想象的。因而，要确保学校运动操场适合学生需要，学习场所温度适宜，课桌座椅适应学生身高等。关于精神心理条件，巴班斯基具体提出了教师在创造实现教学过程最优化的精神心理条件方面的责任，教师应具备高超的教育机智和艺术，要从共产主义道德原则出发，尊重学生，与人为善，镇定沉着，富有爱心。

五、教师在教学过程最优化之中的任务

从教学过程最优化的概念及其判断标准出发，可以对教师在教学过程最优化中所承担的综合性的教学教育任务加以说明。教师的教学教育任务可以结合六个阶段来说明。

第一阶段，教师接受任务，并在全面研究教学系统的基础上实现任务的具体化：教师领会既定的教学任务及其在教学、教育过程中的地位；研究学生与学生集体的可能性，研究校外环境对学生的影响，研究教学的物质条件和教师本身的可能性，收集完成教学任务的具体化信息；既要揭示教学系统的弱点、揭示教学要求与教学系统可能性之间的矛盾，又要查明教学系统的优点，以便在完成任务的过程中充分利用这些优点；依据已查明的教学系统的可能性、优点和弱点，指出在当时条件下可能达到的最优的教学结果。

第二阶段，选择一些能够判断最优化既定任务的标准：分析当时的教学任务的特点，实现现行中小学知识、技能和技巧评定标准的具体化；选择一些判断标准，如师生研究某一课题的时间是否合理。

第三阶段，选择已知条件下最佳地完成既定教学任务的综合性手段和计划：分析问题内容，揭示教学内容对教学形式和方法的要求；充分了解完成教学任务的教学法建议，结合教学班级的可能性和教学法建议的优缺点，使其具体化；借鉴类似条件下完成教学任务的先进经验；分析教师自身过去解决类似问题的经验；选择最合理的教学形式和方法。

第四阶段，尽最大可能为实施完成任务的计划改善条件：教师为完成既定任务而在理论上和实践上做好准备；尽可能为完成任务而改善教学物质条件和学校卫生条件；尽可能为完成任务而改善精神心理条件；协调教师之间、教师和学生积极分子之间、教师和家长委员会之间的活动计划。

第五阶段，在一节课或一系列课的进程中，实施完成既定教学任务的计划：使学

---

① ［苏联］尤·克·巴班斯基：《教学过程最优化——一般教学论方面》，张定璋等译，129～130 页，北京，人民教育出版社，2007。

生有完成任务的需要感；按照计划中所选定的工作顺序，组织师生的活动；以当时条件下最优的速度开展教师和学生的活动；教师鼓励学生积极独立地完成既定任务；检查教学任务的完成情况。

第六阶段，按照原先选定的最优化的标准分析任务的完成情况：是否保证了以尽可能大的效果和尽可能高的质量完成任务；在达到预期效果的情况下，是否超过了师生课内外活动的时间标准；导致任务未能最优完成的原因是什么；认清那些能基本保证最优地完成教学任务的因素，以积累推进教学过程最优化的经验。①

巴班斯基的教学过程最优化理论，是服务于苏联普通教育实现提高学生知识水平和为参加工农业生产劳动做好准备这一双重教育目的的，是为解决当时苏联普通教育实践中所存在的教师教学负担过重、学生学业成绩不良等问题而提出的，具有强烈的针对性和现实性。它以马克思辩证唯物主义思想为理论基础，吸收了心理学和教学论的有关成果，运用系统方法，坚持整体论观点，表现出明确的理论创新意义和实践价值，深化了当时苏联的教学理论研究，推动了苏联普通学校教育实践的发展。

第七节　苏霍姆林斯基的和谐发展教育思想

瓦·阿·苏霍姆林斯基(Василий Александрович Сухомлинский，1918—1970)，苏联现代著名教育思想家和教育教学实践家。出生于乌克兰的一个农民家庭，中学毕业后进入一所师范学校学习，毕业后担任一所农村小学的教师，后考入苏联波尔塔瓦师范学院语言文学系，以函授方式读完了全部课程，毕业后到一所中学工作。从1948年起担任帕夫雷什中学的校长，使该校从一所普通农村中学变成了世界闻名的实验学校。苏霍姆林斯基在系统总结帕夫雷什中学教育教学改革经验与教训的基础上，提出了和谐发展教学的理念，并在长期的教育教学改革中不断完善，形成了注重发挥学生的主体精神，关注学生身心和谐发展的和谐发展教育思想。

苏霍姆林斯基勤奋好学，具有极强的忘我工作精神和创新意识，善于在极其繁忙的工作之余开展教育教学理论的研究与探索工作，并取得了令人敬佩的成就。他一生撰写了40多部专著，600多篇教育教学科研论文，近1200篇童话故事和小说。其中《学生的精神世界》(1961年)、《和青年校长的谈话》(1965—1966年)、《给教师的一百条建议》(1965—1967年)、《把整个心灵献给孩子》(1969年)、《帕夫雷什中学》(1969年)、《公民的诞生》(1970年)和《怎样培养真正的人》(1979年)等产生了广泛而深远的教育影响。苏霍姆林斯基的著作被翻译成英文、德文、日文、中文等多种文字出版。由于成就卓著，苏霍姆林斯基曾荣获两枚列宁勋章和"苏联社会主义劳动英雄"称号。

① ［苏联］尤·克·巴班斯基：《教学过程最优化——一般教学论方面》，张定璋等译，72～75页，北京，人民教育出版社，2007。

苏霍姆林斯基被苏联教育界誉为"苏联教育界超群绝伦的人物""教育思想界的泰斗"。他的教育著作被认为是学校生活的百科全书，是"活的教育学"。

一、苏维埃社会主义学校教育的培养目标

苏霍姆林斯基在系统考察教育史上关于人的发展的理论基础上，依据马克思列宁主义关于人的全面发展理论和苏联社会主义建设实践，认为苏维埃社会主义学校教育的目标在于培养身心全面和谐发展的社会主义事业的建设者和保卫者。他说："学校教育的理想是培养全面和谐发展的人，社会进步的积极参与者。全面和谐的发展，意味着劳动与人在各类活动中的丰富精神的统一，意味着人在品行上以及同他人相互关系上的道德纯洁，意味着体魄的完美、审美需求和趣味的丰富及社会兴趣和个人兴趣的多样。"①苏霍姆林斯基提出，"要使人的个性得到充分的发挥，就要让他从事他喜爱的劳动，而且，他越深入到这种劳动中去，他的能力和天资就会得到更好的发展，他的生活也会更加幸福"②。因此，他反复强调苏维埃社会主义学校要更加关注学生的身心全面和谐发展，要为社会培养身心和谐发展的社会主义事业的建设者和保卫者。

苏霍姆林斯基依据马克思列宁主义关于人的全面发展理论，并结合苏联社会主义建设的实际，对学校教育的目标进行了全面系统的论述，强调社会主义学校教育目标的全面性和和谐性，进一步丰富和完善了苏联社会主义学校教育的目标，对第二次世界大战后苏联教育改革产生了积极的影响。

二、和谐发展教育的内容

苏霍姆林斯基认为，苏维埃社会主义学校教育应当包括德育、智育、体育、美育和劳动教育，教育者只有把以上各育和谐地统一起来，才能全面地实现苏维埃社会主义学校的教育目标。

（一）德育

苏霍姆林斯基非常重视德育在教育工作中的地位，认为德育能够保证学生正确的思想政治方向，丰富学生的精神世界，在整个教育工作中发挥着统率全局的作用。他说："和谐全面发展的核心是高尚的道德。集体中的生活、劳动、学习和相互关系——所有这一切，我们都竭力使它都受到崇高道德理想的鼓舞。"③因此，苏霍姆林斯基强调教育者在教育工作中要重视学生的德育，要使学生的学习、工作和生活都受到崇高道德理想的鼓舞。

苏霍姆林斯基认为，学生不仅是教师开展德育活动的对象，而且是德育工作的主体。因此，他反复强调教师要切实把学生作为德育工作的主体，调动学生参与德育工

---

① 蔡汀、王义高、祖晶：《苏霍姆林斯基选集（五卷本）》第 4 卷，13 页，北京，教育科学出版社，2001。

② 蔡汀、王义高、祖晶：《苏霍姆林斯基选集（五卷本）》第 4 卷，17 页，北京，教育科学出版社，2001。

③ 蔡汀、王义高、祖晶：《苏霍姆林斯基选集（五卷本）》第 4 卷，13 页，北京，教育科学出版社，2001。

作的积极性，要切实加强德育内容与学生周围实际的联系，体现德育内容的趣味性，要引导学生在活动与交往中积极主动地参与德育过程，逐步地形成良好的道德观念和道德品质。

(二)智育

苏霍姆林斯基把智育(智力的培育)视为共产主义教育的重要环节与和谐发展教育的重要组成部分，智育"包括获取知识，形成科学世界观，发展认识和创造能力，养成脑力劳动的技能，培养对脑力劳动的兴趣和要求，以及对不断充实科学知识和运用科学知识于实践的兴趣和要求"[1]。

在苏霍姆林斯基看来，智育应该向学生传授知识技能，但不能把智育仅仅局限于向学生传授知识技能，还要注重学生智力的培养。此外，智育不能仅仅归结为知识量的积累，不能把学生的智力发展等同于知识的掌握。"智育是在获取科学知识的过程中进行的，但又不能仅仅归结为一定知识量的积累。"[2]即便学生掌握了很多知识，若不知如何应用，智力水平难以提高，教育目的也难以实现。"教学过程中要实现智育的主要目的——发展智力。"[3]

苏霍姆林斯基就教学实践中如何发展学生的智力提出了较为详尽的建议，强调教师要不断提高自身的综合文化素养，创造良好的教育环境，加强教学内容和学生周围实际生活的联系，引导学生积极主动地利用原有知识经验参与知识的产生与发展过程，指导学生在活动与交往中开展探究学习。

苏霍姆林斯基认为教学是促进学生智力发展的基本途径，但不是唯一的途径，课外活动、生产劳动等在学生的智力发展中同样具有重要意义。因此，他反复强调教师不要把学生禁锢于教室和对教科书的学习上，要让学生在学习教科书的基础上，积极主动地参加课外活动和生产劳动，在广泛接受人类文明的熏陶中，在运用以前所学知识解决面临问题的过程中，逐步提高自身的智力发展水平。

(三)体育

与智育一样，苏霍姆林斯基把体育视为和谐发展教育的重要组成部分，强调体育对于促进学生的身体健康，确保学生身心全面和谐发展具有重要意义。他说："良好的健康和充沛旺盛的精力，是朝气蓬勃感知世界、焕发乐观精神、产生战胜一切艰难险阻的意志的一个极重要的源泉。而孩子生病、体弱和带有疾患素质，则是诸多不幸的祸根。"[4]苏霍姆林斯基基于多年的调查研究发现，学生学习成绩与自身身体健康状

---

[1] 蔡汀、王义高、祖晶：《苏霍姆林斯基选集(五卷本)》第4卷，327页，北京，教育科学出版社，2001。

[2] 蔡汀、王义高、祖晶：《苏霍姆林斯基选集(五卷本)》第4卷，327页，北京，教育科学出版社，2001。

[3] 蔡汀、王义高、祖晶：《苏霍姆林斯基选集(五卷本)》第4卷，328页，北京，教育科学出版社，2001。

[4] 蔡汀、王义高、祖晶：《苏霍姆林斯基选集(五卷本)》第4卷，217页，北京，教育科学出版社，2001。

况具有很大的关系，部分学生学习成绩不佳并不是因为他们智力发展水平不高，而是由于他们身体健康状况欠佳，长期患有某些不易察觉的疾病。因此，他反复强调教育者要重视体育，关注学生的身体健康。

为了确保孩子的身心健康，苏霍姆林斯基明确提出要确保学生的饮食营养，引导学生养成科学的饮食习惯，特别是要多吃蛋白质含量丰富的食品，多吃新鲜的蔬菜和水果，要按时吃早饭，饭后要休息一段时间后再学习。

苏霍姆林斯基认为学生的身心健康同他们的学习方式和学习强度有很大的关系，因此他极力主张改进学校的教育教学工作，加强学生体育锻炼，严格控制学生在教室里的学习时间和每天完成课外作业的时间，确保学生每天有充足的休息和娱乐时间。

（四）美育

苏霍姆林斯基认为美育是道德纯洁、精神丰富和体魄健全的有力源泉，"赋予学生的认识和创造活动以及他在多种活动中的精神需求的发展和满足以特定方向的审美教育，涉及正在成长的人的精神生活的一切领域。审美教育同人的思想面貌的形成、同儿童和青少年审美和道德标准的形成，密不可分地联系在一起"[1]。因此，他强调教育工作者要重视美育，"把美感和许多世纪以来创造的美变为每个人心灵的财富，变为个人的和人们之间道德关系中的审美素养"[2]。

苏霍姆林斯基倡导发挥校园文化环境建设在促进学生身心和谐发展方面的教育意义，"我们在努力做到使学校的墙壁也说话"[3]，让学生在优美的校园文化环境中潜移默化地受到启迪和感化。

苏霍姆林斯基认为教学是学校实施美育的基本途径，强调要加强学校的音乐、美术等课程的教学，充分发挥文学、语言学、历史学、地理学、数学和科学等学科课程内容的审美价值，让学生在获取科学文化知识的过程中不断扩充美的知识，加深对美的感受和理解。

苏霍姆林斯基提出，美育没有统一的模式，美育的内容和方式必须适合学生的特点和需要。苏霍姆林斯基就学校美育工作改进提出了一系列建议。比如，要让学校成为书籍的海洋，让学生在阅读各种优秀书籍的过程中接受熏陶和启迪；要让学生在劳动和课外活动中参与美育过程，在运用所学知识解决实际问题、在为别人服务的过程中接受美育等。

（五）劳动教育

苏霍姆林斯基强调，作为和谐发展教育的重要组成部分，劳动教育是对青年一代参加社会生产的实际训练，也是德育、智育和美育的重要因素。加强劳动教育，促进

---

[1] 蔡汀、王义高、祖晶：《苏霍姆林斯基选集（五卷本）》第 4 卷，544 页，北京，教育科学出版社，2001。

[2] 蔡汀、王义高、祖晶：《苏霍姆林斯基选集（五卷本）》第 4 卷，549 页，北京，教育科学出版社，2001。

[3] 蔡汀、王义高、祖晶：《苏霍姆林斯基选集（五卷本）》第 4 卷，205 页，北京，教育科学出版社，2001。

学生身心和谐发展，是苏维埃社会主义国家培养具有良好道德品质和文化知识素养的劳动者的重要任务。

苏霍姆林斯基始终坚定地认为，社会主义学校必须重视劳动教育，只有通过劳动教育才能培养出热爱劳动的人。他对苏联 20 世纪四五十年代不重视劳动教育的状况进行了严厉的批评，认为长期让学生接受普通科学文化知识教育，从不让他参加任何劳动训练，毕业时则让他去参加劳动，对学校和个人来讲，都是一个悲剧。学生在长期接受学校教育的过程中脱离了社会生产与社会生活实际，没有接受任何的劳动训练，缺乏劳动知识技能，特别是缺乏热爱劳动的情感，没有做好参加社会劳动的任何准备，这对社会与个人来讲，都是一种极大的损失。不过，苏霍姆林斯基又认为，劳动教育是建立在普通文化知识教育基础上的劳动教育，劳动教育的时间必须适宜，忽视学生科学文化知识教学的劳动教育，也是错误的。

霍姆林斯基认为，以上各育在促进学生的身心发展，全面提高学生的素质中具有独特的作用，但他明确指出，让学生接受德育、智育、体育、美育和劳动教育，最根本的、最重要的在于丰富学生的内心世界，促进学生身心的和谐发展。他还指出和谐发展教育的各个组成部分不是孤立的，而是相互渗透、相互影响、相互作用的，不能孤立地、片面地看待各育的作用。他说："要实现全面发展，就要使智育、体育、德育、劳动教育和审美教育深入地相互渗透和相互交织，使这几方面的教育呈现为一个统一的完整过程。"①

三、和谐发展教育的基本措施

在苏霍姆林斯基看来，苏维埃社会主义学校要培养身心和谐发展的共产主义新人，就要采取有效措施对学生实施德育、智育、体育、美育和劳动教育。

(一)教学活动

苏霍姆林斯基认为，教学是促进学生身心和谐发展的最基本的手段，以促进学生身心和谐发展为目的的教学即和谐发展教学。具体来说，和谐发展教学就是运用学校、社会和家庭等各种教育力量为学生创设良好的教育环境，充分发挥教育者的主导作用和学生的主体作用，切实调动青少年学生学习的积极主动性，引导他们积极主动地参与知识的产生与发展过程，在丰富多彩的教育环境中通过动手动脑的活动，在学习领域和其他领域里都获得成功，促使他们身心和谐发展，成为精神生活丰富和富有创造性智慧的共产主义新人的教学活动。

教学活动是在教育目的规范下的教师的教和学生的学共同组成的一种教育活动，但绝不是教师把现成的知识硬塞给学生的活动，而是教师指导下的学生的主动学习活动，使教师与学生之间的心灵接触。苏霍姆林斯基强调要提高教学的效果，就要切实改变传统教学活动中过于重视教师主导作用，但忽视学生主体作用的做法，切实发挥教师的主导作用，调动学生积极主动参与学习过程的积极性，使教学过程成为教师指

---

① 蔡汀、王义高、祖晶：《苏霍姆林斯基选集(五卷本)》第 4 卷，13 页，北京，教育科学出版社，2001。

导下的学生利用原有知识经验去探究新知识的过程。

苏霍姆林斯基反复强调教师在教学过程中要处理好教学与发展之间的关系，即传授知识和发展学生智力的关系。他强调教师不能仅仅让学生记住所学知识，要引导学生主动利用已有知识去获取新的知识，去解决面临的实际问题，在运用所学知识去获取新的知识、解决面临的实际问题的过程中不断提高他们的智力水平。

苏霍姆林斯基认为教学和学生良好个性的形成密不可分，没有脱离教学的思想政治教育。苏霍姆林斯基强调，苏维埃社会主义学校的教学必须处理好教学与思想政治教育的关系，确保教学的育人性，使教学活动成为陶冶学生个性、促进其身心健康与和谐发展的活动。

（二）课外与校外活动

苏霍姆林斯基主张，学生在学校课堂和教科书上学到的知识技能对学生的身心发展具有重大意义，但如果学习范围仅局限于课堂教学则是有限的，对学生的身心和谐发展会产生诸多不良影响。他认为学生知识与经验的不断丰富和综合素养的不断提高，需要在一定的智力生活背景下进行。课外与校外活动可以促使学生学习范围的进一步扩大，智力生活背景更加丰富深厚，有利于学生巩固、加深对所学知识的理解，并且能促使学生在运用以前所学知识解决实际问题的过程中体验到成功的快乐，激发他们继续探究新世界的愿望。因此，苏霍姆林斯基反复强调学校要解放思想，引导学生彻底突破课堂教学和教学大纲的限制，有组织、有计划地参加丰富多彩的课外与校外活动，让他们在活动与交往中学会学习、学会做事、学会做人。

（三）劳动

苏霍姆林斯基认为劳动是学校教育重要的内容，学生通过参加劳动特别是参加富有创造性的劳动，可以认识到科学文化知识的重要性，可以有效地激发探究世界的愿望，体验到劳动的光荣和伟大，提高实际工作能力，养成热爱劳动和热爱劳动人民的情感。因此，苏霍姆林斯基强调要重视劳动对学生身心发展的促进作用。"教育寓于积极的劳动之中，寓于教育过程的物质基础的创设和加强之中，寓于为生活、劳动以及智力发展和审美能力发展所必需的那些物质财富的创造之中。这种劳动是智力上成熟和劳动上成熟一致起来的重要先决条件。"①

苏霍姆林斯基还结合实际创造性地提出了改进中小学劳动教育的建议，有力地推动了苏联中小学劳动教育的改革。

（四）家庭教育

在苏霍姆林斯基看来，家庭是儿童接受教育时间最长久、接受教育内容最广泛和影响最深刻的教育机构，没有家庭的参与，仅仅依靠学校是无法完成培养身心和谐发展新人的任务的，任何时候轻视家庭教育在青少年学生身心和谐发展中的作用都是错误的。为了保证家庭教育有效地配合学校教育的工作，苏霍姆林斯基极力主张要建立

---

① 蔡汀、王义高、祖晶：《苏霍姆林斯基选集（五卷本）》第 4 卷，15 页，北京，教育科学出版社，2001。

学校—家庭教育体系,切实加强学校教育与家庭教育之间的联系,不断提高学校—家庭教育体系的教育效果。

四、和谐发展教育的基本原则

苏霍姆林斯基在系统总结帕夫雷什中学教学改革经验的基础上,创立了关注学生主体精神,倡导尊重学生个性的和谐发展教育原则体系。

(一)科学性与思想性有机结合原则

苏霍姆林斯基主张,苏维埃学校传授的理论知识中,包含着很多可能培养新人道德品质的重要道德知识,如关于诚实、正直、勇敢和无私的知识等,但是仅凭死记硬背这些知识是培养不出这些品质的。教育者只有把渗透在理论材料里的共产主义思想、英勇无畏的精神和英雄人物的豪迈气概,从最先进的、革命的无产阶级道德的立场来阐发,才能触动青少年学生的心灵,使他们受到启迪和教育。因此,他强调苏维埃社会主义国家学校的教育教学工作一定要坚持科学性,教育者要用科学文化知识来教育学生,并要结合学生周围的实际运用马克思列宁主义的观点去分析这些材料,揭示这些材料的道德伦理价值,引导学生参与知识的产生与发展过程,在学习掌握这些科学文化知识的过程中,了解这些知识所包含的道德含义,逐步形成科学的世界观和良好的思想道德品质。

(二)学生主体性原则

苏霍姆林斯基认为,教学是教师指导下的学生的学习活动,学生不仅是教师的教学对象,也是教学的主体。"只有在集体的每个成员都是教育过程的积极参与者这个条件下,才可能有真正的主动性、创造性和首倡精神。"[①]因此,苏霍姆林斯基强调,教师的任务不是把规定的教材内容灌输给学生,而是创设良好的教育环境,发挥他们的主体精神,不断激发学生的学习愿望,启发学生深入观察和思考,让他们积极主动地参与知识的产生与发展的过程,引导他们在运用知识解决面临问题的过程中学会学习。

(三)个别对待原则

苏霍姆林斯基认为,每个学生都拥有自己的不同于别人的特点,都有自己的精神需要和兴趣,每个学生通向身心和谐发展的道路和途径也各不相同。因此,教师在教育教学过程中应该了解每一个学生的特点和需要,对每一个学生都要采取个别对待的方式,引导他们在原有的基础上有所收获、有所进步。他说:"教学和教育的技巧和艺术就在于,要使每一个儿童的力量和可能性发挥出来,使他享受到脑力劳动中的成功的乐趣。这就是说,在学习中,无论就脑力劳动的内容(作业的性质),还是就所需的时间来说,都应当采取个别对待的态度。"[②]

---

① 蔡汀、王义高、祖晶:《苏霍姆林斯基选集(五卷本)》第1卷,220页,北京,教育科学出版社,2001。

② [苏联]瓦·阿·苏霍姆林斯基:《给教师的建议(修订本 全一册)》,杜殿坤编译,2~3页,北京,教育科学出版社,1984。

（四）教育与自我教育相结合原则

在苏霍姆林斯基看来，教师是学生学习的指导者和成长的引路人，但学生并不是被动地接受教师教育的，他们"不只是学校教师和校长施行教育领导的对象，而且也是一种教育力量。教育技巧恰恰就在于善于激发这种力量，使它活跃起来，并在日后引导它"①。因此，苏霍姆林斯基认为要提高教育的效果，就要切实地发挥教师在教育过程的主导作用，同时还要调动学生的积极主动性，引导学生在自觉地接受学校教育的同时，自觉开展自我教育，并不断提高自我教育的能力。

苏霍姆林斯基在广泛吸收世界教育史上优秀教育家教育思想遗产和现代教育科学发展成果的基础上，坚持以马克思列宁主义哲学认识论为指导，开展全面的教育教学改革，在系统总结帕夫雷什中学教育教学改革经验与教训的基础上，创立了注重发挥学生主体精神、强调学校教育和家庭教育的有机结合、强调学校内外各种教育力量的有机结合、注重学生身心和谐发展的教育教学理论，有力地提升了苏联教育教学理论的现代化和科学化水平。

小结

凯洛夫、赞科夫、巴班斯基、苏霍姆林斯基等一大批具有创新意识的教育理论家和教育实践家，在继承人类优秀教育传统和遗产的基础上，坚持马克思列宁主义哲学认识论，成功运用唯物的、历史的和辩证的观点分析教育问题和教育现象，在教育教学实践中大胆创新，创立了各自的教育教学思想体系。苏联教育家的教育教学思想极大地丰富和发展了世界现代教育教学思想，对苏联以及其他社会主义国家的教育教学改革产生了较大影响。

凯洛夫《教育学》的基本教育主张是重视书本知识、重视教师的主导作用和课堂教学，但对学生主体作用、学生的经验和课外活动重视不够。

赞科夫的发展性教学理论更加关注学生的一般发展，强调充分发挥学生的主体作用，让学生的学习具有一定的难度和速度，使他们产生内在的学习动力，在活动与交往中提高自身的一般发展水平。

巴班斯基的教学过程最优化理论以马克思辩证唯物主义为理论基础，在探讨教学过程基本成分与基本环节、教学规律与教学原则的基础上，明确界定了教学过程最优化的内涵，说明了教师在教学过程最优化组织与实施中的责任与任务，为实现苏联普通学校教育的目的、解决苏联师生教与学负担、减少学生学业失败现象提供了理论支持。

苏霍姆林斯基和谐发展教育思想的核心是调动教育者、学生、家长等多方面的积极性，创设良好的教育环境，让学生在活动与交往中丰富自身的内心世界，促进个体身心和谐发展，成长为社会主义国家所需要的合格建设者和保卫者。

---

① 蔡汀、王义高、祖晶：《苏霍姆林斯基选集（五卷本）》第 4 卷，19 页，北京，教育科学出版社，2001。

思考题：

1. 试评述凯洛夫《教育学》中的教育思想体系。
2. 试评析赞科夫发展性教学的基本原则。
3. 试评析巴班斯基的教学过程最优化理论。
4. 试评析苏霍姆林斯基和谐发展教育思想。

参考文献：

1. 凯洛夫．教育学．沈颖，南致善，贝璋衡，等译．北京：人民教育出版社，1953.

2. 赞科夫．教学与发展．杜殿坤，张世臣，俞翔辉，等译．北京：人民教育出版社，1985.

3. 尤·克·巴班斯基．教学过程最优化——一般教学论方面．张定璋，等译．北京：人民教育出版社，1984.

4. 蔡汀，王义高，祖晶．苏霍姆林斯基选集：第四卷．北京：教育科学出版社，2001.

5. 滕大春．外国教育通史：第六卷．济南：山东教育出版社，2005.

6. 赵祥麟，李明德，赵荣昌．外国教育家评传：第三卷．上海：上海教育出版社，1992.

第二十二章　现代欧美教育思潮

内容提要

20 世纪是欧美国家教育改革与发展的重要时期。在教育改革与发展的过程中，一些教育家从哲学、心理学、文化等角度出发阐发自己对教育本质、教育目的、师生关系的观点，逐步形成了各具特色的教育思潮。20 世纪，欧美国家出现的现代教育思潮主要有：改造主义教育、要素主义教育、永恒主义教育、新托马斯主义教育、存在主义教育、新行为主义教育、结构主义教育、分析教育哲学、终身教育、现代人文主义教育和多元文化教育。这些教育思潮对世界许多国家和地区的教育教学改革产生了重大影响。

学习目标

1. 了解现代欧美主要教育思潮的产生过程、主要代表人物和主要观点。

2. 运用辩证唯物主义和历史唯物主义观点评价欧美主要教育思潮，并分析各教育思潮对当代世界教育改革的影响。

核心概念

改造主义教育；要素主义教育；永恒主义教育；新托马斯主义教育；存在主义教育；新行为主义教育；结构主义教育；分析教育哲学；终身教育；现代人文主义教育；多元文化教育

20世纪以来，欧美国家的教育思潮呈现十分活跃的发展状态。为进一步适应第二次世界大战后新兴学科不断诞生、新知识与新技术不断涌现所导致的社会生产与社会生活的巨大变化，欧美教育思想家开始重新审视以杜威实用主义教育思想为代表的现代教育理论在现代社会中的价值，在部分继承、深化、丰富、改造和扬弃性批判实用主义教育思想的基础上，在积极借鉴现代心理学、哲学和其他科学发展成果的基础上，在从不同角度对教育理论和教育实践问题做出进一步新的阐述的基础上，形成了不同的教育思潮，适应并指导了第二次世界大战后欧美国家教育需求多样化和教育实践改革的需要。

第一节　改造主义教育

改造主义教育是实用主义教育的重要分支。实用主义教育最根本的内容就是其社会改良主义，实用主义者一直致力于实现通过教育造就民主社会所需要的公民来改良社会的理想。20世纪30年代，一些实用主义教育家认识到，教育不能仅仅满足于通过培养人来影响社会的现状，教育必须直接参与社会生活、参与社会变革。美国实用主义教育的代表人物杜威强调，教育必须参与社会的改造；他的弟子康茨也指出，学校必须参与社会变革，敢于建设一个新的社会秩序。在杜威等人的影响下，康茨、拉格等人开始思考如何通过教育改良社会和改造社会。康茨出版了《学校在社会秩序中的地位》《学校能够传授民主主义》《教育与美国文明》等著作，拉格出版了《美国的文化和教育》《美国生活和学校课程》《美国教育基础》等著作，对改造主义教育思潮的形成产生了重要影响。

受康茨等人的影响，20世纪30年代以后，作为改造主义教育创始人之一的布拉梅尔德开始把研究重点放在如何使教育更好地服务于社会改造上，并在20世纪50年代出版了《教育哲学的模式》和《趋向改造的教育哲学》，为改造主义教育思潮奠定了理论基础。

改造主义教育思潮的基本观点可以概括为以下内容。

一、教育的根本目标在于为社会改造服务

在改造主义者看来，现代社会是一个危机四伏的社会。实用主义教育虽强调个人的发展，能够适应稳定时期社会的要求，但很难适应变化速度更快、变化范围更广的现代科技社会。为了适应时代要求，改造主义教育在继续关注个体成长与发展的同时，更加关注教育对社会的改造，强调教育要参与社会文化建设，通过教育提高社会成员的科学文化素养，加强社会成员的沟通与合作，消除社会成员的意见和分歧，获得社会成员的社会同意，创建现代社会的新秩序，最终实现社会成员的共同愿景。

改造主义教育强调教育对社会的改造，但反对通过激烈的阶级斗争和武装革命实现社会改造的目的，也就是要求教育在社会改造过程中承担起更多的责任，要通过教育影响个体的发展，进而促使社会成员在教育过程中实现观念的更新和变革，进一步

了解民主社会的程序和要求，加强与其他社会成员的交流与合作，消除社会偏见，服务于社会改良。

二、课程与教学应以社会问题为中心

改造主义者反复强调教育应把人作为一个整体来培养，但传统教育在课程设置上存在着严重的弊端，"这种课程往往具有这样一些特征：混乱的互不相关的学科，不良的教学和缺乏动机的学习"①。"直到目前，典型的中小学和学院课程的结构，大体上是一个不相连贯的教材的大杂烩，对一般学生来说，各门教材——语文，数学，社会学，自然科学，等等——之间很少或毫无有意义的联系。"②在改造主义者看来，正是传统教育的大杂烩式的课程设置影响了整体的人的培养，也影响了培养人才的效果。

因此，改造主义者强调要使教育担负起社会改造的责任，就要把人作为一个整体来培养，以目标为中心设计课程，为学生提供能够激发他们冒险和创造精神的具有统一性意义的课程，"不仅应该把所有其他知识领域统一起来，同时应该给它们提供新鲜而有力的意义"③。也就是说，改造主义者认为学校的课程设置要尽量与现实生活一致起来，要以问题为中心设计课程体系和课程内容。

改造主义者强调要采用"问题教学法"和"社会同意法"进行教学。"问题教学法"实际上就是杜威所倡导的让学生围绕自己选择的问题，按照思维的基本过程进行学习的方法。在改造主义者看来，"社会同意法"就是要求学生在活动中通过协商与合作消除分歧和冲突的方法。学生的"社会同意"学习要经历证实（验证自身的直接经验）、交流（包括阅读、交往、观察等）、协商（与他人进行各种价值标准的协调）和行动（在行动中检验通过协商得到的意见）四个环节。

三、教师是学生参与社会改造的指导者和引导者

在改造主义者看来，要说服民众改造社会，必须从学校培养具有社会改造意识的学生开始。他们认为教师在教育教学中有责任向学生说明"社会同意法"的有效性和迫切性，并要掌握民主社会说服的基本要领。教师要谨慎地遵照民主的程序和要求，不能强迫学生接受某种观点，应向学生提出可供选择的意见，允许学生辩论，但最终接受还是反对的决定权在于学生集体，而不是教师。因此，改造主义者强调教师的职责在于说服学生，教师和学生之间的关系是相互探讨和平等公开辩论的关系，教师是学生参与社会改造的指导者和引导者。

为了挽救资本主义社会日益加重的社会危机，改造主义者力图创建一种促使学习者通过社会协商以消除分歧和矛盾，从而培养未来社会公民的教育理论，并在教育目的、课程与教学内容、教师与学生关系等方面提出了一些有价值的见解。该教育思潮的出现进一步丰富了现代教育理论宝库，为教育理论的科学化发展做出了一些有益的

---

① 王承绪、赵祥麟：《西方现代教育论著选》，76 页，北京，人民教育出版社，2001。
② 王承绪、赵祥麟：《西方现代教育论著选》，78 页，北京，人民教育出版社，2001。
③ 王承绪、赵祥麟：《西方现代教育论著选》，78 页，北京，人民教育出版社，2001。

贡献。不过，改造主义教育企图通过教育改造社会，在理论上是错误的，在实践上是行不通的。尽管这一教育思潮被改造主义者自诩为一种适合于新时代要求的现代教育思潮，但事实上它并不能真正适应现代社会对教育变革的新要求，也根本无法挽救资本主义社会日益严重的社会危机与教育危机。

第二节　要素主义教育

要素主义教育是现代欧美新传统教育流派中的一个派别，极力反对实用主义教育以儿童经验为课程中心及让儿童"从做中学"的观点，强调以人类文化的共同因素为课程中心，主张发挥教师的主导作用，严格教学管理，儿童在教师的指导下刻苦学习。

20世纪30年代末，巴格莱、德米阿什克维奇（M. Demiashkevich）、莫里森（H. Morrison）、坎德尔（I. L. Kandel，1881—1965）等人于1938年成立"要素主义者促进美国教育委员会"。基于对美国教育混乱的忧虑，巴格莱等人开始思考如何构建维护现代社会秩序的教育体系问题。同年，巴格莱发表《一个要素主义者促进美国教育的纲领》，系统阐述了要素主义教育的基本观点。

要素主义教育受新实在论影响很大。在要素主义者看来，种族经验或社会遗产是千百万人在与环境作斗争的过程中所获得的经验，并且经受了历史的检验，远较未经检验的儿童经验更有意义。他们还认为，人类文化遗产中蕴藏着许多瑰宝，其中包含经受长期历史检验和证明的共同的、相对稳定的文化要素，如数学、外国语和自然科学等各种科学文化基础知识以及各种公认的态度、观念、理想等，这些要素都是人人成长与发展所必须学习的要素。学校就是传递人类文化要素的机构，学校教育的主要任务就是把这些文化的共同要素传授给正在成长中的青年一代。由于要素主义教育关注人类文化共同要素的传递，强调教师在教育教学过程中的主导作用，重视通过文化知识要素的教学发展学生的智力，这些主张与赫尔巴特传统教育理论体系有着较大程度的相似之处，因此很多人把要素主义教育称为"新赫尔巴特教育学派"或"新传统教育流派"。

20世纪50年代中期以后，要素主义教育在反对实用主义教育的过程中迅速发展壮大，成为影响美国和欧洲教育改革的主导性教育思潮。该教育思潮高度强调科学文化基础知识的智慧教育价值，强调学生在教师指导下接受系统的智慧训练，强调发挥教师在教学过程中的主导作用，对20世纪50年代后期欧美各国基础教育改革产生了重大影响。1958年《国防教育法》的颁布，进一步强化了要素主义教育对美国教育改革的影响。

20世纪60年代，科南特和里科弗（H. G. Rickover，1900—1986）成为要素主义教育的主要代表人物。20世纪70年代中后期以后，要素主义教育由于自身存在的对学生主体作用重视不够、忽视让学生在活动与交往中学习等不足，在欧美各国教育领域的影响力渐弱。

要素主义教育思潮的主要观点可以概括如下。

一、教育目的在于为社会培养具有文化素养的公民

在要素主义者看来，学校是为社会培养公民的机构，科学技术的迅猛发展和社会急剧的变革对公民培养提出了更高要求，要求民主社会的公民具有更高的文化修养，接受过系统的智能训练，具有更高水平的智力，能妥善地处理各种人际关系。要素主义者认为，学校是确保人类文化遗产实现传递的重要机构，学校教育就是通过引导学生系统地学习和掌握人类文化的精华要素，提高学生的文化修养和理智水平，把学生培养成具有良好文化素养的民主社会的合格公民。

要素主义者认为，"真正的教育就是智慧的训练……而经过训练的智慧乃是力量的源泉"[1]。教育的根本目的就是要发展学生的智慧力量，不注重在教育过程中对学生进行智慧训练的国家是注定要灭亡的，具有高度智慧和创新意识的人才是民主社会稳定和发展的重要保证。因此，他们强调现代学校教育既要实施大众的、高质量的公民教育，又要注重天才学生的培养，为民主社会培养出足够多的具有高度智慧和创新意识的高素质人才。

二、要以人类文化的共同要素为课程的核心内容

在要素主义者看来，学校教育要为社会培养具有良好文化素养的公民，要为社会造就和输送具有创新意识和高度智慧的人才，就必须注意引导学生在最宝贵的在校学习期间，学习对现在和未来发展最有价值的东西。要素主义者认为，"种族经验"或"社会遗产"远比个人的直接经验重要。要素主义者极力反对实用主义教育在课程内容设计上过于重视个人兴趣和直接经验、过于强调活动与交往的做法，主张要以人类文化的共同要素为课程的核心内容。

为了切实提高人才培养质量，要素主义者要求废除实用主义教育课程内容选择和编排的随意性，强调教育者要按照社会发展要求和学生的身心发展特点，为学生提供能够促进他们身心和谐发展，有利于培养他们科学文化素养和提高他们智慧能力的课程内容，并且要进行科学的编排。他们赞成传统教育把学生在校学习内容分成若干学科，并对各门学科教学内容实施系统编排的做法，认为实用主义教育过于关注学生的直接经验和学习兴趣，让学生学习随意拼凑起来的东西是不明智的，让学生按照自己的兴趣"从做中学"，既不利于学生掌握系统的科学文化知识，也不可能提高学生的智能。

三、教师是整个教育体系的中心

要素主义者认为，教育过程就是人类文化的传承过程，教师则是接受社会委托帮助引导学生获得系统的人类文化知识的专业工作者，在教育学生的过程中负有重大责任。而学生则是正在成长与发展中的一代，他们身心的健康发展有赖于教师的指导，未成年人的成长和发展应该建立在成人的教导、教育和训练的基础上，未成年的初学者有权得到这种指导。人类的未成熟期较长，需要的依赖较多。成年人对未成年人所负有的教导和管束的责任，对于延长人类的未成熟期和必需的依赖期具有生物学的意

---

[1]　王承绪、赵祥麟：《西方现代教育论著选》，177页，北京，人民教育出版社，2001。

义。要素主义者强调教师是学生学习过程强有力的组织者和指导者，是学生学习动机和学习目的的培育者，是各学科文化知识的讲授者，居于整个教育体系的中心。

要素主义者强调，既然承认教师在整个教育体系的中心地位，就要在教学活动中切实维护教师的权威地位，让他们对教学活动的全过程实施有效的管理，确保教学活动的顺利进行。

四、强调学生在教学过程中的责任和义务

要素主义者主张，学生是教学过程中具有主动性和选择性的个体，同时也是教学过程中具有一定责任和义务的正在成长与发展中的个人。要提高教育的文化传承和智慧训练的效果，促进学生身心的健康发展，仅仅考虑学生的兴趣和自由是远远不够的，还必须强化学生的责任和义务意识，要使学生感受到学习人类科学文化知识对自身成长与发展的重要性，意识到接受教师教导的必要性，能自觉服从学校和教师的严格管理，能在教师的指导下为国家和自己的未来刻苦学习。

要素主义者从实用主义教育对美国教育造成的危害出发，阐明了人类社会遗产和种族经验在个体发展中的作用，提出了学校教育应重视人类文化知识的传承、重视让学生在教师的指导下系统学习人类科学文化知识、重视学生智能的训练和创造意识的培养等一系列教育主张，形成了较为完整的现代教育理论体系。要素教育的创建和广泛传播，对第二次世界大战后世界各国的中小学课程与教学改革产生了较大的影响。

不过，要素主义教育也存在着一些不足。比如，高度重视让学生学习和掌握人类科学文化知识，相对忽视学生的实践活动；过于强调教师的系统讲授，相对忽视教师和学生之间的交流反馈；过于重视天才学生的教育，相对忽视一般学生的教育。要素主义教育的这些不足到 20 世纪 70 年代中后期表现得更加明显，给欧美各国教育的发展与改革带来了新的问题，引起了社会的严重不满，这也是其影响力不断下降的重要原因。

第三节　永恒主义教育

///////////////////////

永恒主义教育产生于 20 世纪 30 年代。主要代表人物包括美国的赫钦斯(Robert M. Hutchins，1899—1977)、艾德勒(Mortimer J. Adler，1902—2001)，法国的阿兰(Alain，1868—1951)和英国的利文斯通(Richard Livingstone，1880—1960)等人。

永恒主义教育的理论基础为古典实在论。在永恒主义者看来，世界由先验的实在组成，世界上存在着由永恒的实在组成的真理。个体也是一种永恒不变的实在，个体的身上存在着永恒不变的人性。这种人性虽然是潜在的，但不会因文化环境的改变而发生变化。人出生时人性的潜能还不够完善，还需要在后天的教育和训练中不断完善。

永恒主义者认为真理是永恒不变的，人性的本质是相同的，所以任何地方、任何时代教育的基本原则是相同的。永恒主义者认为，古代柏拉图、文艺复兴时代文

化教育家倡导的教育理念、教育原则、教育方式也是适用于现代社会的。要培养具有良好的理智能力的优秀公民，就要回望古代，把经过千百年检验的宝贵人类文化遗产中那些永恒的因素传授给正在成长中的年青一代，让他们在学习永恒学科和阅读经典著作的过程中接受必要的理智训练，不断提高他们的理智能力，养成必要的理智习惯。

永恒主义者极力主张恢复文艺复兴以来古典人文主义教育的传统，以挽救资本主义社会日益加重的危机。在他们看来，日益严重的经济、文化、道德危机正在直接威胁着文明社会，现代发达的科学技术被一些人用作谋取不正当利益的手段，社会上各种违法乱纪的现象日益严重，过去经济、科学技术不发达时代的那些美好、值得怀念的东西正在远离人们的视线。

永恒主义者主张，要挽救人类的未来，必须从教育做起，必须从改变人的本性开始，使人们通过接受教育与训练具有良好的理智能力和习惯。永恒主义者明确指出，当今社会的教育存在着重大的弊端，过于重视让学生掌握谋生的知识与技能，但忽视了让学生接受传统文化遗产的启迪与熏陶，没有注意培养学生的文化修养和理智能力，影响了学生身心全面和谐的发展，对他们的生存与发展产生了严重的消极影响。因此，永恒主义者强调要大力清除实用主义教育的影响，切实加强古典人文学科的教学，让学生在接触古典人文学科的过程中，提高他们的理智能力和改善他们的人性，成为能够抵制错误思想与诱惑的良好公民。

永恒主义教育思潮的基本观点如下。

一、教育目的在于引出人类天性中的共同要素，在于促进学生理智的发展

永恒主义者认为，人和宇宙都是理智的产物，人类天性中存在共同要素——以理性为特征的人性。学校教育的目的就在于引出人类天性中的共同要素。"教育意味着教学。教学意味着知识。知识是真理。真理在任何地方都是相同的。因此，教育在任何地方应当是相同的。"[①]

学校作为培养人和教育人的机构，不可能也没有必要把实际生活中所需的知识技能都教给学生，而应该切实关注学生理智的培养，通过教育训练来提高学生的理智能力，增强学生对未来社会生活的适应能力。赫钦斯曾指出："如果教育被正确地理解的话，关于理智的培养也会被理解。理智的培养对一切社会里一切人都是同样的好事。"[②]

永恒主义者强调，教育的根本目的在于促进学生理智的发展，但也不反对学生在教育过程中接触现实世界。他们把促进学生理智的发展作为教育根本目的的真实意义在于，促使学生理智地认识世界和改良世界，从而拯救陷于严重危机状态的资本主义社会。

---

① 王承绪、赵祥麟：《西方现代教育论著选》，206 页，北京，人民教育出版社，2001。
② 王承绪、赵祥麟：《西方现代教育论著选》，206 页，北京，人民教育出版社，2001。

二、永恒学科应在学校课程体系中居于核心地位

永恒主义者相信,教育要完成培养学生智力、促进学生理智发展的任务,就必须改变现行的过于强调实用知识和技能教育的课程体系,要以人类文化最高贵的遗产——永恒学科为核心设置学校的课程,因为永恒学科是训练学生理智的最好材料和手段。赫钦斯指出,"如果有一些永恒课程,凡愿意自称受过教育的人应当予以掌握,如果那些课程构成我们理智的传统,那么,那些课程应当成为普通教育的核心"①。

永恒主义者还主张,"永恒学科"主要是历代伟大的哲学家、思想家和科学家的不朽著作,尤其是古代和近代伟大人物的著作。赫钦斯指出:"永恒学科首先是那些经历了许多世纪而达到古典著作水平的书籍。……一本古典著作是这样的书,它在任何时代里都是属于当代的……这些书是普通教育的基本部分,因为没有它们,要想懂得任何问题或理解当代世界是不可能的。"②

为了完成促进学生理智发展的任务,永恒主义者极力主张要按照社会发展的需求和促进学生理智发展的要求设置学校课程,而不能过于顾及甚至放任学生的兴趣和需要。他们主张要让学生在校期间学习哲学、古典语言、数学、自然科学、文学、历史、艺术、宗教等学科,其中要以人文社会学科为核心。在人文社会学科中,要注意把古代、近代伟大作家的作品放在重要位置,强调让学生通过学习这些以永恒学科为核心的课程认识世界的永恒性,并有效地发展他们的理性。

三、学生要在教师的指导下积极主动地学习

永恒主义者认为,教育就是学生的理智训练过程。他们认为要促进学生的理智发展,除了让学生在学校学习以永恒学科为核心的课程外,还强调学生要认识到自己在学习中承担的责任和义务,要求学生有高度的社会责任感,严格遵守学校的规章制度,服从教师的管理,在教师的指导下积极主动地刻苦学习。

永恒主义者提出,对永恒学科的学习并不像一般人想象的那么困难,只要教学方法得当、学生刻苦学习,学生在教师的指导下是可以实现发展理智能力的目标的。永恒主义者反复强调教师在教学中要因材施教,不要照本宣科,不要把自己的观点和结论强加给学生,要像苏格拉底那样启发诱导学生积极思考,让他们全力体会经典作家的内心活动,使他们通过自己的努力得出合理的结论,并使他们在学习古代伟大人物优秀作品的过程中使自身的身心受到潜移默化的影响。

永恒主义教育坚持以古典实在论为指导,认为教育就是学生的理智训练过程,古典永恒学科在学生理智发展中具有最好的训练价值,因而强调学校要以永恒学科为核心设计课程体系,主张学生在教师的指导下刻苦学习。

永恒主义教育重视人类文化遗产对于学生身心发展的训练价值,重视发展学生的理智能力,关注学生的个性陶冶,这些见解具有一定的科学价值,丰富和发展了现代教育理论,对20世纪中期欧美国家的课程与教学改革发挥了一定的理论指导作用。

---

① 王承绪、赵祥麟:《西方现代教育论著选》,208页,北京,人民教育出版社,2001。
② 王承绪、赵祥麟:《西方现代教育论著选》,212页,北京,人民教育出版社,2001。

不过，永恒主义教育过于强调古典永恒学科对学生理智的训练价值，关注精英学生理智能力的培养，相对忽视现代实用科学文化知识的作用，相对忽视普通学生的教育，其对欧美国家教育实践发展所产生影响的程度和时间是有限的。

第四节　新托马斯主义教育

新托马斯主义教育思潮初兴于 20 世纪 30 年代的意大利与法国，第二次世界大战后曾对部分欧美国家的教育实践产生了一定影响。新托马斯主义教育以天主教新托马斯主义为理论基础，将宗教教育视为教育的核心内容和最高目标，主张教育应以宗教为基础。主要代表人物为法国天主教神学家马里坦（Jacques Maritain，1882—1973）。

新托马斯主义教育思潮的主要观点如下。

一、确立宗教在教育中的基础地位

新托马斯主义者认为，教育应以宗教为基础，主张教育应该属于教会，确立教会对教育的权威领导地位，各级各类的学校都应进行宗教训练，以培养"真正的基督徒"和"有用的公民"。

新托马斯主义者声称，20 世纪人类社会的冲突、道德上的危机，所有一切不幸的根源在于人们背离了真正的基督教。而根本的解决办法在于确立宗教在教育中的基础地位，提倡道德教育。为此，必须建设以宗教教育为核心的课程体系。学校要开设神学课程，非神学课程的讲授也应服务于学生宗教信仰的形成和培养。

二、确立以"塑造人"为核心的教育目的

马里坦认为，"教育的主要目的，在最广泛的意义上就是'塑造人'，或者更确切地说，帮助儿童成为充分成型的和完美无缺的人"[1]。具体来说，也就是"在培养人的过程中，最重要的事情（即修正意志、获得精神自由，以及与社会建立良好的关系）就是真正的最广义教育的主要目的"[2]。而教育所承担的其他目的，如特定文化遗产的传递、合格的良好的公民的培养、为个人履行公民职责和承担家庭责任做准备等目的，则均属于第二位的次要的目的。

教育的第二位目的必须为适应各个历史时期的命运而变化，但教育的主要目的却是不变的。

三、强调沉思的学习方法

新托马斯主义者在学习方法上推崇"沉思的学习方法"，认为幼儿已具备沉思的能力，他们可以集中注意力全神贯注于他们的学习。马里坦将沉思的学习方法视为真正促成青少年自觉活动，激发其心智，形成其认识愿望的有效方法。马里坦还将解决问

---

[1]　王承绪、赵祥麟：《西方现代教育论著选》，313～314 页，北京，人民教育出版社，2001。

[2]　[法]雅克·马里坦：《教育在十字路口》，29～30 页，高旭平译，北京，首都师范大学出版社，2010。

题的方法作为沉思的学习方法的有益辅助，解决问题的方法可以防止沉思的学习蜕化为消极的状态和呆板的驯服。

四、发挥自由教育促使学生心智发展的功能

新托马斯主义者认为，真正的教育应该是一种自由教育，这种教育应该尊重并促进青年自然智力的发展，是一种运用自然智力自身的方法处理普遍认识的教育。"只有当教育是一种自由的教育，使青年训练他的能力，真正自由地进行思考的时候……教育才完全是人的教育。"①

自由教育的职责之一在于发展学生的心智能力，促使学生实现对知识和真理的掌握和运用。马里坦明确指出，"我的论点是，教育，特别是自由教育，主要地必须培养和解放智力，形成和装备智力，准备理智成就的发展"②。马里坦进一步主张，自由教育的实施主要是学习人类精神成就的集中体现——经典著作。考虑到传统意义上的人文学科已不能够完全适应现代社会的需要，马里坦还主张将自然科学，甚至工艺学、手工劳动都纳入自由教育的内容中来。

新托马斯主义教育试图以教育为拯救危机四伏的西方社会的手段，反对教育仅仅把人培养成为适应社会的工具，在某种程度上延续了西方的人文主义教育传统。新托马斯主义者对自由教育的强调和改造，尤其是对自由教育在个人理智能力培养过程中的作用的强调，成为新托马斯主义教育为适应现代社会发展所做出的适应和调整。当然，新托马斯主义教育突出宗教神学课程在学校教育中的绝对地位，客观上决定了这一散发着中世纪神学教育气息的教育思潮难以在现代教育实践中产生较大的影响。事实上，新托马斯主义教育也只是对欧美国家的天主教学校产生了一定的影响。

第五节 存在主义教育

//////////////////////

存在主义教育思潮是20世纪五六十年代流行于欧美的一种教育思潮，其哲学基础是存在主义。第一次世界大战直接给欧洲国家和人民带来了物质损害和精神创伤，导致人们对世界发展前途产生强烈的忧虑。存在主义就是这种悲观和忧虑情绪的反映。第二次世界大战的战争恐慌以及战后困扰世界发展的各种危机，进一步为存在主义的发展提供了社会土壤。

存在主义哲学的主要代表人物包括德国哲学家海德格尔（Martin Heidegger，1889—1976）、雅斯贝尔斯（Karl Jaspers，1883—1969）、布伯（Martin Buber，1878—1965），法国哲学家萨特（Jean-Paul Sartre，1905—1980）。从总体上来说，存在主义把个人的存在视为哲学的基础和出发点，不过个人的存在并非社会中生活的人的客观存在，而是指一种个人的"自我意识"。在雅斯贝尔斯看来，只有人的存在才是真正的

---

① 王承绪、赵祥麟：《西方现代教育论著选》，312页，北京，人民教育出版社，2001。
② 王承绪、赵祥麟：《西方现代教育论著选》，313页，北京，人民教育出版社，2001。

"存在"，真正的哲学研究人的具体存在，研究人的非理性的内心情绪体验。1943年，法国存在主义哲学家萨特出版《存在与虚无》，进一步扩大了存在主义的影响，使其广泛渗透到各种意识形态和生活方式中。萨特将"人的生存问题"作为哲学的研究对象，认为从根本上说人是一种单纯的主观性存在，提出"存在先于本质"，人通过自己的自由选择而确定的人的本质要以人的存在为基础。

第二次世界大战后，一些存在主义哲学家或接受存在主义哲学观点的教育家将存在主义哲学应用于分析教育问题，形成了存在主义教育思潮。

存在主义教育思潮的主要理论观点可以概括为以下几个方面。

一、教育的根本目的在于实现学生的"自我生成"和"自我超越"

存在主义教育家认为，教育的对象是人，人是按照自己的选择而成就自己的本质的。教育的本质目的在于帮助个人实现"自我生成"、"自我创造"和"自我超越"。具体来说，教育目的在于帮助学生通过"自我表现"和"自我肯定"逐步认识到自我存在的价值，认识到生活的价值，形成自我负责的意识，培养自我选择的能力，最终为个人做出自由的、合乎道德的选择提供基础。布伯在《我与你》（1923年）一书中明确指出："教育的目的非是告知后人存在什么或必会存在什么，而是晓喻他们如何让精神充盈人生，如何与'你'相遇。此即是说，要随时准备为人而转成'你'，向他们敞开'你'之世界；不，不只是准备，要反复不断地亲近他们，打动他们。"[1]在教育目的的问题上，雅斯贝尔斯主张通过教育使个人实现"自我超越"，依靠内在的精神冲动超越自我，最终摆脱机械文明的外部束缚。

二、真正的教育即品格教育

存在主义教育家十分重视个人的品格教育，布伯关于品格的理解是："品格（character）这个希腊字的原意是烙印（impression）。介于一个人的本质与他的外表之间的这种特殊纽带，介于他为人的统一性与他的一连串行动与态度之间的这种特殊联系，都是在他这个实体还具有可塑性的时候烙印在他身上的。"[2]相对于传统教育中的知识教育而言，品格教育更能帮助个人实现"自我生成"和"自我超越"。知识教育的真正价值在于帮助个人从无知和盲目中解放出来，帮助个人形成自我选择的能力，而不把学生接受知识视为一种职业准备。布伯强调，在教育过程中要把学生作为一个现实的并具有潜在发展可能性的整体看待，只有认可个人身上所潜伏着的独特的精神—物质结构，才算得上认可了个人个性的存在。品格不同于个性，"个性在其成长方面实质上是不受教育者影响的东西，而教育者的最重大任务则在帮助塑造人的品格。个性是一个成品，只有品格才是需要加工的东西。人们可以培养和增强个性，但在教育方面人们却能够而且必须以品格为目标"[3]。他认为实施品格教育的前提在于取得学生的信任，作为教育者，赢得学生的信任是实施品格教育，乃至实施整个教育的前提。

----

① ［德］马丁·布伯：《我与你》，陈维纲译，60~61页，北京，生活·读书·新知三联书店，1986。
② 王承绪、赵祥麟：《西方现代教育论著选》，327页，北京，人民教育出版社，2001。
③ 王承绪、赵祥麟：《西方现代教育论著选》，325页，北京，人民教育出版社，2001。

"对于面临着一个不可信赖的世界因而恐惧、失望的青少年来说，信任就意味着使人豁然开朗地领悟到人生的真理、人的存在的真理。当教育者赢得了学生的信任时，学生对接受教育的反感就会被克服而让位于一种奇特情况：他把教育者看做一个可以亲近的人。"①

三、在教学中确立师生间的平等、对话和信任的关系

存在主义教育家将教师视为帮助学生实现自我价值的指导者，教师的作用在于利用自己的人格和知识，帮助学生认识自我、发展自我，并最终超越自我。因而，他反对传统的师生关系，主张在教学中确立师生间的平等、对话和信任的关系。布伯将人与外部世界的关系分为两大类：一类是客观的"我与它"的关系，个人把外部事物作为实现某种目的的手段和工具；另一类是主观的"我与你"的关系。处于"我与你"关系中的个人都有自己内在的意义世界，彼此不存在任何利用和被利用的关系，而是一种同情、信任、理解的平等对话关系。

将人与人之间所存在的平等对话关系运用于教学实践中，即把师生之间的教学理解为一种平等、信任的对话。在这种对话中，教师向学生提供知识，更多地运用讨论、谈话等教学方式。为确保对话的效果，教师与学生之间既要保持最低限度的距离，又要通过努力确立平等信任的关系，师生双方以独特的人格和平等的身份展开对话。

雅斯贝尔斯也将师生间的对话视为"探索真理与自我认识的途径"，因为对话的双方拥有同等的资格和权利，师生间的对话和交往完全打破了传统教育中传授者与接受者的关系。

存在主义教育反映了处于重重危机中的人们对于教育的希冀和盼望，提出了教育目标在于帮助学生实现"自我生成"和"自我超越"，强调发展学生的责任感，倡导品格教育，提倡在教师与学生之间形成平等、信任的对话关系。所有这些不啻是对传统教育忽视学生自我意识培养、片面强调教师主导地位等不足的有力矫正，具有积极的教育意义。然而，存在主义教育并没有形成较为完整的教育理论体系，也缺乏具体有效的教育实践的验证和支持，导致其对教育实践的影响较为有限，20 世纪 70 年代后便趋于衰落。

第六节　新行为主义教育

///////////////////

行为主义是 20 世纪初期现代心理学的主要流派之一，美国心理学家华生(J. B. Watson，1878—1958)是其主要代表人物。行为主义心理学主张以人类行为为心理学的研究对象，以客观的方法研究可观察的行为。新行为主义出现于 20 世纪 30 年代，是在改造行为主义理论的基础上产生的。相对于早期行为主义者而言，新行为主

---

① 王承绪、赵祥麟：《西方现代教育论著选》，327 页，北京，人民教育出版社，2001。

义的代表人物赫尔（C. L. Hull，1884—1952）、斯金纳（B. F. Skinner，1904—1990）、托尔曼（E. C. Tolman，1886—1959）等人重视对动机和认知机制的研究。

作为新行为主义的主要代表，斯金纳在 20 世纪 50 年代开展了程序教学的系列研究，基本指导思想为对学生的正确学习结果必须给予及时强化，以鼓励学生继续学习。斯金纳开展程序教学研究的目的在于通过使用机器装置提高学生算术、阅读、拼写和其他学科的学习效率，希望机器能做某些胜过普通教师所做的事情。在课堂教学中，教师不可能对每一个学生都给予及时强化。教学机器则可以帮助学生进行个体化学习，并对学习结果及时给予强化。1954 年斯金纳发表的《学习的科学和教学艺术》，成为新行为主义教育的宣言书，之后他又相继出版了《教学机器》和《教学技术学》，对程序教学理论做了系统说明，设计出程序教学机器。20 世纪 60 年代，新行为主义教育思潮对许多国家的教育实践产生了影响，斯金纳所设计的"程序教学机器"也在许多国家推广使用，新行为主义教育步入鼎盛时期。

新行为主义教育思潮的理论观点可以概括为下述几个方面。

一、学习即刺激—反应的联结

新行为主义发展初期的代表人物赫尔将学习的性质理解为刺激—反应的联结。在赫尔看来，有机体行为是一种对环境的适应行为，这种适应行为就是心理学的研究对象。心理学家应该运用假设演绎的方法研究有机体的行为，并将心理学发展成为一门真正的科学。为准确解释学习的性质，赫尔将行为主义者的"S-R 公式"修改为"S-s-r-R 公式"，这里的 S 为外在环境刺激，s 为刺激痕迹，r 为运动神经冲动，R 为外部行为反应。对于有机体行为发生的机制，赫尔认为外在环境刺激消失后其作用不会马上停止，而是要持续存在一段时间，成为刺激痕迹；该刺激痕迹直接导致运动神经冲动，再由运动神经冲动引发外部行为反应。刺激—反应的联结可借助多次强化而增强。强化可以增强刺激与反应之间的联结力量，没有强化的学习是不可能的。学习的基本条件就是在强化情况下刺激与反应的接近，这是赫尔学习理论的核心。

新行为主义的另一位代表人物托尔曼则对赫尔和斯金纳等人的"刺激—反应"学习理论持有不同认识，并以学习认知理论替代刺激—反应学习理论。在托尔曼看来，学习就是习得达到目的的符号及其所代表的意义。

二、学习过程即操作性条件反射过程

新行为主义心理学家斯金纳应用自己设计的"斯金纳箱"研究动物行为，提出行为的操作性条件作用理论。斯金纳认为心理学的任务在于描述在先行的实验者控制的刺激条件和有机体反应之间建立的函数关系。在大量观察与实验研究的基础上，斯金纳认为有机体的行为绝非单一的刺激—反应，当有机体面对许多刺激时会做出多种反应，即使是面对其中的一种刺激，也可能做出多方面的反应，并伴随多种可能的反射。

斯金纳进一步将有机体的行为分为应答性行为和操作性行为两类。应答性行为是有机体对环境的被迫反应行为，不具备自发性；操作性行为则是有机体对环境的主动适应行为，具有自发性。操作性行为呈现的机制在于，以情境刺激 S 为自变量，以有机体的后继行为强度 R 为因变量，考虑到行为并不是一个刺激与一个反应之间的单一函数关系，以影响有机体反应强度的其他条件为第三变量 A，行为发生的公式为：$R = f(S \cdot A)$。

强化和强化列联在操作性条件反射过程中发挥着重要作用。强化分为定时强化和定比强化两种。强化物是指使反应发生概率增加或维持某种反应水平的任何刺激，它一般分为积极强化物和消极强化物两类。所谓"强化列联"是指由反应和强化刺激组成的序列，由刺激情境—反应—强化三个环节构成。斯金纳认为，在一个强化列联中，如果在一个操作—反应过程之后出现一个强化刺激，操作性行为再次发生的强度就会增大。

斯金纳认为，包括学习在内的人类一切行为几乎都是操作性条件反射和积极强化的结果。同样，学习行为也是能够设计、塑造和改变的。学生的学习行为应该得到及时和足够数量的强化，否则学习效果就会受到影响。

三、程序教学是教学实施的有效方式

为保证有机体行为的有效性和合目的性，斯金纳在实验中设计了一种被称为"教学机器"或"自我教学装置"的教学装置，斯金纳为教学机器编制的程序为"直线性程序"。该程序将教学内容分成一个个小的内容单元，依次呈现给学生，供他们学习。每个单元学完后，呈现一些测验题，以测验学生的学习效果。如果学生做对测验题，教学机器就主动呈现下一个单元的教学内容；如果测验中学生出现错误，则要返回到先前学过的内容，重新进行学习。这种利用教学机器所进行的教学即"程序教学"。

为确保程序教学的顺利开展，斯金纳提出程序教学须遵循一些基本原则和基本要求。程序教学的基本原则：一是积极反应，二是小步子教学，三是及时强化，四是自定步调。这些原则又可具体化为这样一些要求：教师要提供一系列刺激性的问题作为教学内容；学生须主动学习，即对所呈现的问题做出积极反应；为学生的每个反应（答案）提供即时的反馈（指出正确答案）；教师问题的安排应确保学生能经常做出正确反应并得到及时强化；让每个学生按照自己的进度完成整个教学程序；为勤奋和学习效果好的学生提供大量支持性强化物。

四、教学和学习的行为应作为教育研究的对象

新行为主义者认为，有机体的行为应作为心理学研究的对象。具体到教育领域，教师的教学行为和学生的学习行为则是教育研究的对象。教育研究者在自己的研究实践中，要通过观察教师的教学行为和学生的学习行为之间的关系，选用有效的教学和学习方法，尤其是要观察学生在学习后行为的改变程度以确定教学的有效性，进而思考教学方法和教学策略的改变。

在斯金纳等行为主义心理学家的推动下，20世纪50年代末60年代初，程序教学的热潮相继在美国、西欧部分国家、日本和苏联兴起，对这些国家的教育改革实践产生了积极影响。程序教学的实施，切实改变了传统的教学方法和手段，为计算机辅助教学开辟了道路，并且进一步促进了学习理论的发展。不过，也应该看到，新行为主义者从根本上忽视了人类学习与动物行为习得之间的本质差异，把人类学习理解为操

作性条件反射，把人类学习的改善、思维和人格的塑造寄希望于设计精密的教学机器，寄希望于程序，这决定了新行为主义教育的机械主义特征，同时也预示了新行为主义难以避免在 20 世纪 70 年代被认知心理学和人本主义心理学所取代的命运。

第七节　结构主义教育

作为一种对现代欧美教育产生较大影响的教育思潮，结构主义教育的理论基础为结构主义哲学和结构主义心理学。结构主义者认为，每一项认识活动都含有一定的认知结构，认知结构就是事物的框架，认知结构是智慧动作的基础，个体的认识过程就是认识的主体通过各种运算活动促进认知结构的产生与发展的过程。认识是一个过程而不是一件产品，个体是在活动与交往中获取知识的。

结构主义者强调，认识过程就是学习者认知结构不断重组与改造的过程，因此强调学习者对认识活动的参与，强调学习者是在主动探究认识对象、认知结构的过程中提高自身的认识能力的。

结构主义教育的创始人是瑞士著名的现代心理学家、教育家皮亚杰（Jean Piaget，1896—1980）。在他看来，儿童的智力发展过程就是认知结构不断重组与改造的过程，即"把给定的东西整合到一个早先就存在的结构之中"的过程。他认为儿童是认识的主体，是具有主体性的人。要提高儿童的认识能力，就应当为儿童创设良好的教育环境，调动儿童的积极性，引导儿童主动地参与学习的过程，而不是被动地接受教师传授的知识。他说："智力是最高形式的适应，是事物不断地同化于活动本身和那些同化的图式适应客观事物本身的调节这两者间的平衡。"[1]

智力活动是一种连续的构造过程，是一种适应的过程，成人的任务在于帮助儿童发现最适合其智力发展的环境和方法。"如果儿童的思维跟我们有质的不同，那么教育的主要目标就在于形成儿童的智力的和道德的推理能力。正因为那种能力不能从外部形成，所以问题是要去发现最合适的方法和环境，帮助儿童自己去组织它。"[2]

结构主义教育的另一位重要创始人为美国著名心理学家、教育家布鲁纳（Jerome Seymour Bruner，1915—2016）。20 世纪 50 年代中后期，布鲁纳在系统继承皮亚杰结构主义教育研究成果的基础上，创造性地提出了教学要促进学生智能的发展、引导学生进行发现学习、注意培养天才学生等主张，形成了注重发挥学生主体精神、关注学生智能培养的结构主义课程与教学论，有力地促进了 20 世纪 50 年代后期美国基础教育课程与教学改革的进行。

结构主义教育思潮的基本观点可概括为以下几个方面。

---

[1]　王承绪、赵祥麟：《西方现代教育论著选》，414 页，北京，人民教育出版社，2001。
[2]　王承绪、赵祥麟：《西方现代教育论著选》，415 页，北京，人民教育出版社，2001。

一、教学要促进学生认知能力的发展

在结构主义者看来，学生的学习过程就是他们的认知结构不断重组和改造的过程，学生是学习的主体，因此教师在教学中要在引导学生主动地掌握知识与技能的同时，重视发展学生的认知能力，使他们成为知识渊博和认知能力发达的人。瑞士教育家皮亚杰认为教育教学的首要目标在于培养能做新事情、富有创造力与发明才干的人，而不在于训练只能重复各代所做之事的人；在于培养智慧的探索者，而不在于培养仅仅接受所提供的一切知识的人。美国教育家布鲁纳强调教学就是学生在教师指导下的探究发现过程，要通过教学来促进学生认知能力的发展。教育的最终目标在于帮助每一个学生实现最大程度的认知能力发展。

二、课程与教学要有利于学生掌握学科的基本结构

在结构主义者看来，任何学科都拥有一些规律性的概念、原理和规则，它们构成了该学科的基本结构。教学不是单纯传授知识和技能，而是引导学生掌握学科的基本结构。要促进学生认知能力的发展，教育者就要在课程的设计、教材的编写以及教学过程中遵循一定的要求，强化对基本结构的教学，即"不论我们选教什么学科，务必使学生理解该学科的基本结构"[1]。教授一门学科，就是要使学生理解与掌握该门学科的基本结构和该学科所特有的研究方法。一旦学生掌握了学科基本结构，即掌握了构成一门学科的基本概念、原理和规则，就能够迅速地掌握整个学科。布鲁纳乐观地预言："任何学科都能够以智育上是诚实的方式，有效地教给任何发展阶段的任何儿童。"[2]

布鲁纳认为，学生掌握学科的基本结构具有多方面的意义。他认为任何学科都是由很多知识点构成的，学生掌握学科的基本结构有利于学生更容易地、全面系统地理解该学科的内容，有利于学生把所学的知识通过简化的方式牢固地保持在记忆中，有利于学生实现知识的迁移，从而把所学知识运用到解决面临的新问题中去，不断提高自身的认识能力。

三、要按照儿童认知发展规律的要求编写教材和组织教学

在结构主义者看来，"序列是学习者在某知识领域内所遇到的材料的程序，它影响着学习者在达到熟练掌握时将会发生的困难"[3]。学生是正在成长的年青一代，在发展的每一个阶段他们都具有不同于成人的独特的观察世界和解释世界的方式，有着特殊的兴趣和需要。因此，教育者向任何年龄的儿童教授某门学科，就是按照儿童观察事物的方式去表现这门学科的结构。也就是说，教育者要促进学生认知能力的发展，就要切实了解学生身心发展的特点，要使教材内容的呈现顺序、方式和教师的教学方式、教学进度适应学生的认知特点。教育者做到了这些，就可以把儿童入学年龄

---

[1] ［美］布鲁纳：《布鲁纳教育论著选》，邵瑞珍、张渭城等译，27 页，北京，人民教育出版社，1989。
[2] 王承绪、赵祥麟：《西方现代教育论著选》，446 页，北京，人民教育出版社，2001。
[3] 王承绪、赵祥麟：《西方现代教育论著选》，459 页，北京，人民教育出版社，2001。

提前，适度加大教学难度和加快教学进度。

四、教师要引导学生积极主动地参与探究发现学习

结构主义者强调，和成人一样，儿童是具有主动性的人，他们认知能力的发展过程表现为一个缓慢的过程，而不是一个基本上处于被动的过程。在教学过程中，教师要改变传统的教学观念，改变灌输式的教学方法，调动学生的学习积极性，引导学生积极主动地参与探究发现学习的过程。布鲁纳还援引从事自然科学和数学课程工作人士的观点，即"在提出一个学科的基本结构时，有可能保留一些令人兴奋的观念的系列，引导学生自己去发现它"①。

20 世纪 50 年代，结构主义者皮亚杰和布鲁纳等人依据结构主义哲学和结构主义心理学原理，对课程与教学的目标、内容和教学方式进行了系统的探究，逐步形成了注重发挥学生主体精神、引导学生掌握学科基本结构、重视让学生在教师指导下进行探究发现学习的结构主义教育。结构主义教育打破了行为主义教育理论在教育理论界的垄断地位，从多方面丰富和发展了现代教育理论，为教育理论的科学化与现代化做出了贡献。20 世纪 50 年代以后，结构主义教育在世界各国广泛传播，对欧美各国基础教育课程与教学改革产生了重大影响。

不过，结构主义教育也存在着明显的不足，具体表现为：该理论夸大了学生的主体作用，对学生在教师指导下掌握系统书本知识重视不够；在课程与教学中过于强调学科结构的重要性，而忽视了学生学习的兴趣和需求，造成课程与教学的难度过大，不利于一般学生掌握；过于强调让学生采用发现法进行问题解决学习，相对忽视讲授法的作用，学生在学习中花费的时间和精力很多，但学到的知识不够系统，也影响了学生认知能力的健康发展。

第八节　分析教育哲学

/////////////////////

严格说来，分析教育哲学并不属于一种实质性的教育思潮，而是一种教育研究的方法，是将分析哲学的方法应用于教育领域，对教育领域的概念和命题进行澄清，进而提高教育理论科学化水平和教育实践效率的一种方法。分析教育哲学的主要代表人物包括美国的索尔蒂斯（Jonas F. Soltis）和谢弗勒（Isreal Scheffler，1923—2014），英国的奥康纳（Daniel John O'connor，1914—2012）和彼得斯（R. S. Peters，1919—2011）等。

作为分析教育哲学理论基础的分析哲学是 20 世纪以来西方最主要的哲学思潮之一。分析哲学家们将自己的使命确定为运用逻辑方法和语言分析方法澄清传统哲学的基本概念，主张哲学的价值和意义在于分析概念、命题及问题，最终以清晰的概念取代模糊的概念，实现概念理解上的一致和统一。

---

① 王承绪、赵祥麟：《西方现代教育论著选》，446 页，北京，人民教育出版社，2001。

在分析哲学长期的演进和发展中，以罗素、前期的维特根斯坦(L. Wittgenstein，1889—1951)和维也纳学派为代表的逻辑实证论，以赖尔(G. Ryle，1900—1976)、摩尔(G. E. Moore，1873—1958)、后期的维特根斯坦和剑桥—牛津学派为代表的语义分析学，成为分析哲学的两大主要分支。

逻辑实证论的基本主张包括：哲学的真正使命在于通过检查名词的意义和名词之间的逻辑关系把旧知识解释清楚，而不在于思辨性地创造出新的知识；包括道德判断、宗教判断、审美判断在内的大多数规范性判断，难以用经验证实，属于无意义判断；有意义的论述可分为分析命题或综合命题；所有综合命题都可以转化为以逻辑—符号—语言表述的基本经验表述。语义分析学则认为哲学的目的在于使人们能够清楚地理解语言、句子或短语的意义。

在分析哲学发展的过程中，一些哲学家和教育家运用分析哲学的基本方法，试图解决教育理论界长期存在的概念模糊不清、教育理论歧义百出等问题，逐步形成了分析教育哲学思潮。

分析教育哲学首兴于 20 世纪 40 年代的英国。英国教育家哈迪(C. D. Hardie)1942年出版了《教育理论中的真理与谬误》，将分析哲学的思维模式和方法引入教育研究领域，对传统教育哲学中卢梭、赫尔巴特和杜威的教育理论，即"教育遵循自然""教育性教学""教育即生活"进行了分析批评。哈迪的努力在 20 世纪 50 年代受到教育哲学界的关注。美国教育哲学家谢弗勒延续了哈迪的工作，1953 年，他在《建立一种分析的教育哲学》的论文中，提出把分析哲学应用到对教育问题的分析上。英国的奥康纳在 1957 年出版的《教育哲学引论》中，表现出更为激进的逻辑实证主义立场，"哲学并不是通常所谓的知识，而是一种批判或说明的活动。这样的哲学对包括教育理论问题在内的一切问题的任何题材都有影响"[1]。

20 世纪六七十年代，分析教育哲学发展成为英美教育哲学主流，奥康纳、谢弗勒、彼得斯、索尔蒂斯等人运用分析教育哲学独特的研究方法、思维模式分析教育领域内的基本术语、基本命题，取得了令人瞩目的成就。

分析教育哲学思潮的基本理论主张可概括为三个方面。

一、传统教育理论的研究和表述中存在教育概念和命题的混乱现象

分析教育哲学家认为，传统教育哲学中充斥着许多无法证实的教育命题，一些形而上学气息浓厚的教育命题、一些具有先验性假设色彩的教育判断，均难以通过确定的经验或科学实验证实。这些难以得到证实的教育命题是导致教育理论混乱不清的根源。分析教育哲学的任务即在于运用分析哲学的方法，对教育的基本概念和命题进行逻辑的和语言的分析，把那些无法用经验证实的形而上学和价值判断等传统教育哲学的核心内容从教育理论中驱逐出去。

---

① 王承绪、赵祥麟：《西方现代教育论著选》，469 页，北京，人民教育出版社，2001。

二、分析教育哲学的任务在于对教育概念和命题进行逻辑分析和语义分析

分析教育哲学家确信，人们使用教育概念上的不一致、教育问题上的纷争和混乱多是由于对语言的误解、误用和表达不准确造成的。解决这一问题的当务之急在于运用分析哲学的方法对教育理论中的概念和命题进行检验，而不是建构这样或那样的教育理论体系。具体任务包括对教育概念的逻辑分析和语义分析两方面：逻辑分析的目的在于实现逻辑陈述的连贯性，语义分析的目的在于确保教育概念意义与内涵的一致性。在对教育概念进行逻辑分析和语义分析的过程中，分析教育哲学家发现需要对三种典型的陈述方式进行批判性思考，即作为定义的教育陈述、以口号形式出现的教育陈述以及包含了隐喻的教育陈述。这些陈述方式一般指向对教育实践功能的表述，但在传统的教育理论中常常难以达成一致清晰的表述。

三、对教育命题进行逻辑分析和语义分析的目的在于澄清教育观念、解决教育分歧

分析教育哲学家几乎一致认为，之所以将分析教育哲学的任务确定为对教育命题、教育概念实施逻辑分析和语义分析，是因为在传统的教育理论表述中，对教育术语的理解和使用十分混乱，一些教育表述似是而非、含糊不清，教育思想的表述缺乏清晰科学的语言基础。教育理论的交流和争论缺乏实际的效果和意义，更难以对教育实践发挥指导作用。在此思想指导下，分析教育哲学家对一些基本概念进行了严格的分析。

奥康纳把"教育"的含义表述为：

(a)传递知识、技能和态度的一套技巧；

(b)旨在解释或证明这些技巧的运用的一套理论；

(c)传递知识、技能和态度的目的中所包含和表达的一套价值观念或理想，用以指导所给训练的多少和类型。[①]

奥康纳进一步指出，(a)和(b)提出的是只能用实证科学，特别是心理科学的方法来解决的问题，属于事实性问题。而(c)提出的有关教育价值的问题，则需运用哲学来解决。对该问题的回答必然涉及教育目的，并将决定一个社会的整个组织和教学实践。而在教育目的上，任何一个社会的教育制度都会提出两个问题：什么东西是有价值的，可以作为教育目的？什么手段能够有效地实现这些目的？这两个问题又决定着一个社会如何使人们形成良好的和有用的态度和技能。在此基础上，奥康纳就教育目的列出了一份清单：

"1.为男人和妇女提供他们(a)立身社会和(b)寻求进一步知识所必需的最低限度的技能；

2.为他们提供使他们能够自立的职业训练；

3.唤起对知识的兴趣和爱好；

4.使他们具有批判精神；

---

① 王承绪、赵祥麟：《西方现代教育论著选》，470页，北京，人民教育出版社，2001。

5. 使他们接触并训练他们欣赏人类文化和道德的成就。"①

分析教育哲学家史密斯(B. O. Smith)则在《教学的概念》中详细分析了"教学"概念。史密斯把"教学"的意义理解为：①教学指所教的东西，如学说或一套知识；②教学指一种职业或专业，即进行教学或教育的人的专业；③教学指在学校日常工作中使某些东西被其他人所知道的方式。其中第三点是教学的核心意义。循着这一分析思路，分析教育哲学家还对"知识""学习""课程""训练""以儿童为中心""教育机会均等""教育政策""教育理论""教育目的""隐形课程""学术自由"等概念和命题进行了分析。

作为一种有影响的西方教育思潮，分析教育哲学事实上在提醒教育理论研究者重视教育概念和使用上的逻辑分析和语义分析，严格而正确地使用各种教育术语和概念方面，无疑发挥了积极的作用。分析教育哲学家重视并身体力行地对源于课堂教学和教育实践中的概念、术语和实例进行分析，在一定程度上提升了教育理论研究的科学化水平，使教育理论探讨有了新的进展。不过，分析教育哲学标榜对教育概念和命题分析的"客观"立场，坚持教育理论在价值问题上的"中立"姿态，又在事实上脱离了教育的伦理和价值等中心问题，影响了该教育思潮的进一步发展。即便分析教育哲学家自身，如索尔蒂斯，也在20世纪70年代对分析教育哲学进行了改革，注意吸收传统教育哲学和教育思想中有价值的东西，在一定意义上开启了分析教育哲学向传统教育哲学复归的道路。

第九节　终身教育

////////////////////

尽管终身教育的某些观念出现于人类社会的早期，但作为一种成型的教育理论，终身教育于20世纪60年代逐步形成。

最早对终身教育进行全面系统论述的是法国著名教育家保罗·朗格朗(Paul Lengrand，1910—2003)。在联合国教科文组织的大力支持下，保罗·朗格朗于1970年出版《终身教育引论》，对终身教育的概念、意义和原则等进行了全面论述，并提出了改革传统教育制度，全面实施终身教育的设想。这本书很快被翻译成英文、德文、日文、中文等十几种文字出版发行，在世界各国产生了强烈的反响。《终身教育引论》的问世，标志着终身教育思潮的正式形成。

在联合国教科文组织的大力支持下，国际教育发展委员会于1972年编纂出版了终身教育理论的另一代表作《学会生存——教育世界的今天和明天》。该书在继承《终身教育引论》观点的基础上，对终身教育的含义、产生与发展过程、内容与原则，以及如何改革传统教育制度、建立学习化社会进行了全面论述，进一步丰富和发展了终身教育理论，对世界各国的教育改革与发展产生了重大的影响。

20世纪80年代，终身教育理论在世界各地广泛传播，并被各国教育界和社会各

① 王承绪、赵祥麟：《西方现代教育论著选》，472~473页，北京，人民教育出版社，2001。

界人士所接受，成为许多国家教育教学改革的重要指导思想。

终身教育思潮的基本观点如下。

一、终身教育的意义

保罗·朗格朗在联合国教科文组织长期从事成人教育研究与推广工作，主张把成人教育扩展到整个人的一生，使教育成为一个终身化的过程。1965 年，朗格朗批评传统教育过于重视学校教育而忽视成人教育，认为传统教育制度把人的一生机械地分成两个阶段，前半生系统地接受教育训练，后半生一劳永逸地工作和生活。这是毫无根据的，也是非常不合理的。现代社会科学技术的迅猛发展及其在社会生活领域的广泛应用，使得社会生产与社会生活的各个方面发生了巨大变化，对人的生存与发展产生了重大挑战，一个人接受一次学校教育就可以一生应付裕如的观点已经过时了。个体要想适应现代社会的要求，就要在离开学校后继续接受各种教育训练。因此，他强调一个人的教育训练和学习不应随着学校教育的结束而结束，而应该是从出生到死亡的持续不断的终身化的过程。他还极力主张改革传统教育制度，建立学校教育和校外教育一体化的现代教育制度，促使个体的身心全面和谐发展。

二、终身教育的内涵

保罗·朗格朗认为，教育不应当终止于儿童期和青年期，只要人还活着，教育和训练就应该是连续的，是贯穿于人的一生的。《学会生存——教育世界的今天和明天》将终身教育理解为："终身教育就变成了由一切形式、一切表达方式和一切阶段的教学行动构成一个循环往复的关系时所使用的工具和表现方法。"①

保罗·朗格朗等人所理解的终身教育是贯穿于个人一生各阶段的持续不断的教育总和，是包括正规教育、非正规教育在内的个人所接受的全部教育总和，是个人从出生到死亡、从摇篮到坟墓这一过程所接受的教育与训练的总和。

三、终身教育的基本原理

终身教育的倡导者强调，终身教育的具体目标在于使受教育者的人格更加丰富多彩，表达方式更加复杂多样，能够较好履行家庭成员和社会成员、公民和生产者、技术发明者和创造性理论家的角色和责任，并最终为"一种尊重人类、尊重人类的各个侧面和愿望的高效能的社会"提供服务。

保罗·朗格朗对终身教育的基本原理进行了说明：防止知识的陈腐化，确保教育的连续性；使教育方针与教育方法同各自社会特有的目标相适应；使教育的一切阶段，面向着进化、变化和变革的生活，培养活生生的人；解决强加于教育的传统定义与制度的束缚，大规模地利用一切训练和传递的方法；在各种措施（技术的、政治的、工业的、商业的等）和教育目的之间建立联系；使教育成为对个人职业生涯和社会生活有所贡献的工具，成为使人们能担负起当前职责的工具。

---

① 联合国教科文组织国际教育发展委员会：《学会生存——教育世界的今天和明天》，华东师范大学比较教育研究所译，180 页，北京，教育科学出版社，1996。

四、终身教育的基本原则

终身教育的倡导者认为要实现终身教育的目标和任务，终身教育的实施须遵循下述基本原则。

(一)实用性原则

终身教育的倡导者主张，学习者开展终身教育的目标在于增进知识技能、提高工作效率和生活质量，因此反复强调教育者在确定教育的目标和任务、教育教学的内容和方式时，一定要坚持实用性原则，必须注意加强学习内容与学习者实际生活之间的联系，使终身教育的开展能够为学习者带来实实在在的益处，能够切实改变学习者的生活处境和提高生活质量。

(二)个性化原则

终身教育的倡导者提出，学习者接受终身教育的目标和动机各不相同，他们的知识基础和学习方式也存在很大差异，因此不能用某一种标准或模式来要求所有的学习者，要按照学习者的具体需求和特点来确定学习的内容、方式和进度，切实做到因材施教，以适合每个学习者特点的方式开展教育。正如《学会生存——教育世界的今天和明天》一书指出的："每一个学习者的确是一个非常具体的人。他有他自己的历史，这个历史是不能和任何别人的历史混淆的……而这些方面对于每一个人来说，都是各不相同的。当我们决定教育的最终目的、内容和方法时，我们又如何能够不考虑这一点呢?"[1]

(三)主体性原则

终身教育的倡导者强调，学习者不仅是教师教育教学的对象，而且还是学习的主体。要提高教育教学效果，就要切实发挥学习者的主体作用，引导他们积极主动地参与到学习过程中去。"虽然一个人正在不断地受教育，但他越来越不成为对象，而越来越成为主体了……他是依靠征服知识而获得教育的。这样，他便成了他所获得的知识的最高主人，而不是消极的知识接受者。"[2]

(四)民主性原则

终身教育的倡导者认为，学习者是学习的主体，教师是学习的组织者和引导者。教师要调动学习者参与终身学习的积极性，就要尊重学习者的人格，尽量减少强加在他们身上的各种约束，让他们对学习目标的确定、学习内容的选择、学习方式和学习进度的确定拥有更多的知情权与参与权，使他们在教师的指导下自主学习。

(五)趣味性原则

终身教育的倡导者相信，教师要调动学习者参与终身教育的兴趣，就要引导他们在接受教育的各阶段(特别是基础教育阶段)尽量减少挫折或失败，不断取得学习的成

---

[1] 联合国教科文组织国际教育发展委员会：《学会生存——教育世界的今天和明天》，华东师范大学比较教育研究所译，195~196 页，教育科学出版社，1996。

[2] 联合国教科文组织国际教育发展委员会：《学会生存——教育世界的今天和明天》，华东师范大学比较教育研究所译，200 页，北京，教育科学出版社，1996。

功和进步，要不断强化他们对终身学习的兴趣和欲望，引导他们在趣味性学习的过程逐步形成主动求知的情感、态度和技能、习惯。

(六)注重学习者实际学习能力和主动求知态度培养的原则

终身教育的倡导者认为，要引导学习者参与终身学习，教师就要摒弃传统的过于强调教师主导作用的观点，要切实调动学习者的积极性，在引导学习者掌握现代科学文化知识的过程中，更加关注学习者实际学习能力的培养，引导他们在学习的过程中形成良好的学习技能、养成主动求知的习惯。

保罗·朗格朗等人在对传统教育弊端实施彻底批判的基础上，依据社会发展的要求和生理学、心理学、社会学、人类学理论提出了终身教育的概念，论述了终身教育的意义及作用，阐述了终身教育的原理及原则，建立了较为完善的终身教育理论体系，并在教育实践中逐步完善。

终身教育思潮的形成及在世界各国的广泛传播，极大地促进了各国教育教学观念的转变，对世界各国的教育教学改革产生了直接影响。在联合国教科文组织的大力支持下，许多国家加快了教育教学改革的步伐，把终身教育作为本国教育教学改革的重要指导思想，全力建立集基础教育、高等教育、职业教育、成人教育于一体的终身教育体系，有力地促进了终身教育的快速发展，对国家的经济建设和社会进步产生了重要的积极影响。

第十节　现代人文主义教育

现代人文主义教育思潮是 20 世纪六七十年代首先在美国兴起的一种教育思潮。其理论渊源可追溯至西方的人文主义教育，直接理论基础为现代人文主义哲学和人文主义心理学。现代人文主义教育的主要代表人物包括奥尔波特（Gordon Willard Allport，1897—1967），弗罗姆（Erich Fromm，1900—1980），罗杰斯（Carl Ransom Rogers，1902—1987）和马斯洛（Abraham Maslow，1908—1970）等人。

第二次世界大战后，美国经济的快速发展给社会带来大量物质财富，但同时，高科技发展也造成个人心理的焦虑和异化程度的加深，人性被压抑和被奴役，社会外部价值标准的崩溃和个人内在价值观念的丧失，促使持有现代人文主义观念和立场的思想家和教育家认真思考如何从内心世界寻求解脱和超越，如何借助于教育的力量实现完整人性的发展，如何培养情感和谐、心理健康的完整的个人，如何实现个人潜能的发挥。这些思想运用于教育实践的结果，逐步促成现代人文主义教育思潮的成型，并发展成为对欧美国家学校教育实践产生显著影响的教育思潮。

现代人文主义教育思潮的理论要点可概括如下。

一、教育目标在于培养具有整体性人格的人

现代人文主义教育家力主教育的最终目的在于培养具有整体性人格的人。马斯洛将具有整体性人格理解为人的自我实现、完美人性的形成和个人潜能的充分发展。具

体来说，可以从三个方面理解现代人文主义教育所提出的具有整体性人格的人：第一，具有整体性人格的人首先是整体化的人，即个人不仅在身体、精神、理智、情感、情绪和感觉方面表现出有机整体性，而且在个人的内部世界和外部世界的联系方面也实现了高度的和谐一致；第二，具有整体性人格的人还应该是处于动态发展过程中的人，即个人表现出强烈的成长需要，在探索新事物、获取新知识和新经验的过程中不断更新自己的知识结构，不断丰富完善自己的情感体验；第三，具有整体性人格的人还应该是具有创造性的人，这种创造性体现为"人性的转变、性格的改变和整个人的充分发展"，这种人具有自我实现的创造性，具有一种特殊的洞察力，能够创造性地从事任何活动和事业。现代人文主义教育家将个人身上的创造性理解为一种基本潜能，是个人与生俱来的特质，而不为少数天才人物所独有。在教育目标问题上，马斯洛强调，个人的创造性体现为个人不断地从意识经验自身这一整体去开辟新的研究领域。

二、课程设置与实施的人文化

为实现培养具有整体性人格的人这一教育目标，现代人文主义教育家强调在课程设置与实施上实现人文化，具体表现为：在课程内容选择上追求智力因素和情感因素的融合。培养具有整体性人格的人这一教育目标决定了学习过程的整体性，即决定了学习过程中充满基于知识接受的认知性因素和好奇、兴奋、激动、着迷等情感性因素的融合，进而要求课程内容的整体性，即要求课程内容中的思想性和情感性因素相互渗透，把课程内容的选择建立在学生的需要、生长的自然模式和个性特征的基础上。在课程内容的组织上，重视"整合"。即基于学习者整体发展的需要，为学习者提供多种类型的经过整合的知识经验和情感经验，使其在语词、运动、身体、精神、情绪、感官诸方面获得持续的发展。整合的方式主要有三种：以知识内在的逻辑统一性、以特殊问题或兴趣为中心、以知识结构为中心加以整合。在课程内容实施上力求弹性化和对学习者主体的尊重，课程实施的一般程序为：①设计能够激发起学习者情感体验的教材；②为学习者提供进行新的思考、行动和情感体验的新经验；③从学习者的体验中了解其意义；④将学习者的体验与学习者的价值、目的、行为结合起来；⑤借助于实际联系，形成学习者新的认识和情感；⑥将学习者新的认识和情感内化于其行为结构之中。在课程评价上，现代人文主义教育家侧重对课程实施过程的分析，强调采用个别描述的方式对学生的认识、情感及心理动作能力实施评价。

三、为学生发展营造充满自由和互助的心理氛围

现代人文主义教育家对学习者的学习愿望和学习能力持有乐观的立场，认为学习应该成为一种自律性的实现个人潜能的主动活动。教师及全部教育的职责在于为学习者营造充满自由和互助的心理氛围。

这种独特的心理氛围的营造要从三个方面着手。

第一，改变教师的职业角色。相对于传统教育体系中教师作为知识的拥有者和传授者的职业角色而言，现代人文主义教育家提出教师职业角色转变的必要性。即在为学习者营造自由的心理氛围的过程中，教师要成为学生整体发展的促进者和学生情感

反应的关注者。教师应该通过鼓励、关怀、提供必要的机会等方式理解、接受学生，在满足学生学习和发展需要的过程中实现学生的充分发展。教师应该参与、关注学生的发展过程，应该在学生的发展过程中提供及时的、必要的指导和帮助，而不是操纵控制学生的发展过程。

第二，在学校环境中建设一种人人互助的新型人际关系。学生在发展的过程中会遇到知识学习或情感体验方面的困难，教师、学校管理者以及同学的帮助将成为促进学生健康发展的必要外部条件。因而，要在学校中倡导建设一种人人互助互爱的氛围，人人都以真诚、尊重、理解的态度去帮助处于困境中的人，本身即具有强烈的教育意义。

第三，在学习过程中确立并遵循"以学生为中心"的教学原则。在学生的学习过程中，教师和教育管理者应尽可能多地为学生提供"自由选择"、"自我指导"和"自我评价"的机会，提倡"以学生为中心的教学"，引导学生在"自由选择"、"自我指导"和"自我评价"的过程中增强自信，发挥自身的学习创造性。

现代人文主义教育继承西方的人文主义教育传统，并按照人文主义哲学和心理学的要求，试图以整体性的人的培养解决20世纪六七十年代美国社会所面临的精神危机，希望破除教育是对个人行为的单一塑造这一行为主义的教育理解，希望改变结构主义者过于注重学科的知识结构而忽视学生潜能发展和身心健康的状况，强调在学习过程中营造充满自由和互助的心理氛围，以发展个人的价值和对真、善、美的热爱与尊重的品质，所有这些努力对于美国以及部分欧洲国家的教育实践产生了有益的指导作用。但是，现代人文主义教育立足于个体人性的内部力量，立足于个体潜能的发展和个人的自我实现，在某种程度上忽略了个体的社会价值和外在社会环境对个体发展的影响，受到人们的非议和批评。20世纪80年代后现代人文主义教育思潮的影响减弱，并逐渐淡出主流教育理论家的视野。

第十一节　多元文化教育

多元文化教育思潮初兴于20世纪60年代的美国，后传播至世界其他国家和地区，发展成为一项国际性的教育思潮。

一、多元文化教育的理论基础和社会基础

多元文化教育的历史源头可直接追溯至法裔美国学者德克雷弗科（J. De Crevecoeur）的"熔炉论"。1782年，德克雷弗科提出，美国人是由英格兰人、苏格兰人、爱尔兰人、荷兰人、法国人、德国人、瑞典人等组成的。1845年，拉尔夫·沃尔多·爱默生（Ralph Waldo Emerson，1803—1882）接受了"熔炉论"，将美国视为一切移民的收容所，1893年，美国边疆史学家弗雷德里克·杰克逊·特纳（Frederick Jackson Turner，1861—1932）认为，来自世界各地的移民在美国的熔炉中被塑造成一个新的种族。

20世纪20年代，美国哲学教授凯伦(H. Kallen)在批评"熔炉论"的基础上，提出"文化多元主义"，强调构成美国的每一个种族都拥有自己的文化、语言、说话方式、思维方式和审美方式，正是多元文化构成了美国的文化体系。与其将美国视为一个熔炉，不如将其视为一支由多族裔组成的交响乐队。

多元文化教育兴起的社会基础是20世纪60年代美国反对种族歧视、追求种族平等的民权运动。作为民权运动的结果，《民权法案》、《肯定性行动》、《双语教育法》和《民族传统法》就消除种族歧视，给予移民、难民、妇女等在升学、就业、发展等方面一定的援助和补偿等做出规定，为多元文化教育思潮的形成和推广提供了有利的社会基础。

二、多元文化教育的主要观点

(一)多元文化教育的含义

多元文化教育是一个内涵丰富的概念，对其理解也不尽一致。美国华盛顿大学西雅图分校班克斯(James A. Banks)认为，多元文化教育至少具有三个层面的含义：作为一种教育理念或价值观念的多元文化教育，作为一场教育改革运动的多元文化教育，作为一种不断发展的教育实践的多元文化教育。

贝内特(Christine I. Bennett)则将多元文化教育理解为：一种基于民主价值观的教育形式，该教育形式致力于在文化多元的社会及彼此依存的世界体系中建构并践行体现多元文化主义精神的教育理论体系与实践模式，进而实现通过多元文化教育建立平等多元的现代民主社会这一教育理想。

此外，关于多元文化教育内涵的理解，还需要强调的是，多元文化教育以平等、自由、尊严为核心理念，注重通过在教育内容中赋予不同族裔和社会团体的历史、文化以同等的地位，通过多元文化的教学，使得相关学生了解认同本族裔和团体的文化，同时欣赏和尊重其他族裔和团体的文化，尊重文化的差异性和多样性。多元文化教育在教育实践中还强调为处于文化和发展不利地位的学生提供相应的帮助，使其能够形成积极的自我概念。

(二)多元文化教育的课程与教学

1. 课程目标

多元文化教育的课程目标主要包括培养学生的多元历史观，强化各文化群体的文化意识，增强学生的跨文化交流能力，持续推进与种族主义、性别主义以及各种形式的偏见与歧视的斗争，提升学生的社会行动技能，培养学生形成开阔的视野。

2. 课程内容选择与建设方式

关于多元文化教育课程内容的选择与编制，班克斯指出了四种较为常用的方式。

第一，贡献方式。在美国社会历史与文化发展的过程中，非主流族群的历史传统与文化特质也做出了自己的贡献，应入选学校课程以供所有学生学习和掌握。

第二，添加方式。在不改变原有课程体系结构的前提下，将反映各少数族群历史与文化特色的元素添加到学校课程体系之中，作为学生学习与掌握的课程内容。

第三，变革方式。在对学校已有课程体系实施根本变革的前提下，改革学校课程的基本结构，从多族裔、多种族和多元文化的视角重构课程内容和结构，引导学生在课程学习中探讨不同文化群体的概念、事件和主题，以多元民族文化观重新审视学校课程的价值观。

第四，社会行动方式。在改变学校课程内容与结构的基础上，增加有关种族、性别、语言等问题的社会学研讨，形成学生的多元文化知识观与价值观，并在思考的基础上形成关于社会事务或问题的决定，并付诸社会行动。

多元文化教育课程内容的选择与建设，在关注学校课程体系与结构的"知识合理性"的同时，更加关注其中的"价值合理性"问题，并将其视为多元文化教育课程内容选择与建设的主要特征。

3. 教学模式

在多元文化课程的教学问题上，多元文化教育的提倡者主张，在课堂教学中，教师要客观公正地向学生讲授有关各民族群体的历史传统、文化特色与实践成就，既不美化和抬高主流文化，也不黑化和贬低非主流文化。为实现这一教学目标，多元文化教育的课程与教学需要采取相应的教学模式。威斯康星大学麦迪逊分校教授格兰特（C. A. Grant）与其学生施力特（C. E. Sleeter）联合提出了五种多元文化课程的教学模式。

差异教学模式：针对来自非主流群体或学业成绩落后的学生实施，通过调查学生的文化背景，以文化共鸣原则建设学生与学校之间的沟通渠道，缩小学生表现与学校要求之间的差距，使学生克服文化差异，享受平等教育机会，并在现实社会中获得成功。

人际关系教学模式：将不同族裔学生之间所存在的种族歧视、活动隔离等现象，归因于彼此的误解和成见，主张借助于合作学习和文化经验交流，增进不同族裔学生之间的互信和理解，强化不同族群文化与传统的正面教育，在不同族群学生之间发展积极的人际关系，培养学生对文化多样性的包容与接受态度。

单一群体研究教学模式：重点关注少数族群、妇女和残疾人等特定群体，向学生展示特定群体成员为美国社会历史文化发展所做出的独特贡献，增进学生对该群体的了解、尊重与接纳，唤起学生对特定群体及成员的关注。

多元文化教学模式：要求重建整个学校教育过程，主张围绕不同种族、性别来重新组织和建构学校课程，从而提高学校教育质量和促进社会文化的多元化发展。

社会重建教学模式：强调在教学活动中组织学生基于实际社会经验，分析美国社会中的不平等现象及其原因，培养学生的正义观念、批判性思维能力和社会行动力，使其掌握参与社会行动的技能，致力于建设民主平等的多元文化社会。

多元文化教育教学模式的选用基于对各族群文化多样性的尊重，致力于在营造公正、平等与民主教学氛围的基础上，改进教学方法，促使不同种族、文化、性别的学生都能获得最大限度的学业成就。

（三）多元文化教师教育

多元文化教育的提倡者主张，多元文化教育事业的开展需要多元化的教师队伍，多元文化教育目的的实现有赖于教师持有正确的文化差异观念，掌握将多元文化教育转化成课堂行为所必需的知识基础与教学技能，尤其是掌握跨文化交流的知识与技能。

1972年，美国师范学院协会和全美教师教育鉴定委员会提出实施多元文化教师教育，并在1977年的"师范教育认可标准"中纳入多元文化教育条款，强调以教师为未来职业的师范生应具有和多元文化背景与特殊需要的人群交往和接触的实践经验，应了解基于文化差异的学习方式、需要和策略，应确立多元文化教育的基本立场；师范学院的教师应来自多种文化背景，并掌握一定的多元文化知识。

在此基础上，多元文化教育家将教师教育的基本目标确定为：在教育理念上，教师教育应致力于培养具有多元文化教育理念，尊重文化多样性和差异性，包容不同民族、文化和种族价值观的教师；在教育知识和技能上，教师教育应致力于培养具备现代教育知识和学科知识，熟悉社会特殊群体的价值体系、学习方式、交际方式与文化价值，对教学实践中的个体差异和文化差异保持敏感性的教师；在教学策略上，教师教育要致力于培养掌握文化共鸣教学策略等多元文化教育教学策略的教师。

多元文化教育追求平等、自由、正义和尊严等人类发展理念，尊重文化差异，尊重不同民族和种族的价值体系，强调增进不同文明、文化、种族、民族之间的理解和交流，注重培养具有多元文化价值观念、掌握跨文化交流知识和技能的现代教师，实施以文化理解、文化宽容和文化欣赏为目的的多元文化教育，体现了共同发展、兼容并包和友爱互助的人类教育理想。多元文化教育思潮正在发展成为一种被越来越多的国家和地区所接纳、对人类教育实践产生越来越大影响的国际性教育思潮。

小结

20世纪以来，为适应欧美国家教育实践变革的需要，欧美国家出现了改造主义教育、要素主义教育、永恒主义教育、新托马斯主义教育、存在主义教育、新行为主义教育、结构主义教育、分析教育哲学教育、终身教育、现代人文主义教育和多元文化教育等教育思潮。这些教育思潮具有不同的哲学、心理学的理论基础，具有不同的理论观点，对教育实践也产生了不同程度的理论影响。

改造主义教育强调教育的根本目标在于为社会改造服务，主张课程与教学应以社会问题为中心，将教师的角色理解为学生参与社会改造的指导者和引导者。

要素主义教育以新实在论为基础，主张教育目的在于为社会培养具有文化素养的公民，要以人类文化的共同要素为课程的核心内容，要把教师置于整个教育体系的中心，强调学生在教学过程中的责任和义务。

永恒主义教育以古典实在论为基础，主张教育目的在于引出人类天性中的共同要素，在于促进学生理智的发展，强调永恒学科应在学校课程体系中居于核心地位，强调学生要在教师的指导下积极主动地学习。

新托马斯主义教育以天主教新托马斯主义为理论基础，主张确立宗教在教育中的基础地位，确立以"塑造人"为核心的教育目的，强调沉思的学习方法，发挥自由教育促使学生心智发展的功能。

存在主义教育以存在主义哲学为理论基础，强调教育的根本目的在于实现学生的"自我生成"和"自我超越"，主张真正的教育即品格教育，要求在教学中确立师生间的平等、对话和信任的关系。

新行为主义教育以新行为主义为理论基础，强调学习即刺激—反应的联结，学习过程即操作性条件反射过程，程序教学是教学实施的有效方式，要求以教学和学习的行为为教育研究的对象。

结构主义教育以结构主义哲学和结构主义心理学为理论基础，主张教学要促进学生认知能力的发展，课程与教学要有利于学生掌握学科的基本结构，要按照儿童认知发展规律的要求编写教材和组织教学，教师要引导学生积极主动地参与探究发现学习。

分析教育哲学以分析哲学为理论基础，认为传统教育理论的研究和表述中存在教育概念和命题的混乱与模糊现象，主张分析教育哲学的任务在于对教育概念和命题进行逻辑分析和语义分析，指出对教育命题进行逻辑分析和语义分析的目的在于澄清教育观念、解决教育分歧。

终身教育强调一个人的教育训练和学习不应随着学校教育的结束而结束，而应该是从出生到死亡的持续不断的终身化的过程；主张改革传统教育制度，建立学校教育和校外教育一体化的现代教育制度，促使个体的身心全面和谐发展。终身教育即贯穿于个人一生各阶段的持续不断的教育总和，是包括正规教育、非正规教育在内的个人所接受的全部教育总和，是个人从出生到死亡、从摇篮到坟墓这一过程所接受的教育与训练的总和。

现代人文主义教育以现代人文主义哲学和人文主义心理学为理论基础，主张教育目标在于培养具有整体性人格的人，主张课程设置与实施的人文化，强调为学生发展营造充满自由和互助的心理氛围。

多元文化教育追求平等、自由、正义和尊严等人类发展理念，尊重文化差异，尊重不同民族和种族的价值体系，强调增进不同文明、文化、种族、民族之间的理解和交流，注重培养具有多元文化价值观念、掌握跨文化交流知识和技能的现代教师，实施以文化理解、文化宽容和文化欣赏为目的的多元文化教育，体现了共同发展、兼容并包和友爱互助的人类教育理想。

上述教育思潮的出现既直接指导与影响了欧美国家的教育实践活动，也是对人类教育实践活动的理性总结和理论提升。这些努力深化了人类关于教育问题的理解，极大地丰富了 20 世纪人类教育思想的宝库，已经成为人类教育思想遗产的重要组成部分。然而，基于社会观、历史观和哲学观中存在的某种局限，上述教育思潮也表现出程度不同的局限性，需要在教育实践中获得进一步的丰富和发展。

思考题：

1. 试述改造主义教育的主要观点。
2. 简述要素主义教育的主要内容。
3. 试比较永恒主义教育与新托马斯主义教育的异同点。

4. 简述存在主义教育的基本观点。

5. 简述结构主义教育的基本观点。

6. 简要评述分析教育哲学思潮。

7. 述评终身教育思潮。

8. 简述新行为主义教育的主要观点。

9. 试评述现代人文主义教育的主要观点。

10. 简述多元文化教育的主要观点。

参考文献：

1. 联合国教科文组织国际教育发展委员会．学会生存——教育世界的今天和明天．华东师范大学比较教育研究所，译．北京：教育科学出版社，1996.

2. 王承绪，赵祥麟．西方现代教育论著选．北京：人民教育出版社，2001.

3. 滕大春．外国教育通史：第六卷．济南：山东教育出版社，2005.

4. 吴式颖．外国现代教育史．北京：人民教育出版社，1997.